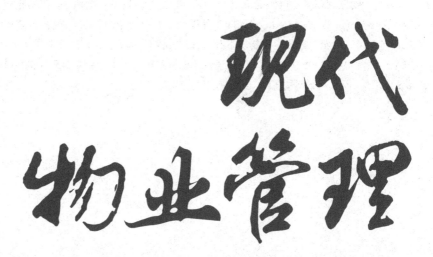

物业公司规范化管理全案

时代华商物业管理策划中心　组织编写
张海雷　主　编

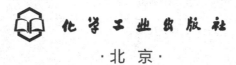

化学工业出版社

·北京·

《现代物业管理——物业公司规范化管理全案》一书由图书+DIY实操文件组合而成。

《现代物业管理——物业公司规范化管理全案》图书部分主要介绍了物业管理最核心的物业公司组织架构与岗位职责、市场项目拓展规范化管理、物业项目前期介入规范化管理、物业项目入伙管理、物业公司工程设施与设备规范化管理、物业公安全与应急规范化管理、物业客户服务规范化管理、物业保洁规范化管理、物业绿化管理、物业公司财务规范化管理、物业公司人力资源管理、物业管理风险防范规范化管理等十二部分的内容。书中有大量的案例和实战范本以供读者参考。

《现代物业管理全程运作规范化（DIY实操文件）》电子文档部分，您可自行至化学工业出版社教学资源网（需注册）www.cipedu.com.cn（关键词：物业；查询范围：课件），自行下载相关电子课件。可供使用者阅读、检索、打印、复制、下载，并可根据机构与企业的自身需要进行个性化修改，DIY实操文件来自于国内知名物业公司内部文件，读者可以将其复制出来，并结合所在本企业的实际情形进行一些个性化的修改，用于管理与服务工作当中。

图书在版编目（CIP）数据

现代物业管理——物业公司规范化管理全案/时代华商物业管理策划中心组织编写；张海雷主编．—北京：化学工业出版社，2015.6（2023.11重印）
ISBN 978-7-122-23450-6

Ⅰ．①现… Ⅱ．①时…②张… Ⅲ．①物业管理 Ⅳ．①F293.33

中国版本图书馆CIP数据核字（2015）第061776号

责任编辑：陈 蕾 刘 丹　　　　　装帧设计：史利平
责任校对：宋 夏

出版发行：化学工业出版社（北京市东城区青年湖南街13号　邮政编码100011）
印　　装：北京虎彩文化传播有限公司
787mm×1092mm　1/16　印张36½　字数939千字　2023年11月北京第1版第12次印刷

购书咨询：010-64518888　　　售后服务：010-64518899
网　　址：http://www.cip.com.cn
凡购买本书，如有缺损质量问题，本社销售中心负责调换。

定　　价：98.00元　　　　　　　　　　　　　　　　　　　　　　版权所有　违者必究

前言
PREFACE

物业管理与服务已经进入寻常百姓生活中，一个好的地产如果有好的物业公司介入必定有好的销售业绩。

我国物业管理与服务历经改革开放三十多年的探索与实践，其在法制建设、市场培育、制度构建等方面均取得了巨大成绩，对提升城市社会管理水平、提高人居环境质量、推进城市化进程等方面均发挥了积极作用。随着国家一系列相关物业政策、法规的出台，市场需求的日益增加，各地出现了一批大大小小、水平参差不齐的物业服务公司，他们自身的管理缺乏规范，为业主们提供的服务也就参差不齐，近几年，物业管理与服务的投诉因此非常的多。所以，物业服务企业有必要规范物业管理与服务的整体运作，在结合物业实际情况的基础上提供个性化的服务，以提升业主满意度，从而在激烈的市场竞争中扩大自己的份额、建立起自己的品牌。

物业服务企业建立自己的品牌，就要有规范的管理，管理的重点是人的管理。物业服务企业实现规范化管理，就要做到依法建章立制、确立先进的管理服务理念、赏罚分明等，以确保物业服务企业规范化管理的落实和执行。俗话说"没有规矩，不成方圆"，对物业服务企业来说，在运作过程中必须坚持规范化管理，要求员工在每一项工作和工作中的每一个环节都有章可循、有法可依，避免因个性差异和人为因素造成工作操作的随意性，以确保工作质量、提高工作效率。

我们通过多年的管理经验，并结合物业公司内部资料，以及物业公司质量管理体系文件，参照《中华人民共和国物权法》、《物业管理条例》、《业主大会规程》、《物业管理企业资质管理办法》、《普通住宅小区物业管理服务等级标准》、《物业承接查验办法》等一系列最新法律法规和文件，编写了《现代物业管理——物业公司规范化管理全案》一书。本书中的内容可以供商厦、写字楼、酒店、住宅小区、企业、学校、学术机构、政府机关等的物业部门工作人员及经理们作为工作参考。

《现代物业管理——物业公司规范化管理全案》全书由图书+DIY实操文件组合而成。图书部分主要讲述了物业管理最核心的物业公司组织架构与岗位职责、市场项目拓展规范化管理、物业项目前期介入规范化管理、物业项目入伙管理、物业公司工程设施与设备规范化管理、物业公司安全与应急规范化管理、物业客户服务规范化管理、物业保洁规范化管理、物业绿化管理、物业公司财务规范化管理、物业公司人力资源管理、物业管理风险防范规范化管理等十二部分的内容;《现代物业管理全程运作规范化·DIY实操文件》电子文档,您可自行至化学工业出版社教学资源网(需注册)www.cipedu.com.cn(关键词:物业;查询范围:课件),自行下载相关电子课件。可供使用者阅读、检索、打印、复制、下载,根据机构与企业的自身需要进行个性化修改。DIY实操文件来自于国内优秀物业公司内部文件,读者可以将其复制出来,并结合所在本物业公司、管理处的实际情形进行一些个性化的修改,用于物业管理与服务工作当中。相信读者购买此书,所获取的服务和价值是极其超值的。

《现代物业管理——物业公司规范化管理全案》一书在编辑整理过程中,获得了许多物业公司一线从业人员和朋友的帮助与支持,其中参与编写和提供资料的有王锋、王毅、王艳红、王志勇、王志强、刘涛、刘冰、董军、张建强、张玲霞、杨杰、杨晓丽、杨永涛、孙华、魏小云、李军、王高翔、靳玉良、刘建伟、刘海江、宁仁梅、李辉、李景吉、李景安、冯飞、杨冬琼、赵仁涛、赵建学、陈运花、匡五寿、张一文、张众宽、郭华伟、胡昊文、雷蕾、彭塞峡、孟照友、江美亮、陈超、杜小彦、安迪、秦广、姚倪明、孙小平、钟运光,最后全书由匡仲潇、张海雷统稿、审核完成。在此,对他们一并表示感谢!

编 者

目录 CONTENTS

第一部分　物业公司组织架构与岗位职责

第一章　物业公司组织架构 ··· 2
　　一、大型物业公司组织架构 ··· 2
　　二、中型物业公司组织架构 ··· 2
　　三、小型物业公司组织架构 ··· 3

第二章　行政部（总经办）的职能与岗位设置 ················ 3
　　一、行政部（总经办）的职能 ······································ 3
　　二、行政部（总经办）的岗位设置 ································· 4
　　三、行政部（总经办）各岗位职责 ································· 4
　　　　【范本1-1】行政部（总经办）经理、主任 ················· 4
　　　　【范本1-2】接待员 ··· 5
　　　　【范本1-3】行政秘书 ·· 5
　　　　【范本1-4】内务主办 ·· 5
　　　　【范本1-5】司机 ·· 5

第三章　市场拓展部的职能与岗位设置 ························· 6
　　一、市场拓展部的职能 ·· 6
　　二、市场拓展部岗位设置 ··· 6
　　三、市场拓展部岗位职责 ··· 6
　　　　【范本1-6】市场拓展部经理 ·································· 6
　　　　【范本1-7】市场拓展主管 ····································· 7
　　　　【范本1-8】市场拓展专员 ····································· 7
　　　　【范本1-9】租赁专员 ·· 7

第四章　品质部的职能与岗位设置 ······························· 8
　　一、品质部工作目标 ·· 8
　　二、品质部组织架构 ·· 8

  三、品质部各岗位职责 8
    【范本1-10】质量经理 8
    【范本1-11】品质工程师岗位职责 9
    【范本1-12】质量监督员岗位职责 9

第五章 人力资源部的职能与岗位设置 10

  一、人力资源部的职能 10
  二、人力资源部岗位设置 10
  三、人力资源部各岗位职责 10
    【范本1-13】人力资源部经理 10
    【范本1-14】人事文员 11

第六章 工程技术部的职能与岗位设置 11

  一、工程技术部的职能 11
  二、工程技术部的岗位架构 12
  三、工程技术部各岗位职责 12
    【范本1-15】工程技术部经理 12
    【范本1-16】技术工程师 13

第七章 安保部的职能与岗位设置 13

  一、安保部的职能 13
  二、安保部的岗位设置 14
  三、安保部各岗位职责 14
    【范本1-17】安保部经理 14
    【范本1-18】安保部文员 14
    【范本1-19】保安领班 15
    【范本1-20】保安员 15

第八章 财务管理部的职能与岗位设置 15

  一、财务部的功能 15
  二、财务部的岗位架构 16
  三、财务部各岗位职责 16
    【范本1-21】财务部经理 16
    【范本1-22】主办会计 17
    【范本1-23】会计 17
    【范本1-24】出纳员 17
    【范本1-25】税务员 17
    【范本1-26】电脑划款员 18

第二部分 市场项目拓展规范化管理

第一章 市场拓展业务 ··· 20

  一、做好企业市场定位 ·· 20
  二、加强市场开拓人员队伍的建设 ····························· 20
  三、建立规范的市场开拓机制 ·································· 21
  四、建立有效的市场开拓业绩考核机制 ························· 21
  五、要定期做物业市场调查 ···································· 22
  六、引导全员营销 ·· 22

第二章 做好物业投标管理 ····································· 22

  一、积极搜寻物业项目招标信息 ································ 22
  二、需要对招标项目进行评估 ·································· 23
  三、投标要有风险防范意识 ···································· 25
  四、加强物业投标过程控制 ···································· 26
  五、要积极与用户、项目主管单位建立联系 ····················· 27
  六、投标小组设置与人员配备要合理 ···························· 28
  七、投标前的经营管理测算要谨慎 ······························ 30
  八、物业投标答辩中常遇的问题及回答要领 ····················· 30
  九、物业投标现场答辩技巧 ···································· 31
  十、中标后的合同签订与履行 ·································· 32
  十一、未中标更要及时总结 ···································· 33
  十二、资料整理与归档 ·· 33

第三章 市场拓展业务规范化管理制度范本 ··················· 34

  一、市场拓展业务运作流程规范 ································ 34
  二、项目调研、考察程序 ······································ 36
  三、物业项目承接与管理方案控制程序 ························· 37
  四、物业项目策划与承接程序 ·································· 38
  五、物业项目投标程序规范 ···································· 39

第四章 市场拓展业务规范化管理表格范本 ··················· 42

  一、物业市场情况调查表 ······································ 42
  二、物业管理项目调查表 ······································ 43
  三、物业项目（在建或新建）信息搜集表 ······················· 44
  四、物业项目信息搜集表 ······································ 44

五、项目跟踪调研表 …………………………………………………………… 44
六、项目有效联络与洽谈记录表 …………………………………………… 45
七、物业管理项目招标公告信息登记表 …………………………………… 45
八、物业项目跟踪联系表 …………………………………………………… 46
九、物业基本情况分析表 …………………………………………………… 46
十、招标物业条件分析表 …………………………………………………… 47
十一、新建物业前期服务招标项目分析表 ………………………………… 47
十二、本公司××物业项目投标条件分析表 ……………………………… 48
十三、××物业项目投标竞争对手分析表 ………………………………… 48
十四、招标文件研读备忘录 ………………………………………………… 49
十五、项目考察人员申请表 ………………………………………………… 49
十六、物业项目实地考察记录表 …………………………………………… 50
十七、全委项目合同（草案）评审记录 …………………………………… 50
十八、顾问项目合同（草案）评审记录 …………………………………… 51
十九、对外经济合同会签单 ………………………………………………… 52
二十、签约项目工作交接函（全委项目发展商）………………………… 52
二十一、签约项目工作交接函（顾问项目发展商）……………………… 53
二十二、签约项目资料移交记录 …………………………………………… 53
二十三、签约项目资料移交存档记录 ……………………………………… 54

第三部分　物业项目前期介入规范化管理

第一章　规划设计阶段介入 …………………………………………… 56

一、建筑物的细部设计 ……………………………………………………… 56
二、配套设施的完善 ………………………………………………………… 56
三、物业管理用房的规划 …………………………………………………… 57
四、小区公共道路规划 ……………………………………………………… 58
五、娱乐、健身场所规划 …………………………………………………… 59
六、垃圾处理规划 …………………………………………………………… 59
七、园区景观和绿化规划 …………………………………………………… 59
八、绿化用水规划 …………………………………………………………… 62
九、辅助设施规划 …………………………………………………………… 62
十、公共区域照明及景观照明控制规划 …………………………………… 63
十一、水、电、气等的供应容量 …………………………………………… 65
十二、安全保卫系统 ………………………………………………………… 65
十三、消防设施 ……………………………………………………………… 65
十四、建筑材料和主要设备的选用 ………………………………………… 65

第二章 项目施工阶段介入 …………………………………… 66

  一、了解现场巡查的内容 ………………………………………… 66
  二、现场巡查要特别关注的事项 ………………………………… 68
  三、现场巡查问题的整改 ………………………………………… 71

第三章 项目销售阶段介入 …………………………………… 71

  一、营销策划介入 ………………………………………………… 71
  二、协助开发商拟定销售文件 …………………………………… 74
  三、销售中心物业服务展示 ……………………………………… 74
  四、配合现场销售 ………………………………………………… 77

第四章 竣工验收阶段介入 …………………………………… 81

  一、物业公司在竣工验收中的责任 ……………………………… 82
  二、竣工验收的依据 ……………………………………………… 82
  三、竣工验收的分类 ……………………………………………… 82
  四、物业公司参与竣工验收配合的内容 ………………………… 83
  五、物业公司参与竣工验收的流程 ……………………………… 83
  六、细部质量检查 ………………………………………………… 84

第五章 物业接管验收介入 …………………………………… 86

  一、成立接管验收小组 …………………………………………… 86
  二、审核并确认接管验收 ………………………………………… 87
  三、编写接管验收方案 …………………………………………… 87
  四、确定验收标准 ………………………………………………… 87
  五、对验收人员进行培训 ………………………………………… 88
  六、准备好相应的验收表格 ……………………………………… 88
  七、验收工具与物资要准备充分 ………………………………… 88
  八、验收前宜召开接管验收会议 ………………………………… 89
  九、进行资料的交接验收 ………………………………………… 89
  十、对房屋实体进行验收 ………………………………………… 89
  十一、处理接管验收的遗留问题 ………………………………… 91
  十二、明确交接验收后的物业保修责任 ………………………… 91
  十三、办理交接手续 ……………………………………………… 92
  十四、验收后入住前的设施成品保护 …………………………… 92

第六章 物业项目前期介入规范化管理制度范本 …………… 94

  一、物业管理前期介入工作指引 ………………………………… 94

二、物业接管验收管理程序 101
三、物业质量细部检查作业指引 102
四、样板房服务工作规范 104

第七章　物业前期介入规范化管理表格范本 109

一、新项目关键点设计情况调查表 109
二、住宅物业项目调查表（项目基础数据） 117
三、住宅物业项目调查表（规划设计特点） 118
四、住宅物业项目调查表（动态营销数据） 119
五、施工质量问题及设计缺陷问题（专业版） 120
六、施工质量问题及设计缺陷问题案例模板（通用版） 121
七、细部检查日期安排表 121
八、质量问题通知单 122
九、整改报验不合格通知单 122
十、报验单 123
十一、罚款建议书 123
十二、质量问题记录表 124
十三、督导监察记录单 124
十四、质量抽查记录表 124
十五、厨房间、卫生间盛水试验检查表 125
十六、排水立管通水、通球质量检查表 125
十七、内墙面、顶棚质量检查表 126
十八、木地板、踢脚线质量检查表 126
十九、进户门、房间门及门套质量检查表 126
二十、卫生间、厨房间、阳台地面、墙面、顶棚质量检查表 127
二十一、卫生间、厨房间橱柜、设备质量检查表 127
二十二、铝合金门窗质量检查表 127
二十三、阳台栏杆质量检查表 128
二十四、家用电器设备质量检查表 128
二十五、排水支管通水质量检查表 129
二十六、开关、插座通电质量检查表 129
二十七、屋面质量及盛水试验检查表 130
二十八、楼梯间、电梯间公用部位质量检查表 130
二十九、接管验收邀请函 130
三十、新建房屋交接责任书 131
三十一、新建房屋一览表 132
三十二、新建房屋具备接管验收条件审核单 132
三十三、工程验收通知 133
三十四、新建房屋验收表 133
三十五、小区公共设施及道路设施验收单 135
三十六、小区公共绿化验收单 135

三十七、验收通过证明 136
三十八、接管验收遗留问题统计表 136
三十九、工程质量问题处理通知单 136
四十、接管通知 137
四十一、物业资料验收移交表 137
四十二、房屋及公用设施等移交验收交接表 138

第四部分　物业项目入伙管理

第一章　入伙前管理处筹建要点 141

　　一、确保物业管理用房符合法律规定 141
　　二、配备好物业管理用具 141
　　三、确定管理处的组织架构 141
　　四、管理处人员数量配置 142
　　五、编写物业管理职位说明书 143
　　六、人员要在入伙前三个月到位 143
　　七、新项目启动前要培训员工 144
　　八、管理制度的设计 144
　　九、建立管理处运作机制 145
　　十、制订管理处入驻后的工作计划 146

第二章　物业项目入伙期间的管理 146

　　一、一定要编好入伙方案 146
　　二、与开发商沟通 147
　　三、做好相关部门的协调工作 147
　　四、要做好清洁开荒工作 147
　　五、广泛宣传 147
　　六、入伙资料要准备充分 147
　　七、可以进行入伙模拟演练 148
　　八、要做好应对突发事件的准备 148
　　九、办理入住仪式 148
　　十、办理集中入伙手续要环环相扣 149
　　十一、积极地答复业主的疑问 149
　　十二、零散入伙期间要与开发商沟通协调好 150

第三章　二次装修管理 150

　　一、重视有关装修管理文本的拟订 151

二、要正面宣传、合理引导 151
　　三、在集中装修期组建小区（大厦）装修办公室 151
　　四、做好装修申报登记和审批工作 151
　　五、要与装修人签订装修协议书 152
　　六、可适当收取装修押金 152
　　七、酌情收取装修管理费 153
　　八、要与装修公司签订责任书 153
　　九、加强物业装饰装修现场管理 153
　　十、装修违规要及时处理 154
　　十一、发现问题及时解决 154
　　十二、谨慎验收不留隐患 155
　　十三、收尾时要提醒业主消除室内异味 155
　　十四、装修垃圾要及时清运 155

第四章　物业项目入伙管理规范化制度范本　156

　　一、物业项目管理处筹建工作指引 156
　　二、业主入伙模拟演练方案 163
　　三、小区入伙方案 164
　　四、集中入伙期间物业公司各组工作实施细则 166
　　五、项目入伙应急预案 170
　　六、房屋装饰装修管理规定 171
　　七、二次装修违规处罚管理规定 175

第五章　物业项目入伙规范化管理表格范本　175

　　一、管理处主要组成人员资审表 175
　　二、管理处物资清单 176
　　三、物业项目交楼工作计划及跟进表 176
　　四、业主登记表（个人用户） 182
　　五、业主登记表（单位用户） 183
　　六、钥匙收（发）登记表 183
　　七、房屋交接验收单 184
　　八、退伙申请表 185
　　九、业主（使用人）装修施工申请表 185
　　十、装修审批单 186
　　十一、装修期间加班申请表 187
　　十二、装修施工变更单 187
　　十三、装修验收申请表 188
　　十四、二次装修巡查记录表 188
　　十五、二次装修施工用电申请表 189
　　十六、装修缴款通知单 189
　　十七、装修退款通知单 190

第五部分　物业公司工程设施与设备规范化管理

第一章　物业公司工程部的组建 …………………………… 192
　　一、公司总部设立工程部 ………………………………………… 192
　　二、各项目管理处设工程组 ……………………………………… 193

第二章　物业工程管理制度建设 …………………………… 194
　　一、认真制订管理制度 …………………………………………… 194
　　二、严格实施管理制度 …………………………………………… 195
　　三、定期进行监督检查 …………………………………………… 196

第三章　设施设备运行管理 ………………………………… 196
　　一、制订合理的运行计划 ………………………………………… 197
　　二、配备合格的运行管理人员 …………………………………… 197
　　三、提供良好的运行环境 ………………………………………… 197
　　四、建立健全必要的规章制度 …………………………………… 202
　　五、设施设备的状态管理 ………………………………………… 202
　　六、做好运行记录 ………………………………………………… 203
　　七、对运行状态的分析 …………………………………………… 206

第四章　设施设备维护保养管理 …………………………… 208
　　一、设备维护保养的类别 ………………………………………… 208
　　二、物业设施设备的保养周期及项目 …………………………… 209
　　三、物业设施设备的保养计划 …………………………………… 214
　　四、物业设施设备的保养计划实施 ……………………………… 214

第五章　应急维修的管理 …………………………………… 215
　　一、设备维修信息的获得 ………………………………………… 215
　　二、设备维修的实施 ……………………………………………… 215
　　三、设备报修单的设计 …………………………………………… 215

第六章　房屋的日常养护 …………………………………… 216
　　一、房屋养护的原则 ……………………………………………… 216
　　二、房屋日常养护的类型 ………………………………………… 217
　　三、房屋日常养护的内容 ………………………………………… 218
　　四、房屋日常养护的程序 ………………………………………… 221

第七章　工程设施与设备规范化管理制度范本 …………………… 222

　　一、工程部管理制度 ………………………………………………………… 222
　　二、设备事故与应急处理程序 ……………………………………………… 227
　　三、供配电设施设备运行管理标准作业规程 ……………………………… 229
　　四、柴油发电机运行管理标准作业规程 …………………………………… 231
　　五、中央空调运行管理标准作业规程 ……………………………………… 233
　　六、给排水设施设备运行管理标准作业规程 ……………………………… 234
　　七、消防系统运行管理标准作业规程 ……………………………………… 236
　　八、弱电系统运行管理标准作业规程 ……………………………………… 237
　　九、供配电设施设备维修保养标准作业规程 ……………………………… 239
　　十、柴油发电机维修保养标准作业规程 …………………………………… 241
　　十一、中央空调维修保养标准作业规程 …………………………………… 243
　　十二、排水设施设备维修保养标准作业规程 ……………………………… 246
　　十三、消防系统维修保养标准作业规程 …………………………………… 249
　　十四、弱电系统维修标准作业规程 ………………………………………… 251

第八章　工程设施与设备规范化管理表格范本 …………………… 253

　　一、设备巡视签到表 ………………………………………………………… 253
　　二、空调系统巡视维护表 …………………………………………………… 254
　　三、电梯系统巡视维护表 …………………………………………………… 254
　　四、消防报警系统巡视维护表 ……………………………………………… 255
　　五、气体消防系统巡视维护表 ……………………………………………… 255
　　六、供配电系统巡视维护表 ………………………………………………… 256
　　七、供水系统巡视维护表 …………………………………………………… 256
　　八、排水系统巡视维护表 …………………………………………………… 257
　　九、监控系统巡视维护表 …………………………………………………… 257
　　十、避雷系统巡视维护表 …………………………………………………… 258
　　十一、停车场管理系统巡视维护表 ………………………………………… 258
　　十二、楼宇自控系统巡视维护表 …………………………………………… 259
　　十三、巡查问题处理表 ……………………………………………………… 259

第六部分　物业安全与应急规范化管理

第一章　物业安全应急系统建立 ………………………………………… 261

　　一、安全保安系统 …………………………………………………………… 261
　　二、消防安全系统 …………………………………………………………… 262
　　三、建立危机管理预警系统 ………………………………………………… 269

第二章　物业服务危险源辨识与控制 …… 273

一、物业管理中的危险源清单 …… 273
二、危险源的辨识 …… 276
三、危险源的控制 …… 278

第三章　日常公共秩序维护 …… 279

一、物业公共秩序维护的内容 …… 280
二、物业公共秩序维护的要求 …… 280
三、安全防范管理要点 …… 281
四、消防管理要点 …… 282
五、道路交通管理要点 …… 282

第四章　定期开展应急演练 …… 283

一、应急演练的目的 …… 283
二、应急演练的基本要求 …… 284
三、演练的参与人员 …… 284
四、制订应急预案的演练计划 …… 285
五、演习的实施 …… 287

第五章　安全与应急规范化管理制度范本 …… 288

一、安全生产管理制度 …… 288
二、保安员纪律规范 …… 296
三、保安员权限规定 …… 297
四、保安员形象管理规定 …… 297
五、保安队紧急集合作业指导书 …… 298
六、重大事件报告监控管理作业指导书 …… 298
七、保安员交接班管理作业指导书 …… 298
八、门岗值班工作指导书 …… 299
九、保安监控室作业指导书 …… 300
十、保安队监控管理作业指导书 …… 301
十一、消防演习工作规程 …… 303
十二、火警、火灾应急处理作业指导书 …… 304
十三、突发事件处理作业指导书 …… 307
十四、台风等突发自然灾害事件处理作业指导书 …… 308

第六章　物业安全应急规范化管理表格范本 …… 308

一、危险源调查表 …… 308
二、小区外来人员"临时出入证"样本 …… 309

三、小区来访人员登记表 ... 309
四、物资搬运放行条 ... 310
五、巡逻员值班记录表 ... 310
六、保安巡逻签到卡 ... 311
七、停车场巡查记录表 ... 311
八、小区巡逻记录表 ... 312
九、空置房巡查记录表 ... 313
十、监控录像带使用保管记录表 ... 313
十一、监控录像机使用保管记录表 ... 313
十二、营业性车场无卡车辆离场登记表 ... 314
十三、机动车停车场出入登记表 ... 314
十四、临时动火作业申请表 ... 314
十五、消防控制中心值班记录表 ... 315
十六、消防器材检查表 ... 316
十七、消防设备巡查表 ... 316
十八、消防电梯检查表 ... 317
十九、疏散灯消防检查表 ... 317
二十、消防巡查异常情况记录表 ... 317
二十一、消防检查整改通知书 ... 318
二十二、消防隐患整改月度汇总表 ... 318
二十三、应急预案演练记录 ... 319
二十四、重大事件报告表 ... 320

第七部分　物业客户服务规范化管理

第一章　客服中心常规事务处理 ... 322

一、搜集业主（租户）信息并整理成册 ... 322
二、接待态度要好 ... 322
三、充分建立客户资料库并使之发挥作用 ... 323
四、要完善并灵活运用物业档案资料于管理中 ... 324
五、灵活运用公告、通知类文书 ... 324

第二章　社区文化建设 ... 325

一、加强社区文化的硬件建设 ... 325
二、加强社区文化的软件建设 ... 325
三、要开展社区文化需求的调研 ... 327
四、对社区文化要进行总体构想 ... 327

五、每年至少一次要制订社区活动计划 ·· 328

六、每次社区文化活动都应有活动方案 ·· 328

七、活动前要进行广泛宣传动员 ··· 328

八、社区文化活动现场要控制好 ··· 328

九、每次活动都要及时总结 ··· 328

十、加强社区文化建设的档案管理 ··· 328

十一、要办好社区的宣传栏 ··· 329

十二、要善于营造节日气氛 ··· 329

第三章 客户关系管理 ·· 330

一、客户资料要分类并充分使用 ··· 330

二、关键客户要特别关照 ·· 331

三、深入了解业主的需求和期望 ··· 331

四、建立与业主沟通的渠道和制订务实的办事制度 ······························ 332

五、与业主委员会进行有效沟通 ··· 333

六、要积极化解邻里纠纷 ·· 333

七、要定期走访回访 ·· 333

八、定期开展客户满意度调查 ··· 334

第四章 物业客户服务规范化管理制度范本 ················ 335

一、业主（用户）资料登记、管理工作规程 ·· 335

二、档案资料建立管理工作规程 ··· 336

三、客户沟通管理规定 ·· 337

四、楼宇巡查管理标准作业规程 ··· 337

五、报修处理标准作业规程 ··· 339

六、社区文化活动工作规程 ··· 341

七、客户走访工作规程 ·· 342

八、客户意见征询工作规程 ··· 343

九、客户意见调查与分析制度 ··· 343

十、物业公司与业主委员会沟通、协调规定 ·· 344

第五章 物业客户服务规范化管理表格范本 ················ 345

一、业主信息统计表 ·· 345

二、租住人员信息登记表 ·· 346

三、产权清册 ··· 347

四、租赁清册 ··· 347

五、客户沟通记录表 ·· 347

六、客户请修登记表 ·· 348

七、客户请修流程单 ………………………………………………………… 348
八、住户搬出搬入登记表 …………………………………………………… 349
九、IC卡领取登记表 ………………………………………………………… 349
十、专用货梯使用申请表 …………………………………………………… 349
十一、社区文化活动方案审批表 …………………………………………… 350
十二、社区文化活动场所使用申请表 ……………………………………… 350
十三、社区文化积极分子名单 ……………………………………………… 351
十四、社区文化活动记录表 ………………………………………………… 351
十五、社区宣传记录表 ……………………………………………………… 351
十六、服务及回访记录表（客户）………………………………………… 352
十七、客户走访情况登记表 ………………………………………………… 352
十八、维修回访年度统计表 ………………………………………………… 353
十九、客户意见征询表 ……………………………………………………… 353
二十、客户满意度调查问卷 ………………………………………………… 354
二十一、"开展满意度问卷"调查的通知 ………………………………… 355
二十二、意见调查表发放、回收情况一览表 ……………………………… 356
二十三、意见调查表发放、回收率统计表 ………………………………… 356
二十四、满意度调查问卷统计表 …………………………………………… 356
二十五、客户满意率统计表 ………………………………………………… 358
二十六、客户满意度调查分析报告 ………………………………………… 358

第八部分　物业保洁规范化管理

第一章　物业保洁前期管理 …………………………………………… 361

一、物业保洁前期介入 ……………………………………………………… 361
二、物业保洁的接管验收 …………………………………………………… 361

第二章　物业保洁日常管理 …………………………………………… 366

一、物业保洁日常管理内容 ………………………………………………… 366
二、物业保洁管理标准 ……………………………………………………… 366
三、保洁日常管理要点 ……………………………………………………… 367

第三章　有害生物的防治与消杀 ……………………………………… 372

一、虫害的防治 ……………………………………………………………… 372
二、消杀工作的安排 ………………………………………………………… 374
三、消杀工作安全管理 ……………………………………………………… 375

第四章　物业保洁规范化管理制度范本 ……………………………… 376

　　一、保洁工作检验标准 …………………………………………………… 376
　　二、保洁工作操作规程 …………………………………………………… 378
　　三、保洁员质量检查作业规程 …………………………………………… 382
　　四、卫生消杀管理标准作业规程 ………………………………………… 384

第五章　物业保洁规范化管理表格范本 ……………………………… 386

　　一、保洁人员（各物业项目）编制表 …………………………………… 386
　　二、主要清洁设备设施表 ………………………………………………… 387
　　三、主要清洁材料（月用量）记录表 …………………………………… 387
　　四、垃圾（固体废弃物）清运登记表 …………………………………… 387
　　五、工具、药品领用登记表 ……………………………………………… 388
　　六、消杀服务记录表 ……………………………………………………… 388
　　七、消杀服务质量检验表 ………………………………………………… 389
　　八、保洁员质量检查表 …………………………………………………… 389

第九部分　物业绿化管理

第一章　物业绿化工程的前期管理 …………………………………… 393

　　一、物业绿化工程的前期介入 …………………………………………… 393
　　二、物业绿化的接管验收 ………………………………………………… 395

第二章　物业绿化的日常养护 ………………………………………… 398

　　一、物业绿化的日常管理内容 …………………………………………… 398
　　二、确定园林绿化养护质量标准 ………………………………………… 399
　　三、制订园林绿化养护管理月历 ………………………………………… 404

第三章　绿化改造工程的介入与验收 ………………………………… 406

　　一、旧园林问题的分析及改造方案的制订 ……………………………… 406
　　二、实施方案选择及招标管理 …………………………………………… 407
　　三、旧园林改造的施工管理 ……………………………………………… 408
　　四、绿化改造工程验收 …………………………………………………… 408

第四章　物业绿化规范化管理制度范本 ……………………………… 409

　　一、绿化管理程序 ………………………………………………………… 409

二、绿化养护工工作制度 ………………………………………………… 410
三、绿化工作管理办法 …………………………………………………… 411

第五章　物业绿化规范化管理表格范本 …………………………………… 414

一、绿化养护作业记录 …………………………………………………… 414
二、绿化现场工作周记录表 ……………………………………………… 414
三、绿化工作周、月检查表 ……………………………………………… 416
四、绿化养护春季检查表 ………………………………………………… 416
五、绿化养护夏季检查表 ………………………………………………… 417
六、绿化养护秋季检查表 ………………………………………………… 418
七、绿化养护冬季检查表 ………………………………………………… 418
八、园艺现场工作记录 …………………………………………………… 419

第十部分　物业公司财务规范化管理

第一章　物业公司财务管理的任务与内容 ………………………………… 422

一、物业公司财务管理的任务 …………………………………………… 422
二、新接楼盘的财务工作内容 …………………………………………… 422
三、接收二手楼盘的财务工作内容 ……………………………………… 424
四、管理处日常管理期间的财务工作内容 ……………………………… 425
五、管理期结束的财务工作内容 ………………………………………… 425

第二章　物业公司财务管理要点 …………………………………………… 425

一、提高财务人员的素质 ………………………………………………… 425
二、做好物业管理费的核算工作 ………………………………………… 426
三、抓好物业收费工作 …………………………………………………… 427
四、加强财务监督 ………………………………………………………… 428

第三章　物业公司财务管理制度范本 ……………………………………… 428

一、物业集团财务管理制度 ……………………………………………… 428
二、物业公司收费管理制度 ……………………………………………… 438
三、物业公司各小区财务收支管理办法 ………………………………… 441
四、物品采购及领用制度 ………………………………………………… 443

第四章　物业公司财务管理表格范本 ……………………………………… 445

一、物料申购表 …………………………………………………………… 445

二、计划外物料申购表 445
三、各部门物料采购汇总表 446
四、库存物品盘点表 447
五、不合格物料处置单 447
六、物品领用登记表 448
七、物品报损表（库房留存） 448
八、公司月物耗汇总表 448
九、物品外修申请单 449
十、固定资产盘点表 449
十一、发票领用登记表 450
十二、转账支票使用明细表 450
十三、会计档案查阅登记簿 450

第十一部分　物业公司人力资源管理

第一章　员工招聘管理 452

一、明确招聘人员总数 452
二、确定各类人员的招聘条件 453
三、确定员工的招聘方法 454
四、确定申请招聘的手续 454
五、明确招聘的工作程序 455

第二章　员工培训管理 456

一、培训工作的原则 456
二、员工培训的内容 456

第三章　员工工作的考核评价 457

一、制订切合实际的考核方案 457
二、建立完善的考核机制 457
三、尽量量化考核标准、增加考核内容 457
四、增加考核工作的透明度 458

第四章　物业公司人力资源管理制度范本 458

一、招聘、录用、调配及解聘管理办法 458
二、绩效考核制度 464

三、外驻职员管理办法 …………………………………………………………… 469
　　四、物业公司年度培训计划 ……………………………………………………… 471

第五章　物业公司人力资源管理表格范本 …………………………………… 475

　　一、公司员工花名册 ……………………………………………………………… 475
　　二、特殊岗位人员登记表 ………………………………………………………… 476
　　三、聘用员工面试、录用记录 …………………………………………………… 476
　　四、物管员、收银员面试评估表 ………………………………………………… 476
　　五、证件存档证明 ………………………………………………………………… 477
　　六、新进员工薪金定级表 ………………………………………………………… 477
　　七、员工转正申请表 ……………………………………………………………… 478
　　八、员工薪金调整（升、降）…………………………………………………… 478
　　九、员工加班申报表 ……………………………………………………………… 478
　　十、员工请假申报表 ……………………………………………………………… 479
　　十一、员工考勤、加班统计表 …………………………………………………… 479
　　十二、员工辞职申请表 …………………………………………………………… 479
　　十三、员工离职结算单 …………………………………………………………… 480
　　十四、先进、优秀员工、主管评选表 …………………………………………… 481
　　十五、人员增补申请表 …………………………………………………………… 481
　　十六、未打卡说明单 ……………………………………………………………… 482
　　十七、月人事异动表 ……………………………………………………………… 482
　　十八、培训申请表 ………………………………………………………………… 483
　　十九、部门案例收集表 …………………………………………………………… 483
　　二十、部门个人培训课时申报表 ………………………………………………… 483
　　二十一、外出参观考察申请表 …………………………………………………… 484
　　二十二、员工培训档案 …………………………………………………………… 484

第十二部分　物业管理风险防范规范化管理

第一章　物业管理风险来源与防范对策 ……………………………………… 486

　　一、物业管理风险的类别 ………………………………………………………… 486
　　二、风险来源 ……………………………………………………………………… 486
　　三、风险防范的对策 ……………………………………………………………… 488
　　　　相关知识：物业公司投保与理赔须知 ……………………………………… 490
　　　　相关知识：如何提高工作人员的风险防范意识 …………………………… 492

第二章　物业管理项目承接风险 ………………………………………………… 493

　　一、风险描述 ……………………………………………………………………… 493

二、招投标过程中的风险防范 494
　　三、物业合同签订中的风险防范 496
　　四、接管物业中的风险防范 496
　　　　相关知识：物业接管验收的内容与拒不移交资料的法律责任 497
　　五、新旧物业交接中的难点与对策 499
　　　　相关知识：新老物业公司承接验收如何操作 500

第三章　治安风险防范 500

　　一、治安风险描述 500
　　二、治安风险防范要点 501

第四章　消防事故和隐患风险防范 504

　　一、消防事故和隐患风险描述 504
　　二、消防事故和隐患防范要点 504

第五章　装修管理风险防范 507

　　一、装修管理风险描述 507
　　二、装修管理风险防范要点 508

第六章　高空坠物风险防范 514

　　一、高空坠物风险描述 514
　　二、建筑物及附着物坠物风险防范 515
　　三、高空抛物风险防范 516

第七章　物业服务收费风险及防范 517

　　一、物业服务收费风险描述 517
　　二、防范物业服务收费纠纷风险的措施 518
　　　　相关知识：费用拖欠的追缴方法 519

第八章　公共设施设备风险防范 521

　　一、公共设施设备风险描述 521
　　二、公共设施设备风险防范措施 522

第九章　公共环境风险防范 525

　　一、公共环境风险描述 525
　　二、公共环境风险防范措施 526

第十章 物业管理人力资源的风险及防范 528

一、人力资源风险描述 528
二、人力资源风险防范措施 529

第十一章 物业公司风险控制规范化管理文件 532

一、经营管理风险控制程序 532
二、基础物业管理风险识别及管理控制指引 535
三、风险管控具体实施方案（Ⅰ级） 543
四、风险管控具体实施方案（Ⅱ级） 547
五、风险管控具体实施方案（Ⅲ级） 553

第一部分
物业公司组织架构与岗位职责

- 第一章　物业公司组织架构
- 第二章　行政部（总经办）的职能与岗位设置
- 第三章　市场拓展部的职能与岗位设置
- 第四章　品质部的职能与岗位设置
- 第五章　人力资源部的职能与岗位设置
- 第六章　工程技术部的职能与岗位设置
- 第七章　安保部的职能与岗位设置
- 第八章　财务管理部的职能与岗位设置

第一章　物业公司组织架构

物业公司的组织架构是物业公司的全体成员为实现企业目标，在管理工作中进行分工协作，在职务范围、责任、权利方面所形成的结构体系，是表明公司内各部分排列顺序、空间位置、聚散状态、联系方式以及各要素之间相互关系的一种模式，是整个管理系统的"框架"。

公司组织架构因公司的功能不同而表现出不同的模式。如在物业服务公司中，公司的主要功能是为业主服务和对物业进行维护保养，所以，公司所有部门都是围绕着物业来进行工作的。

一、大型物业公司组织架构

大型物业公司的组织架构如图1-1-1所示。

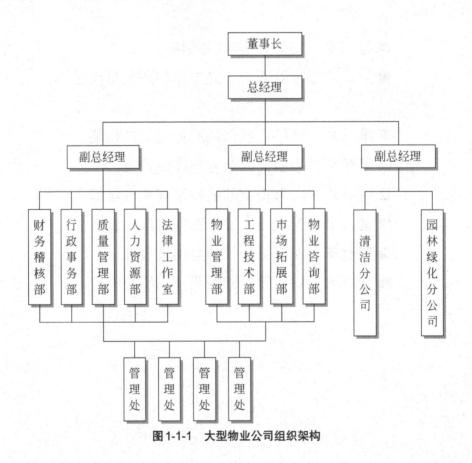

图1-1-1　大型物业公司组织架构

二、中型物业公司组织架构

中型物业公司组织架构如图1-1-2所示。

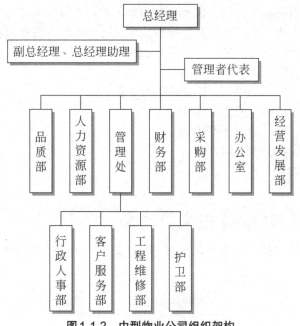

图1-1-2　中型物业公司组织架构

三、小型物业公司组织架构

小型物业公司组织架构如图1-1-3所示。

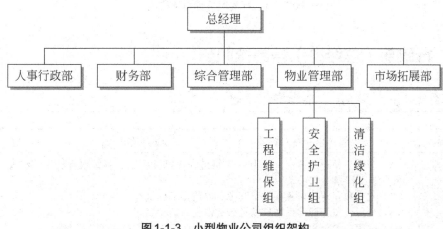

图1-1-3　小型物业公司组织架构

第二章　行政部（总经办）的职能与岗位设置

一、行政部（总经办）的职能

行政部（总经办）负责对内、对外的日常事务性工作，协调公司各部门之间的关系，维护公司整体利益，及时完成各级领导交办的各项任务，为总经理、副总经理当好参谋和助手。

（1）负责安排公司的各项会议，撰写会议纪要，并检查督促各部门的执行情况。
（2）负责文件的上传下达，并将总经理的指示及时传达至有关部门和相关人员。
（3）负责公司档案的编目、立卷、归档、借阅工作。
（4）负责公司的合同管理工作。
（5）负责公司各项报表的整理、汇总及上报工作。
（6）负责公司印章、印信的管理和使用工作。
（7）负责各部门之间有关问题的协调。
（8）负责公司车辆的管理工作。
（9）负责公司的接待工作。

二、行政部（总经办）的岗位设置

一般来说，行政部门由行政事务部经理、行政秘书、内务主办、接待员、司机等岗位构成，如图1-2-1所示。

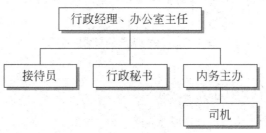

图1-2-1　行政事务部岗位构成

三、行政部（总经办）各岗位职责

【范本1-1】行政部（总经办）经理、主任

岗位名称	行政部（总经办）经理、主任	所属部门	行政部
岗位职责	（1）全面主持行政事务部工作，严格遵守国家法律以及各级政府的有关法规，执行公司的各项工作指令和决策 （2）建立和完善公司各项规章制度，并监督贯彻执行 （3）负责公司管理体系文件及行政文件的审核、发布 （4）列席参加公司各类行政会议，作好会议记录并负责落实会议精神 （5）公司信息平台的建立和维护 （6）负责公司各类印章、介绍信、证明、证书的管理 （7）审核公司发生的行政费用，降低本部门行政费用 （8）安排公司的对外接待，保持与政府部门、上级主管单位的联络 （9）公司车辆的管理 （10）培训：对本部门新职员进行入职指引，对本部门对口的业务负责组织编写教材并实施培训 （11）例会：召开部门例会，传达上级指示，部署工作任务，制订部门计划 （12）协调：协调各部门与管理处的关系及本部门与其他部门、管理处的关系 （13）对办公区域环境因素、职业健康安全方面进行评价，并有相应措施 （14）考勤：掌握本部门职员出勤情况，审核本部门职员请假		

【范本1-2】接待员

岗位名称	接待员	所属部门	行政部
岗位职责	（1）负责公司前台接待工作 （2）负责公司电话接转、收发传真、文档复印等工作 （3）负责各类办公文档、商务文档、合同协议的录入、排版、打印 （4）日常文书、资料整理及其他一般行政事务		

【范本1-3】行政秘书

岗位名称	行政秘书	所属部门	行政部
岗位职责	（1）协助经理安排组织有关会议，做好会议通知和会议记录，做好会议纪要的整理工作 （2）负责文件的起草、打字、复印等工作，并及时归档公司的相关文件 （3）负责往来文件、信件、传真的签收、拆封、登记、呈转及归档工作 （4）管理公司重要资质证件及办理公司所需各项证照 （5）负责建设与维护内、外网络，并做好宣传工作 （6）负责日常接待、公务联系等工作 （7）负责发放日常福利、节日福利 （8）负责办公用品的保管与发放工作 （9）负责编制采购计划，并督促采购员及时采购 （10）负责公司印信和印鉴的管理工作 （11）完成总经理或行政经理交办的其他工作		

【范本1-4】内务主办

岗位名称	内务主办	所属部门	行政部
岗位职责	（1）负责公司营业执照、资质证书、信誉证书等证件的一年一度的年审 （2）负责企业及分支机构的设立、变更、注销，和许可证的申报审批及印章的刻制 （3）负责提供营业执照复印件 （4）负责审核公司各类行政管理费用，并对费用进行统计 （5）负责公司电话机、传真机的管理及费用控制 （6）负责公司办公区域设施设备的报修 （7）负责职员宿舍的调配、日常监督管理及公共场所的管理工作 （8）负责公司办公区域办公设备、办公用品及工作服的管理工作 （9）负责公司车辆维修、保养、年审计划的制订和督导执行 （10）负责公司办公环境保洁、安全方案的实施与监督 （11）培训：对内务新职员进行入职指引 （12）负责公司伙食质量的监督工作，定期对公司宿舍、招待所、食堂等进行意见调查		

【范本1-5】司机

岗位名称	司机	所属部门	行政部
岗位职责	（1）认真贯彻执行公司车辆管理的有关规定，及时安全地完成行车任务 （2）严格执行公安部门的交通管理规则，杜绝事故发生 （3）定期进行车辆维修、检查，力求节约，合理用油 （4）熟悉所驾驶车辆的构造、性能，掌握各种条件下的操作要领和排除常见故障的技术 （5）爱护车辆，保持车况良好，车容整洁，工具和附件无损坏丢失 （6）出车时如实填写《派车单》		

第三章　市场拓展部的职能与岗位设置

一、市场拓展部的职能

物业公司的市场拓展部，相当于其他行业企业里的市场营销部，其主要功能如下。
（1）完善公司市场拓展管理体系，起草、修订和维护《营销管理手册》。
（2）制订公司年度物业管理业务拓展计划。
（3）收集物业管理市场信息，对物业管理项目的可行性进行评估和分析。
（4）物业管理项目的联系、洽谈、跟进和承接工作。
（5）物业管理项目的调研及一般项目物业管理方案的编制。
（6）新接项目物业管理委托合同的起草。
（7）积极发展与本部门职能相对应的对外联系渠道，并保持渠道的畅通。
（8）公司对外形象的传播。

二、市场拓展部岗位设置

市场拓展部的岗位架构如图1-3-1所示。

图1-3-1　市场拓展部的岗位架构

三、市场拓展部岗位职责

【范本1-6】市场拓展部经理

岗位名称	市场拓展部经理	所属部门	市场拓展部
岗位职责	（1）计划与目标：制订公司年度物业拓展工作计划与目标并实施 （2）市场调研：研究本市业内同行的物业管理市场拓展情况；利用多种途径了解全国物业管理市场的发展状况并加以分析 （3）合同：指导本部门员工根据项目的具体情况完成各类物业管理方案及合同书的编写 （4）项目跟进：通过多种方式积极跟进在谈项目，全面了解跟进在谈项目的具体情况，尽量掌握项目竞争对手的情况，特别是文本中关键细节的定位 （5）合同评审：项目洽谈进展到成熟时期，组织召集公司有关人员进行合同评审，根据合同评审结果完善合同内容并报请有关领导审批 （6）培训：对本部门职员进行入职指引，对本部门对口的业务组织编写教材并实施培训，建立有效的工作团队 （7）例会：召开部门例会，传达上级指示，部署工作任务，制订部门计划		

续表

岗位名称	市场拓展部经理	所属部门	市场拓展部
岗位职责	（8）印鉴：掌管部门公章，签发所有应当由本部门发放的文件 （9）公共关系：积极发展对外联系渠道并保持渠道畅通；负责公司对外形象的传播 （10）考勤：掌握部门职员出勤情况，审核本部门职员请假		

【范本1-7】市场拓展主管

岗位名称	市场拓展主管	所属部门	市场拓展部
岗位职责	（1）工作计划：负责制订部门年、月度物业拓展工作计划 （2）项目拓展：根据公司市场拓展目标不断开拓新市场 （3）编制文件：根据不同类型的物业特点，及时编制物业管理全委（顾问）计划书、物业管理全委（顾问）合同书 （4）项目跟进：通过多种方式积极跟进在谈项目，全面了解跟进在谈项目的具体情况，尽量掌握项目竞争对手的情况，特别是文本中关键细节的定位 （5）合同评审：召集公司有关人员对物业管理委托合同进行评审 （6）市场调研：研究业内同行的物业管理市场拓展情况，利用多种途径了解全国物业管理市场的发展状况并加以分析 （7）公共关系：积极发展对外联系渠道并保持渠道畅通；公司对外形象的传播		

【范本1-8】市场拓展专员

岗位名称	市场拓展专员	所属部门	市场拓展部
岗位职责	（1）项目拓展：根据公司市场拓展目标不断开拓新市场 （2）项目跟进：通过多种方式积极跟进在谈项目 （3）客户档案的建立与维护 （4）定期与发展商联系 （5）负责合同评审的准备工作 （6）负责物业管理项目的接洽和联系，以及相关资料的收集整理 （7）协助主管编制物业管理方案和计划书 （8）工作计划：协助主管制订部门年、月度物业拓展工作计划		

【范本1-9】租赁专员

岗位名称	租赁专员	所属部门	市场拓展部
岗位职责	（1）租赁委托登记：业主、租户有意出租房屋或想租房，可以分别在出租登记、需求登记中填写自己的意向，或者直接登记委托 （2）勘察定价：出租房屋等信息登记完毕后，与业主、租户约定勘察日期、时间，在约定时间，根据勘察口径对房屋进行勘察（重点勘察确认房屋的装潢水平和设施配备），与客户根据租赁市场的行情和房屋具体情况，协商确定物业租金，并就租赁的各项条件达成一致 （3）配对看房，即与租户约定上门看房日期、时间，并在约定时间陪租户上门看房 （4）按照双方所达成的各项条件填写合同，并收集出租人和承租人双方的有效证明文件，公司则为营业执照等 （5）代理租赁完成后，租赁双方在《房屋租赁合同》上签字、盖章，向出方收取该出租房的1个月租金为中介费 （6）按《房屋租赁合同》规定日期，租赁双方到房屋所在地交验房屋		

第四章 品质部的职能与岗位设置

一、品质部工作目标

品质部的主要工作目标如下。
（1）负责公司管理体系的建立并不断完善。
（2）负责监督公司管理体系文本和指令性文件的正确执行。
（3）负责组织起草、修订、维护《物料管理手册》、《服务提供手册》、《品质改进手册》。
（4）负责企业年度品质管理计划的制订、修订及品质改进的策划和组织实施。
（5）负责公司客户满意度测评计划的制订和实施。
（6）负责建立公司品质督导档案。
（7）负责指导符合创优条件的小区创优工作，指导业主委员会筹备工作。
（8）负责公司管理体系的监视、测量，组织内审、管理评审。
（9）负责组织公司环境管理方案、职业安全方案的制订和实施。
（10）负责安全信息收集和建档，对公司在法律方面的适应性进行评估。
（11）按公司培训计划，对职员进行有效的培训。
（12）就品质问题协调公司各职能部门与分公司之间的关系。
（13）与行业及政府主管部门的联系与沟通。

二、品质部组织架构

品质部在物业公司中负责物业管理服务的质量管理与控制，进行质量管理体系建设与监督实施，其组织结构形式如图1-4-1所示。

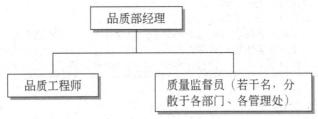

图1-4-1　品质部的组织架构

三、品质部各岗位职责

【范本1-10】质量经理

岗位名称	质量经理	所属部门	品质部
岗位职责	（1）根据公司管理需要建立相应的管理体系并不断完善；负责组织《品质改进手册》、《服务提供手册》、《物料管理手册》的编写 （2）管理体系的维护和持续改进：制订、修正并组织实施年度管理体系改进计划；负责每年组织至少两次内部管理体系审核；负责每年组织至少两次管理评审；协调外部审		

续表

岗位名称	质量经理	所属部门	品质部
岗位职责	核的准备及配合工作；负责组织有关品质的专题研讨 （3）品质现状测评：负责编制公司年度客户满意度测评计划；负责编制客户满意度测评方案；负责组织实施客户满意度调查；负责客户满意度调查报告的编制和发布 （4）品质督查：负责公司管理体系执行的督导，组织对管理体系文件的日常督导，定期向公司管理层提交管理体系执行督导报告 （5）创优：负责符合创优条件的小区创优工作的指导，组织对相关管理处人员进行培训，协助制订创优计划，组织职能部门及专业技术人员对创优计划实施情况进行检查，提出意见和建议 （6）公司环境管理、职业健康安全管理方案的组织制订与实施 （7）与行业及政府主管部门联系与沟通 （8）培训：对本部门职员进行入职引导，对本部门对口的业务负责组织编写教材并实施培训，建立有效的工作团队 （9）例会：召开部门例会，传达上级指示，部署工作任务，制订部门计划 （10）考勤：掌握部门职员出勤情况，审核本部门职员请假 （11）印鉴：掌管部门公章，签发所有由本部门发放的文件 （12）协调：解决下属提出的具体困难和需要，协调本部门与其他部门之间的合作关系		

【范本1-11】品质工程师岗位职责

岗位名称	品质工程师	所属部门	品质部
岗位职责	（1）协助管理体系的建立、维护、持续改进：配合品管部经理编写、修订公司的相关体系文本；维护公司管理体系的有效运行及持续改进 （2）负责公司管理体系督导活动：随机抽查每月不少于1次；每月5日之前出具上月品质督查报告；落实跟踪上月督查发现的不符合项 （3）客户意见调查：一年内组织两次客户意见调查，每半年1次；调查表的发放率不少于总户数的50%，回收率在70%以上，总体真实率达到95%以上；运用柱状图、折线图、因果图对调查结果做统计分析 （4）内部管理体系审核：编制检查清单，准备各种审核表格及文件；参与现场审核，确保客观、严谨；组织对内审中不合格的纠正措施进行跟踪、验证 （5）创优：负责符合创优条件的小区创优工作的指导 （6）协助经理制订与实施环境管理、职业健康安全管理方案		

【范本1-12】质量监督员岗位职责

岗位名称	质量监督员	所属部门	品质部
岗位职责	（1）负责本部门的质量管理工作，对本部门的质量活动进行日常监督、检查，对发现的不合格项及时开出不合格报告予以纠正 （2）负责质量体系文件在本部门的贯彻落实，并对日常工作检查中发现的不适用的质量体系文件向品质管理部提出修改、改进建议 （3）对本部门质量目标完成情况进行月、年统计、分析并上报品质管理部或分公司 （4）负责在本部门跟踪落实内部审核不合格项及品质管理部开出不合格报告的整改情况 （5）定期参加由品质管理部召开的质量工作座谈会 （6）负责跟踪落实及反馈品质管理部所安排工作在本部门的执行情况 （7）掌握物业管理的各项政策、法规、标准，制订本部门质量体系文件年度培训工作，并按计划实施 （8）接受品质管理部的业务指导和监督		

第五章 人力资源部的职能与岗位设置

一、人力资源部的职能

人力资源部是企业人力资源规划、人事安排的核心部门，也是市场拓展、服务开展的辅助部门，其主要职能如下。

（1）建立和完善公司的人力资源开发和管理体系，起草、修订、维护《人力资源管理手册》。
（2）制订公司人力资源发展规划及人力资源管理计划。
（3）负责组织公司的招聘、测试及分配等工作。
（4）负责推动公司的绩效评估、人力资源管理目标达成评估。
（5）负责公司人力资源培训与开发、公司职员职业发展规划。
（6）负责建立公司人力资源信息系统并维护。
（7）负责公司工资福利、职员职业健康相关政策的落实，和工资、奖金的核算、审核，及社会保险的办理。
（8）负责公司内员工调配手续的办理。
（9）负责公司奖惩的审议；公司职员奖惩的实施。
（10）负责公司请休假的管理。
（11）负责与劳动、人事部门及相关部门的联络与协调。
（12）负责公司劳保福利政策的制订与落实。

二、人力资源部岗位设置

一般来说，人力资源部由人力资源部经理、人事文员构成，如图1-5-1所示。

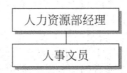

图1-5-1　人力资源部岗位设置

三、人力资源部各岗位职责

【范本1-13】人力资源部经理

岗位名称	人力资源部经理	所属部门	人力资源部
岗位职责	（1）规章：负责组织编制和修订人力资源管理的各项规章制度，不断完善人力资源管理体系 （2）人力资源规划及计划：负责编制公司人力资源发展规划及年度人力资源管理计划 （3）招聘：负责公司职员的招聘、测试、录用 （4）绩效评估：负责建立及不断完善绩效评估体系，并组织实施对各层职员的绩效评估 （5）培训：负责培训体系的建立、完善与实施；本部门新职员入职指引；编写与本部门业务相关的培训教材并实施培训 （6）薪酬福利：负责编制公司工资、奖金及其他福利的发放方案，审核公司职员工资、奖金		

续表

岗位名称	人力资源部经理	所属部门	人力资源部
岗位职责	（7）人力资源分析：人力资源投入产出经济分析；人力资源素质结构及目标达成度分析 （8）负责公司劳保福利政策的制订与监督落实 （9）考勤：掌握部门职员出勤情况，审核本部门职员请假 （10）印鉴：掌管部门公章，签发所有本部门发放的文件 （11）例会：每月召开一次部门例会，传达上级指示，制订工作计划，部署工作任务 （12）协调：协调本部门与其他部门之间的合作关系		

【范本1-14】人事文员

岗位名称	人事文员	所属部门	人力资源部
岗位职责	（1）规章：协助人力资源部经理组织编制和修订人力资源管理的各项规章制度，不断完善人力资源管理体系 （2）人力资源规划及计划：协助人力资源部经理编制公司人力资源发展规划及年度人力资源管理计划 （3）招聘：协助人力资源部经理完善招聘录用体系及人员招聘、测试、录用等的实施，及职员调配手续的办理 （4）绩效评估：协助人力资源部经理完善绩效评估体系并组织实施对各层职员的绩效评估 （5）培训：协助各部门完成相关的培训，组织编写相关的培训教材 （6）薪资福利：协助人力资源部经理完善工资、奖金及其他福利的发放方案 （7）人力资源分析：协助人力资源部经理进行人力资源投入产出经济分析；人力资源素质结构及目标达成度分析 （8）其他：经理休假或出差时代理经理召开本部门例会，核查本部门职员的考勤，以及协调与其他部门的关系		

第六章 工程技术部的职能与岗位设置

一、工程技术部的职能

工程技术部是物业管理公司的一个重要的技术部门，负责住宅区或高层楼房的各类设备的管理、维修和养护，在业主入住后进行装修和改造，同时为业主提供上门维修服务。工程技术部要按照国家及省市有关的政策、法规对各项有关工程和设备的质量等进行监督和检查，对管理部门提出的各项修缮计划和经费进行审核，并积极开拓、承接各项力所能及的工程项目，其职能可分解为以下6项。

（一）项目接收

（1）负责新接管项目前期介入、接管验收工作。
（2）负责组织本公司技术能力不能解决的重大故障维修项目的招标及监督、验收工作。

（二）房屋维修、维护

（1）制订并不断完善房屋维护管理制度。

(2) 制订和实施房屋的修缮计划，确保房屋的完好与正常使用。

（三）房屋装修管理

(1) 对业主装修方案进行审批。
(2) 与业主、施工单位签订装修管理协议，并告知业主装修注意事项。
(3) 对装修现场进行巡视检查，及时发现违反施工管理规定和装修方案的情况。

（四）设施设备维护

(1) 制订并不断完善辖区内设施、设备的管理制度、维修养护作业规程。
(2) 负责设备设施的安装验收、安全运行管理工作。
(3) 负责制订各系统设备设施的维修保养计划，并组织落实。
(4) 负责高低压配电室、锅炉房、水泵房的安全运行管理工作。
(5) 处理公司相关部门和业主的报修事务。

（五）采购管理

(1) 采购工程技术部所需的材料、工具、配件等物品。
(2) 负责工程技术部物品的登记、入库、保管、领取手续办理等工作。

（六）内部管理

(1) 合理调配部门员工的工作。
(2) 部门经费的控制与管理。
(3) 定期对员工进行业务培训与考核。

二、工程技术部的岗位架构

工程技术部是负责公司物业维修及设备管理的技术管理部门，包括房屋和设备设施的检验、维修、更新、改造的计划安排和实施管理，其岗位架构如图1-6-1所示。

图1-6-1　工程技术部的岗位构成

三、工程技术部各岗位职责

【范本1-15】工程技术部经理

岗位名称	工程技术部经理	所属部门	工程技术部
岗位职责	(1) 制订部门工作计划；领导、落实、指导、监督下属工作 (2) 对下属培训制订计划及绩效的评估；按质量管理体系要求开展部门工作 (3) 重大工程施工、价格、合同的管理		

续表

岗位名称	工程技术部经理	所属部门	工程技术部
岗位职责	（4）技术：管理处技术咨询、指导 （5）设施、设备管理：外委维修、报废、更新及采购的审核；各管理处设施设备保养计划、维修计划的审核 （6）负责组织制订和实施公司环境管理方案、职业安全方案 （7）负责公司管理体系执行督导，及重大设备投诉受理 （8）定期组织各管理处进行客户满意度调查尤其是设备设施方面的调查 （9）培训：对本部门新职员进行入职指引；对本部门对口的业务负责组织编写教材并实施培训 （10）建立有效的工作团队 （11）例会：组织召开工程例会与部门例会，传达上级指示，部署工作任务，制订部门计划 （12）印鉴：掌管部门公章，签发所有应由本部门发放的文件 （13）考勤：掌握部门职员出勤情况，审核部门职员请假 （14）协调：本部门与其他部门、管理处的关系		

【范本1-16】技术工程师

岗位名称	技术工程师	所属部门	工程技术部
岗位职责	（1）参与公司新项目的考察、接管验收 （2）负责初审《设备机具采购申请单》和《设备机具报废申请单》 （3）对公司供用水、用电情况进行管理 （4）能编写与本职工作相关的培训教材并实施培训 （5）协助品质工程师对相关部门的品质督导		

第七章 安保部的职能与岗位设置

一、安保部的职能

安保部的主要任务是对各物业管理处护卫人员进行调配、管理，以确保公司负责管区内的治安保卫、交通安全管理和消防管理，参与社会联防，维护管区内业主的人身和财产的安全，保证正常的工作、生活和交通秩序。其具体职能如下。

（1）治安：负责公司所属辖区护卫队伍的管理和治安秩序的维护。
（2）消防：对公司所属辖区消防安全工作进行监督、检查、指导，对火险隐患提出整改意见；治安、消防事故应急及善后处理。
（3）督导：对护卫服务队的日常工作进行督导。
（4）劳资：制作本部门所有职员工资发放表。
（5）培训：负责保安员在职培训，协助人力资源部对保安员进行入职培训。
（6）评估：负责保安员培训评估、日常评估及绩效评估。
（7）对外联系：保持与公安、交管、消防等部门的业务沟通及建立良好工作关系。
（8）公司所辖区域各小区内机动车辆的管理。
（9）建立有效的工作团队。

二、安保部的岗位设置

安保部的岗位架构如图1-7-1所示。

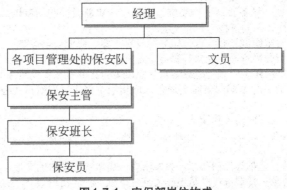

图1-7-1 安保部岗位构成

三、安保部各岗位职责

【范本1-17】安保部经理

岗位名称	安保部经理	所属部门	安保部
岗位职责	（1）计划：制订每月工作计划并组织实施 （2）调配：决定保安人员的调配、辞退，对部门内发生的重大事项及时处理并上报，定期与各管理处经理沟通，取得支持 （3）车场管理：负责车场日常管理和临时收费管理 （4）消防管理：负责各辖区消防监督检查及消防事故处理 （5）治安维护：组织各辖区护卫队开展日常护卫工作，保证小区处于治安受控状态 （6）法律纠纷：保持与公司法律顾问的工作联系，负责公司涉及法律纠纷的处理；对与本部门相关的环境、职业健康因素进行评估，并制订相应预防措施 （7）培训：对本部门职员进行入职指引；对本部门对口的业务负责组织编写教材并实施培训，建立有效的工作团队 （8）例会：召开部门例会，传达上级指示，部署工作任务，制订部门计划 （9）考勤：掌握部门职员出勤情况，审核本部门职员请假 （10）印鉴：掌管部门公章，签发所有应由本部门发放的文件 （11）协调：与各辖区治安民警保持良好的工作关系；根据消防要求对各辖区消防安全予以监督		

【范本1-18】安保部文员

岗位名称	安保部文员	所属部门	安保部
岗位职责	（1）负责本部门各类人员统计、造册，工资、奖金核算发放 （2）检查、监督、评估：每月对各护卫队日常工作进行2次以上巡回检查并记录；根据公司奖惩条例对队员进行评估并反馈评估结果 （3）文档管理：协助经理处理文件，整理文档资料；负责部门内部文件、通知的起草、发布；建立职员日常评估档案 （4）受理投诉：接待客户直接投诉或品质部转达的间接投诉并做好记录 （5）培训：组织保安员在职培训；协助人力资源部对保安员的入职培训 （6）协调：协助各辖区护卫队之间及各护卫队与部门之间的关系		

【范本1-19】保安领班

岗位名称	保安领班	所属部门	安保部
岗位职责	（1）执行主管的指令，负责本班护卫日常管理工作 （2）召开本班会议，总结工作要点并解决实际问题，对本班队员提出具体工作要求并做好记录 （3）带班前后提出要求和讲评，并协助主管完成培训计划 （4）协调本班与其他班组工作关系以及本班队员之间关系 （5）本班队员上岗执勤情况，纠正违规现象 （6）依据队员实际表现对队员提出相应的奖惩建议。		

【范本1-20】保安员

岗位名称	保安员	所属部门	安保部
岗位职责	（1）负责小区的安全保卫工作，保障小区物业管理工作的顺利进行 （2）坚持原则，明辨是非，敢于同违法犯罪分子作斗争。如发生火灾、盗窃、凶杀等突发事件，保安人员必须做好必要的应急处理并保护好现场，及时通知本小区物管站和辖区派出所 （3）进行经常性治安防范巡视和防火安全检查，发现隐患及时上报物管站。严禁外来闲杂人员进入小区，来访人员必须登记，准许后方可入内 （4）对进出车辆和停放车辆要严格管理，统一指挥，严禁乱停乱放；未经登记允许不得进入小区，严禁贮装易燃易爆危险品的车辆进入小区 （5）做好各项登记及交接班记录 （6）领导临时交办的工作任务		

第八章　财务管理部的职能与岗位设置

一、财务部的功能

财务部是物业公司中负责账务核算、资金管理、发放工资等事务的部门，其主要功能如下。
（1）建立和完善公司的财务管理体系，起草、修订、维护《财务管理手册》。
（2）负责公司财务计划的编制，依法组织财务活动和经济核算，定期编制财务报告并按照投资隶属关系合并上报。
（3）负责公司利润收缴，向董事会和股东大会报告财务状况。
（4）负责公司资金的筹集、管理和控制，作好资金的收支及平衡调配工作，确保公司资金的合理运用，对应收账款按协议时间及时催收，确保资金回笼。
（5）负责公司各项财产的核对和抽查，审核财务、成本、费用等各项指标，检查各项物资增减变动结存情况，按规定摊销折旧费用，并参与公司各种合同评审。
（6）负责公司及区域分公司财务报表汇总及账册、凭证、报告等各种资料的整理立卷归档工作，妥善保管公司财务档案，随时提供有关财务资料。
（7）负责公司职员工资及奖金的发放、个人所得税的代缴以及各项税收的申报和缴交工作，负责进行税务登记、年审等相关事宜。

（8）指导、督促所属分支机构的财务管理与会计核算。
（9）负责公司财会机构设置，对财务人员的配备、财务专业职务的设置和聘任提出方案，组织财务人员的培训和培训的评估，支持财务人员依法行使职权。
（10）负责公司及区域分公司、控股企业的财务审计工作。
（11）负责公司质量成本管理数据的分析并形成质量成本报告。
（12）协调处理与税务、银行、审计等部门的关系，配合其完成评估工作。
（13）配合其他部门完成与会计经济业务相关的事项。

二、财务部的岗位架构

在较小型的物业公司里，财务部的组织结构层级相对简单，如图1-8-1所示。

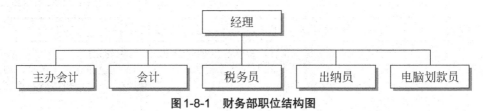

图1-8-1　财务部职位结构图

对于大型的物业公司来说，可能在各岗位上要设置主管，如总出纳、税务主管、稽核主管等。

三、财务部各岗位职责

【范本1-21】财务部经理

岗位名称	财务部经理	所属部门	财务部
岗位职责	（1）计划及分析：全面负责公司各项经济活动的预测 ——制订财务收支计划、信贷计划，拟订资金筹措和使用方案 ——协助领导对对外签订的经济合同和其他基本建设投资等问题作出决策 ——负责对下属公司财务工作进行指导和监督 （2）控制及审核：对成本及费用进行监督控制，努力降低成本、提高经济效益 ——执行成本费用计划、控制、核算、分析和监督，督促本单位有关部门减低消耗、节约费用，提高经济效益 ——审核财务、成本、费用等计划指标是否齐全、编制依据是否可靠、计算是否准确、相互是否衔接 ——分析、检查财务收支的执行情况 ——解释、解答财务法规中的重要疑难热点问题 （3）培训：对本部门职员进行入职指引，对本部门对口的业务负责组织编写教材并实施培训 （4）例会：召开部门例会，传达上级指示，部署工作任务，制订部门计划 （5）协调 ——负责协调对外关系 ——解决下属提出的具体困难和需要，协调本部门与其他部门之间的合作关系 （6）印鉴：掌管部门公章，签发所有部门发放的文件 （7）考勤：掌握部门职员出勤情况，审核本部门职员请假 （8）负责本部门办公区域环境因素与主要危险源的识别并提出解决方案		

【范本1-22】主办会计

岗位名称	主办会计	所属部门	财务部
岗位职责	（1）会计核算：对本公司所有的经济业务进行电算化会计核算 ——各种款项和有价证券的收付 ——库存商品的收发、增减和使用 ——债券债务的发生和结算 ——资本、基金的增减 ——收入、支出、费用、成本的计算 ——财务成果的计算和处理 ——需要办理会计手续、进行会计核算的其他事项 （2）会计报表：编制和出具每期财务报表，保证会计报表每一要素的真实性、完整性和合法性 （3）内部审计：负责检查分公司财务状况和内控制度，保证分公司财务工作的制度化、程序化、合法化 （4）稽核控制：审核公司各部门报销单据有无领导签字，原始凭证是否齐全、真实；审核各管理处报销原始单据的真实性及其收支情况的真实性 （5）凭证录入：负责输入每期会计业务单据，保证会计信息的真实性，确保账实相符、账款相符、账账相符、账表相符 （6）档案整理：凭证账表的整理、装订、分类、归档		

【范本1-23】会计

岗位名称	会计	所属部门	财务部
岗位职责	（1）审核：对会计原始单据进行审核，保证会计信息的真实性、完整性和合法性 ——审核公司各部门每日上报原始单据的真实性 ——审核各管理处每日上报原始单据及收支情况的真实性 （2）凭证录入：负责输入每期会计业务单据，保证会计信息的真实性，确保账实相符、账款相符、账账相符、账表相符 （3）档案管理：对会计资料进行整理、装订、归档和保管 （4）其他：复印、打印和财务部日常事务，完成领导交给的其他任务		

【范本1-24】出纳员

岗位名称	出纳员	所属部门	财务部
岗位职责	（1）货币结算：办理各种货币资金的收支结算业务 （2）现金及支票管理：严格按照公司制订的财务制度管理现金、支票 （3）记账：根据会计凭证登记现金、银行存款日记账 （4）对账：定期核对现金日记账和银行存款日记账		

【范本1-25】税务员

岗位名称	税务员	所属部门	财务部
岗位职责	（1）国税申报：填制纳税申报表及各类申报附表，审核（国税《发票使用明细表》）并计算税款及汇总，将领取的增值税专用发票进行认证，并按税务局有关规定装订成册及填制明细报表，每月十日前（节假日顺延）到主管征收分局申报税款		

岗位名称	税务员		所属部门	财务部
岗位职责	（2）地税申报：填制纳税申报表（包括停车场），及时做好个人所得税明细表及汇总表，每月二十一日前到主管税务机关申报税款 （3）税务检查：根据季度会计报表按时填制重点税源情况调查表，每季度按时将季度会计报表及重点税源调查情况表送地方税务局主管科室 （4）税务手续：税务注销、登记、变更，及时与相关税务部门做好税务协调工作 （5）增值税专用发票：定期向国家税务局申请领购及验销增值税专用发票，严格按照增值税发票的使用规定向业主（必须为一般纳税人）开具专用发票，严格按照国家税务局要求保管增值税专用发票 （6）验销、保管各类普通发票、收据 （7）装修税：协助新接管物业做好家庭装修税收征收工作；税票领取、保管、使用及与税务局结算代收税款；协助新接管物业做好家庭装修税款有关税务的咨询、解释及税务联系等 （8）档案管理：做好纳税资料的装订及档案管理；其他相关税务资料的整理及档案管理；工资表、各类津贴表的装订及保管工作 （9）房屋租赁统计：按规定统计公司、管理处房屋租赁收费情况及将租赁合同整理归档			

【范本1-26】电脑划款员

岗位名称	电脑划款员		所属部门	财务部
岗位职责	（1）数据录入：每月定期输入收费原始数据，计算各项费用 （2）手续办理：每月定期办理补单、资料更改、开户、销户等有关手续 （3）银行托付：按时将软盘送存银行，取回收、拒付表，并将已付、拒付账户划分后，通知各管理处领取分单 （4）客户咨询：做好对用户电脑收费查询解释工作 （5）资料收集：收集好电脑收费的原始资料，并及时整理、归档、保管			

第二部分
市场项目拓展规范化管理

- 第一章　市场拓展业务
- 第二章　做好物业投标管理
- 第三章　市场拓展业务规范化管理制度范本
- 第四章　市场拓展业务规范化管理表格范本

第一章　市场拓展业务

物业管理的市场非常广阔，商机无限，市场前景乐观。但是，由于物业管理行业是一个利润相对低微的行业，以规模化发展来克服成本因素是行业内较为普遍的做法。只有扩大规模，才能使成本相对更低，企业才能获得相对可观的利润，所以，要使物业公司做大做强，只有不断地拓展业务。

一、做好企业市场定位

由于物业管理企业的发展背景、管理特色的不同，一个企业的人、财、物、信息资源是有限的，如何将这些资源合理使用，发生规模效应，产生最大的效能，就需要有一个明确的、适合企业发展的市场定位，需要根据市场的发展、企业的变化，适时地调整定位，这样，市场拓展部门在明确的市场定位下，有所为、有所不为，有利于市场拓展工作的开展。市场定位有助于以下市场拓展工作的开展。

（一）甄别开发商

在企业发展没有明确的定位时，可能会不考虑开发商的资质、信用，只要能够接到楼盘，为公司打开市场即可，这样做的话，公司难免在后期管理和赢利上出现问题；在企业有了一定的市场占有率，有了明确的定位后，在市场拓展时便会综合考虑开发商的情况，为市场拓展的前期工作打下基础。

（二）对市场进行分类

对市场进行分类即进一步定位优质市场，也就是说对已定位的市场进行分类，深入了解项目的盈利能力、风险，确定优质市场并进一步扩大优质市场占有份额，同时，逐步放弃非盈利市场。

（三）定位地区并充分考虑地区限价政策的影响

我国东、西部地区经济差异大，在定位好地区后，还需要在进行异地市场扩展时，考虑各地政府是否对物业管理收费采取了限价政策，不加分析地进入异地市场会影响公司预计的盈利空间，故物业管理企业要对异地的限价和公司的运行成本进行比较、测算，从而做出是否进入异地的决策。

二、加强市场开拓人员队伍的建设

建立一支全职的市场开拓人员队伍，其人员组成可以由现职人员、公司内部或对外招聘组成，并对市场开拓人员进行全面的培训。

公司内部人员可自行报名，经公司领导班子综合评定后调换岗位。对外招聘人员要进行严格的考核，以其过往业绩作为主要参考依据，并签订责任明确的聘用合同，合同须明确每年拓展项目的类型及规模，同时规定投入的上限。

市场开拓人员必须努力学习，不断提高自身业务能力。在条件许可情况下，要组织相关的培训，从观念、业务、技巧等方面着手，注重细节，力争市场开拓人员的业务水平得到质的提高。此外，市场部要定期组织市场开拓人员有针对性地进行讨论，进行模拟项目标书制作、答辩等，还要对竞标失利进行原因分析，对竞标成功进行经验总结，以利于未来的市场竞争。

三、建立规范的市场开拓机制

对市场开拓进行规范，从物管信息收集、是否竞标到标书的制作等市场开拓全过程进行程序化的规范管理，确保市场开拓在有序可控状态下进行。

（一）信息处理

市场部安排专人每星期一、星期四上各地省、市政府招标网站，获取相关信息。每星期获取的信息由部门经理进行处理，对有竞标价值的项目由市场部经理提出意见报公司领导批准后参与竞标。

对从其他途径获取的信息，由市场部进行评估并形成书面评估报告呈公司领导批示；对有投标价值的项目，由市场部组织人员参加投标。

（二）标书规范化制作

现行投标项目的标书一般由技术标与商业标组成。技术标就是体现物业公司管理理念、管理手段及服务环节的控制过程，商业标简单地说就是投标价格。市场部要组织人员根据公司 ISO 9000 体系及相关的管理制度，制订出相对标准化的技术标项目，根据管理各环节的支出内容，形成相对标准的商业标项目，这样在进行项目投标时，再根据招标文件的要求进行针对性补充，能有效节省标书编写时间，保证标书的水平，能够把主要精力放在处理投标所涉及的其他事项上，特别是处理与招标方的关系，为中标创造最大的机会。

四、建立有效的市场开拓业绩考核机制

市场部应根据各方面情况，建立合理的、有效的业绩考核机制，对完成市场开拓任务的人员给予奖励，对未能完成的人员给予处罚。

（一）拓展目标的确定

根据市场环境及公司自身状况，明确市场部当年拓展项目的类型与数量。在确定类型与数量前，与市场开拓人员进行充分的讨论，目标的制订既要在实事求是的基础上，又要有一定的前瞻性，要给市场开拓人员一定的压力，要能激发市场开拓人员的积极性与主观能动性。

（二）拓展业务绩效考核机制

建立市场拓展绩效考核机制，即市场开拓人员（正式员工）拓展业绩与奖金挂钩，如：开拓人员奖金在年终发放，完成任务的全额发放；未完成任务的，按实际拓展数与计划数的百分比发放；没有业绩的不发放奖金；超额完成的，根据完成项目赢利能力由公司领导班子决定给予额外奖励；对新招聘人员，按雇用合同的规定处理；对非专职开拓人员提供信息而最终成功承接项目的，按公司相关规定给予奖励。以此激励全公司员工对市场开拓的关心与关注，形成全职员工与兼职员工相互结合的市场开拓机制。

五、要定期做物业市场调查

物业管理企业要在市场竞争中立于不败之地，必须密切关注市场的发展状况。只有全面、系统地了解和掌握市场的发展动向，才能制订出正确的战略规划、发展目标和经营计划。笔者所在的公司每年都要对市场进行一次全面调查，调查内容包括在建项目和已有项目，物业类型涵盖住宅、机关、办公、学校、医院等各类物业，还要对项目周边的消费状况、行业环境和竞争对手的发展状况进行调查分析，形成详细的信息调查报告和信息记录，并对项目的面积、地址、建设单位、联系人等详细登记。通过市场调查的方式获取信息具有难度大、成本高的特点，犹如大海捞针，但这些信息往往时间比较早，有充分的时间和甲方沟通，便于及早了解对方对物业管理的态度和动向，尽早介入到投标过程中。另外，市场调查不仅仅是获取信息，也是物业管理企业市场拓展所从事的一项基本工作，为公司制订发展战略提供重要的参考依据。

六、引导全员营销

物业公司提供的是物业服务，而且物业服务不是一次性产品，每时每刻可能都在进行。每个员工的工作态度、服务质量都关系到企业的形象，在市场推广过程中，员工的现场服务也是营销环节的重要组成部分。

所以，物业公司在市场拓展过程中，要重视建立员工的营销理念，注重"人人都是窗口"，每个员工都应做好本职工作，为企业树立良好的形象作出努力，在企业内部建立全员营销的意识。

在全员营销的过程中，还要要求物业服务快速、高质量，特别是市场拓展部作为与客户接触的第一个部门，其工作效率本身也是企业其他部门服务水平的一种体现，通过高效率的营销手段，获取市场。

第二章 做好物业投标管理

一、积极搜寻物业项目招标信息

对于投标的物业管理企业，及时获得有关项目的招标信息，可以说是展开项目的第一步，因此，获得项目信息的时间越早，就越能够争取到足够的时间，中标的可能性就越大。

可从以下途径获得招标信息。

（1）招标通告。招标通告是物业招标信息获取最常见的途径。

（2）实地收集新建、在建或已建物业的项目信息。

（3）参观各类房地产交易会。

（4）收集项目在报纸、杂志、网络信息及电视、广播等各类媒体上的广告宣传。

（5）物业管理主管部门及政府相关机构的推介。

（6）中介机构及房地产相关行业等各类企业单位的推介。

（7）公私关系的熟人、朋友及已签约发展商的推介。

（8）主动上门联络的发展商。

(9)参加项目的公开招投标或邀请招投标。
(10)其他途径。

二、需要对招标项目进行评估

在获取招标信息后,投标人应积极收集招标物业的相关资料,并组织经营管理、专业技术和财务等方面的人员对招标物业进行项目评估,预测中标成功的可能性和存在的风险,对投标活动进行策划,制订相应的投标策略和风险控制措施,确保投标的成功或避免企业遭受损失。评估的项目具体包括以下5个方面的内容,如图2-2-1所示。

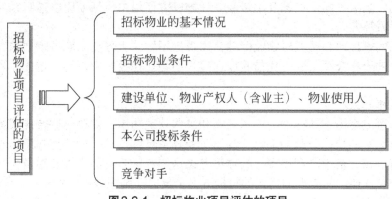

图2-2-1　招标物业项目评估的项目

(一)招标物业的基本情况

投标人在分析招标物业项目的基本情况时,要着重了解物业的建筑面积和投资规模、使用周期、建筑设计规划、配套设施设备等具体情况。不同的物业,着重了解的内容是不同的。

1. 新建物业

(1)若是新建物业,就要了解物业的建设周期和进度,分析物业现有条件对实施物业管理服务的利弊。

(2)如在早期介入和前期物业管理的项目中,要关注现有规划设计及建筑施工中是否存在不符合物业管理要求的问题,以便在方案中提出相应的解决或建议方案。

2. 已投入使用的物业

若是已投入使用的物业,则应收集物业使用过程中的具体资料,如历年大中修计划实施情况、配套设施功能改造方案等。

3. 商业型物业

如果是商业类型物业,则应了解商业物业的使用功能和规模。

4. 公用事业类型物业

如果是公用事业类型物业,除了解物业的基本情况外,还应关注现有规划或已配置的设施中是否具备预防及应对紧急事件的条件等。

(二)招标物业条件分析

1. 物业性质

了解区分招标物业的性质非常重要,因为不同性质的物业所要求的服务内容不同,所需的技术力量不同,物业管理公司的相对优劣势也差异明显。

（1）住宅小区的物业管理。对住宅小区的物业管理，其目的是要为居民提供一个安全、舒适、和谐、优美的生活空间，不仅应有助于人的身心健康，还需对整个城市风貌产生积极影响。因此，在管理上就要求能增强住宅功能，搞好小区设施配套，营造出优美的生活环境，其物业管理具体内容也应围绕这一目标安排。

（2）服务型公寓的物业管理。服务型公寓则更注重一对一的服务特色，既要为住户提供酒店式服务，又要营造出温馨的家庭气氛，其服务内容也就更加具体化、个性化，除了日常清洁、绿化服务外，还应提供各种商务、医疗服务等。

（3）写字楼的物业管理。对写字楼，其管理重点则放在了"安全、舒适、快捷"上。故其管理内容应侧重于加强闭路监控系统以确保人身安全；增设保安及防盗系统以保证财产安全；开辟商场、酒家、娱乐设施及生活服务设施以方便用户生活；完善通讯系统建设以加强用户同外部联系等方面。

这些不同的管理内容必然对物业管理公司提出不同的服务要求和技术要求，而具有类似物业管理经验的投标公司无疑可凭借其以往接管的物业在投标中占有一定的技术和人力资源优势。

2. 特殊服务要求

有些物业可能会由于其特殊的地理环境和某些特殊功用，需要一些特殊服务，这些特殊服务很可能成为某些投标公司的优势，甚至可能导致竞标过程中的"黑马"出现，物业公司必须认真对待，在分析中趋利避害。具体可考虑这些特殊服务的支出费用及自身的技术力量或可寻找的分包伙伴，从而形成优化的投标方案；反之，则应放弃竞标。

3. 物业招标背景

有时招标文件会由于招标者的利益趋向而呈现出某种明显偏向，这对于其他投标公司而言是极为不利的。因此在阅读招标公告时，应特别注意招标公告中的一些特殊要求，这有利于物业公司做出优劣势判断，如以下事例。

（1）某个物业招标公告中写明"欢迎××物业管理公司参加投标"，那么很有可能出现当其他公司与××公司的标价和服务质量相同时，招标方会优先选择后者的情况。

（2）招标书上写明必须提供某项服务，而本地又只有一家专业服务公司可提供该项服务，则投标公司应注意招标方与该专业服务公司是否关系密切，以及其他物业管理公司与该专业服务公司是否有合作关系等。

这些细枝末节看似无关紧要，可一旦忽略，则有可能导致投标失败，不仅投标者的大量准备工作徒劳无功，而且还会影响公司声誉。

（三）建设单位、物业产权人（含业主）、物业使用人分析

即要对建设单位、物业产权人（含业主）、物业使用人的背景和基本情况以及是否具有诚意合作并具备履行合同的实力等进行调查，并予以分析。

1. 新建物业的招标项目

属于新建物业的，要充分调查、了解开发商的状况。具体需要详细调查了解的内容如下。

（1）建设单位的资金实力、技术力量和商业信誉等。

（2）建设单位以往所承建物业质量。

（3）建设单位以往所承建物业的物业管理公司与之合作的情况。

通过以上内容的调查、分析来判断招标物业建设单位的可靠性，以尽量选择信誉较好、易于协调的建设单位所开发的物业。

2. 重新招聘物业企业的招标项目

属于重新招聘物业管理企业的招标项目，则要调查了解以下内容。

（1）解聘原管理方的原因。

（2）物业产权人是否与原建设单位或管理方存在法律纠纷。

（3）对于已投入使用一定年限的招标物业，要详细了解物业的使用情况、产权人的背景、资金实力和信誉，及物业是否存在重大隐患。

如果招标要求投标人参与物业合作经营，则应对该招标项目另作具体的投资可行性分析论证。

（四）本公司投标条件分析

对本公司投标条件的分析一定要从实际出发，具体内容如下。

1. 以往类似的物业管理经验

已接管物业往往可使公司具有优于其他物业管理公司的管理或合作经验，这在竞标中极易引起开发商注意。而且从成本角度考虑，以往的类似管理也可在现成的管理人员、设备或固定的业务联系方面节约许多开支。所以，投标者应针对招标物业的情况，分析本公司以往类似经验，确定公司的竞争优势。

2. 人力资源优势

即公司是否在以往接管物业中培训人员、是否具有熟练和经验丰富的管理人员、是否与其他在该物业管理方面有丰富经验的专业服务公司有密切合作关系。

3. 技术优势

即能否利用高新技术提供高品质服务或特殊服务，如智能大厦等先进的信息管理技术、绿色工程以及高科技防盗安全设施等。

4. 财务管理优势

即公司在财务分析方面是否有完善的核算制度和先进的分析方法，是否拥有优秀的财务管理人才资源，是否能多渠道筹集资金并合理开支。

5. 劣势分析

这主要体现在竞争者的优势上，与竞争对手相比，自己有哪些方面竞争不过。

（五）竞争对手分析

竞争对手的分析评估包括以下内容。

（1）了解竞争对手的规模、数量和企业综合实力。

（2）竞争对手现接管物业的社会影响程度。

（3）竞争对手与招标方是否存在背景联系，在物业招标前双方是否存在关联交易。

（4）竞争对手对招标项目是否具有绝对优势。

（5）竞争对手可能采取的投标策略。

三、投标要有风险防范意识

（一）物业管理投标的风险来源

物业管理投标的主要风险来自于招标人和招标物业、投标人、竞争对手等三个方面，如图2-2-2所示。

1. 招标人和招标物业

因为物业管理投标是对招标的响应，所以，

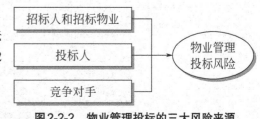

图2-2-2　物业管理投标的三大风险来源

招标活动中招标人和招标物业的风险存在于投标活动中。具体而言,来自于招标人和招标物业的风险主要有以下6个方面。

(1) 招标方提出显失公平的特殊条件。
(2) 招标方有未告知但会直接影响投标结果的信息。
(3) 招标方出现资金等方面的困难,造成项目无法正常进行。
(4) 招标方在中标后毁约或无法执行合同条款。
(5) 物业延迟交付使用、前期服务期限延长。
(6) 招标方与其他投标人存在关联交易等。

2. 投标人

来自于投标人的风险主要有以下7个方面。

(1) 未对项目实施必要的可行性分析、评估、论证,造成投标决策和投标策略的失误。
(2) 盲目做出服务承诺,价格测算失误造成未中标或中标后亏损经营。
(3) 项目负责人现场答辩出现失误。
(4) 接受资格审查时出现不可预见或可预见,未作相应防范补救措施的失误。
(5) 投标资料(如物业管理方案、报价等)泄露。
(6) 投标人采取不正当的手段参与竞争,被招标方或评标委员会取消投标资格。
(7) 未按要求制作投标文件或送达投标文件造成废标等。

3. 竞争对手

来自于竞争对手的风险主要有以下3个方面。

(1) 竞争对手采取打价格战、欺诈、行贿等不正当的竞争手段参与投标活动。
(2) 竞争对手具备背景或综合竞争的绝对优势。
(3) 竞争对手窃取本企业的投标资料和商业秘密等。

(二)风险的防范与控制的具体措施

对以上所述风险的防范与控制的具体措施有以下6种。

(1) 严格按照相关法律法规的要求参与投标活动。
(2) 对项目进行科学合理的分析、评估,周密策划、组织、实施投标活动。
(3) 完善企业自身的管理。
(4) 选择信誉良好的招标方和手续完备、赢利优势明显的物业。
(5) 充分考虑企业的承受能力,制订可行的物业管理方案,选择经验丰富的项目负责人。
(6) 慎重对待合同的附加条款和招标方的特殊要求等。

四、加强物业投标过程控制

物业管理投标过程如图2-2-3所示。

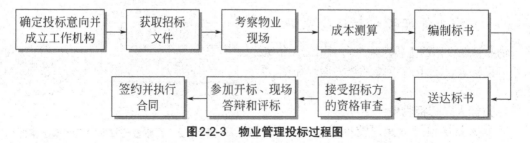

图2-2-3 物业管理投标过程图

（一）确定投标意向并成立工作机构

物业管理企业在获得投标信息后，即可按企业的拓展计划，确定投标意向，相应成立投标工作领导组，由公司总经理或有关部门经理及方案编制人员组成，开展可行性研究工作。

（二）获取招标文件

收到招标邀请函通知书后，投标工作小组应迅速组织备齐公司经营资质的有关资料和证件，按招标单位规定送交预审。获取招标文件后，应详细阅读文件内容，熟知各项要求，特别是对招标文件中投标保证书、履约书、奖罚措施等项应仔细分析研讨，并向招标单位确认投标书中不清楚的事项，以便做好准备。

（三）考察物业现场

投标单位应多次组织人员到物业现场进行现场考察，对照图纸、设计说明书及招标文件的有关内容仔细分析，从而为管理方案的构想奠定基础。

（四）成本测算

投标单位应组织富有经验的财会人员和物业管理人员，根据拟承接物业的管理服务范围、类型、档次、标准等进行专题分析，做出较为精确的测算，对国家规定的管理服务单价可不必计算。在确定单价时，要从竞争战略高度和战术要求上去推敲，单价确定后与工作量相乘，便可得出管理服务费的总标价。

（五）编制标书

投标单位在作出投标报价决策后，就应组织编写人员分工合作，按照招标文件中的各项要求编制标书。

（六）送达标书

全部投标文件编制好后，投标人应按招标文件要求进行封装，并按时送达招标单位。

（七）接受招标方的资格审查

投标人应按招标文件规定的要求准备相应资料，接受招标方的资格审查。

（八）参加开标、现场答辩和评标

投标人在接到开标通知后，应在规定的时间到达开标地点参加开标会议和现场答辩，并接受评标委员会的审核。

（九）签约并执行合同

投标人在收到中标通知书后，应在规定的时间内及时与招标人签订物业管理服务合同，同时，投标人还要同招标单位协商解决进驻物业区域、实施前期物业管理的有关问题。投标结束后，要对投标活动进行分析总结，结算投标有关费用，对招标投标资料进行整理、归档。

五、要积极与用户、项目主管单位建立联系

获得招标信息后，投标的物业管理企业就应该积极与用户、项目主管单位建立联系，争

取在招标通告前,甚至在项目进行评估和可行性研究的阶段介入,及早了解招投标单位对物业管理的设想和安排。

(一)及早建立联系的好处

其好处主要体现在以下两个方面。

1. 可以有针对性地做好前期工作

通过这些工作,投标的物业管理企业可以及早了解业主或建设单位制订的物业管理项目的详细要求,包括招投标项目概况、招标对象、招标说明、"标"或"包"的具体划分、采用的技术规范和对工作的特殊要求等。

更重要的是,业主或建设单位在立项、研究和设计等工作的过程中,往往已经形成了一些意向性的想法,包括对物业管理企业的看法等,投标物业管理企业如果在交流中多掌握这些信息,就可以有针对性地做好前期工作,及早开展投标的准备工作。

2. 可以进行充分的技术交流

投标的物业管理企业可以通过与业主或建设单位的接触,进行充分的技术交流。

(1)可以起到介绍和宣传的作用,让业主或建设单位对物业管理企业及其服务有一个感性认识。

(2)可以对业主的要求有更深刻的理解,以便在编制投标文件时准确响应或着重加以说明。

——有时,当业主或建设单位尚未确定招标文件中某一部分的具体内容及指标时,通过技术交流,可能使用户愿意采用投标物业管理企业提供的服务及管理模式。

——当业主在设计中有不当之处时,通过技术交流帮助业主作出修改,加深业主对投标物业管理企业的信任。

(二)有效联络的方式及联络人

可通过面谈、电话、传真、电子邮件、邮政速递等方式来进行联络。若是新建物业,则应与发展商销售主管、发展商物管事宜主管、发展商决策高层人士联络。若是已使用物业的重新招标,则应与业主委员会主任及成员进行联络。

(三)联络洽谈内容及有效记录

其主要包括以下内容。

(1)了解项目具体情况,索取项目总平面图及其相关图纸、资料。
(2)了解项目发展商的实力背景、以往业绩,和发展商对项目物业管理的合作意向等。
(3)向发展商或业主委员会推介我司发展规模、实力背景、管理业绩。

在项目跟踪过程中如发生部门内部工作调整或公司人事变动等情况,原项目负责人及接手的员工必须认真做好项目移交工作(采取书面形式交接),原项目负责人必须提供项目文字资料、完备的有效联络记录等全套资料及发展商有效联络人员的联络方式并和接手人与发展商有效联络一次。

六、投标小组设置与人员配备要合理

(一)投标小组设置

物业管理企业一般采用董事会领导下的经理负责制(如图2-2-4所示),经理对整个企业负责，在经理层以下通常设有办公室、开发部、财务部、业务管理部、工程部、安全部等，根据企业所管理的物业分设各小区或大厦管理处。

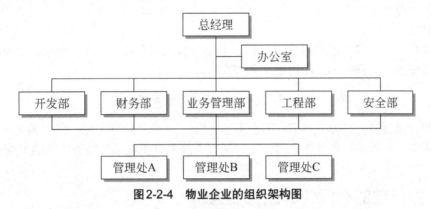

图2-2-4　物业企业的组织架构图

基于物业管理投标过程中，大量的信息需要在短时间内进行快速的交流和积聚，因此物业管理项目投标工作，通常由投标的物业管理企业内部组织专门部门来全权负责整个投标活动。在物业管理企业中，与物业管理投标活动密切相关的有开发部、财务部、工程部三个部门，其具体职能如图2-2-5所示。

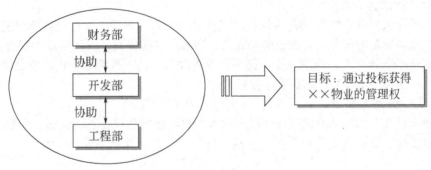

图2-2-5　物业投标小组组成

1. 开发部

开发部是在经理领导下专职于物业管理业务开发的部门，其主要职责是确定目标，选择物业，进行投标，参加市场竞争。无疑，开发部是物业管理投标工作的核心。

在物业管理投标过程中，开发部始终担任着主要角色，其主要工作包括以下内容。

（1）开发部根据本公司的市场定位，选择与之相称的物业管理招标项目进行投标。

（2）由于编写投标书过程中最重要的两个难点是管理方案的设计和标价的计算，因此在这些关键环节上，开发部通常都会在专门部门的专家协助下进行。

——在管理方案的设计上，开发部会向工程部咨询设计方案技术上的可行性。

——在标价的计算方面，开发部也会征求财务部总会计师关于设计方案在财务上的可行性的意见。

（3）通常在投标书完成时，应得到总会计师和总工程师的签字认可。最后，开发部完成投标书后，经过企业法人或委托代理人签字，即可代表物业管理企业向招标单位进行投标。

大型物业管理企业的开发部一般都实行项目经理负责制，以项目小组为单位，分管具体项目的投标工作，以及中标后的合同签订工作；中小型的物业管理企业则大多由经理亲自对各项目的投标工作负责。

2. 财务部

财务部是经理领导下的经济管理部门，负责财务、计划、经济核算和各类收费工作。该部门的主管一般都为总会计师，具有资深的项目财务评价能力。

3. 工程部

工程部是经理领导下的技术管理部门，主要负责工程预算；房屋、设备及公共设施的管理、维修和保养；工程技术方面的咨询和研究工作。

（二）从事物业管理招投标人员应具备的素质

物业管理投标是一项专业性和实践性很强的工作，专业跨度很广，需要各类人才，既要有懂经营管理、善于协调各种关系的人才，又要有技术过硬、实践经验丰富的专业技师。

七、投标前的经营管理测算要谨慎

经营管理测算是整个投标方案中最重要的一部分。经营管理测算的合理、正确与否，直接关系到方案是否具有竞争力，是投标成功与否的关键。

（一）经营管理测算的内容

经营管理测算主要包含以下内容。

（1）前期介入服务中发生的费用预算，包括办公设备购置费、工程设备购置费、清洁设备购置费、通讯设备购置费、安保设备购置费、商务设备购置费、绿化设备购置费等。

（2）第一年度物业管理费用预算，包括物业管理人员的工资和福利费、办公费、邮电通讯费、绿化清洁费、维修费、培训费、招待费等。

（3）年度能源费用测算，包括水费、电费、锅炉燃油费等。

（4）物业所具有的各项经营项目的经营收入预算，包括各项收入、利润分配等。

（5）年度经营管理支出费用预算，包括人员费用、办公及业务费、公用事业费、维修消耗费等。

（二）经营管理费用测算的要求

物业管理公司在组织投标过程中，要把较多的精力、人力花在经营管理费用测算上，注意管理费用的合理性。

（1）能源费、修理费、排污费、垃圾清运费等要按实计算。

（2）人工费要与管理水平相一致。

（3）管理者酬金按国内外通行的做法以实际发生的管理费用乘以10%～15%的比率，过高或过低都将影响投标的成功。

（4）其他一些管理酬金可以确定一个固定数，属经营性的管理可与营业指标挂钩等。

在进行前期介入费用的测算时，还要掌握勤俭节约、最低配置、急用先置的原则。

八、物业投标答辩中常遇的问题及回答要领

（一）常遇问题

投标现场是展示投标企业自身实力，从众多投标人中脱颖而出的关键环节，因此投标代表的现场感染力和现场把握能力，决定了招投标双方是否产生共鸣、达成合作意向。一般来

说,评委质询问题如下。

(1)投标文件中所涉及的法律问题。
(2)投标文件中所涉及的技术问题。
(3)投标文件中某些数据的来源。
(4)投标文件中某些概念的解释。

(二)回答要领

针对以上一些问题,回答的要领如下。
(1)引用数据。
(2)用法规政策说话。
(3)运用过往成功的经历和方法。

因此,在答辩中,答辩人应对投标书的内容做到了如指掌,对投标书中涉及的相关法律、行政法规、地方政策、行业标准等都有明确的认知,同时应对标书中所包含的作业常识、技术性指标、测算依据等有一个清醒的思路。

九、物业投标现场答辩技巧

(一)运用先进工具把标书特色和管理方法全面展现

有些企业在投标过程中,前期做了大量的准备,精心策划,但是在正式投标时,在介绍时不能把标书的特色介绍出来。招标对答辩往往都规定了时间,因此在这短短的时间内投标者应尽可能采用先进的宣传工具(DVD、多媒体、投影等),把自己标书的特色和管理这个特定行业的特别做法、精华之处全面展现出来。

(二)把握评委的心理

其具体内容如下。
(1)由于时间限制,评委不可能对标的和标书非常了解,因而在向投标人提问时,评委一般都是问自己擅长的问题。如评委在工作时对社区文化有研究,那关于社区文化的内容就会问得多。作为答辩人一定要以谦虚的姿态认真回答,而不要争辩,因为这个提问是评委的强项。
(2)评委在听取答辩时,更看重听取投标人对这个物业的管理有哪些独特的做法和具体措施,作为投标者,对评委的这一心理也要有把握。

(三)保持仪表、形象制胜

发言时,着装和姿势尤为重要。发言者的着装应舒适而且适合答辩会的场合,并充分考虑到与会者可能的穿着。站立笔直,两脚有力,双肩稍向后,这种姿势能够表现自信和自尊的气质。

(四)利用身体位置和动作

1. 身体位置

发言者站在哪里很重要。许多专业人士认为,发言者的最佳位置是站在视觉材料(屏幕)的右边,这样听众的视线在转移到视觉材料之前会集中在发言者身上。如果你在发言的过程中需要走动,记住要站在不会挡住屏幕的位置上。

2. 目光接触

发言者和听众保持目光接触非常重要。

（1）发言前。在你开始发言前，你要花一点时间从一边到另一边看看各位评委与业主代表，这样使听众意识到你很放松，做好了准备。

（2）发言过程中。在发言过程中，你应该小心保证你是在与听众进行目光交流，使每一位听众感到你在与他保持接触。目光接触的技巧如下。

——在答辩过程中，即使他（她）说完话之后，你的眼神不要马上移开，如果必须移开，也要做得慢一点。

——不论讲话的人是谁，一直盯着你的目标就对。你的眼神看着说话的人，不过每当说话人讲到一个段落，你的眼神要顺势转到目标对象上，这样让目标对象感觉到你对他的注意，紧绷的感觉就可以稍微舒缓一点。

3. 手势和举止

手势和举止要自然。发言者的手部动作应该与你和人进行一对一交谈时所用的手势差不多，而且你也应该相信自己能做到。你也可用手势来强调重点内容。

（五）控制声音

发音清晰，不要出现语言含混不清或把句子的末尾词语吞掉的情况。恰当地调整或改变音调，可以增加讲演的变化性和趣味性。足够大的音量，让在场的每位听众都能听到你的讲话。

发言者应考查每位听众的背景、特征、专业领域等因素，必须清楚哪些术语和缩略用语听众已耳熟能详、哪些他们可能还没听说过。

（六）把握时间是制胜的钥匙

任何一场答辩会都有时间限制，因此如何把握时间，在规定的时间内完成答辩对你工作显得尤为重要，所以，应明智地选择哪些内容该讲、哪些内容不该讲。

十、中标后的合同签订与履行

经过评标与定标后，招标方将及时发函通知中标公司。中标公司则可自接到通知之时做好准备，进入合同的签订阶段。招标人和中标人应当自中标通知书发出之日起30日内，按照招标文件和中标人的投标文件订立书面合同。招标人和中标人不得再行订立背离合同实质性内容的其他协议。

（一）合同签订

通常，物业委托管理合同的签订需经过签订前谈判、签订谅解备忘录、签订合同协议书几个步骤。由于在合同签订前双方还将就具体问题进行谈判，中标公司应在准备期间对自己的优劣势、技术资源条件以及业主状况进行充分分析，并尽量熟悉合同条款，以便在谈判过程中把握主动，避免在合同签订过程中利益受损。

物业管理合同应当载明下列主要内容。

（1）合同双方当事人的名称、住所。

（2）物业管理区域的范围和管理项目。

（3）物业管理服务的事项。

（4）物业管理服务的要求和标准。

（5）物业管理服务的费用。
（6）物业管理服务的期限。
（7）违约责任。
（8）合同终止和解除的约定。
（9）当事人双方约定的其他事项。

（二）合同的执行

在准备签订合同的同时，物业管理公司还应着手组建物业管理专案小组，制订工作规划，以便合同签订后及时进驻物业。

物业委托管理合同自签订之日起生效，业主与物业管理公司均应依照合同规定行使权力、履行义务。

十一、未中标更要及时总结

竞标失利不仅意味着前期工作白白浪费，而且还将对公司声誉产生不利影响。因此，未中标公司应在收到通知后及时对本次失利的原因做出分析，避免重蹈覆辙。分析可从以下3方面考虑。

（一）准备工作不充分

投标公司在前期收集的资料是否不够充分，致使公司对招标物业的主要情况或竞争者了解不够，因而采取了某些不当的策略，导致失利。

（二）估价不准

投标公司还可分析报价与中标标价之间的差异，并找出存在差异的根源，是工作量测算得不准，还是服务单价确定得偏高，或是计算方法不对。

（三）报价策略失误

这里包含的原因很多，投标公司应具体情况具体分析。

对未中标总结、分析得出的结果，投标公司应整理并归档，以备下次投标借鉴参考。

十二、资料整理与归档

无论投标公司是否中标，在竞标结束后都应将投标过程中的一些重要文件进行分类归档保存，以备查核，这样，一来可为中标公司在合同履行中解决争议提供原始依据，二来也可为竞标失利的公司分析失败原因提供资料。

通常这些文档资料主要包括以下6种。
（1）招标文件。
（2）招标文件附件及图纸。
（3）对招标文件进行澄清和修改的会议记录和书面文件。
（4）投标文件及标书。
（5）同招标方的来往信件。
（6）其他重要文件资料。

第三章　市场拓展业务规范化管理制度范本

一、市场拓展业务运作流程规范

市场拓展业务运作流程规范

1 目的

为了理顺市场拓展的业务流程，并规范流程中的关键环节的事项，特制订本规范。

2 适用范围

适用于本公司物业项目的拓展业务。

3 管理规定

3.1 业务信息获取。

3.1.1 物业项目信息的搜集。

3.1.1.1 物业项目信息的搜集有以下途径。

（1）实地收集新建、在建或已建物业的项目信息。

（2）参观各类房地产交易会。

（3）收集项目在报纸杂志、网络信息及电视、广播等各类媒体上的广告宣传。

（4）物业管理主管部门及政府相关机构的推介。

（5）中介机构及房地产相关行业等各类企业单位的推介。

（6）公私关系的熟人、朋友及已签约发展商的推介。

（7）主动上门联络的发展商。

（8）参加项目的公开招投标或邀请招投标。

（9）其他途径。

3.1.1.2 物业项目实地考察要素。

（1）物业类型、规模及其定位（通过实地或模型、效果图、销售价格等了解项目档次定位等）。

（2）所在区域及其地理位置。

（3）开、竣工时间及其开盘、入伙时间。

（4）发展商联络方式、背景资料及其物业管理合作意向。

（5）对于新市场，须充分调查当地物管情况，包括配套法规、收费状况、物管消费心理、发展前景等。

（6）其他可于第一时间收集到的信息。

（7）如需要公司其他部门专业人员配合考察及测算编写专业方案，需填写《公司总部问题转呈单》、《项目考察人员申请表》，经部门经理批准后确定相关人员。

3.1.2 项目信息的分析。将搜集到的项目信息的各类要素进行整理分析，与发展商作进一步接洽，尽可能多接高档次、大规模楼盘或较好的商业、写字楼等能为公司带来经济效益及社会效益的项目。

3.2 有效联络及跟踪洽谈。

3.2.1 联络方式及联络人。可通过面谈、电话、传真、电子邮件、邮政速递等方式与发展商销售主管、发展商物管事宜主管、发展商决策高层人士联络。

3.2.2 联络洽谈内容及有效记录。

3.2.2.1 了解项目具体情况，索取项目总平面图及其相关图纸、资料。

3.2.2.2 了解项目发展商的实力背景、以往业绩，和发展商对项目物业管理的合作意向等。

3.2.2.3 向发展商推介我司发展规模、实力背景、管理业绩。

3.2.2.4 在项目跟踪过程中如发生部门内部工作调整或公司人事变动等情况，原项目负责人及接手的员工必须认真做好项目移交工作（采取书面形式交接），原项目负责人必须提供项目文字资料、完备的有效联络记录等全套资料及发展商有效联络人员的联络方式并和接手人与发展商有效联络一次。

3.3 物管方式的确定。

我司现有四种物业管理方式，分别为全权委托管理服务型、代管管理服务型、顾问管理服务型、咨询策划管理服务型，应从为我司争取最大利益的角度出发，并结合物业的实际情况、发展商的合作意向等确定建议发展商采纳的物业管理方式。

3.4 合同评审。

合同评审日常工作程序如下。

3.4.1 部门员工根据与发展商的洽谈意见，根据标准合同范本拟制合同稿，经自审后与项目资料一并提交部门负责人。

3.4.2 部门负责人就与标准合同中有改动或可商谈的条款进行审查（包括文字和内容），签字确认，再送交公司法律顾问进行审查，最后提交公司主管领导进行审查。

3.4.3 公司主管领导就合同中有关重要条款进行审查（着重于内容），签字确认后返回。

3.4.4 合同经评审后由部门员工根据批复意见修订合同稿并负责及时报发展商。

3.5 签约。

3.5.1 签约合同必须按照合同中约定的份数用公司统一的标书纸打印，并确保在每份合同的每页右下角处盖上公司小圆章，然后将此份合同随对外经济合同会签单交公司各级领导签字认可。

3.5.2 签约时甲、乙双方须随合同交换的文件：加盖公司公章的营业执照复印件及法人代表证明书（如非本司法人签署该合同，则需再准备法人代表授权委托书）。

3.5.3 甲、乙双方按合同上约定份数保留合同原件。我司一般保留3份合同原件，届时分送部门档案管理责任人、办公室、财务审计部。主管领导、全委项目主管领导或顾问管理部、质量管理部等分送合同复印件。

3.6 项目资料移交。

3.6.1 与发展商的资料移交。签约当日或次日即发函通知发展商我司工作移交事宜（详见《签约项目工作交接函〈全委项目发展商〉》及《签约项目工作交接函〈顾问项目发展商〉》）。需要的话，在发文中提醒发展商及时支付合同近期款，并告知我司银行账户及财务审计部相关人员联络方法。

3.6.2 与办公室的资料移交。签约当日或次日即把一份签约合同原件、发展商的主要联络人及联络方式交办公室签收（详见《签约项目资料移交记录》）。

3.6.3 与全委项目主管领导或顾问管理部的资料移交。

3.6.3.1 签约当日或次日即以项目交接会的形式正式移交，并填写《签约项目交接会议记录》，公司片区领导、全委项目接手负责人、顾问管理部、市场部参加并填写《签约项目交接会议记录》，交接工作完成后由项目接收负责人、顾问管理部负责人签字认可。

3.6.3.2 把一份签约合同复印件、发展商的主要联络人及联络方式、项目相关资料如宣传册图纸等交全委项目主管领导或顾问管理部签收。

3.6.3.3 向公司片区领导、全委项目接手负责人、顾问管理部介绍该项目前期工作过程及以后工作注意事项，有需要的话，引荐双方认识。

3.6.4 与财务审计部的资料移交。

3.6.4.1 把一份签约合同原件、发展商的主要联络人及联络方式交财务审计部签收。

3.6.4.2 要求财务审计部做好收款跟踪事宜，并配合其工作。

3.6.5 与质量管理部的资料移交。将签约合同复印件、发展商的主要联络人及联络方式各交一份给质量管理部签收。

3.7 办理结案工作。

3.7.1 将一份合同原件移交公司主管领导。

3.7.2 填写《项目档案交接清单》并向部门档案管理责任人交接全套资料（包括一份合同原件）。

二、项目调研、考察程序

项目调研、考察程序

1 适用范围
对外拓展的新业务，主要是物业管理委托项目。

2 职责
2.1 市场拓展部（包括区域分公司，下同）为主要负责部门，发展研究室协助。
2.2 项目调研小组负责调研工作的具体开展。

3 项目调研考察流程图
如下图所示。

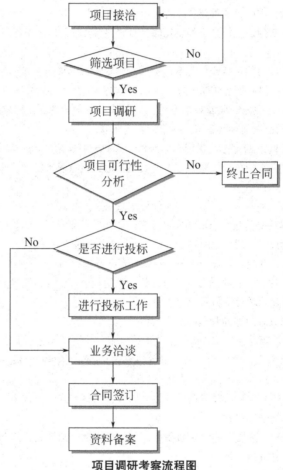

项目调研考察流程图

4 调研的实施
根据调研计划开展项目调研工作，包括业务联系、实地考察、合作伙伴调查、竞争对手调查等。

4.1 客户情况调研：对本项目客户进行调查，深入了解对方公司的实力、品牌、市场地位、市场发展方向、顾客评价、政府相关方评价等具体内容，以及客户的谈判价格及心态，以全面了解对手情况，做到知己知彼。

4.2 项目相关情况调研：针对本项目及相关的具体情况进行调研，如项目的规模、数量、地理位置、交通设施、周围环境、周边市场、经济水平，乃至居民消费意识、风俗习惯等。

4.3 竞争对手调查：对本项目已存在及潜在的竞争对手进行调查，研究对手的竞争心理和市场方向，以及近期的公司发展方向、关注重点和他们在本项目上的谈判价格和可承受底线等竞争情报的收集。

4.4 对项目区域的经济社会调研：必须了解项目当地的市场经济水平以及社会环境情况，了解当地政策法律以及人才市场、物料市场等社会相关情况，以了解项目的背景和潜力。

4.5 形成调研报告：对经过分析得出的有用信息进行重新组合，形成调研报告，报告内容应包括客户基本情况分析、竞争对手情况分析、项目情况分析、项目收益预测、项目成本预测、投标答辩要求、竞争优势及劣势、潜在市场价值及品牌成长空间，以及项目调研小组最终得出的调研结论和建议。

4.6 调研评估及改进：每次项目完成之后，根据项目成果和反应，市场拓展部在项目调研小组的协助下，对调研工作进行评估，并形成书面文件，以利于以后对调研工作中不足的地方进行改进，同时将利于以后工作开展的相关建议送至相关部门。

三、物业项目承接与管理方案控制程序

物业项目承接与管理方案控制程序

1 目的
为规范公司对物业管理项目策划、承接过程的操作，使整个策划、承接过程能顺利、有序的进行。

2 适用范围
适用于公司对外物业项目的策划、承接活动。

3 职责
3.1 总经理负责项目承接的审批及总体控制。
3.2 经营部负责项目承接的全流程策划、管理及控制。

4 工作程序
4.1 前期策划。
4.1.1 经营部负责收集各种资料、市场信息、行业动态等，并做好资料、信息的采编归档工作。
4.1.2 经营部根据市场信息选择合适的物业项目，由经营部经理接洽物业委托方，收集相关的资料，了解委托方的要求。
4.1.3 经营部负责组织相关工作人员前期策划准备工作，并制订《可行性分析》。
4.1.4 总经理或董事长根据《可行性分析》及其他方面的信息做出是否参与该项目竞争的决策。
4.2 编制物业管理投标书。
4.2.1 经营部根据《可行性分析》，进一步收集整理资料，明确委托方的要求，特别是质量方面的要求。
4.2.2 经营部经理根据《可行性分析》、物业管理的法规以及委托方的具体要求，结合公司的实际情况编制《物业管理投标书》或《物业管理方案》。
4.2.3 《物业管理投标书》或《物业管理方案》大体应该体现以下内容，可以根据实际情况进行删减。
（1）物业项目的概况及公司简介。
（2）物业管理目标及承诺文件。
（3）物业管理的组织机构及职责。
（4）物业管理主要服务项目及程序。
（5）物业管理支持性文件及程序。
（6）需要整改的项目及办法。
（7）物业管理收支预算。
4.3 物业管理投标书的修订。
4.3.1 委托方提出新的要求时，经营部在总经理授权的范围内与委托方协商，如能达成一致，则经营部负责修订《物业管理投标书》或《物业管理方案》，并填写《文件更改申请表》报总经理审批。如不

能达成一致或无法满足委托方要求的，则报总经理处理。
　　4.3.2　总经理或董事长根据具体情况做修订方案或放弃竞标等决策意见。
　　4.4　签订物业委托管理合同。
　　4.4.1　委托方接受《物业管理投标书》或《物业管理方案》，确定我公司承接该项目的物业管理权后，经营部负责制订《物业委托管理合同》，经过合同评审后（详见《供应商、服务分包商管理与评审程序》）报总经理审批后交委托方审议，并请委托方在一定期限内回复我公司。
　　4.4.2　经营部负责组织签约仪式，由总经理和委托方法人代表在《物业委托管理合同》上签字盖章。

四、物业项目策划与承接程序

物业项目策划与承接程序

1　目的
为确保公司对外承接项目的物业管理服务得以实施，特制订本程序。
2　适用范围
适用于公司对外承接物业项目的控制和洽谈及招投标管理。
3　职责
　　3.1　市场拓展部代表公司对外联系、洽谈、承接物业管理业务，扩大公司物业管理范围。
　　3.2　由总经理牵头成立项目工作小组，市场拓展部组织顾问部、工程部和品质部等部门组成工作小组成员到现场进行实地考察，对照图纸、设计说明书等相关资料仔细分析，策划投标文件或物业管理方案。
　　3.3　财务部配合项目工作小组根据拟承接物业的管理服务范围、类型、档次、标准等进行专题分析，核算费用测算。
　　3.4　如需招投标的项目，由市场拓展部负责招标文件收取和投标资格文件送审，会同项目工作小组编制正式投标书；如不需要投标的，市场拓展部负责洽谈文件收取和公司资格文件送审，会同项目工作小组编制物业管理方案。
4　作业程序
作业程序见下表。

作业程序

步　骤	负责部门（人）	支持性文件及记录
接受客户需求	（1）通过媒体等各种渠道接受潜在客户的物业项目委托管理需求信息，根据潜在客户需求，明确物业项目承接形式，即投标或协商形式 （2）根据本公司特点优势把客户信息报总经理审批	《项目承接信息登记表》、《项目承接信息审批表》
交总经理审批	市场拓展部将潜在客户信息以《项目承接信息审批表》的形式提交总经理审批，以确定是否进行后续的承接工作	《项目承接信息审批表》
投标、洽谈准备	（1）总经理负责成立项目工作小组，由工作小组组长进行责任分工并报总经理审批 （2）物业项目为投标项目时，投标小组应确保： ——对委托方的招标文件进行必要的会审，确保招标要求明确，填写《招标文件会审记录》 ——市场拓展部组织对拟承接的物业项目进行现场考察，全面了解物业项目特点和现状，填写《项目考察表》 （3）物业项目为洽谈项目时，市场拓展部负责全面了解项目信息，并根据委托方要求对拟接项目进行策划	《项目工作小组分工表》、《招标文件会审记录》、《项目考察表》

续表

步骤	负责部门（人）	支持性文件及记录
编制管理方案或标书	市场拓展部及时提交最新信息，供项目工作小组参考，投标小组根据分工表编写方案或投标书，并由组长组织人员进行修订、校核，投标文件或物业管理方案应包括以下内容： ——物业项目概况 ——物业管理质量目标 ——物业管理的组织机构及职责 ——物业管理主要业务及流程描述 ——物业管理支持性业务及流程描述 ——物业管理质量评价和改进 ——物业管理收支预算	《物业管理方案》或《物业管理投标书》（根据要求设置格式）
投标、协商	（1）经确定后的方案或标书由投标小组提交总经理审查 （2）根据招标要求在相关处签字盖章，最后进行现场投标、洽谈	
签订合同	（1）委托方对投标或洽谈项目确认后，市场拓展部依据投标或议标文件内容进行合同草案准备，并负责对最终合同进行评审，以确保： ——最终合同各项条款内容明确 ——最终合同中的各项管理要求明确 ——符合行业相关法律法规 ——在投标或洽谈过程中的意见已经解决 ——公司确认可以实现合同规定的各项要求 （2）对委托方直接委托的项目（根据相关法律法规），由市场拓展部根据客户的需求信息按上款编制及评审物业服务合同或前期物业服务合同 （3）经评审后，双方签订《物业服务合同》或《前期物业服务合同》	《合同评审管理程序》、《物业服务合同》或《前期物业服务合同》

五、物业项目投标程序规范

物业项目投标程序规范

1 目的

规范公司对外参与物业管理的投标工作，确保投标书的编制质量，为通过市场竞争拓展公司物业管理的规模打好基础。

2 适用范围

适用于公司对外承接物业时的投标书的编制工作。

3 职责

各级人员、各部门的职责见下表。

各级人员、各部门的职责

序号	人员、部门	职责
1	公司总经理	（1）负责确定投标项目的人员编制、主要管理人员的人选及薪资标准 （2）负责项目测算的预算、管理费、维修金标准的最终核定 （3）负责决定是否参与招标项目的投标决策 （4）负责投标方案的最终审核、签发

续表

序号	人员、部门	职 责
2	分管领导	（1）参与投标工作的全面组织与协调 （2）参与投标方案的编制并负责投标书的审核
3	市场部	（1）负责投标项目信息的全面收集、跟踪 （2）负责投标工作的具体操作 （3）负责项目投标方案的汇编
4	物业部	参与投标前期项目现场的察看，提出主要管理人员编制及管理建议并参与项目预算的编制
5	工程部	（1）参与投标前期项目现场的察看，根据项目的实际情况提出工程方面的管理建议 （2）提出工程维保重点并提出工程人员编制 （3）提出公共维修金的费用测算及运作方式
6	安保部	（1）参与投标前期项目的现场察看，根据项目的实际情况提出安全管理意见 （2）提出安保人员的配置
7	财务部	根据项目的客观情况、管理要求及人员配置作出项目财务测算
8	办公室	根据项目的要求确定人选及员工招聘工作
9	投标小组	（1）负责投标工作的组织、协调 （2）负责投标方案的编写、审核 （3）负责参与开标答辩会

4 投标工作规范

4.1 信息采集。

4.1.1 信息采集渠道。

（1）市场信息。

（2）报纸、网络等各类媒体信息。

（3）其他渠道信息。

4.1.2 信息分析、跟踪。

（1）市场部根据项目信息的具体情况分类填写《信息登记表》，确定跟踪方式，并填写《项目跟踪表》。

（2）未建项目原则上每月进行跟踪1次，并根据实际情况调整跟踪次数。

（3）短期内要求招标的项目，根据招标单位的要求，报送公司简介，进行资格预审，取得正式招标文件。

4.2 上报信息。

市场部将招标信息报送总经理及投标项目小组。

4.3 项目信息调查。

4.3.1 调查方式。

（1）建成项目由投标小组及相关人员（安保部、物业部、市场部）到项目现场采集，或从招标单位获取详细的项目情况。

（2）未建成项目向相关人员取得工程图纸。

（3）从其他途径获取项目信息。

4.3.2 调查内容。

（1）项目的地理位置、环境、占地面积、建筑面积、栋数、楼宇结构特点、功能、住户基本构成、楼宇基本设施设备等，并按要求填写《项目基本情况调查表》。

（2）项目产权单位对项目管理的特殊需求。

4.3.3 调查要求。

（1）现场察看后，各责任人在当天将信息反馈到投标小组。
（2）安保部：提出项目的安全防范重点、难点，并提出工程人员的编制、项目管理的运作方式、岗位描述、工作标准。
（3）工程部：提出项目的工程维保重点，并提出工程人员的编制、运作方式、岗位描述、工程设备管理要求。
（4）物业部：提出项目的管理建议，并提出管理人员的编制、项目的运作方式、员工岗位描述、管理标准、服务承诺、质量控制方式、日常的运作管理费用。

4.4 财务预算。
4.4.1 投标小组分析、汇总调查信息，确定人员编制及薪资标准预算，报总经理审核。
4.4.2 审核通过后，将项目信息、人员配置及工资标准报送财务部，做出项目预算。
4.4.3 投标小组根据财务部提供的项目预算及市场的行情，提出管理费及公共维修金的标准。
4.4.4 当收费标准低于行情价时，由投标小组讨论提出调整意见，按财务预算的作业规程，重新测算项目的预算。
4.4.5 当收费标准高于行情价时，由投标小组讨论是否有调整的空间，如有则按财务预算的作业规程，重新测算项目的预算。
4.4.6 投标小组向总经理报送参与项目投标的综合意见。
4.4.7 总经理做出项目投标决策，如同意参与投标的，则进入标书编制，如不同意则中止项目的跟踪。

4.5 投标书编制。
4.5.1 市场部组织编写投标方案。
4.5.2 投标书的内容、结构及编制要求。
（1）投标项目的概况：要求详细列出项目的地理位置、环境、占地面积、建筑面积，及栋楼、层楼、楼宇结构特点，和基本设施设备、住户基本构成、验收移交情况等。
（2）企业简介及公司的管理优势：要求列出公司简介的性质、资质等级、注册资金、获得荣誉、企业管理理念、公司现有楼盘类型、管理规模、目前已承接的项目、公司的专项管理优势等。
（3）针对管理的难点、重点采取的针对性措施：要求针对项目的特殊性，列出公司的管理重点和对项目的特殊性投入。
（4）公司接管后准备采取的管理方式：要求针对投标项目的自身特点编制出总体管理方案和分项管理方案，包括项目的运作方式、管理要求、工作标准、质量控制体系。
（5）为开展物业管理所配置的人力、物力资源：要求列出投标项目的组织机构、人员编制和岗位设置、岗位描述、主要管理人员的配置及其个人简历、为开展工作前期投入的设备设施。
（6）开展物业管理一段时间后所力争达到的管理目标：要求列出明确的总体目标和详细分项目标，目标要求可操作性和可考核性。
（7）为有效地提高物业管理水准所必要的服务承诺：要求针对业主的要求和物业管理服务的特点列出鲜明特色的服务措施来，服务承诺要具有可实施性。
（8）费用投入和成本测算：要求针对小区的现状和管理要求、难度，逐项测算出前期投入和管理成本。
（9）需要招标单位协助解决的问题。
（10）原有工作人员的接管安排计划。
（11）物业接管后的工作进度安排。
4.5.3 如中标后需短期内进驻的项目，办公室需在编写标书的同时确定主要管理人员（主任、工程主管、安保主管）的人选，报总经理审核。
4.5.4 如招标单位对主要管理人员有特殊要求的，办公室需将已确定的人选履历送市场部，编入投标书，项目的主任必需参与投标方案的制订。
4.5.5 投标书由投标小组报送分管领导审核，由总经理进行最终的审核、签发。

4.6 送达投标书。
由市场部按招标单位的要求送达投标书。

4.7 开标答辩会。
4.7.1 由投标小组组织参与开标答辩会。

4.7.2 如招标单位要求投标项目的主要管理人员参与开标答辩会的,由投标项目主任参与开标答辩。
4.7.3 对参与开标答辩会项目主任的要求。
(1) 参与项目的投标方案的编制、费用的测算,熟悉项目各岗位的运作。
(2) 编制开标答辩的方案。
(3) 在投标小组内部进行模拟演示投标答辩方案。
4.8 文件归档。
招标书、投标方案由办公室归档保存。

第四章　市场拓展业务规范化管理表格范本

一、物业市场情况调查表

物业市场情况调查表见表2-4-1。

表2-4-1　物业市场情况调查表

一、项目情况

开发商			
坐落位置			
占地面积		建筑面积	
开盘时间		入伙时间	
项目荣誉			
开发商在当地的其他项目:			

二、当地物业市场情况调查

当地管理费标准	多层		高层	
	写字楼(含空调)			
	当地"五类"文件(请协助提供复印件)			
当地其他物业公司概况	本地公司:			
	外来公司:			

二、物业管理项目调查表

物业管理项目调查表见表2-4-2。

表2-4-2 物业管理项目调查表

物业项目名称：

坐落位置			
开发商			
公司其他情况			
物业类型			
总建筑面积/m^2	一期（　）m^2　二期（　）m^2 三期（　）m^2　四期（　）m^2		
占地面积/m^2			
开工时间		拟开盘时间	
住宅面积/m^2	多层（　）栋、小高层（　）栋 高层（　）栋		
户数			
写字楼	（　）m^2 （　）栋	商业面积/m^2	
停车位			
拟入伙时间		竣工时间	
委托物业管理方式	全权委托□　顾问管理□　其他□		
管理期限			
需要常驻的顾问人员	驻场经理_____名　机电顾问_____名 安保顾问_____名　不派人员□		
管理目标：			
对人员培训的要求（针对顾问管理方式）： （1）派骨干人员来我司接受培训 （2）派教员去现场培训			
其他情况			
联系人		联系电话	

注：敬请您填写此表后，传真至××物业管理有限公司市场部收。
传真号码：　　　　　　　　　电话号码：

三、物业项目（在建或新建）信息搜集表

物业项目（在建或新建）信息搜集表见表2-4-3。

表2-4-3 物业项目（在建或新建）信息搜集表

日期	开发商	项目名称	地址	联系人	联系电话	结果

四、物业项目信息搜集表

物业项目信息搜集表见表2-4-4。

表2-4-4 物业项目信息搜集表

日期	发展商	项目名称	地址	联系人	联系电话	结果

五、项目跟踪调研表

项目跟踪调研表见表2-4-5。

表2-4-5 项目跟踪调研表

物业名称					
发展商					
地址					
联系人		联系电话		传真号码	
总建筑面积		物业类型		竣工时间	
业务意向		竞争对手		联系时间	
调研情况：					
备注					

六、项目有效联络与洽谈记录表

项目有效联络与洽谈记录表见表2-4-6。

表2-4-6　项目有效联络与洽谈记录表

项目名称：　　　　　　　　　　　　　　项目负责人：

项目概况							
发展商		联系人			联系电话		
建筑面积		物业类型			坐落位置		
开工时间		竣工时间		开盘时间		入伙时间	
项目来源								
情况备注								
合同或方案评审	序号	时间	内容		序号	时间	内容
^	1				3			
^	2				4			
有效洽谈记录							
次数和日期	洽谈内容（包括洽谈方式、双方参与者、主题、问题、进展、结果、下次安排、新问题、信息等）						
备注								

七、物业管理项目招标公告信息登记表

物业管理项目招标公告信息登记表见表2-4-7。

表2-4-7　物业管理项目招标公告信息登记表

项目名称		招标地址	
招标人			
联系人		联系方式	
招标项目基本情况			
管理期限		投标人资质要求	
招投标保证金		招标报名时间	
投标截止时间		开标时间	
开标地点			
招标文件获取要求	时间： 需携带的资料：		标书购买价：
申请人需具备的条件			
报名时需提供的材料			

八、物业项目跟踪联系表

物业项目跟踪联系表见表2-4-8。

表2-4-8 物业项目跟踪联系表

物业名称					
开发商					
地址					
联系人		联系电话		传真	
总建筑面积		物业类型		物业性质	
开工时间		竣工时间		入伙时间	
业务意向		竞争对手		联系时间	
项目进度与跟踪计划：					
备注					

九、物业基本情况分析表

物业基本情况分析表见表2-4-9。

表2-4-9 物业基本情况分析表

招标物业名称：　　　　　　　　　　招标时间：

物业性质：		物业类型：	
建筑规模			
投资规格			
使用周期			
建筑设计规划			
配套设施设备			
物业的功能、形象和市场定位			
物业所在地域的人文、经济和政治环境			
物业的建设周期和进度			
物业现有条件对实施物业管理服务的利弊（现有规划设计及建筑施工中是否存在不符合物业管理要求的问题）			

续表

如属于商业类型物业，则应了解商业物业的使用功能和规模：
若公用事业类型物业，则还应了解现有规划或已配置的设施中是否具备预防及应对紧急事件的条件等：

十、招标物业条件分析表

招标物业条件分析表见表2-4-10。

表2-4-10　招标物业条件分析表

招标物业名称：	招标公告发布时间：			
物业性质	□高档住宅　　□普通住宅　　□高档写字楼　　□政府办公楼　　□商住综合物业 □厂房　　　　□其他			
特殊服务要求				
物业招标背景				

十一、新建物业前期服务招标项目分析表

新建物业前期服务招标项目分析表见表2-4-11。

表2-4-11　新建物业前期服务招标项目分析表

物业项目名称：		招标项目类型：□新建	
开发商名称		地址	
资金实力			
技术力量			
商业信誉			
以往所承建物业	物业类型	物业质量	与物业公司的合作情况
1.			
2.			
3.			
4.			
结论			

十二、本公司××物业项目投标条件分析表

本公司××物业项目投标条件分析表见表2-4-12。

表2-4-12 本公司××物业项目投标条件分析表

项目名称		位置	
开标时间			
招标基本要求			
本公司投标条件分析			
是否具备投标资格（如是否达到招标的基本资质要求）			
以往类似的物业管理经验			
人力资源优势			
技术优势			
财务管理优势			
劣势分析			
分析结论			
若决定投标，拟采取的投标策略和管理方案			

制表人：　　　　　　　　　　　　时间：

十三、××物业项目投标竞争对手分析表

××物业项目投标竞争对手分析表见表2-4-13。

表2-4-13 ××物业项目投标竞争对手分析表

项目名称：　　　　　　　　　　　　投标时间：

竞争对手名称 分析内容	A	B	C
规模（注册资金）			
所管物业类型			
所管物业项目数量与规模			
与招标方是否存在背景联系			
物业招标前双方是否存在关联交易			
对招标项目是否具有绝对优势			
常用投标策略			
竞争心理和市场方向			
近期的公司发展方向、关注重点			
本项目上的投标价格和可承受底线			
本项目可能采取的投标策略			

十四、招标文件研读备忘录

招标文件研读备忘录见表2-4-14。

表2-4-14 招标文件研读备忘录

招标人		项目名称	
招标地址			
招标项目基本情况			
管理期限			
开标时间		定标时间	
投标保证书			
招标方资格预审的要求			
管理服务标准、要求和范围			
合同的附加条件			
有无特邀某企业竞标			
招标公告中的一些特殊要求			
前后文不一致的地方			
内容不清晰的情况			
招标前须由业主明确答复的问题			

十五、项目考察人员申请表

项目考察人员申请表见表2-4-15。

表2-4-15 项目考察人员申请表

物业项目名称		地点	
考察时间		考察方式	
部门经理审批：			
相关专业	相关部门负责人选派人员		相关部门负责人签字
管理运作			
土建			
机电			
弱电			
电梯			
安保			
清洁			
绿化			

十六、物业项目实地考察记录表

物业项目实地考察记录表见表2-4-16。

表2-4-16 物业项目实地考察记录表

招标项目	
坐落地址	
招标项目基本情况	
现场考察的情况及问题描述	
土建	
机电	
弱电	
电梯	
安保	
清洁	
绿化	
主要业主的情况：	
当地的气候、地质、地理条件：	

十七、全委项目合同（草案）评审记录

全委项目合同（草案）评审记录见表2-4-17。

表2-4-17 全委项目合同（草案）评审记录

合同名称						
总建筑面积		住宅		商业		写字楼
物业类型			坐落位置			
评审依据： （1）市住宅局要求使用的标准委托管理合同 （2）市住宅局物业管理条例 （3）建设部33号令 （4）××市物业管理条例细则						
注：因住宅局要求使用由其拟定的合同文本，故本合同除根据此具体项目提出的一些牵涉到我公司能力和利益的具体事项评审外，其余均按标准合同要求拟定，在此不做评审，需评审内容见下						
评审项目	一、物业管理方式					

续表

评审项目	二、管理期限		
	三、管理用房		
	四、管理目标		
	五、管理服务费标准、空置费及开办费		

	评审人签字		
	签字	评审时间	
部门经理			
主管领导			
财务审计部			

十八、顾问项目合同（草案）评审记录

顾问项目合同（草案）评审记录见表2-4-18。

表2-4-18 顾问项目合同（草案）评审记录

合同名称						
总建筑面积/m²		住宅		写字楼		商业
坐落位置			物业类型			
评审依据： （1）市住宅局要求使用的标准委托管理合同 （2）市住宅局物业管理条例 （3）建设部33号令 （4）××市物业管理条例细则						
注：1.因住宅局要求使用由其拟定的合同文本，故本合同除根据此具体项所提出的一些牵涉到我公司能力和利益的具体事项评审外，其余均按标准合同要求拟定，在此不做评审，需评内容见下 2.对合同中要求甲方积极配合乙方施行工作的相关条款在此一同进行评审 3.对合同中所涉及我公司能力和利益的问题在此一同进行评审						
评审项目						

	评审人签字		
	签字	评审时间	
主管领导			
部门经理			
财务审计部			

十九、对外经济合同会签单

对外经济合同会签单见表2-4-19。

表2-4-19　对外经济合同会签单

签约部门合同编号：　　　　　　　　　公司统一合同编号：

合同名称		合同总额	
我方签约部门		对方名称	
我方合同主谈人		对方联系人	
合同起草人		对方联系电话	
签约部门意见			
主管部门意见			
财务审计部意见			
主管助总意见			
总会计师意见			
主管副总意见			
总经理意见			

注：1.签约部门应完整填写会签单，并对合同内容进行初审，确保合同条款与合同双方协商内容一致，部门、子公司的合同不需填写主管部门意见。

2. 凡与对方单位第一次签约的，签约部门应负责核查对方单位法人营业执照、法定代表人身份证明及授权委托书，并附复印件一并会签。

3. 签约部门填写本部门合同编号，财务审计部填写公司统一编号。

二十、签约项目工作交接函（全委项目发展商）

签约项目工作交接函（全委项目发展商）见表2-4-20。

表2-4-20　签约项目工作交接函（全委项目发展商）

关于_____全委项目工作的交接函（全委项目发展商）

_____：

　　我司已于____年____月____日完成了与贵公司签订_____事宜，双方物管合作将进入前期管理阶段，本合同的具体执行由我司全委项目主管领导负责，执行本合同过程中的有关协调、沟通事宜请与我司全委项目主管领导联系。

　　另提供我司银行账号及财务审计部联络方式，以方便贵司依合同约定按时支付顾问费用。

全委项目主管领导：×××
　　联系电话：×××××××
履约负责人：×××
　　联系电话：×××××××
财务审计部负责人：×××
　　联系电话：×××××××
特此函告

　　　　　　　　　　　　　　　　　　　　　××物业管理有限公司
　　　　　　　　　　　　　　　　　　　　　　　　　　市场部
　　　　　　　　　　　　　　　　　　　　　____年____月____日

二十一、签约项目工作交接函（顾问项目发展商）

签约项目工作交接函（顾问项目发展商）见表2-4-21。

表2-4-21　签约项目工作交接函（顾问项目发展商）

关于_____顾问项目工作交接的函（顾问项目发展商）
_____： 　　我司已于___年___月___日完成了与贵公司签订_____事宜，双方物管合作将进入前期管理阶段，本合同的具体执行由我司顾问管理部负责，执行本合同过程中的有关协调、沟通事宜请与我司顾问管理部联系。 　　另提供我司银行账号及财务审计部联络方式，以方便贵司依合同约定按时支付顾问费用。   　　顾问管理部负责人：××× 　　　　联系电话：××××××× 　　履约负责人：××× 　　　　联系电话：××××××× 　　财务审计部负责人：××× 　　　　联系电话：××××××× 特此函告   　　　　　　　　　　　　　　　　　　　　　　××物业管理有限公司 　　　　　　　　　　　　　　　　　　　　　　　　　　市场部 　　　　　　　　　　　　　　　　　　　　　　___年___月___日

二十二、签约项目资料移交记录

签约项目资料移交记录见表2-4-22。

表2-4-22　签约项目资料移交记录

合同名称					
签约时间			移交资料		
发展商主要联系人		职务		电话	
		职务		电话	
备注：					
移交单位		移交人		时间	
接收单位		接收人		时间	
主管领导					
办公室					
全委项目主管领导					
顾问管理部					
财务审计部					
质量管理部					

二十三、签约项目资料移交存档记录

签约项目资料移交存档记录见表2-4-23。

表2-4-23 签约项目资料移交存档记录

项目名称：＿＿＿＿＿ 方式：＿＿＿＿＿ 项目负责人：＿＿＿＿＿

序号	文件名称		归档	移交人签名及时间	页数	管档人签名及时间	备注
*1	对外经济合同会签单						
*2	物业管理合同原件（含附件）						
*3		（1）发展商营业执照（复印件）					
		（2）法人代表证明书					
		（3）法人代表授权委托书					
*4	项目有效联络与洽谈记录						
*5	物业情况调查表						
6	管理方案、标书						
7	各种往来函	（1）传真来往函					
		（2）前期管理费用测算表					
		（3）全委开办费用测算表					
		（4）物业管理成本明细表（管理费测算表）					
		（5）顾问服务费用测算表					
8	标书评审记录						
*9	合同评审记录						
*10	工作交接函	（1）发展商					
		（2）项目交接会议记录					
		（3）签约资料移交记录					
11		（1）发展商相关人员名片					
		（2）项目楼书、图纸广告					

备注：1.对于各自负责的项目，请各负责人将资料及上表按要求装订并签名后转交。
2.栏7中"各种往来函"按时间顺序排列并装订成册。
3.以上带"*"的各项为存档必须资料。

第三部分
物业项目前期介入规范化管理

- 第一章　规划设计阶段介入
- 第二章　项目施工阶段介入
- 第三章　项目销售阶段介入
- 第四章　竣工验收阶段介入
- 第五章　物业接管验收介入
- 第六章　物业项目前期介入规范化管理制度范本
- 第七章　物业前期介入规范化管理表格范本

第一章　规划设计阶段介入

物业管理专业人员对规划设计的参与职责主要表现在全面细致地反映物业管理能得以顺利实施的各种需要，以及在以往管理实践中发现的规划设计上的种种问题或缺陷，把它以咨询报告的形式提交给设计单位并且责成其在设计中予以纠正。图3-1-1所示的一些问题物业公司都有责任和义务向开发企业和设计单位提出建议。

建筑物的细部设计	处理规划	水、电、气等的供应容量
配套设施的完善	园区景观和绿化规划	安全保卫系统
物业管理用房的规划	绿化用水规划	消防设施
小区公共道路规划	辅助设施规划	建筑材料和主要设备的选用
娱乐、健身场所规划	公共区域照明及景观照明控制规划	

图3-1-1　规划设计介入关注的重点

一、建筑物的细部设计

规划设计时，对建筑物各种管线与设施的布局、位置、高度、离墙距离等方面，常有一些被忽略的问题，但从日后使用和维修的角度看，却很重要，如是否每个房间外都预留了放置室外空调机的位置、这些位置是否合理、空调在这些位置上使用时会不会影响周围住户、空调洞口离墙面或地面的距离是否合理，或者冰箱洗衣机预留位置及下水口是否适当、电路接口是否足够，位置是否适当等。类似这些细节问题，一般规划设计人员很难完全预料，但是有经验的物业公司却十分清楚。

因此，物业公司在房屋规划设计时有义务就这些细节问题向设计单位提出，请其注意。仔细完善这些细部设计，体现了房地产开发"精益求精"的开发理念，也只有这样精雕细刻，设计出的房屋才能获得消费者的青睐。

二、配套设施的完善

各类配套设施的完善，是任何物业充分发挥其整体功能的前提，房地产实行综合开发的目的也在于此。如果配套设施等硬件建设先天不足，日后的物业管理将很难搞好。

对于住宅小区幼儿园、学校等公益事业单位，和各类商业服务网点如商店、饮食店、邮电所、银行等，及小区内外道路交通的布置、环境的和谐与美化，尤其是人们休息交往娱乐的场所与场地的布置在规划设计中应加以充分的考虑。对于写字楼、商贸中心等，则商务中心和停车场的大小与位置显得很重要。

物业公司根据以往物业管理的经验和日后实施物业管理的需要，在上述方面应该提出意见和建议。

（1）规划有幼儿园、学校的小区，每千人建筑面积为559～850平方米。

（2）幼儿园应布置在环境安静、接送方便的地段，儿童活动室和活动场地应有良好的朝向，保证室外有一定面积的硬地和一定数量的活动器械。

（3）由于小学或初中学生活泼好动，所以学校应布置在小区边缘，选择比较僻静的地段，并与住宅保持一定距离，以避免其室外活动的喧哗声干扰住户。

（4）规划有商业、服务建筑的小区，每千人建筑面积为353～389平方米。

（5）规划有金融、邮电建筑的小区，每千人建筑面积为16～22.5平方米。

（6）附属建筑如变电站、水泵房、锅炉房、燃气调压站、垃圾站等是否满足使用，并考虑建筑位置是否合理，是否会扰民。

（7）商业、服务业、金融、邮电、居民委员会的布局应相对集中，以便形成小区的服务中心。

三、物业管理用房的规划

物业管理用房是开发商委托设计单位进行规划设计的，物业公司应根据将来物业管理的规模和实际需求对设计进行审核，避免给以后的物业管理工作带来困难。物业管理用房的规划一般应从以下2个方面进行审核。

（一）提供良好的办公环境

（1）以方便业主为目的，物业公司办公地点距各住宅楼的距离应大体相当。

（2）以方便业主为目的设计物业办公的流程模式，并在此基础上对物业的办公用房布局进行审核，看其是否符合办公流程的要求。

（3）办公用房数量和面积是否够用。

（4）库房及工作间的面积是否够用，并且尽可能将库房和工作间安排在相邻处，以利于日后的工作和管理。

（5）认真审核建筑平面图，对哪些地方需要改变门的位置、哪些地方需要打隔断并重新开门、哪些房间便于使用功能的组合等都要做仔细的研究和规划，否则等施工完毕就无法进行改造了。

（6）如有需要应考虑外聘方办公用房、工作用房、库房的需求。外聘方是指电梯维修保养公司、保安公司、保洁公司和绿化公司等。

（7）由于物业办公用房多被安排在地下，所以要尽可能争取良好的采光和通风条件。

（二）提供良好的休息环境

（1）员工的生活环境同办公环境一样，都是物业公司对环境管理的重要组成部分。物业公司对办公环境提出要求，是为了给员工提供良好的工作条件，对生活环境提出要求，是为了给员工提供良好的休息条件，二者的目的都是提高员工的身心健康，提高工作效率。

（2）员工住宿条件应能满足以下要求：住宿房间数量和面积够用；员工食堂、文化娱乐、卫生间、洗浴室列入规划且规划合理。这里不仅要满足物业公司自身员工的住宿需求，还要满足外聘方员工的住宿需求。

（3）由于开发商将员工住宿和活动用房设计在地下建筑内，所以应争取尽可能好的采光、通风条件（有时开发商为了节省投资，不设计天井），以保证员工的身心健康。

（4）较高档次的住宅小区多为低层建筑，地下一层是业主的私房，且不建地下二层，这意味着物业公司可以利用的地下房间的数量有限，因此，物业公司更应该对物业管理用房、员工住宿、生活用房的数量和使用功能进行详细审核，以避免将来物业用房的数量不足或功能不完善。

四、小区公共道路规划

（一）道路的使用功能

道路的规划应满足其使用功能。
(1) 应考虑便利居民日常生活方面的交通出行，如步行、骑自行车、驾驶机动车通行等。
(2) 便于清洁垃圾、递送邮件等市政公用车辆通行。
(3) 便于救护、消防、装修及搬家等车辆的通行，尤其是楼前小路更应考虑救护、消防、装修及搬家车辆的通行。

有些设计为了片面追求艺术效果，将小区的非主要干道（如楼前的甬道）设计得宽窄不一，窄处机动车辆难以通行，且有些拐弯设计成死角，车辆难以转向，如果车辆强行通过，势必会碾压路旁的绿地、花木甚至损坏道牙，对于这些状况，物业公司在审图时一定要注意。

（二）小区道路分级

小区道路通常分为四级。
(1) 一级道路是小区的主要道路，是解决小区内外联系的主干道，路宽应在9米以上。
(2) 二级道路是小区次要道路，用以解决内部联系，路宽为7米以上。
(3) 三级道路为小区内的支路，用以解决住宅组群的联系，路宽不小于4米。
(4) 四级道路为楼门前道路，路宽不小于3米，能满足上面所述的机动车通行要求。

（三）小区道路的规划要求

(1) 建筑物外墙面与人行道边缘间距应大于1.5米，与机动车道的距离应不小于3米。
(2) 尽端式道路其长度不宜超过120米，尽端处应有12米×2米的回车场地。
(3) 单车道，每隔150米应有一段回车处。
(4) 道路两边应设有立道牙，以利于保护绿地，并防止下雨时绿地中的泥水、杂物流入路面。
(5) 休闲区的甬道或人行步道应因地制宜，不一定全部采用立道牙，但要考虑防止行人踩踏绿地的措施。比如，在过往行人较多的步行道两侧铺装漏孔砖，尤其在道路转弯处，漏孔砖的铺设面积更应大一些，以防止行人贪走近道，踩踏绿地。
(6) 在甬道两边栽种小灌木形成"绿篱"，也可以起到阻隔作用。为了景观多样性，可采用"绿篱"隔离和漏孔砖交替使用。

（四）道路铺装要求

(1) 高档小区可采用不同色彩的石材或其他彩色砖来铺装路面，而不宜采用沥青路面。
(2) 铺装用的彩砖或石材的品种、规格不宜过多，否则会加大日后维修用储料的成本，一般应控制在五种以内，既可以满足不同风格的美观效果要求，也可以降低日后的储料成本。
(3) 有机动车通过的路面，铺装材料（不论是石材还是彩砖）的尺寸不宜过大并应达到一定的厚度，以满足承载要求，避免重载车辆对路面的损坏。
(4) 铺装应采用防滑材料，避免雨、雪天摔伤行人。
(5) 铺装路面应平坦，无沟缝，便于清洁。
(6) 铺装路面应易于渗水、排水，避免路面积水。

五、娱乐、健身场所规划

目前许多小区都设计有娱乐、健身场所，对于这一点物业公司在图纸审核阶段也要多加注意。

（一）儿童游戏场地规划

在规划设计时应考虑不同年龄段儿童的特点和需要，一般分为幼儿（2岁以下）、学龄前儿童（3～6岁）、学龄儿童（6～12岁）三个年龄组。

（1）幼儿需要家长或成年人带领，活动量较小，学龄前儿童有很强的依恋家长的心理，活动量和能力都不大，这两组年龄段的儿童游戏场地宜靠近住宅旁，可与老年人、成年人休息活动场地结合布置。

（2）学龄儿童活动能力较大，伴随而来的喧哗声也大，因此他们的游戏场地应远离住宅，以减少对住户的干扰。

（二）老年人、成年人休息及健身场所

老年人和成年人的活动主要是锻炼、聊天、打牌、下棋、乘凉或晒太阳，因而其活动场所应布置在环境较为安静、景色较为优美的地段，一般可结合公共绿地单独设置或与幼儿及学龄前儿童游戏场地结合设计。

（三）对设施的使用功能性设计

物业公司应从住户的视角出发，尽可能全面、细致地考虑各种设施的使用问题，如是否安全规范、是否方便使用和维护等，提出合理化建议，并提请开发商和设计单位注意。

六、垃圾处理规划

对于小区内的垃圾收集方式、垃圾场地的管理、垃圾的运输、垃圾场对周边环境的影响等，在规划设计阶段就应给予充分的关注。垃圾储运场地的位置应考虑以下要点。

（1）方便使用，位置适当。应设置在小区非主要出口处，道路通畅，便于运输。如果有条件，以垃圾运输车辆不进入小区为最佳。

（2）垃圾场距住宅、办公楼窗户16米以上，且处于夏季主导风向的下风口。

（3）垃圾场应比较隐蔽，不碍观瞻。可用较密集的乔木、灌木相间的绿化方式加以隔离或用具有美化效果的建筑形式遮挡。

（4）垃圾场地应有配套的水龙头、地漏，场地铺砌易排水，便于装车、运输、清扫。

（5）关注各楼层垃圾桶的设置是否合理。

（6）楼层、地下室、地下车库、园区环境等处的清洁用水应方便取用。

（7）电梯厅内吸尘用电方便。

（8）天台设置照明及水龙头，以方便清洁使用。

七、园区景观和绿化规划

园区景观和绿地不仅能美化园区，改善小气候、净化空气、减少噪声，为住户创造一个优美、舒适、安逸的居住环境，同时也是城市绿化的组成部分。

（一）规划的要求

1. 总体规划的要求

（1）结合投资规模、小区的档次、小区建筑的主体风格及小区的主体文化内涵等因素进行景观形式、风格的规划。

（2）一般应将主体景观设置在小区的主出入口处及园区的中心地带，形成园区整体景观的核心部分。小区主出入口区域的景观最好能体现出小区名称的内涵。

（3）园区内的水景景观不宜过多，较小型小区有一处即可，中型小区有1～2处即可，较大型的小区有2～3处即可，但也应尽可能取下限。如此考虑，不但节省了水资源和电能，也降低了物业管理成本。

（4）由于木栈道的使用寿命短，且养护费用高，一般1～2年即自然损毁，所以景观中的木栈道应不用或少用。

（5）园区里不宜制作太多的"地形"，可在重点地方少量修建。

（6）人造土丘或高地不宜过高，坡度应尽量缓和，以利于存水。此外，人造土丘或高地不能离住户窗户太近。

（7）尽量少建或不建树池，若建造，其高度不应超过50厘米，内径应不小于1.5米（方形树池比圆形树池要美观、大方）。如此规定的原因在于使树根扎在树池之下，既有利于树木生长，而且待树木长大后，树根也不会将树池拱裂。

2. 绿地的规划

（1）遵循集中与分散、重点与一般、点线面结合的原则，形成完整统一的居住区绿地系统，并与城市绿地系统相协调。

（2）充分利用原有的自然资源和自然条件。

（3）植物配置和种植力求投资少、管理方便、效益好。为保证采光，不宜在窗前种植高大型乔木和灌木，如果种植，则距离窗户应不小于5米。

（4）园内小块公共绿地，主要供居民（特别是老人、儿童）使用。绿地以观赏为主，也可在其中灵活设置一些游戏娱乐设施，供休息、活动用。

（5）宅旁和庭院绿地主要功能是供业主休息及活动。

（6）院落之间可用"绿篱"、栅栏或花墙隔离。高层住宅前后的绿地，因楼群间隔较大，可作为一般的公共活动之用。

（7）道路绿化在交叉路口的视距三角形内，不应栽植高大乔木、灌木，以免影响驾驶员视线。

（8）在地下建筑物上方种植，其土层厚度一般不应小于1.5米，植大树处土层厚度应不小于2米。所有施工应注意改良土壤，或按《城市园林绿化工程施工及验收规范》中对土质的要求进行施工，施工中应施底肥。

3. 植物的选配一般原则

植物的选配要遵循以下原则。

（1）大量而普遍的绿化应选择适宜本地条件、易长、易管、少修剪和少虫害的乔木、灌木树种。

（2）在入口及公共活动场所，应选择观赏性的乔木、灌木或少量花卉。

（3）为较快形成绿化效果，可采用速生与慢生相结合的树种，并以速生树种为主。

（4）行道树宜选用遮阴强的树种。

（5）所有游戏娱乐、健身场地的路边不得种植有刺、有毒植物。

（6）为提高美化效果，可采用乔木和灌木、常绿与落叶、不同树形及色彩多变化的树种搭配组合种植。

(7) 根据当地的气候条件，选择适宜本地区生长的植物。

(8) 尽量少种或不种时令花卉和草本花卉。

(9) 尽量少种宿根花卉，即使栽种，其面积也不应过大。

(二) 常见的设计错误

受设计人员的知识、观念、经验及思考问题的角度等因素影响，其设计中会出现诸多偏差或错误，若不予以纠正，势必会给后期的绿化养护管理工作带来许多困难，加大绿化养护管理的成本。

基于此，物业公司必须认真审核景观、绿化的设计图纸，从整体景观效果、使用功能、日后养护、管理成本等方面进行综合分析，纠正图纸错误和偏差，以期最终实现"管理方便、养护费用少、绿化效果好"的目标。

园区景观和绿化规划常见的设计错误见表3-1-1。

表3-1-1 园区景观和绿化规划常见的设计错误

序号	类别	常见的设计错误
1	影响景观效果的设计错误	(1) 设计中未注明松树类的具体名称，因各类松树形状相差甚远，从设计中不能看出将来的效果 (2) 选用的花灌木类品种无设计图纸，无法综合其绿化关系及效果 (3) 在同一处种植同科植物（如玉兰、二乔玉兰、元宝枫、五角枫），因为这些植物的株形、叶形类似，景观效果也类似，在同一处种植会影响景观效果 (4) 同一地段中，不同种植块的树种组合有同种的重复种植 (5) 宿根花卉（如福禄考、鸢尾等）种植面积过大，这会造成晚秋至初春时段这5～6个月的时间有较大面积黄土裸露而影响景观，又因为设计在路边或道路转弯处，在黄土裸露时期易被人穿行踩踏，影响来年的返青发芽 (6) 灌木图中与乔木图中的部分树种重复，且其中绝大部分因株形比较大，不适宜做乔木的基础种植 (7) 乔木下种植"色块"，其视觉效果不佳，不宜将乔木种在"色块"中 (8) 设计中的草花、时花较多，这类花卉每年需种植2～3次，若种植面积过大，则费工费时、养护成本大，可适量改种草坪、宿根植物（但应是小面积）或改种相应的灌木 (9) 种植龙柏做"绿篱"，因龙柏株体不直，不宜做"绿篱" (10) 整体设计中相似树种使用过多，似乎仅是为凑品种，如绿柳与垂柳、毛杨与青杨、元宝枫与五角枫、三桠绣线菊与绒毛绣线菊等
2	不便于管理的设计错误	(1) 因不易存水、难以养护等原因，应取消绿化丘设计，可采取平面种植，通过人工修剪达到"丘"形效果 (2) 波峰型种植草坪存在以下问题（尽量不采用此种设计） ——倾角太大，上部不易存水，难以养护草坪 ——波谷间容易存水和积存污物，若排水不畅，会使草死亡 ——波峰间距小割草机割刀的长度是最小为50厘米的直形刀，难以将峰顶和谷底修剪成圆形 ——草坪中铺装的花岗石板小路，每块石板的间距不足650厘米，不便于割草机通过 ——建造栽种植物的绿化池的高度过高或过低
3	选择植物品种的错误	(1) 设计图中选用了不适宜本地区种植的树种 ——白桦，适宜生长于海拔高的山区 ——梅树，适宜生长于长江中下游地区 ——菩提树，适宜生长于西双版纳地区或北方温室

续表

序号	类别	常见的设计错误
3	选择植物品种的错误	（2）选用了本地区市场少见且价格较贵的树种，如朴树、榭树、朝鲜溲疏等，这些树种均难以购得 （3）选用的树种偏少，使得绿化效果单调 （4）部分区域设计种植密度过高，不利于树木生长 （5）绿篱及色带选用过多，导致养护费用增加 （6）用水杉做行道树，遮阴效果差，宜定值后小树枝会大量死亡，几年后才能恢复，致使株型不一致
4	种植设计错误	（1）常绿树中雪松、白皮松、华山松等与其他树种的间距不足5米，因其为强阳性树种而影响树形（若为单一树种的纯林则例外） （2）玉簪、紫萼等种植在阳光直射处，因其性喜半阴而在强光下褪色并产生日灼（应种植于大树下或楼北侧） （3）各楼单元门前的种植设计显得凌乱：每个单元门口两侧的种植应有一定的规律性和对称性，应考虑株型的匹配，品种不宜过多；每座楼应有标志性的种植物 （4）在树池种植乔木，随着树木增长，树根会将树池拱裂 （5）大型乔木的种植点距建筑物距离不足5米，如窗前种植的竹林距离太近而影响采光 （6）某些地段常绿树的种植间距偏小（有的间距不足4米），使下部枝条因为缺少光照而枯萎 （7）在花钵内种植西府海棠等灌木，因其株型较大，易被风刮倒，且花钵养护费用较高

八、绿化用水规划

绿化用水应该本着节约水资源、降低养护成本、取水便利等原则进行规划。

（1）绿化用水水源有自来水、中水、雨水三种。为降低养护成本，节约自来水，小区应建设地下雨水收集池（较大的小区至少应建设两个），蓄水容积要足够大，不仅能够收集雨水，还要能够收集景观水池中的废水。

（2）将收集来的池水通过水泵管路与设计中的喷灌管网连接，进行喷灌。如果没有喷灌管网，也可进行人工浇灌。此外，无论有无喷灌管网，均应在小区各楼前后、道路两边以交叉位置和适当间距（以70米左右为宜）设置取水点，以解决喷灌死角用水或人工浇水问题。各楼单元门口通道两侧的喷灌要考虑不影响人员出入。

（3）地下雨水收集池的位置，一般应设在小区雨水总排泄出口处。

（4）自来水价格高自不必说，中水要达到浇灌的标准，其成本也很高。对于人口密度小的高档小区，中水的产量少，不能满足绿化的需求，所以小区的绿化用水应把收集雨水及景观废水作为辅助手段，尽量节约水资源。

（5）为了节约水资源，应采用喷灌方式。因为喷灌方式一般可节水40%左右，所以如果有可能，物业公司应尽可能争取开发商投资喷灌建设。喷灌管线有地埋式和地表敷设式，后者可节省投资，在北方冬季可以收进室内保管。

上述绿化用水的各类问题均应在审核设计图纸时加以关注，这些问题如果不解决好，势必会给后期的绿化养护管理工作带来困难和经济损失。

九、辅助设施规划

辅助设施主要包括社区文化和公益宣传栏、公告牌、信箱、垃圾桶等，这些设施都是由开发商投资提供的，但物业公司要根据以往的管理经验，向开发商提出具体建议和要求。

（1）社区文化和公益宣传栏一般应安装在小区的休闲活动中心区，在与中心区的景观相协调的原则下，物业公司向开发商提出宣传栏的式样、长度和高度要求。在与周围照明相协调的原则下，物业公司应提出对宣传栏的照明要求。注意因宣传栏安装在室外，必须采用不锈钢材料制作。

（2）公告牌一般安装在小区主出入口处、主要通道处或电梯厅，为了整齐美观，物业公司应提出长、宽、高的具体尺寸要求。室内安装的公告牌一般为长方形，以四张A4纸（足够发布公告或通知用）大小的幅面比较适宜；室外安装的一般为公示小区平面图或其他公告，其尺寸需要相对大一些。但不论室内还是室外安装，均应以不锈钢材料制作。

（3）物业公司应根据不同安装情况，分类统计广告牌的数量、尺寸，报告开发商。

（4）信箱也应以不锈钢材料制作，可以安放在整幢楼的一层大堂内，也可以安放在每个单元入口的避风阁内。采用第二种方式的信箱可以设计成两面开箱的形式，即住户可以在避风阁内取出信报，投递员可以将信件和报纸放进箱内，而不必使用"门禁卡"进入单元内，这就大大增加了安全防范的功效。当然，因小区楼宇的形式不尽相同，对信箱的形式、数量、安装方式的要求也不尽相同，所以物业公司应将信箱分类，向开发商提出不同的具体要求。

（5）垃圾桶有不同的样式，室外安放的垃圾桶的式样和色彩应与周边环境相协调。物业公司应将所需垃圾桶的数量和式样以报告形式向开发商提出。

十、公共区域照明及景观照明控制规划

住宅小区道路、公共区域照明及景观照明的控制方式必须科学、合理。选择了控制方案也就决定了以后的运行和管理模式，这不仅关系到日后运行、管理和维护是否方便，更重要的是关系到能否在满足不同照明要求的前提下，大量节约电能，降低物业经营成本。

（一）划分照明区域

（1）视小区占地面积大小，将园区划分成两个或两个以上的控制区域，对每个区域内的道路照明、公共区域照明和景观照明分别进行分类控制，使之面、线、点层次清晰，不但便于运行管理和维护，也可避免因故障而造成整个园区的公共区域无照明。

（2）将每个控制区域的照明按使用功能划分等级，再按照不同使用功能结合实际情况（如建筑物的分布、道路的长短、景观要求、照度要求、照明时间等）划分支路，不同功能的支路不得混合。

（3）将具有相同使用功能的照明进行分组控制才能达到既满足用电需求又节能的目的。

（二）按照使用性质划分照明等级

（1）I级照明。I级照明是用于安全管理及交通的照明，还可以进一步细分为I-1级照明和I-2级照明。

——I-1级照明是不扰民、高照度的照明，其照明范围是小区围墙和大门区域。I-1级照明要求彻夜照明，并达到足够的照度，但不能对邻近住户造成光污染，使灯光扰民，同时还要满足治安监控及夜间巡逻的需要。

——I-2级照明是不扰民、柔和照度的照明，其照明范围是小区园内主干道、甬道。I-2级照明是为保护行路人安全及夜间巡逻的照明，要求彻夜光照柔和，既能让行人看清路面，又不会使灯光扰民。

(2) Ⅱ级照明。Ⅱ级照明是用于绿地、景观及节日的照明，还可以进一步细分为Ⅱ-1级照明和Ⅱ-2级照明。

——Ⅱ-1级照明是有安全管理要求的照明，其照明范围包括小区内外水系边、小桥、梯级路等易使行人发生意外的场所，要求彻夜照明。

——Ⅱ-2级照明是一般性的照明，其照明范围包括甬路、绿地内、林木间、水下灯、景观等。

——楼内大堂的照明有两种使用功能，一种是单纯的照明作用，一种是美化（景观）作用，当两者均有时，在控制上应加以区分，实行分别控制（大堂内的景观照明属于Ⅱ-2级）。

(3) Ⅲ级照明。Ⅲ级照明是用于园区内功能性活动场区的照明，包括节日灯、游乐场、休闲场、健身场等处的照明。Ⅲ级照明既属于一般性照明，又属于小区园景美化整体的一部分，所以对它们的设计要求归入Ⅱ-2级中。

（三）重要节日的照明

(1) 所有节日彩灯及情景照明、功能性照明灯均处于全工作状态，24：00后可适当延长关闭时间。

(2) 一般节假日可开启部分节日灯，24：00后可关闭。

(3) 平时不开启节日彩灯，有选择地开启景观灯、绿地内的灯，但在23：00后可关闭。楼群之间的甬道照明也应在23：00后关闭。

(4) 高档楼内大堂的景观照明常由多个不同形状、不同光色的灯具按照特定的几何形状布置，所以也要分为相应的支路进行控制，才能实现普通照明与景观照明的区别使用，以达到节电的目的。

（四）控制方式

为了实现上述三种等级的照明功能，在相同功能支路分组的基础上，每组的控制方式是时钟控制+手动控制。

这里要求的是"时钟控制"，而不是"时间控制"，即采用时钟控制器，而不是普通的时间继电器。因为对于一个较大型的小区而言，道路、公共区域、景观、节日灯的支路繁多，又有不同的使用要求，而且不同季节的开灯时间也不同，单凭时间继电器是不能满足自动控制要求的。为了减少人工管理的繁琐及达到最大化节电的目的，必须采用时钟控制。手动控制是对时钟控制的补充，当自动控制出现故障时，以手动方式控制照明。

小区围墙灯属于Ⅰ-1级照明，对于较大型的小区，围墙灯的数量多，不仅要求分段控制，还应在分段的同时进行"隔盏"控制，以满足在不同时段内开灯数量不同的要求，既能满足照明需要，又能达到节电的目的。

（五）设计图纸审核

在审核设计图纸时，一定要把握不同使用功能的支路不得混合的要领，还要强调三相负荷平衡的问题。审核设计图纸的过程中，出现最多的有以下6个方面的问题。

(1) 不同使用功能的支路混接，如道路照明和景观照明混接、此区域的照明支路同另一个区域的照明支路混接、休闲娱乐场地的照明与道路照明混接等。

(2) 有的支路过长，连接的灯具数量过多。

(3) 园内主干道高杆灯的间距过密，只有10米左右。适宜的距离为20～25米。

(4) 有些楼前甬道的高杆灯正对一层住宅的窗户，易对住户造成光污染，解决的方法是尽量避免灯光直射住户的窗户，选择光线柔和的灯具。

（5）高档楼内大堂的灯饰过分强调美化效果，灯具数量过多，单个灯的功率过大。

（6）在支路组合时，未充分注意将三相负荷尽量平均分配，致使三相负荷有较大的不平衡。

十一、水、电、气等的供应容量

水电气等供应容量是项目规划设计时的基本参数。人们生活和工作质量的提高与改善，必然不断增大对水电气等基本能源的需求，设计人员在规划设计时，要充分考虑到地域特点和发展需要，要留有余地。若硬套下限的国标进行设计，会导致不能正常使用或造成事故。

比如，现在出现的跃层式大套型房屋，8kW/户的电容量经常不够用，如不在设计加以注意，往往会造成住户刚入住不久就申请增容，这样会给物业管理和业主带来不便和经济损失，同时在办理临时用电转正式用电工程中，又需要大量时间、精力及财务支出。又如在宽带网流行的今天，有的新建小区因所处位置偏远，暂时无法接通宽带网络，那么在规划设计时物业公司就要提醒设计人员预先设计好宽带网络的线路和家庭接口位置，将来一旦开通，业主便可即插即用，从而避免了明线安装，方便了业主。

十二、安全保卫系统

规划设计时，对安全保卫系统应给予足够的重视。在节约成本的前提下，尽可能设计防盗报警系统，给业主们创造一个安全的居家环境。如最好用报警系统替代防盗网，因为各式各样的防盗网不仅影响美观，而且一旦发生火灾，会妨碍逃离现场。

十三、消防设施

在建筑设计中，消防设施的配套设置是有严格要求的。自动灭火器位置、自动报警机位置、安全出口、扶梯以及灭火器、沙箱等应利于防火、灭火。物业公司则更着眼于各种消防死角。比如楼的通道部分、电缆井部分在消防设计中一般都考虑不周，自动喷淋装置也不可能顾及到每个角落（当然电路部分是怕水的），所以物业公司应建议在这些地方配备灭火器（电器部分应用二氧化碳灭火器）或灭火沙箱。

十四、建筑材料和主要设备的选用

建筑材料和设备的选用涉及工程质量、造价、维修管理和房地产销售。物业公司应根据自己在以往所管楼宇中所见建筑材料和设备的使用情况、优缺点，向设计单位和开发商提交一份各品牌、型号的建筑材料和设备的跟踪报告，以便设计单位择优选用。比如高层住宅中电梯型号的决定通常由设计人员根据国家标准（常常取下限）直接选用，然而在高层住宅销售和使用过程中，电梯是业主非常关心和敏感的问题，事实证明，适当放大电梯尺寸，虽然增加了部分投资，但却在日后使用过程中更加方便，并能提高整幢建筑物的档次，对房地产销售起到意想不到的促进作用。又如部分商业建筑中，在用电容量和专用变压器的选择问题上，设计人员由于缺乏市场经验，时常选择的变压器型号过大，物业投入使用后，用电功率因素低于国家标准，每月物业公司被罚金额惊人，企业增加了不必要的支出。

因此，规划设计时，对建筑材料和设备的选用，物业公司很有必要根据自己的实践经验提出专业化的建议，从而让建筑材料和设备的选用更加合理、更加科学。

总之，在设计阶段，物业公司选派工程技术人员参加工程规划设计的目的，是从有利于投资、综合开发、合理布局、安全使用和投入使用后长期物业管理的角度进行参谋，并提出建议。

第二章 项目施工阶段介入

物业公司在施工阶段通常要派出工程技术人员进驻现场，对建设中的物业进行巡查、了解和记录，并参与施工工程例会，了解项目施工进度和施工质量，对常见施工问题进行重点跟踪，对施工过程中发生的不合理的现象适时提出意见或建议。

一、了解现场巡查的内容

物业项目在施工及设施设备安装期间，要进行详细的巡查，巡查的重点见表3-2-1。

表3-2-1 工程部现场详细巡查的内容

序号	巡查重点	标准
1	主体	房屋结构无裂缝，沉降符合有关规范，外墙瓷砖缝隙水平垂直，不得渗水，可参见《建筑工程施工及验收规范》，各种避雷装置的所有连接点必须牢固可靠，接地电阻值必须符合要求
2	屋面	（1）各类屋面排水畅通，无积水，不渗漏 （2）平屋面应有隔热保温措施，三层以上房屋在公用部位应设置屋面检修通道，排水口、出水口、檐沟、落水管应安装牢固，接口平密、不渗漏 （3）防水卷材接口密实、不脱落，排水管畅通
3	墙、地面	（1）找平层与基层、墙体必须黏结牢固，不空鼓 （2）整体墙地面层平整，不允许有裂缝、脱皮和起沙等缺陷，梁底天花板表面平正，接缝均匀顺直，阴阳角线脚顺直，无缺棱掉角
4	卫生间	（1）阳台、卫生间地面与相邻地面的相对标高应符合要求，不应有积水，不允许倒泛水和渗漏，低客厅地面2厘米左右，穿楼排污管加套管方便维修 （2）防水层应作24小时闭水试验，靠客厅、卧室墙面防水要做1.8米高度，防止入住后洗澡产生漏水
5	门窗	（1）铝合金门窗应安装平正牢固，无翘曲变形、摇晃，零配件装配齐全、位置准确、缝隙严密，木门窗缝隙适度 （2）进户门、防盗门垂直，门框内应灌满水泥沙浆，门锁应安装牢固，门、窗、锁开启灵活自如，无晃动和裂缝，玻璃安装牢固，胶封密实平直，不应有空鼓、裂缝和起泡渗水现象，无明显刮花痕迹，无损伤，油漆均匀完整
6	景观	（1）木装饰工程应表面光洁、线条顺直、对缝严密、不露钉帽，与基层必须钉牢，无爆裂木材料 （2）水景山石安装牢固，排水畅通：园林、喷泉、瀑布、人工湖，要设置给排水功能，花基、花槽要有排水，园林要有合理的给水点和电源备用点，分区、按栋或片的独立控制、独立电表计量 （3）游乐设施安装牢固，面漆完好均匀，无脱皮、无锈迹、无裂纹、无折损，配置使用安全警示指示牌

续表

序号	巡查重点	标 准
7	电气	(1) 电气线路安装应平整、牢固、顺直，过墙应有导管 (2) 导线连接必须紧密，必须采用管子配线，连接点必须紧密、可靠，使管路在结构上和电气上均连成整体并有可靠的接地，每回路导线间和对地绝缘电阻值不得小于 1MΩ/kV (3) 漏电开关、照明开关开启灵活，应符合《低压电气装置规程》的有关要求 (4) 路灯、景观灯安装牢固、完好无损、工作正常，灯柱、配电箱安装牢固垂直，油漆完好，路灯、小区各种灯光按区、按栋或按片、按盏进行控制 (5) 园林艺术灯光，要安装牢固、合理分控、标志清楚，尽量少安装埋地灯 (6) 推广节能灯，减少室外灯漏电跳闸，保障可靠照明，配置定时开关及独立的电表计量
8	电梯	(1) 电梯机房地面刷绿漆，机房地面、墙表面光洁平整、明亮，墙面、天花板刷乳胶漆 (2) 配置电梯机房牌、警示牌、消防器材、温度计、工具箱、记录箱、防潮灯、应急灯、防鼠板和防鼠设施，电梯机房有完好的通风降温设施 (3) 电梯管井底要有集水井，安装自动潜水泵装置，安装有独立的计量电表 (4) 电梯应能准确启动运行、选层、平层、停层，曳引机的噪声和震动声不得超过规定值，制动器、限速器、按钮其他安全设备应动作灵敏可靠 (5) 安装的隐蔽工程、试运转记录、性能检测记录及完整的图纸资料均应符合要求
9	供水、排水、排污、消防	(1) 管道应安装牢固，各种仪器、仪表应齐全精确，安全装置必须灵敏、可靠，控制阀门应启闭灵活，闭合严密、无滴漏 (2) 水压试验及保温、防腐措施必须符合要求 (3) 主管与支管应安装水表单独计费，消防水箱进水管阀门检查设置应便于检修 (4) 卫生间、厨房内的排污管应分设，地漏、排污管接口、检查口不得渗漏，坡度适中，管道排水必须流畅 (5) 卫生器具质量良好，接口不得有跑、冒、滴、漏现象，安装应平正牢固、部件齐全、制动灵活 (6) 消防管道设施必须符合要求，并且有消防部门检验合格证，管道的管径、坡度及检查井必须符合要求，管沟大小及管道排列应便于维修，管架、支架、吊架应牢固，管道防腐措施必须符合规定 (7) 室外排水系统的标高、窨井（检查井）设置、管道坡度、管径均必须符合要求 (8) 管道通过公路应做钢筋水泥保护，井盖应搁置稳妥并设置井圈 (9) 化粪池应按排污量合理设置，池内无垃圾杂物，进出水口高差不得小于5厘米，立管与粪池间的连接管道应有足够坡度，并不应流过两个弯 (10) 明沟、散水、落水沟头不得有断裂、积水现象
10	道路	(1) 房屋入口处道路与主干道相通 (2) 路基稳固、路面不积水，铺砌砖、沥青不空鼓，路面排水畅通，路面砖采用防滑材料 (3) 路面平整，无水泥块，无起沙、断裂，路牙石砌筑整齐，灰缝饱满，无缺角损伤，并均匀的用黑色和黄色相间的反光漆油刷，块料面层拼砌，平整牢固，无明显裂缝、缺棱掉角 (4) 交通标志线、路牌清楚完好
11	水泵房、墙面、天花	(1) 扇灰刷乳胶漆，机房地面、墙表面光洁平整、明亮 (2) 配置各设备标志牌、警示牌、系统运行指示牌，消防器材、温度计、工具箱、防潮灯、应急灯、防鼠板、抽风机等设施齐全 (3) 生活水泵、消火栓泵、喷淋泵等泵基座的四周砌筑一条3厘米宽、2厘米深的水沟与集水井相通，排污水管用PVC管直接接至排水沟或集水井，集水井安装自动潜水泵

续表

序号	巡查重点	标　准
11	水泵房、墙面、天花	（4）各种阀门有明显标志、名称、功用（或控制范围）的挂牌；生活水泵、生活用水管道刷绿漆并用红色箭头标明水流流动方向；消防泵、消防管道和设施刷红色漆并用红色箭头标明水流流动方向 （5）进水管安装有独立计量总水表，各机房安装独立计量电表、水表
12	高低压配电房	（1）开闭门、墙面、天花板刷乳胶漆，机房地面刷绿漆，机房地面、墙面光洁平整、明亮 （2）设备房配置高低压配电房牌、供配电系统图示牌、警示牌、消防器材、温度计、工具箱、记录箱、防潮灯、应急灯、防鼠板或防鼠设施（如电子猫王） （3）电柜前地面铺宽度1米绝缘胶垫（高压配电房铺高压绝缘垫）并用黄色油漆在绝缘胶垫的外侧地面标示安全线，其他地面刷绿色地板漆；接地线需用黄绿相间的油漆明显标示 （4）变压器室有完好的通风降温设施和隔热隔声设施，通风、采光良好 （5）高压配电房配置高压操作杆、高压验电器、高压胶鞋、高压手套、高压接地线（或接地刀）、高压开关检修车，每个高压断路器有明显标志牌标明控制范围 （6）低压配电房每个低压断路器有明显标志牌标明控制范围 （7）安装有各路独立计量电表
13	消防控制室和监控中心	（1）地面铺地砖，墙面、天花板刷乳胶漆，机房地面、墙表面光洁平整、明亮 （2）配置消防控制室和监控中心牌、警示牌、消防器材、温度计、记录箱、应急灯、防鼠板和防鼠设施，室内要有良好的采光、通风降温设施并安装有空调 （3）安装有独立计量电表
14	室外消火栓	（1）消防箱标志清楚，玻璃完好 （2）消防设施配件齐全，消防管安装牢固，标志明显，阀门、油漆完好，无渗漏水，水压充足
15	门牌	（1）栋号、层号、房号清楚 （2）首层大堂信报箱、告示栏、对讲系统齐全

二、现场巡查要特别关注的事项

为方便以后的物业管理，工程技术人员在现场巡查的时候，要特别对以下项目进行关注，并向相关单位提出一些合理性的建议。

（一）各类机电设施设备配置与安装

要了解委托项目各类机电设施设备配置或容量、设施设备的安装调试、各类管线的分布走向、隐蔽工程、房屋结构等，并指出设计中有缺陷、遗漏的工程项目，加强常见工程质量通病及隐蔽工程等特殊过程的监控。从业主使用功能角度，注意完善相关设计规划缺陷，包括各类开关、空调位（孔）、插座、排水、预留电源、排烟道、门的开启方向等。

（二）地下室工程

地下室因其结构埋藏于地表以下，受地下水或雨季雨水渗入泥土里形成的水压环境，是渗漏问题的常发部位，因此，根据其设计采取的防水施工方案而相应地重点监理以下事项。

（1）无论采取何种防水设计施工，基坑中都应保证无积水。严禁带水或泥浆进行防水工程施工。

（2）采用防水混凝土结构时，除严格按照设计要求计算混凝土的配合比例之外，应重点检查以下事项。

——混凝土搅拌时间不得少于2分钟（用机械搅拌）。

——底板应尽量连续浇注，须留设施工缝时，应严格按照规范中的留设要求和施工要求施工，墙体只允许留水平施工缝。

——后浇带、沉降缝等应尽量要求在底板以下，墙体外侧相应部位加设防水层（可用卷材、涂膜等）；预埋件的埋设应严格按规范施工。

——养护时间和养护方式应严格监控，此项是承建商经常忽视的工序，但对混凝土的防水能力有较大的影响。

（3）采用水泥沙浆防水层，除按设计及规范施工外，应注意阴阳角应做成圆弧形或钝角；刚性多层作法防水层宜连续施工，各层紧密贴合不留施工缝。

（三）回填土工程

回填土工程涉及首层楼地面（无地下室结构的）、外地坪的工程质量，如回填质量不好，将会导致地面投入使用一段时间后出现下沉、损坏埋设管道、地面开裂等问题，因此应对此项工程回填土成分、分层打夯厚度进行监控，有问题应坚决要求返工，否则后患无穷。

（四）楼面、屋面混凝土工程

楼面、屋面混凝土工程质量，通常是引发楼面、屋面开裂的一个主要原因，亦是物业在以后的维修工作中无能为力的问题，所以，在楼面、屋面混凝土工程中应重点注意以下事项。

1. 钢筋绑扎

钢筋绑扎是否按图按规范施工，其开料长度、绑扎位置、搭楼位置、排列均匀等出现问题，均会造成以后楼板的开裂，特别是楼板的边、角位置，悬挑梁板的钢筋绑扎应重点检查，同时应监督施工单位切实做好钢筋垫块工作，以免出现露筋现象。

2. 混凝土浇注

除开发商的监理人员注意按施工规范监理施工外，物业参与监理的人员应重点对厨房、卫生间的地面浇注进行监理，有剪力墙结构的应重点监督。如这些部位施工出现问题，通常会引发厨、厕、卫生间地面、剪力墙墙面出现大面积渗水，还会出现难以检查维修的问题，如剪力墙因混凝土捣制不密实，出现外墙面雨水渗入外墙面后，在墙体内的孔隙内渗流一段距离后渗出内墙面，导致维修困难，故对以上部位混凝土的振捣应严格监控。

（五）砌筑工程

建成物业常有墙体与梁底的结合部出现裂缝的现象，这通常是墙体砌筑至梁底时的砌筑方式不对、砂浆不饱造成的。因此，在砌筑工程中应对砌筑砂浆的饱满、墙顶砖砌方式进行监督，应把墙顶与梁底间的砖体斜砌，使砖体两头顶紧墙顶和梁底，并保证砂浆饱满。

（六）装饰工程

1. 外墙面

外墙面抹灰及饰面施工的好坏常常是影响外墙是否渗水的一个关键。以我国目前的常用做法，外墙面仍未做到对外来雨水作整体设防（无特别的防水层），仅是靠外墙面的砂浆抹灰层、外饰面来防水。因此，物业在施工阶段介入时，要严格监督外墙底层抹灰的实度、外饰面粘贴层的饱满（无空鼓、空壳）、抿缝饱满等方面。

2. 内墙面及天花板

内墙面及天花板常用混合砂浆抹灰。如混合砂浆中含石灰、纸筋等材料，应注意砂浆的搅拌均匀，以免造成墙体饰面开裂，墙体与混凝土梁、柱搭接处，最好加设砂布等材料后再抹灰。

3. 地面

厨、厕地面，作为湿区应重点监理，注意砂浆密实及查坡泄水方面。

（七）门窗工程

木门与墙体接合处，由于材质的差别，经常会出现缝隙，外墙窗户通常会出现窗框与墙体间渗水，这些都是施工问题，应按有关施工规范及设计方案严格监理施工。

（八）给排水工程

1. 给水工程

现有高层建筑通常采用高位水池供水，其低楼层的供水，常常因高差问题造成水压较大，而设计者通常会在由高位水池通往低层住宅的主管上设减压阀。由于减压阀的自身构造较易被细小杂物堵塞，故建议高位水池出水口的管口不要设为敞开管口式，应改为密孔眼管道入水，以阻挡杂物进入。如供水管道埋设在墙内，则应在隐蔽前做试水、试压试验。

2. 排水工程

原常用的铸铁管，常因质量问题，出现管壁砂眼渗水、接口渗水，造成使用年限短，使物业公司维修困难、管理费用增多，在可能的情况下建议改用PVC水管。

（九）其他事项

除以上所述事项外，驻场的工程技术人员还应重点关注以下事项。

（1）对小区的重要大型设备、设施的供应商，应建议尽量选择供货、安装、调试、售后技术服务良好，有中文使用说明书及联系电话清晰明了、信誉良好的公司。

（2）小区基建工程采用批量较大的各种建材；水电器材常规材料和配件等应建议尽量选用市面上普通规格的标准件和通用件，尽量采用国内容易购买的配件材料及型号与规格，方便后期维修。

（3）涉及小区物业的结构、防水层、隐蔽工程、钢筋以及管线材料的，一定要考虑耐久性、耐腐蚀及抗挤压能力，且与监理公司共同把好相关过程控制和验收控制的质量关。绿化带土质的厚度要符合要求。

（4）要与所有参与土建工程、设施设备安装工程、绿化工程和相关的市政工程施工单位、供货商、安装单位，就保质内容、保质期限、责任、费用（维修保证金）、违约处理等达成书面协议，并要求对方提供有效的合法经营及资质证明、产品的产地证明、合格证明、设备订购合同、材料供货表、采购供应地址及单位联系电话。

（5）要检查重要的大型配套设备（包括电梯、中央空调、配电设施、闭路监控系统、消防报警系统、电话交换系统等）的供应单位是否提供了清晰明了的操作使用说明书、联系电话等，并要求对方对物业工程部相关技术操作人员提供正规的培训。

（6）物业项目所选用的设备和仪表均应得到有关部门的校验许可证明（如电表、水表须经过水电部门校验合格后才允许使用；有线电视监控系统、消防报警须经过公安部门的安全技防测试合格后才准许使用；还有消防报警系统、灭火器、电梯变配电系统、停车场、交通管理系统等），要求调试正常运行后才能交付。

（7）对大型重要的公共配套设备设独立电表（便于情况分析和成本控制），商品房与办公楼的电源应与各系统用电线路及计量分开，尽量做到分表到层、分表到户，表的位置最好能统一、集中（便于抄表），电话分线、分层、分户应作好识别标记，合理分配。

（8）了解哪些为整体混凝土施工、哪些为以后用空心砖砌成，在以后住户装修中哪些墙不能打，墙体、天花、地面在哪些位置有管线，在打孔和装修时注意提示。

（9）在设备性能方面，比如智能化等，不要因追求卖点而一味追求高科技和功能齐备，这样会造成后期使用华而不实、智而不能，甚至闲置报废，从而引起业主投诉和高昂的维护成本。所以，在厂家选择、设备选型、配件选用方面要简单而实用，设备安装调试要安全合格。

> **提醒您：**
> 物业建设工程基本结束，工程开始竣工验收、移交验收和准备入伙及筹备开业时，工程部人员要对正式接手管理做好准备，巡查要更为严格，工作更为细致、周密。全面复查要及时发现未整改项目，以便交接时提出。

三、现场巡查问题的整改

物业公司驻场工程技术人员应负责将在巡查中发现的重大问题、设计缺陷等及时汇总整理，上报地产公司，地产公司的对接部门通常是设计管理部。

第三章 项目销售阶段介入

营销策划、销售阶段物业管理的工作目标：与项目开发企业商讨制订合理的物业管理相关项目的收费标准（主要是管理费）；协助制订业主公约及管理制度；做好房屋的销售和宣传推广；做好物业管理形象及物业管理品牌的展示；售楼处及样板房的接待、管理及服务；就客户提出的物业管理方面的问题现场答疑等。

一、营销策划介入

一般物业项目在编制销售包装设计任务书和营销工作方案时需要将物业管理概念及模式研究作为项目策划的一部分，以满足销售包装设计内容的要求，同时此时的研究又是日后物业管理方案和特色服务设计的核心。一般在项目正式完成营销推广方案前，需要确定《物业管理方案》。

（一）项目地块周边情况调研

项目地块周边情况调研也就是对物业项目的区域人文习惯、配套设施、公共设施情况进行调研，分析区域特征，从而对物业项目的管理进行准确的定位。

1. 区域人文习惯

物业项目周边常住人口的受教育程度，通常会决定该地区的治安状况及人与人之间关系的和谐与否，而了解当地的饮食习惯、风俗习惯可以使新入住小区的业主与周边常住人口更加融洽地生活在一起。对物业项目周边人文情况的调查范围,通常以一个街道办事处所管辖的范围或步行半径30分钟的路程为依据。

区域人文习惯调查的主要内容如下。

(1) 调查范围内的主要民族构成。

(2) 主要生活习惯(饮食习惯、风俗习惯)。

(3) 周边的主要公司、单位及其性质。

(4) 周边的主要住宅区及其产权情况。

(5) 公司、单位、住宅区内人员受教育情况。

(6) 调查范围内暂住人员的情况。

2. 区域管理或服务的机构、设施

物业小区的管理工作包括行政管理和提供物业服务两个方面。管理与服务的内容非常丰富,对一个物业项目的管理也可以说是一种社会化的管理,对物业小区有管理关系的部门包括工商局、物价局、劳动局、街道办、居委会、村委会及县市机构、派出所、交通队等。对物业小区有服务关系的部门包括学校、幼儿园、医院、游乐场、购物场所、邮电局、电信局等。掌握以上情况可以使物业管理者更能根据实际情况去制订物业管理方案,提供更完善的物业服务。比如说,某小区周围有知名的小学、中学及三四个幼儿园,那么,在该小区的营销策划中则可以学习拿资源来做噱头吸引购房者。

区域管理或服务的机构、设施调查的主要内容如下。

(1) 被调查机构的名称、地点。

(2) 被调查机构负责人的姓名及联系方法。

(3) 被调查机构的职能设置。

(4) 户口迁移手续。

(5) 周边服务机构的服务内容、服务范围、接待能力、档次。

(6) 中小学校、幼儿园的入学、入园手续。

3. 公共设施情况调查

一个物业小区的供电、供水、供热、供气、排水等公共设施都是由社会各专业机构提供的,从社会各专业机构到物业管理机构到业主,哪一个环节出现问题都会给业主的生活带来影响。了解这些公共设施的具体情况,就是为了提前做好准备工作,以避免突发事件的发生。在做这一调查时,主要针对供电、供水、供热、供气、排水等机构,调查的主要内容如下。

(1) 被调查机构的名称、地点。

(2) 被调查机构负责人的姓名及联系方法。

(3) 被调查机构的设备使用情况、年限、维修情况。

(4) 被调查机构设备容量是否可以满足要求。

(5) 被调查机构设备如容量有限,在业主大量入住前是否增容。

(6) 如设备管线发生突发故障,属于社会机构责任时,与其联系的方法。

(二)对物业项目进行分析

1. 项目定位分析

项目定位有两个基本的层面,即市场定位和目标客户群定位。

(1) 市场定位。市场定位是项目策划的核心、本源,是项目全程策划的出发点和回归点,这在项目策划初期就必须首先明确。市场定位的前提是一份市场调研分析报告(调研涵盖宏观、中观、微观,内容涉及政治、经济、科技、文化等方面),至少需要能够回答三个问题：竞争处于什么态势？本项目在未来可供选择的市场取位？本项目相对的优势和风险在哪里？

（2）目标客户定位。在一个物业项目的不同营销时期，其目标客户群的居住区域、购买意识、需求层次是不一样的，对此应进行深入研究以便在不同的营销推广阶段将目标客户锁定为清晰而特定的人群，进而从全局出发制订最为科学的整合推广步骤。

2. 项目优劣势分析

应在调查的基础上对物业项目的优劣性进行分析，以便深化物业管理方案，利用物业管理的内容来弱化项目的劣势，并结合项目的优劣势分析来寻求物业管理价值最大化的突破点。

3. 目标客户群特性分析

物业服务最终更归于"以人为本"，要提供个性化的服务，所以在一个物业项目管理方案设定之前，必须对该项目的特定人群做一个全方位的分析，而分析所产生的结果则直接反映在物业管理的"个性"上，而这"个性"也就是物业管理的"核心竞争优势"。

目标客户群特性分析的内容涉及人的五种需求，具体是：生理需求、安全需求、爱与归属需求、自尊需求、自我实现需求。通过对这五种需求的把握，最终可以形成一套有针对性的物业管理方案。

4. 竞争对手分析

所谓知己知彼、百战不殆。在同一个区域内可能有许多类似的物业项目，如果物业管理雷同的话，物业管理方面的卖点就基本上没有了。所以，一定要就竞争对手进行分析，并就分析结果制订出更具吸引力与差异化的物业管理卖点，从而将物业管理的竞争优势突显出来。

（三）对物业管理定位

在以上分析的基础上要对物业管理进行准确的定位。

物业管理定位要与项目定位以及目标客户的身份、品味相协调，否则就会适得其反。比如，某物业项目定位是高级别墅，而物业管理费每户每月只收50元，反之，低价位普通住宅又说是"酒店式"管理，那人家还敢买吗？

体现物业管理定位的无外乎以下3个内容。

（1）收费标准。

（2）服务内容。

（3）管理水平。

收费标准是直接体现档次的，这是第一感觉，但只有收费没有内容就会使人茫然，收费如此贵的缘由必须要向业主交代清楚才行。至于管理水平，客户在入住前是体会不到的，但这并不意味着就说不清楚，关键看你怎么去说，比如指明由某著名的物业公司来管理，该公司人员的素质、以往的业绩，就基本上可以表示物业管理的水平。而像"酒店式管理"这样说法虽然大致地代表了高管理水平，但高到什么程度就不明确了，不如具体形象地说明管理人员经过了消防、急救和擒拿格斗等专业训练，或者干脆将员工守则和操作程序公之于众，也可以大致反应管理水平。总而言之，只有将以上这三方面内容都交代清楚，才算是完善的物业管理定位。

（四）《物业管理方案》策划

接下来的工作是要进行《物业管理方案》的策划，一般在项目正式完成营销推广方案前，需要确定《物业管理方案》，《物业管理方案》应包含管理模式、服务创新、内部管理机制、管理服务标准、品质控制方法、管理费测算等。

二、协助开发商拟定销售文件

完成房地产物业管理服务方案，协助开发商拟定销售合同所需附件，如住宅质量保证书、住宅使用说明书等。

（一）业主临时公约

《业主临时公约》是买房人在签购房合同时签的文件，在签订《商品房买卖合同》的同时，还约定物业管理服务价格、服务内容和质量，也就是说在房屋买卖时就通过签订公约和买卖合同，明确了入住后物业管理的有关事项。

在前期物业管理阶段，通过业主大会制订业主公约的机制尚未建立，建设单位在这一阶段属于"初始业主"（往往也是最大业主），为了让这一阶段的业主活动也有章可循，《物业管理条例》（以下简称《条例》）确认这时的公约由建设单位在销售物业之前先行制订。

（二）《住宅质量保证书》

《住宅质量保证书》是房地产开发企业对所售商品房承担质量责任的法律文件，其中应当列明工程质量监督单位核验的质量等级、保修范围、保修期和保修单位等内容。开发商应当按《住宅质量保证书》的约定，承担保修责任。

（三）住宅使用说明书

我国房地产法规规定，房地产开发企业应当在商品房交付使用时向购买人提供《住宅质量保证书》和《住宅使用说明书》。

《住宅使用说明书》应当对住宅的结构、性能和各部位（部件）的类型、性能、标准等作出说明，并提出使用注意事项，一般应当包含以下内容。

（1）开发单位、设计单位、施工单位，委托监理的应注明监理单位。
（2）结构类型。
（3）装修、装饰注意事项。
（4）上水、下水、电、燃气、热力、通讯、消防等设施配置的说明。
（5）有关设备、设施安装预留位置的说明和安装注意事项。
（6）门、窗类型，使用注意事项。
（7）配电负荷。
（8）承重墙、保温墙、防水层、阳台等部位注意事项的说明。
（9）其他需说明的问题。

住宅中配置的设备、设施，生产厂家另有使用说明书的，应附于《住宅使用说明书》中。

三、销售中心物业服务展示

物业公司在房产正式销售阶段要负责销售现场、样板房等处的清洁、绿化、秩序维护、水电维修、安全等工作，展示物业公司的服务水平和员工风采。

（一）设立销售中心物业服务中心组织架构

物业公司应就物业项目设立销售中心物业管理处（如图3-3-1所示），配备相应的人员，以达到有效的控制，由服务中心统一协调各单位及各部门的工作、现场工作督导等各管理环节的目的。

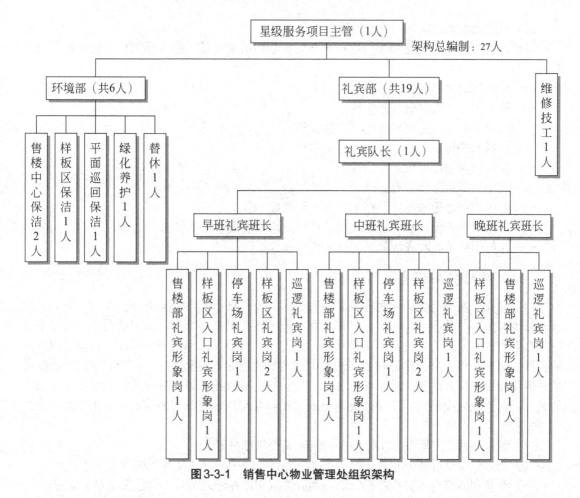

图3-3-1 销售中心物业管理处组织架构

物业公司还应根据物业服务中心组织架构拟定、规范各部门职责范围，制订出各部门、各岗位的岗位职责、程序和规范、工作标准及考核标准，以展示物业服务水准，增加业主购买信心，激发业主购买欲望。

（二）制订各阶段及每月工作计划

对所收集的开发商的动态信息（项目的规划、工程配套、工程进度等）、销售部销售方针对物业服务方面的需求及销售过程中对客户的承诺、业主普遍关心的事项或问题等各种信息进行归类汇总，为今后确定《使用、管理、维修公约》、《业主手册》、《装修守则》及项目物业管理方案掌握第一手资料。

现场检查督导物业公司各部门工作完成情况，定期考核。

（三）提供客户接待服务

客户接待服务是体现物业服务水平的第一印象，在销售过程中，配合销售人员解答业主关于物业管理方面的关心和疑问。据过往的经验，其服务人员本身应具备相当的专业性物业管理知识，包括以下内容：

（1）了解物业管理相关法律、法规。

（2）了解物业管理费的标准、缴纳程序等。

（3）了解物业管理服务内容。

(4) 了解物业管理实务操作全过程。

同时，客户接待服务也将配合地产公司的销售中心来兼管一些管理工作，包括但不限于以下内容。

——样板房的接待服务。
——销售中心大堂水吧客服接待。
——销售中心大门礼宾司服务（门童服务）。
——电梯礼宾司服务。
——作好日常接待记录。
——清洁、绿化工作检查记录。
——各部门运行记录及各种档案归类汇总管理。
——严格钥匙管理，制订钥匙领用及借用归还、检查等管理办法。
——作好销售中心和样板间的物品管理工作。

（四）做好保安服务

物业保安职能就是要确保物业及其附属设备、公共场所等不受到人为的损坏、破坏或尽可能减少损失，必须要阻止和防止任何危及业户的生命财产的行为，必须要制止任何影响业户身心健康的行为，维护正常的工作秩序。就其专业性而言，涵盖安全管理、消防管理和车辆秩序的维护。保安员形象是业主来销售中心所见的物业管理服务第一门面，销售中心配备准军事化的保安服务队伍，给予购买者以安全感，是最直接、最有效体现物业服务水平的途径之一。在一些大型销售活动中，安全保卫工作将会起到相当重要的作用，其工作内容简列5点如下。

(1) 制订项目保安服务方案，确保所辖区域的秩序良好。
(2) 全体保安员应统一着装、统一工牌，并在工作中始终保持优秀的保安形象。
(3) 普及和提高全员安全防范、消防和服务意识，并随时消除各种危及安全的隐患。
(4) 疏导车辆停放，以保证来访车辆的安全和顺畅停放及通行。
(5) 制订重大事件和突发事件处理预案，如销售中心开放日、举办相关活动及失火、聚众滋事等事件。

（五）环境营造服务

体现高档次、高品位楼盘的物业服务特点，清洁、绿化服务也是不可或缺的一环，于销售中心安排专业清洁、绿化养护人员，负责卖场的清洁、绿化工作，并于样板间中配备"家居型"清洁人员现场保洁，再配以专业、酒店式的高服务标准，无处不体现出细致入微的人文关怀。卖场中绿化小品及饰品的摆设、销售沙盘的设计、悦耳的音乐、若有若无的清香营造出舒适、温馨的销售环境，无一不增加潜在消费者视觉、听觉及感觉方面的愉悦和放松，增加潜在消费者的购买欲望。

服务工作可从以下8点着手。
(1) 制订并执行清洁及装饰材料保养计划。
(2) 围绕销售部门工作时间，合理安排清洁人员配比，以保证高质量有效服务。
(3) 培养清洁人员服务意识及实际操作规范，以达到酒店式物业管理的服务标准要求。
(4) 提供保洁服务，并定时处理各种垃圾废物，做好消杀服务。
(5) 正确使用各种清洁设备及确定大型设备使用时间，避免影响卖场的正常开放时间。
(6) 对销售中心所辖区域内绿化工作制订养管计划和租摆方案，及时更换不适宜盆栽乔木和草坪绿地。

（7）定期浇水施肥，营造良好的绿化环境。配合各大型促销活动及节假日的清洁绿化工作安排。

（8）通过熏蒸或喷洒清新香剂，保证空气质量。

（六）负责物业工程服务

现场物业工程服务人员将于销售全过程中，负责卖场中水、电供应及各项设施设备的保养工作，并积极协助各种大型销售活动的准备工作和重大节日布置工作，以多角度展示物业服务水平。

关于卖场管理，物业工程服务人员应做好以下工作。

（1）及时维修中心水、电、通讯等设施。

（2）制订各项设施的维护、保养计划并执行。

（3）卖场灯光调控及音像设备、背景音乐的维护。

（4）各种活动中工程维修工作的协助配合。

除卖场管理外，物业工程服务人员应：跟进项目工程施工进度；及时记录隐蔽工程的施工过程；向业主解答物业工程和二次装修管理中的问题。

（七）做好资产管理

根据过往经验，通常于销售中心、样板间为营造销售氛围均配置了必要的办公用品、生活物品及饰品，因多个部门参与，容易造成责、权、利不清，又因销售过程中客流量大，人员较复杂等因素，所配置的物品损坏和丢失现象较为严重，给开发商及销售公司带来不必要的形象受损及资产损失，为达到有效控制、统一管理、避免损失，建议制订完整的物品管理制度，简要内容如下。

（1）物业管理处作为资产统一代管部门，划定各部门、各单位物品管理范围。

（2）利用现代化办公手段对所负责的所有物品进行统一编号、登记、造册，落实到人。

（3）制订严格的物品申购、采购、入库、储存、出库、转移、借用、归还、使用、报废等制度，完善各环节控制手段。

（4）定期与财务部及相关部门进行核查。

（5）每日清点现场在册物品。

（6）及时撤换已损坏物品，分析原因，并提出优化措施。

综上各项服务工作内容及工作标准，为更好地达到预期效果，现场一定要委派一名项目经理，全权负责销售中心的物业服务工作，同时协调各部门工作，督导物业公司员工各项管理工作，其工作职责为：负责协调开发商与销售部之间的关系，理顺各个工作环节，编制物业服务中心部门工作程序及工作标准，以向开发商和销售部门提供更好的服务，展示物业服务水平。

四、配合现场销售

物业公司应选派房地产物业管理咨询专员到销售现场，与客户进行充分沟通，向客户介绍今后物业管理服务模式、内容、标准和客户应当遵守的公共管理制度，解答客户的疑问，了解客户的期望、建议并及时向开发商反馈。物业公司早期介入部门汇总、分析客户的意见后，继续向开发商提出改进建议。在配合现场销售时要注意以下要点。

（一）吃透设计图纸以准确了解设计的优劣

每个项目的设计都不可能尽善尽美，有的可能存在较多的缺陷或较大的遗憾。对此房地产物业公司必须高度重视，由经验丰富的专业人员认真查看图纸，准确归纳项目特色和明显的不足。特别要注意那些对使用功能考虑不周或明显不舒适、用途不明确、方便违章搭建的设计或部位。针对设计缺陷向开发商提交书面建议，以期尽可能消除或改善。此项工作应在房产销售前完成。

（二）对项目存在的不足要尽早提出针对性的解决方案

对于无法消除或改善的可能成为日后管理难点的问题，在销售准备阶段一定要找到解决办法，以便开盘后将解决方法或要求明确告知业主。比如，设计超深超大阳台往往成为销售卖点，客户计划着交房后封闭阳台增加使用面积，这就给今后的房地产物业管理带来极大的难度，因为法律法规明确规定外立面不可擅自改变。解决这一问题可事先取得开发商支持，准备好每套房屋在不改变外立面前提下的阳台装修方案图，当客户认购房屋时，物业管理咨询专员即主动与其交流，将装修方案图交客户签字确认后由房地产物业公司留存，提早解决。

（三）在不同省市承接项目的对地方规章应详细了解

各地政府对房地产开发、房地产物业管理的要求以及各地配套条件都有所差异，物业公司只有对每个细节了解到位，才能提出符合实际、可操作性强的房地产物业管理事项的约定、临时公约以及公共管理制度，避免产生对业主要求过高，而房地产物业管理企业的管理水平和管理措施跟不上的情况。

同时，还应注意上述内容与销售合同相关条款的一致性，否则，只要有一点疏忽，都会给日后管理带来难以摆脱的麻烦。比如，某项目销售合同根据地方规章约定"如需封闭阳台，应使用美观轻质的建筑材料"，而业主临时公约中根据住宅室内装饰装修管理规定，约定"禁止改变外立面，禁止封闭阳台"，两者相互矛盾，会为今后的纠纷埋下伏笔。

（四）高标准挑选销售现场服务人员

1. 物业管理咨询专员的要求

对物业管理咨询专员要有较高的要求。
（1）综合素质高、沟通应变能力强、具有亲和力。
（2）对本公司企业文化有良好的感知力。
（3）对当地法律法规和项目情况了如指掌。
（4）能与开发公司人员良好互动。
（5）不透露房产销售信息，不介入销售行为。
（6）自律性强，言行能体现公司优秀员工的形象。

2. 现场一线员工的要求

对现场一线员工的要求：形象好，责任感强，技术熟练，善于瞻前顾后，处处为客户着想。

3. 物业咨询必须了解的问题

随着业主对房地产和物业管理方面的了解，业主在购房时对该项目除了价格以外，其他的影响因素也相当关心，特别是小区的配套设施的落实、开发商的销售承诺、物业管理小区的配套设施的落实、物业管理提供那些服务、如何收费等问题，都是准业主关心的热点问题，所以，物业公司要将该类问题整理出来，并根据项目的实际情况对员工进行培训。客户在购房时（即销售期间）主要关注的问题见表3-3-1。

表3-3-1 客户在购房时（即销售期间）主要关注的问题

序号	项目	关注的问题
1	项目背景资料	（1）项目全称及各栋名称是什么 （2）地理位置在哪里 （3）周边主要建筑物有哪些 （4）周边主要交通干道有哪些 （5）开发商是谁，开发商开发过的项目有哪些 （6）由哪个设计单位设计的，该设计单位曾设计过的知名项目有哪些 （7）由哪个单位施工的，该施工单位以往有哪些项目 （8）由哪家监理公司监理的，该公司以往监理过哪些项目 （9）由哪家物业公司提供的物业服务，该物业公司服务过哪些小区 （10）园林设计由哪家公司负责，该公司以往有什么作品 （11）项目的用地性质是怎样的
2	项目概况	（1）项目占地面积、建筑总面积是多少；商业部分面积是多少；住宅部分面积是多少；地下停车场面积是多少（有多少车位）；地下设备用房是怎样的 （2）建筑覆盖率是多少；绿化面积是多少；绿化率是多少 （3）总共有多少栋数；楼体高度是多少；总层数有多少 （4）楼宇结构形式是怎样的 （5）各楼的主要朝向是怎样的 （6）本项目封顶日期、竣工日期、交房日期分别在哪天 （7）预售许可证号码是什么 （8）物业产权年限是多少，起止时间分别是哪一年 （9）本项目有哪几种户型，各户型建筑面积多大 （10）本项目的容积率是多少 （11）小区智能化设施情况是怎样的；安防、消防系统情况如何；大门、阳台是否允许安装防盗网；有无红外线监控系统 （12）楼板厚度为多少；外、内墙的厚度是多少 （13）群楼作什么用途 （14）每栋一梯几户 （15）走廊照明系统是怎么样的 （16）内外阳台面积如何计算（包括入户花园） （17）凸窗的高度是多少、宽度是多少，凸窗是否计入售卖面积 （18）车位是否可售，售价和收费标准是怎样的，其中管理费是多少 （19）楼宇（外墙、屋顶、厨卫）防水设计情况如何，防水采用哪种做法 （20）交楼的标准是什么 （21）窗户采用哪种玻璃，玻璃厚度是多少 （22）管道天然气的开通时间、费用，水电、煤气表如何抄表 （23）电梯采用哪一品牌、速度如何、一台可载客多少人，是否所有电梯都到地下车库 （24）入口大堂、电梯间、楼梯间的装修情况如何，高度是多少 （25）小区内是否人车分流 （26）地下室有几层，分别做什么用 （27）小区有没有备用发电机，有多少台，功率是多大 （28）各栋楼的间距是多少米
3	项目建筑风格与设计特点	（1）建筑风格是怎样的 （2）园林设计风格是怎样的 （3）户型设计特点是怎样的
4	项目智能化设施介绍	（1）国际卫星电视接收系统是怎样的 （2）网络系统是怎样的 （3）通讯设备是怎样的 （4）室外安防系统是怎样的

续表

序号	项目	关注的问题
4	项目智能化设施介绍	（5）室内安防系统是怎样的 （6）远程自动抄表系统是怎样的 （7）消防系统是怎样的
5	公共区域装修标准	（1）停车场交付使用的标准是什么 （2）小区设备用房位置在哪里，面积是多少，有哪些设备 （3）小区的会所在哪里，面积是多少，有什么样的功能 （4）小区有多少个出入口 （5）小区的人流、车流怎样划分 （6）住宅大堂的交楼标准是怎样的 （7）住宅部分的电梯厅、公共疏散楼梯厅的交楼标准是怎样的 （8）公共疏散楼梯走道的交楼标准是怎样的 （9）住宅部分的每户供电最大负荷是多少 （10）住宅的户内电气交房标准是怎样的 （11）有线、宽频、天然气的接入布置情况是怎样的 （12）户内给排水的交房标准是怎样的 （13）厨房烟道怎样设置，采用哪种防倒灌设施，采用哪种品牌 （14）小区有无设置消防水箱，在哪里 （15）小区建筑如何进行白蚁处理 （16）住宅的入户门尺寸是多大，入户门的交房标准是什么
6	开发商承诺	（1）物业公共服务费用的承诺标准是什么 （2）车位售价或收费标准是什么，能否安排固定车位 （3）交房费用是多少 （4）管道天然气是否赠送 （5）直饮水设备如何提供，怎样收费 （6）交房能否出示竣工验收证明和使用说明书 （7）天台有无花园，业主是否可使用 （8）单元内哪些结构可变更 （9）是否提供装修套装，装修公司名称是什么 （10）项目可否外销 （11）内销、外销银行是否指定哪一家 （12）涉及银行职工购房，业主可否自行按揭 （13）按揭需提供哪些资料 （14）按揭需交多少费用，购买后需缴纳哪些费用 （15）可否首期付一成，若可以，余下二成如何支付 （16）签合同后能否更名，更名怎么收费 （17）什么时候可以办理房产证，办证时要交多少费用 （18）购买房子后相应是否送户口，如何办理户口迁移，要交多少费用 （19）购买房子后是否相应送入学名额，怎样办理入学名额
7	物业管理	（1）物业管理顾问公司是哪一家，该公司的情况是怎样的 （2）该公司曾服务过的知名物业项目有哪些 （3）本小区物业管理的特色服务是什么 （4）物业公共服务费用标准是多少 （5）是否要收取水电费周转金，标准是多少 （6）物业公共服务费用用于哪些服务内容 （7）是否要收取垃圾清运费、是否收取装修管理费，标准是多少 （8）缴费是否用"一卡通"，是否指定哪一家银行受理 （9）公共水电费怎样分摊 （10）会所设有哪些活动，是否收费，收费标准是怎样的 （11）便民服务有哪些主要内容，收费标准是怎样的

续表

序号	项 目	关注的问题
7	物业管理	（12）区内是否设有专用大巴，收费标准是怎样的 （13）室内的电话、有线电视、宽频网络、天然气、直饮水等系统如何办理开通
8	交通及配套	（1）周边有幼儿园吗，有几家，情况怎样 （2）周边有哪些小学 （3）周边有哪些中学 （4）周边有哪些超市、菜市 （5）周边有哪些医院 （6）周边有哪些金融机构 （7）周边娱乐、饮食场所有哪些 （8）周边文化娱乐场所有哪些，有什么特色 （9）到火车站、市商业中心、公园、机场等的车辆方不方便，一般要多少时间 （10）附近坐公交车方不方便
9	附表及附件	（1）购房税费有哪些 （2）收楼时应带哪些有效证件，应缴纳哪些费用

（五）做好现场与开发商的各项对接

在售楼员接待客户过程中有关物业服务问题的解答、安防等设施的现场演示、客户要求确认的业主公约和有关资料等诸多应与开发商现场衔接的问题，必须事先设计好工作流程，有条不紊，规范操作。

（六）关注开发商的销售宣传

密切关注售楼员、销售广告对客户做出的承诺。若发现为了销售而夸大其词、不符合物业服务方案、今后无法实现的承诺，应及时指出，要求予以纠正。这是早期介入中极其关键的环节，处理好了，可以避免和减少今后的纠纷。如有关超深超大阳台，某广告商在报刊广告中渲染庭院式阳台多功能使用的效果时，加了句"如果用玻璃封闭阳台外围，您将获得……"，显然与业主已确认的图纸中"不改变外立面"的原则相悖，此时物业公司就应主动与开发商沟通，在后续广告中声明更正。

（七）以各种方式全方位展示房地产物业管理品牌

在销售过程中对未来房地产物业管理企业的宣传以及未来物业管理所带来的生活方式，可以有很多的表现手段和操作手法。如可通过销售现场文字、音像、口头交流、外部媒体宣传、已接管同一开发商项目的社区活动等其他宣传活动形式，立体化全方位向客户展示企业品牌。如果尺度把握准确，方法使用得当，会成为项目销售的一个要点，极大地促进销售工作，给开发商带来较大的回报。

第四章　竣工验收阶段介入

物业公司在竣工验收阶段介入管理的工作目标是：协助项目开发企业做好物业及其配套设施设备、管线等使用功能的验收，对各种设施设备逐一检查，并建立验收档案。这样可以从后期使用和管理的角度帮助开发企业免除可能存在的施工隐患及遗漏工程,并提出整改意见和建议,以规避由于施工监管不力导致的工程缺陷。

一、物业公司在竣工验收中的责任

由于工程竣工验收是工程建设过程的最后一项程序,是检验设计、施工质量的重要环节,也是物业由建设转入使用的标志,物业管理企业也即将由幕后顾问正式走向台前,接管物业进行物业管理,所以物业管理企业在竣工验收工作中担任着重要的顾问角色。

(1) 认真参与竣工验收,严把质量关,对影响将来业主使用和物业管理的,即使是细微问题也应及时要求整改,确保能接到一个质量合格的物业,为前期物业管理打下良好的物质基础。

(2) 通过参与竣工验收,进一步熟悉物业,为物业的接管验收以及将来的维修养护做好准备。

(3) 细心查验竣工验收资料,保证资料齐全、准确,这样才能在接管物业时建立详尽的物业档案,为物业管理企业维修养护、物业保修、物业装饰和其他有关方面提供凭证和参考。

二、竣工验收的依据

竣工验收的主要依据如下。

(1) 上级主管部门的有关工程竣工的文件和规定。

(2) 工程设计文件。包括施工图纸、设计说明书、设计变更洽商记录、各种设备说明书等。

(3) 招标投标文件和工程合同。

(4) 施工技术验收标准及规范。

(5) 工程统计规定。

(6) 从国外引进的新技术或进口成套设备的项目,还应按照签订的合同和国外提供的设计文件等资料进行验收。

三、竣工验收的分类

建筑工程项目的竣工验收可以分为隐蔽工程验收、分期验收、单项工程验收、全部工程验收。具体见表3-4-1。

表3-4-1 竣工验收的分类

序号	分类	说明
1	隐蔽工程验收	在各项隐蔽工程完成后,要隐蔽前,开发单位与承建单位应按技术规范要求及时进行验收,验收以施工图的设计要求和现行技术规范为准,经检查合格后,双方在隐蔽工程检查记录上签字,作为工程竣工验收的资料
2	分期验收	分期验收,是指分期进行的工程项目,或单元工程在达到使用条件、需要提前使用时所进行的验收,比如,对住宅区,当第一批房屋建成后,即可进行验收,以使完成的建筑产品能及时投入使用,发挥其投资效益
3	单项工程验收	工程项目的某个单项工程已按设计要求施工完毕,具备使用条件,能满足投产要求时,承建单位可向开发单位发出交工通知,开发单位应先自行检查工程质量、隐蔽工程的有关资料、工程关键部位的施工记录以及有否遗漏情况等,然后由设计、承建等单位组织验收小组,共同进行交工验收

续表

序号	分类	说　明
4	全部工程验收	整个建设项目按设计要求全部建成，并达到竣工验收标准时，即可进行全部工程验收，大型建设项目的全部工程验收工作，应在做好验收准备的基础上，按预验收、正式验收的顺序进行，预验收必须由开发单位、设计单位、承建单位及其他有关部门组成预验收工作组进行验收

经正式验收合格后的物业，应迅速办理固定资产交付使用手续，并移交与建设项目有关的所有技术资料。

四、物业公司参与竣工验收配合的内容

物业公司应当参加住宅工程质量分户验收工作。住宅工程质量分户验收应当依据设计图纸的要求，在确保工程地基基础和主体结构安全可靠的基础上，以检查工程观感质量和使用功能质量为主，主要包括以下四部分查验内容。

（一）房屋本体及公共设施的查验

房屋本体及公共设施的查验的内容包括但不限于以下诸多方面。

1. 房屋本体

房屋本体包括地基基础、梁主体、柱主体、板主体、顶棚、墙面、楼地面、门窗、楼梯、扶手、卫生间供水、排污管道、地漏、卫生洁具等。

2. 公共设施

公共设施包括基础设施、天台、屋面避雷设施、消防设施、小区路灯、绿化、小区道路、垃圾箱（房）、车库、检查井和化粪池、明暗沟、踏步、台阶、水池、水箱、景观、雕塑和文化娱乐设施等。

（二）公共配套设备设施的查验

公共配套设备设施的查验的内容包括但不限于强电系统、电梯系统、安全防范系统、消防系统、楼宇自控系统、综合布线系统、空调各系统、给排水各系统、绿化工程等。

（三）钥匙的查验

钥匙的承接查验工作应在完成房屋本体及公共设施和公共配套设备设施的承接查验后进行，由于管理处不负责业主专有部分的管理，因此原则上业主钥匙只能由建设单位接收保管，如果建设单位在此阶段将业主钥匙交由管理处代管，物业公司必须与建设单位签订《钥匙代管协议》，明确双方责任关系，规避法律风险。

（四）计量仪表查验

含费用计量表和技术参数测量表，前者包括生活水表、中水表、电表、煤气表等，后者包括供水、供暖、空调系统的各类压力表、温度表等。

五、物业公司参与竣工验收的流程

物业公司参与竣工验收应当按照以下程序进行。

(1) 在分户验收前根据房屋情况确定检查部位和数量,并在施工图纸上注明。
(2) 按照国家有关规范要求的方法,对本规定要求的分户验收内容进行检查。
(3) 填写检查记录,发现工程观感质量和使用功能不符合规范或设计文件要求的,书面责令施工单位整改并对整改情况进行复查。
(4) 分户验收合格后,必须按户出具由建设、施工、监理单位负责人签字或签章确认的《住宅工程质量分户验收表》,并加盖建设、施工、监理单位质量验收专用章。
(5) 住宅工程质量分户验收不合格的,建设单位不得组织单位工程竣工验收。

六、细部质量检查

细部质量检查是指物业公司在地产开发项目竣工验收阶段介入,熟悉项目状况,跟踪掌握施工质量情况,以物业安全、质量和满足使用功能为主的全方位百分之百的质量检查,站在业主的角度和立场,从物业管理的专业角度出发,及时发现问题,提出合理建议,最大限度地消除质量通病,有效减少返修工作量,为物业移交、业主入住打好基础。

(一) 明确地产公司与物业公司的职能分工

(1) 物业公司负责对工程项目实施细部质量检查,行使检查、发现并提出质量问题、跟踪复查验收的职能。
(2) 地产项目部负责审核施工单位制订的维修方案。
(3) 地产项目部直接负责跟进施工单位的返修工作,通知施工单位组织返修,约定维修时间,负责跟进、验收、交付和记录等。督促质量整改,控制维修质量,实现房屋零返修目标。
(4) 物业公司根据不同工程项目,制订出适合项目特点、满足公司要求的检查标准、检查方案和检查表单,经地产公司审批同意后执行。
(5) 物业公司根据地产公司要求时间进驻项目实施检查工作,地产公司项目部确保工程项目具备细部质量检查条件。细部检查工作小组进场一周内,制订工作方案,审查检查人员名单、资历,并加强考勤。
(6) 为保证质量检查、质量整改工作顺利有效进行,地产项目部在细部质量检查开始前召集物业、监理、施工单位,召开四方会议,明确各方权利、责任,并统一细部检查质量标准和要求。授权物业公司对监理、施工单位的细部质量检查、整改有关管理权限(地产在支付工程进度款、结算款、监理费前需征求物业意见,并在内部控制记录上由物业签字确认,书面成文备案)。

(二) 签订细部质量检查协议

物业公司继续发挥细部质量检查的力量,进场时间严格控制在正式入住前6个月,直接对接部门为地产项目部,对检查出的问题抄送相关负责人后未落实到位产生的一切后果将由地产公司自行承担。正式进场前一周内由地产和物业公司签订细部质量检查协议,具体细部质量检查协议的内容如下。
(1) 工作内容。
(2) 工作流程和检查方案。
(3) 质量标准和检查表单。
(4) 质量检查工期。
(5) 双方权利、责任。

(6)与监理公司之间的工作关系。
(7)收费标准及协议总价。
(8)付款方式。
(9)违约责任。
(10)延长检查工期的约定。

(三)做好细部质量检查的准备工作

1. 制订细部质量检查标准

物业公司要制订出细部质量检查标准,经地产公司、物业公司质量检查组、监理、施工单位四方确认。

2. 参检人员培训

物业公司对全体参检人员进行行为规范、规章制度、安全守则及检查标准、检查技能和表单填写等方面的培训教育。专业工程师现场示范和讲解,保证每个参检人员全面熟悉质量检查的标准和要求,满足上岗的要求。

3. 召开四方会议确认标准样板房

检查开始前召开地产、物业、监理、施工单位的四方会议,会议中要求地产项目部在工程现场挑选并确定一套住房作为质量检查的标准样板房,地产、物业、监理、施工单位共同确认质量标准实样,供各家施工单位参照施工。

4. 对检查日期进行安排

接下来要对细部检查的日期做好具体的安排。

(四)细部质量检查的实施

细部质量检查的工作流程如图3-4-1所示。

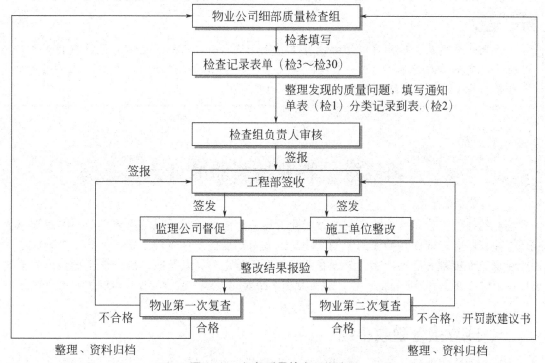

图3-4-1 细部质量检查工作流程

具体说来，其工作流程如下。

（1）物业公司按"质量检查标准"，组织对每套房间及外墙、屋面、室外景观、道路等进行百分之百的质量检查，边检查边填写相关的分项"细部质量检查表单"。

（2）物业检查人员整理当天检查发现的质量问题，分类填写"质量问题记录表"。

（3）物业质量工程师拟定"质量问题整改通知单"，由地产项目部审核签发"质量问题整改通知单"，确定维修整改方案，督促施工单位限期整改并报验。组织监理公司进行过程监控、质量验收。

（4）物业细部检查工作小组根据报验单对整改结果复查，复查合格的，资料归档；复查不合格的，重复执行检查程序，直至全部合格。

（5）同一质量问题，施工单位经过二次以上整改报验，经复查仍不合格的，物业细部检查工作小组按合同约定开具罚款建议书，报地产项目部。

（6）物业细部检查工作小组负责人每周参加工程例会，与地产项目部、监理、施工单位沟通协调细部质量检查有关事宜。

（7）物业细部检查工作小组每半月编写一份"细部质量检查半月报"，内容如下。

——本月主要问题汇总。

——整改进展情况。

——对施工单位整改的及时性和配合情况进行评价。

——建议和措施。

——下期工作重点和安排。

"细部质量检查半月报"要报给地产项目部签收，同时上报物业公司，并抄送地产工程管理部、客户关系中心等相关部门。

（8）地产项目部针对"细部质量检查半月报"，同步进行细部整改落实情况的检查，并负责整改工作的验收封闭。

> **提醒您：**
>
> 物业公司须至少每半月对细部检查工作小组进行一次考核、督查，地产项目部参与考核并不定期（每月不少于1次）对细部检查工作小组的工作进行抽查。物业公司对细部检查工作小组的考核结果及时上报地产公司。

第五章 物业接管验收介入

物业的接管验收是直接关系到今后物业管理工作能否正常开展的重要环节。物业管理企业通过接管验收，即由对物业的前期管理转入到对物业的实体管理之中。因此，为确保今后物业管理工作能顺利开展，物业管理企业必须对工程进行认真验收，以分清工程缺陷的整改责任，及时为业主追讨应得的补偿，避免业主不必要的负担。接管验收介入的工作要点如下。

一、成立接管验收小组

为顺利进行物业承接验收，物业管理企业应成立物业承接验收工作组，并根据业务类别和工作需要分设若干个小组,如联络小组、物业共用部位查验小组、共用设施设备查验小组、资料接管小组、财务接管小组等。物业承接验收工作组应由素质好、业务精、对工作认真负责的管理人员及技术人员组成。

承接验收工作组成立后,应明确各小组工作范围和职责,各个工作小组要详细划分承接验收的范围,做到全面承接验收,不留死角、无遗漏,同时要明确各自的职责,要合理搭配管理人员和技术人员。

二、审核并确认接管验收

(一)审核并确认的工作程序

通常新建房屋竣工后,地产公司会发出"接管验收邀请函",物业公司应在接到这一函件之后的5～10个工作日内对该物业是否已具备接管验收条件予以审核并记录《新建房屋具备接管验收条件审核单》,确认是否同意接管验收。

如果同意接管验收,则物业公司应与地产公司签订《新建房屋交接责任书》,并签发《验收通知》约定时间验收。

(二)不能同意接管验收的情况

对以下情况,管理处有权拒绝承接物业(如建设单位认可现状,同意管理处代管免责情况除外)。

(1)严重违反国家有关技术规范。
(2)未能通过有关政府职能部门的验收。
(3)工地与交付物业不能有效隔离。
(4)机房不能完全独立封闭。
(5)其他可能危及设备正常运行和入住人身安全的物业。

三、编写接管验收方案

在接管验收前,物业公司应提前编制接管验收流程。由物业公司各专业人员组建验收小组,明确分工,编制验收方案。在方案中,要确定验收时间、验收标准、验收整改期限等内容,并绘制接管验收流程图,加强工作的计划性及严肃性,使接管验收工作有条不紊地进行。物业公司可以在方案中建议接管验收,最好开发商、施工方和物业公司三方同时在场验收。接管验收方案的内容如下。

(1)验收时间。
(2)验收项目。
(3)验收范围及内容。
(4)预交接工程接管验收条件。
(5)交接验收组织计划。
(6)交接验收流程。
(7)接管验收期间工作安排。

四、确定验收标准

作为乙方的物业公司要为开发商提供物业接管验收标准及接收原则,规范开发商的收尾工程工作，明确责任，保证物业接管及业主入住的顺利。在验收标准的确定上，物业公司既要依据国家标准及现场考察情况编写，又要依据物业管理委托合同中的服务标准来进行编制。

五、对验收人员进行培训

要组织所有参加接管验收的人员进行相关培训，确保每位验收人员了解物业项目，及其验收标准、验收程序、要求和问题的处理方法，这一步骤不可以因接收人员的经验丰富而不去实施。

根据统一安排，所有参与接管验收工作的各专业人员，包括土建、电气、电梯、暖通、空调、给排水、市政、园林绿化、保洁、保安等相关人员提前进入现场，了解房屋及设备情况，包括图纸、洽商、其他相关书面资料、施工情况、设备安装调试情况。对物业项目内的各项设备、系统进行调试。

六、准备好相应的验收表格

物业管理企业经常会遇到招标文件不详、图纸资料不全、现场部分设备设施满足不了管理委托合同中服务标准的要求等问题，对于这种情况，物业公司应该首先准备好接管验收表格，主要包括以下种类。

（1）《房屋接管资料移交清单》。
（2）《房屋接管物业移交清单》。
（3）《房屋接管验收表》。
（4）《公共配套设施接管验收表》。
（5）《机电设备接管验收表》。
（6）《房屋接管验收遗留问题统计表》。
（7）《工程质量问题处理通知单》。
（8）《房屋主体承接查验记录》。
（9）《公共配套设施承接查验记录》。
（10）《供配电系统承接查验记录》。
（11）《给排水系统承接查验记录》。
（12）《暖通系统承接查验记录》。
（13）《消防系统承接查验记录》。
（14）《楼控系统承接查验记录》。
（15）《综合布线系统承接查验记录》。
（16）《监控系统承接查验记录》。
（17）《电梯承接查验记录》。
（18）《门禁系统承接查验记录》。
（19）《通信及安防系统承接查验记录》。
（20）《工程遗留问题统计表》等。

七、验收工具与物资要准备充分

开展实地验收的时候必须要采取一些必要的检验方法来查验承接物业的质量情况，所以，物业公司应根据具体情况提前准备好所需的检验设备、工具和物资等。

八、验收前宜召开接管验收会议

在正式实施验收前,物业公司要与建设单位、监理公司联系,提前15日确定验收工作的参与人员和工作安排,以确保顺利验收,最好召开一次接管验收会议,依法确定接管、验收事项,明确接管、验收标准,确定不合格项整改完成时限。

九、进行资料的交接验收

物业资料属于物业管理的重要基础性资料,做好物业资料的移交,有助于物业管理企业对物业共用部位、共用设施设备的查验,尤其是针对隐蔽性工程如地下管网的查验,只有掌握了各设施设备相关位置分布资料,物业管理企业才能及时找出问题,迅速处理突发性事件。

(1)各项资料的验收交接由工程部安排专人负责,资料的交接通常由开发商、物业公司、施工单位三方联合组成小组。

(2)各项资料验收记录单上应有三方人员的签名,验收记录单通常一式三联,三方各执一联,三方签收交接完毕后,要分别签字。

(3)所有资料移交到物业公司后要派专人对资料进行分类整理、保存、归档,确保接收资料完整、有序,方便以后的日常管理。

物业承接验收中的资料移交十分必要,如果相关物业资料移交不完整,物业管理企业就没办法全面了解整个物业的基本情况,无法掌握共用部位、共用设施设备状况,就会给日后的物业管理服务带来很大的困难。

十、对房屋实体进行验收

房屋实体验收其实就是对物业共用部位、共用设施设备进行查验。物业管理企业必须做好这项工作,因为物业管理企业日常工作的重点在于共有设施设备的维护,如果共有设施设备本身存在缺陷或因为其他原因不能正常投入使用,势必直接导致物业管理企业无法正常开展管理工作,无法正常地为业主提供服务,更谈不上为业主提供优质的、让业主满意的服务。另一方面,共用设施设备的缺陷必将导致物业管理企业管理上不可控制的因素增加,轻则增加管理成本,重则引发管理责任事故,给业主和物业管理企业造成直接经济损失甚至难以弥补的安全责任事故。

(一)实体验收的内容与要求

实体验收的内容与要求见表3-5-1。

表3-5-1 实体验收的内容与要求

大 类	验收项目	验收要求
房屋及分户设施	(1)房屋墙、地、门、窗装修情况 (2)有线电视、电话、智能化系统情况 (3)水、电、气设施,和五金器具及其他设施(按设计及房屋销售合同的规定) (4)其他(按房屋使用功能划分,各功能房屋具有各不相同的功能设施)	(1)房屋主体和分户(层)设施符合设计要求并具备使用条件 (2)设施项目、数量符合售楼合同、规划建设的规定 (3)房屋主体和分户设施的质量和使用功能必须符合《房屋接管验收标准》的有关规定 (4)同开发商和保修单位签订有关保修协议,明确保修期限和保修项目

续表

大 类	验收项目	验收要求
公共设备设施	（1）给排水系统 （2）电气系统 （3）燃气系统 （4）空调系统 （5）消防系统 （6）通信系统 （7）智能化系统 （8）电梯系统 （9）园林绿化系统 （10）公共配套设施及公共照明系统 （11）管理配套系统（含管理房、停车场、车棚、垃圾房等） （12）其他系统	（1）各项工程通过竣工验收，物业满足入住使用条件 （2）公用设施完善，符合小区的规划记载 （3）物业主体及各系统的质量和使用功能应符合《房屋接管验收标准》的相关规定

（二）注意事项

在进行房屋的实体验收时必须要做到以下4点。

1. 掌握物业共用部位和共用设施设备的数量、状态和性能

对物业共用部位、共用设施设备进行查验，主要是摸清情况，掌握和了解物业的数量、状态和性能，便于物业管理企业根据实际情况，采取适当方式维护物业，确保物业具备正常使用功能。

这在前期物业服务阶段尤为重要，因为前期物业管理是一个物业管理区域实施物业管理的开端，通过认真的查验，对于物业共用部位、共用设施设备情况的全面掌握，可以及时发现缺陷和隐患，敦促建设单位及时维修、补救，为后续物业管理打下良好基础。

2. 对问题要记录好且交接双方要确认

对物业共用部位、共用设施设备存在的问题进行记录，由开发建设单位和物业管理企业进行确认，分清责任。

在实践中，有一些属于建设单位子公司的物业管理企业或急于承揽业务的物业管理企业对物业不进行认真细致的查验，或者只是流于形式地进行查验，一旦出现质量问题，一些业主认为是物业管理企业维护不力，而物业管理企业却认为是建设单位移交的物业存在质量缺陷，与建设单位互相推诿责任，不少物业管理企业为此最终不得不承担本应由建设单位负责的物业维修责任。

因此，在前期物业管理阶段，物业管理企业一定要认真做好与建设单位的交接查验工作，对于发现的质量问题要明确责任，由物业建设单位进行整改和完善。

3. 不合格问题要及时处置

对在接管验收中所出现的被判定为不合格的所有问题，物业公司应向建设单位出具书面《质量问题整改通知单》，要求建设单位在限定时间内对不合格问题完成整改事宜。

对在规定时间完成整改有困难的，建设单位需以书面形式做出解释，并做出完成整改时限书面承诺，完成整改后，物业公司应对整改问题进行复检，复检合格后经双方签字确认后，完成整改复检工作程序。

在实际工作中，由于接管验收具有时限约定，所以在处理不合格问题时，物业公司在征得移交方的同意，并在下达不合格整改通知后，可以先对不合格项进行接收，再由物业公司监督建设单位在规定时限内完成整改工作。

4. 验收合格要签署《验收通过证明》

验收合格，物业公司应在5个工作日内签署《验收通过证明》。

十一、处理接管验收的遗留问题

（一）资料验收遗留问题

对资料验收中发现的资料不全、不真实、不合格等问题，接管验收小组应当将问题逐项记录在《接管验收资料遗留问题登记表》中并交开发商对接负责人签字确认；对物业硬件设施接管验收中发现的不合格问题，接管验收小组应当将问题逐项记录在《接管验收设备设施问题登记表》中并交开发商对接负责人签字确认。

接管验收小组应当积极同开发商联系，让开发商补齐资料，必要时公司领导应当协助开展工作。

（二）关于物业硬件设备和设施遗留问题

接管验收小组应当要求开发商在两周内解决，对于重大问题接管验收小组应当要求开发商在一个月内解决，必要时公司领导应当协助开展工作。

（三）关于长期解决不了并势必会影响物业管理的问题

物业公司应当以备忘录的形式将问题登记后交给开发商进行备忘。

十二、明确交接验收后的物业保修责任

物业保修责任是指建设单位有对物业竣工验收后在保修期内出现不符合工程建筑强制性标准和合同约定的质量缺陷，予以保证修复的责任。物业公司应同建设单位和保修单位签订三方保修协议，明确保修期限和保修内容。

（一）保修的范围

各种建筑物、构筑物和设备安装工程的保修范围如下。
（1）屋面漏雨。
（2）烟道、排气孔道、风道不通。
（3）室内地坪空鼓、开裂、起沙、面砖松动，有防水要求的地面漏水。
（4）内外墙及顶棚抹灰、面砖、墙线、油漆等饰面脱落，墙面浆活起碱脱皮。
（5）门窗开关不灵或缝隙超过规范规定。
（6）厕所、厨房、盥洗室地面泛水、倒坡积水。
（7）外墙外漏水、阳台积水。
（8）水塔、水池、有防水要求的地下室漏水。
（9）室内上下水、供热系统管道漏水、漏气，暖气不热，电器、电线漏电，照明灯具坠落。
（10）室外上下管道漏水、堵塞，小区道路沉陷。
（11）钢、钢筋混凝土、砖石砌体及其他承重结构变形、裂缝超过国家规范和设计要求。

（二）保修期限

保修期限自移交手续办理完成之日起计算，根据《建筑工程保修办法（试行）》的相关

规定，各类工程的保修期分别如下。

（1）民用与公共建筑、一般工业建筑、构筑物的土建工程保修期为1年。

（2）建筑物的照明电气、上下水管线安装工程保修期为6个月。

（3）建筑物的供热、供冷系统保修期为一个采暖、供冷期。

（4）室外的上下水和小区道路保修期为1年。

（5）工业建筑的设备、电气、仪表、工艺管线和有特殊要求的工程，其保修内容和期限，由使用单位和施工单位在合同中规定。

（三）如何落实保修事宜

交接验收后的物业应落实保修事宜，物业管理企业与建设单位，应按照建设部《建筑工程保修办法（试行）》的规定签订保修实施合同，明确保修项目内容、进度、期限、方式等。

为了保证保修及时，交接双方可以根据具体情况协商采取下列方法。

（1）建设单位委托物业管理企业负责包干保修，由建设单位一次性拨付保修费用，由物业管理企业包干使用，费用标准双方依据物业质量商定。

（2）由建设单位一次性向物业管理企业预付保修金，由物业管理企业用于应急代修，保修期满，按实结算保修金，金额一般不低于当地直管公房每平方米建筑面积的年均维修费用。

（3）由建设单位落实一支维修小分队，在保修期内，留驻在住宅小区，承担各项保修任务。

在实际工作中需要特别注意的是，有的开发建设单位认为已经与物业管理企业进行了物业承接验收而拒绝承担维修责任，这实际上混淆了开发建设单位在与施工单位、物业管理企业、房屋买受人之间的不同法律关系中应承担的义务。物业承接验收只能约束签订物业服务合同的双方，即开发建设单位和物业管理企业，而不能对抗第三人，如果业主发现物业质量问题，仍然有权依据房屋买卖合同关系，追究开发建设单位的相关责任。

> **提醒您：**
> 物业公司只对接管后的物业所产生的问题负责，如在保质期内，非人为因素引发的问题仍由开发商或施工方负责。如果由于开发商在施工验收合格后没有及时移交物业公司接管，使物业公司接管后的设备保质期缩短，物业公司应向开发商提出，要争取补回原来的保质期。

十三、办理交接手续

对于已签署《验收通过证明》的新建房屋双方应于规定时间内办理交接手续，并应及时签发《接管通知》。

物业接管小组应制作房屋及公用设施竣工和接管验收交接表和物业整体移交验收表，物业即正式接管。"物业整体移交验收表"应一式三份，由施工单位、建设单位和物业公司三方签章后各执一份。

十四、验收后入住前的设施成品保护

在物业接管验收后业主入住前，要对设施设备进行有针对性的保护。

（一）保护总要求

（1）建立巡查制度，对已经验收的区域、机房和单元要做好巡查记录。

（2）建立应急预案（包括火警、停电、管道爆裂等），及时处理突发事故。

（3）对已经接收的区域机房和单元要尽可能封闭，钥匙有专人保管。

（4）建立专门的清洁制度，专人负责已接收区域的清洁工作，发现问题及时报告。

（5）严禁在已经验收区域和机房内吸烟。

（6）严禁擅自动用已经验收的卫生洁具（特许使用的除外）。

（7）不得在验收后的区域内用餐。

（8）准备必要的运输工具（四边有橡胶保护的塑胶轮小车、塑料搬运箱等）及保护用品（阻水沙袋、旧地毯、塑料保护膜、垃圾袋、鞋套等）。

（9）建立消防安全制度，遇有动火整改维修必须办理相关手续，并按要求规范配置灭火器具。

（二）具体项目的保护要点

不同项目的保护重点和要点也不一样，具体见表3-5-2。

表3-5-2　具体项目的保护要点

序号	项目	保护要点
1	石料地坪	（1）在清洁结束后的石料地坪表面打上封底蜡及多层致密的保护蜡 （2）禁止在地坪上拖曳杂物，防止表面受损 （3）经常保持表面清洁以减少磨损 （4）在必经的通道上铺上木板加强保护
2	木地板	（1）进入地板区域建议穿上鞋套 （2）保持木地板区域的良好通风且避免阳光直射 （3）遇有整改维修工作时不得将工具随意放置在地板上 （4）严防水管破裂和下水道堵塞导致地板浸水
3	墙面、墙角及天花	（1）搬运大件物品时必须有专人看护行进路线 （2）开启检修孔时操作人员必须戴上清洁手套 （3）在经常有搬运物品进出的墙角用木板做直角保护 （4）在墙边进行整改维修时，必须在墙上贴有保护胶纸
4	地毯	（1）进入地毯现场必须穿鞋套 （2）在地毯区域内有整改维修时，必须铺设保护胶纸 （3）发现有抽丝起壳起皱现象，必须及时修补
5	管道	（1）所有装修必须按照要求进行，不得擅自更改管线走向 （2）所有打洞敲钉安装必须确保不能损坏暗埋的管线 （3）管道的保温层不得损坏 （4）做好地漏的巡查保护，防止堵塞 （5）消防水喉必须有专人管理巡查，严禁挪作他用
6	电梯	（1）不得随意撕去轿厢内饰的保护贴膜 （2）在轿厢内壁设置保护板 （3）禁止装运散装的建筑材料及湿货 （4）准备阻水沙袋，严防电梯井道进水

第六章 物业项目前期介入规范化管理制度范本

一、物业管理前期介入工作指引

物业管理前期介入工作指引

1 目的
规范物业公司对新项目物业管理前期介入的程序和内容,指导新公司物业管理业务的开展。

2 范围
适用于集团内的全资及控股的所有房地产开发公司和其下属的物业管理公司(以下简称地产、物业)。

3 职责
3.1 集团物业管理部负责编制、发布和修订本工作指引。
3.2 各地物业公司负责参照本工作指引,结合各项目的实际情况制订具体工作方案和计划,以保证物业管理前期介入工作的顺利完成。
3.3 各地产公司应与物业保持良好的沟通,及时向物业提供相关资料,共同研究,听取采纳合理的建议,对于物业公司的前期介入工作给予必要的配合和协助。

4 方法和过程控制
4.1 物业管理前期介入的概念。物业管理前期介入是指物业公司在接管项目以前的房地产开发各个阶段,包括项目决策、规划设计、营销策划、施工建设、竣工验收等,就参与介入,从物业管理运作和业主使用角度对物业的环境布局、功能规划、楼宇设计、材料选用、设备选型、配套设施、管线布置、房屋租售、施工质量、竣工验收等多方面提供有益的建设性意见,以确保物业设计和建造质量,为物业投入使用后的物业管理创造条件,同时有效的前期介入可以减少接管验收时的返修工作量,为确保业主正常入住奠定基础。

4.2 前期介入的一般程序。
4.2.1 双方确定工作内容要求。
4.2.2 物业组成工作小组。
4.2.3 制订工作计划。
4.2.4 计划实施,物业应重点关注安保系统、智能化系统、管理用房、车位配置、交通系统、绿化配置、常见施工质量问题、机电设备、空调安置、工程设备的售后服务、物业管理方案和管理合同的确认。
4.2.5 物业与地产双方的协调研讨应形成书面资料,以备复查。
4.2.6 对涉及物业利益的文件应由物业确认,如管理费、物业管理合同、销售中涉及物业的承诺、设备设施合同中的售后服务等。

4.3 前期介入的内容。前期介入主要分三个阶段实现,即规划设计阶段、营销策划阶段和施工建设阶段,三个主要阶段结束后配合地产进行竣工验收。
4.3.1 规划设计阶段包括:对总体设计、安保布局、消防布局、交通布局、生活配置、设备配套、新材料、新技术、管理用房、生态环保、公共空间、景观配置、绿化配置、室内配置、房屋单体、智能化配置、管理用房等方面应注意的内容。
4.3.2 营销策划阶段包括:物业管理方案策划、物业管理模式研究,以及销售推介应注意的内容。
4.3.3 施工建设阶段包括:电气设备、给排水工程、门窗工程、装饰工程、砌筑工程、楼面、屋面混凝土工程、回填土工程、地下室工程等方面应注意的问题。

5 规划设计阶段介入
5.1 规划设计评估准备。
5.1.1 规划设计评估需要获得的资料。

5.1.1.1 报批报建文件。《可行性研究报告》及批复、《详规》及批复、项目选址意见书、《勘测定界报告》、配套条件明细资料、扩初批复。

5.1.1.2 企划文件。市场调研、产品定位、目标客户定位、目标客户资料。

5.1.1.3 设计文件。总说明、修建性详规规划图、建筑设计说明书、设计图纸（平面图、立面图等）、结构设计说明书、给水排水设计说明书、电气设计说明书、弱电设计说明书、采暖通风空调设计说明书、动力设计说明书、交通分析、绿化分析、经济指标等。

5.1.2 地产需组织项目说明会，会同其所属项目、设计、工程、营销、物业等相关部门专题介绍项目情况并解答疑问。

5.1.3 物业公司组织对项目宗地状况、类似典型楼盘、周边配套状况，进行实地考察。

5.2 项目评估细则。

5.2.1 总体评估。

5.2.1.1 住宅区规划功能区分合理，居住私密性和社区交流协调。

5.2.1.2 住宅区道路交通规划合理，车流人流组织兼顾，停车位充足。

5.2.1.3 建筑与自然和谐，采光、通风充足，环境优美。

5.2.1.4 生活便利，基本生活配套齐全，出行便捷。

5.2.1.5 设备、设施保障充分，水、电、煤、电信、广播电视、电梯、污水处理等可靠完善。

5.2.1.6 注重环境生态，使用环保、节能等环保材料、设备设施。

5.2.1.7 安全防卫设计完备，运用先进技防手段，安全及消防配置充分。

5.2.1.8 智能化配置先进，网络资源充分，便于数字化小区建设。

5.2.1.9 便于物业组织管理，节约管理成本。

5.2.1.10 各项技术经济指标在同类住宅区中水平领先。

5.2.2 分类评估。

5.2.2.1 安保布局。

（1）便于安保管理区域分割，消除管理死角。

（2）便于安保管理视线的巡查，避免管理的盲点。

（3）人员及车辆各级出入口设置清晰，便于动态管理。

（4）安保设备设施配置齐全，可采取有效措施防范。

（5）安保技防措施完备，形成多层次的安保体系，信息汇总通畅，反应快速（详见5.2.2.6智能化设备）。

5.2.2.2 消防布局。

（1）消防设备、设施配置[灭火器、消防箱、室内（外）消防栓、消防泵、烟感、自动喷淋等]充分合理，使用可靠。

（2）消防车道设置合理，其位置及转变半径符合国家规范。

（3）消防登高面（场地）设置合理，其位置及面积符合国家规范。

（4）消防通道、门、墙、避难区设置合理，符合国家规范。

5.2.2.3 交通布局。

（1）各级道路的功能分配充分合理，有层次感，线路清晰，便于分流管理。

（2）主要道路和出入口人车分流，在设计和设施配置上考虑到限速要求及回车余地。

（3）机动车位配置充分（一般住宅不少于户数的 $\frac{1}{2}$，另加访客车位占车位数的5%，联排别墅等高标准住宅应按户数1：1配置，另加访客车位占车位数的10%）。非机动车位配置充分（一般住宅不少于户数 $\frac{2}{3}$），便于停放。

（4）有条件，宜设置地下机动车停车库，应符合国家规范。

5.2.2.4 生活配置。

（1）根据小区周边（1公里范围）市场、商业配套状况设置充足市政、商业用房。

（2）一般应考虑超市、菜市场、医疗、教育、邮政、银行、餐饮、美容美发、建材、文化娱乐、交通等的配套服务功能。

（3）如住宅区设置商业配套，宜独立集中，并事先规划商业功能的划分和商业经营的配套条件，应尽量避免产生干扰。如利用住宅层设置营业场所，出入口或楼梯须与住宅分开。

（4）如住宅设置会所，宜独立设计。会所面积、活动项目宜根据住宅区面积、档次、经营方式合理配置。比如，一般10万平方米以上的住宅小区宜设置项目如健身、乒乓、阅览、儿童活动室、棋牌、桌球、多功能厅等，面积在400平方米左右，住宅区建筑面积每增加10万平方米会所面积增加200平方米。

5.2.2.5 设备配套。

（1）水、电、煤、电信、广播电视、污水处理等的设计容量应能满足使用需要，并留有适当扩展余地。

（2）配电、水泵、电梯、中央空调的设备定型成熟可靠。

（3）沟、管、渠、井的设置合理，便于维护保养。

（4）公共照明、楼道照明配置合理。公共照明数量、亮度、位置合适，宜采用节能装置。楼道照明十层以下住宅应采用节能自熄开关，十八层以上高层住宅应设疏散诱导照明和灯光疏散指示标志。

（5）配电房、水泵房、电梯机房、中央空调机房等设备房设计应符合国家规范。水泵房不应设在住宅建筑内，给水泵房内不应有污水管穿越，电梯井不应紧邻卧室，紧邻书房及起居室时，应采取隔声措施。

5.2.2.6 智能化配置。

（1）安保智能化一般可配置红外线周界防越系统、门禁可视对讲系统、小区巡更系统、电视监控系统、车辆道闸管理系统、室内紧急呼叫系统、电梯内紧急呼叫系统、居家安防系统等，并与中央控制中心联网。

（2）网络智能化一般可配置社区宽带、电子公告牌、社区物业管理网络平台、家电远程控制系统。

（3）设备管理智能化一般可配置公共照明管理系统、停车库管理系统、电梯运行状态管理系统、消防管理系统、配电及给排水管理系统、家庭表具管理系统、煤气泄漏报警系统、紧急广播系统等，并与中央控制中心联网。

（4）中央控制中心位置宜设于管理部内，或与管理部相邻相近，布线系统应分别考虑与中央控制中心的距离和由此造成的信号衰减。

（5）智能化设备和技术应考虑技术先进性、设备标准化、网络开放性、系统可靠性及可扩性，采用成熟产品。

5.2.2.7 房屋单体。

（1）屋面应充分考虑到防水及隔热效果，可上人屋面及屋顶花园满足其特殊要求。

（2）墙体应充分考虑到防水、隔热、隔声效果。

（3）楼板厚度与隔声符合国家规范。

（4）住宅分户门宜采用统一制作的安全防卫门。

（5）住宅外窗应考虑开启方便，尺度适当（安装空调要求），隔声防水效果好，不宜近距离直接面对其他住户的门窗。

（6）厨房设计应遵循洗、切、炒流线，操作面长度宜在2～3米，燃气热水器位置合理，灶宜避开窗口设置。

（7）卫生间不应直接开向起居房，餐厅或厨房不应布置在下屋住户厨房、卧室、起居房和餐厅上层，有上下水的洁具宜尽量避开卧室墙面布置。

（8）厨房、卫生间隔板及墙身应充分考虑防水隔声设置，地漏位置合理，便于检修。

（9）管道、管线布局合理、互不干扰碰撞，尺寸符合国家规范，管道井检修孔应设置合理，便于检修。

（10）宜采用垂直烟道，断面尺寸充分（一般不少于250毫米），应有防止油烟回流和串烟措施。出屋顶口高度适中，高层宜安装无动力风帽。

（11）底层地坪应充分考虑防潮措施。

（12）房型设计应考虑生活习惯，不宜引起装修时的大改动（敲墙、再次分隔等）。

（13）有上部屋面阳台或管道可直接下至下一层屋面（阳台）时，应考虑防盗措施。

（14）阳台栏杆或栏板高度合理（一般不少于1.10米），宜采用垂直杆件，杆件距小于0.10米，防止儿童攀爬。

5.2.2.8 室内配置。

（1）室内空调机位设置合理，应与家具布置一并考虑。卧室内宜避免对床直吹。

（2）室外空调机位应考虑外墙美观、设置统一机座、安全隐蔽。

（3）室外空调机位应考虑安装及维修便利。距离过近而对吹的室外机应相互错开，与邻套住宅机座相邻时，应采取安全隔离措施。

（4）空调机冷凝水和隔霜水应设专管排放，或接入阳台排水系统。

（5）室内空调洞位置合理，应靠近室内机位，管中应距地2.2米左右，向外倾斜10度左右。

（6）当户型或厅房过大时，应考虑柜式空调的要求。

（7）如使用小型中央空调，层高应大于3.3米，并留有室外机位置。

（8）室内各类插座、开关位置合理，应与家具布置和使用习惯一并考虑。配电箱配出回路设计分配合理。

（9）电视、信息（电话和数据）插座宜在主卧、起居、书房分别设置，且不宜并行设置。

（10）联排别墅及跃层宜在二层设置进户对讲。

（11）高档住宅宜考虑居家安防系统的配置及扩展功能。

5.2.2.9 绿化配置。

（1）绿化布局合理，乔木、灌木、花、草的配置层次丰富，数量品种充足，造型优美。

（2）绿化率、集中绿地率设置合理，分布均衡，集中绿地位置适中，便于人流自然汇聚。

（3）绿化品种适宜当地气候条件，以变色观叶植物为主，茂盛期长，成活率高，抗病虫性好。

（4）绿化品种便于养护，养护成本节约。

（5）绿化布局不遮挡住宅采光，便于人行通行，宜考虑行走习惯。

（6）绿化品种宜无污染，兼具吸收有害污染功能（如尾气）。

（7）主干道两侧及集中绿地宜有大型树木。

5.2.2.10 景观配置。

（1）景观装饰布局合理，宜处于相对而言人流集中的区域。

（2）采用水景应考虑水系的水质、清理、保洁、排泄、补充、养护。

（3）水系岸床设计应考虑防渗漏效果。

（4）不宜在小区内设置深度超过1米的水系，并有防护或警示。如利用自然河道水系超过1.5米，还应配置相应的救生设备、设施。

（5）景观装饰应便于清洁、养护，宜采用牢度较高，不易污染、损坏、变型、破旧的材料。

（6）泛光照明不影响住户，不造成光污染。

5.2.2.11 公共空间。

（1）应充分考虑雨水排泄能力的设计，避免排泄不畅通。

（2）宜设置可开展社区活动的集中场所及避难场所。

（3）公共活动区域分布合理、均衡，位置适中，并尽量减少对住户的影响。

（4）绿化及保洁用水取水口设置合理（一般距离不大于150米）。

（5）各类表具、表箱设置合理，便于查看、收发。楼道内应设置公告栏，宜预留牛奶箱、休闲椅位置，室外信报箱应有防雨措施。

（6）楼宇入口处及公共场所宜考虑残障人员出入，宜设置无障碍通道和设施。

（7）公共空间的道路、踏步、坡道应考虑老人、小孩等行动不便人员，宜设置相应保护措施。

（8）高层住宅通至屋顶平台宜为普通玻璃门。

（9）楼道、楼梯、过道便于家具搬运，人员不易碰撞。

5.2.2.12 生态环保。
(1) 住宅区内无污染环境的生产性、经营性项目。
(2) 住宅区内污水处理排放符合国家规范。
(3) 住宅区内无各类污染源。
(4) 周边应无直接或间接严重影响住户的污染源。
(5) 宜采用对太阳能、雨水、绿化枝叶等的再次利用技术。
(6) 垃圾收集宜采用有害、有机、无机的分类收集，宜采用垃圾压缩或生化技术处理。
(7) 垃圾房及变电房、煤气调压站或其他信号发射装置应选择隐蔽位置，尽量不影响住户及环境。
(8) 宜在住宅区内形成自然生态链。

5.2.2.13 管理用房。
(1) 物业管理处。
管理中心功能：经理室、接待区、资料室、办公区、会议室、卫生间、中央监控。
作业用房功能：保安值勤室、用具房、维修清洁绿化工具房、员工休息室、员工生活用房。
总面积：根据住宅区管理面积和功能配置（各地法规要求不一样），一般：管理部用房面积=住宅区总建筑面积÷100×0.2。
位置：住宅区中央，底层，管理本部及各作业面相对集中。
(2) 业委会、居委会（根据当地政策）。
功能：办公室、资料室、会议室、接待室。
面积：根据具体情况而定。
位置：和管理部相对接近，业委会与居委会可联合设置于一处。

5.2.2.14 新材料、新技术。
(1) 应尽量采用较为成熟并有先例的新材料、新技术。
(2) 试验性新材料、新技术应充分论证，先行试点。
(3) 采用新材料、新技术应预留充足备品备件。
(4) 采用新材料、新技术应充分考虑今后的维修养护便利及成本。

5.2.2.15 管理成本测算。
(1) 对规划应充分测算今后产生的管理成本。
(2) 管理成本应与市场上类似住宅接近，如因规划设计原因造成差距过大，应知会地产共同协商，相应改进规划、设计。

5.2.2.16 与相似典型项目的比较。
(1) 相似点。
(2) 差异点。
(3) 优势。
(4) 劣势。
(5) 改进建议。

5.3 规划设计评估的程序。
5.3.1 地产提前1个月向物业提出书面知会，要求物业参与某项具体项目规划设计的评估，并提供评估报告。
5.3.2 物业接到书面知会后，于3日内回复，由相关部门牵头组成评估小组，并向地产提交评估所需的开发资料目录。
5.3.3 地产接到资料目录后3日内向物业提供具体资料，对不能提供的资料，书面知会物业，并于一周内组织所属项目、设计、工程、营销等部门召开项目说明会，介绍项目情况并解答疑问。
5.3.4 物业接到开发资料后一周内，组织评估小组研究，完成项目及类似典型项目的实地考察。
5.3.5 评估小组根据开发资料中针对项目评估细则所列内容，及项目说明会、实地考察情况，于一周内详细编写完成《项目规划设计评估报告》，并提交物业相关部门。

5.3.6 物业相关部门在评估小组提交报告3日内，组织公司评审组对《项目规划设计评估报告》进行评审。

5.3.7 评估小组根据物业公司评审会议的意见，于3日内完成对《项目规划设计评估报告》的修改。

5.3.8 经修改的《项目规划设计评估报告》由物业公司相关部门组织相关评审组成员会签后，提交物业公司总经理审核签发。

5.3.9 物业公司总经理签发后，评估报告提交地产公司。

5.4 此阶段系统评估工作应以满足地产要求为目的，是属于地产委托物业管理业务关系类型，责任关系界定可参考《物业与地产相关业务操作指引》原则执行。若地产没有明确要提交《项目规划设计评估报告》的要求，物业可根据以上要点参与设计规划的评审，并提交意见，责任关系界定可按照《物业与地产相关业务操作指引》前期介入相关规定操作。

6 营销策划阶段介入

6.1 营销策划介入程序与内容。

6.1.1 物业管理模式研究。一般项目在编制销售包装设计任务书和营销工作方案时需要物业管理概念及模式研究作为项目策划的一部分，以满足销售包装设计内容的要求，同时此时的研究又是日后物业管理方案和特色服务设计的核心。物业管理概念研究完成后需要报集团物业管理部备案。详见《物业管理方案策划指引》。

6.1.2 《物业管理方案》策划。一般在项目正式完成营销推广方案前，需要确定《物业管理方案》，应包含管理模式、服务创新、内部管理机制、管理服务标准、品质控制方法、管理费测算等。此方案需获得集团物业管理部、财务管理部等部门的确定。详见《物业管理方案策划指引》。

6.1.3 《物业管理方案》经地产确认后，据此在房屋销售前签订《物业管理委托合同》，同时物业应协助地产在销售商品房时，与购买者签订《前期物业管理服务协议》。

6.1.4 物业应主动了解地产在销售时对外宣传和承诺的内容，根据地产需要提供物业推介资料，地产对与物业管理有关的宣传和承诺内容需要获得物业书面确认。地产应适时安排物业相关人员参加相关培训，根据地产委托要求，物业可在销售现场协助地产进行销售推广，了解客户情况，进行客户调查，并现场解答有关物业管理承诺问题。

7 施工建设阶段介入

7.1 物业在施工建设阶段的介入主要侧重于项目土建工程的尾声，即在设备、门窗安装阶段，时间上大致在竣工验收前5个月。

7.2 施工建设介入程序与内容。

7.2.1 成立介入小组，一般2～3人，专业组人员专业搭配合理，具有水电气专业知识和良好的沟通技巧，并经过相关工作的培训。地产项目部应设定专人与物业对接，及时回复物业的建议。

7.2.2 介入小组按照施工安装进度进行现场跟进，发现问题及时通过与地产、施工方等进行沟通解决。要建立对日常各项工作的监督和记录制度，通常可通过建立一套报表体系来实施，报表包括的主要内容有：工作计划、检查情况及对问题处理的建议。

7.2.3 实行填报前期介入情况周报制度，将在施工现场发现的问题以周报的形式书面呈报给地产相关部门，并跟进所呈报问题解决情况。

7.2.4 物业定期参加地产组织的项目现场工作协调会，及时沟通相关问题和进度。

7.2.5 物业对介入中发现的重要问题应以书面报告的形式上报给地产公司领导，并跟进问题整改落实情况。

7.2.6 物业公司在项目施工阶段介入应注意的要点如下。

7.2.6.1 了解委托项目各类机电设施设备配置或容量、设施设备的安装调试、各类管线的分布走向、隐蔽工程、房屋结构等，并指出设计中缺陷、遗漏的工程项目，加强常见工程质量通病及隐蔽工程等特殊过程的监控。从业主使用功能角度，注意完善相关设计规划缺陷，包括各类开关、空调位（孔）、插座、排水、预留电源、排烟道、门的开启方向等。

7.2.6.2 地下室工程。地下室因其结构埋藏于地表以下，受地下水或雨季雨水渗入泥土里形成的水压环境，是渗漏问题的常发部位。因此，根据其设计采取的防水施工方案而相应地重点监理以下事项。

（1）无论采取何种防水设计施工，基坑中不应积水，如有积水，应予排除。严禁带水或泥浆进行防水工程施工。

（2）采用防水混凝土结构时，除严格按照设计要求计算混凝土的配合比之外，应重点检查：混凝土搅拌时间不得少于2分钟（用机械搅拌）；底板应尽量连续浇注，须留设施工缝时，应严格按照规范中的留设要求和施工要求施工，墙体只允许留水平施工缝；后浇带、沉降缝等应尽量要求在底板以下，墙体外侧相应部位加设防水层（可用卷材、涂膜等）；预埋件的埋设应严格按规范施工；养护时间和养护方式应严格监控，此项是承建商经常忽视的工序，但对混凝土的防水能力有较大的影响。

（3）采用水泥砂浆防水层，除按设计及规范施工外，应注意阴阳角应做成圆弧形或钝角；刚性多层作法防水层宜连续施工，各层紧密贴合不留施工缝。

7.2.6.3 回填土工程。回填土工程涉及首层楼地面（无地下室结构的）、外地坪的工程质量，如回填质量不好，将会导致地面投入使用一段时间后出现下沉、损坏埋设管道、使地面开裂等问题，因此，应对此项工程回填土成分、分层打夯厚度进行监控，有问题应坚决要求返工，否则后患无穷。

7.2.6.4 楼面、屋面混凝土工程。楼面、屋面混凝土工程质量，通常是引发楼面、屋面开裂的一个主要原因，亦是物业在以后的维修工作中无能为力的问题，故在楼面、屋面混凝土工程中应重点注意以下事项。

（1）钢筋绑扎。钢筋绑扎是否按图按规范施工，其开料长度、绑扎位置、搭接位置、排列均匀等问题，均造成以后楼板的开裂，特别是楼板的边角位置、悬挑梁板的钢筋绑扎应重点检查，同时应监督施工单位切实做好钢筋垫块工作，以免出现露筋现象。

（2）混凝土浇注。除发展商的监理人员注意按施工规范监理施工外，鉴于物业常见质量问题，物业参与监理的人员应重点对厨房、卫生间的地面浇注进行监理，有剪力墙结构的亦为重点监督。如这些部位施工出现问题，通常会引发厨、厕、卫生间地面和剪力墙墙面出现大面积渗水，还会出现难以检查维修的问题。如剪力墙因混凝土捣制不密实，会出现外墙面雨水渗入外墙面后，在墙体内的孔隙内渗流一段距离后渗出内墙面，导致维修困难，故对以上部位混凝土的振捣应严格监控。

7.2.6.5 砌筑工程。建成物业常有墙体与梁底的结合部出现裂缝的现象，造成此问题，通常是墙体砌筑至梁底时的砌筑方式不对，砂浆不饱。因此，在砌筑工程中应对砌筑砂浆的饱满、墙顶砖砌方式进行监督，墙顶与梁底间的砌砖，应把砖体斜砌，使砖体两头顶紧墙顶和梁底，并保证砂浆饱满。

7.2.6.6 装饰工程。

（1）外墙面。外墙面抹灰及饰面施工的好坏常常是影响外墙是否渗水的一个关键。以我国目前的常用做法，外墙面仍未做到对外来雨水作整体设防（无特别的防水层），仅是靠外墙面的砂浆抹灰层、外饰面作防水，故外墙底层抹灰的实度、外饰面粘贴层的饱满（无空鼓、空壳）、抿缝饱满等方面，应严格监督。

（2）内墙面及天花板。内墙面及天花板常用混合砂浆抹灰。如混合砂浆中含石灰、纸筋等材料，应注意砂浆的搅拌均匀，以免造成墙体饰面开裂，墙体与混凝土梁、柱搭接处，最好加设砂布等材料后再抹灰。

（3）地面。厨、厕地面，作为湿区应重点监理，注意砂浆密实及查坡泄水方面。

7.2.6.7 门窗工程。木门与墙体接合处，由于材质的差别，经常会出现缝隙，外墙窗户通常会出现窗框与墙体间渗水，这些都是施工问题，应按有关施工规范及设计方案严格监理施工。

7.2.6.8 给排水工程。

（1）给水工程。现有高层建筑通常采用高位水池供水，其低楼层的供水，常常因高差问题造成水压较大，而设计者通常会在由高位水池通往低层住宅的主管上设减压阀。由于减压阀的自身构造，较易为细小杂物堵塞，故建议高位水池出水口的管口不要设为敞开管口式，应改为密孔眼管道入水，以阻挡杂物进入。如供水管道埋设在墙内，则应在隐蔽前做试水、试压试验。

（2）排水工程。原有常用的铸铁管，常因质量问题，出现管壁砂眼渗水、接口容易渗水、使用年限短等问题，使物业管理公司维修困难、管理费用增多，在可能的情况下建议改用PVC水管。

8 物业公司对竣工验收阶段介入

8.1 物业公司组织相关技术人员组成验收小组，协助地产完成竣工验收及细部检查工作，及早发现设计、规划、施工、设备安装等问题，以备预留充足的返修时间。

8.2 验收小组须制订统一验收标准（详见《新建物业接管验收指引》）。

8.3 验收小组须准备竣工验收的表格资料，现场做好详细记录，如以下表单。

8.3.1 房屋接管验收表。

8.3.2 室内接管验收遗留问题统计表。

8.3.3 公共配套设施接管验收遗留问题统计表。

8.3.4 机电设备接管验收表。

8.3.5 机电设备接管验收遗留问题统计表。

8.4 物业公司应了解工程建设的各个环节，审阅工程档案资料，实地查验建筑工程和设备安装情况，并对工程设计、施工和设备质量等方面的问题结合各类统计表汇总后提交地产公司。

二、物业接管验收管理程序

物业接管验收管理程序

1 目的

根据《房屋接管验收标准》通过对物业接收的过程实施有效控制，规定了物业接管验收的具体办法，分析移交方与物业管理公司、与管理处的责任范围，合理体现业主利益，为物业顺利进入管理阶段奠定基础。

2 适用范围

本程序适用于公司根据物业管理委托合同条件下即将进驻管理的物业的接收过程。

3 职责

3.1 公司总经理负责任命由公司主管领导、各职能管理负责人组建的物业验收技术小组和管理处。

3.2 物业验收技术小组：承接物业管理是公司重要业务，公司将根据承接物业的实际情况成立由总经理牵头，各专业工程技术人员组成的物业验收技术小组，具体负责物业接管验收中的资料验收和设备系统及配套设施的单项部位验收，并指导及配合物业管理处完成岗位和责任交接工作。

3.3 管理处作为该项物业的物业管理部门在物业验收技术小组完成资料交接后，在其指导下按照物业管理方案，组织各岗位人员熟悉环境及设备，按规定步骤自移交方逐条接收其管理岗位及责任。

4 工作程序

4.1 物业验收技术小组的成立。

4.1.1 当公司承接新的物业管理项目时，由公司总经理确定成立物业验收技术小组，技术小组中应根据物业情况选择包括电梯、空调、消防、发配电、给排水、弱电、土建等专业技术人员。物业验收技术小组的成立，应由总经理签发书面的通知。

4.1.2 物业验收计划的制订。物业验收技术小组会同物业管理处，根据物业管理合同的要求制订相应《物业验收计划》，验收计划应由验收技术小组组长审核，并报总经理批准。

4.2 资料的接管验收。楼宇验收技术小组会同物业管理处按验收计划进行资料的接管验收，认真审查验收、移交方提供的产权资料和技术资料，并记录《楼宇接管资料移交清单》中，对于个别一时难以备齐的资料，在不影响整个接管验收工作的进度下，可由交接双方议定，限期提交并做好记录备查。

4.3 物业的预验收。

4.3.1 物业验收技术小组分专业系统，按验收计划要求，依据设计图纸进行预验收。

4.3.2 楼宇验收技术小组依据国家标准《建筑安装工程质量检验评定标准》、《房屋接管验收标准》对物业的实物进行验收，主要验收设备和主材的规格型号、容量、制造厂并清点数量、安装位置等，填写《房屋接管验收表》及《公共设施接管验收表》。

4.3.3 在预验收中检查出不合格项目，提出书面的整改后附《房屋接管验收遗留问题统计表》及《公共设施接管验收表》，报送移交单位，由移交单位催促工程施工单位进行整改。遗留问题整改完毕后，施工单位填写《房屋接管验收遗留问题统计表》及《公共设施接管验收表》中的"处理结果"一栏，并签字后返还管理处存档。

4.3.4 对预验收的单独设备进行试运转验收，主要验收设备的安装质量和运转中设备的主要技术指标。对不符合的指标，及时提出书面意见，要求移交单位组织设备制造厂家或施工单位进行重新调试，要基本达到规定的要求。

4.4 物业的验收。

4.4.1 物业验收技术小组根据《房屋接管验收遗留问题统计表》及《公共设施接管验收表》中的"处理结果"进行验证。验收合格后，按验收计划进行正式的物业验收。

4.4.2 楼宇的实物验收，按验收计划要求进行，做到三符合。一是图纸与设备规格型号、数量符合；二是工程的主要设备的安装位置与安装质量符合；三是设备包括设备连接的整个系统的技术性能，应与设计的功能符合。

4.4.3 在实物验收过程中发现的不合格立即提出书面《整改报告》限期整改，并在《房屋接管验收遗留问题统计表》及《公共设施接管验收表》中的"验收结果"栏中注明，验收小组负责跟踪验证整改的结果。

4.5 岗位移交。在完成资料交接和现场验收后，物业管理处各岗位人员进驻岗位，配合移交方岗位人员一起履行运行职责，此间不承担管理责任，仅作为一个责任过程。各岗位移交最高时限：电梯1周；中央空调2周；消防1周；配电2周；给排水1周；供气0.5周；土建3周；其余岗位0.5周。

4.6 责任移交。在岗位移交完成后，移交方人员撤离现场，全部管理责任由物业管理处负责。至此，物业接收过程完成，物业管理处出具验收总结，物业进入日常管理阶段。

4.7 验收后的工作。

4.7.1 各专业工种根据验收后的情况，整理《房屋接管验收表》、《公共设施接管验收表》及《房屋接管验收遗留问题统计表》等有关资料。

4.7.2 物业验收技术小组根据《房屋接管验收表》、《公共设施接管验收表》等有关资料，作出综合性验收评定，并将验收报告呈交公司总经理。

4.7.3 公司总经理代表物业验收的接受单位，同物业的移交单位办理相关的手续。

4.7.4 物业验收技术小组根据各专业工种整理的验收资料进行汇总后存档。

三、物业质量细部检查作业指引

物业质量细部检查作业指引

1 目的

规范细部检查行为，保证细部检查效果，以最低的保修量提升客户满意度。

2 适用范围

适用于本公司各项目细部检查工作小组。

3 职责

3.1 公司负责本指引的制订、修改、指导和监督。

3.2 各项目细部检查工作小组与地产项目部需保持良好的沟通，严格执行本指引，规范细部检查行为，努力实现"保修工作零返修"的工作目标。

4 阶段性工作方法和过程控制

4.1 细部质量检查工作的定义。指物业公司在地产开发项目实施过程中的装修阶段介入，熟悉项目状况，跟踪掌握施工质量情况，以物业安全、质量和满足使用功能为主的全方位100%的质量检查；站在业主的角度和立场，从物业管理的专业角度出发，及时发现问题，提出合理建议，最大限度地消除质量通病，有效减少返修工作量，为物业移交、业主入住打好基础。

4.2 细部质量检查工作中地产与物业公司的职能分工。

4.2.1 物业公司负责对工程项目实施细部质量检查，行使检查、发现并提出质量问题，并跟踪复查验收的职能。

4.2.2 地产项目部负责审核施工单位制订的维修方案。

4.2.3 地产项目部直接负责跟进施工单位的返修工作，通知施工单位组织返修，约定维修时间，负责跟进、验收、交付和记录等。督促质量整改，控制维修质量，实现房屋零返修目标。

4.2.4 物业公司根据不同工程项目，制订出适合项目特点、满足公司要求的检查标准、检查方案和检查表单，经开发商审批同意后执行。

4.2.5 物业公司根据开发商要求时间对进驻项目实施检查，开发商项目部确保工程项目具备细部质量检查条件。细部检查工作小组进场一周内，制订工作方案，审查检查人员名单、资历，并加强考勤。

4.2.6 为确保质量检查、质量整改工作顺利进行，地产项目部在细部质量检查开始前召集物业、监理、施工单位，召开四方会议，明确各方权利、责任，并统一细部检查质量标准和要求。授权物业公司对监理、施工单位的细部质量检查、整改有关管理权限（地产在支付工程进度款、结算款、监理费前需征求物业意见，并在内部控制记录上由物业签字确认，书面成文备案）。

4.3 细部质量检查工作操作规程。

4.3.1 物业公司对全体参检人员进行行为规范、规章制度、安全守则等培训教育，进行检查标准、检查技能和表单填写的培训，专业工程师现场示范和讲解，保证每个参检人员全面熟悉质量检查的标准和要求，满足上岗的要求。

4.3.2 在检查开始前的四方会议中，要求地产项目部在工程现场挑选并确定一套住房作为本次质量检查的标准样板房，地产、物业、监理、施工单位共同确认质量标准实样，供各家施工单位参照施工。

4.3.3 物业公司按"质量检查标准"，组织对每套房间及外墙、屋面、室外景观、道路等进行百分之百的质量检查，边检查边填写相关的分项"细部质量检查表单"。

4.3.4 物业检查人员整理当天检查发现的质量问题，分类填写"质量问题记录表"。

4.3.5 物业质量工程师拟定"质量问题整改通知单"，由地产项目部审核签发"质量问题整改通知单"，确定维修整改方案，督促施工单位限期整改并报验；组织监理公司进行过程监控、质量验收。

4.3.6 物业细部检查工作小组根据报验单对整改结果复查，复查合格的，资料归档，复查不合格的，重复执行4.3.4至4.3.6条，直至全部合格。

4.3.7 同一质量问题，施工单位经过二次以上整改报验，经复查仍不合格的，物业细部检查工作小组开具罚款建议书，报地产项目部审批，审批后直接从工程款中扣罚。

4.3.8 物业细部检查工作小组负责人每周参加工程例会，与地产项目部、监理、施工单位沟通协调细部质量检查有关事宜。

4.3.9 物业细部检查工作小组每半月编写一份"细部质量检查半月报"，内容包括：本月主要问题汇总；整改进展情况；对施工单位整改及时性和配合情况进行评价；建议和措施；下期工作重点和安排。"细部质量检查半月报"报地产项目部签收，同时上报物业公司，并抄送地产工程部、客户关系中心。

4.3.10 地产项目部针对"细部质量检查半月报"，同步进行细部整改落实情况的检查，并负责整改工作的验收封闭。

4.3.11 物业公司须至少每半月对细部检查工作小组进行一次考核、督查，地产项目部参与考核并不定期（每月不少于1次）对细部检查工作小组的工作进行抽查。物业公司对细部检查工作小组的考核结果及时上报开发商。

四、样板房服务工作规范

样板房服务工作规范			
一、样板房通用服务规范			
项目	规范	不允许	要领
仪容仪表	（1）工作时间内着本岗位规定制服及相关饰物，保持干净、平整，无明显污迹、破损，正确佩戴工牌 （2）对讲机佩戴在身体右侧腰带上，对讲时统一用左手持对讲机 （3）工作期间精神饱满，充满热情	（1）迟到早退，擅自离开工作岗位 （2）精神不振，无精打采，懒洋洋 （3）干私活，在样板房看电视、打电话	规范着装，整洁大方，身体健康，状态良好
值班	（1）在清洁收拾房间时有客人进来，马上停止手中工作，起身微笑说"您好" （2）保持房内清洁	（1）在样板房内吃东西 （2）因为无人参观而坐在房内 （3）上班时间聊天	停止工作，主动问好
迎客	客人进门，手臂伸直，手掌合拢，向所示方向做引导手势，请客人进入，同时说："您好，欢迎光临！"	动作过于做作或过于散漫	"您好，欢迎光临！"；引导手势
接待参观客人	（1）热情接待客人，耐心讲解，耐心地引导参观 （2）时刻注意使用礼貌语言，表现良好而专业的素质 （3）注意加强对物品的监控	（1）对客户不闻不问，任由他们自由参观 （2）房内物品丢失	热情接待，耐心讲解
客人拍照	（1）有礼貌地告知对方不能拍照 （2）如遇蛮横不讲理的客人不能与其争吵，应委婉解释，不能解决时，应请示上司	与客人争吵，发生冲突	礼貌委婉，认真解释
送客	客人出门时，做引导手势，引导客人离去："请慢走，欢迎再次光临！"	敷衍了事	开门送客，"请慢走，欢迎再次光临！"
二、样板房礼宾部通用服务规范			
项目	规范	不允许	要领
仪容仪表	（1）工作时间内按照规定着本岗位制服及相关饰物、警用器材，并保持干净、平整，无明显污迹、破损，正确佩带工牌 （2）停车场岗位夜间要着反光衣 （3）对讲机统一佩戴在身体右侧腰带上 （4）站岗时不依靠在其他物体上，双手自然下垂或交叉在腹前或背后，不拿与工作无关的物品 （5）工作期间精神饱满，充满热情，面带微笑，声音亲切	（1）迟到早退，擅自离开工作岗位 （2）精神不振，无精打采，懒洋洋 （3）扎堆聊天或干私活，警惕性不高，不能及时赶到突发事件现场	规范着装、整洁严谨，状态良好，装备齐，全面带微笑，声音亲切
行礼	（1）着制服并戴帽值班的员工行礼为正规军礼 （2）当值期间，遇到客户询问或与客户交涉时，须行礼	（1）行礼时，距离太近 （2）不按着装规定行礼	着制服行军礼，着西服和门童服行30度左右的鞠躬礼或点头致意

续表

项目	规　范	不允许	要　领
行礼	（3）当值期间，遇到由公司或管理处领导陪同客户参观时，须行礼 （4）当值换岗时，须双方相距1.5米，立正行礼 （5）车辆进出停车场，向驾驶人员行正规军礼	（1）行礼时，距离太近 （2）不按着装规定行礼	着制服行军礼，着西服和门童服行30度左右的鞠躬礼或点头致意
对讲机使用	（1）语言要简练、清晰、易懂，呼叫："××（岗）、××（岗），我是××（岗），收到请回答！" （2）应答要明朗："××（岗）收到，请讲！"表达完一个意思时，及时向对方说"完毕" （3）通话结束，须互道"完毕！"	（1）在对讲机中聊天，说与工作无关的事情 （2）语言啰唆，口齿不清，不知所云 （3）在对讲机中互通与工作无关的其他信息	语言简练清晰

三、次入口礼宾形象岗服务规范

项目	规　范	不允许	要　领
来访人员接待（封闭式管理）	（1）主动向来访人员打招呼问好，面带微笑 （2）与客户沟通时保持适当的（一米以外的）距离 （3）所有客户参观样板房须持有售楼部发出的凭证或销售人员陪同 （4）不直接拒绝客户，尽量少说"不知道"之类的话 （5）陌生客人来访时，有礼貌地询问客人来意后进行登记，态度诚恳，使用礼貌语言，及时向被访客户确认，并使用正确手势向客户指引方向 （6）与客户有不礼貌的言行时，不与之理论或还击，要婉转解释 （7）公检法、工商、税务等政府部门人员的突然到访检查，或未经预约的媒体采访的接待须注意及时报告上级领导并告知客户服务人员，应做到礼貌、得体	（1）不登记进入小区 （2）客人带危险物品进入小区 （3）对待业主态度热情，对待陌生来访者态度冷漠怠慢，不一视同仁	主动友好，礼貌登记
物品放行接待	（1）主动请客户填写"物品放行条" （2）认真核对物品及业主身份无误后，对客户表示感谢 （3）客户离开，要有礼貌地告别	（1）对物品核实不清 （2）要求业主写保证书	填写物资放行条，认真核对，礼貌细致
接待客户投诉	（1）当值时接到顾客投诉，在处理时应热情大方，举止得体，文明礼貌，认真听取顾客投诉的内容，进行记录 （2）自己能正确解决或回答的情况下，自己予以解决或回答，并将处理情况反映给上级或部门客户服务人员 （3）如自己不能解决顾客投诉，比如业主没有预约且非常不理性的到访，或被辞退或	（1）不理睬客户投诉，推诿、不予帮忙 （2）擅自处理重大来访或是事件 （3）对客户粗暴，不使用礼貌用语 （4）信息流失，不及时反馈情况	认真听取，仔细记录，及时反馈，竭诚解决

续表

项目	规范	不允许	要领
接待客户投诉	被批评的员工没有预约且非常不理性的投诉到访，应做如下的接待 ——积极维持现场秩序 ——现场应做到礼貌、得体，不得表现出反感和敌对情绪，不对顾客的言行进行讨论和指点，以免引起顾客的误会而激化矛盾 ——同时在接待过程中，对外围的情况应保持警惕，及时报告上级领导	（1）不理睬客户投诉、推诿、不予帮忙 （2）擅自处理重大来访或是事件 （3）对客户粗暴，不使用礼貌用语 （4）信息流失，不及时反馈情况	认真听取，仔细记录，及时反馈，竭诚解决

四、巡逻礼宾岗服务规范

项目	规范	不允许	要领
巡逻	（1）行走时应昂首挺胸，正视前方，保持中速摆臂，姿势自然，随步伐自由、协调摆动 （2）巡逻行走时头可微摆，主要以眼睛余光巡视四周	（1）借巡逻时办理私事或偷懒 （2）巡逻时扎堆聊天、看报、听收音机、抽烟等 （3）边巡逻边打手机或把玩手机 （4）精神萎靡 （5）手插入口袋	挺拔大方，眼观四路、耳听八方
路遇客户	（1）巡视行走时遇到客户，要面带微笑，点头致意 （2）巡视见到需要帮助者，应主动上前询问并提供帮助	对客户态度冷漠或故意避开	主动致意，礼貌询问
遇见可疑人物	（1）通知领班或监控中心进行监视 （2）进行跟进，严密注意对方行为 （3）上前询问前，要先通告同伴，再近距离接触，有礼貌地询问对方："您好，请问有什么可以帮到您吗？"，如确定对方为外来无关人员，要委婉地告诉对方，这是私人住宅小区，谢绝参观	（1）不及时汇报情况 （2）警惕性不高，不能及时发现安全隐患 （3）做事犹豫不决，头脑不清晰	团队协作，机智监控，礼貌询问保护自己
保持小区卫生	巡逻时主动拾捡小区内垃圾，做到人过地净，遇到较大面积的污迹和积水，立即通知领班或联系就近保洁员处理		

五、停车场礼宾岗服务规范

项目	规范	不允许	要领
交通手势	（1）车辆交通指挥手势（停止、直行、右转弯、左转弯）均采用国家规定的标准交通手势，具体分为：直行手势、直行辅助手势、右转弯手势、左转弯手势、停车手势、慢行手势与前车避让后车手势 （2）直行手势，身体保持立正姿势，左手伸出与身体呈90度，掌心朝外，五指并拢，并且目跟臂走 （3）直行辅助手势，在直行手势前提下，右目随右臂伸出与身体成90度，然后手臂由	动作不到位，无精打采，不规范标准	动作规范，指挥规范

续表

项目	规　范	不允许	要　领
交通手势	右至左摆动，小臂与身体平行，小臂与大臂成90度，距胸前约20厘米 （4）左（右）转弯，身体保持立正姿势，左（右）手臂朝前方伸出，手臂与身体约120度，手呈立掌，掌心向前，五指并拢，随即左（右）手向前伸出，手臂与身体成45度距腹部约30公分，目光随左（右）手掌进行左右摆动 （5）停车手势动作要领：身体保持立正姿势，左手臂向前伸出，手呈立掌，掌心朝前，手臂与身体约120度 （6）慢行手势动作要领：身体保持立正姿势，右手臂向前伸出，掌心朝下，右手臂与身体约60度，目光随右手臂上下摆动 （7）前车避让后车动作要领：身体保持立正姿势以左手臂向前伸出与身体呈90度，掌心朝左同时向左摆动，随即右手向前伸出与身体呈90度，掌心向上，小手臂后折与大手臂呈90度，掌心朝后同时向后摆动	动作不到位，无精打采，不规范标准	动作规范，指挥规范

六、售楼大厅礼宾岗服务规范

项目	规　范	不允许	要　领
姿态	立正姿势，双手可交叉放于前腹，保持微笑	板着脸，姿态不正	亲切友好
迎客	客人进门，手臂伸直，手掌合拢，向所示方向做引导手势，请客人进入，同时说"您好，欢迎光临！"	动作过于做作或过于散漫	"您好，欢迎光临！"；引导手势
当值	（1）当值时碰客人咨询问题，耐心倾听，及时做出反映和回答，指引方向或联系相关人员 （2）密切注意展厅内的各类人员，及时发现安全隐患，发现有可疑现象时，及时用对讲机联系同事或上级，随时关注事情动向 （3）注意对展厅内的物品监控，发现有损坏和丢失现象及时向中心和直属上级汇报	态度冷漠，擅自离岗	机智监控，行动优雅，及时汇报
送客	客人出门，做引导的手势，引导客人离去："请慢走，欢迎再次光临！"		开门送客："请慢走，欢迎再次光临！"

七、保洁员服务规范

项目	规　范	不允许	要　领
仪容仪表	（1）工作时间内一律着本岗位规定制服及相关饰物、胸牌，并保持干净、平整，无明显污迹、破损，正确佩带工牌 （2）保持个人卫生清洁，统一着深色平底鞋 （3）对讲机统一佩戴在身体右侧腰带上	（1）迟到早退，擅自离开工作岗位 （2）无精打采，懒洋洋 （3）扎堆聊天或干私活	规范着装，整洁大方，手脚麻利

续表

项目	规 范	不允许	要 领
工具	（1）保洁工具应放置在规定位置，并摆放整齐 （2）在楼道内等区域进行清洁服务时，应放置或悬挂相关的标识，以知会相关人员	（1）清洁工具混用 （2）聊天，议论客户的长短	工具摆放整齐，标识使用得当
遇到客户	（1）在保洁过程中，如遇到客户迎面而来，应暂时停止清洁，主动让路，并向其微笑问候："您好" （2）保洁时如遇客户询问问题，要立刻停止工作，耐心仔细地回答客户提问	（1）垃圾或脏水溅到客户身上 （2）大声喧哗，闲聊天	停止工作，主动问好

八、绿化员服务规范

项目	规 范	不允许	要 领
仪容仪表	工作时间着岗位规定服装，佩带工牌	（1）迟到早退，擅自离开工作岗位 （2）无精打采，懒洋洋 （3）扎堆聊天或干私活	规范着装，整洁大方
服务态度	态度和蔼可亲，举止大方，谈吐文雅，主动热情，礼貌待人		举止大方，礼貌待人
工具	绿化工具应放置在规定位置，并摆放整齐	（1）工具混用 （2）聊天，议论客户的长短	工具摆放整齐，标识使用得当
浇灌水	（1）浇灌水时，摆放相关标识，以提醒顾客 （2）节约用水 （3）有业主路过，及时停止工作让路，并点头致意或问好	路上留有积水，影响顾客行走	现场整理，礼让客户，热情问好
施肥、除虫害	（1）洒药时要摆放消杀标识 （2）有客户经过，要停止工作 （3）喷洒药水时，须佩带口罩，如药水有气味，须向客户作好相关解释工作，说明是没有毒性的药物 （4）控制药品浓度合适，注意相关药品的禁忌	（1）在休息日，人员流动高峰期使用有强烈气味或臭味的用料 （2）药水遗留在马路上不及时清扫干净 （3）在炎热的时候喷洒药水	戴口罩，礼让客户，公休期间避免喷洒药水
修剪和除草	（1）准备和检查使用设备能正常工作，避免有漏油等情况发生 （2）有客户经过，要停止工作，主动让路	（1）绿化垃圾摆放路边不及时清理 （2）节假日及中午休息时间进行有噪声的操作	摆放标识，礼让客户，公休期间不作业

九、维修人员服务规范标准

项目	规 范	不允许	要 领
仪容仪表	（1）工作时间内着本岗位规定制服及相关饰物，并保持制服干净、平整，无明显油污、破损、褶皱，正确佩带工牌 （2）对讲机统一佩戴在身体右侧腰带上 （3）工具包统一挎在左肩处，并保持整洁 （4）工作期间应保持积极良好的精神面貌	（1）制服肮脏 （2）满脸疲倦，不时打呵欠，无精打采 （3）冷淡、过分严肃或者木讷的表情	规范着装，整洁大方，身体健康，状态良好，工具齐全

续表

项目	规 范	不允许	要 领
施工现场	（1）放置施工现场有关标识牌 （2）提醒参观、检查人员注意安全、佩带安全帽等 （3）正确操作施工工具 （4）语言文明，不在小区内、工地上追逐打闹，不用施工工具比划、开玩笑等 （5）与公司各相关施工单位配合良好，及时沟通 （6）对其他施工监督严格，不讲私情，严格把好质量关 （7）保证施工图纸、设备说明书等资料的完整无损	（1）私自将施工工具拿出现场、私自借用施工工具 （2）打架骂人，说话粗鲁 （3）不注意个人安全，违规操作 （4）故意怠慢，影响工程进度 （5）不熟悉施工程序，偷工减料 （6）擅自进入已售出的房室内，使用室内物品、水电等	摆放标识，注意安全，配合良好，规范操作

第七章　物业前期介入规范化管理表格范本

一、新项目关键点设计情况调查表

新项目关键点设计情况调查表见表3-7-1。

表3-7-1　新项目关键点设计情况调查表

为了使地产新项目的规划设计与物业公司日后项目管理服务对硬件的要求相吻合，物业在新项目规划设计前向地产设计部提供本调查表，请填写后及时反馈给物业业务管理部，物业以调查表为依据，进行具体跟进。（在设计情况栏内相应的下划线上打钩，范围以外的请加添说明）

序号	项 目		设计情况	物业建议
1	小区围墙	别墅类	高度：2米以下____；2～2.5米____；3米____	
			墙体：通透实心____	
		公寓类	高度：1.5米以下____；1.5～2米____；2米以上____	
			墙体：通透____；实心____	
			材料：砖砌体____	
			栏杆：铸铁____；实心铁管____；空心方钢____	
			栏杆防腐：镀锌加高耐候性面漆____；防锈底漆加调和面漆____	
		其他	围墙内侧留有宽度为0.8～1米公共安全巡逻通道：有____；无____	
			小区封闭方式：全开放____；全封闭____；半开放____	
2	小区出入口及门岗设置		小区出入口数量：车辆：1个____；2个____；3个____ 　　　　　　　　消防1个____ 　　　　　　　　人行：1个____；2个____；3个____	
			人车分流：分流____；不分流____	
			人行出入口：设置刷卡门禁____；不设刷卡门禁____	

续表

序号	项目	设计情况	物业建议
2	小区出入口及门岗设置	主出入口保安岗亭是否设置简易卫生间、空调：设置____；不设置____	
		机动车出入门岗位置：设于中间，两侧为车行通道____；设于单侧，一侧为车行进出通道____	
3	物业管理用房	管理用房面积以10万平方米为基准：服务中心≥150平方米，保安、清洁、绿化等其他作业用房为200～250平方米；每增加10万平方米管理面积，总管理用房面积按150～200平方米递增 达到和超过上述配置____；低于上述配置____	
		服务中心办公用房位置：地下或半地下____；地面一层____；住宅区中央地带____；略靠住宅区边缘____；小区边缘____	
4	地下、半地下车库及车位	机动车位配置是否满足地方政府规定：满足____；不满足____	
		机动车地下车库出入口的通行方式：单项____；双向____ 出入口车道形式：直道____；弯道____ 双向出入的弯道半径是否满足车辆通行：满足____；不满足____	
		非机动车位配置是否满足地方政府规定：满足____；不满足____ 至地下车库的机动车与非机动车通道和提车库是否独立设置：是____；否____ 非机动车停车库是否设置有充电电源：有____；无____	
		地面机动车位的设置是否有紧邻住宅阳台、庭院出入口、燃气管道等情况：有____；无____	
		机动车停车位车挡材料：混凝土车挡____；钢管车挡____；其他材料____	
		临近住宅的地库出入口是否采取隔声防噪声措施：是____；非____	
		临近住宅处是否有地库通风系统的风口：有____；无____ 地库通风系统临近住宅的风口是否采取隔声防噪声措施：是____；非____	
		地库排水沟盖板材料：铸铁____；镀锌铁栅栏____；塑料类其他材质____ 地库排水沟盖板下是否垫有橡胶垫块：是____；非____ 地库排水沟集水井盖板材料：镀锌铁栅栏____；水泥混凝土板____；大块铁板____	
		地库内明装电源控制箱的种类：控制按钮在箱盖外____；控制按钮在箱体内____；另外加装安全防护罩盖____	
		地库人行通道是否设置有残疾人专用通道：有____；无____	
		地库照明是否采取间隔分路控制：是____；非____	
		地库是否设有保洁取水点：有____；无____	
5	道路	主要道路是否人车分流：是____；非____	
		主干道路面材料：沥青____；彩色沥青____；混凝土____；其他____	
		侧石：大理石____；水泥混凝土块____ 窨井：侧排窨井____；平铺窨井____ 侧窨井井盖能否开启：能____；不能____	
		减速坡材料：细石混凝土类减速坡____；橡胶成品减速条____	
		是否有用木质材料铺制的宅间路、园路及平台：有____；无____	

续表

序号	项 目	设计情况		物业建议
6	会所及其设施	产权：属地产____；属全体业主____		
		经营性质：仅对本小区业主开放____；兼对外开放____		
		会所安防：独立门户与住宅区不相通，分设门禁安防____；独立门户但与住宅区相通____		
		主要配置：接待区____；健身房____；跳操室____；棋牌室____；乒乓室____，桌球室____；更衣室____；淋浴室____；阅览室____；影音室____；网球场____；羽毛球馆____；篮球馆____；游泳池____；办公室____；仓库____		
7	垃圾房	位置：边缘隐蔽部位，不影响业户____；略近住宅，对业户有一定影响____		
		运输车通道：经小区内部道路运输____；垃圾房在围墙开门，不进入小区____		
		垃圾收集方式：有害、有机、无机垃圾分类收集____；不分类收集____		
		是否采用垃圾压缩处理技术：采用____；不采用____		
		垃圾房是否设有明沟、冲洗水池，墙地面铺贴墙地砖：有____；无____		
8	商铺及其设施	商铺位置是否独立于住宅区：与住宅区分开____；与住宅区混合____		
		商铺水表、电表：每户商铺单独设表，抄表到户____；共用总表，只抄总表____		
		是否有易污染、扰民的商业经营项目：有____；无____		
		餐饮业商铺是否有隔油池等餐饮业基础设施的设计要求：有____；无____ 餐饮业商铺的排污管道是否单独设置：是____；非____		
		商铺广告牌、灯箱是否统一设计制作：统一____；不统一____；		
9	设备房	生活消防水泵房	位置：地下层____，上无住宅____；地面独立建筑____；上一层是住宅____	
			地下泵房是否配有防潮设备：有风机通风系统____；配有除湿机____；无____ 排风口与回风口位置相距5米以上____；5米以下____	
			水泵种类：潜水泵____；立式调频泵____	
			是否有防小动物进入的纱窗的设计要求：有____；无____	
			地面是否有铺地砖或刷油漆的要求：有____；无____	
			水泵基座是否进行防尘处理：有____；无____	
			是否有高低水位、超水位、缺水自动保护报警并连通监控中心的要求：有____；无____	
			水泵房动力、照明是否有双电源供电的要求：有____；无____	
			两个蓄水箱供水的，水泵进水管是否连通：连通____；不连通____	
			给排水管道与电缆线槽交叉时,电源线槽在上：是____；非____；两者保持充足的维修间距1米以上____；0.5～1米____；0.5米以下____	

续表

序号	项目		设计情况	物业建议
9	设备房	生活消防水泵房	给水管颜色识别：绿色或银灰色____；黑色____	
			管道表面标有水流方向：有____；无____	
			水泵及泵房四周设总排水沟的要求：有____；无____	
			排水泵一用一备，并设有液位自控：有____；无____	
		水箱	水位显示仪（玻璃管）：有____；无____	
			溢流口加装防虫网：有____；无____	
		高压变、配电站（用户站）	门的材料：采用防火门____；铝合金玻璃门____	
			配置绝缘地垫：有____；无____	
			防小动物措施：有____；无____	
			地面刷油漆：有____；无____	
			是否有给排水管道通过：有____；无____	
			配备模拟操作屏：有____；无____	
			临时限电终端的报警器应接至：室外____；室内____	
			电缆沟是否有排水设施：有____；无____	
			电缆沟盖板是否设有拉手：有____；无____	
		其他	设备房窗户是否安装有保护网罩：有____；无____	
			设备房门是否采用明挂锁且门向外开启：是____；非____	
10	电气控制箱（柜）		公用部位的控制电气柜（箱）的控制开关、按钮是否设置在柜（箱）内：是____；非____	
			电气控制柜前是否有绝缘毯：有____；无____	
			电器控制柜（箱）基础高度是否大于20厘米：有____；无____	
			电器控制柜（箱）是否接地：有____；无____	
11	公共照明		照明灯选用：节能____；不节能____	
			室外照明灯具设置位置是否靠近住宅：靠近____；不靠近____	
			室外是否设置地灯：是____；非____	
			开关是否带漏电保护器：有____；无____	
			灯具是否带有熔断器：有____；无____	
			灯具外壳及框架是否接地：有____；无____	
			有无时钟控制：有____；无____	
			有无分路控制：有____；无____	
			楼道照明控制方式：声控____；声、光控____；光控____	
			电网运行系统：单独敷设保护零线（TN-S系统）____；单独敷设保护地线（TT系统）；两者皆无____；其他____	
12	电梯		是否选用同一品牌：是____；非____	
			所选电梯品牌：广日____；通力____；三菱____；其他____	
			是否配有空调及考虑了内外机位、空调洞、电源：有____；无____；已预留____	

续表

序号	项 目	设计情况	物业建议
12	电梯	电梯基坑有无排水设施：有____；无____	
		电梯基坑是否设有照明：有____；无____	
		电梯基坑是否设有垂直爬梯：有____；无____	
		机房是否双电源供电：是____；非____	
		机房地面是否有刷油漆的要求：有____；无____	
		紧邻卧室的电梯有无隔声措施：有____；无____	
13	消防设施	消防紧急照明、疏散指示灯：有____；无____	
		消防管色标：红色____；灰色____；其他____	
		消防泵和外围设备：联动____；非联动____	
		消防楼道是否配备有灭火器：有____；无____	
		公共场所是否配备有消防箱：有____；无____	
		公共区域是否设置消火栓：有____；无____	
		消火栓箱内报警信号是否接入监控中心：是____；非____	
		消防泵启动按钮是否接入了监控中心：是____；非____	
14	游乐设施	娱乐设施有无设置告示牌：有____；无____	
		儿童娱乐设施上的螺栓是否配有安全螺帽：有____；无____	
15	水景	水景是否经过防渗漏处理：有____；无____	
		是否有水质处理措施：有____；无____	
		水下照明电压等级：12V____；24V____；220V____	
		循环水泵设置位置：水下____；地面上____	
		水景类型：喷泉____；生态水塘____；硬化水池____；溪流____；其他____	
		堤岸结构：生态（软底）；硬化____；卵石____；木桩____；兼有____	
16	垃圾桶	草坪上放置垃圾桶是否有水泥基板：有____；无____	
17	休闲椅	休闲椅材料：铁制____；木制____；水泥____；其他____	
		休闲椅位置：直接放于草坪上____；水泥基础____；其他____	
18	室外窨井、阀门、电气箱位置	设置位置：在业主庭院内____；在庭院墙脚____；在庭院外____；其他____	
		窨井材料：塑钢____；铸铁____；塑料____；其他____	
19	智能化系统	闭路电视监控系统	设置位置：小区出入口____；车库出入口____	
			设置位置：组团出入口____；小区围墙____；单元楼出入口____；电梯轿厢____；车库内部____；小区主干道____；公共区域____；室外停车场____；物业服务中心前台____；投诉接待室____；监控中心____；小区商铺沿线____；销售案场____	
			视频信号保存时间：15天以上____；15天以下____	

续表

序号	项目		设计情况	物业建议
19	智能化系统	周界防范报警系统	封闭式小区安装区域：围墙____；栅栏____；河道____；其他____	
			前端设备选用：主动红外对射探测器____；周界脉冲电子围栏____；无____	
			红外探测器是否与摄像机联动：是____；非____	
			防区长度：红外探测器40米以内____；脉冲电子围栏100米以内____	
			报警显示：电脑显示屏____；报警控制器____；电子地图____	
		巡更	设置类型：离线式____；在线式____；无____	
		楼宇访客对讲	对讲系统与安防系统是否分开两路总线进行联网：是____；否____	
			是否实现对讲分机电控开锁功能：是____；否____	
			设置位置：小区人行出入口____；监控中心____；单元楼门口____；住户室内____	
			设置位置：组团出入口____；别墅住户门口____；庭院门口____；住户跃层室内____	
		家庭安全防范系统	住宅一、二层是否安装居家防盗入侵探测器：是____；否____	
			住宅顶层是否安装居家防盗入侵探测器：是____；否____	
			探测器范围是否能覆盖卧室、客厅、厨房、卫生间等与外界相通的门窗：是____；否____	
			所有住宅的主卧室和客厅内是否配置紧急报警按钮：是____；否____	
			在小区商铺内是否预留安防报警系统接口：是____；否____	
		门禁管理系统	设置位置：小区人行出入口____；单元楼门口____	
			设置位置：组团人行出入口____；地下车库通往单元楼人行入口____；地面通往地下车库人行出入口____	
			门禁使用锁具：磁力锁____；电控锁____；电插锁____；其他____	
			门禁使用闭门器：电动液压____；地弹簧____；机械滑杆式闭门器____；其他____	
		车辆管理系统	设置位置：小区出入口____；组团出入口____；车库出入口____	
			小区、车库出入口是否配置车辆图像对比系统：是____；非____	
			小区、车库出入口是否配置车辆收费系统：是____；非____	
			刷卡形式：IC卡____；ID卡____；其他____	
		公共广播系统	小区是否配置公共广播系统：是____；非____	
			设置位置是否远离住宅楼：是____；非____	
		电子屏	小区是否配置电子公告系统：是____；非____	

续表

序号	项目		设计情况	物业建议
19	智能化系统	电梯三方通话系统	小区是否配置电梯三方通话系统：是____；非____	
		监控中心机房	机房面积：40平方米以下____；40～80平方米____；80平方米以上____	
			设置位置：地下一层____；地上一层____；地上一层以上____；与服务中心在一起____；临近物业服务中心____；远离物业服务中心____	
			消防监控设备是否设于监控中心机房：是____；非____	
			监控中心机房是否配置UPS备电系统：是____；非____	
		防雷接地系统	是否配置防雷接地系统：是____；非____	
		BA系统	是否有BA系统：有____；无____	
20	公共绿化		架空层种植绿化种类：耐阴植物____；不耐荫植物____；不种植植物____	
			绿地种植宿根花卉的面积：大面积种植____；小面积种植____	
			小区主干道两侧、车位周围是否种植含羞草亚科植物：种植____；不种植____	
			小区是否种植有招引虫害的植物：有种植____；不种植____	
			草坪铺设的品种：冷季型草坪____；暖季型草坪____；混合型草坪____	
			种植的植物移栽成活难度：较高____；较低____	
			景观设计时对落叶树、常绿树、色叶树搭配比例：已作考虑____；未考虑____	
			水生植物的种植：圈种____；不圈种____	
			小区围墙周围种植的植物是否对周界安防有影响：有____；无____	
			人流密集的景观区域及儿童游戏场所是否种有带刺或可能伤害人身健康的植物：有____；无____	
			屋顶花园种植植物：已考虑防水承重____；未考虑防水承重____	
			景观河道防土墙是否考虑：已考虑并加固____；未考虑____	
			绿化、保洁取水点：已考虑____；未考虑____ 取水点设置距离：小于100米____；大于100米____	
21	住宅单体		业主屋顶花园、底层庭院的产权归属和今后维保修费用支付：已明确____；未明确____	
			顶层业户，露台设有卫生间排气管、烟道井：有____；没有____ 露台排气管、烟道井：高于屋檐____；低于屋檐____ 露台排气管、烟道井：远离门窗____；临近门窗____	
			上屋面门是否配置锁具：配置____；不配置____；配置但钥匙孔在屋面一边____	

续表

序号	项目	设计情况	物业建议
21	住宅单体	公共部位的强弱电井、水表井是否统一钥匙：是____；非____	
		顶层业户特别是跃层与屋面同层的户型是否考虑防攀爬、翻越措施：已考虑____；未考虑____	
		通过单元门洞顶便于攀入住户阳台的楼道休息平台外窗是否做栏栅或限位安全措施：窗栅栏____；窗限位____；无安全措施____	
		是否存在两户间南北阳台便于攀越的户型：存在____；存在，但采取了安全防范措施____；不存在____	
		外墙面材料：外墙涂料____；非透水性面砖____；透水性面砖____	
		外窗特别是转角凸窗或大面积玻璃幕墙式外窗、楼道窗是否存在无法清洁的死角立面：存在____；不存在____	
		阳台门是否存在 $\frac{3}{4}$ 固定扇、$\frac{1}{4}$ 开启扇的情况：存在____；不存在____	
		顶层雨棚：未设置____；玻璃雨棚____；雨棚偏小____	
		工字窗或落地窗下口导墙、外门窗周边、外墙保温方面的防渗漏措施：有具体设计工艺、材料要求____；粗略的设计要求____	
		主卧、客厅相通阳台中间（儿童房或书房）的窗开启形式：外开____；平移____	
		阳台内设置空调外机位，面积：已扣除____；未扣除____ 外机位隔断：独立隔开____；不独立隔开____ 排风影响：对本户和相邻户有影响____；无影响____	
		空调外机位排水（冷凝水、隔霜水）：有组织排水____；自由排水____	
		空调外机位尺寸能否满足常规机型：能满足____；不能满足____	
		空调外机位内是否设有雨、污水立管影响外机放置：有雨、污水立管有影响____；有雨、污水立管但不影响____；无雨、污水立管____	
		空调外机挡板是否影响排风散热：有影响____；不影响____ 空调外机挡板类型是否存在易于攀爬缺陷：存在____；不存在____	
		空调外机挡板固定形式：螺栓固定____；铰链插销固定____	
		空调洞：挂壁机，管中距地2.1～2.2米____；柜机，管中距地0.2～0.25米____ 空调洞离内机位距离：0.5米____；1米____；1米以上____	
		是否存在空调内外机连接管需要穿越卫生间等后到外机，冷凝水管置于墙体内的情况：存在____；不存在____	
		顶层跃层卫生间错位布置的房型是否存在污水管道明布于下层房间、厨房、餐厅的情况：存在____；不存在____	
		是否存在底层变异房型房间内有明布的上层阳台连通下来的雨水立管、地漏管道：存在____；不存在____	
		平屋面小高层、高层楼栋顶上两层室内填充墙采用的砌体材料（包括上层为露台、屋面的别墅房型）：黏土砖____；水泥空心砌块____；加气轻质砌块____	

续表

序号	项目	设计情况	物业建议
21	住宅单体	户内给水管：明布____；暗埋____ 给水管入户点：厨卫间____；客餐厅____ 客餐厅明布给水管是否影响日后业主装修：影响____；不影响____	
		底层南北阳台是否设置地漏及有组织排水设施：设置____；不设置____	
		业户庭院内是否设有公共雨污水井、上水管总阀井等设施：有____；没有____	
		近临市政干线住宅单体是否已考虑建筑降噪措施：已考虑____；未考虑____	
		是否已考虑箱变位置对住宅的影响：已考虑____；未考虑____ 销售资料中是否明确：已明确____；未明确____	
		落地窗下槛标高是否已考虑装修铺地板的预留高度：已考虑____；未考虑____	
		露、阳台铝合金门是否设计门吸等固定门扇的设施：已设计____；未设计____	
		业主铝合金门窗是否存在同时开启相碰的情况：存在____；不存在____	
		顶层楼道灯、玻璃雨棚阳台灯的安装位置是否考虑维修可能性：已考虑____；未考虑____	
		屋面管道井、烟道风帽、钢架雨篷、别墅屋面的中央空调外机是否设置避雷带：已设置____；未设置____	
22	生活配套	交通 / 附近是否有市政配套交通：有____；无____ 是否承诺有班车：是____；非____ 小区班车是否收费：收____；不收____	
		医疗 / 附近是否有医疗机构：有____；无____	
		教育 / 附近是否有教育机构：有____；无____	
		商业、集贸市场 / 附近是否有商业、集贸市场：有____；无____	
		公共事业收费 / 水、电、煤、有线电视等是否终端收费：是____；非____	
		移动通信信号 / 移动通信覆盖强还是弱：强____；弱____	
23	红线外管理	地产是否要求物业对红线外的绿地管理：是____；非____ 地产是否要求物业对红线外的公共休闲空间的管理：是____；非____	

二、住宅物业项目调查表（项目基础数据）

住宅物业项目调查表（项目基础数据）见表3-7-2。

表3-7-2　住宅物业项目调查表（项目基础数据）

调查人：　　　　　　　　调查时间：　　　　　　　　审核人：

1. 基本情况				
项目名称		区域		
售楼电话		位置		
土地年期	70年，自年起计	开发商		
建筑设计		环境设计		
策划代理		物管公司		
内部认购日期	年　　月　　日	开盘日期	年　　月　　日	
入住日期	年　　月　　日			
2. 项目指标				
项目分期	共分____期，现为期_____ 共____栋____户 本期____栋____户	楼宇类型	高层：____层____栋 小高层：____层____栋 多层：____层____栋 别墅：____栋	
占地面积	m²	建筑面积	m²	住宅面积　　　m² 商业面积　　　m²
容积率		绿化率	%	覆盖率　　　%
层高		实用率		
车位数量		预计物业管理费		
项目概况	（包括住宅层数以及办公、住宅综合楼的分层情况等）			
商业裙楼	位置	租售价格		
	层数	经营业态		
	层高	单铺面积		
设备	直饮水____；闭路电视监控____；可视对讲____；IC门禁系统____ 自动报警系统____；保安24小时巡更____；远程抄表____；其他____			
3. 分楼栋信息				
楼栋名称	最高层数	单元数	电梯占用率 （每单元×电梯×户）	实用率/%

三、住宅物业项目调查表（规划设计特点）

住宅物业项目调查表（规划设计特点）见表3-7-3。

表3-7-3 住宅物业项目调查表(规划设计特点)

调查人：　　　　　　　　调查时间：　　　　　　　　审核人：

序号	调查内容	调查结果
1	总体规划	
2	建筑设计、风格	
3	装修标准（内、外部装修）	
4	附属设施	
5	物业管理	
6	区域环境（区域发展、市政配套、交通动线）	

四、住宅物业项目调查表（动态营销数据）

住宅物业项目调查表（动态营销数据）见表3-7-4。

表3-7-4 住宅物业项目调查表（动态营销数据）

调查人：　　　　　　　　调查时间：　　　　　　　　审核人：

1. 工程形象进度					
工程进度	（ ）结构第___层（ ）封顶（ ）外装修 （ ）接近完工（ ）已入伙（ ）其他				
交房标准	（ ）毛坯（ ）装修套餐（ ）厨卫装修（ ）精装修				
2. 户型比例与价格					
起价	元/平方米	最高价			元/平方米
均价	元/平方米	折扣	一次性付款___折；按揭___折		
朝向差	最大	楼层差	低段___；高段___；平均___		
销售率					
户型比例	户型结构	面积/平方米	套数	套数比	已销售
跑盘计价	栋—单元—房号	户型	朝向	面积	最终计价（优惠率）

续表

3.营销特色	
户型点评亮点	
形象定位与推广语	
现场围墙、导示、展板、挂幅售楼处	
营销手法	
主打卖点、项目优势	
主要难点、项目劣势	
客户群	
畅销、滞销原因	
备注	

五、施工质量问题及设计缺陷问题（专业版）

施工质量问题及设计缺陷问题（专业版）见表3-7-5。

表3-7-5 施工质量问题及设计缺陷问题（专业版）

编制人：　　　　　编制时间：　　年　　月　　日　　　　　编号：

工程名称	
类别	□建筑　□结构　□装修　□景观　□绿化　□配套　□材料　□其他
事件描述及背景说明（图片）	
形成原因分析	
后期提示（经验总结）	

说明：本表单适用于事例性案例、对过程管理方面的案例。

六、施工质量问题及设计缺陷问题案例模板（通用版）

施工质量问题及设计缺陷问题案例模板（通用版）见表3-7-6。

表3-7-6 施工质量问题及设计缺陷问题案例模板（通用版）

编制人： 　　　编制时间： 　年　月　日　　　　编号：

类别	□建筑 □结构 □装修 □景观 □绿化 □配套 □材料 □其他		
缺陷部位		涉及范围	（产品系列或项目名称）
情况描述	（图片）		（文字描述）
形成原因			
改进措施	（文字）		（样板图片适用样板）
备注			

七、细部检查日期安排表

细部检查日期安排表见表3-7-7。

表3-7-7 细部检查日期安排表

序号	项目	建筑面积/万平方米	第一遍检查		第二遍复查		综合检查	
			开始时间	完成时间	开始时间	完成时间	开始时间	完成时间
1								
2								
3								
4								
5	智能化安防工程	根据工程进度实际情况另定						
6	室外总体硬景观	根据工程进度实际情况另定						
7	绿化	根据工程进度实际情况另定						

注：各组团进场检查1周内制订完成相关楼栋各分项的检查计划时间表，根据各楼栋实际施工进度，半月一次调整计划报项目部。

八、质量问题通知单

质量问题通知单见表3-7-8。

表3-7-8 质量问题通知单

工程名称： 编号：

_____工程部：

经检查，_____施工单位在____号（楼、单元）至____号（楼、单元）的_____分项工程施工上存在一些质量问题，详见附页，质量问题记录表编号（____）共____页____项问题。

请通知施工单位于____年____月____日之前完成整改，经自查合格后及时报验。

备注：

××物业公司质量检查组××公司_____工程部

签发人： 签收人：

日期： 日期：

附页：质量问题记录表（略）

九、整改报验不合格通知单

整改报验不合格通知单见表3-7-9。

表3-7-9 整改报验不合格通知单

工程名称： 工程编号：

××公司_____工程部：

施工单位根据编号（_____）《质量问题通知单》整改后于____年____月____日提交了报验单，经我检查组复查验收，所报验的____号（楼、单元）的____分项工程仍存部分不合格或未整改质量问题，详见附页，质量问题记录表编号（____）共____页____项问题。

请通知该单位继续整改，于____年____月____日之前完成，经自查合格后及时报验。

根据____年____月____日贵部召集的物业、监理、施工四方细部质量检查专题会议的约定，将对报验复验不合格项目作相应罚款处理。

备注：

××物业公司质量检查组××公司_____工程部

签发人： 签收人：

日期： 日期：

附页：质量问题记录表（略）

十、报验单

报验单见表3-7-10。

表3-7-10　报验单

工程名称：

××公司＿＿＿＿工程部： 　　根据编号为（＿＿＿）《质量问题通知单》的要求，我部已完成该"通知单"所附质量问题的整改，经自查，整改项目已达到细部质量标准的要求（原始《质量问题通知单》和《质量问题记录表》共＿＿页附后），现报请复查。 　　备注： 　　　　　　　　　　　　　　　　　　　施工单位：＿＿＿年＿＿＿月＿＿＿日
监理抽查意见： 　　经抽查＿＿＿项，其中合格＿＿＿项，不合格＿＿＿项（详见附页），合格率＿＿%。同意（不同意）报验。 　　转发××地产公司＿＿＿＿工程部 　　　　　　　　　　　　　　　　　　　签章：＿＿＿年＿＿＿月＿＿＿日
××工程部意见：（在相应方框上打钩） （1）请物业检查组复查 □ （2）不同意报验，退回 □ （3）退回，并罚款＿＿＿元 □ 　　　　　　　　　　　　　　　　　　　项目工程师： 　　　　　　　　　　　　　　　　　　　　　　　年　　　月　　　日

十一、罚款建议书

罚款建议书见表3-7-11。

表3-7-11　罚款建议书

编号：

××公司＿＿＿＿工程部： 　　＿＿＿施工单位＿＿＿年＿＿＿月＿＿＿日根据编号（＿＿＿）《质量问题通知单》整改后提交的报验单，经复查验收，所报验的＿＿＿号（楼、单元）的＿＿＿分项工程仍有＿＿＿项不合格或未作整改。 　　现根据＿＿＿年＿＿＿月＿＿＿日贵部召集的物业、监理、施工四方细部质量检查专题会议的约定：第＿＿＿次报验复查不合格按每项＿＿＿元罚款。建议对施工单位罚款人民币＿＿＿元，大写：＿＿＿＿＿＿＿元整。 　　报请项目部审核，给予书面回复 　　　　　　　　　　××物业公司细部质量检查组　　××地产公司＿＿＿＿工程部 　　　　　　　　　　签发人：　　　　　　　　　　签收人： 　　　　　　　　　　　　年　　月　　日　　　　　　　年　　月　　日
罚款建议回复单 　　　　　　　　　　　　　　　　　　　　　　　　　　　　　　　　　　编号：
××物业公司细部质量检查组： 　　根据编号为（＿＿＿）罚款建议书的建议，经我部审核，因情况[属实、略有出入、其他非施工单位原因（打√）]，属施工单位责任报验复查不合格或未整改的共有＿＿＿项。现决定按每项＿＿＿元，罚款人民币＿＿＿元，大写：＿＿＿＿＿＿＿元整。将在该单位工程款中直接扣除。 　　特此回复。 　　　　　　　　　　　　　　　　　　　　　××地产公司＿＿＿＿工程部 　　　　　　　　　　　　　　　　　　　　　签发人：　　年　　月　　日

十二、质量问题记录表

质量问题记录表见表3-7-12。

表3-7-12　质量问题记录表

工程名称：　　　　　　　　楼号：　　　　　　　　单元号：
检查人：　　　　　　　　　日期：　　　　　　　　表号：

序号	单元室号	位置	检查情况

十三、督导监察记录单

督导监察记录单见表3-7-13。

表3-7-13　督导监察记录单

编号：

督导人及日期	受监表单号	原检测人	监察表单号	督导地点	监察内容及结果

说明：1.每周不定期督导监察一次，由督导人负责检查并填写，督导人完成监察后，当天把本表交质量工程师备案。

2.受监表单为：随机抽取的质量检查表单原始记录。监察表单为：督导人监察时记录，与受监表单相对应的"抽查记录表"。

十四、质量抽查记录表

质量抽查记录表见表3-7-14。

表3-7-14　质量抽查记录表

工程名称：　　　　　　　　　　　　　　　　序号：

单元室号：	抽查内容：	抽查日期：
存在问题： 　　　　　　　　　　　　　　　　　　被检查人确认：		
抽查人对检查质量评价： 　　　　　　　　　　　　　　　　　　抽查人：		

十五、厨房间、卫生间盛水试验检查表

厨房间、卫生间盛水试验检查表见表3-7-15。

表3-7-15 厨房间、卫生间盛水试验检查表

工程名称： 　　　　检查人： 　　　　日期： 　　　　表号：

室号	部位	放水时间	检查时间	检查结果	室号	部位	放水时间	检查时间	检查结果
	厨房间					厨房间			
	主卫					主卫			
	次卫					次卫			
	厨房间					厨房间			
	主卫					主卫			
	次卫					次卫			

十六、排水立管通水、通球质量检查表

排水立管通水、通球质量检查表见表3-7-16。

表3-7-16 排水立管通水、通球质量检查表

工程名称： 　　　　检查人： 　　　　日期： 　　　　表号：

门牌号	房间名称	部位	通水记录	通球记录	门牌号	房间名称	部位	通水记录	通球记录
	主卫	废水管				主卫	废水管		
		污水管					污水管		
	次卫	废水管				次卫	废水管		
		污水管					污水管		
	厨房间	废水管				厨房间	废水管		
	主卫	废水管				主卫	废水管		
		污水管					污水管		
	次卫	废水管				次卫	废水管		
		污水管					污水管		
	厨房间	废水管				厨房间	废水管		

十七、内墙面、顶棚质量检查表

内墙面、顶棚质量检查表见表3-7-17。

表3-7-17 内墙面、顶棚质量检查表

工程名称： 门牌号： 检查人： 日期： 表号：

房间名称	表面平整、清洁、无色差	无裂缝及爆灰	阴阳角方正顺直	空调管卡套	备注
客厅					
餐厅					
储藏室					
走道					
主卧					
次卧					
儿童房					

十八、木地板、踢脚线质量检查表

木地板、踢脚线质量检查表见表3-7-18。

表3-7-18 木地板、踢脚线质量检查表

工程名称： 门牌号： 检查人： 日期： 表号：

房间名称	表面平整、清洁	缝隙均匀	色差	划痕及碰伤	与基层结合牢固	踢脚线上口平直
客厅						
餐厅						
储藏室						
走道						
主卧						
次卧						
儿童房						

十九、进户门、房间门及门套质量检查表

进户门、房间门及门套质量检查表见表3-7-19。

表3-7-19 进户门、房间门及门套质量检查表

工程名称： 门牌号： 检查人： 日期： 表号：

房间名称	开启舒适、无异响	表面油漆质量	正侧门面垂直度	扇与扇（框）接缝宽度	五金配件（拉手、插销、门吸）	备注
客厅						
餐厅						
储藏室						
主卧						
次卧						
儿童房						
主卫						
次卫						

二十、卫生间、厨房间、阳台地面、墙面、顶棚质量检查表

卫生间、厨房间、阳台地面、墙面、顶棚质量检查表见表3-7-20。

表3-7-20　卫生间、厨房间、阳台地面、墙面、顶棚质量检查表

工程名称：　　　　门牌号：　　　　检查人：　　　　日期：　　　　表号：

房间名称	地砖、瓷砖施工质量 平整度＜3mm 接缝直线度＜2mm 接缝高低差＜0.5mm	地砖、瓷砖观感质量 （表面清洁，无缺角开裂等）	地面坡度正确 （不倒泛水、积水）	厨卫吊顶 （表面洁净，无翘曲、裂缝及缺损）	阳台墙面及顶棚 （无色差、空鼓、裂缝，雨水管清洁，阳台挂落线一致）
主卫					
次卫					
厨房间					
南阳台					
北阳台					

二十一、卫生间、厨房间橱柜、设备质量检查表

卫生间、厨房间橱柜、设备质量检查表见表3-7-21。

表3-7-21　卫生间、厨房间橱柜、设备质量检查表

工程名称：　　　　门牌号：　　　　检查人：　　　　日期：　　　　表号：

房间名称	表面观感质量 （表面洁净，无划痕、磨损等）	柜门开启舒适、无异响、翘曲	五金配件 （齐全、牢固）	厨具、洁具等设备 （齐全、牢固、满足使用功能）
厨房间				
主卫				
次卫				

二十二、铝合金门窗质量检查表

铝合金门窗质量检查表见表3-7-22。

表3-7-22　铝合金门窗质量检查表

工程名称：　　　　门牌号：　　　　检查人：　　　　日期：　　　　表号：

房间名称	位置	外观	五金配件	玻璃	硅胶	使用性
客厅						
餐厅						
厨房						

续表

房间名称	位置	外观	五金配件	玻璃	硅胶	使用性
主卧						
次卧						
儿童房						
主卫						
次卫						
检查标准		表面清洁，无碰伤、凹坑、掉漆污染，无明显划伤、拉毛，压条无缺损，密封条无脱槽	数量齐全，活动灵活，安装牢固，无脱漆锈蚀	表面清洁，无污染、碎裂、划伤、明显划痕	施放均匀、边缘整齐、圆弧光滑，无遗漏	开关灵活，无碰擦、异响，密闭，框与扇、扇与扇平行，无翘曲、大小头

二十三、阳台栏杆质量检查表

阳台栏杆质量检查表见表3-7-23。

表3-7-23 阳台栏杆质量检查表

工程名称：　　　门牌号：　　　检查人：　　　日期：　　　表号：

室号	部位	观感质量（无碰伤、明显划痕、锈蚀锈斑）	油漆质量（均匀光洁，无挂漆、漏刷、明显色差）	玻璃质量（无碎裂、划伤、明显划痕）	栏杆垂直度<2mm	栏杆间距<3mm

二十四、家用电器设备质量检查表

家用电器设备质量检查表见表3-7-24。

表3-7-24 家用电器设备质量检查表

工程名称：　　　室号：　　　检查人：　　　日期：　　　表号：

序号	产品名称	品牌	数量	型号	验收内容		备注
1					设备完好，功能完备	是 否	
2					设备完好，功能完备	是 否	
3					设备完好，功能完备	是 否	
4					设备完好，功能完备	是 否	

二十五、排水支管通水质量检查表

排水支管通水质量检查表见表3-7-25。

表3-7-25 排水支管通水质量检查表

工程名称： 门牌号： 检查人： 日期： 表号：

室号	房间名称	部位	通水情况	室号	房间名称	部位	通水情况
	厨房间	洗涤盆			厨房间	洗涤盆	
		地漏				地漏	
	主卫	台盆			主卫	台盆	
		浴缸				浴缸	
		坐便器				坐便器	
		地漏				地漏	
	次卫	台盆			次卫	台盆	
		淋浴房				淋浴房	
		坐便器				坐便器	
		地漏				地漏	
		洗衣机				洗衣机	
	南阳台	地漏			南阳台	地漏	
	北阳台	地漏			北阳台	地漏	

二十六、开关、插座通电质量检查表

开关、插座通电质量检查表见表3-7-26。

表3-7-26 开关、插座通电质量检查表

工程名称： 门牌号： 检查人： 日期： 表号：

室号	房间名称	开关、插座面板表面清洁无划伤	通电情况	室号	房间名称	开关、插座面板表面清洁无划伤	通电情况
	客厅				客厅		
	餐厅				餐厅		
	储藏室				储藏室		
	走道				走道		
	主卧				主卧		
	次卧				次卧		
	儿童房				儿童房		

二十七、屋面质量及盛水试验检查表

屋面质量及盛水试验检查表见表3-7-27。

表3-7-27　屋面质量及盛水试验检查表

工程名称：　　　　门牌号：　　　　检查人：　　　　日期：　　　　表号：

部位	细石混凝土完成面（表面平整，无空鼓、开裂）	天沟（排水坡度准确，排水口设置符合规范）	APP卷材（无空鼓、破裂）	铝合金压条（牢固、平直）	油膏嵌缝（饱满，宽度、深度符合要求）	屋面栏杆（牢固、平直，表面无刮痕损伤）

部位	放水时间	检查时间	检查情况

二十八、楼梯间、电梯间公用部位质量检查表

楼梯间、电梯间公用部位质量检查表见表3-7-28。

表3-7-28　楼梯间、电梯间公用部位质量检查表

工程名称：　　　　门牌号：　　　　检查人：　　　　日期：　　　　表号：

层次	楼梯间墙面、踏步	楼梯间铝合金窗	楼道灯	消防门	电梯间墙面、地坪、顶棚	电梯大理石门套	管道井内墙面、门、水表等

二十九、接管验收邀请函

接管验收邀请函见表3-7-29。

表3-7-29　接管验收邀请函

No.

_____物业公司：

　　我公司位于_____区_____路_____号新建工程已竣工，并经过了建筑工程质量验收，现已验收合格，各项技术资料齐全。根据与你公司签订的《物业管理委托合同》，特提请你公司于_____年_____月_____日前来接洽有关接管事宜。

　　此致

×××置业有限公司
年　月　日
签收人：

······················（骑缝加盖公章）······················

三十、新建房屋交接责任书

新建房屋交接责任书见表3-7-30。

表3-7-30　新建房屋交接责任书

建设单位：
接管单位：
工程名称：
工程地址：
开工日期：　　　　　　　　　　　　竣工日期：
竣工验收日期：　　　　　　　　　　建筑面积：
结构类型：
主旨：为确保房屋住用的安全和正常使用，明确双方在房屋接管验收中和接管后应遵守的事项、承担的义务和责任，特制订本责任书。
一、适用范围 本责任书适用于本公司关于新建住宅房屋的验收交接。
二、接管验收依据 本公司制订接管验收程序、内容及标准以建设部《房屋接管验收标准》（1991年7月1日）和物业管理行业一般要求为依据。
三、验收程序 （1）依据新建房屋竣工后建设方提出的接管验收申请，接管验收方于15日内对该工程是否具备接管验收条件予以审核，认为合格，即签发验收通知书。 （2）于约定的时间开始，按《新建房屋验收表》所列项目进行逐项验收。验收合格于7日内接管方签署验收合格证，如验收有不合格的项目，接管方签发《返修通知书》，对所列返修项目，建设方应于规定的日期内返修完毕交与复验直至合格。 （3）对于已签署验收合格证的新建房屋双方应于规定时间内办理交接手续。
四、交接后双方责任 （1）交接双方在接管验收的过程中，应互相支持，密切配合，信守诺言，如由于一方工作的疏忽、怠慢、不配合而给另一方带来工作不便或经济损失的，应承担相应责任。 （2）新建房屋接管交付使用后，无论时间多长，如发生隐蔽性的重大质量事故，应由接管单位组织设计、施工等单位，共同分析研究，查明原因。如属设计、施工、材料等的原因，由建设单位负责处理，直至符合有关质量要求；如属使用不当、管理不善的原因，则由接管单位负责处理。 （3）新建房屋自验收接管之日，除因使用不当、管理不善外，按工程保修期有关规定执行，所发生的保修费用均由建设单位承担。
五、争议裁决 本责任书一经双方签字即予生效。 如执行本责任书发生争议而双方不能协商解决的，双方均得申请市、区房地产管理机关进行协调或裁决。
建设单位代表（签字）：　　　　　　　　接管单位代表（签字）： 　　　年　月　日　　　　　　　　　　　　　年　月　日

三十一、新建房屋一览表

新建房屋一览表见表3-7-31。

表3-7-31　新建房屋一览表

建设单位：　　　　　　　　　　　　　　接管单位：

工程名称	开工日期	竣工日期	竣工验收日期	建筑面积/m²	结构类型	备注

三十二、新建房屋具备接管验收条件审核单

新建房屋具备接管验收条件审核单见表3-7-32。

表3-7-32　新建房屋具备接管验收条件审核单

工程名称：　　　　　　　　　　　　　　建设单位：
竣工日期：　　　　　　　　　　　　　　竣工验收日期：
建筑面积：　　　　　　　　　　　　　　结构类型：

项次	项　　目		核查情况
1	竣工验收合格证明文件		
2	此次所列设备能否正常运行	A　供电设备	
		B　给排水设备	
		C　消防设备	
		D　监控设备	
		E　卫生设施、道路设施	
		其他	
3	本幢房屋幢、户编号是否已经有关部门确认（提供相关文件）		
4	应交验产权资料	A　项目批准文件	
		B　用地批准文件	
		C　建筑执照	
		其他	
5	应交验技术资料	A　竣工图（包括总平面图、建筑结构设备、附属工程及隐蔽管线的全套图纸）	
		B　地质勘查报告	
		C　工程合同及开、竣工报告	
		D　工程预决算	
		E　图纸会审记录	
		F　工程设计变更通知及技术核定单（包括质量事故处理记录）	
		G　隐蔽工程验收签证	

续表

项次	项 目			核查情况
5	应交验技术资料	H	沉降观察记录	
		I	竣工验收证明书	
		J	钢材、水泥等主要材料的质量保证书	
		K	水、电、卫生器具、电梯等设备的检验合格证书	
		L	新材料、机构配件的鉴定合格证书	
		M	砂浆、混凝土试压报告	
		N	供水试压报告	
		其他		
6	开发商缴纳维修基金情况核验（提供相关文件）			
审验结论				

三十三、工程验收通知

工程验收通知见表3-7-33。

表3-7-33 工程验收通知

×××有限公司：

依据对（工程名称）的产权资料、技术资料及其他方面查核的结果，我们认为已具备接管验收的条件，现定____年____月____日开始对（工程名称）进行验收。

请予接洽配合为感。

×××物业管理有限公司（章）
年 月 日

三十四、新建房屋验收表

新建房屋验收表见表3-7-34。

表3-7-34 新建房屋验收表

工程名称： 建设单位：
验收单位： 验收日期： 建筑面积： 幢号：

项次	项 目		质量要求	检查结果	处理要求	负责人
1	地基基础					
2	钢筋混凝土构件					
3		土结构应结点				
		支撑系统				
		构件造材				

续表

项次	项目		质量要求	检查结果	处理要求	负责人
4	房屋整体系统					
5	外墙					
6	屋里					
7	平面屋的隔热					
8	三层以上屋的层面					
9	楼地面面层与基层					
10	卫生间、阳台、盥洗间地面					
11	钢木门窗					
12	进户门					
13	本装修工程					
14	门窗玻璃					
15	抹灰					
16	饰面砖					
17	油漆刷浆					
18	电气线路安装	线路安装				
		导管				
		导线连接				
		铅导线接法				
		管子配线				
		接地线				
		回路导线				
19	每套电表安装或预值					
20	照明器具等安装支架					
21	避雷针、带					
22	电梯					
23	有线电视、宽带网					
24	管道					
25	地漏					
26	排污管道					
27	水龙头					
28	空调基架					
29	消防设备					
30	监控设施					
31	附属工程					
32	其他					

三十五、小区公共设施及道路设施验收单

小区公共设施及道路设施验收单见表3-7-35。

表3-7-35　小区公共设施及道路设施验收单

区：　　　　　　　　　　　　　面积：

项数	项　目	验查情况	结　　论	责任人
1	配电间			
2	水泵房			
3	雨水窨井			
4	铁盖窨井			
5	路旁栅栏			
6	进户水阀			
7	主干水阀			
8	消防龙头			
9	室外照明			
10	湖区水处理系统			
11	安防系统			
12	一卡通系统			
道路				
其他				

总责任人：

　　　　　　　　　　　　　　　　　×××物业管理有限公司（章）
　　　　　　　　　　　　　　　　　　　　年　　月　　日

三十六、小区公共绿化验收单

小区公共绿化验收单见表3-7-36。

表3-7-36　小区公共绿化验收单

区：　　　　　　　　　　　　　面积：

项数	项　目	验查情况	结　　论	责任人
1	地形			
2	草坪			
3	地被			
4	苗木			
其他				

总责任人：

　　　　　　　　　　　　　　　　　×××物业管理有限公司（章）
　　　　　　　　　　　　　　　　　　　　年　　月　　日

三十七、验收通过证明

验收通过证明见表3-7-37。

表3-7-37　验收通过证明

工程名称：　　　　　　　　　　　建设单位：
竣工日期：　　　　　　　　　　　接管验收日期：
建筑面积：　　　　　　　　　　　结构类型：

项次	项　目	结　　论	责任人
1	主体结构		
2	外墙不渗水		
3	层面		
4	楼地面		
5	装修		
6	电气		
7	水、煤、卫、消防		
8	附属工程等其他		

以上各项目均通过验收，可以接管。
总责任人：

　　　　　　　　　　　　　　　　　×××物业管理有限公司（章）
　　　　　　　　　　　　　　　　　　　　年　　月　　日

三十八、接管验收遗留问题统计表

接管验收遗留问题统计表见表3-7-38。

表3-7-38　接管验收遗留问题统计表

统计日期：　　年　　月　　日

工程、设备名称	存在问题简述	备注

统计人签署：

三十九、工程质量问题处理通知单

工程质量问题处理通知单见表3-7-39。

表3-7-39　工程质量问题处理通知单

____公司：
　　由贵公司开发的_____工程项目，经检查，发现存在以下质量问题，严重影响使用功能及安全，请贵公司责成有关单位整改为盼。
　　接收人：

序号	存在的质量问题及位置	检查人	整改结果	复查人

××××物业管理有限公司
年　月　日

第一联：开发商　　第二联：管理处　　第三联：工程部

四十、接管通知

接管通知见表3-7-40。

表3-7-40　接管通知

No.

×××公司：
　　经验收，建筑面积为_____m² 的_____（工程名称）已符合接管要求，我公司拟于___年__月___日对上述工程予以接管，办理交接手续。
　　请接洽配合为荷。

×××物业管理有限公司（章）
年　月　日

四十一、物业资料验收移交表

物业资料验收移交表见表3-7-41。

表3-7-41　物业资料验收移交表

物业名称			开工日期		
竣工验收日期			接管验收日期		
建设单位			设计单位		
施工单位			监理单位		
占地面积			建筑面积		
移交内容	房屋产权清册	份 张	供水供电合同		份
	配套设施、设备、场地、房屋产权清册	份 张	住宅质量保证书和住宅使用说明书		份
	移交顾客房屋钥匙	户、把（户）	土地使用权出让证明		份
	移交管理用钥匙	套	地界界桩放点报告		份
	小区规划图	张	建设用地规划许可证		份

续表

移交内容	竣工总平面图	套	张	建设工程规划许可证	份
	单体建筑竣工图	套	张	建筑物命名、更名审批资料	份
	单体结构竣工图	套	张	施工许可证	份
	单体设备竣工图	套	张	建筑执照	份
	给排水竣工图	套	张	工程竣工验收备案证明	份
	电气竣工图	套	张	工程规划验收合格证明	份
	绿化竣工图	套	张	消防验收合格证明	份
	室外地下管网竣工图	套	张	环保达标验收合格证明	份
	道路、停车场竣工图	套	张	电梯（扶梯）合格证明和准用文件	份
	户型平面图及水电线路图	套	张	民防工程竣工验收合格证明	份
	设备订货合同、合格证、随机使用说明书、检验报告、随机用工具清单	套		燃气工程竣工验收合格证明	份
	所有设施设备安装、测试、验收记录	套		隐蔽工程等竣工验收合格证明	份
	售楼资料及规划要点	份			

移交意见：	接收意见：
移交单位签名盖章：	接收单位签名盖章：

四十二、房屋及公用设施等移交验收交接表

房屋及公用设施等移交验收交接表见表3-7-42。

表3-7-42 房屋及公用设施等移交验收交接表

工程名称		开工日期	
竣工验收日期		评定等级	
接管验收日期		物业管理单位	
交接日期		设计单位	
建设单位		监理单位	
施工单位		结构类型	
建筑面积		层数	

	房屋			住宅区公用设施、设备及公共场地	
移交内容	房屋清单	份	张	公用设施清单	
	钥匙发放户数	户，每户	套	公用设备清单	
	单体建筑竣工图	套	张	公共场地清单	
	单体水电竣工图	套	张	绿化竣工图	
	单体设备竣工图	套	张	室外竣工图	

续表

移交内容	住宅区规划图	套 张	其他附属技术资料	
	住宅区竣工总平面图	套 张	其他	
	其他附属技术资料	套 张		
	其他	套 张		

交接意见：

移交单位签名盖章： 接收单位签名盖章：
（房产开发商） （物业管理单位）

第四部分
物业项目入伙管理

- 第一章　入伙前管理处筹建要点
- 第二章　物业项目入伙期间的管理
- 第三章　二次装修管理
- 第四章　物业项目入伙管理规范化制度范本
- 第五章　物业项目入伙规范化管理表格范本

第一章　入伙前管理处筹建要点

一、确保物业管理用房符合法律规定

物业管理用房包括物业管理办公用房、物业管理配套用房和业主委员会办公用房等。门卫房、车库、杂物房、阁楼、设施设备用房不得抵作物业管理用房。建设单位应当按照规定在物业管理区域内配置必要的物业管理用房。

（一）要保证物业管理用房的面积

物业公司是小区维护和管理的核心，而物业管理用房又是这个核心运作的场地所在，是对物业小区进行管理的必要设施，然而，有的开发商不愿拿出规定面积作为物业管理用房。

关于物业管理用房的面积，目前国家没有统一的规定，各地的规定不尽相同，所以物业项目经理一定要熟悉当地有关物业管理用房的法律规定，并根据规定向开发商取得相应面积的物业管理用房，以确保以后物业管理的正常运作。

（二）要确认物业管理用房符合规定

有许多开发商所提供的物业管理用房并不符合法律的规定，如提供的是不通风、不透气的地下室。有关法律规定如下。

（1）层高不足2.2米或已经列入公共分摊的房屋不计入物业管理用房面积。
（2）物业管理用房必须相对集中，具备自然通风采光条件和进行普通以上装修。

二、配备好物业管理用具

为了使管理处的工作正常开展，须配备好各项物资，一般而言，管理处须配备行政办公用品、维修工具及清洁工具，以及治安、交通、消防装备，具体见表4-1-1。

表4-1-1　物业管理常用用具

序号	用具类别	举例说明
1	管理处行政办公用品	办公桌椅、会议桌椅、打印机、复印机、电脑设备、空调机、传真机、保险柜、照相机、电话机、档案柜、资料柜、员工服装、各类标识牌、各类办公用品、饮水机、棉大衣、音响、DVD、电视机、入住资料、办公资料、寝具、厨具、雨衣、手电筒、茶几、电风扇、衣柜
2	维修工具及清洁工具	室内疏通机、电焊机、冲击钻、砂轮切割机、手电钻、台钳、梯子、万用表、摇表、潜水泵、套丝机、测试仪表、吸尘吸水器、高低压冲水机、清洁及浇花用胶管、机动喷雾器、电工工具、电流表、木工工具、高空作业工具、常用材料备件、吸尘机、手推垃圾清运车、手推式剪草机、绿篱修剪机、清洁工具、绿化工具、铁架床与木床等
3	治安、交通、消防装备	无线对讲系统、消防工具、自行车、云梯、训练器材、警棍、防毒面具、钢盔、消防斧头、专用扳手、消防靴、物品搬运便民服务车

三、确定管理处的组织架构

合理设置组织架构既可以提高团队工作效率，形成和谐的工作环境、有序的组织管理层级,又可大大降低行政管理成本和人力资源成本。设计管理处的组织架构时要确定一个核心机构——客服中心,来确保客户服务需求的接收、处理与反馈,如图4-1-1所示。

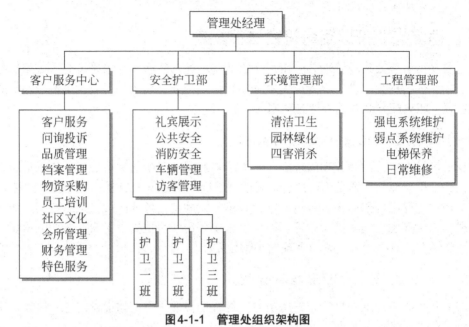

图4-1-1 管理处组织架构图

管理处设客户服务中心、安全护卫部、环境管理部、工程管理部。

(1) 客户服务中心:负责集中处理业主咨询、投诉报修、档案管理、特色服务、品质监督控制、日常物资采购、内部员工培训、社区文化活动、会所管理、财务管理等。

(2) 安全护卫部:负责整个物业范围内的消防和公共安全保卫工作,及交通、停车场等管理工作。

(3) 环境管理部:负责整个物业范围内的公共部位的清洁、绿化养护、消杀、外墙清洗粉饰、大理石翻新等。

(4) 工程管理部:负责整个物业范围内的公共设施、设备和建筑本体的保养和维修管理工作,以及用户提出的日常维修工作等。

四、管理处人员数量配置

物业管理处人员配备的多少应根据所管物业的类型、管理的范围与要求、所管物业的面积大小、业主的需要等因素,结合物业公司的定员定编规定来合理确定。图4-1-2所示为某物业管理处人员配置图。

管理处人员定编的步骤为:首先,根据物业项目的整体资源状况和相应的等级管理标准,为确保服务品质,设置最低的人员编制底线,这个底线是不能突破的。

管理处定员定编人数计算公式为:

管理处定员定编人数=(总建筑面积+绿化面积+红线内道路面积)÷人均管理面积定额(平方米/人)

至于物业项目管理具体要聘用的清洁工、绿化工、护卫员、维修工的人数,哪个专业侧重人可以多用一些、哪个专业人可以少用一些,需要由管理处经理根据物业小区的具体资源与客观情况来决定。

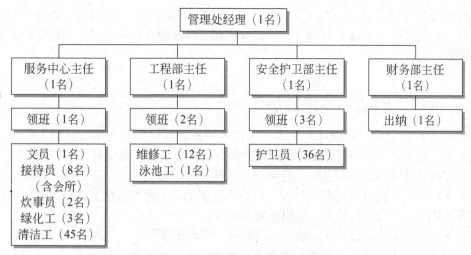

图4-1-2 物业管理处人员配置图

五、编写物业管理职位说明书

在管理处里经常会碰到这样一些管理现象,如各部门主管老是在抱怨员工工作责任心不强,办事一点儿也不积极,而员工们则抱怨说企业里的分工太不明确,职责界限也不清楚,工作起来没有权力,领导也不支持。这些现象背后的问题其实就是企业缺少一个合理的授权和告诉员工的工作职责。要解决这个问题其实很容易,那就是编写物业管理职位说明书,用职位说明书告诉员工该做什么、有什么权力可行使、哪些工作不是自己的、哪些是自己应该做的工作,不要发生一些好事大家争、坏事大家推的现象。

物业管理职位说明书不要太繁琐,尽量简单明了,内容通常包括以下3点。

(1)职位的基本信息。包括职位名称、所在部门、直接上级、定员、部门编码、职位编码。

(2)职位说明或岗位职责。重点描述从事该职位的工作所要完成或达到的工作目标,以及该职位的主要职责权限等。

(3)工作内容。此栏详细描述该职位所从事的具体的工作,应全面、详尽地写出完成工作目标所要做的每一项工作。

另外,在招聘过程中还有一些具体要求,也会在职位说明书中反映出来。

——教育背景,此项填写从事该职位目前应具有的最低学历要求。

——工作经历,此项反映从事该职位之前,应具有的最起码的工作经验要求。

——专业技能、证书与其他能力。

——专门培训,反映从事该职位前应进行的基本的专业培训,不包括专业技能、与其他能力所列出的内容。

——体能要求,对于体力劳动型的工作,这项非常重要。

六、人员要在入伙前三个月到位

通常管理处在入伙前三个月必须成立。管理处经理在入伙前半年确定,入伙前三个月要到位。部门管理人员及技术员在入伙前半年确定,入伙前三个月到位。护卫员、保洁员在入伙前两个月确定,入伙前一个月到位。

特殊岗位应当按公司要求持证上岗，如技术人员、救生员、食堂人员、监控中心人员、管理人员、司机等，未取得资质的人员不得安排在有特殊要求的岗位工作。没有相关资质的人员需限期取得。

七、新项目启动前要培训员工

在新项目启动之前，管理处要针对各岗位的特点，对管理处员工（包括正式工、外聘工、临时工）的工作能力进行评估，有针对性地开展岗前培训，主要有以下4个方面。

（1）管理处全体员工：物业公司发展史、质量方针、质量目标、小区基本情况、小区内设备（供水、供电、排水、消防、运载、弱电等）情况、甲方基本情况、物业管理各综合服务的标准及要求、常用礼仪礼节、常用礼貌用语等。

（2）清洁工：清洁保养方法、清洁工作标准、清洁工作程序。

（3）护卫员：各岗位工作标准、各岗位工作程序及相关的管理规定学习、监控及消防系统操作培训等。

（4）绿化工：绿化养护方法、绿化工作标准、绿化工作程序等。

八、管理制度的设计

健全的制度是管理处规范运作的基础。管理处在接管期间应高度重视各项制度的健全工作，以公司管理部制订的《物业管理服务标准规范文本》为指导，尽快完善管理处的各项规章制度。在制度未出台之前，管理处可采取召开专题会议、形成会议纪要的方法来临时规范各项工作，一旦时机成熟，就应形成制度。具体实施包括以下7个方面，见表4-1-2。

表4-1-2 管理制度说明

序号	制度类别	内容说明
1	管理处各岗位的岗位职责	经理岗位职责、副经理岗位职责、各部门负责人岗位职责和各基层岗位的岗位职责等
2	管理处日常管理制度	公文管理、印章管理、电脑管理、会议管理、财务管理、考勤管理、值班管理、收费管理、投诉管理、人事管理、维修管理、员工请休假管理、员工宿舍管理等
3	管理处清洁工作手册	管理处清洁质量监管办法、各岗位清洁工作标准、各岗位清洁工作程序等
4	管理处护卫工作手册	护卫工作管理规定、岗位工作标准、岗位工作程序、保安巡检路线图、人员出入管理规定、人员来访接待管理规定、车辆出入管理规定、物品出入管理规定、护卫交接班管理规定等
5	管理处设备管理工作手册	管理处设备管理规定、设备台账、各设备的操作规程、各设备的保养维修计划、各设备的维修保养运行记录、各设备故障紧急处理措施等
6	管理处绿化管理工作手册	管理处绿化管理规定、绿化植物台账、各植物的习性及养护方法、各植物的养护计划、各植物的养护记录等
7	管理处紧急情况应急处理程序	常用电话号码、火灾应急处理程序、治安应急处理程序、停电应急处理程序、停水应急处理程序、液化石油气泄漏应急处理程序、电梯停梯困人应急处理程序、台风应急处理程序、盗警应急处理程序、其他应急处理程序等

备注：物业项目经理应根据各项服务的外包或内管情况对各项服务的工作手册进行相应调整。

九、建立管理处运作机制

物业管理是一项涉及面非常广泛的复杂工作,系统的内外协调、内外运作对搞好物业管理工作至关重要。

为了确保物业管理的各项目标能够按时有效地落实,保证管理成效,须明确参与物业项目管理的有关机构或管理部门各自的职责和承担的作用,对物业项目的管理实行执行机构、责任机构、监督机构有机结合的管理机制和管理体系,如图4-1-3所示。

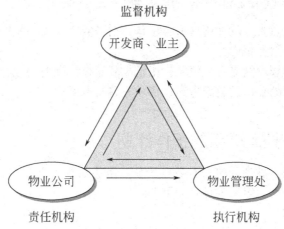

图4-1-3　三个机构的运作机制图

(一)物业管理执行机构——物业管理处

物业管理处作为负责物业管理的具体实施机构,向业主负责,保证物业管理的各项工作及环节均达到卓越和令顾客满意。

(1)依照物业公司制订的综合管理计划全面开展各项管理服务工作。
(2)对各项管理服务环节和管理服务目标负责。
(3)做好详细的各项管理质量记录。
(4)及时处理顾客对物业管理工作的各种意见和建议。

在内部管理运作上,物业管理处采取将管理活动和管理手段构成一个连续封闭回路的模式,注重管理程序的封闭性,形成有效的管理运作流程(指挥、执行、监督、反馈),如图4-1-4所示。

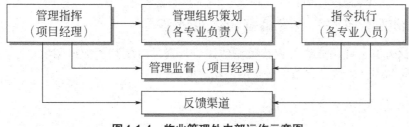

图4-1-4　物业管理处内部运作示意图

(二)物业管理责任机构——物业公司

物业公司是落实物业管理服务目标的最终责任人,负责对物业管理及服务状况的整体监控和指导,就管理服务状况最终向委托方负责。

(1)制订综合管理服务计划和综合管理服务目标。
(2)组建精干高效的管理机构和员工队伍。
(3)作为物业项目管理运作的支持系统向物业管理处提供包括人事、质量、财务等管理工作全方位的支持和督导。
(4)定期向业主进行满意度调查,听取各方对物业管理工作的意见和建议,总结管理状况,不断提高管理水平。

(三)物业管理监督机构——开发商以及小业主

开发商以及小业主负责对物业管理服务工作、财务收支、大中型维修项目作监督评审。
(1)定期审核管理服务报告。
(2)不定期与物业管理处进行交流,提出意见和建议,促进物业管理活动的有序开展。
(3)审核物业管理处提出的整改方案,协助完善物业及配套。

十、制订管理处入驻后的工作计划

物业管理处成立后,就要着手进行各项工作,准备接管验收及业主入伙,而要使各工作有序进行,物业项目经理一定要制订好如下各项计划。
(1)员工招聘计划。
(2)员工培训计划。
(3)前期介入与接管验收计划。
(4)入伙工作计划等。

第二章 物业项目入伙期间的管理

一、一定要编好入伙方案

入伙管理工作是物业项目经理第一次正式面向业主提供服务的重要工作,也是考验物业项目经理综合管理能力的重要指标之一,而入伙工作的成败主要取决于入伙方案编制的水平高低。

(一)物业管理入伙方案编制的数据收集

编写入伙方案之前,要进行相关数据的采集,通过收集相关数据和信息,并分析整理,才能根据不同的项目"量身定做"适合的入伙方案。

(二)入伙管理方案的编制

根据搜集到的资料进行入伙管理方案的编写。

(三)物业管理入伙方案的审批

入伙方案编制完毕后,由项目经理召开专项会议,各部门业务主管进行修订完善,经项目经理审核同意后报总公司审批。

总公司收到报送的入伙方案后,应组织总公司各业务部门召开专题会议,讨论入伙方案的可行性,必要时派专人到现场进行数据调查与核实,最终审批并下达该入伙方案。

二、与开发商沟通

物业管理人员在准备工作中,主要的工作有:以书面形式详细列出业主在办理入伙手续时需带的资料、需缴纳的费用及入伙手续办理流程等提供给开发商,以便开发商在入伙通知中告知业主;另外,还要与开发商就如何应对业主可能会提出的疑问进行充分沟通以达成共识。

物业管理人员应采取主动沟通的态度,根据以往的工作经验主动向开发商提出建议与意见,特别是首次接触此类事宜的开发商,如可主动承担联系各政府公共事业部门确定协作事宜、场地布置等工作。

各项沟通必须详尽、严谨。如在提供业主办理入伙手续所需资料、费用等内容时,应细致、全面,避免因疏忽漏项而造成不必要的麻烦。在准备入伙仪式、场地布置方面,则更应细致入微,小到场地指示牌、背景音乐等,都应给开发商提出好的建议与意见,并且尽量采用书面沟通的方式。

三、做好相关部门的协调工作

(1)与物业管理行政主管部门、物价局、供电局、自来水公司、供热公司、液化气公司和邮局、有线电视等单位搞好关系,保证业主入伙后水电气等的供应,正常通邮、上网,解决业主后顾之忧。

(2)与电信部门联系电话安装事宜,方便业主。

四、要做好清洁开荒工作

清洁"开荒"是指管理公司在完成物业的竣工验收、接管验收之后,对物业内外进行全面、彻底的清洁,将干干净净的物业交给物业所在者。清洁开荒的具体内容包括:清运小区或楼宇内外建筑垃圾;清除墙面、地面、玻璃的灰尘和污垢;清扫公用部位和公共场所的灰尘和垃圾。

五、广泛宣传

物业公司应做好宣传工作,以便促进业主对物业公司的理解、信任,并了解和掌握入住相关的程序和内容,便于工作的顺利开展。物业公司在宣传过程中主要宣讲以下方面:物业或小区概况;物业公司的情况,如资质、专业技术人员、业绩等;物业管理法律法规及专业知识。

物业公司采取的宣传形式可以多种多样,主要有专栏板报、条幅标语、传单等几种形式。

六、入伙资料要准备充分

根据物业的实际情况及管理要达到的标准,制订各种规范、制度、文件、表格等入伙手续文件(见表4-2-1),在入伙时及时交到业主手中,以便他们认真阅读和消化,利于物业管理的各主体之间的相互了解、相互支持与融洽,从而为进一步管理打好基础。

表 4-2-1　准备入伙资料的内容

序号	项目	具体资料
1	入伙手续文件	（1）入伙通知书 （2）入伙通知书回执 （3）入伙手续书 （4）房屋验收单 （5）房屋质量整改通知书 （6）住宅使用公约
2	入伙发放文件	（1）业主手册 （2）入伙须知 （3）装修管理办法 （4）委托服务项目表
3	入伙记录	（1）业主登记表 （2）验房签收记录 （3）入伙资料登记记录 （4）领取钥匙签收记录 （5）委托服务登记表 （6）入伙收费记录

七、可以进行入伙模拟演练

为了充分展示一个物业公司的物业管理水平，圆满完成入伙工作，保证各个部门了解入伙的要求、入伙的流程，入伙管理工作组应提前对工程、客服等现场服务人员进行有针对性的入伙专项培训，确保所有人员熟知各项工作流程及标准。最好安排专业的部门如品质发展部提前一周入驻项目现场，监督各项入伙工作的准备情况，并进行指导；工程技术部认真对各项配套设施进行检查，确保正常运行使用。为保证给业户提供高标准的入伙服务，最好制订入伙模拟演练方案，对入伙中各个部门的人员做一个统一的安排，并在入伙前的两三天，进行入伙模拟演练，对演练中发现的问题，及时地进行处理、纠正，并予以进一步的培训。

八、要做好应对突发事件的准备

在入伙过程中难免有一些突发事件的发生，对一些常见的突发事件应该心中有数，并据此制订应急方案，当然，最重要的是要做好以下两项准备工作。
（1）落实业主反映问题、投诉的渠道和处理人。
（2）准备单独的接待室，避免入伙中的突发事件干扰交房现场的秩序。
第二项准备是交房中非常重要的一个准备。比如说，有业主在交房现场喧闹怎么处理？有业主故意在交房现场怂恿其他业主讨说法的怎么处理？接待室就是为这样的人特意设置的。接待室设置的原则是，接待室里面在闹，但是交房现场听不到。准备了接待室还不够，还得有人引导，引到接待室来，引导也要讲究技巧，比如有个接待员说"先生，有什么事，我们到接待室来谈"，这样的说辞显然是错的，而应该这样说："先生您反映的问题，我们已经联系了负责人，我们和负责人沟通一下相信可以为您解决。"同时引导的时候还要找对房间。

九、办理入住仪式

为了恭祝业主的乔迁之喜，让每一位业主感受到新家园、新生活的美好与憧憬，同时展现未来物业管理人的良好形象,物业公司可以邀请业主代表、开发商及社会各界领导参加由物业公司举办的简朴的入住仪式,营造安宁、祥和、积极向上的氛围和良好的物业管理环境,为未来的工作取得一个良好的开端。

十、办理集中入伙手续要环环相扣

业主在开发商规定的时间到指定地点办理入伙手续,办理完结后就可以正式入伙了,其具体过程如图4-2-1所示。

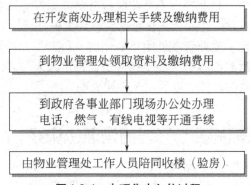

图4-2-1 办理集中入伙过程

此环节中较重要的一项就是业主收楼验房。如果在验房过程中发现问题,则须由物业管理人员及时与开发商沟通,在最短的时间内予以解决。在办理集中入伙手续时一定要按"一条龙"方式进行,以便高效地进行,具体流程如图4-2-2所示。

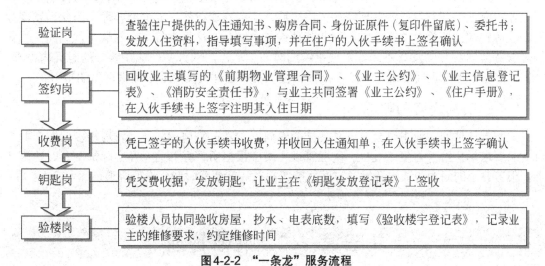

图4-2-2 "一条龙"服务流程

十一、积极地答复业主的疑问

业主在办理入伙手续的过程中,可能会出现很多疑问,如有关房产证事宜、物业管理处情况、日常费用缴纳等,其中有些问题,若在前期准备工作当中与开发商之间已做了较好的沟通与培训,就可以很快向业主作出答复。

如果出现了事先准备工作中并没有涉及的问题时，接待人员不要急于给出答复以避免产生误导。为了应对这种情况的发生，物业管理处和开发商一般会委派专人负责联系沟通工作。

根据《入伙手续书》和《入伙须知》，业主在正式接管房屋之前，应由物业管理处派人陪同业主验收其所购物业。要做好这一工作须做到以下3点。

（1）事前了解。物业管理人员在验收之前应尽量把物业可能产生的问题了解清楚，并逐项进行鉴定检查，把问题解决在入伙之前，将"先天缺陷"减少到最低限度。

（2）记录问题并请业主签字。业主收楼验房时，如发现房屋有任何问题，包括外观、水、电等，物业管理人员应当场做好记录并请业主签字确认，然后交由开发商解决处理。

（3）与开发商联系处理。物业管理人员此时应分辨问题缓急，如需马上解决的问题则应立即同开发商联系沟通，否则可待入伙工作全部完结后集中处理。

物业项目经理应该注意：物业管理处中不要任何一位工作人员都可随时随地向开发商方面反映问题，而是将问题反映给本公司的专门人员，再由此人与开发商进行沟通，这样可使开发商更加明确问题的有效性，并加以重视及快速处理。

十二、零散入伙期间要与开发商沟通协调好

大部分业主会在集中入伙期间办理好各种手续，但也有部分业主因为各种原因无法在规定时间内前来，因此入伙后还会有业主不定期地到物业管理处办理入伙手续。零散入伙期间，物业管理人员与开发商应注意以下两个方面。

（一）统一协调时间、地点

业主办理入伙手续时，一般情况下都会首先到物业管理处咨询办理事宜，但按照正常程序，业主应该先到开发商处办理完相关手续后，才可到物业管理处继续办理，因此当发现业主还没有到开发商处办理手续时，物业管理人员应对业主进行指导。在零散入伙期间，物业管理服务公司应与开发商协商好办理手续的时间、地点，双方最好能在统一的时间内办理，开发商的办公地点也要明确、固定，这样就便于物业管理人员为业主提供正确的指引。

（二）明确固定的联系人

零散入伙期间，业主也会有各种各样的疑问，尤其在验房后同样会发现很多问题，业主有时会要求尽快给予答复或处理。物业管理人员应根据所掌握的信息及实际情况及时答复业主，但若业主的问题需通过开发商方面才能解决时，就要及时和开发商沟通。

第三章　二次装修管理

业主或使用人办理完入伙手续后，在正式入住前，会根据自己的使用特点和要求，对所购（租）房屋进行重新设计、分隔、装饰、布置等。有时用户入住一段时间后，或用户调换后，往往又要将原来的装修推倒，按自己的意愿重新进行装修。以上几种装修，习惯上称之为二次装修。

对于二次装修，物业项目经理可以从制订装修管理流程、加强审批、装修现场监管、把好验收关等几个方面进行控制。

一、重视有关装修管理文本的拟订

物业公司要树立依法办事、按章办事的意识,重视管理合同、业主公约、装修规定等文本的各项条款的拟订。

根据《物业管理条例》及其他相关条款的规定,物业公司并不具备行政执法权,因此对违章装修行为的"处理"只能限于事先宣传、加强沟通、现场劝阻和在《业主公约》、《装修规定》授权范围内,采取有力度、讲策略的手段来将违章行为消灭在萌芽状态或防止事态扩大。所以,装修管理的文本制订工作很重要。

《业主公约》和《装修规定》是物业小区(大厦)对业主装修及再装修进行管理的依据,它们的制订应该是全面的、符合本小区(大厦)特性的、可操作性的,其内容包括以下5点。

(1) 法律文件的条款。
(2) 业主办理装修申请的流程及必须做出的承诺。
(3) 各幢楼各楼层及各室号装修过程要遵守的细则。
(4) 对装修公司(队伍)的管理细则与装修队的承诺。
(5) 日常管理及发生违章后赋予物业公司的管理权限与处置权限。

二、要正面宣传、合理引导

管理处应针对物业项目的特点,制订详细的《装修指南》,在入住办理手续时发放给业主,管理处为业主提供必要的房屋结构、水电走向图纸,指导业主合理进行装修,同时将加大装修宣传的力度,在公共区域明示装修规定、违章装修的危害性和处理措施,并增加环保装修的宣传,充分发挥社区文化的导向功能、约束功能,并由贴心管家直接负责与业主沟通引导,架起管理处与业主的沟通桥梁,提高业主的自觉性。

三、在集中装修期组建小区(大厦)装修办公室

管理处可以在集中装修期组建小区(大厦)装修办公室,除管理处管理人员外,还包括装修图纸专业审核人员、熟悉本项目建筑结构的工程师、公司客户主管等,其主要任务如下。

(1) 在业主装修活动开始以前就提出专业的、富有建设性的意见,避免违章现象的发生。
(2) 在违章已经发生的情况下,用理性的、柔性的意见来说服业主停止违章行为,并提出积极的整改意见。

四、做好装修申报登记和审批工作

《住宅室内装饰装修管理办法》规定:"装修人在住宅室内装饰装修工程开工前,应当向物业公司或者房屋管理机构(以下简称物业管理单位)申请登记。"

(一)要求住户在装修前进行申报

二次装修的管理是物业管理中的一项经常而重要的事项,而某一细节的忽略就很有可能导致业户或使用人的投诉,甚至可能导致物业公司陷入尴尬的困难境地。所以,必须从装修设计开始就进行装修审查与管理,如果等装修完毕才开始,装修带来的损害实际上已经形成,不但很难纠正和改变,而且也给广大业主、用户的人身和财产安全带来了威胁。

业主或物业使用人在入伙后，凡欲进行室内装修改造的，应及时向物业管理部门（物业管理处）申请，填写装修申请表，并附装修方案，报物业管理处审批。业主及施工单位应在装修申请上签字盖章。

对于装修申报审批的程序，物业项目经理可以事先组织人员制订下来，并予以公示，表4-3-1是某物业公司的装修申报审批程序可供参考运用。

表4-3-1　装修申报审批程序

程序	具体要求
用户装修申报	（1）业主向物业公司工程部提出装修申请，领取《装修申报表》、《室内装修消防审批表》 （2）工程部对业主的资格进行确认，并提供装修指南及有关资料 （3）业主尽快请设计公司进行装修方案设计（自行设计也可），并选择合格的装修单位（由物业公司审查或由物业公司直接推荐） （4）业主在15天内将装修设计图纸交工程部审核
物业公司审批	（1）在接到业主递交的装修方案后7天内予以答复，对不合规范或资料不全的，要求业主进行修改，重新提交审批 （2）方案批准后，业主按规定到物业公司签订装修协议，明确装修的内容、装修时间、垃圾处理方式以及违约责任的处理等内容，并领取《装修许可证》

（二）装修审批

物业公司应详细审查装修申请表中的装修申请内容，在一定的时间内予以答复。对应报有关部门审批的，应督促业主或施工单位及时向有关部门申报。对符合有关规定的装修申请应及时批准同意；对不符合有关规定的，要求业主进行修改，重新提交审批。同时，向业主或物业使用人发放物业公司制订的《装修管理规定》。

五、要与装修人签订装修协议书

物业公司在批准同意装修施工之前，应与装修人签订《装修协议书》。装修协议书一般包括下列内容。
（1）装修工程的实施内容。
（2）装修工程的实施期限。
（3）允许施工的时间。
（4）废弃物的清运与处置。
（5）房屋外立面设施及防盗窗的安装要求。
（6）禁止行为和注意事项。
（7）装修服务费、垃圾清运费、水电费等费用的约定。
（8）违约责任及其他需要约定的事项。

六、可适当收取装修押金

对于是否应该收取装修押金，应按照购房人在买房时与开发商双方的约定为准，即按《房屋使用、管理、维修公约》中的规定执行，许多地方的条例都没有明确的规定，但行内的做法是应收取押金。

因为实际工作中，确实有不少的装修工人在进行装修时，不考虑他人生活的方便、安全，也不顾及对建筑物、设施设备的保护，野蛮施工，随意抛掷垃圾，在不恰当的时间、地点进行施工等，引起了其他业主的极大不满。若收取了押金，物业管理人员如果发现在装修过程中出现损坏物业、破坏物业设施设备，以及给其他人造成生命、健康、财产方面的损失等情形时，可从这笔押金中支付。如果装修过程一切平安，没有出现上述情形，则可将收取的押金奉还。

七、酌情收取装修管理费

在业主、用户装修过程中，物业公司要配合提供一些原始工程资料，上下协调各方面的关系（比如协调业主之间因装修干扰带来的纠纷；协调消防局、设计院等），又要对装修工人、装修材料、装修行为进行管理、监督，如纠正违章、进行电梯维护等，而这些工作会有人力、物力开支，也就是说，在装修管理中，物业公司不仅要投入大量人力、物力，而且更重要的是有一种无形的安全责任，所以可按公司规定酌情收取管理费，并应向业主、住户解释清楚。

当然，装修管理费是实际发生的管理而收取的费用，如果物业公司事实上没有参与对装修进行管理，或者业主没有装修，就不应该收取该费用。

八、要与装修公司签订责任书

为维护物业安全，强化装修施工管理，应要求施工单位在进场施工前，与物业公司签订《装修施工责任承诺书》。签订《装修施工责任承诺书》的目的是使施工单位明确自己的责任，确保施工安全，并保证不影响小区（大厦）环境和他人的正常工作与生活。

在以上事项办理好后，一定要与装修公司签订《装修施工责任书》，并发放《施工许可证》。

九、加强物业装饰装修现场管理

（一）严把出入关以杜绝无序状态

由于装饰装修工人的来源控制有极大的不确定性，施工过程中的自我约束不足，施工单位管理不力，物业装饰装修期间，物业管理单位应严格物业区域的出入口（包括电梯）人员和材料管理，凡未佩带物业装饰装修施工标识的施工人员和其他闲杂人员，一律禁止入内，使装饰装修人员管理有序化、规范化。

（二）加强巡视以防患于未然

物业装饰装修期间，物业管理单位要抽调专业技术人员、管理人员和保安力量，加大物业装饰装修管理巡视力度，对有违规违章苗头的装饰装修户，要重点巡视盯防、频繁沟通，做到防患于未然。出现违规违章，要晓之以理、动之以情，必要时报告有关行政主管部门处理。同时，检查施工单位施工人员是否如实申报和办理施工证，强化施工人员管理。

（三）控制作业时间以维护业主合法权益

物业装饰装修管理要特别注意装修施工（尤其是拆打）的作业时间，避免影响其他业主和物业使用人的正常生活工作秩序。另外还应针对不同的物业类型，制订相应的管理规定，区别对待。

（四）强化管理和反复核查

物业集中装修期间，要增派人力，实施普遍巡查和重点检查相结合。

（1）检查装饰装修项目是否为已登记的项目，其中：一是要检查装饰装修项目是否申报；二是检查装修、装饰物业的内容、项目有无私自增加。巡视过程中发现新增装修、装饰项目需指导用户及时申报，办理相关手续。

（2）检查施工人员的现场操作是否符合相关要求。如埋入墙体的电线是否穿管、是否用合格的套管；施工现场的防火设备是否配备、操作是否符合安全要求、现场的材料堆放是否安全；垃圾是否及时清运、有无乱堆放、装修户门外是否保持清洁卫生等。

十、装修违规要及时处理

在巡查中发现任何违章工程必须尽快记录下来或拍照存档（如有需要），及汇报上司做进一步行动。当然，首先要了解违规装修的形式及应对措施。

（一）违规装修的形式

住户违规装修一般有如下表现形式。

（1）违规拆墙：违规在墙、梁、柱、楼板、阳台、屋面凿拆搭占等。

（2）占用公共通道放建筑材料。

（3）施工现场未准备灭火器材。

（4）住宅在午休或夜晚、写字楼在办公时间使用电锯（电钻）产生噪声。

（5）使用天那水、油漆等。

（6）乱倒泥（石、木等）渣。

（7）违规安装空调。

（8）违规封闭阳台等。

（二）应对措施

为了保证物业及住户人身财产安全，加强对住户室内装修的管理，对住户的违规装修视情节轻重可采取如下措施。

（1）口头或书面警告。

（2）停止违规装修。

（3）责令恢复原状。

（4）扣留或没收工具。

（5）停水停电。

（6）责令赔偿（损坏公共管理利益）经济损失。

（三）发出违章通知并将处理结果记录下来

对于重大的违规应向装修公司发出违章通知，并及时通知业主或住户，要求及时进行整改，并将违规事项及处理情况都记录下来。

十一、发现问题及时解决

装修管理要及时发现问题、及时告知业主、及时解决，力争将问题解决在萌芽阶段，否则,等事故出来后再处理,所付出的人力、物力、财力、时间等代价将非常沉重。阻止违章装修行为必须态度鲜明、有错必纠,同时要注意方式方法,做耐心细致的思想工作,防止简单粗暴。此外,物业管理部门自身要熟悉和掌握有关法规,并要具有建筑工程方面的专业知识,处理问题要有理有据。

物业公司最好是聘请有装修管理经验的人来做这项工作,这样的人必须具备以下所列各项知识。

(1) 熟悉物业基本概念及装修管理基本概念。
(2) 熟悉物业管理相关的法律、法规和政策。
(3) 熟悉相关的建筑装饰装修施工技术规范、工艺流程和施工验收标准。
(4) 熟悉辖区环境以及配套的设备设施,熟悉辖区环境布局及房屋结构。
(5) 熟悉燃气安全使用管理规定、消防管理条例及相关安全生产条例。
(6) 熟悉本岗位业务内容及工作流程,具有一定的建筑装饰装修专业基础知识,具有一定的制图和识图能力。
(7) 具有一定的书写能力和口头表达能力,能规范书写与之相关的技术作业文件和说明。
(8) 具有规范的、文明的行为举止,能做到礼貌待人,并具有一定的组织能力和协调能力。
(9) 能准确掌握和执行相关的法律、法规和政策。

十二、谨慎验收不留隐患

验收环节是装修管理的最后一个环节,为避免日后为管理工作带来隐患,应在本环节中严格把关。验收过程中应重点对房屋结构、外观及上下水、电气线路、卫生间和厨房防水等工程的质量进行检查,对隐蔽工程要求装修企业每完成一项必须事先向管理处申报,经验收核准后方可进行下一道工序。达不到合格要求的项目,由装修企业按整改通知继续整改,并在《装修验收记录表》中记录,直到合格为止。

十三、收尾时要提醒业主消除室内异味

装修施工基本结束,剩下收尾工程的时候需要提醒业主处理以下事项。
(1) 注意剩余材料的处理。
(2) 装修公司的质保金问题。
(3) 室内有害气体检测。
(4) 室内通风除异味问题等。

一般应建议业主空置房屋3个月以后再入住。可以告知业主一些常用的消除室内异味的方法。活性炭对苯、甲苯、二甲苯、乙醇、乙醚、煤油、汽油、苯乙烯、氯乙烯等物质都有吸附功能,常用的有木炭、竹炭等。吊兰、芦荟、虎尾兰能大量吸收室内甲醛等污染物质,消除并防止室内空气污染;茉莉、丁香、金银花、牵牛花等花卉分泌出来的杀菌素能够杀死空气中的某些细菌,抑制结核、痢疾病原体和伤寒病菌的生长,使室内空气清洁卫生。但要注意有些人会对花粉过敏,要小心。

十四、装修垃圾要及时清运

装修垃圾的清运是一项重要的工作,目前装修垃圾清运的方式往往有以下2种。

（1）委托物业公司清运装修垃圾。
（2）业主自行清运装修垃圾。
不管以哪种方式清运垃圾，物业公司都应该制订装修垃圾清运的规定，一方面对业主和装修公司是制约，另一方面也是对物业公司进行约束。

第四章 物业项目入伙管理规范化制度范本

一、物业项目管理处筹建工作指引

物业项目管理处筹建工作指引

1 目的
为物业项目管理处的筹建工作提供指引，从规范机构设置、人员编制、规范建设、硬件装备、公共关系建立、印鉴证照办理及开办费测算等方面，保证新项目筹建工作顺畅、有序进行，为以后管理项目日常工作的开展打下基础。

2 适用范围
适用于筹建新物业管理项目之用。

3 职责
3.1 新项目预订入伙前六个月成立相应的物业管理项目筹建组。
3.2 物业管理项目筹建人员负责参照本工作指引，结合新项目的实际情况制订筹建计划并具体落实。

4 过程控制
4.1 机构设置、人员编制。
4.1.1 物业管理项目筹建人员应根据《物业管理方案》确定项目的机构设置及人员编制。
4.1.2 设置原则：根据项目经营管理的规模、复杂程度、智能配套和楼宇类型、数量、档次、功能及设施配备、周边环境，以及开发商对物业管理服务的要求等实际情况，本着利于统一领导、分级管理、精干高效的原则按需设置机构。
4.1.3 职责类型：物业管理项目根据专业需要，一般情况涵盖的主要职责如下。
（1）人事行政：负责人事事务操作、行政后勤、人员培训、绩效考核、资料管理、信息管理、公关协调等内部管理工作。
（2）客户服务：负责前台接待、社区文化、装修管理、会所管理、特约服务、投诉处理、品质监控等工作。
（3）财务管理：负责财务核算、费用收缴、经营管理等工作。
（4）保洁绿化：负责清洁消杀、绿化维护、家政服务等工作。
（5）工程维修：负责房屋本体维护、公共设施维护、工程配套完善、家政室内维修、装修监控等工作。
（6）安全管理：负责消防安全、车场管理、小区内公共区域治安防范、出入口管理等工作。
物业管理项目筹建人员应综合考虑项目的业务需求及成本状况，必要时可合并或调整部分岗位的职能，发挥机构及人员的最大功效。
4.1.4 定编程序。
（1）根据市场水平确定项目的物业管理费标准，以此为基础制订管理预算及服务方案，确定人力成本构成。
（2）人力成本占总预算的比例建议控制在50%以内，具体构成见下表。

人力成本占总预算的比例

项　　目	占总预算的比例	备　　注
人力成本	30%～50%	如保安、保洁服务外包,则人力成本控制在30%
保洁（外包）	10%	如保洁服务不外包,则相应的保洁费用隶属人力成本范畴
保安（外包）	15%	如保安服务不外包,则相应的保安费用隶属人力成本范畴

（3）根据人力成本构成，结合项目实际情况，分配项目各岗位的人员编制。
（4）不同类型项目人均管理面积建议见下表。

不同类型项目人均管理面积

项目类型		人均管理建筑面积
住宅	建筑面积10万平方米以上	1400~2000平方米
	建筑面积10万平方米以下	1200~2000平方米
高层商住楼		800~1000平方米

4.1.5　定编要求。
（1）按需定编：物业管理岗位设置类别、场所、定编人数要符合现场需求。常见业务岗定编要求如下。
——安全岗的定编应综合考虑小区特点，如出入口的多少、小区智能化程度、小区是封闭管理还是开放式管理、小区周边的治安状况等因素。常见岗位归纳见下表。

安全岗岗位

岗位性质	岗位类别	工作场所	现场需求	编制方法
固定岗	门岗（或大堂岗）	人行出入口	控制行人进出	1岗1人，全天轮岗
	控制中心岗	控制中心	控制中心监控	1岗至少1人，全天轮岗
	消防中心岗	消防中心	消防中心监控	1岗至少1人，全天轮岗
	形象岗	大门或大堂	展示形象、接待引导	1岗1人，日间站岗
巡逻岗	楼内巡逻岗	楼内	楼内治安	工作量按楼栋设置
	楼外巡逻岗	楼外	楼外治安	工作量按地形设置
车场岗	车场门岗	车辆出入口	控制车辆进出	1岗1人，全天轮岗
	车场巡逻岗	停车场	车场巡逻	工作量按地形设置
机动岗	检查岗	现场	全程监控临时替补	班组长兼任

——保洁岗的定编应根据物业类型、物业档次的定位等进行综合考虑，常见岗位划分见下表。

保洁岗岗位

岗位类别	工作场所	现场需求	编制方法
楼内岗	楼道、大堂、电梯等	楼内保洁	工作量按楼层设置
楼外岗	楼外公共区域	楼外保洁	工作量按面积设置
家政岗	住户室内	家政服务	根据业务需要设置
垃圾清运岗	楼外指定区域	生活垃圾收集、清运	按照当地情况设置

——绿化岗的定编应根据绿化面积及园林复杂程度，其工作内容可包括浇水、施肥、拔杂草、修剪、消杀、绿化带卫生、补苗等，一般按人均养护面积约_____平方米分配人员。

——维修技术岗的定编应根据项目配套设施、设备的数量和复杂程度，及住户室内维修、装修需求多少综合进行考虑。

（2）合并满负：本着节省人力成本的角度出发，提倡岗位一专多能、分工不分家的模式，各编制员工工作量应尽可能饱满、效率高。常见案例如下。

——根据项目结构特点，行人及车辆出入口往往彼此相连，可以考虑合并门岗和车场门岗。

——控制中心往往兼负消防控制职能，可以考虑与消防中心合并。

——高层楼宇或封闭院落可以考虑在大门或院落大堂处设置形象岗，兼负形象、安全、客服等职能。

——物业管理不同阶段对人员编制的要求不一样：集中入住期、装修或返修高峰期，工作量大，人员定编相对较高（可考虑从其他项目调配或临时借调人员）；物业日常管理阶段，则应考虑合并满负、优化整合。

（3）按价定质：即价格决定服务品质，各岗位员工的作息时间、工作频次、服务标准应严格按照委托合同内容及管理费收费标准制订，防止服务过剩，人力成本相应增加。

（4）按量定编：根据确定的岗位工作量（包括作息时间、工作频次、服务标准等）分配人员编制，部分岗位的工作量需实地测试，并定期进行工作量评估，适时对部分岗位进行合并满负。

（5）合法定编：人员定编操作不得违反国家及当地劳动法规规定。

4.2 招聘培训。

4.2.1 物业管理项目筹建人员应根据审定的项目组织架构、人员编制、岗位需求，开展相应的人员招聘工作，并确保各岗位、各专业人员按期到位，到位期限建议见下表。

各岗位建议到位时间

岗位名称	建议到位时间	备注
服务中心经理	交楼前3个月	前期介入人员除外
普通管理人员	交楼前3个月	
维修技术员	交楼前3个月	
保洁员	交楼前1个月	
护卫员	交楼前1个月	
会所服务员	交楼前1个月	

4.2.2 物业管理项目筹建人员应负责组织对新到岗人员的入职培训工作，确保其了解公司企业文化、规章制度，熟悉岗位工作内容、专业技能、服务礼仪，满足公司对其上岗的要求。

4.3 规范建设。

4.3.1 物业管理项目筹建人员应负责根据业务需要完成项目各项规章制度的起草、编制，包括如下制度。

（1）公司行政制度汇编、人事操作、财务管理制度等。

（2）项目组织架构、岗位职责等。

（3）项目内部运作制度等。

4.3.2 物业管理项目筹建人员应根据项目新增业务、设施及其他情况负责相关作业指导、支持性文件的补充编写，完成项目质量管理运作体系的搭建。完整的质量管理作业指导体系应包括以下内容，具体见下表。

质量管理作业指导体系应包括的内容

类别		内容
职能管理作业指导文件	人力资源管理作业指导文件	员工招聘、员工培训、员工考核、员工奖惩、员工意见测评、培训有效性评估、内部沟通等作业指导文件
	管理评审作业指导文件	评审输入输出、过程控制、纪录保持

续表

类别		内容
职能管理作业指导文件	合同评审作业指导文件	合同管理、评审
	物资管理作业指导文件	仓库管理和控制、固定资产管理、工作环境管理、办公设施管理、劳动保护等作业指导文件
	服务策划作业指导文件	物业接管前策划、小区改造或大型项目动工前策划、对外培训、新增服务项目策划等作业指导文件
	其他管理类作业指导文件	遗留工程问题处理、标识管理、质量事故处理等作业指导文件
业务控制作业指导文件	环境管理作业指导文件	保洁、绿化岗位管理文件；清洁工作规程和标准；绿化工作规程和标准；垃圾收倒管理方法；保洁员内部管理文件；保洁、绿化用设备、工具的使用和维修管理文件；环境消杀管理文件；环境工作检查文件等
	安全管理作业指导文件	安全岗位管理文件；相关岗位工作规程；消防管理文件；安全、消防、急救器材或器械的管理与维护；护卫员内部管理文件；公共预警管理；危险作业监管文件；危险品管理文件；紧急事件处理流程；安全工作检查文件等
	设备设施管理作业指导文件	房屋本体及各种设备设施日常维护、保养、维修、管理作业流程；维修员内部管理文件；检验和测量设备管理文件；设备设施工作检查文件等
	便民服务作业指导文件	家政服务、室内维修、商务服务等作业指导文件
	其他服务和管理作业指导文件	物业接管验收；入住办理；装修管理；钥匙管理；会所、泳池、商铺管理；业委会筹建及运行等作业指导文件
供方控制作业指导文件		采购管理、供方评估、供方监控等作业指导文件
顾客关系作业指导文件		顾客沟通、顾客投诉处理、顾客意见测评、服务信息分析等作业指导文件

4.3.3 物业管理项目筹建人员应负责了解并收集有关物业管理行业的相关法律法规、行政规章等。
（1）国家有关物业管理的法律法规和规范性文件要求，见下表。

国家有关物业管理的法律法规和规范性文件要求

序号	法规名称	备注
1	《城市新建住宅小区管理办法》	
2	《城市住宅小区物业管理服务收费暂行办法》	
3	《住宅共用部位共用设施设备维修基金管理办法》	
4	《物业公司资质管理试行办法》	
5	《物业管理委托合同示范文本》	
6	关于印发《前期物业管理服务协议》（示范文本）的通知	
7	《高层建筑消防管理规则》（高层建筑必备）	
8	《房屋接管验收标准》	
9	《卫星电视广播地面接收设施管理规定》	
10	《城市住宅小区竣工综合验收管理办法》	

续表

序号	法规名称	备注
11	《中华人民共和国劳动法》	
12	《关于进一步加强电梯安全管理工作的通知》	
13	《中华人民共和国招标投标法》	
14	建设部关于修订全国物业管理示范住宅小区（大厦、工业区）标准及有关考评验收工作的通知	
15	《中华人民共和国电力供应与使用条例》	
16	《中华人民共和国合同法》	
17	《中华人民共和国消防法》	
18	《物业公司财务管理规定》	
19	《国家税务局关于物业公司的代收费用有关营业税问题的通知》	
20	《城市居民住宅安全防范设施建设管理规定》	
21	《机动车停放服务收费管理办法》	
22	《建筑装饰装修管理规定》	
23	《家庭居室装修管理试行办法》	
24	《燃气燃烧器具安装维修管理规定》	
25	《施工现场安全防护用具及机械设备使用监督管理规定》	
26	《商品房销售管理办法》	
27	《中华人民共和国消费者权益保护法》	
28	《特种作业人员安全技术培训考核管理办法》	
29	《建设工程质量管理条例》	
30	《城市房开发商中介服务管理规定》	
31	《住宅室内装饰装修管理办法》	
32	《机关、团体、企业、事业单位消防安全管理规定》	

（2）所在地方政府、行业主管部门和立法机构颁发的有关法规、条例、规定等，包括从业资质、接管验收、装饰装修管理、房屋修缮养护、住宅小区管理、服务收费、维修基金、业主委员会、房屋租售代理、绿化环境管理、消防、特种设施设备、岗位培训等。

4.3.4 物业管理项目筹建人员应负责完成与业主（住户）权利、义务、行为、活动相关的各类房屋使用及公众制度等物业管理规定的编制，包括如下内容。

（1）业主公约、业户手册、业主委员会章程等。
（2）住宅区及大厦公共部位使用管理规定。
（3）住宅区及大厦公共设施使用管理规定。
（4）物业装修管理规定。
（5）物业消防管理规定。
（6）停车场管理规定等。

4.3.5 物业管理项目筹建人员应根据国家考评标准，结合当地物业管理规定、管理处管理服务需要编制管理处文档分类目录（可根据实际情况适当增删，要保证文档资料完整并易于查找和识别），作为服务中心建立各类管理文档的规范基础。

4.3.6 物业管理项目筹建人员应统一对管理处各类文档进行编号,编号规则如下。

(1)为便于迎检,编号原则上应根据国家考评标准条目进行。

(2)为便于查阅,对于不同方式存档的文档资料,建议在编号后面加英文字母以示区分。

(3)服务中心日常管理文档也须按上述编号方法进行编号,但编号应接在迎检目录编号后。

(4)原则上用二级目录名作文档标题,如无二级目录或以二级目录作文档标题时文件资料太少,则用一级目录名作文档标题。如果某些三级目录文件资料很多,不便与其他资料装在一起,也可用三级目录名作为文档标题。

(5)在文件夹(盒、袋)封面或侧面应有标识,上面注明目录号、文档标题等。文件夹(盒、袋)应有卷内目录,详细列明卷内的文件资料。

(6)文档管理员调(离)职或更换岗位前,须做好文档资料交接工作,完善交接手续,如文档资料有遗失,追究当事人责任。

4.4 物资装备。物业管理项目筹建人员应根据制订的《物业管理方案》及项目配套确定所需的物资种类、性能、级别、数量等,制订购置计划并按相关规定经过询价、评估、报批等手续后,进行相应的采购、配置工作。

4.4.1 办公用品:办公桌椅、文件柜、钥匙柜、文具、信笺、白板等。

4.4.2 办公设备:打印机、复印机、电话、传真机、保险柜、验钞机、饮水机、空调、电视机等。

4.4.3 后勤服务设施:餐具、厨具、灶具等食堂用品;宿舍桌椅、衣柜、床架、排气扇、热水器等。

4.4.4 网络设备:电脑等。

4.4.5 清洁及绿化设备和工具:洗地机、吸尘器、喷雾器、垃圾筒、剪草机、绿篱剪、高枝剪、花铲、铁锹、手推车、水管等。

4.4.6 安全设备和工具:保安岗亭、对讲机、电警棍、手电筒、消防器材及工具等。

4.4.7 维修设备和工具:电焊机、切割机、冲击钻、应急灯、管道疏通机、维修梯等设备,及相关家庭维修用工具物品,见下表。

维修设备和工具

序号	名称	型号	序号	名称	型号	序号	名称	型号
1	克丝钳		13	毛刷		25	软管	
2	十字螺丝刀	大、小	14	电烙铁		26	花线	
3	活扳手		15	毛巾		27	三通	4分
4	尖嘴钳		16	一字螺丝刀	大、小	28	直通	4分
5	扁口钳		17	水胶布		29	弯头	4分
6	试电笔		18	电胶布		30	内接	4分
7	万用表		19	小铁锤		31	灯泡	
8	管钳		20	三相插头		32	手套	
9	大力钳		21	两相插头		33	地垫	
10	刻刀		22	自攻螺丝		34	布制鞋套	
11	卷尺		23	胶塞	6分			
12	板尺		24	水阀	4分			

4.4.8 工作服:保安、保洁、维修、会所、管理人员等工作服装,数量和配置可根据项目档次、类型拟定。

4.5 管理、后勤用房装备。

4.5.1 物业管理项目筹建人员应根据国家或当地物业管理法规的规定,结合项目规划及管理规模,与地产协商确定管理用房面积及位置分布。

4.5.2 物业管理项目筹建人员应科学规划、合理布置各类功能的管理用房，管理用房功能涵盖：行政事务办公室、会议室、培训室、客户服务中心、监控中心、仓库、洗手间等。

4.5.3 物业管理项目筹建人员应负责食堂和员工宿舍等后勤用房的安排、装修和配置。

4.6 现场标识装备。

4.6.1 物业管理项目筹建人员应根据项目情况系统规划现场标识，完成所有标识的设计、制作并指导安装，包括物业入口、办公室、培训室、仓库、设备房、公共设施、楼道内、地下车库、交通及停车场、会所、泳池等场地的各类标志性、提示性和景观性的标识。

4.6.2 现场标识的规划应考虑周到、设计统一，应根据风格设计后报审批。

4.7 工作软件装备。物业管理项目筹建人员应负责指导完成财务建账和财务软件的导入、使用及管理。

4.8 公共关系的建立。物业管理项目筹建人员应积极、主动对外建立、协调各类与本项目业务相关单位、部门的公共关系。

4.8.1 与工商、税务、物价部门建立良好的公共关系，办理项目工商注册登记、物价申报工作。

4.8.2 与公用事业单位建立良好的公共关系，包括自来水公司、供电局、煤气公司、有线电视、电信局、邮政局、供暖公司等，办理水、电、煤气、有线电视、电话、网络、通邮、供暖等的开通手续及相应的抄表到户业务。

4.8.3 与辖区派出所、街道办事处、居委会、市容环卫、交管、消防部门等建立良好的往来联系。

4.8.4 与消防部门取得联系，参与项目消防的验收接管，取得其日常对项目的技术支持和指导。

4.9 印鉴证照的办理。物业管理项目筹建人员应及时办理正常经营所需的各类证照，证照名称、颁证单位及相关要求见下表（供参考）。

证照名称、颁证单位及相关要求

类别	证照名称	证照主体	颁证单位	办理要求
组织机构类	营业执照正副本	服务中心、停车场	工商局注册分局	必须申办
	组织机构代码证、组织机构代码卡	服务中心、停车场	技术监督局	必须申办
	机动车停车场许可证	停车场	交通管理局	必须申办
公章印鉴类	申请刻制印章登记卡	服务中心、停车场	公安局	也可在公司印鉴卡上登记
	公章	服务中心、停车场	公安局	必须申办
税务收费类	国税登记证、登记表	服务中心	国家税务局登记分局	必须申办
	地税登记证、登记表	服务中心、停车场	地方税务局登记分局	必须申办
	收费许可证、价目表	服务中心、停车场	物价局	必须申办
设备设施类	对讲机执照	服务中心	无线电管理委员会	凡配置对讲机的部门均需申办，一机一证
	电梯安全检验合格证	服务中心	技术监督局	所有电梯均须申办，一般由电梯维护的专业公司代办
环境卫生类	卫生许可证（会所或泳池）	服务中心	卫生疾控部门	必须申办
	卫生许可证（食堂）	服务中心	卫生疾控部门	根据食堂规模及外卖情况申办

续表

类别	证照名称	证照主体	颁证单位	办理要求
环境卫生类	二次供水设施清洗消毒合格证	服务中心	水务局	有相关业务的部门必须申办
其他	房屋租赁许可证	服务中心	辖区租赁所	根据业务需要申办

4.10 开办费测算。
4.10.1 物业管理项目筹建人员应负责项目开办费的测算及筹措。
4.10.2 开办费的内容、核算和操作方法按物业公司要求操作。

二、业主入伙模拟演练方案

业主入伙模拟演练方案

1 目的
为规范××小区业主入伙办理程序，确保业主顺利办理入住手续。

2 适用范围
适用于××小区业主入伙手续的办理。

3 演练步骤
3.1 由售楼公司的入伙导引员陪同业主到开发商处办理手续，并提醒业主带齐所有证件和资料。
3.1.1 确认业主身份。办理交房的业主须持《入伙手续通知书》、业主身份证及复印件、业主户口本及复印件、外地人须持暂住证及复印件、购房外批单、业主委托他人办理手续受托人须持"业主委托书"及代理人身份证和复印件、《商品房买卖合同》及复印件、购房全款发票或其他付款凭证到开发商的销售部或客户服务部，确认业主入住资格。需办理小区停车证的需出具本人驾驶证及行车证。
3.1.2 交纳相关费用。业主到开发商的财务部交纳房屋尾款、各项契税及其他费用。
3.1.3 以上两项确认后，经办人应在"入伙手续书"上签字盖章。
3.2 由物业公司的护卫员接手并陪同业主到物业公司办理手续。收取业主的《商品房买卖合同》复印件（部分内容）、身份证复印件、"业主委托书"及受托人的身份证复印件。
3.3 各管理人员分别填写"居民家庭情况登记表"并领取《业户手册》、《××市商品住宅公共维修基金分户卡》，签署《前期物业管理协议》、《房屋使用、管理、维修公约》等承诺书。
3.4 业主持物业公司物业部签字转来的《入伙流程表》到物业公司财务部交纳相关费用，见"业主收费清单"。
3.5 业主持物业公司财务部签字转来的《入伙流程表》到物业公司工程部办理相关手续。
3.5.1 物业公司安全护卫部将业主房间钥匙发放给业主，并由业主签署《钥匙交接单》、《备用钥匙管理协议》、《入伙手续书》及《入伙流程表》，并封存备用钥匙一把，以便物业工程部对业主房间内的各项设备设施进行维修、调试。同时工程部人员为业主发放钥匙和水、电、天然气IC卡及信报箱钥匙。
3.5.2 验房。由物业工程部人员陪同业主到业主所购房屋，对房屋内结构、设备设施及各种五金配件进行验收，并将房屋验收状况和各表底数填写在《房屋设备验收交接表》内，同时在该表上业主及物业陪同验房人员签字确认。如有申报及维修事宜，可将业主所填写的《房屋设备验收交接表》中的问题于当日报承建方返修。
3.6 业主办完所有手续或在办理入伙手续过程当中，如对物业有任何疑问，可随时向客服人员提出，由入伙导引员将业主引导致物业现场办公咨询处进行答疑。
3.7 如业主进行二次装修，由物业公司工程部审定施工方案及施工图，同时与装修施工单位、业主签署《房屋施工管理协议》和《施工保洁责任书》，由物业工程部签发《施工许可证》。

3.8 物业公司、开发商及承建方协调事项。

3.8.1 办理入伙结束当日,物业公司各部门将当天情况进行通报、汇总,建立已办理入伙业主的管理档案。

3.8.2 对于业主提出的房间须返修的内容,报承建方返修,对房间返修量较大的单元特别报开发商及承建方,给予关注。

3.8.3 对于已下发的返修单,物业公司派专人跟进返修事宜,并将返修情况及时告知业主。

三、小区入伙方案

小区入伙方案

一、入伙日期

(略)。

二、入伙的准备工作

1. 入伙准备工作时间安排

入伙准备工作时间安排见下表。

入伙准备工作时间安排

序号	工作内容	完成时间	执行单位
1	业主联系名单的编辑	入伙前一个月	管理处
2	《入伙通知书》准备	入伙前一个月	开发商
3	《收楼须知》	入伙前一个月	管理处、施工单位
4	《住户手册》、《装修管理规定》等入伙文件的准备	入伙前一个月	管理处
5	入伙场景布置和入伙仪式准备	入伙前一个月	管理处
6	准备入伙现场办公所需的物资	入伙前一个月	管理处
7	联系银行、电话公司、燃气公司等	入伙前一个月	管理处

2. 入伙具体安排

(1) 入伙资料的准备。根据小区的实际情况编写和印制《业主公约》、《住户手册》、《服务指南》、《消防安全责任书》、《入住通知书》。《入住通知书》的内容要求写明管理处办公地点、业主办理入住手续时应带的资料和证件及交纳的费用明细,并附简明扼要的入住流程等。

印刷以下各类入住表格。

——《〈业主证〉领用登记表》。

——《装修申请表》。

——《住宅使用说明书》。

——《住宅质量保证书》。

——《钥匙领用登记表》。

——开发商提供的《入住验房表》。

——《业主家庭情况登记表》。

——《入住登记表》。

(2) 将相关的资料发放到网上,供业主查阅。

(3) 设计办理入伙手续流程图。

(4) 入伙日的筹备工作。

——物业的清洁。入伙之日前,清除脏污现象。
——设备的运行。对设备进行连续运作检验,各设备系统必须处于正常的工作状态下。
——环境布置要求见下表。

环境布置要求

序号	位置	说明
1	区内环境布置	(1) 入口处挂横幅,张灯结彩,插放彩旗高挂气球,营造隆重、喜庆的氛围 (2) 设置温馨轻巧的路标指示牌,安排导引员,使业主在办理入伙手续过程中感到方便 (3) 入口处表明管理处的办公地址和办公时间
2	管理处办公环境布置	(1) 办公室摆放花盆、盆景、彩带,有隆重喜庆的感受 (2) 张贴醒目的"办理入伙手续流程图",办理手续窗口设置要求做到"一条龙服务",手续窗口标志清楚 (3) 管理人员着装整洁,精神饱满 (4) 办公室内资料摆放整齐有序

——入伙现场的人员安排见下表。

入伙现场的人员安排

序号	分组		职责说明
1	指挥调度中心		负责整个入伙仪式的全面管理和人员调度,由开发商、物业公司和礼仪公司人员组成
2	礼仪接待组		负责业主和来宾的接待、引导及纪念品的发放,负责办理入伙手续的业主签到和发放入伙会签单,由专业礼仪公司提供人员
3	开发商的入伙组(销售部和财务部)		确认业主的身份,收取房屋的尾款和其他代办费用,同意办理下一步入伙手续
4	物业公司入伙分组	收银组	预收管理费、公共分摊水电费等
		审核签约组	发放《住房手册》,签署《业主公约》,填写《住户成员情况登记表》,收取业主资料
		收楼引导组	发放入户门钥匙,引导业主在《入伙会签单》上签名,并将《入伙会签单》交管理处保存;引导业主收楼、查房、查抄水电表底数;若房屋存在质量问题,业主在《楼宇接收记录》上逐项写明,收楼引导组确认,由管理处转交开发商进一步解决
		后勤保障组	组长负责与开发商之间的沟通畅通,保障全体成员的饮食、住宿、物资供应,组员负责传递消息,由管理处服务中心和安全护卫部负责
5	咨询中心		购房手续咨询(由开发商销售部负责) 建筑咨询(由开发商工程部负责) 入伙程序咨询(由管理处服务中心负责) 装修事宜咨询(由管理处工程部负责,装修申报期应避开入伙高峰期) 物业及家政服务咨询(由管理处服务中心、清洁绿化部负责)
6	安全保卫组		负责维护入伙现场的秩序、引导业主车辆的停放,由管理处安全护卫部负责
7	其他服务单位		由电话公司、网络公司、有限电视台、燃气公司等单位负责办理开户手续、咨询等

三、业主入伙程序

1. 入伙庆典仪式

作为知名品牌物业，在入伙当天上午举行隆重而公开的入伙庆典式仪，通过媒体及公众的良好宣传，以期获得更大的社会广泛效应。

2. 业主办入伙手续流程

（略）。

3. 入伙资料归档

（1）集中办理入伙期间，管理处在每日的入伙工作结束后，应和开发商销售部核对办理入伙的业主数目。

（2）办理完业主入伙手续后，管理处应将入伙签单、房屋装饰装修管理规定、验收记录表、身份证复印件、授权委托书等资料整理归档，将收到的《验收记录表》整理、登记后移交一份给开发商。

（3）每日办理完业主入伙手续后，管理处应及时清点未入伙和业主留下的房门钥匙，确保准确无误。

四、入伙应急方案

1. 客户对工作（含开发、工程、策划、签署等）不满的处理

（1）引导客户到经理办公室沟通，并通知相关事项责任人到场处理。

（2）仔细聆听，了解事情真相。

（3）保持友好、礼貌、冷静的态度，并使客户平静下来，向客户提出解决问题的建议。

（4）如实记录下业主（使用人）谈话的内容，立即处理涉及自己权限范围内的事。

（5）与相关事项的具体责任部门沟通确认解决问题的方法，做好事件的处理记录。

2. 对房屋质量不满意拒绝收楼的处理

（1）询问客户房屋存在问题的具体情况，并引导至整改组由相关专业工程师解释。

（2）如确实存在问题，立即安排施工队限时整改，并向当事人作好解释工作。

（3）如属无理取闹，应想方设法引导至特殊客户处理室由专人处理。

3. 客户相互串联要求与开发商对话的处理

（1）先以客户的身份观察，了解串联的目的，锁定带头的人员。

（2）将带头人员引导至特殊客户处理室由专人单独处理，了解其真正的目的，由答疑组根据具体情况采取相应措施。

（3）立即疏散闲杂人员，并以客户的身份引导其他客户去办理相关手续。

（4）处理完结后，安排专人在特殊客户处理室为带头人员办理相关手续。

4. 客户质问配套、规划等事宜的处理

（1）由接待人根据公司的指导思想作一般解释。

（2）如对方有因此拒绝收楼或与其他客户串联的苗头，立即将对方引导至特殊客户处理室由答疑组处理。

（3）根据具体情况由现场总负责人做出最终决策（必要时向公司最高领导请示）。

5. 客户要求先领取赔偿金再办理其他手续的处理

（1）在了解客户要求的同时，将客户引导至特殊客户处理室由答疑组单独处理。

（2）如客户确实坚持要先领取赔偿金，再办理其他手续，由答疑组安排专人在特殊客户处理室办理相应手续。

四、集中入伙期间物业公司各组工作实施细则

集中入伙期间物业公司各组工作实施细则
一、接待咨询组（××人） 1. 主要工作 （1）根据业主名录核对业主身份证及购楼收据。

（2）填写入伙会签单并发放排号牌。

2.工作分工

（1）业主身份核对人员。

（2）发放排号牌人员。

（3）咨询人员。

（4）导引员。

3.实施细则

（1）业主到达现场时，导引员上前迎接，指引到接待处。

（2）根据业主名录核对业主身份证及购楼收据。

（3）填写入伙会签单，核对后盖章。

（4）给业主发放排号牌。

（5）引导业主到下一个手续办理区。

二、物业资料核收发放组（××人）

1.主要工作

（1）核收《入伙通知书》、身份证复印件、《业主（住户）档案登记表》、存折复印件。

（2）发放《住宅使用说明书》、《住宅质量保证书》、《装修指南》、《业主手册》、《服务卡》，并登记。

2.工作分工

（1）负责人职责：协调组内工作人员工作；在《会签单》上盖章。

（2）工作人员：工作内容详见实施细则。

（3）护卫员职责：协助配合复印资料；取出《业主档案袋》交给本组工作人员；从签约组收回《业主档案袋》。

3.实施细则

（1）业主到达本组，工作人员接过业主的《会签单》。业主如没有《会签单》，则请其去接待组领取（业主需去接待组亲自核实身份）。

（2）核收《入伙通知书》原件1份、业主身份证复印件4份（核原件）、业主家庭成员身份证复印件各1份、《业主（住户）档案登记表》（内附有业主及家庭成员1寸照片各1张）、存折或银联卡复印件4份（核原件）。

（3）根据业主《会签单》的房号，取出该户《业主档案袋》，将所核收的资料放入《业主档案袋》内。

（4）填写《资料核收登记表》，对业主交的资料进行登记，并请业主签名，便于管理处了解各户业主所交资料是否齐全，日后及时向业主补收。

（5）把预先袋装好的资料（《住宅使用说明书》、《住宅质量保证书》、《装修指南》、《业主手册》、《服务卡》）交给业主，并请其在《资料发放签收表》上签字。

（6）工作人员在《会签单》上签名，交由负责人在《会签单》上盖章。

（7）工作人员将《业主档案袋》和《会签单》交给业主，指引业主到签约组。

4.实施中可能遇到的其他情况

（1）代理业主办理入伙手续的，另需收取业主的委托公证书原件、代理人身份证复印件。

（2）资料不全者，可现场复印、填写。

（3）除身份证和《入伙通知书》外，其他的核收资料可以后补。

（4）业主如坚持需要验房后再办理本组手续，可以指引业主持《工作会签单》到验房组验房。

三、物业签约组（××人）

1.主要工作

签署《前期服务协议》、《业主公约》、《银行代收委托书》。

2.工作分工

（1）负责人职责：协调组内工作人员工作；在会签单上盖章。

(2) 工作人员：工作内容详见实施细则。
(3) 导引员职责：引导业主至某小组或收费组；把问题业主引导到应急处理组。
(4) 护卫员负责资料传递、收集。

3. 实施细则

(1) 小组工作人员接过业主的《业主档案袋》和《会签单》。
(2) 小组组员从《业主档案袋》中取出《前期服务协议》、《业主公约》、《银行代收委托书》。
(3) 小组组员将文件快速翻到签署页，引导业主签署。小组长对业主的疑问予以解答。
(4) 业主签署完后，组员把《银行代收委托书》的业主联交业主，其余签署资料放入《业主档案袋》。
(5) 小组长在《会签单》上签名，交由签约组负责人在《会签单》上盖章后，将《会签单》交给业主。小组长提示导引员将业主引到收费组。
(6) 组员将《业主档案袋》，交给护卫员放回资料柜。

四、物业收费组（××人）

1. 主要工作

收取业主预交的物业管理费、水电费和信报箱费。

2. 工作分工

(1) 负责人职责：协调组内工作人员工作；在会签单上盖章。
(2) 工作人员：工作内容详见实施细则。
(3) 护卫员职责：在收费组后面，保护该组的财务安全；引导问题业主到应急处理组。

3. 实施细则

由财务人员安排。×××在学习过程中须掌握整个收费流程，能独立进行收费。

五、验房组（××人）

1. 主要工作

引领业主去现场验房；抄取水电表数；解答业主疑问；填写业主《收楼验房意见表》。

2. 工作分工

(1) 负责人职责：协调组内工作人员工作；在会签单上盖章。
(2) 现场接待人职责：现场接待业主；监督验房工程人员的验房时间。
(3) 验房工程人员职责：借用、归还钥匙；引导业主现场验房；抄取水电表数；解答业主疑问；填写业主《收楼验房意见表》。
(4) 导引员职责：在业主较多时，安排业主在等候区等候。

3. 实施细则

(1) 业主就座后，现场接待人核对《会签单》（会签单上应有前几组的会签章，特殊情况下至少有接待组的会签章）。
(2) 现场接待人根据《会签单》上的房号，在《收楼验收意见表》上填写业主姓名、房号。
(3) 验房负责人同时安排1名验房工程人员到现场接待处。验房工程人员持《会签单》到钥匙外借组办理钥匙外借手续（验房工程人员在钥匙外借进行登记）。
(4) 现场接待人填写《验房工作进度表》。
(5) 验房工程人员持房间钥匙、《收楼验收意见表》和《会签单》，与业主一起去业主房间。
(6) 验房工程人员对业主的验楼意见，适时地合理解释。解释不了的，可先在白纸上记录，以便在入伙现场找地产工程组答疑。对于明显的质量问题，则可在《收楼验收意见表》上记录。
(7) 验房工程人员征求业主意见，若其认可管理处事先抄好的水电表数，则可回入伙现场，在现场接待人处查找预先已作登记的《业主水电登记表》上的数据，直接填写在《收楼验收意见表》上。若业主不认可，则现场抄表（先抄水表，后抄电表）。验房工程人员应对现场所抄的表数负责（与安全保管员提供的数据进行比较。）。
(8) 验房工程人员和业主在《收楼验房意见表》上签名。

(9)验房工程人员回到入伙现场,将《收楼验房意见表》和《会签单》交给现场接待人,告之验房完毕。现场接待人在《验房工作进度表》和《商业区电表间钥匙领用表》上做相应填写,并把验房现场抄的表数填写在空白的《业主水电登记表》上(注意与原水电表数比较)。

(10)现场接待人在《会签单》上签名后,交给验房组负责人在《会签单》上盖章,然后把《会签单》交给业主。待业主进行钥匙登记后,返回验房人员等候区。

六、钥匙外借组(××人)

1. 主要工作

向验房组工作人员外借钥匙、回收钥匙;向钥匙发放登记组移交钥匙。

2. 实施细则

(1)工作人员根据验房工程人员所持的《会签单》,从钥匙箱拿出对应的房间钥匙。验房工程人员在《钥匙借用登记表》上登记后,借出钥匙。

(2)工作人员在《会签单》上签名,负责人盖章。验房工程人员取回《会签单》。

(3)验房工程人员在验房完成后,将钥匙还给工作人员(业主不收楼的情况下)。

七、钥匙发放登记组(××人)

1. 主要工作

向业主发放钥匙;向业主发放信报箱钥匙。

2. 实施细则

(1)验房工程人员拿着《收楼验房意见表》、房间钥匙和《会签单》引领业主到本组。

(2)工作人员核实《会签单》,只有在前几组的会签章齐全的情况下,才能向业主发放钥匙。

(3)工作人员根据房间钥匙数量,在《收楼验房意见表》上填写(或核对)数量,并在业主填写完《业主钥匙领取登记表》后,把钥匙交给业主。

(4)工作人员向业主询问是否留1把施工钥匙,以方便维修。若业主同意,工作人员则请业主在《住户委托钥匙登记表》上登记,并留1把施工钥匙交给本组负责人。如业主需要有留下施工钥匙的凭据,工作人员则将《住户委托钥匙登记表》复印1份,将复印件交给业主。

(5)工作人员询问业主是否有信报箱缴费收据,工作人员对缴费收据核实无误后,向业主发放信报箱钥匙,并请业主在《信报箱钥匙领取登记表》上登记。

(6)工作人员将《收楼验房意见表》业主联交给业主,将《收楼验房意见表》的其他联和已签名的《会签单》交给本组负责人。

(7)本组负责人在《会签单》上盖章后,把《会签单》交给业主。

3. 注意事项

向业主发放房间钥匙时,工作人员应向业主说明业主钥匙和施工钥匙的区别。

提示业主:业主钥匙一旦开门后,施工钥匙即作废,无法再使用施工钥匙进入户门。

八、装修咨询办理组(××人)

1. 主要工作

为业主装修提供咨询,受理装修申报。

2. 主要物料

(1)《装修申报表》、《装修施工人员登记表》、《装修管理规定》、《装修管理责任书》、《消防安全责任书》(商业区用)、《用电设备清单》。

(2)《装修申报表》样表、《装修施工人员登记表》样表、《用电设备清单》样表。

(3)户型平面图;户内强电、弱电平面图。

(4)印章、印泥、签字笔。

3. 实施细则

(1)业主咨询或申报办理装修手续时,工作人员应根据《装修管理规定》向业主讲解。如业主需要,可向其提供《装修申报表》、《装修施工人员登记表》、《装修管理规定》、《用电设备清单》,并出示样表。

(2) 如向业主提供户型平面图、户内强电和弱电平面图时，工作人员应在图纸上盖章："本图仅供参考，具体尺寸和位置请现场核实"。

(3) 申报审批时间：在申报资料齐全的情况下，集中入伙（7天）结束后的3个工作日内审批。

五、项目入伙应急预案

项目入伙应急预案

根据管理制度的要求，为了确保入伙顺利进行，针对在交楼过程中可能与业主发生的各种纠纷，特制订本预案。

一、业主对房屋的建筑或装修质量不满意时的处理程序

(1) 现场的接待人员立即请业主到贵宾室就座。

(2) 立即报告物业项目经理或工程部经理，请其前来处置。

(3) 现场其他服务人员立即为业主送上茶水或饮料。

(4) 物业项目经理或工程部经理赶到后立即与业主进行沟通，进一步了解业主的意图或要求。

(5) 业主要求返工整改的，则在核实情况后答复业主整改的计划（内容、工期等），如确实不属于工程质量问题的，请专业工程师作出明确解释。

二、业主因房屋质量或其他原因聚众闹事的处置程序

(1) 现场工作人员在发现有可疑人员（数量多于3人时）时应立即通知（注意避开业主）护卫主管或物业项目经理。

(2) 护卫主管应立即安排安管应急分队做好准备，并加强出入口及巡逻人员的力量。

(3) 陪同业主验房的工作人员与业主进行沟通，稳定业主的情绪，请投诉负责人与业主协商处理办法（如有必要应报告开发商总经理）。

(4) 护卫主管或客服主管做好接待工作。

(5) 护卫员工作应外松内紧，密切关注其动向。

三、业主对收费标准、项目表示不满的处置程序

(1) 客服主管或财务部人员负责向业主解释。

(2) 向业主出示收费许可证及其他收费标准的文件（即政府主管部门的批文或文件、业主与开发商签订的购房合同中关于交费的约定等）。

(3) 如上述解释工作无效，则立即引导到咨询组，由其与业主继续进行沟通。

(4) 如沟通无效，则由物业项目经理向物业公司物业副总汇报，并及时给予回复。

(5) 协商一致后，协助业主办理缴费手续。

四、消防应急程序

为预防火灾事故的发生，或防止发生火灾后的火势扩大和蔓延，特制订本程序。

(1) 发现火情立即通知护卫队长并及时采取措施避免蔓延，对人员进行疏散。

(2) 如火情较小可以处理及时予以处理，如火势较大护卫队长立即报119。

(3) 组织人员维护现场，避免人员伤亡。

(4) 协助消防干警扑灭火灾。

五、对自然灾害事故的应急处理程序

(一) 地震灾害的应急处理程序

(1) 发生地震时，立即通知消防控制中心广播通知业主立即疏散。

(2) 护卫队长负责安排人员检查电梯等部位是否关人等。

(3) 告知业主不要乘坐电梯等，并远离窗户、玻璃、不牢固的支架或悬挂的物件。

(4) 与地震局确认，地震过后通知业主。

（二）风雨灾害的应急处理程序

物业公司值班人员应每天注意收集气象信息并做记录，如有预报暴风雨时，各部门应按以下职责执行。

（1）护卫队负责检查所有外窗是否关闭，检查所有出入口室外水位情况。如遇水位上升时，应及时准备挡水物资进行封堵。

（2）工程部负责检查所有雨水排放系统是否畅通，查看屋面是否有积水，检查屋顶外墙、玻璃幕墙及外窗是否有渗漏，如有可能，应采取临时措施修补，同时应切断所有楼外供电，如泛光照明、广告灯、草地灯等。

（3）物业公司负责通知全体客户关好外窗。如遇客户单元内无人且上锁时，应通过应急联络电话通知客户并在客户同意后使用备用钥匙进入。

（4）保洁班负责清理楼内积水，在主要出入通道敷设防滑地垫。

（5）各部门应随时向物业项目经理（夜间为值班经理）报告发现的问题及处理结果。

六、发现有人触电的处理办法

发现有人触电应马上赶到现场，关闭电源，在未关掉电源之前切不可有人体接触触电人，以防自己触电，要用绝缘的东西把线头或人拉开，立即进行人工急救，并电话通知120。

七、电梯故障的处理办法

当控制室操作员接获电梯紧急求助讯号时，应立即按以下步骤执行。

（1）通知电梯承办商立即赶往现场，及时拯救被困的乘客。

（2）在电梯抢救员工未到达现场时，应尽量安慰被困的乘客。

（3）使用通讯系统，每隔约15分钟与被困乘客进行对话，并留意电梯内的情况，如空气流通情况、被困客人的情绪等。

（4）在电梯被检查维修及一切乘客被拯救后，将整体事情过程登记记录。

六、房屋装饰装修管理规定

房屋装饰装修管理规定

1 目的

根据《住宅室内装饰装修管理办法》等有关法规、政策规定，为加强住宅区房屋装饰装修管理监督，确保物业使用寿命和整体美观，保障业主利益，维护小区生活秩序，特制订本规定。

2 适用范围

所有小区的物业装饰装修管理。

3 管理规定

3.1 业主在办理完毕入伙收楼手续后方可申请办理房屋装修备案登记手续。

3.2 业主到物业管理处领取《房屋装饰装修管理协议》、《房屋装饰装修备案申报表》和《装修施工人员登记表》，根据本规定翔实填写。

3.3 业主会同其委托的装修施工单位，持下列申报资料，到物业管理处申报登记，领取《房屋装饰装修申报资料收件回执》。

3.3.1 《房屋装饰装修管理协议》。

3.3.2 《房屋装饰装修备案申报表》。

3.3.3 装修方案及图纸（装修平面图、管线图、天花装饰图等）。

3.3.4 家居装修工程施工合同原件及复印件。

3.3.5 施工单位《承建资格证书》原件及复印件。

3.3.6 施工单位《营业执照》副本原件及复印件。

3.3.7 施工单位《税务登记证》副本原件及复印件。

3.3.8 施工负责人身份证原件及复印件。

3.3.9 《装修施工人员登记表》,并提交施工人员身份证复印件、一寸免冠近照两张。装修施工单位需在上述资料复印件上加盖企业公章。

3.4 商业用房装修,业主须先报政府消防主管部门进行消防审批,消防主管部门审批同意后,再持上述申报资料到物业管理处申报装修备案登记,领取《房屋装饰装修申报资料收件回执》。

3.5 物业管理处收齐装修备案申报资料后,2个工作日内给予办理登记备案。

3.6 业主会同施工单位到物业管理处交纳装修保证金、证件押金等有关费用,领取《房屋装饰装修施工备案登记证》和施工人员《临时出入证》,方可进入现场装修施工。

4 装修项目与范围

4.1 房屋结构。

4.1.1 严禁改变建筑主体和承重结构,严禁改动、拆除、损坏承重墙、梁、柱、楼板和基础,严禁在承重墙上穿洞、凿剔或扩大承重墙上原有的门窗尺寸,不得拆除连接阳台的墙体和门窗。

4.1.2 不得过量增加楼面静荷载,包括在室内砌砖墙、超负荷吊顶、安装大型灯具;不得使用厚度大于10mm的大理石、花岗岩铺地面。

4.1.3 地板除凿毛外,不得凿除地板原水泥面层;地板、天花表面局部开槽深度不得大于15mm。

4.1.4 房内加气混凝土墙体必须征得物业管理处同意后方可拆除。房内任何墙体移位必须征得原设计单位书面同意,并报物业管理处备案后方可施工。

4.2 厨房及卫生间。

4.2.1 不得改变厨房及卫生间的结构和使用功能,禁止将其他房间或阳台改为卫生间、厨房。

4.2.2 禁止擅自改动、暗藏燃气管道设施,确需改动的,应提前书面报燃气公司审批,由燃气公司专业人员施工,并报物业管理处备案。

4.2.3 室内给水暗管位置及走向已予以标识,红色为热水管道,绿色或黑色为冷水管道。施工中禁止在暗管位置及附近区域上撞击、打钉、凿剔,防止损伤预埋暗管。

4.2.4 禁止改变厨房洗菜盆、地漏等污水排入口位置及接口方式;禁止改变卫生间洗手盆、浴缸、马桶、地漏等污水排入口位置及接口方式;禁止将生活污水排入雨水管道。

4.2.5 厨房、卫生间地面及墙面交楼时已做了防水层,交楼时,开发商已在厨房、卫生间地面注满水,闭水时间超过48小时,经双方确认防水质量合格。业主装修前,须与装修施工单位进行交验,要求装修单位做好保护措施,避免装修不当或保护不善,给相邻业主造成渗漏和损失。装修竣工验收时,业主须与施工负责人全面检查管道口与地面接合处的防水质量,确认未给楼下住户造成渗漏和管道堵损。闭水试验合格,确认无渗漏现象后方可申报物业管理处备案。

4.2.6 严禁敲打地面或以重力碰撞、震动给排水管,以免造成渗漏现象。

4.2.7 对地面各管道口进行密封保护,禁止将水泥、沙石、灰尘等导入管道,禁止损坏管道口。完工后使用清水试验,确认地漏、管道排水畅通。

4.2.8 禁止扩大预留的抽油烟机排气管孔,不得损坏、堵塞排烟道。安装完抽油烟机排气管后,应使用胶泥等材料密封好排气管与烟道孔间的间隙,避免油烟窜入房间。

4.2.9 双卫生间户型须单独安装燃气热水器,设计上没有预留集中供热水管道。

4.2.10 业主应安装使用强排式燃气热水器,并将废气通过排气管排至室外,排气管伸出外墙长度不得大于10cm。妥善保存热水器使用说明书、质量合格证、保修卡、保险卡和购买发票等备查。

4.2.11 禁止私自接通燃气管道或燃气用具,私自使用燃气。业主应在装修竣工验收后向燃气公司申报办理开户通气手续,由燃气公司进行全面安全检查和燃气使用安全知识培训后开通点火。

4.2.12 厨房、卫生间须安装吸顶式排气扇,使用排气管将废气从外墙上的专门孔洞排至室外。

4.3 门窗及阳台。

4.3.1 禁止改变进户防火防盗门的款式及颜色。允许加装统一样式的不锈钢防盗门,不允许改变进户门洞尺寸,不允许在外墙上包边。

4.3.2 禁止改变铝合金门窗的设计款式及玻璃颜色，除洗手间窗户外，不得在其他门窗玻璃上粘贴玻璃纸。

4.3.3 允许在门窗内侧安装纱窗，但纱窗框颜色必须与现有的窗框颜色一致。

4.3.4 装饰窗户时，不得以重力碰撞或振动铝合金窗框，以免引起窗框塞缝开裂或脱落，造成渗漏水现象。

4.3.5 禁止在阳台安装防盗网、铝合金玻璃窗，以维护物业整体美观。允许在阳台安装隐形防盗网。

4.3.6 禁止改变阳台外墙面砖，禁止改换阳台护栏样式和玻璃。

4.3.7 禁止在阳台上安装衣柜、装饰柜、洗手池等有碍观瞻的物品及设施。

4.3.8 采光井内侧各窗，允许在窗内侧安装统一样式的不锈钢防盗窗花。

4.4 管线及设施。住宅室内配备有供电、有线电视、电话、宽频网络、可视对讲、煤气泄漏报警、燃气自动抄表、红外线监控报警、给排水等管线。供电线路又分别为插座电源线、空调电源线和照明电源线，管线种类多，走向复杂，禁止随意改动。装修时确需改动管线，必须由施工单位出具专业管线施工图纸，报物业管理处审核备案后方可改动。

4.5 空调机安装。

4.5.1 所有房屋均已配备空调机专用电源插座、空调管穿墙孔、室外空调机安装位和空调水收集暗管插入口，禁止在外墙任何地方打孔。

4.5.2 须聘请专业队伍安装空调，严格按照物业管理处规定位置安装各房间分体空调室外机，确保与上、下楼层安装位置一致，并将百叶窗挡板安回原位。

4.5.3 若设计上个别房间没有安排室外空调机位，住户必须将空调室外机安放在物业管理处统一指定的位置上，确保与上、下楼层安装位置一致。

4.5.4 确保空调滴水管正确插入空调水收集水管口内。

4.5.5 使用胶泥等材料良好密封空调管与穿墙孔内外两侧间隙，防止雨水渗入墙内。

4.6 公共走道。

4.6.1 禁止在进户门外墙壁上进行任何装修。

4.6.2 禁止在进户门前加设任何照明灯饰，以免影响走廊观瞻或妨碍邻居。禁止在进户门前走道地面、墙面铺贴其他面砖。

4.6.3 禁止在进户门前走道上设置任何影响公共安全或可能引起他人反感的反光镜、雕塑、神龛、香炉等物件。

5 装修施工管理

5.1 承建资格管理。

5.1.1 禁止无承建资格证书、无营业执照、无固定办公地点、无技术人员的"四无"装修队进入小区承揽业务。

5.1.2 施工单位开工时应将《房屋装饰装修施工备案登记证》粘贴在进户门外面正上方，不得遮挡进户门猫眼，便于物业管理处开展装修巡查工作。

5.2 工期及施工时间管理。

5.2.1 简单装修工程30天内完工，中档装修工程60天内完工，高档豪华装修工期不得超过90天。

5.2.2 施工作业时间：上午7：00至12：00，下午2：00至7：00。

5.2.3 星期六、星期日及法定节假日施工，不得产生噪声，影响他人休息。

5.2.4 物业管理处将根据小区入住情况，对施工作业时间进行调整，施工队须按调整后的时间进行装修。

5.3 装修现场管理。

5.3.1 业主和施工单位必须严格按物业管理处备案登记的项目及范围进行装修，对于未申报备案登记的施工项目，除责令恢复原样外，将按有关规定进行处罚。

5.3.2 装修施工必须在申报登记的单元内进行，不得占用本体共用部位和公共场所（包括天台、楼道）进行加工作业。施工作业期间，进户门必须关闭，防止灰尘、噪声扩散，影响他人。

5.3.3 需在大厦外地面使用水、电切割材料或预制构件的，需填报《临时用水用电申请表》，经物业管理处审批同意后，由物业管理处专业人员接驳水电。严禁私自接驳公用水、电及乱接乱拉电源线。

5.3.4 每日施工完毕，务必关妥所有门窗、水龙头及电闸，并经施工负责人检查后方可离开。不得发生水浸，以免造成他人财产损失或电梯等公共财产损失。

5.4 施工消防管理。

5.4.1 业主和施工单位必须严格遵守消防管理规定，作业现场应至少配备2只灭火器，完善防火措施。

5.4.2 施工需要使用明火或烧焊作业时，必须到物业管理处填报《动火作业申报表》，经审批后由施工单位安排持有特种作业操作证的人员，严格按规定程序操作，现场应有完善的防火措施和足够的灭火器材，并落实专人现场监管安全。

5.4.3 禁止施工人员在装修户内使用液化石油气、煤油炉、电炉等做饭，晚上禁止装修工人在小区内留宿。

5.4.4 禁止施工人员在装修现场吸烟。

5.4.5 禁止在装修现场存放天那水、油漆、盐酸等易燃、易爆、剧毒物品。

5.5 材料搬运管理。

5.5.1 必须在规定时间内从专用通道搬运装修材料，装修材料不得长时间堆放在公共地方。

5.5.2 水泥、沙、石、白灰等粉粒材料必须袋装后搬运，流质材料必须用容器密封后搬运。及时清除搬运过程中产生的垃圾和污染。

5.5.3 使用电梯搬运材料时，禁止运载超长、超宽、超重物品，材料须均匀摆放在电梯轿厢；不得用纸、木板等物嵌入电梯门缝内，强制使梯门长时间不能关闭；禁止使用客梯运载装修材料。

5.5.4 不得对电梯、消防楼梯墙面及楼层公共设施造成损坏，违者将承担修复或赔偿责任。

5.5.5 运输装修材料车辆进入小区不得污染环境，对容易产生污染的车辆必须经过清洗后方可进入小区。

5.6 装修垃圾清运管理。

5.6.1 装修垃圾必须袋装密封后，才能搬出装修单位，并堆放在物业管理处指定位置。

5.6.2 业主或施工单位，不得在指定地点外任何公共地方堆放装修垃圾，不得将装修垃圾放入生活垃圾桶内。

5.6.3 业主或施工单位，必须将装修垃圾按物业管理处规定时间搬运到小区指定地点。搬运过程中，如对电梯、公共通道造成损坏或污染的，必须恢复原状。

5.6.4 物业管理处委托专业单位定期将收集的装修垃圾清运到相关部门指定的填埋场处理。

5.7 竣工备案。

5.7.1 装修完工后，业主和施工单位须共同开展装修质量检查验收，形成书面验收意见，双方签名。

5.7.2 业主会同施工单位持书面装修验收意见到物业管理处申报竣工备案。

5.7.3 经物业管理处检查，如有违章装修或渗、漏、堵、损坏等情况，业主和装修单位须按责任修复或赔偿，费用也可从装修保证金中扣除，多退少补；如无违章装修行为，物业管理处竣工备案5个工作日内退还装修保证金。

6 其他规定

6.1 施工单位从业条件。从事家居装修者，应具备下列条件。

6.1.1 办理了工商、税务注册登记。

6.1.2 有固定的办公地点。

6.1.3 专业技术人员持有市主管部门颁发的上岗证。

6.1.4 持有主管部门颁发的《承建资格证书》，且本年度审验合格。

6.1.5 与业主签订家居装修施工合同。

6.2 违章处罚。凡违反上述规定的行为均属装修违章。

6.2.1 若发生装修违章，施工单位为第一责任人，业主为第二责任人，两者对装修违章负有共同责任。

6.2.2 对装修违章，物业管理处有权根据情节轻重对责任人作出如下处罚。
（1）责令其限期修复、纠正、恢复原状。
（2）采取扣留、没收工具的方式，责令停工，赔偿经济损失。
（3）对每项装修违章，物业管理处均有权按有关规定从保证金中扣除违约金及赔偿金。
（4）对装修违章情节特别严重的，取消装修队在小区的装修资格，并报请主管部门依法处理或诉诸法律追究当事人责任。

七、二次装修违规处罚管理规定

二次装修违规处罚管理规定

为了加强大厦的装修质量和安全，凡进入大厦装修的施工单位所属施工人员，应自觉遵守各项安全管理规定，如违反下表所列管理规定的装修方，将根据情节轻重，给予口头警告（收取违约金）、书面严重警告（收取违约金）、停工整顿（收取违约金）处理。

违规处罚管理规定

违规级别	处罚	违反规定内容
一级违规行为	口头警告，并收取××元违约金	（1）不佩戴施工出入证 （2）在施工现场打闹、闲逛、喧哗 （3）在施工现场留宿、赤足、赤背 （4）施工现场敞门施工 （5）无灭火器
二级违规行为	书面严重警告，并收取××元违约金	（1）使用业主卫生间造成上下水堵塞 （2）在施工现场饮酒、吸烟、就餐 （3）乱放施工垃圾、材料 （4）赌博、斗殴、随地大小便 （5）使用假证件或借用他人证件 （6）施工中产生超标噪声、异味 （7）乱扔废弃物影响公共区域卫生 （8）各工种各岗位未按要求持证上岗
三级违规行为	停工整顿，并收取××元违约金	（1）无动火证动火 （2）擅自改动审批的装修方案进行施工 （3）使用不合格电动工具；使用老化、不能满足负荷载流量的电源线；乱接临时线；将电线直接插入电源 （4）使用电加热器、电炉子、电饭锅等发热设备 （5）存入大量危险品；油漆作业与电气焊交叉进行 （6）堵塞通道；擅自使用消防设备 （7）不服从管理，不按要求施工，态度蛮横
四级违规行为	根据损失后果而定	违反规定，给甲方造成经济损失及不良影响后果的

第五章　物业项目入伙规范化管理表格范本

一、管理处主要组成人员资审表

管理处主要组成人员资审表见表4-5-1。

表 4-5-1 管理处主要组成人员资审表

姓名		近五年主要工作业绩及担任职务
专业工龄		
职务		
职称		
物业管理上岗证编号		
专业、学历		
联系电话		
拟在本项目承担工作		

二、管理处物资清单

管理处物资清单见表 4-5-2。

表 4-5-2 管理处物资清单

序号	物资类别	名称	需要数量	计划到货日期	实际到货日期	备注

三、物业项目交楼工作计划及跟进表

物业项目交楼工作计划及跟进表见表 4-5-3。

表 4-5-3 物业项目交楼工作计划及跟进表

序号	工作内容	主办单位	协办部门	计划完成时间	存在问题	解决方案	实际情况
	准备阶段						
1	制作《业主资料卡》	物业公司					
2	楼牌号申请报批	开发中心					
3	制作《住户证申请表》	物业公司	开发商				
4	制作《房屋使用维修管理公约》	物业公司					
5	制作《装修保证书》	物业公司	开发商				
6	制作《装修申请表》	物业公司	开发商				
7	制作《业主手册》	物业公司	开发商				
8	制作《装修管理规定》	物业公司	开发商				
9	制作《收楼物品移交清单》	物业公司	开发商				

续表

序号	工作内容		主办单位	协办部门	计划完成时间	存在问题	解决方案	实际情况
10	制作《装修人员出入证申请表》		物业公司	开发商				
11	制作《空调机安装申请表》		物业公司	开发商				
12	制作《业主、住户室内装修工程完工通知书》		物业公司	开发商				
13	楼牌号批复完成		开发中心					
14	物业办公室装修完成，办公区投入使用		项目工程	物业公司				
15	报装物业公司电话		物业公司	电话局				
16	建立工程返修流程		物业公司	开发商相关单位				
17	制作《业主、住户入住合约》		物业公司	开发商				
18	物业公司人员到岗		行政人力资源部	物业公司				
验收阶段								
19	（1）	施工单位提交竣工报告	项目工程部	施工单位				
20	（2）	监理提交工程质量评估报告	项目工程部	监理单位				
21	（3）	设计提交工程质量评估报告	工程设计中心	设计单位				
22	（4）	地勘提交工程质量评估报告	项目工程部	勘察单位				
23	申领备案登记表		开发中心					
24	地基、基础、结构验收记录		项目工程部	施工单位				
25	环保部门验收		开发中心					
26	（1）	雨、污水工程	项目工程部	相关单位				
27	（2）	天然气工程	项目工程部	相关单位				
28	（3）	电力工程	项目工程部	相关单位				
29	（4）	电视工程	项目工程部	相关单位				
30	（5）	电话工程	项目工程部	相关单位				
31	（6）	网络工程	项目工程部	相关单位				
32	建设单位按合同规定支付工程款证明		项目工程部	施工单位				
33	户内表检测		项目工程部	水电公司				
34	与××签订工程保修合同		项目工程部					
35	成立物业接管验收小组		物业公司					
36	建立小区设备、设施台账		物业公司	项目工程部				
37	整理施工、安装合同及联系电话		项目工程部	物业公司				
38	工程、设备竣工图纸资料移交		项目工程部	物业公司				

续表

序号	工作内容	主办单位	协办部门	计划完成时间	存在问题	解决方案	实际情况
39	交楼套餐培训	物业公司					
40	办理通邮手续	开发商	物业公司				
41	建立业主档案	物业公司	销售、客服				
42	实测建筑面积与预交管理面积制表输入	物业公司	项目工程部				
43	设计交楼文件印刷完成（表格内容设计和整理）	物业公司	策划部				
44	完成各类表格、交楼文件印刷（印刷制作）	物业公司	策划部				
45	（1）室内电、给排水工程完工	项目工程部	相关单位				
46	（2）室外墙面整改工程	项目工程部	相关单位				
47	（3）室内装修整改工程	项目工程部	相关单位				
48	（4）有线电视	广电部门	项目工程部				
49	（5）防雷（避雷检测）	项目工程部	相关单位				
50	（6）宽带、电话	中国电信	项目工程部				
51	（7）生活水泵站	项目工程部	相关单位				
52	（8）停车场交费系统	项目工程部	相关单位				
53	分项工程完工验收						
54	（1）总包单位完成配套工程	项目工程部	相关单位				
55	（2）分包单位完成安装调试	项目工程部	相关单位				
56	（3）消防检测、整改、复验、合格检测报告	开发中心	相关单位				
57	（4）市消防局验收、整改、复验、领取《消防验收意见书》	开发中心	相关单位				
58	项目公司组织交楼初验	项目工程部	相关单位				
59	检查出问题整改、检查	项目工程部	施工单位				
60	项目公司组织交楼复验	项目工程部	相关单位				
61	基建资料的整理	项目工程部	施工单位				
62	竣工资料整理（含各分包资料归集）	项目工程部	施工单位				
63	环境评估报告批复	开发部	项目工程部				
64	整理备案资料、办理备案、工程竣工	项目工程部	相关单位				
65	整楼验收单	项目工程部					
66	专项工程验收						
67	区疾控中心水质检测	项目工程部	相关单位				
68	单项工程验收	项目工程部	相关单位				

续表

序号	工作内容		主办单位	协办部门	计划完成时间	存在问题	解决方案	实际情况
69	小区交楼区域的围闭完成，保安进入封闭管理		项目工程部	相关单位				
70	有资质单位进行室内环境检测出具空气检测报告		项目工程部	相关单位				
71	质量监督站验收		项目工程部	开发部				
移交阶段								
72	项目公司交楼给物业公司		项目工程部	物业公司				
73	（1）	道路铺沥青工程	项目工程部	相关单位				
74	（2）	园建、绿化整改工程	项目工程部	相关单位				
75	（3）	房屋工程	项目工程部	相关单位				
76	（4）	小区围墙整改、加护栏	项目工程部	相关单位				
77	（5）	安防工程	项目工程部	相关单位				
78	（6）	邮政信报箱验收	项目工程部	物业公司				
79	（7）	小区路灯验收	项目工程部	相关单位				
80	（8）	交通标识（划线等）	项目工程部					
收楼阶段								
81	成立返修队		物业公司	相关单位				
82	组织召开交楼协调会		开发商	相关部门				
83	制作《入住通知书》		客服、财务	法律室				
84	制作《交楼业主资料》		物业公司	客服中心				
85	制作《房屋交接单》		物业公司	客服中心				
86	制作《入住流程》		物业公司	客服中心				
87	制订开荒保洁方案工作		物业公司					
88	制作《房屋问题维修单》		物业公司	客服中心				
89	开荒及日常保洁招标		审核部	物业公司				
90	一期交楼楼宇进行初验		物业公司	项目工程部				
91	设备房、设备进行初验		物业公司	项目工程部				
92	开荒及日常保洁招标		审核部、工程部	物业公司				
93	签订一期开荒及日常保洁合同		物业公司	相关部门				
94	一期交楼楼宇进行复验		物业公司	项目工程部				
95	设备房、设备进行复验		物业公司	项目工程部				
96	确定小区临时垃圾站位置		开发商	物业公司				
97	签订一期开荒及日常保洁合同		物业公司	相关部门				
98	业主收楼顺序排定		营销中心					
99	交楼现场选址、确定		策划	开发商、物业				

续表

序号	工作内容	主办单位	协办部门	计划完成时间	存在问题	解决方案	实际情况
100	核对面积与价格	项目财务	营销、开发、工程				
101	制作业主尾款催费书	项目财务	营销				
102	制作交楼现场公示政府批验文件	物业公司	项目工程部				
103	制作《物业收费明细表》及收费依据	物业公司					
104	落实小区施工区域与生活区域的围档	营销中心	物业公司				
105	制作《入住缴纳费用项目清单》	物业公司	项目财务				
106	楼牌、户门牌及各类标识牌垃圾箱制作到位	物业公司	开发商、营销、策划				
107	小区道路、广场、绿化、照明全部完工	项目工程部	相关单位				
108	竣工建筑面积测量						
109	（1） 建筑工程总平面图（竣工图）	开发部	项目工程部				
110	（2） 房屋建筑设计平面图（竣工图）	开发部	项目工程部				
111	（3） 房屋公共部分使用情况说明	开发部	项目工程部				
112	（4） 房屋建筑面积测估书	开发部	项目工程部				
113	楼宇、设备接管验收	物业公司	项目公司				
114	监控中心投入使用	项目工程部	相关单位				
115	监控中心投入使用,值班人员到位	物业公司					
116	完成小区的标识招标、安装工程	项目工程部	物业公司				
117	制订钥匙使用、保管流程	物业公司					
118	成立交楼突发事件的安全、保卫小组	物业公司	物业护卫部				
119	成立交楼小组	开发商	营销、工程、物业				
120	规划验收认可文件	开发部					
121	水电、燃气、有线电视、宽带、电话、暖气的开通手续	项目工程部、开发部	物业公司				
122	各类标识牌安装到位	项目工程部	物业公司				
123	交楼费用方面的预算制订（饭费、文具）	开发商					

续表

序号	工作内容	主办单位	协办部门	计划完成时间	存在问题	解决方案	实际情况
124	交楼礼品的准备（礼袋、钥匙扣、礼品等）	开发商					
125	核对移交楼单元的各类表号与房号准确无误	销售、工程	物业公司				
126	完成开荒保洁工作	开发商	物业公司				
127	小区垃圾桶制作安装到位	物业公司、营销策划	办公室				
128	签订化粪池清掏单位	审核部	物业公司				
129	制订小区临时车辆出入证	物业公司					
130	落实交楼现场联合咨询处人员	开发商	工程、法律、营销				
131	成立突发事件处理小组	开发商	客服、营销				
132	法律诉讼小组	法律室					
133	谈判、协调小组	开发商	营销、法律、工程				
134	小区临时垃圾处理站建成使用	项目工程部	相关单位				
135	交楼人员进行交楼培训	开发商	各部门				
136	交楼人员进行现场模拟、彩排	物业公司	开发商				
137	发《交楼通知书》	营销、策划	办公室、物业				
138	业主收楼						
	后期阶段						
139	监督各部门工作完成情况并汇总	开发商	相关单位				
140	物业公司财务安装交楼现场收款机	物业公司	公司财务				
141	小区财务收费系统安装调试	物业公司	公司财务				
142	项目公司财务安装交楼现场收款机	项目财务	开发商				
143	跟踪处理已交楼业主返修问题	物业公司	客服				
144	汇总问题报领导批示传×××整改	客服					
145	商品房面积实测技术报告	开发部	工程				

交楼小组组长：
交楼领导小组成员：

制表时间：××××年××月××日

四、业主登记表（个人用户）

业主登记表（个人用户）见表4-5-4。

表4-5-4 业主登记表（个人用户）

部门：　　　　　　　　　　　　　　　　编号：
适用类别：个人客户

所住区域、栋、单元、房号					
户主姓名			配偶姓名		
出生年月		贴相片处	出生年月		贴相片处
文化程度			文化程度		
性别					
籍贯					
户口所在地					
身份证号码					
暂住证号码					
联系电话					
特长（爱好）					
入伙日期		户型		建筑面积	
使用类型		自用□		出租□	
家庭成员					
姓名					
与户主关系					
性别					
出生年月					
户口所在地					
身份证号码					
特长（爱好）					
退伙日期					
附件	《购房合同书》、身份证或营业执照复印件、签订的《业主公约》、入伙通知书或代理入伙委托证明书原件、《房屋交接验收单》				
备注	本表适用于个人客户				

登记人：

五、业主登记表（单位用户）

业主登记表（单位用户）见表4-5-5。

表4-5-5　业主登记表（单位用户）

部门：　　　　　　　　　　　　　　　　编号：

适用类别：单位客户

单位名称				部门名称	
所住区域、栋、单元、房号				入住时间	
总人数		联系人		联系电话	
负责人		房号		联系电话	
人员登记、变更记录					
序号	姓名	职务	变更记录	序号	姓名	职务	变更记录

序号	姓名	职务	变更记录	序号	姓名	职务	变更记录

登记人：

六、钥匙收（发）登记表

钥匙收（发）登记表见表4-5-6。

表4-5-6　钥匙收（发）登记表

部门：　　　　　　　　　　　　　　　　编号：

类别：发放□ 回收□

序号	房号	钥匙数量	客户签名	收（发）人签名	收（发）日期	备注

归档：　　　　　　　　　　　　　　　日期：

七、房屋交接验收单

房屋交接验收单见表4-5-7。

表4-5-7 房屋交接验收单

部门：　　　　　　　　　　　　　　　　　编号：
类别：□入伙　□退伙

所住区域、栋、单元、房号						
验收项目	验收结果（符合验收规范的打"√"，不符合的打"×"，无此项目的不填）				问题说明	
建筑工程	顶棚		窗			
	墙面		防盗网			
	地面		晾衣架			
	门		其他			
	门锁					
电器工程	电视插座		电话插座			
	各类灯具		其他插座			
	开关		对讲机			
	电箱		其他电器			
	门铃					
	电表					
给排水工程	地漏	厨房	卫生间	洗手盆	洗衣机	阳台
	给水管道		排水管道			
	厕所坐便		厕所水箱			
	洗手盆		水阀			
	水表		洗涤盆			
	花洒		水泵			
燃气工程	煤气阀门		三表底数	电表		
	煤气管道			煤气表		
	煤气表			水表底		
其他项目						
验收意见						
接收单位意见：			移交单位意见：			
签名：　　　　日期：			签名：　　　　日期：			
备注						

归档：　　　　　　　　　　　　　　日期：

八、退伙申请表

退伙申请表见表4-5-8。

表4-5-8　退伙申请表

编号：

户主姓名			房号	
工作单位			联系电话	
入伙日期		户型	建筑面积	
退伙原因				
管理处意见				
费用情况				
附件	《房屋交接验收单》、《钥匙收（发）登记表》			

归档：　　　　　　　　　　　　　日期：

九、业主（使用人）装修施工申请表

业主（使用人）装修施工申请表见表4-5-9。

表4-5-9　业主（使用人）装修施工申请表

装修地址：　　　　　　　　　　　填报时间：

业主姓名		联系电话	
装修公司名称		装修公司联系电话	
装修负责人姓名		其他联系方式	
申请装修内容（包括装修项目、范围、标准、时间及施工图纸等）			
地面做法			
墙面做法			
室内门窗			
天花做法			
厨房做法			
卫生间做法			
阳台做法			
给水管路做法			
电线管路做法			
暖气			

续表

用电设备			
设备名称	功率/kW	数量	合计功率/kW
总功率/kW			
说明	（1）装修增、改项目需另行申报，经物业公司工程部负责人对其设计施工方案批准后方可施工 （2）本业主（使用人）和装修公司保证装修内容不超过以上范围、标准，并按期完成 （3）申请时如资料未备齐，限3日内备齐，否则该表自动失效 （4）物业公司负责现场验收，如各系统管道无跑、冒、滴、漏现象，各排水管道及地漏排泄通畅，无堵塞现象，并无违章现象，则退证后方可退还装修责任保证金 （5）本表复印后一式三份，物业公司执原件，复印件分别由业主、装修公司各执一份			
业主填报时间		装修公司填报时间	
业主签名		装修公司负责人签名	
备注：			

十、装修审批单

装修审批单见表4-5-10。

表4-5-10　装修审批单

编号：

	用户名称：			装修资料		
客服中心				序号	资料名称	份数	收到
	房号		建筑面积		1	装修协议书	3份	
	业主： 联系电话：			2	业主（使用人）装修施工申请表	1份	
				3	装修施工全套图纸	2套	
	施工单位： 负责人： 联系电话： 施工人数：			4	装修公司营业执照副本复印件（加公章）	1份	
				5	装修公司企业资质证明复印件（加公章）	1份	
				6	二次装修工程区域治安、消防承诺书	1份	
				7	装修公司与业主的装修合同复印件	1份	
	开始施工时间： 完成施工时间：			8	施工人员身份证复印件（或暂住证）	1套	
				9	施工人员1寸照片各2张	2套	
工程部	收件时间： 相关资料：□《装修审批单》　□《业主（使用人）装修施工申请表》　□装修施工图纸　□其他 工程部经理：						

续表

护卫部经理	收件时间：_____ 相关资料：□《装修审批单》 □《业主（使用人）装修施工申请表》 □装修施工图纸 □《二次装修工程区域治安、消防承诺书》 □施工人员身份证复印件、照片 护卫部经理：
	年 月 日

注：第一联，工程部；第二联，施工单位；第三联，客服中心；第四联，护卫部；第五联，业主。

十一、装修期间加班申请表

装修期间加班申请表见表4-5-11。

表4-5-11 装修期间加班申请表

业主名称：_____ 楼层、房间：_____ 事　　由：_____ 　　　　　_____ 加班时间：由___年___月___日至___年___月___日 　　　　　由___时至___时 装修公司、业户签署及盖章：_____ **以下由物业公司填写** 客服中心： 不批准或批准： 原因：_____ 审批人（签字）：_____　日期：___年___月___日 护卫部： 不批准或批准： 原因：_____ 审批人（签字）：_____　日期：___年___月___日 经理意见及签字：_____ 　　　　　　　日期：___年___月___日

注：一切装修加班申请须24小时前向物业公司递交申请表，经物业公司书面批准后方可进行

十二、装修施工变更单

装修施工变更单见表4-5-12。

表4-5-12 装修施工变更单

施工单位：□工程部施工　　□外委单位施工　　□用户装修施工 单位名称：_____ 负责人：_____ 施工性质：□施工延期　　□施工整改　　□公司内部施工 施工时间：__年__月__日__时__分开始至__年__月__日__时__分结束 　　　　　□连续施工 办理证件：□许可证，编号_____ □施工证，人数_____ 影响范围：_____ 审　批：施工方_____ 客服中心_____ 　　　　护卫部_____ 工程部_____

注：本变更单一式一联，由客服中心留存

十三、装修验收申请表

装修验收申请表见表4-5-13。

表4-5-13 装修验收申请表

兹于____年____月____日受理____座____号的装修验收申请。 资料： □业主书面验收合格证明，并留存复印件 申请验收人：_____　　　　日期：____年____月____日 客服中心经办人：_____　　　　日期：____年____月____日
— * — * — * — * — * — * — * — * — * — * — * — * — * — * — * — * — * — （以下内容为验收后的通知记录） 物业公司于____年____月____日通知____座____号装修验收：□合格　　□不合格 业主联系人：_____先生（女士） 施工方联系人：_____先生（女士） 客服中心经办人：_____　　　日期：____年____月____日
验收申请回执 物业公司兹于____年____月____日受理____座____号的装修验收申请，将于三日后通知业主及施工单位验收结果。 申请验收人：_____　　　　日期：____年____月____日 客服中心经办人：_____　　　　日期：____年____月____日

十四、二次装修巡查记录表

二次装修巡查记录表见表4-5-14。

表4-5-14 二次装修巡查记录表

巡查日期：　　年　　月　　日

序号	装修单元	到达时间	离开时间	巡查内容													其他	改善通知书号
				消防批文	装修许可证	装修审批单	灭火器	动火证	动火情况	施工防火预措施	施工人员证件	施工现场负责人	现场人数	现场地秩序	现场卫生	现场烟头	内部公共设施情况	公共区域设施情况	公共区域清洁情况	整体状况		
1																						
2																						
3																						
4																						

检查人员：　　　　　主管审核及签字：　　　　　经理审阅及签字：　　　　　总经理意见及签字：

记录识别：有√；无×；妥当O；良好A；合格B；不合格C；极差D；过期E；有损坏G（并备明）；不需要H；数量为数字记录。

十五、二次装修施工用电申请表

二次装修施工用电申请表见表4-5-15。

表4-5-15 二次装修施工用电申请表

装修地址：　　　　　　　　　　　　　　　　填报时间：

业主名称		用电负责人		电话	
施工单位名称		联系人		电话	
施工期限					
配电箱表底数					
电动工具名称	数量	额定功率	额定电压	备注	

物业主管：＿＿＿＿＿＿＿＿＿＿　　　　　　申请人：＿＿＿＿＿＿＿＿＿＿

十六、装修缴款通知单

装修缴款通知单见表4-5-16。

表4-5-16 装修缴款通知单

编号：　　　　　　　　　　　　　　　　财务部：
兹有　　　　　（房号），装修施工单位　　　现办理装修缴款手续，明细如下，请予以办理。

房号		业主		联系电话	
装修保证金			装修垃圾清运费		
施工人员出入证押金			施工人员出入证工本费		
施工车辆出入证押金			施工车辆出入证工本费		
装修施工许可证工本费			其他		
费用合计	人民币（大写）：			小写：	
开单人签名		部门经理签名		日期	年　月　日
缴款人签名		财务主管签名		日期	年　月　日
收款人签名				日期	年　月　日

十七、装修退款通知单

装修退款通知单见表4-5-17。

表4-5-17 装修退款通知单

财务部：

兹有　　　　　（房号），装修施工单位　　　　　现办理装修缴款手续，明细如下，请予以办理。

房号		业主		联系电话			
装修保证金				施工人员出入证押金			
施工车辆出入证押金				其他			
费用合计	人民币（大写）：				小写：		
开单人签名		部门经理签名		日期	年	月	日
财务部主管		总经理签名		日期	年	月	日
财务部出纳		收款人签名		日期	年	月	日

第五部分
物业公司工程设施与设备规范化管理

- 第一章　物业公司工程部的组建
- 第二章　物业工程管理制度建设
- 第三章　设施设备运行管理
- 第四章　设施设备维护保养管理
- 第五章　应急维修的管理
- 第六章　房屋的日常养护
- 第七章　工程设施与设备规范化管理制度范本
- 第八章　工程设施与设备规范化管理表格范本

第一章 物业公司工程部的组建

物业公司工程部的组建往往分两级来处理：公司总部设立工程部；各项目管理处设立工程组。

一、公司总部设立工程部

（一）工程部的职责

在大型物业公司，各部门设置比较齐全，工程部是与人力资源部、行政部、财务部、品质部、市场拓展部、顾问部、各管理处等平行的部门，如图5-1-1所示。

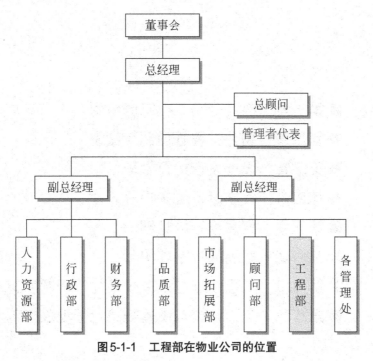

图5-1-1　工程部在物业公司的位置

工程部的主要职责如下。

（1）为公司各管理处提供技术支持，指导其做好小区的市政设施、园林绿化、房屋及其附属设施设备的运行管理工作。

（2）对各管理处在小区市政设施、园林绿化、房屋及其附属设施设备的日常运作进行安全使用督导，对存在的安全隐患提出整改意见。

（3）负责组织对公司管辖小区内的房屋结构安全进行鉴定，对损坏房屋提出修缮方案或报房屋安全主管部门鉴定，并根据房屋安全主管部门的意见组织进行整改。

（4）制订公司管辖小区内房屋设施设备的年度保养计划，并对管理处的实施情况进行监督。

（5）负责对各小区设施与设备的日常运行管理进行监督考核。

（6）负责公司的技术安全管理工作。

（7）负责公司业务拓展中的技术筹备、前期介入和新区的验收接管工作。

（8）负责公司各技术专业对业务主管部门和其他有关单位的业务联系工作。

(9）对本部门环境因素的识别、评价及管理。
(10）对本部门（小区）所产生的固废分类收集、处理。
(11）完成公司下达的责任指标。

（二）工程部的职位结构与职责

不同公司的工程部职位结构可能不一样，其具体职位结构如图5-1-2所示。

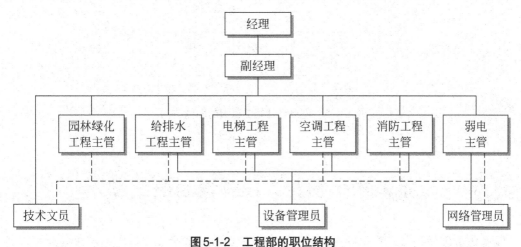

图5-1-2 工程部的职位结构

二、各项目管理处设工程组

（一）工程组的职责

在各项目物业管理处往往设置一个工程组，如图5-1-3所示。

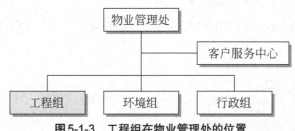

图5-1-3 工程组在物业管理处的位置

工程小组的主要职责如下。
（1）负责编制本管理处年度物资装备计划、年度公共用水用电计划、年度工具配置计划、设备大中修计划、设备保养计划。
（2）负责对小区设施设备进行科学合理的管理和保养。
（3）负责本管理处设施设备的日常维修工作。
（4）负责本管理处外委工程的申请及施工监理。
（5）提供有偿服务，满足业主及物业使用人多层次需求。
（6）持续不断地改进服务质量和提高业主对设施与设备管理的满意度。
（7）协助公司工程部不断完善各项操作规程。
（8）对本项目组有关的环境、职业健康安全等方面因素进行评估，并制订相应的措施。

（二）工程组的职位结构与职责

工程组往往设置一名主管，下设维修班、运行班，各班设置一名班长，各班长之下再设置技工，如图5-1-4所示。

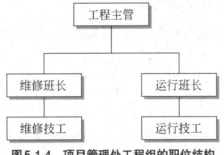

图5-1-4　项目管理处工程组的职位结构

第二章　物业工程管理制度建设

制度化管理是指公司管理中强调依法治企，法制规章健全，在管理中事事处处都有规章制度约束，因此要完善管理制度，并且注意管理的硬件，重视管理方法的科学化。对于物业工程和设施设备的管理，也要进行制度化管理。

一、认真制订管理制度

（一）工程部部门管理制度

工程部部门管理制度主要是明确部门职责、组织架构、员工行为及工作中要注意的事项，通常包括以下内容。

（1）工程部的职责和管理范围。
（2）工程部的组织架构。
（3）工程部各级人员岗位责任制。
（4）工程部总值班制度。
（5）设备定期校验制度。
（6）安全工作制度。
（7）工程维修物资管理制度（包括材料、配件储备定额的制订）。
（8）机具、仪器、工具管理制度（机具、仪器、工具配置计划）。

（二）设施设备管理制度

就各项设施设备制订具体的管理制度，具体包括以下制度。

（1）检修管理制度。
（2）变电所管理制度。
（3）电气运行和事故处理规程。
（4）低压电器维修管理制度。

(5)电梯（扶梯）管理制度。
(6)给排水管理制度。
(7)中央空调管理制度。
(8)柴油发电机管理制度。
(9)弱电系统管理制度。
(10)机械设备管理制度。

（三）根据物业设备情况制订运行方案

物业设备的运行应根据人流多少、气候条件、作息时间、市场淡旺、负荷状况等情况，本着安全、经济和服务至上的原则，制订合理的中央空调系统、电梯系统、给排水系统和供电系统运行方案，既要满足业主（用户）需要，又要节省能源。

（四）制订设备应急措施

设备应急措施通常包括以下9种。
(1)物业防洪的应急措施。
(2)预防地震的应急措施。
(3)玻璃幕墙损坏的应急措施。
(4)台风袭击的应急措施。
(5)应付火警的措施。
(6)电力中断的应急措施。
(7)饮用水中断的应急措施。
(8)电梯困人的应急措施。
(9)对突发事件的应急措施。

二、严格实施管理制度

（一）开展培训

各项管理制度经审核批准之后，应组织员工全面培训、学习，其任务有以下两个方面。
(1)完全掌握适用于本岗位、本部门的制度，了解其要求。
(2)培养员工规范化、制度化管理意识。通过培训使员工形成尊重制度，视制度为自己工作指南的意识，具体来说，要形成两个方面的观念和意识：一是制度必须坚决贯彻执行；二是制度若有问题必须及时修改，每一位员工都有权利和义务提出修改制度的建议。

（二）检查相关工作记录

检查制度实施的有效方式是检查记录（如保养记录、维修记录）的填写是否规范。为此必须长期坚持对下列行为给予严格处分来加以推动和强化。
(1)工作没有完成。
(2)工作虽然完成了，但没有填写记录。
(3)记录虽然填写了，但填写的是虚假情况。
(4)虽然真实填写了记录，但记录中所表明的完成工作的方式与文件规定、要求不一致。
(5)记录所表明的工作方式虽然与制度规定一样，但填写不全面，表述不准确；记录虽然全面、准确，但没有按制度要求及时传递使用及归档。

三、定期进行监督检查

要经常把管理制度拿出来和已完成的工作比一比、量一量。如发生某起投诉就要将被投诉人的行为与制度规定的要求比一比、量一量，符合文件要求的，就应该予以肯定、鼓励，不符合的就定为有效投诉，应该及时指出并给予批评。

那么，如何能够在制度实施的监督检查中做到"违法必究"，从而监督有效，使规章制度贯彻实施呢，有以下3点要求。

（一）设立监督检查部门

物业公司可以按ISO 9000质量管理体系的要求来设立监督检查部门。
（1）ISO质量体系运行维护的常设部门——品质管理部。
（2）临时监督检查机构——内审小组。
（3）评审委员会——管理评审会议。

（二）确立工作原则

以制度为准绳，以记录为依据，辅以现场调查、当事人访问的原则。

（三）制订工作程序

可以按照ISO 9000质量管理体系的要求来制订一些监督方面的程序。

1. 服务监视和测量程序

主要指导品质管理工作人员工作，应当明确品质管理人员监视和测量服务质量的方式方法及工作环节，通过监视和测量发现一切违反文件要求的不合格项，并分析其产生的背景、原因以及相关人员的责任，与对方作充分的沟通后，进而提出纠正和预防措施，并跟进纠正和预防措施的落实效果。

2. 内审程序

主要指导内审小组的活动，其中回避原则尤应注意，即审核员不得审核与其职务有直接关系的部门。

3. 管理评审程序

主要指导管理评审工作，对工程服务管理质量的运行情况作出评价。

以上三个程序工作的共同原则是：以制度为准绳；以记录为依据，循序渐进，层层深入；现场调查，访问当事人；力求还原事实真相，分清原因和责任，使每一起投诉、每一次事故、每一个不合格项都能得到及时、公正、公平的处理；进一步强化员工尊重制度，按制度办事的工作习惯，并最终使管理制度能得到全面、彻底的实施，真正实现物业公司的制度化管理。

第三章 设施设备运行管理

在物业管理中，设施设备运行管理是管理过程中的重要一环，它关系到物业使用价值的体现，是支撑物业管理活动的基础。设备运行不好，不但会直接影响业主的生活质量和生活秩序，而且会严重影响物管企业的社会声誉。

一、制订合理的运行计划

根据设施设备和物业的实际情况所制订的合理使用计划，应包括开关机时间、维护保养时间、使用的条件和要求等方面的内容。如电梯的运行时间、台数和停靠楼层；中央空调机组的开关机时间和制冷量、供应范围和温度；路灯或喷泉的开关时间等。这些内容会根据具体物业的实际情况和季节、环境等因素的变化而有所区别，以满足安全、使用、维护和经济运行方面的需要。

二、配备合格的运行管理人员

物业公司应根据设施设备的技术要求和复杂程度，配备相应工种的操作者，并根据设备性能、使用范围和工作条件安排相应的工作量，确保设施设备的正常运行和操作人员的安全。

必须采取多种形式，对职工进行多层次的培训，培训内容包括技术教育、安全教育和管理业务教育等，目的是帮助职工熟悉设施设备的构造和性能。操作人员经培训考核合格后，才能独立上岗操作相关工作专业的设备。供配电、电梯、锅炉运行等特殊工种还须经政府主管部门组织考核发证后凭证上岗。

三、提供良好的运行环境

工作运行环境不但与设施设备的正常运转、减少故障、延长使用寿命有关，而且对操作者的情绪也有重大影响。为此，应安装必要的防腐蚀、防潮、防尘、防震装置，配备必要的测量、保险、安全用仪器装置，还应有良好的照明和通风设备等。

各类不同专业设备的运行环境的具体要求如下。

（一）供配电系统设备房环境要求

1. 高低压配电房

高低压配电房运行环境要求见表5-3-1。

表5-3-1　高低压配电房运行环境要求

序号	项目	环境要求
1	门	（1）外开，门洞有防鼠、防小动物装置，门扇有通风百叶，门内侧装有防火自动垂帘（或其他防火隔断措施） （2）防火门及金属门应保持完好，防腐油漆定期翻新 （3）门外应有明显的标志："高低压配电室"或"非值班工作人员严禁入内"
2	墙身	刷白，无施工遗留痕迹，无明显的凹凸不平及挂尘的现象，墙身只允许挂"系统图"及"规章制度"
3	天花	刷白，无漏水痕迹、无蜘蛛网
4	地板	可根据实际情况选以下一种处理方法 （1）水泥地板全部油灰色地板漆 （2）铺防潮、防滑地砖 （3）用阻燃夹板作地板 上述三种方式都要在距离配电柜50cm处用黄色油漆画上10～15cm宽的警戒线，在操作范围内铺上对应电压等级的绝缘胶垫

2. 楼层配电室及其他专用配电室（含配电专用管井）

墙身、地板、天花的要求与高低压配电室同。对穿过楼板的母线槽、电缆桥架必须做好防水浸的拦水基。要求具有对整个配电室阻水的防水门槛。

3. 备用发电机组机房

地面应做好防尘处理；发电机台架应高于地面，在距离台架20cm处应有黄色的警戒线；发电机组的槽钢底座不应有锈蚀现象；对于水冷发电机组的台架四周应有完整的排水沟，其宽度不宜超过15cm；发电机组的日用油箱应设在有门的独立房间，门外侧应有明显的警示牌"严禁烟火"；发电机组的启动电池应放置在专用的台架上；发电机房的照明、通风、冷却、泵油设备的用电应接入保护回路，以保证发电机组送电后，能确保这些设备的运行用电。

（二）中央空调系统设备间

中央空调系统设备间运行环境要求见表5-3-2。

表5-3-2　中央空调系统设备间运行环境要求

序号	设备间类别	环境要求
1	中央空调系统主机房	（1）天花、墙身刷白 （2）在对外部可能形成噪声影响的机房，应在门、墙及天花做好吸声隔噪措施 （3）地面宜做防尘的油漆处理，并应做好疏水、防水处理 （4）冷却系统、冷冻水系统的管道上应喷上明显的字样，并用不同的颜色标示出其介质流向，如"冷却上水管"、"冷却回水管"、"冷冻上水管"、"冷冻回水管"等字样 （5）所有阀门应挂上比较耐用的材料做成的标志牌，标志牌内应有对应设备的有关技术数据和在系统内的功能、正常状态下的规定状态等内容 （6）主机台架应高于地面，在Y形过滤器及放水阀门位置的地面应有良好的排水明沟 （7）属于冷冻水系统的设备、管道（含冷冻水泵的泵体），其保温应该是良好的；冷冻水泵及冷却水泵的泵轴的轴向漏水应有专门的排水通道；泵基础、泵台架应保持清洁、干燥
2	新风机房及空气处理机（风柜）房	（1）设备房门应外开，门槛应为不低于10cm高的防水地槛；基座四周应设置排水明沟，地漏完好；新风进口、回风百叶应洁净无尘 （2）设备房内的维修照明完好，应设置有维修用的专用插座
3	二次冷冻泵及热交换器机房	要求同中央空调系统主机房
4	排风机房	（1）机身应喷涂防锈漆（对于非镀锌机件） （2）风机机座和风管支撑件均要防潮防腐处理，用水泥制作的机座墩，应用专用的地板漆进行覆盖 （3）应悬挂排风机的标志牌（包括技术数据、功能、状态等内容） （4）设备和设备附件以及房间的墙身、天花顶棚应保持清洁、干燥
5	露天的加压送风机及排烟风机	（1）露天的加压送风机及排烟风机在有条件的情况下，应加装防雨篷架 （2）机身应喷涂防锈漆和外层保护漆（建议银灰色），对风机机座和风管支撑件均要防水防腐处理 （3）适当的位置上应悬挂标志牌（包括技术数据、功能、状态等内容） （4）设备和设备附件应保持清洁、干燥 （5）带电部位、旋转部件、进（出）风口应有安全警示标志

（三）给排水系统设备间

给排水系统设备间运行环境要求见表5-3-3。

表5-3-3　给排水系统设备间运行环境要求

序号	设备间类别	环境要求
1	生活水泵房	（1）生活水泵房的天花、墙身刷白（如泵房噪声对外有干扰的情况下，应做吸声设施） （2）房内不准放置杂物；正常照明良好，并有应急灯装置 （3）门扇为外开防火门；地面做好防滑、防水处理 （4）水泵基座应高于地面，基座周围应有通至地漏或集水井的排水明沟 （5）泵房内管道应喷上防腐油漆，并用箭头标明水流方向；阀门应挂上用耐用材料做成的标志牌，标志牌应标明该阀门正常工作时的应处状态 （6）水泵的泵体、电机外壳支架和水泵的电源箱（柜）或控制柜的保护油漆面应保持良好，不应有锈蚀，但对电机的表面油漆不宜加厚，避免造成散热不良
2	减压阀房	（1）减压阀房的天花、墙身刷白；房内不准放置杂物，且照明良好；门扇为外开门，应设置不低于10cm的防水门槛；地面做好防滑、防水处理，地面应有通至地漏的排水明沟 （2）减压阀阀体油漆应保持良好，不得有锈蚀，并挂有耐用材料做成的标志牌，标志牌上要标明阀前压力和阀后压力等重要技术指标；在阀前或阀后压力表上应在设定值的位置上用红油漆画上明显的警戒红线 （3）减压阀房内管道应喷上防腐油漆，并标注明水流方向
3	水表房	（1）水表房的天花、墙身刷白；不准放置任何杂物，且照明良好；门扇完好，门前不应放置障碍物 （2）水表房内所有阀门无漏水现象；水表油漆良好无锈蚀；在干管管道上应喷有水流流向的箭头 （3）水表面板无积尘土；表内数字清晰易读
4	楼层管井房	（1）管井照明灯具完好；管井门为外开防火门，无破损，门板油漆保持良好；门栓、门锁完好；水管井应设置不低于10cm的防水门槛 （2）地面整洁，无杂物；管道支架上没有施工时期遗留的施工垃圾；做好防腐油漆；管道卡码完好；金属管道的防腐油漆覆盖完好并有正确的分色 （3）各类阀门完好，无漏水、锈斑；压力表显示清晰、正确
5	排污泵房	（1）排污泵房的集水井应有可站人的铁栅上盖，铁栅应保持油漆覆盖，不应有锈蚀 （2）集水井内应无废胶袋、木块等杂物 （3）控制电箱整洁无尘，并能正常工作 （4）液位控制器上不附着杂物 （5）阀门上应挂状态标志牌

（四）消防系统设备间

消防系统设备间运行环境要求见表5-3-4。

表5-3-4　消防系统设备间运行环境要求

序号	设备间类别	环境要求
1	消防中心	（1）门：外开，金属门应保持完好，防腐油漆定期翻新；门外应有明显的标志"消防中心"、"非值班工作人员严禁入内" （2）墙身：洁白，无施工遗留的痕迹，无明显凹凸不平及挂尘的现象；墙身只允许悬挂"规章制度"、"操作规程"、"紧急事故处理程序" （3）地板：无垃圾、积尘

续表

序号	设备间类别	环境要求
1	消防中心	(4) 高台板及地沟：线路敷设整齐；地板下或地沟内无施工遗留痕迹，无施工垃圾、杂物、尘土；地板盖平整完好 (5) 天花：洁白，无漏水痕迹、无蜘蛛网 (6) 消防中心严禁堆放杂物，以保证在紧急情况下有足够的指挥人员的活动空间 (7) 报警主机后面的维修通道应保持畅通 (8) 所有设备的柜顶、柜内无积浮尘，不得在机柜内放置一切与运行设备无关的杂物 (9) 各分类末端设备的电源插座应安装为永久的、容量足够的固定插座，不宜采用电源拖板代替，更不得一个电源拖板带三个以上的末端设备；电池组表面应保持清洁，箱体完好，无生锈 (10) 照明：电源应接入确保回路，应急灯齐备完好，室内照明应保持足够光照度
2	气体灭火设备间	(1) 气瓶间严禁堆放杂物 (2) 门：门铰无松动、门锁完好，门外应有明显标志（"BTM气瓶间"） (3) 墙身：洁白，无挂尘现象；只允许悬挂"操作规程" (4) 地板：应无施工期间留下的垃圾、积尘，并应保持清洁无尘 (5) 天花：洁白，无蜘蛛网 (6) 气瓶组：瓶体支架无积尘、无生锈；压力表清晰，抄读方便；管网上不得挂其他不相关物件；管道及其支架油漆无剥落、生锈；对应的瓶体上的适当位置应悬挂该气体瓶"保护范围"的标志牌 (7) 照明：电源应接入确保回路，应急灯齐备完好；室内照明无故障 (8) 附属设备：报警主机、联动屏、紧急广播控制屏、供电设备电源箱箱顶和箱内无尘；箱体完好，无生锈；箱内走线有序、不凌乱
3	消防水泵房	(1) 加压水泵、气压罐、湿式报警阀底座无松动、无泄漏；泵体、气压罐身、地脚螺丝无生锈、无脱漆；悬挂标有技术参数的标志牌 (2) 闸阀：明杆加黄油，无渗漏、无生锈；闸阀悬挂标有"功能、状态、技术参数、上级阀门位置"等内容的标志牌 (3) 管道：油漆无剥落；标有工作介质流向指示 (4) 控制箱：无积尘，外表无缺陷、无生锈；功能标示清楚；指示灯、电流表、压力表无故障；表面清晰便于抄读；箱内走线有序，不凌乱
4	室外消火栓等设备	(1) 水泵接合器房：门无破损、门铰无松动、门锁完好；门外有"消防水泵接合器"标志牌 (2) 水泵接合器：无渗漏，配件齐全；防腐油漆无剥落；接合器悬挂供水楼层范围标志牌；设备房内严禁堆放杂物 (3) 室外栓：防腐油漆无剥落；配件齐全；四周3m范围内不应有阻挡物和障碍物

（五）电梯设备间

1. 电梯机房

（1）电梯机房的天花、墙身刷白，无漏水、渗水现象；地面采用专用地板漆油漆（灰色）或铺防潮、防滑地砖；控制柜、主机周围画黄色警戒线。

（2）门外开，并有锁紧装置；门上应有明显标志"电梯机房"、"机房重地，闲人免进"。

（3）机房内不应存放无关的设备、杂物和易燃性液体，并应设置手提灭火装置。

（4）机房内应有良好通风，保证室内最高温度不超过40℃。当使用排风扇通风时，如安装高度较低时，应设防护网。曳引绳、限速器钢丝绳、选层器钢带穿过楼板孔四周应筑有不低于10cm的永久性防水围栏。

(5) 主机上方的承重吊钩不应有锈蚀现象,涂黄色油漆,并在吊钩所在的承重梁上用永久的方式标明最大允许载荷。

(6) 盘车工具齐全,并应挂在对应主机附近的墙上,便于取用。在盘车的手轮或电机的后端盖易于看到的位置,用明显的箭头标出盘车轮的转动方向与轿厢运动方向一致的标志。

(7) 电梯机房内应设有详细说明,指出当电梯发生故障时应遵循的拯救操作规程,包括电梯困人的解救步骤。

(8) 当同一机房内设置有数台曳引机时,各主开关与照明开关均应设置标明各开关所对应的电梯编号及对应控制设备名称的标牌。

2. 轿厢

(1) 轿厢照明正常,天花板及地板清洁无破损。风扇运行可靠且无噪声和异常振动;操作面板、电话、对讲机、监视器、应急灯、警铃、超载报警等均使用良好。

(2) 轿厢应挂有标有本梯限载的标志牌、安全使用电梯规则,并有质量技术监督部门颁发的有效的年检合格证。

(3) 厅门和轿门地坎的导槽应保持清洁,无杂物、沙砾。

(六) 通信设备机房

1. 通信总机房

通信总机房运行环境要求见表5-3-5。

表5-3-5 通信总机房运行环境要求

序号	设备间类别	环境要求
1	通信交换机机房	(1) 机房内应该设有两扇对外出入的门,如其中一扇门在正常情况下关闭不经常使用,另一扇门上方应有明显的标志"通信交换机房"、"机房重地,闲人免进"、"非值班工作人员严禁入内",交换机房内应悬挂"室内禁止吸烟"及"交换机房管理规定"等标志牌 (2) 进入机房应换穿机房配备的专用拖鞋 (3) 地板应为专用的防静电地板;防静电地板下,应无施工遗留的痕迹,并保持干燥;地板下敷设的管线应整洁有序 (4) 应安装专用空调,确保室内全天候在一定的温度及相对湿度范围之内,并保持良好的通风状态 (5) 室内的墙身及天花板上,无渗漏水痕迹、无蜘蛛网 (6) 机房在地下室内的墙身及地板上,应无渗水现象 (7) 机房内的照明要求接入回路之内,并保持良好状态 (8) 机房内不应堆放无关的杂物,但应按要求配备灭火器
2	通信机房内的电源室	(1) 门外应有"通信机房电源室"的标志 (2) 室内要保持干燥,并在规定的温湿度范围之内 (3) 墙身及地面、天花无渗漏水现象 (4) 电池组应放置在专用的电源架上,并保持清洁 (5) 室内禁止堆放任何杂物 (6) 按要求配备手提消防灭火器
3	话务员室	(1) 门外应有标牌"话务员室"、"非工作人员严禁入内";门应使用向外开的防火门 (2) 室内应安装专用空调确保室内保持一定的温度及相对湿度,并保持良好的通风状态 (3) 地面、墙身、天花,应无渗水、漏水的痕迹和无蜘蛛网 (4) 墙身应挂上"话务员职责"等规章制度 (5) 室内应按要求配备消防灭火器

2. 通信管井房

（1）门洞应有不低于15cm的防水门槛；门向外开，使用防火门；门外应标"通信管井房"。

（2）地板应用水泥砂浆铺平并涂上专用的防尘地板漆；墙身应用白色涂料刷白；通过楼板的管线孔洞应采用柔性填充材料进行密封。

（3）通信电缆应固定在管井内的支架上；每一楼层的管井房内如有配线架，在该配线架应标明每对线的编号。

（4）井房内应有足够的照明并应配置有维修用插座。

（七）楼宇自控（BA）系统及保安监控系统设备间

保安监控系统控制间宜和消防控制中心同在一室，BAS控制室宜设置在设备管理部门合适的位置，具体要求如下。

（1）门外应有"控制中心机房"或"非值班人员严禁入内"等标志牌；室内应有禁烟标志牌；防火门应向外开，定期使用专用油漆刷新。

（2）使用专用防静电地板的机房，地板下应无施工时期遗留的痕迹，并且无渗水、潮湿等现象；地板下铺设的管线应分别用标牌标明；线管内的各类信号线、电源线应整洁有序。

（3）墙身及天花无渗水、漏水的痕迹。

（4）室内应使用专用的空调，确保室内全天候保持在一定的温湿度范围之内，并保持良好的通风状态。

（5）墙上应悬挂BAS自动控制的模拟屏或相关系统的系统图。

（6）UPS不间断电源的电池表面清洁、无灰尘；现场应有有关电池电量的测量记录。

（7）自控系统用的电脑、打印机，应保持良好的状态，机内外整洁干净，无浮尘。

（8）保安监控系统的主机设备，保持良好的状态，设备上无灰尘；电源线、信号线整齐，并做好分类。

（9）室内及所有机柜内禁止放置无关的杂物。

（10）室内按规定配备消防灭火器。

四、建立健全必要的规章制度

（1）实行定人、定机和凭证操作设备制度，不允许无证人员单独操作设备，对多人操作的设施设备，应指定专人负责。

（2）对于连续运行的设施设备，可在运行中实行交接班制度和值班巡视记录制度。

（3）操作人员必须遵守设施设备的操作和运行规程。

五、设施设备的状态管理

（一）设备的检查

设备的检查就是对其运行情况、工作性能、磨损程度进行检查和校验，通过检查可以全面掌握设备技术状况的变化和劣化程度，针对检查发现的问题，改进设备维修工作，提高维修质量和缩短维修时间。

按检查时间的间隔，通常分为日常检查和定期检查。

（1）日常检查：操作人员每天对设备进行的检查，在运行值班巡视中实施。

（2）定期检查：在操作人员参加下，由技术人员按计划定期对设备进行的检查，属定期维护保养内容。

（二）设备的状态监测

设备的状态监测分为停机监测和不停机监测（又称在线监测），是在设备运行使用过程中通过相关的仪器仪表所指示的参数，直接或间接地了解掌握设备的运行情况和设备自身状态。设备的状态监测应根据不同的检测项目采用不同的方法和仪器，通常采用的方法有直接检测、绝缘性检测、温度检测、振动和噪声检测、泄漏检测、裂纹检测和腐蚀检测等。

（三）定期预防性试验

对动力设备、压力容器、电气设备、消防设备等安全性要求较高的设备，应由专业人员按规定期限和规定要求进行试验，如耐压、绝缘、电阻等性能试验，和接地、安全装置、负荷限制器、制动器等部件试验，及发电机启动、消防报警、水泵启动、管道试水等系统试验。通过试验可以及时发现问题，消除隐患，安排修理。

（四）设备故障的诊断技术

在设备运行中或基本不拆卸的情况下，采用先进的信息采集、分析技术掌握设备运行状况，判定产生故障的原因、部位，预测、预报设备未来状态的技术，称为故障诊断技术。设备诊断技术是预防维修的基础，目前应用中的技术手段主要是红外线温度检测、润滑油品化学分析、噪声与振动频谱分析、超声与次声波检测以及计算机专家分析与故障诊断系统等。

设备故障诊断技术在设备综合管理中具有重要的作用，主要表现在以下3点。

（1）它可以监测设备状态，发现异常状况，防止突发故障和事故的发生，建立维护标准，开展预防性维修和改善性维修。

（2）较科学地确定设备修理间隔期和内容。

（3）预测零件寿命，搞好备件管理。

六、做好运行记录

（一）高低压配电运行记录

1. 运行技术参数

高压侧（以高压供电回路为记录项）每小时记录电压（kV）、电流（A）直流屏技术数据，如充电电压、电流、直流电压。

低压侧受电端总开关、各馈电回路（屏、柜）的每小时记录电压（V）、电流（A）、功率因素（$COS\phi$），每天固定时间记录主要回路的电能耗用情况。

2. 交接班记录与检查

当班运行人员要对其记录负责，认真签名，每月由系统工程师对其运行记录、各类统计表格进行审核并签字。

（二）中央空调系统运行记录

中央空调系统运行记录应该包括以下内容。

1. 运行技术参数

（1）制冷主机、冷却（冻）水泵、冷却塔等设备的运行电流（A）、电压（V）、功率因数（COSφ）；冷却（冻）进出水温度（℃）、压力（MP）和流量（m³/h）等。

（2）冷压缩机运行中的油压、相对油温、轴承温度、油面高度。

（3）主机电能消耗数量（kW·h）。

（4）室外温度、相对湿度、天气情况（晴、阴等）。

（5）空调风机的进出冷冻水温度、送（回）风温度、新风温度、一次混合温度（在自动化条件许可的情况时）。

（6）变频系统的检测变频器的温度、运行频率、机柜温度（对具有变频系统部分）。

2. 运行状态记录

通过固定表格对如下情况进行记录。

（1）主机（含二次热交换系统）、冷冻（却）水泵、冷却塔、空调风机、新风机开停机时间。

（2）空调配电系统各回路运行状态。

（3）各控制阀门启闭状态。

（4）对有变频系统的检测变频器运行和异常状态。

3. 交接班记录

（1）当班运行中所发生的异常情况的原因及处理情况。

（2）当班的设备操作记录（操作设备、时间等）。

（3）运行中遗留问题，需下一班处理的事项（包括上级的指令、运行调度情况等）。

（4）当班系统运行状况的综合评价。

（5）签名。

（三）给排水系统

1. 记录的内容

给排水系统的巡检记录应包括以下内容。

（1）运转检查：系统内所有的水泵运转情况，包括有无杂声、有无漏水现象。

（2）电气检查：所有水泵控制箱的自动手动投入情况是否正常；电气接线端口有无松脱；液位控制器是否正常工作。

（3）阀门检查：所有阀门的状态情况，是否为标志牌所示状态。

（4）管道检查：特别是供水压力管道，要定期检测管壁厚度，排水管保持畅通，不漏水，特别是地漏位置。

（5）用水量记录：每月对用水量做好记录，并以图表形式出现，与以往几年同期用水量作对比（附用水记录表）。

2. 记录的检查

对以上检查做好记录，并由检查人员签上姓名、日期，每月由系统工程师对其运行记录及统计表格进行审核并签名。

（四）做好消防中心记录

1. 报警主机运行记录

（1）探测器报警的确切时间、相应的地址码、通知保安员的时间与保安员到达现场信息反馈的时间。如果属于误报，还应记录处理结果。

（2）水流指示器、破玻按钮报警的确切时间、相应的地址码、通知保安的时间与保安到达现场信息反馈的时间。若是属于误报，应记录处理结果。

（3）探测器的屏蔽时间、相应的地址码和解封的时间、操作人员的姓名（附屏蔽烟、温感探测器申请表）。

（4）工程人员维护保养检测的时间、人员名单、保养设备的名称和范围。

（5）工程人员维修的时间、人员名单、维修设备的名称和结果。

（6）当值人员姓名和交接班时的运行状态。

2. 消防联动系统设备运行记录

（1）消火栓主泵、喷淋主泵、湿式阀的运行时间；通知保安员的时间与保安员到达现场后信息反馈的时间。若是误报，应记录处理结果。

（2）防、排烟阀的动作时间、相应楼层和处理结果。

（3）BTM气体系统探测器报警的确切时间、相应地点、通知保安到达现场信息反馈的时间、气体放气的时间。若是误报，应记录处理结果。

（4）所有联动设备（防排烟风机、停非消防电、防火卷帘、紧急消防广播）的动作时间和相应的地点。

（5）其他特殊情况的故障。

（五）电梯设备运行记录

电梯设备以巡检为主，其记录的要求如下。

1. 运行技术参数

记录每天巡检电梯的运行状况，包括电梯运行的舒适感，及电源、空调、照明、对讲、回降控制功能。

2. 运行数据统计及其表格

（1）表格的类别。电梯月巡检表（应参照各品牌电梯公司的相关要求）；电梯故障停梯记录表；电梯保养停梯记录表；电梯保养报告表（由电梯保养公司提供）；其他提升设备的记录与检查。

（2）记录的要求。当班运行人员要对其记录负责，认真签名，每月由系统工程师对其运行记录、各类统计表格进行审核并签字。

（六）楼宇自控系统及保安监控系统运行记录

1. 记录的内容

记录的内容主要是运行技术参数。

（1）自控中心电脑，每年应对自控系统所监测的供配电系统，和中央空调系统的电流、电压、水温等指标，进行记录备份。

（2）保安监控系统，一般部位使用矩阵切换器，每路信号每3秒1次进行切换显示。重要监测部位直接使用独立的监视器不间断进行监视及录像；一般部位通过分割器进行每隔5秒进行连续录像。采用数字录像的除外。

2. 记录的管理要求

（1）自控系统监测到的供配电及中央空调系统的有关数据交到相对应系统部门进行归档。

（2）系统监控到的可疑人员的录像资料使用光盘做备份或用打印机打印出来，交由保安部门处理。

运行记录与备份要求见表5-3-6。

表 5-3-6　运行记录与备份要求

序号	子系统	记录与备份要求
1	自控系统	当班运行人员要认真做好运行资料的记录或在电脑上做备份，备份资料必须在两种不同的物理记录介质上，如备份资料与原始记录在两个不同的硬盘上，或者备份资料刻录到光盘上，并在记录簿上做好登记和签名，每天由控制中心负责人对其运行记录、各类统计表格进行审核，再交给系统工程师及部门领导签字后归档
2	保安监控系统	当班值班人员要认真观察每路摄像头传回的图像是否清晰，并做好录像备份，当发现某部位有设备异常情况，应立即通知维修人员和相关人员到现场，并做好文字记录（故障记录），签名，对当天各班的运行记录情况进行检查、签名，每月集中交给系统工程师，对当月该系统的运行记录、各类统计表格等进行审核，再交给部门负责人签字，并交到资料管理人员归档
3	运行故障报告	当自控系统或保安监控系统在运行期间出现故障时，当班运行人员应在系统运行故障报告单上填写好故障的原因，并通知工程主管及维修人员到现场处理，无法及时解决的应及时通知系统工程师协助维修人员排除故障，签名后，最迟在故障发生后的第二天，将故障报告上交给系统工程师及部门负责人签名后归档

七、对运行状态的分析

（一）高低压配电运行情况分析

1. 分析时间、周期与人员

每年年末到次年1月前，由供配电系统的工程师对本年度的系统运行情况进行技术分析，提交系统运行分析报告。

2. 分析报告的内容

系统运行情况分析报告应具有以下内容。

（1）全年平均载荷（kW）、各台变压器的运行时数（h）、总用电量（kW）、重点用电回路的用电总量（kW·h）、全年低压端平均线电压（V）、全年平均气温（℃）、全年高低压配电设备的故障率（%）（从高压进线开始到低压配电柜出线端止的设备）。

（2）系统运行的主要技术特点。

（3）出现故障的主要原因。

（4）对全年系统运行的评价。

（5）根据当年的系统运行情况提出来年运行管理的预测性意见。

（二）中央空调系统运行情况分析

1. 分析时间、周期与人员

月末、季末、年末，由中央空调系统的工程师对本年度的系统运行情况进行技术分析，提交系统运行分析报告。

2. 分析报告的内容

分析的内容如下。

（1）能源统计分析。空调主机（条件许可时，按空调系统进行统计）按日、月、年的用电、用水情况进行统计并与往年同期（含气温、物业的入住率等约束条件）进行比较。

（2）运行指标分析（成本核算）。指单位能耗成本计算。

（3）系统故障、事故统计分析。

（4）温湿度统计（室内、外）。即对本年度的日、月、年的温湿度进行统计，为能源统计分析、运行指标分析提供基础依据。

（5）负荷运行统计与预测分析。即根据各年度的能源统计、运行指标、温湿度统计、使用率等基础数据提出来年的空调系统运行方式和运行曲线。

（6）系统运行综合评价。

（三）给排水系统

1. 分析时间、周期与人员

每年年末到次年1月前，由给排水系统的工程师对本年度的系统运行情况进行技术分析，提交系统运行分析报告。

2. 分析报告的内容

给排水系统运行情况分析报告包括以下内容。

（1）全年用水量统计。各分表用水量统计，与往年作比较，采用了何种节水措施，效果如何。

（2）全年出现故障的主要原因分析。

（3）对压力管道壁的测厚要每年对比，作出管道壁厚度变化的趋势分析。

（4）对全年系统运行的评价。

（5）根据全年的系统运行情况提出来年运行管理的预测性意见。

（四）消防系统

1. 分析时间、周期与人员

（1）每年一次对消防系统的运行情况进行分析。

（2）每年12月到次年1月由消防系统的工程师根据以上测试数据的信息反馈，对系统的全年工作情况进行评定。

2. 分析报告的内容

评定的内容如下。

（1）根据系统主机的正常运行与故障情况的对比，评定系统的可靠性。

（2）根据所测的电源电压评定是否符合系统要求。

（3）根据所测的绝缘电阻评定设备正常与否。

（4）根据自动报警主机的打印报告，统计探测器报警的百分率及其故障误报次数来评定探测器的正常与否。

（5）根据所测的水压评定系统正常与否。

（6）根据各种联动设备手动、自动的检测结果，评定系统正常与否。

（五）电梯及提升设备

1. 分析时间、周期与人员

每个季度及每年，要求由电梯保养公司对大厦电梯本年度的系统运行情况进行技术分析，提交系统运行分析报告。

2. 分析报告的内容

系统运行情况分析报告必须具有如下内容。

（1）全年电梯运行的故障率（%）：故障率=故障停梯时间÷必须确保正常运行时间×100%。

（2）分析该时段系统运行的主要技术特点。

（3）分析该时段出现故障的主要原因。

（4）对全年系统运行的评价。

（5）根据今年的系统运行情况提出来年运行管理的预测性意见。

（六）楼宇自控系统及保安监控系统

1. 分析时间、周期与人员

每年1月，由该系统的系统工程师对上年度的系统运行情况进行技术分析，提交系统运行分析报告。

2. 分析报告的内容

该报告必须包含如下内容。

（1）全年由自控系统控制的中央空调系统的运行时间。

（2）全年自控系统及系统运行的故障率。

（3）系统出故障的主要原因及解决办法。

（4）系统运行的主要技术特点。

（5）存在的问题及解决办法。

（6）对全年系统运行进行综合的评价。

（7）根据该系统去年全年运行情况，提出当年运行管理的意见；针对该系统存在的缺陷，提出可预见性的预防措施，以及系统升级的建议及意见。

第四章 设施设备维护保养管理

一、设备维护保养的类别

设备维护保养的类别主要包括维护保养和计划检修。

（一）设备的维护保养

1. 维护保养的方式

维护保养的方式主要是清洁、紧固、润滑、调整、防腐、防冻及外观表面检查。对长期运行的设备要巡视检查、定期切换、轮流使用，进行强制保养。

2. 维护保养工作的实施

维护保养主要是做好日常维护保养和定期维护保养工作，其实施内容见表5-4-1。

表5-4-1 维护保养工作的实施要领

序号	类别	管理要求	保养实施要求
1	日常维护保养工作	应该长期坚持，并且要做到制度化	设备操作人员在班前对设备进行外观检查；在班中按操作规程操作设备，定时巡视记录各设备的运行参数，随时注意运行中有无震动、异声、异味、超载等现象；在班后做好设备清洁工作
2	定期维护保养工作	根据设备的用途、结构复杂程度、维护工作量及维护人员的技术水平等，决定维护的间隔周期和维护停机的时间	需要对设备进行部分解体，为此，应做好以下工作 （1）对设备进行内、外清扫和擦洗 （2）检查运动部件转动是否灵活、磨损情况是否严重，并调整其配合间隙 （3）检查安全装置 （4）检查润滑系统油路和过滤器有无堵塞 （5）检查油位指示器，清洗油箱，换油 （6）检查电气线路和自动控制元器件的动作是否正常等

3. 设备点检

设备点检时可按生产厂商指定的点检内容和点检方式进行，也可以根据经验自己补充一些点检点，可以停机检查，也可以随机检查。检查时可以通过摸、听、看、嗅等方式，也可利用仪器仪表进行精确诊断。

设备点检的方法有日常点检和计划点检两种，见表5-4-2。

表5-4-2 设备点检的方法

序号	方法	执行人员	点检内容
1	日常点检	操作人员随机检查	（1）设备运行状况及参数 （2）安全保护装置 （3）易磨损的零部件；易污染、堵塞和需经常清洗更换的部件 （4）运行中经常要求调整的部位 （5）运行中经常出现不正常现象的部位等
2	计划点检	以专业维修人员为主，操作人员协助	（1）确定设备的磨损情况及其他异常情况 （2）确定修理的部位、部件及修理时间 （3）更换零部件 （4）安排检修计划等

（二）物业设备的计划检修

计划检修是对正在使用的设备，根据其运行规律及点检的结果确定检修周期，以检修周期为基础编制检修计划，对设备进行积极的、预防性的修理。

计划检修工作一般分为小修、中修、大修和系统大修四种，见表5-4-3。

表5-4-3 计划检修工作的分类

序号	计划检修类别	主要内容	备注
1	小修	清洗、更换和修复少量易损件，并做适当的调整、紧固和润滑工作	一般由维修人员负责，操作人员协助
2	中修	在小修的基础上，对设备的主要零部件进行局部修复和更换	中修、大修主要由专业检修人员负责，操作人员协助工作
3	大修	对设备进行局部或全部的解体，修复或更换磨损或腐蚀的零部件，尽量使设备恢复到原来的技术标准，同时也可对设备进行技术改造	中修、大修主要由专业检修人员负责，操作人员协助工作
4	系统大修	对一个系统或几个系统甚至整个物业设备系统停机大检修，通常将所有设备和相应的管道、阀门、电气系统及控制系统都安排在系统大修中进行检修	系统大修时，所有相关专业的技术管理人员、检修人员和操作人员都要按时参加，积极配合

二、物业设施设备的保养周期及项目

（一）供配电系统保养周期及项目

供配电系统保养周期及项目见表5-4-4。

表5-4-4 供配电系统保养周期及项目

序号	周期	维护保养项目
1	月度	（1）检查各楼层和机房应急灯、疏散指示灯、楼梯灯、前室灯、电房照明、外广场路灯 （2）检查地下层排风机和送风机运行状况和机房照明 （3）发电机：机身清洁除尘；检查各螺丝有无松动、有无漏水漏油、机油油位、水箱水位、燃油箱油位、蓄电池；启动机组运行10分钟，停机后检查有无漏水漏油
2	季度	（1）各层配电母线槽接头：检测运行温度 （2）外立面泛光灯和外墙灯：检查镇流器、灯座、灯泡、控制开关和线路有无损坏；开关箱清洁除尘 （3）喷水池灯：检查灯座、灯泡、控制开关和线路有无损坏；潜水泵运行有无异响；更换密封不良灯座和老化电缆；开关箱清洁除尘 （4）公共大堂灯、招牌射灯和灯箱：检查灯座、灯泡、光管、控制开关和线路有无损坏；开关箱清洁除尘 （5）清洁各层配电房：清洁母线槽表面；检测运行温度 （6）高压配电房：检查清洁直流屏、电池 （7）地下层送风机：检查电机风机轴承有无异响；轴承打黄油；清洁风机房和设备、控制箱清洁除尘
3	半年	（1）各层配电房电箱：检查电源开关、接触器、指示灯、转换开关、按钮、各接线有无损坏和过载过热；动力箱电缆T接口和母线插接箱接口、电源开关接口有无过载过热 （2）低压配电房电柜：检测母排接口、电缆接口、开关接口运行温度；检查电容器、避雷器瓷瓶；清扫电柜灰尘
4	年度	（1）变压器房：紧固各接口螺丝，检查各接地线情况；清扫变压器灰尘 （2）高压配电房：配电柜除尘；检查小车接口螺丝、开关触头、二次接线完好；试验开关分合闸 （3）低压配电房电柜：母排和电缆接口、电容器接口、避雷器瓷瓶连线、熔断器接口、开关等接口除尘紧固；试验开关分合闸 （4）楼层配电房电源插接开关箱：除尘紧线 （5）各层其他功能的设备配电房电箱：检查电源开关、接触器、指示灯、转换开关、按钮、各连线有无损坏和过载过热；动力箱T接口和总电源开关接口有无过载过热；清扫电箱内灰尘；接口除尘紧线 （6）高压配电房：直流屏电池架除锈油漆 （7）发电机：控制电箱和开关电箱接口除尘紧线；机架除锈油漆；机座防震弹簧打黄油 （8）地下层送风机：检查调校风机皮带，控制箱接口和电机接口紧线；测量电机运行电流；设备除锈油漆 （9）建筑物外围射灯：铁架、线管除锈油漆 （10）天面尖灯、顶灯和射灯：铁架、线管除锈油漆 （11）外围喷水池灯：开关箱紧线；消防接合器除锈油漆

（二）消防系统保养项目

消防系统保养项目见表5-4-5。

表5-4-5 消防系统保养周期及项目

序号	周期	维护保养项目
1	月度	（1）消火栓泵和喷淋泵：手动及自动运行、消防中心启动、返回信号、记录启停压力、主备电源投入 （2）湿式报警阀：响水力警铃、报警返回信号、记录压力

续表

序号	周期	维护保养项目
1	月度	（3）加压排烟风机：手动运行、消防中心启动、返回信号、机前风阀自动开启、主备电源投入 （4）减压阀和雨淋阀：检查记录上端、下端压力，调校偏差的下端压力 （5）各层手动报警按钮和消防箱封条和配置：检查报警按钮玻璃、消防箱封条，无封条消防箱配置并补齐贴封条 （6）防火卷闸：手动运行下降上升、消防中心启动下降、下降返回信号、运行状况 （7）BTN气体灭火系统：检查电源指示、系统运行、气瓶压力 （8）消防主机、联动柜和广播柜：自动检测、列表打印检查和记录被封闭烟感号码和原因、测试按钮灯和信号灯、测试传声器、备用电源测试 （9）滤毒室人力风机：人力和电动启动风机运行状况
2	季度	（1）消火栓泵和喷淋泵：控制电箱检查和清洁除尘；清洁水泵设备主泵故障自动转换 （2）加压排烟风机：控制电箱检查和清洁除尘；机前风阀加润滑油；清洁风机房和设备 （3）BTN气体灭火系统、减压阀房和煤气房：清洁BTN房和设备卫生 （4）防火卷闸：控制电箱检查和清洁除尘、卷闸电机清洁除尘；检查运行有无异响，调校限位位置 （5）滤毒室人力风机：控制电箱检查和清洁除尘；清洁机房和设备 （6）消防中心设备：控制柜检查和清洁除尘；清洁设备卫生
3	半年	（1）BTN气体灭火系统模拟测试：控制电箱清洁除尘、1区报警响警钟、2区报警响警笛亮闪灯、延时灯亮及延时启动时间、易熔片信号灯亮、瓶头阀动作、主机模拟盘显示、消防中心显示、备用电池手动试验、烟感开路故障测试 （2）各层端子箱：控制电箱检查和清洁除尘 （3）消火栓泵和喷淋泵、加压排烟风机和滤毒室人力风机：轴承加润滑油、打黄油；检查轴承运行有无异响 （4）设备层消防闸阀螺杆打黄油 （5）消防指令电梯回降：消防中心控制电梯已回降 （6）各层送风排烟阀和防火阀：消防中心控制打开、返回信号 （7）各层送风排烟阀和防火阀：加油润滑 （8）联动部分功能测试：各层停非消防电、报警按钮、警铃、消防电话和消防广播检测备用电源 （9）消火栓试验、感烟和感温探测器抽查测试：测试探测器；消防喷淋管末端排水观察；消防中心返回信号 （10）消防管井：检查管井管道，打扫卫生 （11）自动报警主机的自检；检测备用电情况
4	年度	（1）各层送风排烟阀和防火阀：加油润滑 （2）各层消火栓箱：箱内清洁除尘；卷盘排试压水带腐烂程度；接扣、水枪、闸阀完好 （3）消火栓泵和喷淋泵：控制箱接线口紧线；电机紧线，检测运行电流；检测绝缘电阻；水泵密封处理 （4）加压排烟风机：控制箱接线口紧线；电机紧线，检测运行电流；检测绝缘电阻；检查调校皮带 （5）BTN气体灭火系统：控制箱接线口紧线；主机测试；检查市电、备用电 （6）防火卷闸：控制箱接线口紧线、卷闸电机接线口紧线；调校链条，加润滑油 （7）各层端子箱：控制电箱检查线路、紧线 （8）消防中心设备：控制柜检查、紧线；检查各种指示灯、按钮 （9）消火栓泵和喷淋泵、消防设备减压阀：清洗Y隔滤网

（三）中控维护BAS、监控系统、综合布线系统保养项目

中控维护BAS、监控系统、综合布线系统保养项目见表5-4-6。

表5-4-6　中控维护BAS、监控系统、综合布线系统保养周期及项目

序号	周期	维护保养项目
1	月度	（1）自控电脑：检查打印机、UPS电源、网卡接口、线路；清洁除尘 （2）模拟屏：检查指示灯、稳压电源、点阵模块线路、风鸣器；清洁除尘 （3）监控系统矩阵切换器：检查线路接口；清洁除尘 （4）NCU网络转换器：检查线路接口；清洁除尘 （5）监控系统稳压电源：检查电源线路接口；清洁除尘 （6）四像分屏器：检查线路接口；清洁除尘 （7）监视屏：检查线路接口；清洁除尘 （8）录像机：检查线路接口；清洁除尘
2	季度	电梯轿厢摄像头：检查线路接口；除尘；调校
3	半年	（1）监控室设备：全面检查和除尘紧线（电脑、模拟屏、监控系统矩阵切换器、NCU网络转换器、监控系统稳压电源、四像分屏器、监视屏、录像机） （2）电梯轿厢监控箱：检查线路、除尘
4	年度	（1）电脑：备份数据 （2）各层红外线报警感应器：检查线路、检查距离、微波和红外感应力；清洁除尘 （3）楼层的自控控制箱：检查各类开关、接触器、继电器、线路绝缘情况；紧线、清洁除尘 （4）各楼层新风机和风柜机电动阀：检查电源线路、调校定位；检修阀芯漏水 （5）各楼层层间总阀：检查线路、开关一次 （6）各楼层DDC自控盘：检查线路、接口、继电器、基本模块、扩展模块变压器；清洁除尘 （7）送风和回水探头、主机房进水和出水探头：检查线路、接口 （8）送风、回风和回水探头：检查线路、接口 （9）监控系统摄像枪：检查线路接口，调整摄像枪焦距定位；清洁除尘 （10）监控室监控系统稳压电源：检查内部线路接口；检测功能运行状况；全面清洁除尘 （11）红外线报警感应器电源箱：检查线路、电源变压器等

（四）空调系统维护保养项目

空调系统维护保养项目见表5-4-7。

表5-4-7　空调系统维护保养周期及项目

序号	周期	维护保养项目
1	月度	（1）各层新风机和风柜机房：检查机房照明、风机运行状况；清洗尘网、清理排水沟地漏 （2）各层排风机：检查风机运行状况 （3）空调机房送风和排风机：检查运行状况 （4）空调机房和电房：检查机房和电房的照明情况，检查电源电压电流；打扫卫生 （5）检查冷冻管井管道：有无漏水、锈蚀
2	季度	（1）主机房和电房：电机水泵轴承打黄油；检查轴承运行有无异响 （2）空调主机房送风机和排风机：检查电机风机轴承有无异响，轴承打黄油 （3）冷却塔：冷却塔更换轴链黄油、连杆轴承打黄油；检查轴承运行有无异响 （4）各层新风机和风柜机：新风机（风柜）打黄油；检查轴承运行有无异响；清洁新风机（风柜）房

续表

序号	周期	维护保养项目
2	季度	(5) 各层公共盘管风机：检查风口、电动阀；清洗尘网 (6) 业主（用户）房间盘管风机：清洗尘网 (7) 主机房、机房：清洁管道机房，电柜电箱清洁除尘 (8) 主机房电房：电柜清洁除尘；检测电缆接口运行温度、检测开关接口运行温度 (9) 空调机房送风机和排风机：清洁风机房和设备；控制箱清洁除尘 (10) 冷却塔：清洁管道、冷却塔平台；调校水位控制器；电柜清洁除尘 (11) 各层新风机和风柜机房：控制箱清洁除尘
3	半年	(1) 空调管井：检查管井管道；打扫卫生 (2) 各层排风机：检查风道、风机轴承运行有无异常；调校风口百叶
4	年度	(1) 空调系统：更换冷冻水和冷却水 (2) 主机房和机房：闸阀螺杆打黄油 (3) 主机房和机房：修补设备保温层 (4) 主机房、机房和冷却塔：控制箱、水泵电机和冷却塔电机接口紧线 (5) 主机房电房：控制箱接线口紧线 (6) 空调机房送风机和排风机：控制箱接线口紧线、电机紧线；检测运行电流；检查调校皮带 (7) 各层新风机和风柜机房：设备除锈油漆 (8) 各层新风机和风柜机房：修补设备保温层 (9) 空调分体机：压缩机、开关箱除尘紧线；清洁翅片，打扫室外、室内机；检测运行状况 (10) 各层新风机和风柜机房：电柜电机紧线；检查控制线路；检查调校皮带 (11) 各层公共盘管风机：清洁除尘；开关紧线；检查电机、轴承 (12) 各层排风机：控制箱接线口紧线；检测运行电流 (13) 主机房：清洗Y隔滤网 (14) 冷却塔：更换冷却塔减速箱机油 (15) 机房：设备除锈油漆 (16) 膨胀水箱：设备除锈油漆 (17) 冷却塔：设备除锈油漆 (18) 主机房、电房、送风机和排风机：设备除锈和地面油漆 (19) 各层新风机和风柜机房：清洗翅片

（五）给排水系统保养项目

给排水系统保养项目见表5-4-8。

表5-4-8 给排水系统保养周期及项目

序号	周期	维护保养项目
1	月度	(1) 卫生间和茶水间的公共设施：检修天花板、洗手盆、小便器、蹲厕、坐厕、水龙头、洗手液盒、纸卷盒、干手器、开水器 (2) 给排水泵：检查手动和自动运行状况、工作指示灯、水泵密封、减速箱油位、泵房照明 (3) 记录减压阀压力：上端压力、下端压力、调校偏差的下端压力 (4) 调整水龙头、手动冲洗阀的出水量
2	季度	(1) 给排水泵：清洁管道、泵房；检查控制箱；测试水泵故障自动转换；检查泵房和设备是否完好 (2) 减压阀：清洁管道，检查泵房和设备是否完好

续表

序号	周期	维护保养项目
3	半年	（1）给排水泵：检查水泵轴承运行有无异响；测试电源故障、水泵故障、水位溢流中控室报警显示 （2）设备层：给排水闸阀螺杆打黄油 （3）粪池：粪池、管道和阀门除锈油漆 （4）设备层：给排水闸阀螺杆加润滑油
4	年度	（1）给排水泵：控制箱接线口紧线、电机紧线；检测运行电流 （2）减压阀：清洗减压阀、隔滤网 （3）给排水泵：水泵轴承打黄油 （4）水泵、减压阀和管道除锈油漆 （5）给排水设备：水泵、管道、阀门除锈刷油漆

三、物业设施设备的保养计划

实施设备的维护保养首先是制订维护保养计划，这对提高设备维护保养工作的效率非常重要。制订设施设备维护保养计划包括以下内容。

（一）制订维护保养计划的准备工作

其准备工作内容如下。

1. 确定需要保养的设备

应该建立按照设备系统划分的设备档案。通过设备档案就可以全面了解设备现状并制订相应的保养计划。

2. 确定保养工作的内容

保养工作的内容要根据设备运行状态确定，主要是基于以下两个方面：一方面是设备供应商以及国家法律规定必须要保养的内容，这些信息是比较容易获得的；另一方面是设备的运转情况，尤其是设备出现故障的信息，这是制订设备保养计划时要重点关注的内容。

（二）制订设备维护保养计划

设备维护保养计划可以根据管理要求制订，形式是多样的，但必须包含以下内容。

1. 设备维护保养周期结构

设备维护保养周期结构是指设备在一个修理周期内，一保、二保、大修的次数及排列顺序。

2. 保养内容

设备的定期保养不论是一保、二保，还是大修，都必须制订详细的工作内容。

四、物业设施设备的保养计划实施

如果没有特殊情况发生，设备维护保养的实施则应该按照维护保养的计划进行。在具体工作开始前，要对工作进行分解，准备好相关材料，实施保养后要进行验收和记录。对于保养记录应事先设定，内容包括保养项目、保养标准、保养频度、保养周期、保养情况记录、审核情况及各参与人签名。

第五章　应急维修的管理

尽管前面强调了通过加强设备的计划维修可以确保设备的正常运行，减少设备应急维修的工作量，但是，工程部仍面临着应急维修的管理问题。从某种角度来看，对应急维修的处理是工程部工作效率的一种体现。应急维修的工作效率由两部分构成：一是及时获得需要维修的设备信息；二是对需要维修的设备尽快实施维修工作。

一、设备维修信息的获得

设备维修信息的获得是设备维修管理的重要环节。由于物业设备种类繁多、功能不一、利用状况不同而且分布在物业区域的各个角落，设备维修信息的获得并不是很容易，所以，需要建立设备维修信息获取的有效途径。一般来说，根据发现设备故障的不同途径，设备维修信息的获得主要有以下两种方式。

（一）报修

报修是指设备的使用、操作人员或者业主在发现设备故障后，通过填写"设备报修单"或以电话、E-mail 等传递的方式将设备的故障状况通知工程部，由工程部安排人员进行维修。

报修是设备管理中的重要环节，通过报修可以及时获得设备状态信息，使设备及时得到维修，并恢复原有的功能，同时报修记录是设备定期保养计划制订的基础，也是设备成本控制的基础。

（二）巡检

有许多设备发生故障时，不能及时被发现，这些设备的故障需要通过巡检来发现。巡检是指对设备进行巡视检查，工程部人员根据既定的路线和检查内容对设备逐一进行检查，发现故障及时处理。

巡检也是物业设备维修管理中必不可少的环节，它能够发现设备运行中存在的潜在故障，以消除设备隐患。

二、设备维修的实施

设备维修的实施有两种情况：一种是当设备存在故障时，由管理处的内部维修人员自行修理；另一种是委托外修，由专业公司的维修人员来维修。

三、设备报修单的设计

设备报修单的设计对设备维修管理有着重要的意义，因此报修单的设计直接影响维修管理的效率。有的管理处的报修单非常简单，由报修部门或人员填写报修内容、时间后交到工程部，工程部派遣维修人员前往修理，最后由报修部门签字确认维修工作。从表面上看，维修工作是完成了，但就管理而言，对维修工的工作是失控的。维修工领用了多少材料用于维修？维修工在维修现场花费了多少工时？设备故障为什么会产生？设备维修的质量怎样？……这些管理问题基本上都不能解决。通过报修单的多样化设计，可以在很大程度上提高维修管理工作的效率。

鉴于上述问题，设备的报修单至少应包含以下三个方面的内容。

（一）设备故障的基础信息

设备故障的基础信息要反映故障设备所在的位置或部门、故障情况描述以及发生故障的时间，这三项内容是设备故障发生部门必须填写的。在此基础上，报修单可以增加一个栏目，即设备故障的原因分析，这一栏由工程部的维修人员填写。对设备故障原因的分析是非常重要的，它最能直接反映设备的运转情况，也是设备维护保养的基础资料和信息，因此工程部应重视这一项目的分析。报修单的故障分析一般由维修工完成。为了提高故障分析的准确性和速度，故障原因可以事先有一个分类标准，即把经常发生的原因进行分类，维修人员只要进行选择就可以了。

（二）材料信息

维修使用的材料应有相关的记录。工程部的二级仓会有材料进出记录，但材料究竟用在哪里不一定清楚，因为材料的进出和使用是分离的，通过报修单将材料和维修工作联系起来，可以有效控制材料的使用。

（三）维修工作信息

维修工作信息主要记录维修人、维修时间以及维修质量。维修时间可以预先做出计划，这样有助于控制维修工作的进程。

为此，报修单应该包括三联：一联在仓库；一联在工程部；一联在报修部门。三联单分别进行整理、统计和归档。

第六章　房屋的日常养护

房屋日常养护是物业公司房屋修缮管理的重要环节，通过对房屋的日常养护，可以维护房屋和设备的功能，使发生的损失及时得到修复；对一些由于天气的突变或隐蔽的物理、化学损坏导致的突发性损失，不必等大修周期到来就可以及时处理。同时，经常检查房屋完好状况，从养护入手，可以防止事故发生，延长大修周期，并为大中修提供查勘、施工的可靠资料，最大限度地延长房屋的使用年限，同时不断改善房屋的使用条件，包括外部环境的综合治理。

一、房屋养护的原则

房屋养护的原则如下。
（1）因地制宜，合理修缮。
（2）对不同类型的房屋要制订不同的维修养护标准。
（3）定期检查，及时维护。
（4）加强对二次装修的管理，确保安全，保证正常使用。
（5）有效地合理使用维修基金。
（6）最大限度地发挥房屋的有效使用功能。

二、房屋日常养护的类型

房屋日常养护可分为以下两种。

(一)零星养护

房屋的零星养护修理,指结合实际情况确定或因突然损坏引起的小修。

1. 零星养护的内容

零星养护的内容如下。

(1)屋面筑漏(补漏)、修补屋面、修补泛水和屋脊等。
(2)钢、木门窗整修;拆换五金、配玻璃;换窗纱、油漆等。
(3)修补楼地面面层;抽换个别楞木等。
(4)修补内外墙、抹灰、窗台、腰线等。
(5)拆砌挖补局部墙体、个别拱圈;拆换个别过梁等。
(6)抽换个别檩条;接换个别木梁、屋架、木柱,修补木楼等。
(7)水卫、电气、暖气等设备的故障排除及零部件的修换等。
(8)下水管道的疏通;修补明沟、散水、落水管等。
(9)房屋检查发现的危险构件的临时加固、维修等。

2. 日常零星养护的要求

日常零星养护项目,主要通过维修管理人员的走访、住房和业主(用户)的随时报修两个渠道来进行。零星养护的特点是修理范围广、项目零星分散、时间紧、要求及时、具有经常性的服务性质。

零星养护应力争做到"水电急修不过夜,小修项目不过三,一般项目不过五"。

(二)计划养护

房屋的各种构、部件均有其合理的使用年限,超过这一年限一般就开始不断出现问题,因此要管好房子,就应该制订科学的大、中、小修三级修缮制度,以保证房屋的正常使用,延长其整体的使用寿命,这就是房屋的计划养护。

比如,房屋的纱窗每3年左右就应该刷一遍铅油保养;门窗、壁橱、墙壁上的油漆、油饰层一般5年左右应重新油漆一遍;外墙每10年应彻底进行1次检修加固;照明电路明线、暗线每年检查线路老化和负荷的情况,必要时可局部或全部更换等。这种定期保养、修缮制度是保证房屋使用安全、完好的非常重要的制度。表5-6-1所列为建筑设施的保养周期。

表5-6-1 建筑设施保养周期

序号	公共建筑设施名称	保养周期	备注
1	屋顶	每2年	及时更换破碎的隔热层面砖
2	外墙饰面	每3年	每年对重点部位进行清洗
3	内墙饰面	每3年	对于裂缝较大的及时予以更换,发现有脱落的及时修补
4	楼梯间	每3年	对粉刷墙面损坏的及时修补
5	门	每1年	对生锈或掉漆的门应及时修理
6	防盗网、花园围栏	每2~4年	根据损坏情况确定刷油漆时间
7	窗	每1年	
8	公共地砖	每3年	发现损坏或裂缝严重的应更换

续表

序号	公共建筑设施名称	保养周期	备注
9	吊顶	每3年	发现有破损的应及时更换
10	人行道、车行道	每1年	发现有损坏应修补
11	管道	每3年	有必要时可以增加刷油漆次数
12	污水井	每1年	
13	遮雨篷	每1年	在大雨或台风来临前应增加保养次数
14	玻璃幕墙（玻璃门）	每1年	在大雨或台风来临前应增加保养次数

三、房屋日常养护的内容

房屋日常养护的具体内容如下。

（一）地基基础的养护

地基属于隐蔽工程，发现问题采取补救措施都很困难，应给予足够的重视。主要应从以下4方面做好养护工作。

1. 坚决杜绝不合理荷载的产生

地基基础上部结构使用荷载分布不合理或超过设计荷载，会危及整个房屋的安全，而在基础附近的地面堆放大量材料或设备，也会形成较大的堆积荷载，使地基由于附加压力增加而产生附加沉降。所以，应从内外两方面加强对日常使用情况的技术监督，防止出现不合理荷载状况。

2. 防止地基浸水

地基浸水会使地基基础产生不利的工作条件，因此对于地基基础附近的用水设施，如上下水管、暖气管道等，要注意检查其工作情况，防止漏水，同时要加强对房屋内部及四周排水设施如排水沟、散水等的管理与维修。

3. 保证勒脚完好无损

勒脚位于基础顶面，将上部荷载进一步扩散并均匀传递给基础，同时起到基础防水的作用。勒脚破损或严重腐蚀剥落，会使基础受到传力不合理的间接影响而处于异常的受力状态，也会因防水失效而产生基础浸水的直接后果。

4. 防止地基冻害

在季节性冻土地区，要注意基础的保温工作。对按持续供热设计的房屋，不宜采用间歇供热，并应保证各房间采暖设施齐备有效。如在使用中有闲置不采暖房间，尤其是与地基基础较近的地下室，应在寒冷季节将门窗封闭严密，防止冷空气大量侵入，如还不能满足要求，则应增加其他的保温措施。

（二）楼地面工程的养护

应针对楼地面材料的特性，做好相应的养护工作。通常需要注意以下3个主要的方面。

1. 保证经常用水房间的有效防水

对厨房、卫生间等经常用水的房间，一方面要注意保护楼地面的防水性能；另一方面更须加强对上下水设施的检查与保养，防止管道漏水、堵塞，造成室内长时间积水而渗入楼板，导致侵蚀损害。一旦发现问题应及时处理或暂停使用,切不可将就使用,以免形成隐患。

2. 避免室内受潮与虫害

室内潮湿不仅影响使用者的身体健康,也会因大部分材料在潮湿环境中容易发生不利的化学反应而变性失效,如腐蚀、膨胀、强度减弱等,造成重大的经济损失。所以,必须针对材料的各项性能指标,做好防潮工作,如保持室内有良好的通风等。

建筑虫害包括直接蛀蚀与分泌物腐蚀两种,由于通常出现在较难发现的隐蔽部位,所以更须做好预防工作。尤其是分泌物的腐蚀作用,如常见的建筑白蚁病,会造成房屋结构的根本性破坏,导致无法弥补的损伤。无论是木构建筑还是钢混凝土建筑,都必须对虫害预防工作予以足够的重视。

3. 控制与消除装饰材料产生的副作用

装饰材料的副作用主要是针对有机物而言的,如塑料、化纤织物、油漆涂料、化学黏合剂等,常在适宜的条件下产生大量有害物质,危害人的身心健康,以及正常工作与消防安全,所以,必须对它所产生的副作用采取相应的控制与消除措施,如化纤制品除静电、地毯防止螨虫繁殖等。

(三)墙台面及吊顶工程的养护工程

墙台面及吊顶工程一般由下列装饰工程中的几种或全部组成:抹灰工程、油漆工程、刷(喷)浆工程、裱糊工程、块材饰面工程、罩面板及龙骨安装工程。要根据其具体的施工方法、材料性能以及可能出现的问题,采取适当的养护措施,但无论对哪一种工程的养护,都应满足以下6个共性的要求。

1. 定期检查、及时处理

定期检查一般不少于每年1次。对容易出现问题的部位重点检查,尽早发现问题并及时处理,防止产生连锁反应,造成更大的损失。对于使用磨损频率较高的工程部位,要缩短定时检查的周期,如台面、踢脚、护壁以及细木制品的工程。

2. 加强保护与其他工程衔接处

墙台面及吊顶工程经常与其他工程相交叉,在衔接处要注意防水、防腐、防胀。如水管穿墙加套管保护,与制冷、供热管衔接处加绝热高强度套管。墙台面及吊顶工程在自身不同工种衔接处,也要注意相互影响,采取保护手段与科学的施工措施。

3. 保持清洁与常用的清洁方法

经常保持墙台面及吊顶清洁,清洁时需根据不同材料各自性能,采用适当的方法,如防水、防酸碱腐蚀等。

4. 注意日常工作中的防护

各种操作要注意,防止擦、划、刮伤墙台面,防止撞击。遇有可能损伤台面材料的情况,要采取预防措施。如台面养花、使用腐蚀性材料等,应有保护垫层;在墙面上张贴、悬挂物品,严禁采用可能造成损伤或腐蚀的方法与材料,如不能避免,应请专业人员施工,并采取必要的防护措施。

5. 注意材料所处的工作环境

遇有潮湿、油烟、高温、低湿等非正常工作要求时,要注意墙台面及吊顶材料的性能,防止处于不利环境而受损,如不可避免,应采取有效的防护措施,或在保证可复原条件下更换材料,但均须由专业人员操作。

6. 定期更换部件保证整体协调性

由于墙台面及吊顶工程中各工种以及某一工程中各部件的使用寿命不同,因而为保证整体使用效益，可通过合理配置，使各工种、各部件均能充分发挥其有效作用，并根据材料部件的使用期限与实际工作状况，及时予以更换。

（四）门窗工程的养护

在门窗工程养护中，应重点注意以下5个方面。

1. 严格遵守使用常识与操作规程

在使用时，应轻开轻关；遇风雨天，要及时关闭并固定；开启后，旋启式门窗扇应固定；严禁撞击或悬挂物品；避免长期处于开启或关闭状态，以防门窗扇变形，关闭不严或启闭困难。

2. 经常清洁检查发现问题及时处理

门窗构造比较复杂，应经常清扫，防止积垢而影响正常使用，如关闭不严等。发现门窗变形或构件短缺失效等现象，应及时修理或申请处理，防止对其他部分造成破坏或发生意外事件。

3. 定期更换易损部件保持整体状况良好

对于使用中损耗较大的部件应定期检查更换，需要润滑的轴心或摩擦部位，要经常采取相应润滑措施，如有残垢，还要定期清除，以减少直接损耗，避免间接损失。

4. 北方地区外门窗冬季使用管理

如采用外封式封窗，可有效控制冷风渗透与缝隙积灰；长期不用的外门，也要加以封闭；卸下的纱窗要清洁干净，妥善保存，防止变形或损坏。

5. 加强窗台与暖气的使用管理

禁止在窗台上放置易对窗户产生腐蚀作用的物体，包括固态、液态以及会产生有害于门窗气体的一切物品。北方冬季还应注意室内采暖设施与相对湿度的控制，使门窗处于良好的温湿度环境中，避免出现凝结水或局部过冷过热现象。

（五）屋面工程维修养护

屋面防水层在使用过程中需要有一个完整的保养制度，以养为主，维修及时有效，以延长其使用寿命、节省返修费用、提高经济效益。在养护时应注意以下要点。

1. 定期清扫以保证各种设施处于有效状态

一般非上人屋面每季度清扫1次，防止堆积垃圾、杂物及非预期植物如青苔、杂草的生长；遇有积水或大量积雪时，及时清除；秋季要防止大量落叶、枯枝堆积。上人屋面要经常清扫。在使用与清扫时，应注意保护重要排水设施如落水口，以及防水部位如大型或体形较复杂建筑的变形缝。

2. 定期检查、记录能发现问题及时处理

（1）定期组织专业技术人员对屋面各种设施的工作状况按规定项目内容进行全面详查，并填写检查记录。

（2）对非正常损坏要查找原因，防止产生隐患；对正常损坏要详细记录其损坏程度。

（3）检查后，对所发现的问题及时汇报处理，并适当调整养护计划。

3. 建立大修、中修、小修制度

在定期检查、养护的同时，根据屋面综合工作状况，进行全面的小修、中修或大修，可以保证其整体协调性，延长其整体使用寿命，以发挥其最高的综合效能，并可以在长时期内获得更高的经济效益。

4. 加强屋面使用的管理

屋面使用的管理要注意以下方面。

（1）在屋面的使用中，要防止产生不合理荷载与破坏性操作。

（2）上人屋面在使用中要注意污染、腐蚀等常见问题，在使用期应有专人管理。

（3）屋面增设各种设备，如天线、广告牌等，首先要保证不影响原有功能（包括上人屋面的景观要求），其次要符合整体技术要求，如对屋面产生荷载的类型与大小会导致何种影响。

（4）在施工过程中，要有专业人员负责，并采用合理的构造方法与必要的保护措施，以免对屋面产生破坏或形成其他隐患，如对人或物造成危害。

5. 建议外包给专业的维修保养公司

屋面工程具有很强的专业性与技术性，检查与维修养护都必须由专业人员来负责完成，而屋面工程的养护频率相对较低，所以为减轻物业公司的负担，并能充分保证达到较高的技术水平，更有效、更经济地做好屋面工程养护工作，可以将该项业务外包给专业的维修保养公司。

（六）通风道的养护管理

对通风道的养护中，应注意以下要点。

（1）住户在安装抽油烟机和卫生间通风器时，必须小心细致地操作，不要乱打乱凿，对通风道造成损害。

（2）不要往通风道里扔砖头、石块或在通风道上挂东西，挡住风口，堵塞通道。

（3）物业公司每年应逐户对通风道的使用情况进行检查，发现不正确的使用行为要及时制止，发现损坏要认真记录，及时修复。

（4）检查时可在楼顶通风道出屋面处测通风道的通风状况，并用铅丝悬挂大锤放入通风道检查其是否畅通。

（5）通风道发现小裂缝应及时用水泥砂浆填补，严重损坏的在房屋大修时应彻底更换。

（七）垃圾道的养护管理

对垃圾道的平时养护中应注意以下要点。

（1）指定专人负责垃圾清运，保持垃圾道畅通。

（2）搬运重物时要注意保护好垃圾道，避免碰撞，平时不要用重物敲击垃圾道。

（3）不要往垃圾道中倾倒体积较大或长度较长的垃圾。

（4）垃圾道出现堵塞时应尽快组织人员疏通，否则越堵越严，疏通起来更加费时费力。

（5）垃圾斗、出垃圾门每两年应重新油漆一遍，防止锈蚀，延长其寿命，降低维修费用。

（6）垃圾道出现小的破损要及时用水泥砂浆或混凝土修补，防止其扩大。

四、房屋日常养护的程序

（一）项目收集

日常养护的小修养护项目，主要通过以下两个渠道来收集。

1. 走访查房

走访查房是物业管理员定期对辖区内住户进行走访，并在走访中查看房屋，主动收集住户对房屋修缮的具体要求，对住户尚未提出或忽略的房屋险情及公用部位的损坏要及时记录。为了提高走访查房的实际作用，应建立走访查房手册。

2. 住户的随时报修

为方便住户随时报修，物业管理部门收集服务项目的措施，如图5-6-1所示。

设置报修信箱 →	在辖区的主要地段和房屋集中的街巷、院落中设置报修信箱,供住户随时报放有关的报修单和预约上门修缮的信函,物业公司的有关部门要定期开箱收集
建立接待值班制度 →	物业公司应配备一名报修接待员,负责全天接待,记录住户的电话、信函、来访,接待员应填写报修单,处理回报单上下两联组成的接待登记表
组织咨询活动 →	物业公司的有关部门一般利用节假日时间,在辖区里摆摊设点,征求住户的有关意见

图5-6-1　收集服务项目的三大措施

（二）计划编制

通过走访查房和接待报修等方式收集到的修缮服务项目,除室内照明、给水、排污等部位发生的故障及房屋险情等应及时解决外,其余修缮服务项目,均由物业管理人员统一收集,逐一落实。其中属于小修养护范围的项目,应按轻重缓急和维修情况,于月底前编制次月的小修养护计划表,并按计划组织实施。

凡超出小修养护范围的项目,也应于月底前填报中修以上工程申请表。工程部按照申报表,到实地查看,根据报修房屋的损坏情况和年、季度的修缮计划,进行勘估定案,安排中修以上的工程予以解决。

物业管理员对即将进场施工的项目要及时与住户联系,做好搬迁腾让等前期工作,对无法解决或暂不进场施工的,应向住户说明情况。

（三）任务落实

工程主管根据房屋养护计划表和随时需要急修的项目,开列小修养护单,维护人员凭养护单领取材料,根据养护单开列的工程地点、项目内容进行施工。

在施工中,工程主管应每天到施工现场,解决施工中出现的问题,检查当天任务完成情况,安排次日零修养护工作。

第七章　工程设施与设备规范化管理制度范本

一、工程部管理制度

工程部管理制度
1 目的 　　规范工程维修人员的服务行为,树立公司良好形象,为客户提供优质服务。 **2 适用范围** 　　适用于物业公司工程维修人员。 **3 工程部行为准则** 　　3.1　关心公司,热爱本职工作,遵守公司各项规章制度和劳动纪律,维护公司利益和荣誉,爱护公司

设施、设备。

3.2 认真贯彻公司"开源节流"的方针，在工作中厉行节俭，不浪费公司资源。

3.3 从全局出发，树立良好的合作意识，团结、真诚协作，达到顺畅、高效率的工作绩效，切实服从领导的工作安排和调度，如有异议，必须做到"先服从后投诉"。

3.4 对工作中出现的问题不推诿，勇于承担责任，并从中吸取教训，不断提升工作水平。

3.5 未经公司领导授权或批准，不得以公司名义对外开展业务或在外兼任其他工作。

3.6 未获批准，不准将本公司的办公用品和公用工具、设备、设施等擅自赠予、转租、出租、出借、抵押给其他公司、单位或个人。

3.7 工作时间须佩戴工作证，着装整洁，注意形象、仪表。

3.8 严禁向业主索取或收受任何礼品酬金。

3.9 必须将服务意识、服务态度和服务技巧贯彻落实到言行中，语言文明礼貌，对业主提出的质疑要耐心、细致地回答或解释，不得推脱。

3.10 对设备、设施及业主报修项目应及时认真地处理，一般情况由当班员工处理完毕。

3.11 上门服务时应注意业主家内卫生，必须穿鞋套，不得损坏业主物品，如移动物品，需经业主同意，收费时应公平、公正、公开、合理，并经业主签字生效，服务完毕，应将工作场所打扫干净。

4 工程部日常工作管理规定

4.1 工作规定。

4.1.1 按时上下班，11：30和17：30前不能提前下班或吃饭，中午上班不能迟到。

4.1.2 上班时间内无具体工作时，原则上在办公室等候，需外出巡查设备情况时须告知主任，不得办私事。

4.1.3 上班时须佩戴工作证，穿着整齐，不得穿拖鞋。

4.1.4 及时处理维修申请单，不得积压。11：10和17：10以前的维修单，必须及时处理完毕，有些维修如情况紧急或业主有特殊要求的，不管加班与否，都必须在当天处理完毕。当天无法处理的都必须在"维修情况"栏内注明原因，每个维修单处理完毕后须业主与维修人员签名。

4.1.5 上门维修时须带工具袋（箱），必备工具都放在里面，以省节时间，增加工作效率，少跑路，多干活。

4.1.6 服从主管安排，每天上班后先在办公室报到，等候分配一些重点的、突出的或需多人合作的工作，如无特殊情况处理，各人分头工作。

4.1.7 紧急情况时工程人员（接到通知）须立即赶到现场，等候分配工作或作应急处理，直到事故处理完毕才能离开。

4.1.8 服务态度作为上门维修服务的一部分，每个工作人员必须提高自身素质，工作时认真负责，树立良好的敬业精神，不断提高业务水平。

4.1.9 工作时必须注意人身安全和设备安全，多商量、不蛮干，配电房、水泵房或高空作业等须严格按照操作规程和相关注意事项工作。

4.1.10 团结务实，努力工作，遵守本部门的制度。

4.1.11 工程部主管每天至少巡查各设施设备一次，检查各班值班巡查情况，每星期不定时抽查不少于1次。

4.1.12 主管综合考虑各种情况（含领导交代事项、机电设备是否已到检修时间等），将当天工作安排下去。

4.1.13 各当班维修人员原则上（除值班人员外）无维修单时应在值班室等候待命。

4.1.14 各当班维修人员出去维修（含有偿服务和公共维修），应注明时间，回来交单时应注明完成时间，并且尽量让业主写上其意见，以备查单考核。

4.1.15 关于机电设备及水电系统等的更换，由主管安排填写维修单，其余工作参照4.1.4来处理。

4.1.16 土建人员的维修工作，主管应以抽查的办法，检查完成的工效。

4.1.17 所有的维修，主管及维修人员应根据事情的轻重缓急来随机处理。

4.2 工程部人员调配流程。

4.2.1 日常情况下，按工程部的组织架构图，负责各自的职责范围，完成自身的班组工作。

4.2.2 当发生突发事件时，需要班组之间协助解决，由主管协商调配人力、工具，解决问题。

4.2.3 经理有权根据工作情况，临时调配人力、工具。

4.2.4 当发生危及人身安全、危及设备安全时，工程部的每一位员工应根据自己的能力，首先处理问题，可不顾工种、专业的限制。

5 设备维修制度

5.1 预防性维护保养。

5.1.1 所有设备必须根据维修保养手册及相关规程，进行定期检修及保养，并制订相应年度、季度、月度保养计划及保养项目。

5.1.2 相关工程人员必须认真执行保养计划及保养检修项目，以便尽可能延长系统设备正常使用寿命，并减少紧急维修机会。

5.1.3 保养检修记录及更换零配件记录必须完整、真实，并须由工程部建立设备维修档案，以便分析故障原因，确定责任。

5.1.4 各系统维护保养计划及保养检修项目制订由主管负责，并提交工程部经理审阅；保养检修及更换零配件的记录由领班负责，并提交主管审阅。

5.1.5 进行正常系统维修保养及检修时，如对客户使用产生影响，必须提前三天通知管理处客户服务部，由客户服务部发出通告，确定检修起止日期及时间（须尽可能减少对客户的影响范围），以便使受影响的客户做好充分准备。

5.2 大中修管理制度。

5.2.1 设备大修是工作量最大的一种有计划的预防性维修，对设备的全部或大部分解体检查，称之为大修。

5.2.2 中修是根据设备的结构特点而定的，对技术状态已达不到使用要求的设备，按实际需要进行有针对性的修理，恢复设备的性能。

5.2.3 对中修以上的设备进行修复前，必须要有书面报告交工程部经理，说明设备安装日期、使用时间、损坏程度及修复费用等。

5.2.4 对设备大修必须书面得到公司领导批准，专业性、技术性较强的设备或进口设备，应有专业公司出具的鉴定报告及预估的修复费用报告。

5.2.5 对非正常情况下出现的设备大、中修理工作，有关专业主管必须在修理工作实施前，出具详细的分析报告，必要时追究有关人员责任。

5.3 紧急维修。

5.3.1 必须进行紧急维修时，须立即通知经理，安排有关人员立即赴现场检查情况，并按实际情况进行处理。

5.3.2 如因紧急维修，必须对客户使用产生影响时，须立即通知管理处客户服务部，并由客户服务部向受影响的客户发出紧急通告，同时，需考虑尽量减少影响范围。

5.3.3 如发生故障的设备在保修期内，应做出适当的应急处理，以尽量减少对客户的影响，并立即通知有关供应商的保修负责人。

5.3.4 紧急维修结束后，须由领班填写维修记录及更换零配件记录，并以书面形式将故障原因、处理方法、更换零配件名称和规格及数量和品牌等、处理结果、事故发生时间、恢复正常时间等向主管报告，并提交经理审阅。此报告由工程助理存入设备维修档案，备查。

5.4 故障处理制度。

5.4.1 不需要停止运行进行修理的故障，称一般故障，由主管调查与分析原因，提出修理意见和责任、故障原因，吸取教训，记录在案，并向工程部经理汇报。

5.4.2 被迫停止运行必须进行修理的故障，称重大故障，应及时向主管汇报，由主管组织调查分析，提出修理意见报经理批准后实施，并且对故障做到三不放过（即故障原因分析不清不放过、责任者没受到教育不放过、没有防范措施不放过），记录在案，对责任者做出处理意见，同时以书面材料汇报物业经理。

6 报告制度

6.1 基层人员的报告。

6.1.1 各系统操作运行人员。各系统操作运行人员在下列情况下须在运行记录或交接班记录中书面报告专业领班。

（1）所辖设备非正常操作的开停及开停时间。

（2）所辖设备除正常操作外的调整。

（3）所辖设备发生故障或停机检修。

（4）零部件更新、代换或加工修理。

（5）运行人员短时间离岗，须报告离岗时间及去向。

（6）运行人员请假、换班、加班、倒休等。

6.1.2 各系统维修人员。各系统维修人员在下列情况下须以书面形式报告维修领班。

（1）执行维修保养计划时，发现设备存在重大故障隐患。

（2）重要零部件的更换、代替或加工修理。

（3）系统巡检时发现的隐患或故障，必须在巡检记录的备注栏中加以说明。

（4）维修人员请假、加班、倒休等。

6.2 各专业领班的报告事项。各专业领班在下列情况下必须书面报告部门主管。

6.2.1 重点设备除正常操作外的调整。

6.2.2 变更运行方式。

6.2.3 主要设备发生故障或停机检修。

6.2.4 系统故障或正常检修。

6.2.5 零部件更新、改造，或加工修理。

6.2.6 领用工具、备件、材料、文具及劳保用品。

6.2.7 加班、换班、倒休、病假、事假等。

6.2.8 须与外班组或外部门、外单位联系。

6.3 主管的报告事项。主管在下列情况下必须以书面形式报告经理。

6.3.1 重点设备发生故障或停机检修。

6.3.2 因正常检修必须停止系统而影响客户使用。

6.3.3 应急抢修及正常检修后的维修总结。

6.3.4 系统运行方式有较大改变。

6.3.5 影响本物业运行（如停电、停水、停空调、停电话等）的任何施工及检修。

6.3.6 重要设备主要零部件的更新、代换或加工维修。

6.3.7 系统及设备的技术改造、移位安装、增改工程及外部施工。

6.3.8 人员调度及班组重大组织结构调整。

6.3.9 所属人员请假、换班、倒休、加班等。

6.3.10 对外部门、外单位联系、协调。

6.3.11 领用工具、备件、材料、文具及劳保用品等。

6.3.12 维修保养计划及工作计划的变更或调整。

6.3.13 月度工作总结报告。

除以上各项外，所有有关工作事项必须口头汇报上级人员。遇有紧急事件发生或发现重大故障及隐患，可以越级汇报。

7 巡检制度

7.1 巡检工作是及时发现设备缺陷、掌握设备状况、确保安全运行的重要手段，各巡检人员必须按规定的时间、巡视路线、检查项目等认真执行，并认真记录。

7.2 在巡检过程中，如发现设备存在问题，应立即用对讲机通知领班，并在可能的情况下自行消除故障。如条件所限一时不能处理，则必须做好临时补救措施后，报告领班，并将详细情况记入巡检记录备注栏。

7.3 巡检人员在巡视完毕机房、泵房、配电室、竖井等所有无人值守的设备间后，必须做到随手锁门。

7.4 巡检人员在巡检完毕设备及其控制箱、动力柜、照明柜、高压柜、低压柜等所有供配电设施后，必须将门锁好。

7.5 各运行、维修领班，必须每天对所辖系统设备进行检查；各主管必须每周一次巡检本系统所有设备，发现问题，书面报告经理，并应立即组织处理。

8 交接班制度

8.1 接班人员须提前10分钟到达岗位，更换工服，做好接班准备工作。

8.2 接班人员接班时必须检查以下工作。

8.2.1 查看上一班运行记录是否真实可靠，听取上一班值班人员运行情况介绍，交接设备运行记录表。

8.2.2 查看上一班巡检记录表，听取上一班值班人员巡检情况介绍，交接系统设备巡检记录表。

8.2.3 检查所辖设备运行情况是否良好，是否与运行记录、巡检记录相符，如有不符，应记入备注栏，并应要求上一班值班人员签字。

8.2.4 检查仪表及公用工具是否有缺、损，是否清洁，并按原位整齐摆放，如有问题，应要求上一班值班人员进行整理，如有丢失，应记入交接班记录备注栏，并由上一班人员签字。

8.2.5 查看交接班记录中是否有上级领班及主管发布的特别任务或安排，并在交接班记录上签字。

8.3 交班人员在下列情况时不得交班离岗。

8.3.1 接班人员未到岗时，应通知上级领班或主管，须在上级安排的接班人员到岗后方可进行交接班。

8.3.2 接班人员有醉酒现象或其他原因造成精神状态不良时，应通知上级领班或主管，须在上级安排的接班人员到岗后方可进行交接班。

8.3.3 所辖设备有故障，影响系统正常运行时，交班人员须加班与接班人员共同排除故障后，方可进行交接班，此时，接班人员必须协助交班人员排除故障。

8.3.4 交接班人员对所辖值班范围的清洁卫生未做清理时，接班人员应要求交班人员做好清洁工作后，方可进行交接班。

9 值班制度

9.1 值班人员必须坚守岗位，不得擅自离岗、串岗，如有特殊情况，必须向主管或部门经理请假，经准许后方可离开。

9.2 值班电话为工作电话，不得长时间占用电话聊天，不得打私人电话。

9.3 每班必须按规定时间及范围巡检所辖设备，做到腿勤、眼尖、耳灵、手快、脑活，并认真填写设备运行及巡检记录，及时发现并处理设备隐患。

9.4 须按计划及主管的安排做好设备日常保养和维修，如有较大故障，值班人员无力处理时，应立即报告上级领班或主管。

9.5 值班人员用餐时，必须轮换进行，必须保持值班室内24小时有人值班，当班人员严禁饮酒。

9.6 值班人员必须每班打扫值班范围内的卫生，每班两次，清洁地面、窗台、门窗、设备表面等所有产生积尘之处，随时保持值班范围内的清洁卫生。

9.7 非值班人员未经许可不准进入配电室，如有违者，值班人员必须立即制止，否则追究其责任。如有来访者，必须进行登记。

9.8 任何易燃、易爆物品，不准暂放、存放于值班室，违者一切责任由值班人员负责。

10 材料领取制度

10.1 所有工具、备件、材料必须经过领班或主管批准后方可领取。

10.2 领取工具、材料必须填写领料单。
10.3 材料使用后要在工作单上填写清楚，并经领班或主管确认。
10.4 多余材料必须退回库房。

11 机房钥匙管理制度

11.1 凡24小时值班机房，除值班人员掌握一套外，其余钥匙交工程部统一保管。
11.2 任何人不得私自配钥匙。
11.3 非24小时值班机房人员，值班完成后将钥匙交24小时值班机房保管，以备发生紧急情况后，能打开机房门。
11.4 无关人员不得借用机房钥匙。
11.5 遗失钥匙须立即报告。
11.6 无人值班机房借用钥匙需登记。

12 机电设备房出入管理制度

12.1 工程部机电设备房包括范围。
12.1.1 高压配电室。
12.1.2 空调机房。
12.1.3 物业自控机房。
12.1.4 水箱间。
12.1.5 各电梯机房。
12.2 以上机房均为工程部的机电设备运行用房，为了确保本大楼内各机电系统正常运行，非工程部工作人员，未经许可不得进入以上机电设备房。
12.3 本公司内有关上级部门因检查工作，必须要进入这些场所时，应由部门经理或其指定人员陪同，并通知当值领班开门后进入，同时在"设备房出入登记簿"上做好记录。
12.4 凡外单位人员前来参观或有关上级业务部门前来检查工作，必须要进入这些场所时，应由部门经理或主管陪同，通知当值领班开门进入，同时在"设备房出入登记簿"上认真做好记录。
12.5 本部门工作人员需要进入以上地点进行工作时，必须根据工作项目所规定的地点，到当值领班处办理完登记手续后，在当值人员带领下进入以上场所。工作结束后，应及时通知当值人员办理验收离场手续。
12.6 外单位施工和检修人员因工作需要进入这些工作场所时，必须凭事先办理好的有关施工许可证、工作票和有效的临时工作证件，到当值领班处办理许可和登记手续后进入现场，在工作中不得随意操作和触动与自己工作无关的设备。工作结束后，及时通知当值人员办理验收离场手续。
12.7 所有人员进入这些场所后，都应随手关门，并不得随意操作和触动与自己工作无关的设备。
12.8 所有施工和检修人员进入现场后，不得进行与自己工作无关的活动。必须在工作中做到文明施工，并认真做到工完、料尽、场地清。
12.9 所有人员均不得将任何无关杂物带入或储放于这些机电设备房。

二、设备事故与应急处理程序

设备事故与应急处理程序

1 电梯设备紧急故障处理

其具体处理程序如下。

1.1 如果电梯在运行途中突然发生停车故障，停在井道内不能开门时，应先设法通知电梯维修人员，其他人员不得随意处理，以免处理不当发生危险。

1.2 维修人员到达现场后，首先应立即设法救出轿厢内被困人员。若轿厢不在平层开门位置，应以检修方式慢车开动电梯，将轿厢移动到开门处，让乘客离开。当电梯因安全钳动作或其他原因，采取前述措施轿厢仍不能移动时，可将轿厢顶安全窗开启，救出被困人员经井道退出，但应注意要切断电源。

1.3 如发现水漫进机房井道、井底坑和轿厢，应立即将电源全部切断，以防触电事故及电气设备短路。

1.4 如遇电气设备发生燃烧，应立即把电源切断，采用四氯化碳或干粉灭火器扑救，并立即报告有关部门。

1.5 电梯发生事故，司乘、维修人员必须立即抢救伤员，保护现场。现场须设标志，并及时报告有关部门按照"三不放过原则"采取有效措施处理。

1.6 若电梯发生严重的冲顶、蹲底，须经有关部门严格检查，修复鉴定后方可启用。

1.7 如果轿厢因超行程或其他原因必须在机房用手轮转动曳引机使轿厢作短程升降时，首先要切断电动电源，然后两到三人配合进行操作，一人使用工具松开刹车，其他人扳动手轮使曳引机转动。操作时应注意安全，防止松开刹车时手轮突转伤人。

1.8 所有事故处理之后，一定要详细记录发生的时间、现象和处理方法，并要及时报告上级。

2 供电设备事故应急处理

2.1 触电处置。

2.1.1 拉开电源开关，拔去插头或熔断器；用干燥的木棒、竹竿移开电线或用绝缘工具（平口钳、斜口钳等）剪断电线。

2.1.2 用干燥的衣服或绝缘塑料布垫住，使触电者脱离电源。

2.1.3 防止触电者在断电后跌倒。如果触电者尚未失去知觉，则必须让其保持安静，并立即请医生进行诊治，密切注意其症状变化。

2.1.4 如果触电者已失去知觉，但呼吸尚存，应使其舒适、安静地仰卧，将上衣与裤带放松，使容易呼吸；若触电者呼吸困难，有抽筋现象，则应立即进行人工呼吸，并及时送医院救治。

2.1.5 如果触电者的呼吸、脉搏及心跳都已停止，此时不能认为其已死亡，应当立即对其进行人工呼吸。人工呼吸必须连续不断地进行到触电者自行呼吸或医生赶到现场救治为止。

2.2 配电柜自动空气开关跳闸的处置。判断跳闸原因（短路或过载）；查清楚负载种类及分布情况；对可疑处逐个检查，确认故障部位，报告主管，请求支援解决；如故障已排除，应立即恢复供电。

2.3 变、配电房发生火灾，按《火警、火灾应急处理作业规程》处置。

2.4 变、配电房发生水浸时的处置。视进水情况，拉下总电源开关或高压开关，堵住漏水源；如果漏水较大，应立即通知设备部主管，同时尽力阻滞进水；漏水源堵住后，应立即排水，排干水后，应立即对湿水设施设备进行除湿处理（如用干的干净抹布擦拭、热风吹干、自然通风、更换相关线等），确认湿水已消除（如各绝缘电阻达到规定要求），开机试运行，如无异常情况出现，则可以投入正常运行。

2.5 "市电"停时的处置。当值变配电室值班电工应立即启动应急柴油发电机，并进行巡视监控。从"市电"停到发电机开始供电，规定时间不超过5分钟。

3 给排水设备事故应急处理

3.1 主供水管爆裂的处置。

3.1.1 立即关闭相关联的主供水管上的闸阀。

3.1.2 如果关闭了主供水管上相关联的闸阀后仍不能控制住大量泄水，则应关停相应的水泵房。

3.1.3 立即通知客户服务部及设备部主管。

3.1.4 设备部主管联络供水公司进行抢修。

3.1.5 客户服务部负责通知相关的用水单位和业主（用户）关于停水的情况。

3.1.6 在设备部水泵房领班或设备部主管的组织下，尽快开挖出水管爆裂部位。

3.1.7 供水公司修好水管后，应由水泵房管理员开水试压（用正常供水压力试压），看有无漏水或松动现象。

3.1.8 确认一切正常后，回填土方，恢复水管爆裂前的原貌。

3.2 水泵房发生火灾时，按《火警、火灾应急处理作业规程》处置。

3.3 水泵房发生水浸时的处置。
3.3.1 视进水情况关掉机房内运行的设施设备并拉下电源开关。
3.3.2 堵住漏水源。如果漏水较大，应立即通知设备部主管，同时尽力阻滞进水。
3.3.3 漏水源堵住后，应立即排水，排干水后，应立即对湿水设施设备进行除湿处理，如用干的干净抹布擦拭、热风吹干、自然通风、更换相关管线等。
3.3.4 确认湿水已消除、各绝缘电阻符合要求后，开机试运行。
3.3.5 如无异常情况出现则可以投入正常运行。
3.4 "市电"停时的处置。水泵房管理员应立即启动应急柴油发电机，并进行巡视监控。从"市电"停到重新正常供水，规定时间为15分钟。

4 空调设备事故应急处理
4.1 中央空调发生制冷剂泄漏时的处置。
4.1.1 立即关停中央空调主机，关闭相关的阀门。
4.1.2 加强现场通风或用水管喷水淋浇（应注意不要淋在设备上）。
4.1.3 救护人员应身穿防疫衣，头戴防毒面具进入现场，并要求两人为一组，以确保安全。
4.1.4 对于不同情况的中毒者采取不同的方法，对于头痛、呕吐、头晕、耳鸣、脉搏呼吸加快者应立即转移到通风良好的地方去休息；如中毒者出现痉挛、神志不清、处于昏迷状态，应立即转移到空气新鲜的地方，进行人工呼吸并送医院治疗。
4.1.5 如氟利昂制冷剂溅入眼睛，应用2%的硼酸加消毒食盐水反复清洗眼睛并送医院治疗。
4.1.6 排除泄漏源后，启动中央空调试运行。确认无泄漏后，机组方可投入正常运行。
4.2 中央空调机房发生水浸时的处置。
4.2.1 视进水情况关掉中央空调机组，拉下总电源开关。
4.2.2 堵住漏水源。如果漏水较大，应立即通知设备部主管，同时尽力阻滞进水。
4.2.3 漏水源堵住后，应立即排水；排干水后，应立即对湿水设备、设施进行除湿处理，如用干的干净抹布擦拭、热风吹干、自然通风或更换相关管线等。
4.2.4 确认湿水已消除、各绝缘电阻符合要求后，开机试运行。
4.2.5 如无异常情况出现，则可以投入正常运行。
4.3 中央空调机房发生火灾时按《火警、火灾应急处理作业规程》处置。

5 消防设备事故应急处理
5.1 当消防主机出现异常情况（如水浸入）时，应立即切断供给消防主机的主电源和备用电源，以免引起相关联动装置启动而造成消防主机部件烧毁。
5.2 当配电箱线路发生短路（过负荷）起火时，立即关掉相关设备的电源，迅速用干粉或其他灭火器扑灭。

三、供配电设施设备运行管理标准作业规程

供配电设施设备运行管理标准作业规程
1 目的 规范供配电设施设备运行管理工作，确保供配电设施设备良好运行。 **2 适用范围** 适用于本公司供配电设施设备的运行管理。 **3 职责** 3.1 运行班长负责配电设施设备运行的实施情况。 3.2 值班电工负责供配电设备的运行管理。

4 程序要点

4.1 巡视监控。

4.1.1 值班电工每天巡视两次高压开关柜、变压器、配电柜、电容柜、电表箱等设备。

4.1.2 值班电工应按规定的频次进行检查、巡视、监控，并把每次所到巡视点的时间记录在"供配电设施设备运行日记"上。

4.1.3 巡视内容

（1）变压器油位、油色是否正常，密封处是否漏油，变压器运行是否超温（85℃）。

（2）有无异常响声或气味。

（3）各种仪表指示是否正常，指示灯是否正常。

（4）单相、三相电压是否在额定值的±10%范围以内，是否超载运行。

（5）各种接头是否有过热或烧伤痕迹。

（6）防小动物设施是否完好。

（7）接地线有无锈蚀或松动。

（8）各种临时用电接线情况。

（9）各种标示牌、标示物是否完好。

（10）安全用具是否齐全，是否存放于规定位置。

（11）按时开关管辖区域内路灯、灯饰或喷水池，及时维修好辖区内路灯。

4.1.4 对于巡视中发现的问题，值班电工应及时采取整改措施加以解决，处理不了的问题应及时如实地汇报给运行班长解决。整改时应严格遵守《供配电设施设备安全操作标准作业规程》和《供配电设施设备维修保养标准作业规程》的相关规定。

4.2 异常情况处置。

4.2.1 触电处置。发现有人触电时，值班电工应保持镇静、保持头脑冷静，尽快使触电者脱离电源，并进行紧急抢救。

（1）拉开电源开关，拔去插头或熔断器。

（2）用干燥的木棒、竹竿移开电线或用绝缘工具（平口钳、斜口钳等）剪断电线。

（3）用干燥的衣服或绝缘塑料布垫住，将触电者脱离电源。

（4）防止触电者在断电后跌倒。

（5）如果触电者尚未失去知觉，则必须让其保持安静，并立即请医生进行诊治，密切注意其症状变化。

（6）如果触电者已失去知觉，但呼吸尚存，应使其舒适、安静地仰卧，将上衣与裤带放松，使其容易呼吸，若触电者呼吸困难，有抽筋现象，则应积极进行人工呼吸，并及时送进医院。

（7）如果触电者的呼吸、脉搏及心跳都已停止，此时不能认为其已死亡，应当立即对其进行人工呼吸。人工呼吸必须连续不断地进行到触电者自行呼吸或医生赶到现场救治为止。

4.2.2 配电柜自动空气开关跳闸的处置。

（1）判断跳闸原因（短路或过载）。

（2）查清楚负载种类及分布情况。

（3）对可疑处逐个检查，确认故障部位并报告运行班长，请求支援解决。

（4）如故障已排除应立即恢复供电。

4.2.3 变配电房发生火灾按《火警、火灾应急处理标准作业规程》处置。

4.2.4 变配电房发生水浸时的处置。

（1）视进水情况，拉下总电源开关或高压开关。

（2）堵住漏水源。

（3）如果漏水较大，应立即通知运行班长，同时尽力阻滞进水。

（4）漏水源堵住后，应立即排水。

（5）排干水后，应立即对湿水设施设备进行除湿处理（如用干的干净抹布擦拭、热风吹干、自然通风，更换相关管线等）。

（6）确认湿水已消除（如各绝缘电阻达到规定要求），开机试运行，如无异常情况出现，则可以投入正常运行。

4.3 供配电室管理。

4.3.1 非值班人员不准进入机房，若需要进入，须经运行班长同意，并在值班人员陪同下，方可进入机房。

4.3.2 机房内严禁存放易燃、易爆、危险物品。机房内应备齐消防器材，并禁止吸烟。

4.3.3 每班打扫一次机房的卫生，每周清洁一次机房内和设施设备卫生，做到地面、墙壁、天花、门窗、设施设备表面无积尘、无油渍、无锈蚀、无污物，油漆完好，整洁光亮。

4.3.4 机房内应当通风良好、光线足够，门窗开启灵活，防小动物设施完好。

4.3.5 对机房都应当做到随时上锁，钥匙由当值班电工保管，值班电工不得私自配钥匙。

4.4 值班电工应将供配电设施设备的运行数据（电压、电流、功率因数、环境温度、有功用量、无功用量）及运行状况清晰、完整、规范地记录。在每月的3号之前将上一个月的记录整理成册后交运行班存档，保存期为两年。

5 记录表格

变压器配电柜运行记录。

四、柴油发电机运行管理标准作业规程

柴油发电机运行管理标准作业规程

1 目的
规范柴油发电机运行管理工作，确保柴油发电机良好运行。
2 适用范围
适用于本公司辖区内柴油发电机的运行管理。
3 职责
3.1 运行班长负责检查柴油发电机运行管理工作的实施。
3.2 维修工具体负责柴油发电机运行管理。
4 程序要点
4.1 巡视监控。

4.1.1 维修工应密切监视柴油发电机的运行并每隔1小时进行一次记录。巡视部位包括：柴油发电机、冷却水箱、排烟系统、回风系统、控制柜（箱）、储油箱、蓄电池、消声系统。

4.1.2 巡视监控内容如下。

（1）有无异常声响或大的振动。

（2）有无异常气味。

（3）烟颜色是否正常，是否有漏油（机油、柴油）、漏水现象。

（4）机油压力、冷却水水温是否正常。

（5）频率偏差是否较大。

（6）三相、单相电压是否正常，三相电流是否有过载现象。

（7）各信号灯指示是否正常。

（8）检查蓄电池状况（温度不能超过45℃，用半导体湿度计）。

（9）回风是否顺畅。

（10）紧固件是否有松动现象。

（11）柴油箱油位。

（12）消声效果是否理想。
（13）每半个月应使备用柴油发电机试运行半个小时。
4.1.3 对于巡视中发现的不正常情况，维修工应及时采取措施予以解决。处理不了的问题，应及时详细汇报给运行班长或领导解决。整改时应遵守《柴油发电机维修保养标准作业规程》。
4.2 柴油发电机异常情况的处置。
4.2.1 柴油发电机"飞车"的处置
柴油发电机发生"飞车"现象时，维修工需沉着、冷静、迅速果断地采取措施。
（1）切断油路；将油门开头拉到停机位置，如果柴油机停不下来，可以拆掉油泵进油管或高压油管。
（2）断气路：用棉衣等物品直接包住空气滤清器，或将空气滤清器拆下，直接用棉衣等物品塞住进气口（切断气路时，一定要注意安全）。
（3）绝对禁止减少或去掉负载。
（4）柴油发电机停机后，应立即查找原因。排除故障后，试机运行，一切正常后方可正式使用。
4.2.2 柴油发电机房发生火灾时按《火警、火灾应急处理标准作业规程》处置。
4.2.3 柴油发电机房发生水浸时的处置。
（1）视进水情况关掉机房内运行的柴油发电机。
（2）堵住漏水源。
（3）如果漏水较大，应立即通知运行班长，同时尽力阻滞进水。
（4）漏水源堵住后，应立即排水。
（5）排干水后，应立即对湿水设施设备进行除湿处理，如用干的干净抹布擦拭、热风吹干、自然通风、更换相关管线等。
（6）确认湿水已消除、各绝缘电阻符合要求后，开机试运行，如无异常情况出现则可以投入正常运行。
4.3 对于柴油发电机应根据其负荷的变化，适当调整其油门的大小，使其功率得到充分的利用。
4.4 柴油发电机机房管理。
4.4.1 非值班人员不准进入机房，若需要进入，须经运行班长同意，并在维修工的陪同下方可进入机房。
4.4.2 机房内严禁存放易燃、易爆、危险物品。机房内应备齐消防器材，并放置在方便、显眼处。机房内禁止吸烟。
4.4.3 每周打扫一次机房卫生，做到地面、墙壁、天花、门窗、设施设备表面无积尘、无锈蚀、无油渍、无污物，油漆完好，整洁光亮。
4.4.4 机房应当通风良好、光线足够、门窗开启灵活。
4.4.5 机房都应当做到随时上锁，钥匙由维修工保管，维修工不得私自配钥匙。
4.5 交接班要求。
4.5.1 接班人员应准时接班。
4.5.2 接班人员应认真听取交班人员交代，并查看"柴油发电机运行日记"，检查工具、物品是否齐全，确认无误后在运行日记表上签名。
4.5.3 有下列情况之一者不准交接班。
（1）上一班运行情况未交代清楚。
（2）记录不规范、不完整、不清晰。
（3）机房不干净。
（4）接班人未到岗。
（5）事故正在处理中或交班时发生故障，此时应由交班人负责继续处理，接班人协助进行。
4.6 维修工应将柴油发电机的运行情况规范、详细、清晰地记录在"柴油发电机运行记录"内，并整理成册交由机电维修班存档。

5 记录
柴油发电机运行记录。

五、中央空调运行管理标准作业规程

中央空调运行管理标准作业规程

1 目的

规范中央空调运行管理工作，确保中央空调良好运行。

2 适用范围

适用于辖区内各类中央空调的运行管理。

3 职责

3.1 运行班长负责检查中央空调运行管理的实施情况。

3.2 运行班长负责组织实施中央空调的运行管理。

3.3 当值管理员具体负责中央空调的运行管理。

4 程序要点

4.1 巡视监控。

4.1.1 当值管理员每隔两小时巡视一次中央空调机组，巡视部位包括：中央空调主机、冷却塔、控制柜（箱）及管路、闸阀等附件。

4.1.2 巡视监控的主要内容如下。

（1）检查线电压（正常380V，不能超额定值的±10%）。

（2）检查三相电流（三相是否平衡，是否超额定值）。

（3）检查油压（正常1～1.5MPa）。

（4）检查高压（＜1.2MPa）。

（5）检查低压（＞0.25MPa）。

（6）冷却水进水温度（正常＜35℃）。

（7）冷却水出水温度（正常＜40℃）。

（8）冷冻水进水温度（正常10～18℃）。

（9）冷冻水出水温度（正常6～10℃）。

（10）检查中央空调主机运转是否有异常振动或噪声。

（11）检查冷却塔风机运转是否平稳、冷却塔水位是否正常。

（12）检查管道、闸阀是否有渗漏，冷冻保温层是否完好。

（13）检查控制柜（箱）各元器件是否正常，有无异常噪声或气味。

4.1.3 巡视过程中如发现上述情况有不正常时，当值管理员应及时采取措施予以解决，处理不了的问题应及时详细地汇报给运行班长，请求支援解决。整改时，应严格遵守《中央空调维修保养标准作业规程》。

4.2 异常情况的处置。

4.2.1 中央空调发生制冷剂泄漏时的处置。

（1）立即关停中央空调主机，关闭相关的阀门。

（2）加强现场通风或用水管喷水淋浇（应注意不要淋在设备上）。

（3）维护人员应身穿防毒衣，头戴防毒面具进入现场，并要求两人为一组，确保安全。

（4）对于不同情况的中毒者采取不同的方法。

——对于头痛、呕吐、头晕、耳鸣、脉搏呼吸加快者应立即转移到通风良好的地方去休息。

——如中毒者出现痉挛、神志不清，处于昏迷状态，应立即转移到空气新鲜的地方，进行人工呼吸并送医院治疗。

——如氟利昂制冷剂溅入眼睛，则应用2%的硼酸加消毒食盐水反复清洗眼睛并送医院治疗。

——排除泄露后，启动中央空调试运行，确认无泄露后，机组方可投入正式运行。

4.2.2 中央空调机房发生水浸时的处置。

（1）视进水情况关掉中央空调机组，拉下总电源开关。

（2）堵住漏水源。
（3）如果漏水较大，应立即通知运行班长，同时尽力阻滞进水。
（4）漏水堵住后，应立即排水。
（5）排干水后，应立即对湿水设施设备进行除湿处理，如用干的干净抹布擦拭、热风吹干、自然通风或更换相关管线等。
（6）确认湿水已清除、各绝缘电阻符合要求后，开机试运行，如无异常情况出现则可以投入正常运行。
4.2.3 中央空调机房发生火灾时按《火警、火灾应急处理标准作业规程》处置。
4.2.4 当值管理员应根据用冷部门的要求，按时开关中央空调，并根据负荷情况启用相应的中央空调机组，调整相应的制冷温度，最大限度地节省能源。
4.3 中央空调机房管理。
4.3.1 非值班人员不准进入中央空调机房，若需要进入，须经运行班长同意，并在值班人员的陪同下方可进入中央空调机房。
4.3.2 中央空调机房内严禁存放易燃、易爆、危险品。
4.3.3 中央空调机房内应备齐消防器材、防毒用品，并应放置在方便、显眼处。中央空调机房内严禁吸烟。
4.3.4 每班打扫一次中央空调机房的卫生，每周清洁一次中央空调机房内的设施设备，做到地面、天花、门窗、墙壁、设施设备表面无积尘、无油渍、无锈蚀、无污物，表面油漆完好，整洁光亮。
4.3.5 中央空调机房内应通风良好、光线足够、门窗开启灵活。
4.3.6 中央空调机房应做到随时上锁，钥匙由当值管理员保管，当值管理员不得私自配钥匙。
4.4 交接班要求。
4.4.1 接班人员应准时接班。
4.4.2 接班人员应认真听取交班人员交代，并查看《中央空调运行日记》，检查工具、物品是否齐全，确认无误后在"中央空调运行日记"表上签名。
4.4.3 有下列情况之一者不准交接班。
（1）上一班运行情况未交代清楚。
（2）记录不规范、不清晰、不完整。
（3）中央空调机房不干净。
（4）接班人员未到岗。
（5）事故正在处理中或交接班时发生故障，此时应由交班人负责继续处理，接班人协助进行。
4.5 对于中央空调的运行情况，当值管理员应及时、完整、规范、清晰地记录在"中央空调运行记录表"表内，对于每月的3号之前由运行班长把上一个月的记录整理成册后交运行班存档，保存期为两年。
5 记录
中央空调运行记录表。

六、给排水设施设备运行管理标准作业规程

给排水设施设备运行管理标准作业规程

1 目的
规范给排水设施设备运行管理工作，确保给排水设施良好运行。
2 适用范围
适用于公司辖区内给排水设施设备的运行管理。
3 职责
3.1 运行班长负责检查给排水设施设备运行管理工作实施情况。

3.2 水电工具体负责给排水设施设备的运行管理及实施。

4 程序要点

4.1 巡视监控。

4.1.1 水电工应每两个小时巡视一次小区内水泵房（包括机房、水池、水箱），每周巡视一次小区内主供水管上闸阀以及道路上沙井、雨水井。

4.1.2 巡视监控内容如下。

（1）水泵房有无异常声响或大的振动。

（2）机柜、控制柜有无异常气味。

（3）电机温升是否正常（应不烫手），变频器散热通道是否顺畅。

（4）电压表、电流表指示是否正常，控制柜上信号灯显示是否正确，控制柜内各元器件是否工作正常。

（5）压力表与PC上显示的压力是否大致相符，是否满足供水压力要求（正常值为0.45MPa）。

（6）水池、水箱水位是否正常。

（7）闸阀、法兰连接处是否漏水，水泵是否漏水成线。

（8）主供水管上闸阀的井盖、井裙是否完好，闸阀是否漏水，标志是否清晰。

（9）止回阀、浮球阀、液位控制器是否动作可靠。

（10）临时用水情况。

（11）雨水井、沉沙井、排水井、给水井、污水井是否有堵塞现象。

4.1.3 水电工在巡视监控过程中发现给排水设施设备有不正常时，应及时采取措施加以解决；处理不了的问题，应及时详细地汇报给运行班长，请求协助解决。整改时，应严格遵守《给排水设施设备操作标准作业规程》。

4.2 给排水设施设备异常情况的处理。

4.2.1 主供水管爆裂的处理。

（1）立即关闭相关联的主供水管上的闸阀。

（2）如果关闭了主供水管上相关联的闸阀后仍不能控制住大量泄水，则应关停相应的水泵。

（3）立即通知管理处及运行班长。运行班长联络供水公司进行抢修；管理处负责通知相关的用水单位和用户关于停水的情况。

（4）在运行班长的组织下，尽快开挖出所爆部位水管。

（5）供水公司修好所爆部位水管后应由运行班长组织开水试压（用正常供水压力试压），看有无漏水或松动现象。

（6）一切正常后，回填土方，恢复水管爆裂前的原貌。

4.2.2 水泵房发生火灾时按《火警、火灾应急处理标准作业规程》处置。

4.2.3 水泵房发生水浸时的处置。

（1）视进水情况关掉机房内运行的设施设备并拉下电源开关。

（2）堵住漏水源。

（3）如果漏水较大，应立即通知运行班长，同时尽力阻滞进水。

（4）漏水源堵住后，应立即排水。

（5）排干水后，应立即对湿水设施设备进行除湿处理，如用干的干净抹布擦拭、热风吹干、自然通风、更换相关管线等。

（6）确认湿水已消除、各绝缘电阻符合要求后，开机试运行，无异常情况出现方可投入正常运行。

4.3 水泵房管理。

4.3.1 非值班人员不准进入水泵房，若需要进入，须经运行班长同意并在水电工的陪同下方可进入水泵房。

4.3.2 水泵房内严禁存放有毒、有害物品。

4.3.3 水泵房内应备齐消防器材并应放置在方便、显眼处。水泵房内严禁吸烟。

4.3.4 每班打扫一次水泵房的卫生，每周清洁一次水泵房内的设施设备，做到地面、墙壁、天花、门窗、设施设备表面无积尘、无油渍、无锈蚀、无污物，油漆完好，整洁光亮。
4.3.5 水泵房内应当通风良好、光线足够、门窗开启灵活。
4.3.6 水泵房应当做到随时上锁，钥匙由水电工保管，水电工不得私自配钥匙。
4.4 交接班要求。
4.4.1 接班人员应准时接班。
4.4.2 接班人员应认真听取交班人交代，并查看工具、物品是否齐全，确认无误后签字。
4.4.3 有下列情况之一者不准交班。
（1）上一班运行情况未交代清楚。
（2）记录不规范、不完整、不清晰。
（3）水泵房不干净。
（4）接班人未到岗。
（5）事故正在处理中或交班时发生故障，此时应由交班人负责继续处理，接班人协助进行。
5 记录
给排水设施设备运行记录表。

七、消防系统运行管理标准作业规程

消防系统运行管理标准作业规程

1 目的
规范消防系统运行管理工作，确保消防系统随时处于良好运行状态。
2 适用范围
适用于物业公司辖区内各类消防系统的运行管理。
3 职责
3.1 主管负责消防系统设备运行管理的监督、统筹工作。
3.2 运行班长负责消防系统设备运行管理的业务督导工作。
3.3 消防员负责具体实施消防系统设备的运行管理工作。
4 程序要点
4.1 运行监控。
4.1.1 消防管理中心消防员24小时对消防主机、消防联动柜、动力配电箱、灭火显示器、防火防盗闭路电视等设备进行监控。
4.1.2 运行监控内容如下。
（1）消防主机显示屏是否显示正常。
（2）消防主机是否正常。
（3）"运行"和"电源"灯是否亮，不亮时查找线路接头有无松动，如松动应紧固。
（4）巡视喷淋泵和消防泵管网系统，查看接口有无松动（松动时给予紧固），油漆是否脱落（脱落补刷油漆），水流指示器是否动作。
（5）"故障"灯是否亮，灯亮时证明出现故障，立即到现场查明原因。
（6）"低水位"信号灯是否亮，灯亮时立即通知机电维修电工查看水位加水。
（7）"破玻灯光"信号是否亮，灯亮时到楼层查看破玻报警原因。
（8）监看闭路电视画面是否清晰，出现故障时及时通知机电维修班维修。
（9）巡视气体灭火系统管网接口、紧急按钮，读出压力表指针所指数字，发现重量减轻时应进行密封、紧固、更换充气，消除防火区的一切杂物。

（10）设备有无出现烧焦、异味、异常响声。
（11）测试"试灯"键，按试灯键1～2秒钟，发现有信号灯不亮，应查明原因给予更换。
4.1.3 在运行监控中发现有不正常情况，应进行登记，同时报告运行班长并进行整改。
4.2 异常情况处置。
4.2.1 当消防主机出现异常情况（如水浸入），应立即切断供给消防主机的主电源和备用电源，以免引起相关联动装置启动而造成消防主机部件烧毁。
4.2.2 当配电箱线路发生短路（过负荷）起火时，立即关掉相关设备的电源，迅速用ABC干粉灭火器扑灭。
4.3 机房管理。
4.3.1 非值班人员不准进入室内（巡查、检修人员除外），若需进入，须经领导同意，并在当值消防员允许的情况下方可进入。
4.3.2 当值消防员每班打扫室内卫生，擦拭设施设备，始终保持地面、墙壁、设备无积尘、无油渍、无污物、无蜘蛛网，光亮整洁。
4.3.3 室内严禁存放一切与工作无关的物品，但应配备ABC干粉灭火器。
4.3.4 室内禁止吸烟。
4.3.5 室内应当通风良好、光线足够、门窗开启灵活，防小动物设施完好。
4.3.6 室内必须保持24小时监视消防系统，暂时离开时，需呼叫附近保安暂时替换，并交代值班注意事项，但不得超过30分钟。
4.4 交接班要求。
4.4.1 交接班时要求如下。
（1）进行外观巡视各类系统，查看各类系统是否处于正常运行状态。
（2）按操作键查看消防主机内容有无改动，有无增删操作员姓名，密码是否改动、正确。
4.4.2 出现下列情况不接班。
（1）上一班运行情况未交代清楚。
（2）故障正在处理中或未处理完毕，应由交班人负责处理，接班人协助（在值班管理人员允许时，交班人方可下班）。
（3）消防主机无法进入操作功能。
（4）设备上积尘未除尽，有水杯、腐蚀品。
（5）地面不干净、不整洁，检查物品不齐全。
4.5 资料保存与审核。
4.5.1 消防员应对每班次运行情况做好记录，填写"消防系统值班记录"，交接班时检查各系统均正常后，双方在"消防中心值班记录"上签字确认。
4.5.2 运行班长监督填写运行监控的各类记录，每月将用完的记录本归档保存。
4.5.3 消防员每班次交接均应对每个消防中心的值班情况进行监督、检查，并在《消防中心值班记录》上签署巡检意见，最后由运行班长签署审核意见。

5 记录
消防监控室值班记录。

八、弱电系统运行管理标准作业规程

弱电系统运行管理标准作业规程

1 目的
规范弱电系统运行管理工作，确保弱电系统良好运行。

2 适用范围

适用于辖区内弱电系统的运行管理。

3 职责

3.1 运行班长负责检查弱电系统运行管理工作的实施情况。

3.2 机电维修工（管理员）具体负责弱电系统的运行管理。

4 程序要点

4.1 巡视监控。

4.1.1 值班员应密切监视弱电系统的运行情况，并每隔1小时进行一次记录。

4.1.2 巡视监控的内容如下。

（1）保安报警监控系统。

（2）消防系统。

（3）楼宇对讲通讯系统。

（4）停车场收费系统。

（5）其他弱电系统。

4.1.3 对于巡视中发现的异常情况，值班员应及时采取措施予以解决，处理不了的问题，应及时详细地汇报给运行班长，请求支援解决。整改时应遵守《弱电系统维修标准作业规程》。

4.2 中央控制室的管理。

4.2.1 中央控制室每天24小时应有专人值班监控。

4.2.2 当值人员应严格执行交接班制度。

4.2.3 准确、真实、清晰地填写值班记录。

4.2.4 值班人员严禁操作。

4.2.5 谢绝与中央控制室无关人员入内。

4.2.6 除试听外，当值人员不得听音乐及广播。

4.2.7 室内要保持整洁，严禁吸烟。

4.2.8 室内配备灭火器、充电式应急灯、防毒面具，以备异常情况时急用。

4.3 交接班要求。

4.3.1 按时接班。接班人员应提前10分钟到达工作地点，首先作好接班前的准备工作，如换工衣、检查并佩戴好随身应带的工具、笔和记录本等，然后准时到达接班现场。

4.3.2 交接工作。

（1）交班人接班人同时在值班记录本上签上名及交接班时间。

（2）交班人应向接班人简述工作情况及事故处理结果。

4.3.3 值班人员需暂离开岗位时，必须在有经过培训的员工（如管理员、保安员、电工、中控室值班员）到位后才能离开。

（1）在已到交接班时间，而接班人员尚未到岗接班时，值班人员均不能下班或离岗，但可先与值班人员或上级领导联系，但无论怎样，都必须有接班人员到岗并交接班后方可下班。

（2）记录：当值人员应在"值班记录表"上做好纪录。若属正常情况，则在"值班记录"栏上记录"正常"；若有异常事件发生，需在"值班记录"栏上记录事件发生的时间、地点、内容及处理情况、上级指示等。

4.3.4 有下列情况之一者不准交接班。

（1）上一班运行情况未交代清楚或接班人未及时到位前。

（2）记录不规范、不完整、不清晰。

（3）中央控制室不干净。

（4）事故正在处理中或交接班时发生故障，此时应由交班人负责继续处理，接班人协助进行。

4.4 弱电系统的管理制度。

4.4.1 一切智能设备的电脑主机，实行专机专用，任何人不得从事与该智能设备无关的工作，更不能玩游戏、上网。

4.4.2 智能设备电脑的光驱、网络等外部交换设备，只专供智能设备专用，任何人不得用其安装无关、来历不明的非法软件，更不能用作看影视、听音乐。

4.4.3 智能设备的操作和使用，尤其是电脑的开关机要严格按照该智能设备规定的操作程序进行。开机顺序首先是电源开关，其次是系统外设，最后是电脑主机；关机顺序是先关闭系统外设，再关闭电脑主机，最后是电源开关。

4.4.4 操作人员要具备相应的资格条件和经过一定的岗位培训，并要严格按照被授权的岗位权限进行操作，任何人不得擅自越权更改智能设备电脑主机的操作密码和数据参数，更不得删除电脑程序和数据库内容。

4.4.5 严禁在智能设备系统正在运行的情况下，插拔电脑系统任何硬件设备、开关系统电源开关。非授权维保人员不得擅自拆卸、玩弄智能设备电脑系统主机、板卡和外部设备。

4.4.6 操作人员一旦发现智能设备电脑系统出现异常，要立即通知维保人员进行检修，以防止电脑硬盘物理损坏或系统应用软件和重要文件损坏。

4.4.7 智能设备系统对供电电源、温度、灰尘有一定的使用要求。对供电电源波动较大、时常断电，或设备系统对电源有特殊要求的，应加装UPS不间断电源；环境温度过高的、灰尘过多的，可加装空调设备降温除尘。

4.4.8 各管理处应该建立健全智能设备档案，对智能设备系统的随机技术资料、使用操作手册、系统应用软件等技术资料要进行登记归档，交由专人负责或资料员进行保管，防止有关资料流失在个人手中，影响日后对智能设备的维修保养。对因工作需要确需借阅者，要办理好借阅归还登记手续。

九、供配电设施设备维修保养标准作业规程

供配电设施设备维修保养标准作业规程

1 目的

规范供配电设施设备维修保养工作，确保供配电设施设备各项性能良好。

2 适用范围

适用于本公司辖区内供配电设施设备的维修保养。

3 职责

3.1 管理处主任负责审核"设备保养计划表"并检查该计划的执行情况。

3.2 运行班长负责组织制订"设备保养计划表"并组织监督、实施该计划。

3.3 值班电工负责对供配电设施设备进行维修保养。

3.4 管理处负责向有关用户通知停电的情况。

4 程序要点

4.1 《设备保养计划表》的制订。

4.1.1 每年的12月15日前，由运行班长组织值班电工一起研究、制订《设备保养计划表》并上报公司审批。

4.1.2 《设备保养计划表》制订的原则和需考虑的问题。

（1）供配电设施设备使用的频度。

（2）供配电设施设备运行状况（故障隐患）。

（3）合理时间（避开节假日、特殊活动日等）。

4.1.3 《供配电设施设备维修保养年度计划》应包括如下内容。

（1）维修保养项目及内容。

（2）备品、备件计划。
（3）具体实施维修保养的时间。
（4）预计费用。

4.2　对供配电设施设备进行维修保养时，应严格遵守《供配电设施设备安全操作标准作业规程》，按《设备保养计划表》进行。

4.3　高压开关柜、变压器的主要维修保养项目由外委完成，外部清洁及部分外部附件的维修保养由值班电工负责，低压配电柜的维修保养由值班电工负责。

4.4　变压器维修保养。

4.4.1　外委维修保养：每年的11月份委托供电公司对住宅小区内所有变压器进行测试、试验等项目的维修保养，此项工作由值班电工负责监督进行，并将结果记录在"供配电设施设备维修保养记录表"内。

4.4.2　外部维修保养：每年的4月份、10月份对小区内所有变压器外部进行一次清洁、保养。

（1）测定变压器线圈的绝缘电阻，如发现其电阻值比上次测定的数值降3%～5%时，应作绝缘油试验（对外委托试验），如绝缘油不合格则应全部换掉，换上新鲜的合格的绝缘油后，如果变压器的绝缘电阻还低于120MΩ，则应对变压器线圈进行处理（外委完成）。

（2）清扫变压器外壳，变压器漏油时应拧紧螺母或更换密封胶垫。

（3）拧紧变压器引出线的接头，如发现接头烧伤或过热痕迹，应进行整修处理并重新接好。

（4）变压器油位处于指示器下限时，应补同型号绝缘油，并清除油枕集泥器中的水和污垢。

（5）检查变压器的接地线是否良好，地线是否被腐蚀，腐蚀严重时应更换地线。

4.5　高压开关柜维修保养。每年12月份委托供电公司对小区内所有高压开关柜进行一次维修保养，此项工作由管理处机电维修领导负责监督进行并记录在"供配电设施设备维修保养记录表"内。

4.6　低压配电柜维修保养。每年的4月、10月份对小区内的所有低压配电柜内外部进行一次清洁，先用压缩空气进行吹污、吹尘，然后用干的干净抹布擦拭。

4.6.1　刀开关维修保养。

（1）检查安装螺栓是否紧固，如松弛则拧紧。

（2）检查刀开关转动是否灵活，如有阻滞现象则应对转动部位加润滑油。

（3）检查刀开关三相是否同步，接触是否良好，是否有烧伤或过热痕迹，如有问题则进行机械调整或整修处理。

（4）用500V摇表测量绝缘底板，其绝缘电阻如果低于10MΩ，则应进行烘干处理，烘干达不到要求的则应更换。

4.6.2　熔断器维修保养。

（1）新熔体的规格和形状应与更换的熔体一致。

（2）检查熔体与保险座是否接触良好，接触部位是否有烧伤痕迹，如有则进行修整，修整达不到要求的则应更换。严禁用铁丝、铜丝代替熔体。

4.6.3　交流接触器维修保养。

（1）清除接触表面的污垢，尤其是进线端相间的污垢。

（2）清除灭弧罩内的碳化物和金属颗粒。

（3）清除触头表面及四周的污物，但不要修挫触头，烧蚀严重不能正常工作的触头应更换。

（4）清洁铁芯表面的油污及脏物。

（5）拧紧所有紧固件。

4.6.4　自耦减压启动器维修保养。

（1）用500V摇表测绝缘电阻，应不低于0.5MΩ，否则应进行干燥处理。

（2）外壳应可靠接地，如有松脱或锈蚀则应除锈处理后拧紧接地线。

4.6.5　电容器维修保养。

（1）清理冷却风道及外壳灰尘，使电容器散热良好。

(2) 检查电容有无膨胀、漏油或异常响声，如有则应更换。
(3) 检查接头处，接地线是否有松脱或锈蚀，如有则应除锈处理并拧紧。
(4) 检查电容三相不平衡电流是否超过额定值的15%或电容缺相，如是则更换电容。

4.6.6 热继电器维修保养。
(1) 检查热继电器上的绝缘盖板是否完整，如损坏则更换。
(2) 检查热继电器的导线接头处有无过热痕迹或烧伤，如有则整修处理，处理后达不到要求的应更换。

4.6.7 断路器（自动空气开关）维修保养。
(1) 用500V摇表测量绝缘电阻，应不低于10MΩ，否则应烘干处理。
(2) 清除灭弧罩内的碳化物或金属颗粒，如果灭弧罩破裂，则应更换。
(3) 断路器（自动空气开关）在闭合和断开过程中，其可动部分与灭弧室的零件应无卡住现象。
(4) 在使用过程中发现铁芯有异常噪声时，应清洁其工作表面。
(5) 各传动机构应注入润滑油。
(6) 检查主触头表面有小的金属颗粒时，应将其清除，但不能修挫，只能轻轻擦拭。
(7) 检查手动（3次）、电动（3次）闭合与断开是否可靠，否则应修复。
(8) 检查分离脱扣、欠压脱扣、热式脱扣是否可靠，否则应修复。
(9) 检查接头处有无过热或烧伤痕迹，如有则修复并拧紧。
(10) 检查接地线有无松脱或锈蚀，如有则除锈处理并拧紧。

4.6.8 二次回路维修保养。
(1) 号码管是否清晰或掉落，如是则补上新号码管。
(2) 接头处是否松弛，如松弛则拧紧。

4.6.9 主回路维修保养。
(1) 标示牌是否清晰或掉落，如掉落则补上新的标示牌。
(2) 接头处是否有过热或烧伤痕迹，如是则修复并拧紧。
(3) 母线排油漆是否脱落，如是重新油漆，红、绿、黄必须分清、分色。

4.7 供配电设备的维修保养时间不允许超过8小时，如必须超过8小时，则机电维修班电工填写"申请延时维修保养表"，经运行班长审核、管理处主任批准后方可延时。

4.8 对计划中未列出的维修保养工作，应由运行班长尽快补充至计划中，对于突发性设施设备故障，先经运行班长口头批准后，可以先组织解决而后写出"事故报告"并上报公司。

5 记录表格
5.1 设备保养计划表。
5.2 配电柜保养记录。
5.3 外委维修保养申请表。
5.4 停水电申请表。
5.5 事故报告。

十、柴油发电机维修保养标准作业规程

柴油发电机维修保养标准作业规程
1 目的 规范柴油发电机维修保养工作，确保柴油发电机各项性能良好，保证柴油发电机良好运行。 2 适用范围 适用于本公司辖区内各类柴油发电机的维修保养工作。 3 职责 3.1 管理处主任负责审核《柴油发电机维修保养年度计划》并检查该计划执行情况。

3.2 运行班长负责组织制订《柴油发电机维修保养年度计划》并组织、监督该计划的执行。

3.3 柴油发电机管理员负责柴油发电机的日常维修保养。

4 程序要点

4.1 《柴油发电机维修保养年度计划》的制订。

4.1.1 每年年初由运行班长组织柴油发电机管理员一起研究制订《柴油发电机维修保养年度计划表》并上报公司审批。

4.1.2 制订《柴油发电机维修保养年度计划表》的原则。

（1）柴油发电机使用的频度。

（2）柴油发电机的运行状况（故障隐患）。

（3）合理的时间（避开节假日、特殊活动日等）。

4.1.3 《柴油发电机维修保养年度计划表》应包括如下内容。

（1）维修保养项目及内容。

（2）具体实施维修保养的时间。

（3）预计费用。

（4）备品、备件计划。

4.2 柴油发电机机外附件的维修保养，由机电维修班柴油机管理员负责，其余维修保养由外委完成，维修保养应按《柴油发电机维修保养年度计划》进行。

4.3 柴油发电机维修保养。

4.3.1 进行维修保养时，应注意可拆零件的相对位置及其顺序（必要时应作记号）、不可拆零件的结构特点，并掌握好重新装回时的用力力度（用扭力活动扳手）。

4.3.2 空气滤清器的维修保养周期为每运行50小时进行一次。

（1）空气滤清器显示器。当显示器的透明部分出现红色时表明空气滤清器已达到使用限度，应立即进行清洁或更换，处理完毕，轻按显示器顶部按钮，使显示器复位。

（2）空气滤清器。

——松开铁环，拆下储尘器及滤芯，由上至下小心清洁滤芯。

——滤芯不太脏时，可直接用压缩空气吹净，但应注意空气压力不能太大，喷嘴不可太接近滤芯。

——如果滤芯太脏，应用从代理商处购买的专用清洁液清洗，完后用电热风筒吹干（注意不能过热）。

——清洗完毕，应进行检查，检查的方法是用灯泡从内往外照，在滤芯外部观察，如发现有光点则表明滤芯已穿孔，此时则应更换同型号的滤芯。

——如果没有光点出现则表明滤芯未穿孔，此时则应小心安装好空气滤芯。

4.3.3 蓄电池的维修保养周期为每运行50小时进行一次。

（1）用验电器检查蓄电池充电是否足够，否则应充电。

（2）检查电池液位是否在极板上15mm左右，如果不够则加蒸馏水至上述位置。

（3）检查电池接线柱是否被腐蚀或有打火痕迹，否则应修复处理或更换，并涂上黄油。

4.3.4 皮带的维修保养周期为每运行100小时进行一次。

（1）检查每条皮带，发现有损坏或失效的，应及时更换。

（2）在皮带中段加40N压力，皮带应能按下12mm左右，太松太紧都应当进行调整。

4.3.5 散热器的维修保养周期为每运行200小时进行一次。

（1）外部清洁。

——用热水（加入清洁剂）喷洗，方法是从散热器前面向风扇方向喷射（如从反方向喷射只会把污物逼进中心位置），使用此方法时，要用胶布挡住柴油发电机。

——如果上述方法不能清除顽固的沉积物，则应把散热器拆下浸在热的碱水中约20分钟，然后用热水清洗。

（2）内部除垢。

——把水从散热器中排干，然后把散热器与管子相连的地方拆开并封口。
——向散热器中倒入45℃ 4%的酸溶液，过15分钟后排干酸溶液，检查散热器。
——如果仍有水垢，则用8%的酸溶液再洗一次。
——除垢后用3%的碱溶液中和两次，然后再用清水冲洗三次以上。
——所有工作完成后，检查散热器是否漏水，如果漏水则申请外委修补。
——如果不漏水则重新装回，散热器装回后应重新灌满清水并加入防锈剂。

4.3.6 润滑机油系统维修保养周期为每运行200小时进行一次。
（1）启动柴油发电机，让其运行15分钟。
（2）当柴油机高热时，从油底壳螺塞排出机油，排完后用110N·m（用扭力扳手）旋紧螺栓，然后再向油底壳加同型号新的与机内相同的机油，涡轮增压器内也应添加相同型号机油。
（3）拆除两个粗机油滤清器，换两个新的机油滤清器，新滤清器内应注满新鲜的与机内型号相同的机油（粗机油滤清器从代理商处购得）。
（4）更换精滤清器滤芯（从代理商处购得），添加新的与机内型号相同的机油。

4.3.7 柴油滤清器的维修保养周期为每运行200小时应进行一次拆除柴油滤清器，换上新的滤清器，并加满新的干净柴油，然后装回。

4.3.8 充电发电机和启动电机的维修保养周期为每运行600小时进行一次。
（1）清洗各机件、轴承，吹干后加注新的润滑油。
（2）清洁碳刷，如果碳刷磨损厚度超过新装时的$\frac{1}{2}$则应及时更换。
（3）检查传动装置是否灵活，启动电机检查齿轮磨损情况，如果齿轮磨损严重则应申请外委维修。

4.3.9 发电机控制屏维修保养周期为每半年进行一次。用压缩空气清除里面的灰尘，拧紧各接线头，对于生锈或过热的接线头应进行处理并拧紧。

4.4 对于柴油发电机的拆机维修或调整应由运行班长填写《外委维修保养申请单》，经管理处主任、公司总经理批准后，由外委单位完成。

4.5 对于计划中未列出的维修保养工作，应由运行班长尽快补充至计划中。对于突发性的柴油发电机故障，先经运行班长口头批准后，先组织解决而后写出"事故报告"并上报公司。

4.6 对于上述的所有维修保养工作都应清晰、完整、规范地记录在"柴油发电机维修保养记录表"内，并将记录交机电维修班存档。

5 记录表格
柴油发电机保养记录。

十一、中央空调维修保养标准作业规程

中央空调维修保养标准作业规程

1 目的
规范中央空调维修保养工作，确保中央空调各项性能完好。

2 适用范围
适用于辖区内各类中央空调的维修保养。

3 职责
3.1 管理处主任负责审核《中央空调维修保养年度计划》并检查该计划的执行情况。
3.2 运行班长负责组织制订《中央空调维修保养年度计划》并组织、监督该计划的实施。
3.3 机电维修班制冷技工具体负责中央空调的维修保养。
3.4 管理处负责向有关用户通知停用中央空调的情况。

4 程序要点

4.1 《中央空调维修保养年度计划》的制订。

4.1.1 每年年初由运行班长组织制冷技工一起研究、制订《中央空调维修保养年度计划》并上报公司审批。

4.1.2 制订《中央空调维护保养年度计划》的原则。
(1) 中央空调使用的额度。
(2) 中央空调运行状况（故障隐患）。
(3) 合理的时间（避开节假日、特殊活动日等）。

4.1.3 《中央空调维护保养年度计划》应包括如下内容。
(1) 维护保养项目及内容。
(2) 具体实施维护保养的时间。
(3) 预计费用。
(4) 备品、备件计划。

4.2 中央空调进行维护保养时应按《中央空调维护保养年度计划》进行。

4.3 制冷技工负责中央空调的日常维护保养；中央空调的大型修理及PC中央处理器的故障处理由外委完成。

4.4 冷却塔维修保养。制冷技工每半年对冷却塔进行一次清洁、保养。

4.4.1 用500V摇表检测电机绝缘电阻应不低于0.5MΩ否则应干燥处理电机线圈，干燥处理后仍达不到0.5MΩ以上时则应拆修电机线圈。

4.4.2 检查电机、风扇是否转动灵活，如有阻滞现象则应加注润滑油，如有异常摩擦声则应更换同型号规格的轴承。

4.4.3 检查皮带是否开裂或磨损严重，如是则应更换同规格皮带。检查皮带是否太松，如是则应调整（每半个月检查一次）。检查皮带轮与轴配合是否松动，如是则应整修。

4.4.4 检查布水器是否布水均匀，否则应清洁管道及喷嘴。

4.4.5 清洗冷却塔（包括填料、集水槽，清洁风扇风叶）。

4.4.6 检查补水浮球阀是否动作可靠，否则应修复（不定期）。

4.4.7 拧紧所有紧固件。

4.4.8 清洁整个冷却塔外表。

4.5 风机盘管维修保养：制冷技工每隔半年对风机盘进行一次清洁、保养。

4.5.1 每周清洗一次空气过滤网，排除盘管内的空气（不定期）。

4.5.2 检查风机是否转动灵活，如有阻滞现象，则应加注润滑油，如有异常磨擦响声则应更换风机轴承。

4.5.3 用500V摇表检测风机电机线圈绝缘电阻应不低于0.5MΩ，否则应整修处理。检查电容有无变形、膨胀开裂，如是则应更换同规格电容。检查各接线头是否牢固，是否有过热痕迹，如有则作相应整修。

4.5.4 清洁风机风叶、盘管、积水盘上的污物。

4.5.5 用盐酸溶液（内加缓蚀剂）清除盘管内壁的水垢。

4.5.6 拧紧所有紧固件。

4.5.7 清洁风机盘管外壳。

4.6 冷凝器、蒸发器维修保养：制冷技工每半年对冷凝器、蒸发器进行一次清洁、保养。

4.6.1 柜式蒸发器维修保养。
(1) 每周清洗一次空气过滤网。
(2) 清洁蒸发器散热片。
(3) 清洁接水盘。

4.6.2 水冷式冷凝器、蒸发器维修保养（清除污垢）。
(1) 配置10%的盐酸溶液（每1kg酸溶液里加0.5g缓蚀剂）。

（2）拆开冷凝器、蒸发器两端进出水法兰封闭，然后向里注满酸溶液，酸洗时间为24小时，也可用酸汞循环清洗（清洗时间为12小时）。

（3）洗完后用1%的NaOH溶液或5% Na_2CO_3溶液清洗15分钟，再用清水冲洗三次以上。

（4）完毕后，检查是否漏水，如漏水则申请外委维修，如不漏水则重新装好（如法兰的密封胶垫已老化则应更换）。

4.7 机组维修保养：制冷技工每半年对冷却水泵机组、冷冻水泵机组进行一次清洁保养。

4.7.1 电动机维护保养。

（1）用500V摇表检测电动机线圈绝缘电阻是否在0.5MΩ以上，否则应进行干燥处理或修复。

（2）检查电动机轴承有无阻滞现象，如有应加润滑油，如加润滑油后仍不行则应更换同型号规格的轴承。

（3）检查电动机风叶有无碰壳现象，如有则应修整处理。

4.7.2 水泵维护保养。

（1）转动水泵轴，观察是否有阻滞、碰撞、卡住现象，如是轴承问题则对轴承加注润滑油或更换轴承，如是水泵叶轮问题则应拆修水泵。

（2）检查压盘根处是否漏水成线，如是则应加压盘根（不定期）。

4.7.3 检查弹性联轴器有无损坏，如损坏则应更换弹性橡胶垫（不定期）。

4.7.4 清洗水泵过滤网。

4.7.5 拧紧水泵机组所有紧固螺栓。

4.7.6 清洗水泵机组外壳，如脱漆或锈蚀严重，则应重新油漆一遍。

4.8 制冷技工每半年对冷冻水管路、送冷风管路、风机盘管路进行一次保养，检查冷冻水管路、送冷风管路、风机盘管路处是否有大量的凝结水或保温层已破损，如是则应重新做保温层。

4.9 阀类维修保养：制冷技工每半年对阀类进行一次保养。

4.9.1 节制阀与调节阀的维修保养。

（1）检查是否泄漏，如是则应加压填料。

（2）检查阀门开闭是否灵活，如阻力较大则应对阀杆加注润滑油。

（3）如阀门破裂或开闭失效，则应更换同规格阀门。

（4）检查法兰连结处是否渗漏，如是则应拆换密封胶垫。

4.9.2 电磁调节阀、压差调节阀维护保养。

（1）干燥过滤器：检查干燥过滤器是否已脏堵或吸潮，如是则更换同规格的干燥过滤器。

（2）电磁调节阀、压差调节阀：通断电检查电磁调节阀、压差调节阀是否动作可靠，如有问题则更换同规格电磁调节阀、压差调节阀。对压差调节阀间阀杆加润滑油，如压填料也泄漏则应加压填料。

4.10 检测、控制部分维修保养：制冷技工每半年对检测、控制部分进行一次保养。

4.10.1 检测器件（温度计、压力表、传感器）维护保养。

（1）对于读数模糊不清的温度计、压力表应拆换。

（2）经检验合格后方可再使用。

（3）检测传感器参数是否正常并做模拟实验，对于不合格的传感器应拆换。

（4）检查装检测器的部位是否渗漏，如渗漏则更换密封胶垫。

4.10.2 控制部分维护保养。

（1）清洁控制柜内外的灰尘、赃物。

（2）检查、紧固所有接线头，对于烧蚀严重的接线头应更换。

（3）交流接触器维修保养。

（4）清除灭弧罩内的碳化物和金属颗粒。

（5）清除触头表面及四周的污物（但不要修锉触头），如触头烧蚀严重则应更换同规格交流接触器

（6）清洁铁芯上的灰尘及赃物。

（7）拧紧所有紧固螺栓。

（8）热继电器维修保养。检查热继电器的导线接头处有无过热或烧伤痕迹，如有则应整修处理，处理后达不到要求的则应更换。检查热继电器上的绝缘盖板是否完整，如损坏则应更换。

（9）自动空气开关维修保养。用500V摇表测量绝缘电阻应不低于$0.5M\Omega$，否则应烘干处理。清除灭弧罩内的碳化物或金属颗粒，如灭弧罩损坏则应更换。清除触头表面上的小金属颗粒（不要修锉）。

（10）信号灯、指示仪表维修保养。检查各信号灯是否正常，如不亮则应更换同规格的小灯泡。检查各指示仪表指示是否正确，如偏差较大则应作适量调整，调整后偏差仍较大应更换。

（11）中间继电器、信号继电器维修保养。对中间继电器、信号继电器做模拟实验，检查两者的动作是否可靠，输出的信号是否正常，否则应更换同型号的中间继电器、信号继电器。

（12）中央处理器、印刷线路板如出现问题，则申请外委维修。

4.11　压缩机维修保养：制冷技工每年对压缩机进行一次检修、保养。

4.11.1　检查压缩机油位、油色。如油位低于观察镜的$\frac{1}{2}$位置，则应查明漏油原因并排除故障后再充注润滑油，如油已变色则应彻底更换润滑油。

4.11.2　检查制冷系统内是否存在空气，如有则应排放空气。

4.11.3　具体检查压缩机如下参数。

（1）压缩机电机绝缘电阻（正常$0.5M\Omega$以上）。

（2）压缩机运行电流（正常为额定值，三相基本平衡）。

（3）压缩机油压（正常$1\sim1.5MPa$）。

（4）压缩机外壳温度（正常85℃以下）。

（5）吸气压力（正常值$0.49\sim0.545MPa$）。

（6）排气压力（正常值$1.255MPa$）。

（7）检查压缩机是否有异常的噪声或振动。

（8）检查压缩机是否有异常的气味。

通过上述检查综合判断压缩机是否有故障，如有则更换压缩机（外委维修）。

4.11.4　拧紧所有紧固件并清洁压缩机。

4.12　中央空调维修保养的时间计划不允许超过8小时，如必须超过8小时，则应由运行班长填写"申请延时维修保养表"呈交管理处主任批准并征得营业部门的同意后方可延时。

4.13　对于计划中未列出的维修保养工作，应由运行班长尽快补充至计划中；对于突发性的设施设备故障，先经运行班长口头批准后，可以先组织解决而后写出"＿＿＿事故报告"并上报公司。

4.14　中央空调因维修保养等原因需停用时，应由运行班长填写"停用申请表"，经管理处主任批准后通知有关部门。如因突然故障停用中央空调，应在恢复使用后2小时内向有关营业部门作出解释。

十二、排水设施设备维修保养标准作业规程

排水设施设备维修保养标准作业规程

1 目的

规范给排水设施设备保养工作，确保给排水设施设备各项性能完好。

2 适用范围

适用于物业公司辖区内给排水设施设备（含消防供水机组）的维修保养。

3 职责

3.1　管理处主任负责审核《给排水设施设备维修保养年度计划》并检查该计划的执行情况。

3.2　运行班长负责组织制订《给排水设施设备维修保养年度计划》并组织、监督该计划的实施。

3.3　水电工具体负责实施给排水设施设备的维修保养。

3.4 管理处负责向有关用户通知停水情况。

4 程序要点

4.1 《给排水设施设备维修保养年度计划》的规定。

4.1.1 每年的12月15日之前，由运行班长、水电工一起研究制订《给排水设施设备维修保养年度计划》并上报公司审批。

4.1.2 制订《给排水设施设备维修保养年度计划》的原则如下。

（1）给排水设施设备使用的频度。

（2）给排水设施设备运行状况（故障隐患）。

（3）合理的时间（避开节假日、特殊活动日等）。

4.1.3 《给排水设施设备维修保养年度计划》应包括如下内容。

（1）维修保养项目及内容。

（2）备品、备件计划。

（3）具体实施维修保养的时间。

（4）预计费用。

4.2 水电工对给排水设施设备进行维修保养时，应按《设备维保年度计划》进行。

4.3 小区内主供水管（DN100以上加压管）爆裂、主供水管上闸阀拆换，以及控制柜内变频器、变频器中央处理器的维修保养由专业人员负责，其余维修保养由水电工负责。

4.4 水泵机组维修保养。每年上、下半年应对小区内所有水泵机组进行清洁、保养。

4.4.1 电动机维修保养。

（1）用500V摇表检测电动机线圈绝缘电阻是否在0.5MΩ以上，否则应烘干处理或修复。

（2）动机轴承有无阻滞或异常声响，如有则应更换同型号规格轴承。

（3）检查电动机风叶有无碰壳现象，如有则应修整处理。

（4）清洁电动机外壳。

（5）检查电动机是否脱漆严重，如脱漆严重则应彻底铲除脱落层油漆后重新油漆。

4.4.2 水泵维修保养。

（1）检查水泵轴承是否灵活，如有阻滞现象，则应加注润滑油；如有异常摩擦声响，则应更换同型号规格轴承。

（2）水泵轴如果有卡住、碰撞现象，则应拆换同规格水泵叶轮；如果轴键槽损坏严重，则应更换同规格水泵轴。

（3）盘根处是否漏水成线，如是则应加压盘根。

（4）清洁水泵外表。

（5）水泵脱漆或锈蚀严重则应彻底铲除脱落层油漆，重新刷油漆。

4.4.3 检查电动机与水泵弹性联轴器有无损坏，如损坏则应更换。

4.4.4 检查水泵机组螺栓是否紧固，如松弛则应拧紧。

4.5 控制柜维修保养。每年应对小区内水泵房的控制柜进行两次清洁、保养。

4.5.1 用压缩空气、干净干抹布清洁柜内所有元器件，清洁控制柜外壳，必须使柜内无积尘、无污物。

4.5.2 检查、紧固所接线头，对于烧蚀严重的接线头应更换。

4.5.3 检查柜内所有线头的号码管数字是否清晰、是否有脱落现象，如是则应更换。

4.5.4 交流接触器维修保养。

（1）清除灭弧罩内的碳化物和金属颗粒。

（2）清除触头表面及四周的污物（但不要修锉触头），烧蚀严重不能正常工作的触头应更换。

（3）清洁铁芯上的油污及脏物。

（4）检查复位调簧情况。

（5）拧紧所有紧固件。

4.5.5 自耦减压启动器维修保养。

(1) 用500V摇表测量绝缘电阻，应不低于0.5MΩ，否则应进行干燥处理。
(2) 外壳应可靠接地，如有松脱或锈蚀则应在除锈处理后，拧紧接地线。
4.5.6　热继电器维修保养。
(1) 检查热继电器上的绝缘盖板是否完整无损，如损坏则应更换。
(2) 检查热继电器的导线接头处有无过热痕迹，如有则整修处理，处理后达不到要求的应更换。
4.5.7　自动空气开关维修保养。
(1) 用500V摇表测量绝缘电阻，应不低于100MΩ，否则应烘干处理。
(2) 去除灭弧罩内的碳化物和金属颗粒，如果灭弧罩破裂则应更换。
(3) 自动空气开关在闭合或断开过程中，其可动部分与灭弧室的零头应无卡住现象。
(4) 检查触头表面是否有小的金属颗粒，如有则应将其清除，但不能修锉，只能轻轻擦拭。
4.5.8　中间继电器、信号继电器维修保养。对中间继电器、信号继电器应做模拟试验，检查两者的动作是否可靠、输出信号是否正确，如有问题则应更换同型号的中间继电器、信号继电器。
4.5.9　信号灯、指示仪表维修保养。
(1) 检查各信号灯是否正常，如有不亮则应更换相同规格的小灯泡。
(2) 检查各指示仪表指示是否正确，如有偏差则应作适当调整，调整后偏差仍较大的则应更换同规格同型号的仪表。
4.5.10　远传压力表维修保养。
(1) 检查表内是否有积水，如有则应干燥处理。
(2) 检查信号线接头处是否有腐蚀，如腐蚀严重则应重新焊接。
(3) 压差很大或信号线损坏的远传压力表应拆换。
4.6　闸阀、止回阀、浮球阀、液位控制器维修保养。
4.6.1　闸阀维修保养。
(1) 检查密封胶垫处是否漏水，如漏水则应更换密封胶垫。
(2) 检查压黄油麻绳处是否漏水，如漏水则应重新加压黄油麻绳。
(3) 对闸阀阀杆加黄油润滑。
(4) 对锈蚀的闸阀（明装）应在彻底铲除底漆后重新油漆。
4.6.2　止回阀维修保养。
(1) 检查止回阀密封胶垫是否损坏，如损坏则应更换。
(2) 检查止回阀弹簧弹力是否足够，如太软则应更换同规格弹簧。
(3) 检查止回阀油漆是否脱落，如脱落严重则应处理后重新油漆。
4.6.3　浮球阀维修保养。
(1) 检查浮球阀密封胶垫是否老化，如老化则应更换。
(2) 检查浮球阀连杆是否弯曲，如弯曲则应校直。
(3) 检查浮球阀连杆插销是否磨损严重，如磨损严重则应更换。
4.6.4　液位控制器维修保养。
(1) 检查密封圈、密封胶垫是否损坏，如损坏则应更换。
(2) 清除压力室内污物，疏通控制水道。
(3) 检查控制杆两端螺母是否紧固，如松弛则应拧紧。
(4) 紧固所有螺母。
4.7　潜水泵或排污泵维修保养。
4.7.1　用500V摇表检测潜水泵或排污泵绝缘电阻是否在0.25MΩ以上，否则拆开潜水泵或排污泵，对线圈进行烘干处理。
4.7.2　检查密封圈是否老化，如老化则应更换。
4.7.3　检查轴承磨损情况，如转动时有明显的异常声响或有阻滞现象，则应更换同型号规格的轴承。
4.7.4　清洁潜水泵、排污泵外壳，如锈蚀严重则应在表面处理后重新油漆。

4.7.5 检查潜水泵、排污泵上所连接的软管是否牢固，如松弛则应紧固。拧紧潜水泵、排污泵上的所有螺母。

4.8 明装给排水管维修保养。

4.8.1 检查支持托架是否牢固，否则应加强。

4.8.2 检查流向标志是否鲜明醒目，否则应整改。

4.8.3 检查保护漆是否完好，如脱漆严重则应重新油漆一遍。

4.8.4 检查各连接处是否有漏水现象，如漏水则应处理（更换胶垫）。

4.9 每次给排水设施设备的维修保养时间限制在8小时之内，如需延时必须经管理处主任批准后方可延时。

4.10 对于计划中未列出的维修保养工作，应由运行班长尽快补充至计划中。对于突发性的设施设备故障，先经运行班长口头批准后，可以先组织解决而后写出"事故报告"并上报公司。

4.11 水电工应将上述维修保养工作清晰、完整、规范地记录在"维修保养记录表"内，由水电工整理成册后交机电维修班存档。

4.12 停水管理。给排水设施设备因维修保养等原因需要停水时，应由运行班长填写"停水申请表"，经管理处主任批准后通知有关用户。如因特殊情况突然停水，应在恢复供水12小时内向有关用户作出解释。

5 记录

给排水设备维修、保养记录表。

十三、消防系统维修保养标准作业规程

消防系统维修保养标准作业规程

1 目的

规范消防系统维修保养工作，确保消防系统设备各项性能良好。

2 适用范围

适用于本公司辖区内消防系统设备的维修保养工作。

3 职责

3.1 管理处主任负责审核《消防系统维修保养年度计划》并检查计划的执行情况。

3.2 运行班长负责制订《消防系统维修保养年度计划》并组织监督该计划的具体实施。

3.3 消防员具体负责消防系统的日常保养工作。

4 程序要点

4.1 《消防系统维修保养年度计划》的制订。

4.1.1 每年12月前，由班长组织制订下一年度的《消防系统维修保养年度计划》报公司审批。并按系统的运行情况拟定小修、中修、大修计划。

4.1.2 《消防系统维修保养年度计划》必须具备下列要求。

（1）有明确安排设备的大、中、小修计划。

（2）有具体组织实施维修保养的时间。

（3）有明确的维修保养周期。

（4）有具体的维修经费预算。

4.2 对消防系统进行维修保养时，应严格遵守《消防系统操作标准作业规程》，并按《消防系统维修保养年度计划》进行。

4.3 检查。

4.3.1 日检：每班次在班长的指导下由消防员对火灾报警系统进行下列检查。

（1）每班次均应进行系统设备的外观检查。

（2）火警功能。误报火警应勘察误报的火灾探测器探头现场有无蒸气、烟雾、粉尘等影响探头正常工作的环境干扰存在，如有其他干扰存在，应设法排除。对于误报频繁又无其他干扰影响探头正常工作的，或探头显示灯不亮、不能接收信号，应及时清洗更换。

（3）自检功能。按自检键后，进行复位，让系统处于正常状态，不能复位应查明原因。

（4）故障功能。

——主电源故障，检查输入电源是否完好，熔丝有无烧断、接触不良等。

——备用电源故障，检查充电装置、电池有否损坏、有无断线。

——探测回路故障，检查该回路至火灾探测器的接线是否完好，有无探头取下，终端监控器有无损坏。

4.3.2　月检：每月在班长的指导下，由消防员对消防自动系统进行下列功能检查，并填写"消防系统检查保养记录表"。

（1）日检全部内容。

（2）测试控制器主要工作电压是否正常。

（3）火灾探测器（温感、烟感、碎玻）安装倾斜度不大于45度，与底座接触否良好、外观是否洁净完好、指示灯是否闪亮。随机抽取5%的烟感喷烟后，消防主机是否收到报警信号。

（4）对楼层消火栓泵进行外观检查，查看外接线是否固定良好，油漆脱落应补刷新漆。

（5）检查手动报警按钮、紧急旋钮安装是否牢固，有无破损及丢失。任选两个手动报警按钮进行模拟报警，测试报警功能是否正常。

（6）对消防主机、联动柜、动力配电箱、灭火显示器及其附属设施进行擦拭除尘，线路松动应给予紧固。

（7）对主电源和备用电源做自动转换试验。

4.3.3　季检：每季度检查和试验自动报警系统的下列功能，并填写"消防系统保养记录表"。

（1）采用专用检测仪器分批试验火灾探测器的动作及确认灯显示。

（2）试验火灾报警的声光显示。

（3）试验水流指示器、压力开关等报警功能、信号显示。

（4）对备用电源进行1～2次充放电试验，1～3次主要电源和备用电源自动切换试验。

（5）用手动或自动检查防火卷帘的关闭情况，及防火卷帘有无变形、扭曲情况。

（6）用手动或自动检查消火栓泵、自动喷淋灭火系统的控制设备。

（7）对固定式气体灭火器系统进行外观巡视，查看管网系统的密封情况，读出压力表指针数值，用手动或自动检查固定灭火系统的控制设备。

（8）用手动检查消防应急广播、火灾应急照明及疏散指示标志灯。

（9）从消防联动柜上按强制"消防"开关键使客货梯停于首层试验。

（10）在消防管理中心进行消防通信设备对讲通话试验。

（11）检查所有转换开关和强制切断非消防电源功能试验。

4.3.4　年检：每年年终由班长及消防员对火灾自动报警系统的功能作下列检查和试验，并填写"消防系统保养记录表"。

（1）应用专用检测仪器对所安装的火灾探测器探头（取10%）进行一次实效模拟试验，对电缆、接线盒、设备作直观检查，清理尘埃。

（2）进行本规程4.3.3季检内容［（1）（2）除外］。

（3）试验火灾应急广播设备的功能。

4.3.5　对本规程4.3.3和4.3.4的检查内容，合同期内由安装厂家指导检查，合同期满后可内部检查，也可外委公安消防局（或安装厂家）检查。

4.4　维修保养。

4.4.1　对消防系统设备的外部清洁及部分附件的维修保养由班长指导完成。每班次消防员应对消防设备外部清洁一次，用压缩空气进行吹污、吹尘，再用干的干净抹布擦拭，保持设备光洁。

4.4.2　消防系统设备故障的维修一般不超过8小时，在8小时内无法解决的，应将其故障原因、解决时间上报管理处主任，并按批准的时间限期解决。

4.4.3　需外委维修的，由管理处申请上报公司批准后，委托安装厂家或公安消防局进行维修保养。
4.4.4　消防泵维修保养见《给排水设施设备维修保养标准作业规程》相关内容。
4.4.5　消防电机、风机的维修保养，见《机电设备（电机）管理标准作业规程》相关要点。
4.4.6　消防系统设备的检查、维修保养均应有完整的记录，分类归档管理。

5　记录

5.1　消防系统检查保养记录表。
5.2　消防系统年度维修保养计划。

十四、弱电系统维修标准作业规程

弱电系统维修标准作业规程

1　目的

规范弱电系统维修程序，确保高效率、高质量地完成弱电系统的维修工作。

2　适用范围

适用于辖区内的弱电系统的维修。

3　职责

3.1　运行班长负责检查弱电系统维修工作的实施情况并组织实施。
3.2　维修员负责弱电系统的维修工作。

4　程序要点

4.1　维修员注意事项。
4.1.1　应熟悉维修设施的电路原理及功能方框图。
4.1.2　应注意安全操作。
（1）确保人身安全：维修时如需带电作业（电压高于36V时），应做好相应的绝缘措施。
（2）确保维修设施的安全：测量某焊点电压时切忌与相邻焊点相碰；维修设施印刷线路板底面切忌与金属物件相碰，最好用绝缘板托起；注意合理放置维修工具以免引起意外。
4.1.3　必须正确判断故障部位、故障元器件，切忌乱换乱拆、胡乱调整。
4.2　基本维修方法。
4.2.1　观察法。
（1）有无虚焊、松脱、烧焦的元器件。
（2）有无异常的声音。
（3）观察图像效果。
4.2.2　静态测量法。
（1）短路电阻测量法。
（2）电流测量判断法。
（3）电压测量判断法。
4.3　楼层防盗对讲机。
4.3.1　室内听不到铃声。
（1）检查主机按钮开关是否接触良好，否则应更换按钮开关。
（2）检查室内分机的转换开关是否接触良好，如接触不良则应整修处理。
（3）通过上述两个步骤如仍不振铃，则应重点检查振铃放大电路，直至故障排除。
4.3.2　不能对讲。
（1）检查通话线是否接触良好，如不行则重新焊接。
（2）检查室内分机扩音器、扬声器是否正常，如不正常则应更换。

（3）检查室内分机放大电路，重点检查三极管直至故障排除。

4.3.3 不能开楼下大闸门。

（1）检查锁舌部件是否灵活，如阻滞则应加润滑油。

（2）检查开锁磁线圈接线是否良好、线圈是否烧坏，如是则应重新接好线头或更换电磁线圈。

（3）检查分机开锁按钮是否接触良好、开锁继电器是否动作可靠、开锁电路有无损坏的元器件，如有问题则应逐一检查并排除故障。

4.3.4 主机无电。

（1）检查桥式整流二极管有无损坏，如损坏则应更换同规格二极管。

（2）检查电源变压器是否烧坏，如是则应更换同规格的变压器。

4.4 可视对讲机维修。

4.4.1 无图像、声音，但开锁正常。

（1）调节亮度电位器观察屏幕有无光栅，如有光栅则应检查室内机与门口机的图像信号连接线是否接牢，不牢则应重新接好（烫锡焊接）。

（2）如调节亮度电位器屏幕仍无光栅，此时应检查室内机电路板，包括振荡电路推动电路、输出电路、图像显示电路等逐级检查，直至故障排除。

4.4.2 通话无声音。

（1）检查听筒与室内机的接线是否牢固，否则应重新接好（烫锡、焊接）。

（2）调节音量电位器，如扬声器里有交流声发出，则说明室内机的放大电路正常，此时应检查门机上的麦克风，如麦克风损坏则应更换同规格麦克风。

（3）调节音量电位器，如扬声器里什么声音都没有，则说明室内机的放大电路有问题，室内机放大电路包括音频输入电路、前置放大电路、功放电路，此时应逐级进行检查直至故障排除。

4.4.3 不能开大闸门：按本规程4.3.3条款执行。

4.5 监控系统、停车场收费系统、安防报警系统、消防报警联动柜、烟感器系统、温感器系统、智能化信息系统由公司专门维修。自动化系统设备的维护保养要求如下。

4.5.1 每月中央计算机对所有控制设备的设定及运行情况进行监控，并根据环境、用户要求及实际负荷情况对设备运行工况作相应调整，达到节约能源和延长设备使用寿命的目的。

4.5.2 每月调校每个弱电竖井DDC控制箱的元器件，线路松动应给予紧固，并清洁所有元器件及控制箱。

4.5.3 每月调校设备终端的传感元件，确保继电器运行良好，接线牢固。

4.6 保安监控自动化系统设备的维护保养。

4.6.1 每月调整所监控设备的监控范围及设备功能调校。

4.6.2 清洁监视器、录像机、主机、适配器、扩展器、云台控制器，检查云台转动、镜头伸缩是否灵活，检查所有接线是否松动。

4.7 消防自动化系统设备的维护保养。

4.7.1 每季度抽取不少于5%的烟感头，在喷烟后报警是否正确。

4.7.2 每季度检查手动按钮玻璃有无破损及丢失。每层楼选一个手动按钮进行模拟报警，测试报警功能是否正常。

4.7.3 每季度每层楼开启一处喷淋头测试水阀，检查该层警铃能否响起来、喷淋泵能起动、主机能否报警。

4.7.4 每季度每层楼选一消火栓按钮进行模拟试验，看能否正确报警及启动消火栓泵。对各消防分机、主机、联动柜等进行清扫除尘，若线路松动，应进行紧固。

4.7.5 每季度对主机进行自检、消声、复位、屏蔽、解屏蔽、紧急广播、用电源切换等功能检测，测试机内主要工作电压。

4.8 智能化设备系统常见的故障分析与排除方法。

4.8.1 引起智能化管理系统故障的原因一般有两个方面：系统运行的外界环境条件引起和系统内部自

身故障。由外界环境条件引起故障的因素主要有工作电源异常、环境温度变化、电磁干扰、机械的冲击和振动等,其中许多干扰对于集散控制系统中分站使用的DDC控制器以及中央站的PC机等设备的影响尤其严重。系统内部的硬件如温度压力传感器、变送器、控制器等可能会发生故障,控制器的故障如元器件的失效、焊接点的虚焊脱焊、接插件的导电接触面氧化或腐蚀、接触松动、线路连接开路和短路等。

4.8.2 检查系统故障常常先从外部环境条件着手,首先检查工作电源是否正常、工作环境是否符合要求,然后再查系统内部产生的故障,如各执行部件是否正常。在检查硬件之前,通常检查相关参数的设定、操作方式(自动、手动)选择是否正确。

4.8.3 根据高层楼宇控制系统的原理、构造,在检查维修时,通常采用以下4种方法进行:模拟测试法、分段检测法、替代法、经验法。

(1)模拟测试法:根据2AS编程逻辑设定满足设备运行的条件,测试判断故障点的类型,属于硬件故障还是软件故障。

(2)分段检测法:通过模拟测试判断出故障处在某一回路后,将此回路分段检测,通常以DDC控制盘为分段点,这样能迅速确定故障点的范围。

(3)替代法:用运行正常的元器件,代替怀疑有故障的元器件,来判断故障点,在使用这种方法时,要先确认替代元器件的完好性。

(4)经验法:根据实际的运行维护经验、相关元器件的使用性能及损耗周期等特点,作针对性的检查。

(5)在实际检修中,以上4种方法都会交叉使用。

4.9 维修工作结束的收尾工作。

4.9.1 维修员应及时清洁工作场地,把小的垃圾装入塑料袋内,用干净干抹布擦拭弄脏了的部位。

4.9.2 向住户试验维修后的效果,并向住户说明使用中应注意的事项,如住户有不满意的地方(合理的要求),维修员应及时进行整改直至住户满意为止。

4.9.3 一切正常后请住户在"住户家庭安装、维修(收费)通知单"上签名确认。如住户对此次维修收费有异议,维修员应向住户作出解释。

4.9.4 机电维修班做好"住户家庭安装、维修(收费)通知单"的登记工作。

5 记录

住户家庭安装、维修(收费)通知单。

第八章 工程设施与设备规范化管理表格范本

一、设备巡视签到表

设备巡视签到表见表5-8-1。

表5-8-1 设备巡视签到表

日期	早班			中班			夜班				系统工程师	
	签名	时间	设备情况	签名	时间	设备情况	签名	时间	设备情况	卫生情况	签名	时间

二、空调系统巡视维护表

空调系统巡视维护表见表5-8-2。

表5-8-2 空调系统巡视维护表

周期及时间	巡视人	巡视时段	巡视项目							
			主机	水泵	冷却塔	新风机	管道阀门	盘管风机	膨胀水箱	风管
冷却水处理		□	处理单位:			日期:				备注:
冷冻水处理		□	处理单位:			日期:				备注:
备注		(1) 巡视项目正常的画"√",存在问题的画"×" (2) 巡视发现问题除在对应的栏内画"×"外,还应在下面注明日期及处理单据								

审核:　　　　　日期:　　　　　归档:　　　　　日期:

三、电梯系统巡视维护表

电梯系统巡视维护表见表5-8-3。

表5-8-3 电梯系统巡视维护表

　　　　年　　月

周期及时间	巡视人	巡视时段	巡视项目			
			轿厢及前室	机房及设备	厢顶设施	井底设施
备注			(1) 巡视项目正常的画"√",存在问题的画"×" (2) 巡视发现问题除在对应的栏内画"×"外,还应在下面注明日期及处理单据			

审核:　　　　　日期:　　　　　归档:　　　　　日期:

四、消防报警系统巡视维护表

消防报警系统巡视维护表见表5-8-4。

表5-8-4　消防报警系统巡视维护表

年　　月

周期及时间	巡视人	巡视时段	巡视项目					
			消防主机	联动柜	烟、温感知器	……	湿式报警系统
备注	（1）巡视项目包括消防主机、联动柜、烟感知器、温感知器、无源介面、有源介面、警铃、手动报警器、排烟阀、排烟风机、正压风机、消防广播电话、紧急疏散灯、水泵、水流开关、喷淋头、消防箱、电接点压力表、湿式报警系统，实际做表时要将以上项目加到表里 （2）巡视项目正常的画"√"，存在问题的画"×" （3）巡视发现问题除在对应的栏内画"×"外，还应在下面注明日期及处理单据							

审核：　　　　　　　日期：　　　　　　归档：　　　　　　日期：

五、气体消防系统巡视维护表

气体消防系统巡视维护表见表5-8-5。

表5-8-5　气体消防系统巡视维护表

年　　月

周期及时间	巡视人	巡视时段	巡视项目		
			七氟丙烷气体消防	二氧化碳气体消防	干粉灭火器消防
备注	（1）巡视项目正常的画"√"，存在问题的画"×" （2）巡视发现问题除在对应的栏内画"×"外，还应在下面注明日期及处理单据				

审核：　　　　　　　日期：　　　　　　归档：　　　　　　日期：

六、供配电系统巡视维护表

供配电系统巡视维护表见表5-8-6。

表5-8-6 供配电系统巡视维护表

年　　月

周期及时间	巡视人	巡视时段	巡视项目				
			高压环网柜	变压器	低压配电系统	……	大厅照明
备注	（1）巡视项目包括高压环网柜、变压器、低压配电系统、电缆沟、竖井、发电机组、UPS、母线槽扞接箱、低压配电柜、强电自动切换柜、室内照明、公共照明、大厅照明，实际做表时要将以上项目加到表里 （2）巡视项目正常的画"√"，存在问题的画"×" （3）巡视发现问题除在对应的栏内画"×"外，还应在下面注明日期及处理单据						

审核：　　　　　　日期：　　　　　　归档：　　　　　　日期：

七、供水系统巡视维护表

供水系统巡视维护表见表5-8-7。

表5-8-7 供水系统巡视维护表

年　　月

周期及时间	巡视人	巡视时段	巡视项目			
			生活泵 消防泵 喷淋泵 稳压泵	供水管道	水管辅件	水池、水箱
备注	（1）巡视项目正常的画"√"，存在问题的画"×" （2）巡视发现问题除在对应的栏内画"×"外，还应在下面注明日期及处理单据					

审核：　　　　　　日期：　　　　　　归档：　　　　　　日期：

八、排水系统巡视维护表

排水系统巡视维护表见表5-8-8。

表5-8-8 排水系统巡视维护表

年　月

周期及时间	巡视人	巡视时段	巡视项目		
			排污泵	雨水排放系统	生活污水系统
备注	（1）巡视项目正常的画"√"，存在问题的画"×" （2）巡视发现问题除在对应的栏内画"×"外，还应在下面注明日期及处理单据				

审核：　　　　　日期：　　　　　归档：　　　　　日期：

九、监控系统巡视维护表

监控系统巡视维护表见表5-8-9。

表5-8-9 监控系统巡视维护表

年　月

周期及时间	巡视人	巡视时段	巡视项目								
			云台控制器	矩阵主机	画面分割器	操作键盘	录像机	显示器	摄像头	红外线监控装置	监控电脑
备注	（1）巡视项目正常的画"√"，存在问题的画"×" （2）巡视发现问题除在对应的栏内画"×"外，还应在下面注明日期及处理单据										

审核：　　　　　日期：　　　　　归档：　　　　　日期：

十、避雷系统巡视维护表

避雷系统巡视维护表见表5-8-10。

表5-8-10 避雷系统巡视维护表

年　　月

周期及时间	巡视人	巡视时段	巡视项目			
			避雷带	引下线	接地线	避雷网
备注	（1）巡视项目正常的画"√"，存在问题的画"×" （2）巡视发现问题除在对应的栏内画"×"外，还应在下面注明日期及处理单据					

审核：　　　　　日期：　　　　　归档：　　　　　日期：

十一、停车场管理系统巡视维护表

停车场管理系统巡视维护表见表5-8-11。

表5-8-11 停车场管理系统巡视维护表

年　　月

周期及时间	巡视人	巡视时段	巡视项目		
			主机	道闸机构	读卡器
备注	（1）巡视项目正常的画"√"，存在问题的画"×" （2）巡视发现问题除在对应的栏内画"×"外，还应在下面注明日期及处理单据				

审核：　　　　　日期：　　　　　归档：　　　　　日期：

十二、楼宇自控系统巡视维护表

楼宇自控系统巡视维护表见表5-8-12。

表5-8-12　楼宇自控系统巡视维护表

年　　月

周期及时间	巡视人	巡视时段	巡视项目	
			主机	现场直接控制箱
备注	(1) 巡视项目正常的画"√",存在问题的画"×" (2) 巡视发现问题除在对应的栏内画"×"外,还应在下面注明日期及处理单据			

审核：　　　　　　日期：　　　　　　归档：　　　　　　日期：

十三、巡查问题处理表

巡查问题处理表见表5-8-13。

表5-8-13　巡查问题处理表

No.

巡查日期		位置		巡查人	
存在问题记录					
处理意见： 主管签名： 日期：					
管理处主任意见： 主任签名： 日期：					
处理结果记录： 签名： 日期：					
备注：					

第六部分
物业安全与应急规范化管理

- 第一章　物业安全应急系统建立
- 第二章　物业服务危险源辨识与控制
- 第三章　日常公共秩序维护
- 第四章　定期开展应急演练
- 第五章　安全与应急规范化管理制度范本
- 第六章　物业安全应急规范化管理表格范本

第一章 物业安全应急系统建立

安全防范应急体系的建立是非常重要的,其建立也是从公司总部到项目管理处奠定一个组织基础,使安全应急管理落实到具体的部门、班组及岗位,这样,安全防范的工作就会有序进行,当有突发事件发生时,各部门、各班组、各岗位都能够有序地投入到事件的应对当中,忙而不乱,能够将事态控制在可控范围内。

一、安全保安系统

(一)建立健全物业安全保卫组织机构

物业管理企业保安部的班组设置与其所管理物业的类型、规模有关,即物业面积越大、物业类型及配套设施越多,班组设置也就越多、越复杂。其中安全巡逻班根据监视区域责任可划分为多个班组,而每个班组又可根据24小时值班需要,安排3~4个人员轮换班。安全保安系统组织框架示例如图6-1-1所示。

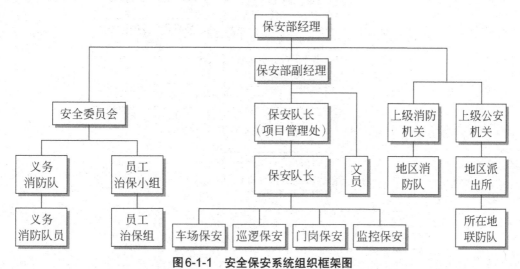

图6-1-1 安全保安系统组织框架图

(二)做好群防群治工作

1. 密切联系辖区内用户做好群防群治工作

物业治安管理是一项综合的系统工程,通常物业管理企业只负责所管理物业公共地方的安全工作。要保证物业的安全使用和用户的人身财产安全,仅靠物业管理企业的保安力量是不够的,而必须把辖区内的用户发动起来,从而强化用户的安全防范意识,并要建立各种内部安全防范措施。

2. 与周边单位建立联防联保制度

与物业周边单位建立联防联保制度,与物业所在地公安机关建立良好的工作关系。

(三)完善小区的安全技术防范体系

小区的安全技术防范,是指利用现代科学技术,通过采用各种安全技术的器材设备,达到居民小区防入侵、防盗、防破坏等目的,保证小区居民人身及生命财产安全的综合性多功能防范系统。一个完善的小区安全技术防范体系,包括视频安防监控系统、周界防范报警系统、住户防盗报警系统、楼宇访客可视对讲系统、电子巡更管理系统和出入口控制系统(含门禁及停车场管理系统),建立小区报警中心。

二、消防安全系统

(一)建立消防网络组织

1. 消防组织结构图

物业公司的消防管理部门一般从属于公司的安全保卫部门,即在保安部设有消防班。但是实际上,消防工作并不是某一个部门的事,而是全公司的事。按照《中华人民共和国消防法》的规定,企业应建立消防网络,对于公司的各级人员——消防安全领导小组、消防兼职领导、消防中心、消防队员、义务消防队员等也都要明确其消防职责,并以文件的形式体现出来。如图6-1-2所示。

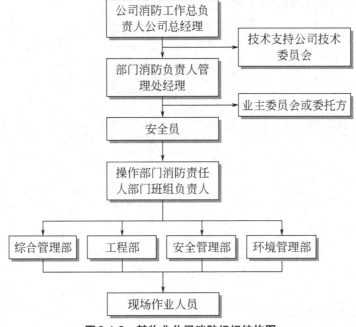

图6-1-2 某物业公司消防组织结构图

2. 各级人员的消防职责

表6-1-1列示为物业公司各级人员的消防职责。

表6-1-1 物业公司各级人员的消防职责

序号	各级人员	消防职责
1	消防安全领导小组职责	(1)贯彻执行上级有关住宅区物业管理和工程施工一系列安全生产方针、法规、规定和技术规程及有关消防工作指示,建立健全和落实本行业的安全责任制,制订、发放公司安全生产管理制度,并组织实施 (2)督促检查公司各部门对本行业安全管理法规、规定、技术规程的执行情况及采取整改措施消除事故隐患、改善安全条件的实施情况,审定各部门改善劳动条件的规

续表

序号	各级人员	消防职责
1	消防安全领导小组职责	划和年度安全技术措施计划，全面研究安全管理工作，总结交流先进经验 （3）做好对员工进行安全生产法规、规定和技术规程的宣传教育工作，在发生伤亡事故和造成较大经济损失时，及时抢救，并负责善后处理结案等工作；按"事故原因分析不清不放过、事故责任者和群众没有受到教育不放过、没有制订出防范措施不放过"的"三不放过"原则，严肃处理 （4）高度重视安全生产管理工作，认真贯彻"安全第一，预防为主"的方针，改善安全条件，消除事故隐患，在计划、布置、检查、总结评比生产时，同时计划、布置、检查、总结评比安全工作，以确保安全生产管理"五同时（同时计划、同时布置、同时检查、同时总结、同时评比）"的实施 （5）公司法人代表是消防安全第一责任人，各部、室、管理处负责人是消防安全直接责任人，均须增强消防安全意识，强化管理，把该项工作落到实处，确保住宅区及施工现场实现安全生产、安全管理，从而全面提高管理服务质量
2	消防兼职领导	（1）直接向公司防火责任人负责，对公司所属各部、室、管理处进行消防安全检查、监督，传达公司有关消防安全工作的指令 （2）每月定期检查一次分级防火落实情况，发现隐患按"三定"（定措施、定负责人、定时限）的要求整改，并进行验证 （3）制订"防火安全评比制度"，增强各部、室、管理处消防意识 （4）制订培训计划，定期对公司员工进行集中培训及相关的演练 （5）检查各部、室、管理处消防设施、设备的维护和定期保养工作，对需整改、完善的场所和设备设施进行监督，检查验证 （6）在发生火灾时，应立即赶到火灾现场，组织、指挥人员进行灭火 （7）调查火灾事故原因，对因防火工作失职的人员进行通报，提出相关处理意见，报请公司安全领导小组处理 （8）定期向公司安全领导小组汇报有关消防工作情况，以及有关公司"防火管理制度"的实施状况，使公司防火工作在生产、管理中得以保证
3	消防中心	（1）认真学习并贯彻执行国家制定的各种消防法律、法规，掌握辖区内的实际情况，提高消防安全意识 （2）制订辖区各种防火安全制度，督促检查业户贯彻落实防火安全工作的情况 （3）负责检查辖区各部位的防火安全以及各种消防设备、灭火器材的配备情况，发现隐患及时督促相关部门整改 （4）负责调配补充消防灭火器材等设备，并定期进行消防设备检测、保养和维修等工作，及时排除消防设备故障 （5）负责24小时监视消防电脑主机，发现火警、火灾及其他问题，应立即向当值主管及经理报告，并提出处理方案 （6）负责制订辖区重点部位的灭火方案，负责辖区内用火部位安全监督 （7）负责对辖区人员进行消防宣传教育 （8）积极组织专职消防人员定期检查消防设备和大厦各重点部位，如油库、厨房、公共场所的灭火器材装置，和楼层消防屏蔽及报警，及排烟系统、对讲系统，查看周围有无火种，防止火灾事故的发生 （9）重大节假日，组织人员进行安全大检查，发现火险隐患及时通知有关部门及业户进行整改，并将整改情况报告物业总经理和物业经理 （10）建立健全辖区的消防管理业务档案 （11）负责将每天辖区消防情况报告给部门经理 （12）负责处理消防中心值班时所发生的任何火灾、火情事故，并及时报告给有关领导
4	消防安全员	（1）向公司领导负责，定时向本部门辖区管理处主任、公司安全领导小组汇报安全生产规章制度的执行情况，针对辖区内的安全状况拟定防范措施、隐患整改方案报公司安全领导小组审批

续表

序号	各级人员	消防职责
4	消防安全员	（2）参与制订防止伤害、防止火灾、防止职业危害的措施，并督促实施辖区所属危险岗位、危险设备的安全操作规程 （3）经常对辖区内及施工现场住宅，用电、用气设施和电梯安全检查，发现事故隐患及时组织各专业人员处理，重大问题应以书面形式及时逐级上报，一旦发生事故应及时上报公司安全领导小组，并立刻组织现场抢救，参与伤亡事故的调查、处理和统计工作 （4）对于特种作业人员，严格按照国家劳动部颁发的《特种作业人员安全技术培训考核管理规定》持证上岗，严禁无证操作；督促相关人员取得"特种作业人员操作证"，特种作业人员定期复审，复审不合格的不准上岗 （5）协助公司安全领导小组对员工、业户的安全生产、安全管理做好培训、宣传、教育工作 （6）就辖区内住宅区及施工场地的安全情况，每季度向公司领导小组作一次书面汇报
5	各部门经理	（1）组织本部门员工认真贯彻执行上级有关防火措施 （2）在安排日常工作时，要向员工具体交代防火注意事项和规定，经常检查危险场所，并采取预防措施确保安全 （3）结合岗位工作，经常向员工和业户进行防火宣传，使其认真遵守防火规章制度 （4）经常组织消防安全检查，发现问题及时处理，并及时向主管部门领导报告 （5）组织员工熟悉并保管好消防设施和器材，管理好本部门的重点防火区域和部位 （6）发现火警要积极组织员工和业户撤离现场并即刻报警，扑救初起火灾
6	义务消防队员（管理处所有员工）	（1）义消队员要始终保持高度警惕，忠于职守，随时准备投入到消防战斗中 （2）学习消防知识，熟悉消防法规，掌握责任区消防设备（施）基本功能、位置，和各种灭火器具摆放点位及使用方法、手动报警器报警方法、消防疏散通道位置及疏通方法、破门救灾方法、消火栓及水龙带连接使用方法、紧急灭火程序 （3）落实消防法规，制止任何违反消防安全法规的行为，发现火险隐患迅速报告 （4）爱护消防设施（备），发现消防设施（备）遭破（损）坏，应立即报告消防控制中心进行处理 （5）积极参加管理处及公司组织的消防灭火训练，自觉接受相关业务培训 （6）积极参加灭火战斗，树立不怕吃苦、不怕牺牲、连续作战的作风，抢救、疏散受灾人员及物资 （7）灭火过程中必须坚决服从命令、听从指挥，维护火场秩序，保护火灾现场，同时保护自身安全 （8）积极参加消防安全宣传教育活动，提高全员防火意识

（二）灭火组织

1. 灭火的组织结构

物业公司灭火的组织结构一般是"一部、六组"模式，即指挥部、灭火行动组、疏散引导组、通信联络组、安全防护组、救护组和后勤保障组。以下提供某写字楼物业的灭火组织结构（见表6-1-2），当然，不同类型的物业，各组的组成人员须根据具体情况来定。

表6-1-2 某写字楼物业的灭火组织结构组成

结构形式		人员组成及职责
一部	指挥部	总指挥：总经理 副总指挥：副总经理 指挥部办公室负责人：保安部经理 成员：综合办公室主任、工程部经理、客物部经理、中控室主管、保安部主管

续表

结构形式		人员组成及职责
六组	灭火行动组	由保安部20人担任 负责人：保安部带班主管、保安班长为义务消防队队长 职责：扑灭火灾和防止火势蔓延
	疏散引导组	各客户行政负责人25人、客物部4人 负责人：客物部带班经理、各客户主管行政负责人 职责：引导客户从消防安全通道疏散到安全地方，避免拥挤损伤
	通信联络组	中控室1人、着火单位通信联络人2人 负责人：中控室主管、客户行政负责人、保安部 职责：保证各组与指挥部的通信联络及情况的反馈
	安全防护组	保安部5人 负责人：由保安部主管负责 职责：守护大厦各个出口，防止坏人进行破坏
	救护组	工程部综合维修4人、综合办公室2人、财务部2人 负责人：综合办公室主任 职责：救护受伤人员
	后勤保障部	工程部10人 负责人：工程部带班经理或主管 职责：提供水、供火场用灭火器、断电及抢险工具等

2. 各级人员在扑救火灾中的主要职责

物业项目责任区内一旦发生火灾，管理处经理、保安主管及班组负责人应迅速赶赴现场，切实履行职责，组织、指挥或参加灭火抢险战斗。各级人员在扑救火灾中的主要职责见表6-1-3。

表6-1-3　各级人员在扑救火灾中的主要职责

序号	各级人员	消防职责
1	管理处经理职责	（1）负责组织、指挥本单位员工进行灭火救人工作 （2）接到火灾消息后，立即赶到消防监控中心或着火现场组织灭火救人工作 （3）组织火情侦察，掌握火灾态势，确定火场主要危险，有效组织抢险力量，根据救人、灭火现场情况，果断发出通知并组织人员疏散或报告公安消防部门的命令 （4）向各部门、班组明确下达启动风机、供水和救人、灭火、疏散物资的命令，并密切关注命令执行情况和火灾发展态势 （5）当公安消防队到达现场时，立即向带队指挥员报告情况，服从其统一指挥调度，全力协同作战
2	保安主管	（1）在灭火过程中，保安主管须当好管理处经理的参谋与助手，无条件执行管理处经理的命令，并负责具体的组织与实施。 （2）组织力量严密监视火势的发展，及时向管理处经理报告火场变化情况，提出相应的对策建议 （3）正确传达管理处经理的灭火战斗命令，并注意跟踪检查，及时向管理处经理反馈执行情况 （4）组织火场警戒工作，组织现场救护工作 （5）组织现场的清扫与保护工作 （6）当管理处经理不在现场时，由保安主管代行管理处经理职责

续表

序号	各级人员	消防职责
3	消防控制中心值班员	（1）发现或接到火警信号后，立即通知当班巡逻员前往报警点查验 （2）火灾确认后，立即发出警报，随后迅速向管理处经理报告，同时通知消防队员紧急赶赴现场扑救 （3）根据管理处经理的命令，执行播报程序、消防设备启动程序，向各部门、班组和相关人员通报火灾情况，或向公安消防部门报警；检查通信设备，保持联络畅通 （4）负责现场与消防控制中心之间、火场指挥员与各班组长之间的通信联络工作，传达命令，通报情况，做好火场记录
4	维修班长	（1）负责指挥全班做好火场灭火战斗保障工作 （2）保证持续供水 （3）保证防、排烟机械设备的正常启动运行，迅速切断火灾现场的电源，关闭电梯和煤气阀 （4）根据火场需要，及时组织并持续供应灭火器材，负责重要设备的保护与疏散工作
5	各班（组）负责人	（1）当责任区域发生火灾时，组织指挥本班（组）员工投入灭火救人工作 （2）当公司其他管理处发生火灾，接到支援的命令时，立即带领班（组）员工携带灭火器材，奔赴现场协同作战 （3）进行火警侦察，确认着火后，立即报告消防控制中心，迅速采取救人灭火和保护、疏散物资的措施 （4）确定水枪阵地、使用灭火器材和清除遮挡物的地点和范围 （5）向本班（组）和前来支援的班（组）下达灭火战斗命令，检查执行情况 （6）根据火场态势及时调整力量部署，组织人员做好排烟工作 （7）确定需要疏散的重要物资、设备，向火场指挥员提出疏散物资的工具、技术力量的需求，并按照分工具体组织实施 （8）确定疏散人员的安全出口和疏散路线，组织人员引导、护送群众有秩序地撤离危险区域，逐房检查有无遗漏的（老、弱、病、残、幼等）人员 （9）接待并安置好从上层疏散下来的群众 （10）当火场发生意外情况，来不及请示时，立即采取相应的紧急措施，事后及时向管理处经理报告 （11）采取有效保护措施，避免人员伤亡
6	员工	（1）坚守岗位，听从指挥，明确自己和本班（组）的战斗任务，坚决执行命令 （2）当接到火警信号而班组长又不在时，应自动携带灭火器材赶赴着火现场，迅速投入到灭火战斗中 （3）组织人员疏散时，必须逐房检查，防止疏漏 （4）组织群众自救时，要尽力稳定自救人员情绪，做好保护工作 （5）为自救人员准备好救生器材，防止轻生或自伤事故的发生 （6）使用水枪时，要注意利用掩蔽物体，尽量接近火源，充分发挥水枪的作用，禁止盲目射水，避免水源损失 （7）灭火战斗中，要正确使用消防器材，并注意保护自身安全

（三）完善消防、物防系统

1. 消防系统

消防系统的组成及功能见表6-1-4。

表6-1-4 消防系统的组成及功能

序号	类别	组成部分	功能
1	火灾自动报警系统	火灾自动报警系统由探测器（感烟探测器、感温探测器、火焰探测器）、手动报警装置（手动报警按钮）、报警控制器（区域报警器、集中报警器、控制中心报警器）组成	发生火灾时，探测器将火灾信号传输到报警控制器，通过声光信号表现出来，并在控制面板上显示火灾发生的部位，从而实现火警预报，同时也可以通过手动报警按钮来完成手动报警的功能
2	消火栓系统	消火栓系统由消防泵、稳压泵（或稳压罐）、消火栓箱、消火栓阀门、接口水枪、水带、消火栓报警按钮、消火栓系统控制柜等组成	消火栓系统管道中充满有压力的水，如系统有微量泄漏，可以靠稳压泵或稳压罐来保持系统的水和压力，当发生火灾时，应首先打开消火栓箱，按要求接好接口、水带，将水枪对准火源，打开消火栓阀门，水枪立即有水喷出，按下消火栓按钮时，通过消火栓启动消防泵向管道中供水
3	自动喷水灭火系统	自动喷水灭火系统由闭式喷头、水流指示器、湿式报警阀、压力开关、稳压泵、喷淋泵、喷淋控制柜等组成	自动喷水灭火系统处于正常工作状态时，管道内有一定压力的水，当有火灾发生火场温度达到闭式喷头的感应温度时玻璃泡破碎，喷头喷水，管道中的水由静态变为动态，水流指示器动作，将信号传输到消防中心的消防控制柜上报警，当湿式报警装置报警、压力开关动作后，通过控制柜启动喷淋泵为管道供水，完成系统的灭火动作
4	防排烟系统	防排烟系统由排烟阀、手动控制装置、排烟机、防排烟控制柜等组成	当火灾发生时，防排烟控制柜接到火灾信号，发出打开排烟机的指令，火灾区开始排烟，也可人为地通过手动控制装置进行人工操作，完成排烟工作
5	防火卷帘门系统	防火卷帘门系统由感烟探测器、感温探测器、控制按钮、电机、限位开关、卷帘门控制柜等组成	能在火灾发生时起防火分区隔断作用，火灾发生时，感烟探测器报警，火灾信号送到卷帘门控制柜，控制柜随即发出启动信号，卷帘门自动降到距地1.8米的位置（特殊部位的卷帘门也可一步到底），如果感温探测器再报警，卷帘门才降到底
6	消防事故广播及对讲系统	消防事故广播及对讲系统由扩音机、扬声器、切换模块、消防广播控制柜组成	当消防值班人员得到火情后，可以通过电话与各防火分区通话了解火灾情况，用以处理火灾事故，也可通过广播及时通知有关人员采取相应措施，进行疏散

2. 物业小区常用消防器材

物业管理处所有员工都应熟悉和掌握常用消防设备与器材的使用和维护，应确保其灵敏有效。保安员在日常巡逻过程中，应对公共区域内的消防器材进行例行检查并做好记录，严加管理，防止人为破坏。各管理部门人员在物业管理区域工作时应注意对消防器材的保护，若发现缺失、损坏应及时通知保安部门。

以下介绍物业小区中常见的消防器材，见表6-1-5。

表6-1-5 物业小区中常见的消防器材

灭火形式	工具设施	结构和使用	作用	用途或种类	管理
用水灭火	消火栓、水井、水池、水桶	水龙头、喷枪、人工泼水	降低燃点温度	木材等	经常检查水源、水管、水枪或阀门，防止冬季结冰

续表

灭火形式	工具设施	结构和使用	作 用	用途或种类	管 理
干粉灭火	手提式、灭火弹、手撒粉	手提式：拔销后手压阀门喷出；重量有8千克、3千克、1千克	隔绝空气，抑制燃烧的连锁反应	可燃液体、可燃气体、电气设备	防止潮湿，防止喷管堵塞
泡沫灭火	手提式、推车式	手提式：拔销后手压阀门喷出，一般为8千克 推车式：推近火源，将车倒立，旋转圆盘阀门	隔绝空气，控制燃烧	可燃液体、可燃物、油、汽车；能用于电气设备，不能与干粉同时使用	防止喷管堵塞，阀门和喷管防腐、防损坏
1211灭火	手提式、推车式	手提式：有1千克、2千克、4千克；拔出插销，手压阀门喷出	隔绝空气，破坏油分子，抑制燃烧；液体喷出后，变成气体	油类和电气设备、其他可燃物	不要靠近火源，放在使用方便处
沙土灭火	装沙土箱，随时取土	直接撒到火堆上	扑灭金属物的燃烧有较好的作用	爆炸物品、导火线燃烧时禁用；隔绝空气，降低燃烧温度	一般用木箱装沙土，堆放在使用方便的地方
防火工具	铁锹、镐、钩、水桶、沙箱、灭火器等	摆放在较明显地方，方便于使用	扑打火源，隔绝空气		注意经常检查、维护与保养

3. 火灾事故照明和疏散指示标志

火灾发生时，为了防止触电和通过电气设备、线路扩大火势，应该及时切断发生火灾区域的电源。在夜晚或烟火较浓时容易造成混乱，给疏散和灭火带来极大的困难，因此应当设置火灾事故照明和疏散指示标志。对火灾事故照明和疏散指示标志有以下一些要求。

（1）事故照明。事故照明是指在发生火灾时，正常照明电源和其他非消防电源均停用，通过应急照明保证仍需工作的场所和人员走道的照明。

除了在疏散楼梯、走道和消防电梯以及人员密集的场所等部位需设事故照明外，对火灾时不能停电、必须坚持工作的场所，如配电室、消防控制室、消防水泵房、自备发电机房等也应设事故照明。

供人员疏散使用的事故照明，主要保证通道上的必要照度。消防控制室、消防水泵房、配电室和自备发电机房等部位的事故照明的最低照度，应与该部位工作时正常照明的最低照度相同。

（2）疏散指示标志。疏散指示标志应设在走道的墙面及转角处、楼梯间的门口上方以及环形走道中，其间距不宜大于20米，距地1.5～1.8米，应标明"EXIT"（出口）的字样，且为红色，因为红色易透过烟火而被识别。

（四）做好消防档案的管理

消防档案是记载物业管理区域内的消防重点以及消防安全工作基本情况的文书档案，物业管理服务公司应建立消防管理档案。消防档案的内容可根据小区的不同情况进行确定，一般消防档案应包括以下内容，见表6-1-6。

表6-1-6 消防档案的内容组成

序号	组成类别	内容说明
1	消防设施档案	消防设施档案的内容包括消防通道畅通情况、消火栓完好情况、消防水池的储水情况、灭火器的放置位置是否合适、消防器材的数量及布置是否合理、消防设施更新记录等
2	防火档案	防火档案包括消防负责人及管理人员名单、物业管理区域平面图、建筑结构图、交通和水源情况、消防管理制度、火险隐患、消防设备状况、重点消防部位、前期消防工作概况等,以上内容都应详细记录在档案中,以备查阅,同时还应根据档案记载的前期消防工作概况,定期进行研究,不断提高消防管理水平
3	火灾档案	火灾档案包括一般火灾的报告表和调查记载资料、火灾扑救的情况报告、对火灾责任人的追查和处理的有关材料、火险隐患整改通知书等

三、建立危机管理预警系统

(一)物业公司应急组织架构及职责

物业公司应急工作小组由物业公司主管负责人领导,以各部门部长和项目经理及部门骨干员工为主组成,同时在物业管理项目(监控中心)设立24小时应急服务电话,按照应急服务进行模拟训练,以提高应急服务管理小组的快速反应能力,强化应急服务管理意识,并检测自己拟定的危机应变计划是否充实、可行。

物业公司应急组织架构如图6-1-3所示。

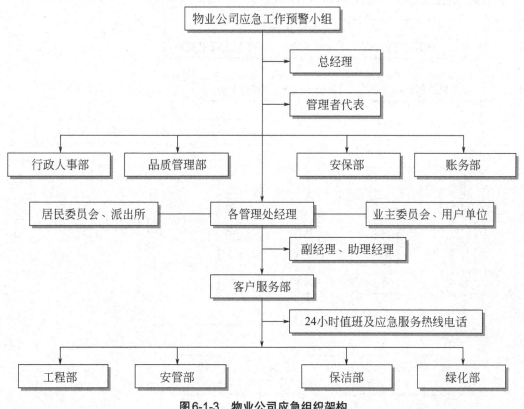

图6-1-3 物业公司应急组织架构

应急组织人员的职责说明见表6-1-7。

表6-1-7 应急组织成员的职责说明

序号	成员	职责说明
1	组长	负责定时召开消防应急领导小组会议，传达上级相关文件与会议精神，部署、检查落实消防安全事宜，宣布紧急状态的启动和解除全面指挥调动应急组织，调配应急资源，按应急程序组织实施应急抢险
2	副组长	负责应急预案工作的具体落实，做好相关应急准备，协助组长作好应急救援的具体指挥工作，若组长不在时，由副组长全权负责应急救援工作
3	领导小组各成员	具体负责火险发生时突发事件的处理、报告、监控与协调，保证领导小组紧急指令的畅通和顺利落实做好宣传、教育、检查等工作，努力将火灾事故的损害减小到最低限度
4	各职能部门	在突发事件中，遇到不可抗拒的事态，发生发展到物业管理处难以承受和无法及时组织救援时，各职能部根据公司总指挥，协调本公司各下属单位做好救援抢险、物资共享、人员救援后备力量支持等

（二）项目管理处应急组织架构及职责

物业项目下属的各职能部门人员是应急服务的主要人力储备，以经理为核心，包括项目下属的秩序维护员、保洁员和维修人员，所以，项目平时必须对客户服务部、秩序维护部、维保部、保洁部所属员工做统筹安排，调配值班与准值班岗位，保证每天24小时随时有人能响应总值班室的应急呼唤。

管理处应急组织架构如图6-1-4所示。

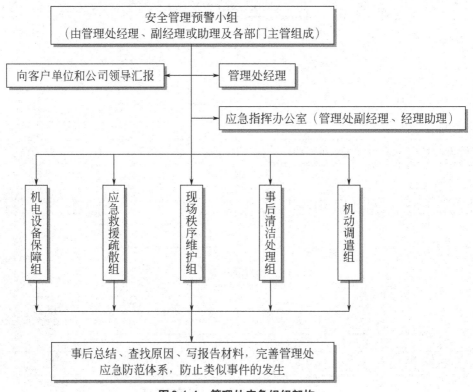

图6-1-4 管理处应急组织架构

管理处应急组织成员的职责说明见表6-1-8。

表6-1-8 管理处应急组织成员的职责说明

序号	成员	职责说明
1	安全管理指挥小组	（1）负责组织有关部门制订应急抢救预案 （2）负责统一部署应急预案的实施工作，及紧急处理措施 （3）负责调用本项目范围内各类物资、设备、人员和占用场地 （4）负责组织人员和物资疏散工作 （5）负责配合上级部门进行事故调查处理工作 （6）负责做好稳定生产秩序和伤亡人员的善后及安抚工作 （7）负责组织预案的演练，及时对预案进行调整、修订和补充
2	应急指挥部办公室	（1）应急指挥部办公室是本企业应急指挥部的日常办事机构，主要负责平时的应急准备工作，及应急事件的报告、信息报送、组织联络各职能部门及协调 （2）负责与外界的渠道沟通，引导公众舆论
3	机电设备保障组（机电维修部）	主要对事故现场、地形、设备、工艺熟悉，在具有防护措施的前提下，必要时深入事故发生中心区域，关闭系统，抢修设备，防止事故扩大，降低事故损失，抑制危害范围的扩大并负责事故调查工作
4	应急救援疏散组（秩序维护部）	（1）负责对火灾、泄漏事故的灭火、堵漏等任务，并对其他具有泄漏、火灾、爆炸等潜在危险点进行监控和保护；负责应急救援，采取措施防止事故扩大，造成二次事故 （2）参加事故调查
5	现场秩序维护组（秩序维护部）	（1）负责维持治安，按事故的发展态势有计划地疏散人员，控制事故区域人员、车辆的进出 （2）负责有关事故直接责任人的监护
6	事后清洁处理组（保洁部、客服主管）	（1）负责急救行动提供物资保证，其中包括应急抢险器材、救援防护器材、监测分析器材等 （2）负责组织落实救援人员后勤保障和善后处理工作
7	机动协调组（综合部及其他部门后备员工）	（1）负责及时将所发生的事故情况报告主管 （2）负责向上级部门报告，并负责联络相关救援人员及时到位 （3）负责对受伤人员实施医疗救护，提供运送车辆，联系确定治疗医院，办理相关手续 （4）负责提出危险品储存区域及重点目标的建议 （5）负责各专业救援组与总调度室和领导小组之间的通讯联络 （6）负责配合重大事故调查工作

（三）报警级别与报警程序

1. 报警程序的级别与级别界定

（1）报警程序的分级原则。报警程序的分级原则见表6-1-9。

表6-1-9 报警程序的分级原则

序号	报警程序级别	分级原则
1	Ⅰ级报警程序	在检查中发现并被及时纠正的问题，多指事件未发时就被处理完成的
2	Ⅱ级报警程序	已经发生的问题，且已被及时处理完毕
3	Ⅲ级报警程序	已经发生的问题，但不能及时解决的

（2）报警级别的界定。不同报警程序启动的界定条件见表6-1-10。

表6-1-10　不同报警程序启动的界定条件

序号	报警程序级别	启动的事件
1	启动Ⅰ级报警程序	凡事件符合以下任意一条原则的，即可启动Ⅰ级报警程序 (1) 有重大隐患，但在事件未发生时已被得到纠正和整改 (2) 事件已发生，但没有带来任何人员伤亡和经济损失，同时造成事故的原因或隐患被立即整改到位，未有投诉产生，且对本企业未带来任何不利的影响
2	启动Ⅱ级报警程序	凡事件符合以下任意一条原则的，即可启动Ⅱ级报警程序 (1) 该事件的发生造成了经济损失，但金额在1000元以下的 (2) 没有重大人员伤亡，或轻伤人员少于2人（不含2人）的 (3) 造成的事故原因或隐患已在当时被立即整改到位的 (4) 有投诉产生，或在一定范围内造成了小面积影响，但影响已被控制的
3	启动Ⅲ级报警程序	凡事件符合以下任意一条原则的，即可启动Ⅲ级报警程序 (1) 造成的经济损失在1000元以上的 (2) 有重大人员伤亡的，或伤亡数量在2人以上的（含2人） (3) 造成事故的原因或隐患不能立即被整改排除的 (4) 有重大投诉发生，在企业内或社会上造成恶劣影响的

2. 报警程序

报警程序为值班经理或部门负责人在接到报警后，视情况决定启动相应级别的报警程序，见表6-1-11。

表6-1-11　报警程序

序号	启动级别	报警程序
1	启动Ⅰ级报警程序	(1) 值班经理接到报警后通知相关责任部门负责人，查看现场事故处理情况 (2) 相关部门在部门月报中对事故经过、处理措施作出记录 (3) 在联席会议上就上述事件向业主委员会作出口头汇报
2	启动Ⅱ级报警程序	(1) 值班经理接到报警后，立即通知项目经理及相关责任部门负责人 (2) 项目经理或经项目经理授权后，即时口头通知业主委员会主任 (3) 事故处理完成后，由责任部门填写《事故及事故处理报告》 (4)《事故及事故处理报告》经项目经理审核后，应在一个工作日内呈报业主委员会
3	启动Ⅲ级报警程序	(1) 值班经理接到报警后，立即通知项目经理及相关责任部门负责人 (2) 项目经理或经项目经理授权后，即时通知业主委员会主任 (3) 项目经理或经项目经理授权后，及时对外报警（110、119） (4) 约请业主委员会成员到场参与整个事件的处理过程，协调各方面关系 (5) 事故处理完成后，由责任部门填写《事故及事故处理报告》 (6)《事故及事故处理报告》经项目经理审核后，应在一个工作日内呈报给业主委员会

（四）应急物资的管理

为了保证应急服务过程中能够尽快排除故障和险情，物业管理处必须对应急服务的物料有充分的储备。

1. 常备应急物料

常用的应急服务物料有灭火器、排水泵、手电筒、应急钥匙、急救药品和各种工具等。

2. 应急物料的管理

（1）应急服务物料必须存放在固定的地点，方便拿取，并标有明显的"应急服务物料专用"字样,平时原则上不准动用,动用后应及时补充,以保持规定的储备量。

(2) 应急物资应在指定地点存放,不得挪作他用。

(3) 应急物资应根据物品的用途以及自身的物质特性,制订相应的检查周期。

(4) 责任部门应按计划定期对应急物资的数量进行核查,对应急物资的使用性能进行检测,发现问题及时修复或更新,以保证其完好有效。

以下提供某物业项目管理处的应急物资一览表供参考,见表6-1-12。

表6-1-12 应急物资一览表

序号	名称	数量	存放地点	责任部门
1	沙袋	6	小区两墙北侧	保安部
2	沙袋	6	小区两墙南侧	保安部
3	大线轴	1	工程部	工程部
4	应急灯	1	保安部办公室	保安部
5	应急灯	2	工程部办公室	工程部
6	泄水软管	1	工程部办公室	工程部
7	雨衣	3	保洁休息室	客服部
8	雨鞋	3	保洁休息室	客服部
9	竹扫帚	10	保洁休息室	客服部
10	雨衣	6	保安部宿舍	保安部
11	雨鞋	6	保安部宿舍	保安部
12	移动水泵	1	工程部办公室	工程部

第二章 物业服务危险源辨识与控制

物业管理中的危险源是物业管理过程中潜在的不安全因素,如不对其进行防护或预防,有可能导致事故发生,危及业主的安全、房屋的安全及员工的安全,因而要对物业服务过程中的危险源进行识别,并制订相应的措施加以控制,从而把事故消灭在萌芽状态。

一、物业管理中的危险源清单

危险源是指一个系统中具有潜在能量和物质释放危险的、在一定的触发因素作用下可转化为事故的部位、区域、场所、空间、岗位、设备及位置。

(一) 职业安全类

职业安全类的危险源见表6-2-1。

(二) 消防管理类

消防管理类的危险源见表6-2-2。

表 6-2-1　职业安全类危险源清单

序号	类别	危险源
1	保洁类	（1）消杀工作防止中毒 （2）清洁光滑作业面防止摔伤 （3）高空或离开地面作业时防止坠下（如清洁外墙等） （4）绿化工作时防止被植物或工具刺伤、割伤 （5）搬运物件过程防止身体伤害（如磕伤、扭伤、砸伤等） （6）恶劣天气情况下保洁作业防止身体伤害（如酷暑、寒冬、雷电、台风等天气） （7）在汽车道、车辆出入口保洁作业防止身体伤害 （8）清洁下水管井等密闭管井防止缺氧和中毒 （9）在工程现场工作时防止意外事故发生（如坠物、扎脚等） （10）防止工作现场因产生噪声、污染、有害气体等对身体的伤害 （11）防止在保洁工作时触电（如清洁开关面板、插座、灯罩等） （12）高空通道使用护栏防止坠下
2	保安类	（1）训练时防止身体伤害 （2）与客户、外来人员等发生肢体接触时防止身体伤害 （3）恶劣天气情况下执勤防止身体伤害（如酷暑、寒冬、雷电、台风等天气） （4）搬运物件过程防止身体伤害 （5）在汽车道、车辆出入口执勤防止身体伤害 （6）使用防卫武器时防止伤及他人和自己 （7）进行意外抢险工作时防止身体伤害（如灭火、制止罪犯等） （8）使用巡逻车辆时防止意外发生（如自行车、摩托车、电瓶车等） （9）在工程现场工作时防止意外事故发生（如坠物、扎脚等） （10）车场岗位穿着反光衣
3	维修类	（1）特种作业时防止意外事故发生（如电焊、气割等） （2）使用作业工具防止被刺伤、割伤、擦伤（如刀、铁锤、砂轮机等） （3）高空及离开地面作业时防止坠下（如更换楼顶灯、路灯等） （4）检修电器、机械设备时防止身体伤害 （5）防止劳动防护用具破损失效 （6）恶劣天气情况下作业防止身体伤害 （7）搬运物件过程防止身体伤害 （8）在无通风情况的密闭管井中作业防止缺氧和中毒 （9）在工程现场工作时防止意外事故发生（如坠物、扎脚等）

表 6-2-2　消防管理类的危险源

序号	类别	危险源
1	家庭类	煲汤等忘记关火、燃放爆竹、烟头乱扔、阳台堆放易燃杂物等、儿童玩火、煤气泄漏、住户装修没有配置灭火器
2	电气类	电气线路短路、电气设备过载、补偿电容起火、使用电焊时没有在附近配置灭火器
3	设备类	发电机柴油箱没有接地、设备房有易燃易爆物品、消防报警系统故障
4	其他类	消火栓等设施完好性、灭火器配置情况、室外煤气泄漏、灭火方法不正确、氧气乙炔瓶间距离不够、小区内山体公园没有设置消防水和报警装置

(三)车辆管理类

车辆管理类的危险源见表6-2-3。

表6-2-3 车辆管理类危险源清单

序号	类别	危险源
1	停车场设施	道闸(失灵、误操作、无防砸车装置)、出入口活动地桩(没有设置、没有使用、地桩上无反光纸或反光漆、地桩强度不够)、车场周边没有防止强撞装置和没有形成闭环、交通设施(反光镜、减速坡)设置不够或不合理、刷卡设备位置设置不合理、车库出入口排水沟雨篦子不牢固、露天车场出入口没有制作雨雪棚、车库上端管道滴水、渗水到车场
2	车辆交通标识	路口配置禁停、限速、限高、导向、分道行驶、人车分行、禁止尾随、转向、价格公示标志,及障碍物使用反光标识、车场内雨水管的保护、车辆流向设置不合理性
3	车位	车位位置设置不合理、车位朝向影响住户、车位未设置编号、车位没有标识
4	人员操作	安全员指挥不当、车辆进出没有检查(进入车辆车况检查、进入危险品、外出可疑物品、无牌车辆进入)
5	车辆停放	占道停放、跨位停放、占位停放
6	停车场环境	车场灯光太暗、入口光线太强影响司机视线
7	车辆防盗	收发卡、收发票管理、车辆出入口岗流程合理(验卡票后放车)

(四)公共区域安全类

公共区域安全类的危险源如下。
(1)各类安全提示标识。
(2)路灯及草坪灯柱松动、路灯及草坪灯罩松动或破裂、电线裸露。
(3)井盖不平、地面不平或易滑地面、不合适的路障。
(4)娱乐设施松动、娱乐设施尖角或局部变形、休闲椅凳松动或尖角。
(5)公共场地临时施工防护、工具及材料等高空搬运、不适当的楼梯扶手或护栏、公共场所照明度。
(6)工具或材料等高空坠落、阳台花盆等物品坠落、病虫害枝或枯枝等意外坠落伤人、带刺绿化植物对人员的伤害、植物发出的气体对人体造成不良感受、特殊季节的台风或暴雨引起的物品坠落等。
(7)电梯轿厢安全呼救按钮、轿厢照明、电梯困人、电梯保养或维修时的防护栏及提示标识。
(8)水景区域救生圈、水池边缘及池壁设置防滑和防护栏、召援电话、水景灯使用安全电压和防水性。

(五)泳池安全类

泳池安全类的危险源如下。
(1)安全提示标识包括禁止有心脏病、酒后、有传染病的人员游泳的标识等。
(2)易滑地面;泳池公共照明度,包括池底照明、池底照明防水性。
(3)泳池池水清晰度及酸碱度、水质符合国家规定。
(4)救生员责任心、泳池池底及池边设施尖角、泳池吸管及吸杆摆放位置不适当、冲凉房易滑地面、喷淋头牢固性、冲凉房灯罩松脱。

（5）使用人员需要有健康证；泳池按规范配置浸脚池、喷洒装置，四周封闭。

（6）严禁跳水、追打；深水区与浅水区水深；救生圈、救生杆、救生员比例；救生员的瞭望台设置能有效观察泳池情况。

（六）治安类

治安类的危险源见表6-2-4。

表6-2-4　治安类的危险源清单

序号	类别	危险源
1	入室盗窃	（1）作案人员（窃贼可能利用各种身份进行伪装） ——住宅区内：租户、家政、装修、无业人员、内盗 ——住宅区外：废品收购、维修人员、访客 （2）作案工具：扳手、钳子、铁棍或无作案工具 （3）作案方式：踩点、潜伏、实施、潜逃 （4）作案时间：家中无人、夜晚睡觉 （5）盗窃物品：现金、首饰等贵重物品；家具、电器 （6）安全死角 ——房屋本体：屋面、阳台、窗台、空调架、空置房 ——公共区域：管道井、乔灌木树丛、消防楼道、设备机房
2	公共设施盗窃	（1）作案人员：装修、废品收购、假冒身份 （2）作案方式：踩点、实施、潜逃 （3）盗窃物品 ——公共设施：金属器件、电气器件、配件；小型雕塑、名贵花草 ——他人物品：晾晒衣物、临时放置的物品
3	抢劫	（1）作案人员：无业人员、假冒身份 （2）作案方式：踩点、实施、潜逃 （3）作案工具：摩托车或无作案工具 （4）治安死角：偏僻路口、道路；室内
4	肢体冲突	（1）其他人员和保安员肢体冲突 （2）其他人员之间肢体冲突

二、危险源的辨识

要对危险源进行辨识，必须首先对物业公司及下属项目的危险源进行辨识。

（一）危险源辨识时机

当下列情况发生时，应立即对危险源进行识别。

（1）当法律、法规发生变化时。

（2）当服务活动及场所发生变化时。

（3）当公司职员及相关方提出投诉时。

（4）当策划新的大型活动或工程项目时。

（二）危险源辨识应考虑的因素

危险源的辨识应考虑以下方面。

(1) 所有活动中存在的危险源。包括物业公司各部门和管理处管理和工作过程中所有人员的活动、外来人员的活动；常规活动（如正常的工作活动等）、异常情况下的活动和紧急状况下的活动（如火灾等）。

(2) 物业公司各部门和管理处所有工作场所的设施设备（包括外部提供的）中存在危险源，如建筑物、车辆等。

(3) 物业公司各部门和管理处所有采购、使用、储存、报废的物资（包括管理处外部提供的）中存在危险源，如食品、办公用品、生活物品等。

(4) 各种工作环境因素带来的影响，如高温、低温、照明等。

(5) 识别危险源时要考虑六种典型危害、三种时态和三种状态，具体见表6-2-5。

表6-2-5　六种典型危害、三种时态和三种状态

序号	考虑要点	具体内容
1	六种典型危害	(1) 各种有毒有害化学品的挥发、泄漏所造成的人员伤害和火灾等 (2) 物理危害：造成人体辐射损伤、冻伤、烧伤、中毒等 (3) 机械危害：造成人体砸伤、压伤、倒塌压埋伤、割伤、刺伤、擦伤、扭伤、冲击伤、切断伤等 (4) 电器危害：设备设施安全装置缺乏或损坏造成的火灾、人员触电、设备损害等 (5) 人体工程危害：不适宜的作业方式、作息时间、作业环境等引起的人体过度疲劳危害 (6) 生物危害：病毒、有害细菌、真菌等造成的发病感染
2	三种时态	(1) 过去：作业活动或设备等过去的安全控制状态及发生过的人体伤害事故 (2) 现在：作业活动或设备等现在的安全控制状况 (3) 将来：作业活动发生变化，和系统或设备等在发生改进、报废后将会产生的危险因素
3	三种状态	(1) 正常：作业活动或设备等按其工作任务连续长时间进行工作的状态 (2) 异常：作业活动或设备等周期性或临时性进行工作的状态，如设备的开启、停止、检修等状态 (3) 紧急情况：发生火灾、水灾、交通事故等状态

（三）危险源辨识的步骤

进行危险源辨识时，应注意以下步骤。

1. 确定危险、危害因素的分布

对各种危险、危害因素进行归纳总结，确定企业中有哪些危险、危害因素及其分布状况等综合资料。

2. 确定危险、危害因素的内容

为了便于危险、危害因素的分析，防止遗漏，宜按厂址、平面布局、建（构）筑物、物质、生产工艺及设备、辅助生产设施（包括公用工程）、作业环境危险等部分，分别分析其存在的危险、危害因素，列表登记。

3. 确定伤害（危害）方式

伤害（危害）方式指对人体造成伤害、对人体健康造成损坏的方式。比如，机械伤害（危害）的挤压、咬合、碰撞、剪切等；中毒的靶器官、生理功能异常、生理结构损伤形式（如黏膜糜烂、窒息等）；粉尘在肺泡内阻留、肺组织纤维化、肺组织癌变等。

4. 确定伤害（危害）途径和范围

大部分危险、危害因素是通过人体直接接触造成伤害。如爆炸是通过冲击波、火焰、飞溅物体在一定空间范围内造成伤害；毒物是通过直接接触（呼吸道、食道、皮肤黏膜等）或

一定区域内通过呼吸的空气作用于人体；噪声是通过一定距离的空气损伤听觉的。

5. 确定主要危险、危害因素

对导致事故发生的直接原因、诱导原因进行重点分析，从而为确定评价目标、评价重点、划分评价单元、选择评价方法和采取控制措施计划提供基础。

6. 确定重大危险、危害因素

分析时要防止遗漏，特别是对可能导致重大事故的危险、危害因素要给予特别的关注，不得忽略。不仅要分析正常生产运转、操作时的危险、危害因素，更重要的是要分析设备、装置破坏及操作失误可能产生严重后果的危险、危害因素。

7. 危险源的汇总登记

经过危险源辨识后，得到大量的危险源信息，对这些信息登记整理和归档保存是一项非常重要的工作。

为对危险源实行有效管理，可以使用两种汇总方法：一种是按危险源分类，如物理性危险、化学性危险等；另一种是按产生问题的部门或过程归类，如工程部、保安部、管理处、人事行政部等。

这两种汇总方法各有特点，互有优劣，应将两者结合使用，如果按第一种归类，则应指出危险源在什么部门或过程中；如果按第二种归类，则应指出职业健康安全危险源类别。

三、危险源的控制

对危险源的控制有技术控制、人行为控制和管理控制三种方法。

（一）技术控制

技术控制是指采用技术措施对危险源进行控制，主要技术有消除、控制、防护、隔离、监控、保留和转移等。

（二）人行为控制

人行为控制是指控制人为失误，减少人不正确行为对危险源的触发作用。人为失误的主要表现形式有：操作失误；指挥错误；不正确的判断或缺乏判断；粗心大意、厌烦、懒散、疲劳、紧张、疾病或生理缺陷；错误使用防护用品和防护装置等。人行为的控制首先是加强教育培训，做到人的安全化，其次应做到操作安全化。

（三）管理控制

对危险源实行管理控制，可以采取以下措施。

1. 建立健全危险源管理的规章制度

危险源确定后，在对其进行系统分析的基础上建立健全各项规章制度，包括岗位安全生产责任制、危险源重点控制实施细则、安全操作规程、操作人员培训考核制度、日常管理制度、交接班制度、检查制度、信息反馈制度、危险作业审批制度、异常情况应急措施和考核奖惩制度等。

2. 明确责任、定期检查

应根据各危险源的等级，确定好责任人，明确他的责任和工作，特别是要明确各级危险源的定期检查责任，除了作业人员必须每天自查外，还要规定各级领导定期参加检查。对于重点危险源，应做到公司总经理等高层领导半年检查一次，部门经理月查、主管周查、班组长日查。对于普通的危险源也应制订出详细的检查安排计划。

对危险源的检查要对照检查表逐条逐项，按规定的方法和标准进行检查，并进行详细的记录，如果发现隐患则应按信息反馈制度及时反馈，并及时消除，确保安全生产。如果没有按要求检查而导致事故发生的，应依法追究其责任。规定各级领导人参加定期检查，有助于增强他们的安全责任感，体现管生产必须管安全的原则，也有助于重大事故隐患的及时发现和得到解决。

专职安全技术人员要对各级人员实行检查的情况定期检查、监督并严格考评，以实现管理的封闭。

3. 搞好危险源控制管理的基础建设工作

危险源控制管理的基础工作除建立健全各项规章制度外，还应建立健全危险源的安全档案和设置安全标志牌。

（1）应按安全档案管理的有关内容要求建立危险源的档案，并指定由专人保管，定期整理。

（2）应在危险源的显著位置悬挂安全标志牌，标明危险等级，注明负责人员，按照国家标准的安全标志表明主要危险，并扼要注明防范措施。

（四）加强危险源的日常管理

要严格要求作业人员贯彻执行有关危险源日常管理的规章制度。

（1）搞好安全值班和交接班，按安全操作规程进行操作。

（2）按安全检查表进行日常安全检查、危险作业经过审批等。

（3）所有活动均应按要求认真做好记录。

（4）领导和安全技术部门定期进行严格检查考核，发现问题，及时给以指导教育，根据检查考核情况进行奖惩。

（五）抓好信息反馈、及时整改隐患

要建立健全危险源信息反馈系统，制订信息反馈制度并严格贯彻实施。

（1）对检查发现的事故隐患，应根据其性质和严重程度，按照规定分级实行信息反馈和整改，做好记录，发现重大隐患应立即向安全技术部门和行政第一领导报告。

（2）信息反馈和整改的责任应落实到人。对信息反馈和隐患整改的情况各级领导和安全技术部门要进行定期考核和奖惩。

（3）安全技术部门要定期收集、处理信息，及时提供给各级领导研究决策，不断改进危险源的控制管理工作。

（六）搞好危险源控制管理的考核评价和奖惩

应对危险源控制管理的各方面工作制订考核标准，并力求量化，划分等级。定期严格考核评价，给予奖惩并与班组升级和评先进结合起来，逐年提高要求，促使危险源控制管理的水平不断提高。

第三章　日常公共秩序维护

追求宁静、安全、方便生活，是物业小区业主的一种正常的选择，也是物业服务之所以能出现并兴旺的理由之一。由于居住者来自四面八方，大都互不相识，寻求相互依赖，寻求

群体保护的心理增加，而这种群体都是互不相识的陌生个体组成的，因此寻求物业安全保护心理明显增强。因此，维护公共秩序安全是物业公司同时也是业主追逐的重要目标之一。

一、物业公共秩序维护的内容

物业公共秩序维护可分为安全防范管理、消防管理和道路交通管理三大部分。

（一）安全防范管理

安全防范管理是指物业管理公司为防盗、防破坏、防流氓活动、防意外及人为突发事故而对所管理物业进行的值勤、监视、巡逻等一系列管理活动，防范的对象主要是人为造成的事故与损失。

（二）消防管理

消防管理包括防火和灭火两个方面。物业管理消防工作的重点应放在防患于未然，即将防火工作做在前头，并从人力、物力、技术等多方面做好随时灭火的充分准备，火灾灾情发生后，采取措施将损失降低到最小。

（三）道路交通管理

道路交通管理主要包括道路管理、交通管理、车辆管理和停车场管理四个方面，具体见表6-3-1。

表6-3-1 道路交通管理内容

序号	内容	说　　明
1	道路管理	指对物业管理区域内道路设施进行日常管理，对非法占用道路的行为进行纠正和处罚
2	交通管理	其任务是正确处理人、车、路的关系，在可能的情况下做到人车分流，保证物业管理区域内交通安全、畅通，其重点是机动车行车管理
3	车辆管理	包括机动车、摩托车、自行车的管理，主要职责是禁止乱停乱放和防止车辆丢失、损坏
4	停车场管理	停车场分地上停车场和地下停车库两大类，其管理任务主要是对场内的车位划分、行驶标志、进出停车场车辆、存放车辆的防损和防盗工作进行管理

二、物业公共秩序维护的要求

（一）安全

安全是物业管理服务的第一需求，也是保安服务的第一需求。物业管理公司应该树立积极防范的态度，不断提高自身安全防范的能力，配合公安部门和当地政府做好治安、消防工作，努力使业户有一个安全的工作与生活环境。

（二）有序

在物业区域里，业户不仅需要物业的设备设施运行有序，也需要往来的人流、车流有序，一旦发生突发事件时，更需要保安人员忙而不乱，及时有序地应对，及时妥善地处理，这种安全有序的工作与生活环境必将给业户带来一种舒适的感觉。

（三）亲情

物业管理的保安服务对偷盗与破坏者来说是一种威慑力量、一种障碍，但对业户与社会公众来说应充满亲情。物业管理公司的保安人员应像管家一样爱护业户与业户的财产，为业户提供力所能及的服务，让业户有"远亲不如近邻"的感觉。

（四）形象

保安服务是物业的第一印象，好的物业保安服务、整齐的保安队伍、优秀的保安人员能提高物业的档次，使业户有安全感，而且保安服务形象可增加物业在社会公众中的影响，使物业保值增值，使物业管理公司得到良好的口碑。

三、安全防范管理要点

为了达到物业区域防范管理的目的，就必须从防范管理的"硬件"和"软件"两方面下工夫。硬件是指根据防范管理工作的实际需要所必须配备的一套硬件设施；软件是指物业管理公司内部的专职保安人员及其实现防范管理所采取的一系列措施、规定和制度。

（一）建立健全物业安全保卫组织机构

要确保物业安全，物业经理必须设置一个安全保卫组织机构，这个机构的名字在不同的公司有不同的叫法，有的叫安保部，有的叫保安部，也有的叫安全部，这都不重要，重要的是一定要有这么一个机构。

由于物业的安全保卫是24小时服务，所以，必须考虑保安班组的设置。保安部的班组设置与其所管理物业的类型、规模有关，通常，物业面积越大、物业类型及配套设施越多，班组设置也就越多、越复杂。其中安全巡逻班根据监视区域责任可划分为多个班组，而每个班组又可根据24小时值班的需要，安排3~4个人员轮换班。

（二）明确重点保安目标

物业经理必须对所辖物业区域的重点保安目标非常熟悉，并要对其记录在案，且在保安员培训工作中要再三强调，让所有保安员都做到心中有数，同时要合理地安排门卫、守护和巡逻来实施保安，其具体要点见表6-3-2。

表6-3-2　门卫、守护和巡逻的工作安排要点

序号	方面	要　求
1	门卫	（1）一般设置在商住小区或商业大厦的进出口处 （2）负责门卫的保安人员的主要职责是：严格控制人员和车辆进出，对来访人员实行验证登记制度；对携带物品外出实行检查制度，防止财物流失，并维护附近区域秩序；防止有碍安全和有伤风雅事件的发生 （3）门卫应实行24小时值班制
2	守护	（1）对特定（或重要）目标实行实地看护和守卫活动，如一些重点单位、商场、银行、证交所、消防与闭路电视监控中心、发电机房、总配电室、地下车库等 （2）安排守护人员时，应根据守护目标的范围、特点及周围环境，确定适当数量的哨位 （3）要求守护哨位的保安员事先熟悉下列事项：守护目标的情况、性质、特点；周围治安情况和守护方面的有利、不利条件；有关制度、规定及准许出入的手续和证件；哨位周围的地形及设施情况；电闸、消防栓、灭火器等安全设备的位置、性能和使用方法及各种报警系统的使用方法等

序号	方面	要 求
3	巡逻	在一定区域内有计划地巡回观察以确保该区域的安全 （1）巡逻的目的，一是发现和排除各种不安全的因素，如门窗未关好、各种设施设备故障和灾害隐患、值班和守护不到或不认真等；二是及时处理各种违法犯罪行为 （2）巡逻路线，一般可分为往返式、交叉式、循环式三种，无论采用何种方式都不宜固定，实际运用中上述三种方式也可交叉使用，这样既便于实现全方位巡逻，又可防止坏人摸到规律 （3）在安排巡逻路线时，一定要把重点、要害部位及多发、易发案地区放在巡逻路线上，这样便于加强对重点、要害部位的保卫，从而有效地打击犯罪分子

（三）完善区域内安全防范设施

物业的治安管理除了靠人力外，还应注重技术设施防范，因此应根据物业公司的财力与管理区域的实际情况，配备必要的安全防范措施。
（1）在商住小区四周修建围墙或护栏。
（2）在重要部位安装防盗门、防盗锁、防盗报警系统。
（3）在商业大厦安装闭路电视监控系统和对讲防盗系统等。

（四）定期对保安员开展培训工作

坚持不懈地开展培训工作，是提高保安员的思想素质和业务能力、提高治安防范能力的重要途径。作为物业经理，不仅在招聘保安员时要对其技能、素质严格把关，更要将培训工作当做常规事务一样来抓。

（五）做好群防群治工作

1. 密切联系辖区内用户做好群防群治工作

想办法把辖区内的用户发动起来，从而强化用户的安全防范意识，并要建立各种内部安全防范措施。

2. 与周边单位建立联防联保制度

与物业周边单位建立联防联保制度，与物业所在地公安机关建立良好的工作关系，也是安全保安的重要手段，物业公司应该积极地与相关部门联系、沟通，以互相帮助、支持。

四、消防管理要点

物业消防管理的主要内容有：消防宣传教育；消防队伍建设；消防制度的制订；消防设施、器材的配置及管理；灾情发生后的处置措施等五个方面。

建立一支以物业管理公司人员为主、业户为辅的高素质的专群结合的义务消防队伍，是落实区域消防工作的组织保证，其任务是进行消防值班、消防检查、消防培训、消防器材的管理与保养、协助公安消防队的灭火工作。

五、道路交通管理要点

（一）加强道路交通的管理

1. 人力安排

物业管理区域内的交通一般不由交警管理，而是属物业管理处管理。对于大型物业，范围广、道路多，物业经理可以考虑设置交通指挥岗位，安排专职人员负责指挥交通；在交叉口交通流量不大的情况下，可由保安指挥交通，如果交通量较大或特殊的交叉口则设置信号灯指挥交通。使用交通指挥信号灯进行交通指挥，可以减少交通指挥员的劳动强度，减少交通事故以及提高交叉口的通行能力。同时，要加强培训保安员，让每人都有指挥交通的能力。

2. 制订管理规定

为了确保物业管理区域内的交通安全畅通，物业经理最好组织人员制订小区交通管理规定，对进入小区的车辆进行限制，并提出规定以规范居民车辆停放、行驶的行为。小区交通管理规定一定要予以公示，具体可贴在小区入口或停车场（库）入口处。

（二）停车场管理

1. 划出车位

车位分为固定车位和非固定车位、大车位和小车位。固定停放车位的用户应办理月租卡，临时停放应使用非固定车位。固定车位应标注车号，以方便车主停放。作为车场管理人员，应熟记固定车位的车牌号码，并按规定引导小车至小车位、大车至大车位，避免小车占用大车位。

2. 建立安全措施

即要求场内光线充足，适合驾驶，各类指示灯、扶栏、标志牌、地下白线箭头指示清晰，在车行道、转弯道等较危险地带设立警示标语。车场内设立防撞杆、防撞柱。车场管理人员平常就要留意，一旦发现光线不足，就要通知维修人员来处理，各类警示标语、标志不清楚，也要立即报告，请求处理。

3. 进出车辆严格控制

在车场出入口设专职人员负责指挥车辆进出、登记车号、办理停车取车手续工作。进场车辆应有行驶证、保险单等。禁止携带危险品及漏油、超高等不合规定的车辆进入。

4. 进行车辆检查、巡视

一般车管员24小时值班，做好车辆检查和定时（如20分钟2次）巡视，检查是否有安全或消防隐患。车辆停放后，车管员检查车况，并提醒司机锁好车窗、带走贵重物品，调防盗系统至警备状态。对入场前就有明显划痕、撞伤的车辆要请司机签名确认。这项工作非常重要，一定要做，以防日后车辆有问题时产生纠纷。

第四章　定期开展应急演练

为适应突发事故应急救援的需要，必须定期有计划地通过演练，来加强应急指挥部及各成员之间的协同配合，从而提高应对突发事故的组织指挥、快速响应及处置能力，营造安全稳定的氛围。

一、应急演练的目的

应急演练有五大目的，具体见表6-4-1。

表 6-4-1 应急演练的五大目的

序号	目的	说明
1	检验预案	通过开展应急演练，查找应急预案中存在的问题，进而完善应急预案，提高应急预案的可用性和可操作性
2	完善准备	通过开展应急演练，检查应对突发事件所需应急队伍、物资、装备、技术等方面的准备情况，发现不足及时予以调整补充，做好应急准备工作
3	锻炼队伍	通过开展应急演练，增强演练组织单位、参与单位和人员对应急预案的熟悉程序，提高其应急处置能力
4	磨合机制	通过开展应急演练，进一步明确相关单位和人员的职责任务，完善应急机制
5	科普宣传	通过开展应急演练，普及应急知识，提高职工风险防范意识和应对突发事故时自救互救的能力

二、应急演练的基本要求

应急演练的基本要求如下。

（1）结合实际，合理定位。紧密结合应急管理工作实际，明确演练目的，根据资源条件确定演练方式和规模。

（2）着眼实战，讲求实效。以提高应急指挥人员的指挥协调能力、应急队伍的实战能力为着重点，重视对演练效果及组织工作的评估，总结推广好经验，及时整改存在的问题。

（3）精心组织，确保安全。围绕演练目的，精心策划演练内容，周密组织演练活动，严格遵守相关安全措施，确保演练参与人员及演练装备设施的安全。

（4）各单位要制订出应急演练方案交安全部审核，演练方案应包括演练单位、时间、地点、演练步骤等。

（5）预案演练完成后应对此次演练内容进行评估，填写应急预案评审记录表和应急预案演练登记表后交保安部备案。

三、演练的参与人员

演练的参与人员包括参演人员、控制人员、模拟人员、评价人员、观摩人员等，各自的任务见表 6-4-2。

表 6-4-2 演练参与人员的任务

序号	参与人员	承担任务
1	参演人员	承担具体任务，对演练情景或模拟事件作出真实情景响应行动的人员，具体任务如下 （1）救助伤员或被困人员 （2）保护财产或公众健康 （3）使用并管理各类应急资源 （4）与其他应急人员协同处理重大事故或紧急事件
2	控制人员	即控制演练时间、进度的人员，具体任务如下 （1）确保演练项目得到充分进行，以利评价 （2）确保演练任务量和挑战性 （3）确保演练进度 （4）解答参演人员的疑难和问题 （5）保障演练过程的安全

续表

序号	参与人员	承担任务
3	模拟人员	扮演、代替某些应急组织和服务部门，或模拟紧急事件、事态发展中受影响的人员，具体任务如下 （1）扮演、替代与应急指挥中心、现场应急指挥相互作用的机构或服务部门 （2）模拟事故的发生过程（如释放烟雾、模拟气象条件、模拟泄漏等） （3）模拟受害或受影响人员
4	评价人员	负责观察演练进展情况并予以记录的人员，主要任务如下 （1）观察参演人员的应急行动，并记录观察结果 （2）协助控制参演人员以确保演练计划的进行
5	观摩人员	来自有关部门、外部机构以及旁观演练过程的观众

四、制订应急预案的演练计划

（一）全年整体演练计划

为了确保全年的应急预案的演练有计划地进行，需分析物业项目的应急预案，并制订出年度演练计划，使演练工作在不影响正常工作的前提下有序地进行。

年度应急预案演练计划的内容包括应急预案名称、计划演练时间、演练方式、演练目的、组织部门、配合部门、应急物资准备等。以下是某物业公司制订的年度应急预案演练计划，见表6-4-3。

表6-4-3　2014年度应急预案演练计划

序号	应急预案名称	计划演练时间	演练方式	演练目的	组织部门	配合部门	应急物资准备
1	消防应急预案	2015.2	实战演练	扑灭初级火灾，掌握消防器材使用	工程部	机关各部室及各项目部	25kg、8kg干粉灭火器各4台，25kg二氧化碳灭火器2台；消防桶20个，消防钩2只
2	意外伤害应急预案	2015.3	部分实战演练	熟悉救援程序，培训紧急救护知识	工程部	各项目部	氧气袋2只，面纱等外伤急救药品和中暑急救药品若干
3	集体食物中毒应急预案	2015.6	桌面演练	熟悉紧急救护程序	工程部	各项目部	
4	突发性自然灾害应急预案	2015.8	桌面演练	熟悉地震、洪水、泥石流情况下撤离和自救程序	工程部	各项目部	担架2付，外伤急救药品若干
5	意外伤害应急预案	2015.10	部分实战演练	熟悉救援程序，培训紧急救护知识	工程部	各项目部（针对临时雇佣人员）	氧气袋2只，面纱等外伤急救药品和中暑急救药品若干
6	交通事故应急预案	2015.12	实战演练	紧急救助和报警	综合办公室	各项目部	急救箱2只

编制：×××　　　　　　　　　　　　　　批准：×××

（二）专项演练计划（方案）

专项演练计划就是针对某一具体的应急预案的演练实施计划（方案），内容包括演练目的、时间、地点、参演人员、演练项目、演练过程。以下为消防演练计划的模板，其他应急演练计划也可参照该模板来制作，见表6-4-4。

表6-4-4 消防演练计划模板

消防应急演练计划	
一、演练地点	
二、演练时间	
三、演练目的	
四、演习项目	
1. 人员疏散	
2. 救护伤员	
3. 使用灭火器灭火	
4. 消防水带的连接	
五、安全应急演练组织成员	
1. 应急演练总指挥	
2. 应急演练副总指挥	
3. 联络组	
组长：	组员：
4. 消防突击组	
组长：	组员：
5. 疏散组	
组长：	组员：
6. 救护组	
组长：	组员：
7. 保卫组	
组长：	组员：
8. 后勤组	
组长：	组员：
六、人员分工	
1.	
2.	
3.	
4.	
七、应急演练前准备工作和分工	
1.	
2.	
3.	
4.	
八、演习程序	
1.	
2.	
3.	
4.	

五、演习的实施

组织应急预案演习,一般须经过以下7个步骤。

(一)应急预案演习方案的申请批准

物业管理服务公司或物业服务管理项目部,应提前一个月将应急预案演习方案计划上报业主委员会,经业主委员会批准后,向公安消防部门主管警官汇报、备案,同时就应急预案演习方案向主管警官征询意见,并进行整改和修订。

(二)应急预案演习实施的通知

在应急预案演习前两周,应向物业管理区域内的业主(用户)发出应急预案演习通知。在应急预案演习前两日,应在公共区域张贴告示,进一步提示业主(用户)关于应急预案演习事宜。

(三)应急预案演习内容的分工

分工也就是说要对应急预案演习内容进行分工,落实到具体的部门或人员身上,表6-4-5为某物业项目消防演习内容的分工,供参考。

表6-4-5 消防演习内容的分工

序号	人员分工	工作内容
1	灭火总指挥	(1)向消防值班人员或其他相关人员了解火灾的基本情况 (2)命令消防值班人员启动相应消防设备 (3)命令物业管理企业员工根据各自分工迅速各就各位 (4)掌握火场扑救情况,命令灭火队采取适当方式灭火 (5)命令抢救队采取相应措施 (6)掌握消防相关系统运行情况,命令配合指挥采取相应措施;协助消防机关查明火因;处理火灾后的有关事宜
2	灭火副总指挥	负责在灭火总指挥不在现场时履行总指挥的职责;配合协同灭火总指挥的灭火工作;根据总指挥的意见下达命令
3	现场抢救队和运输队	负责抢救伤员和物品,本着先救人、后救物的原则,运送伤员到附近的医院进行救护,运输火场急需的灭火用品
4	外围秩序组	负责维护好火灾现场外围秩序,指挥疏散业户,保证消防通道畅通,保护好贵重物品
5	综合协调组	负责等候引导消防车,保持火灾现场、外围与指挥中心联络
6	现场灭火队	负责火灾现场灭火工作
7	现场设备组	负责火灾现场的灭火设备、工具正常使用和准备
8	机电、供水、通信组	负责确保应急电源供应,切断非消防供电;启动消防泵确保消防应急供水;确保消防电话和消防广播畅通;确保消防电梯正常运行,其他电梯返回一层停止使用;启动排烟送风系统,保持加压送风排烟

(四)应急预案演习前的培训、宣传

对物业管理处全体员工进行关于应急预案演习方案培训,使各个部门的员工了解自己的工作范围、运行程序和注意事项。在演习前采用挂图、录像、板报、条幅等形式开展对业主(用户)的消防安全知识宣传。

（五）做好演练设备、设施、器材等的准备

在应急预案演习前一周时间，各种设备、设施应进入准备状态。检查播放设备、电梯设备、供水设备、机电设备的运行状况；准备通信设备、预防意外发生的设备和器材；准备抢救设备工具和用品等。确保所有设备、器材处于良好状态，准备齐全。

（六）准备工作落实情况的检查

演习前3天，由演习总指挥带领相关负责人对应急预案演习准备工作进行最后综合检查，确保演习顺利进行，避免发生混乱。检查包括人员配备、责任考核、设备和器材准备、运输工具以及疏散路径等内容。

（七）应急预案演习的实施

以下以火灾应急预案演习的实施来说明实施步骤。

（1）开启广播通知业主（用户）应急预案演习开始，反复播放引导业主（用户）疏散。

（2）灭火队各灭火小组开始行动，按分工计划展开灭火、疏散、抢救工作。

（3）电梯停到一层，消防梯启动，所有消防设备进入灭火状态。

（4）开始消防灭火模拟演习。物业管理服务公司进行疏散演练；灭火器实喷演练；抛接水龙带演练；救护演练；模拟报警训练等。邀请业主（用户）观看或参加实际训练。

（5）演习结束，用消防广播通知业主（用户）应急预案演习结束，电梯恢复正常，并感谢业主（用户）、宾客的参与支持。

（6）应急预案演习总结。应急预案演习结束后，要求各灭火小组对演习工作进行总结，要拜访业主（用户）或采取其他方式收集业主（用户）对应急预案演习的意见，找出存在的问题并进行讨论确定，改进演习方案和演习组织实施过程中的不合理之处。

第五章 安全与应急规范化管理制度范本

一、安全生产管理制度

安全生产管理制度

1 总则

1.1 为加强公司安全生产管理，防止和减少事故发生，保障职工的生命和财产安全，促进公司发展，根据《中华人民共和国安全生产法》的规定，制订本制度。

1.2 凡在本公司管理范围内从事与安全生产活动有关的部门和个人，必须遵守本制度。

1.3 安全生产贯穿于设备、设施运行、维护、维修、改造的全过程，必须贯彻"安全第一，预防为主"的方针，坚持以部门、项目部、管理处为中心，实行属地化管理，坚持"谁主管、谁负责"、"谁审批、谁负责"的原则。

1.4 各部门、项目部、管理处必须严格遵守国家有关安全生产的法律、法规，正确处理安全与效益、安全与生产、安全与发展、安全与稳定的关系，努力改善劳动条件，确保安全生产。

1.5 公司董事长、副总经理对安全生产负直接领导责任，各部门、项目部、管理处主任对管辖区域负全面领导责任，是本部门、管理处安全生产的第一责任人。

1.6 各部门、项目部、管理处所属的从业人员有依法获得安全生产保障的权利,并应依法履行安全生产方面的义务。

1.7 各部门、项目部、管理处应当加强对安全生产工作的领导,督促各有关班组或个人认真履行安全生产监督管理职责,对安全生产监督管理中存在的重大问题及时予以协调解决。

1.8 各部门、项目部、管理处应采取各种形式,加强对有关安全生产的法律、法规和安全生产知识的宣传,提高员工的安全生产意识。

1.9 公司鼓励和支持安全技术研究和安全生产先进技术的推广应用,提高安全生产管理水平。

1.10 公司对在提高安全生产管理水平、改善安全生产条件、防止安全事故、参加抢险救护等方面取得显著成绩的项目部和个人给予奖励。

1.11 公司各部门、项目部、管理处是本公司安全生产工作的监督管理部门,依照国家有关安全生产的法律、法规和本制度的规定,对本公司的安全生产工作实施管理。

1.12 本制度依据国家现行的有关安全生产的法律、法规、标准、规范、规程和上级部门对安全生产管理的规定编制。

2 安全生产管理制度的建立

2.1 本安全生产管理制度的建立是结合本物业公司的特点,以确保安全生产体系具有可操作性。各部门、项目部、管理处日常安全生产工作除按安全生产制度运行外还必须严格遵守国家、行业及地方性安全生产法规。

2.2 公司成立以董事长为组长,负责安全生产工作的分管副总经理和分管各部门、管理处的副总经理为副组长,成员由各部门、管理处负责人组成的"安全生产领导小组",下设安全管理机构,成立安全生产办公室,配备与安全生产工作相适应的专(兼)职管理人员,对公司内部的安全生产工作进行指导、监督、管理和检查。

3 安全生产责任制

3.1 安全生产第一责任人(董事长)的安全生产责任制。

3.1.1 建立健全并落实以安全生产责任制为核心的安全生产规章制度和操作规程。

3.1.2 建立健全与本单位经济活动相适应的安全生产管理机构,配备安全生产管理人员,按照有关规定足额提取安全生产费用,落实安全生产经费。

3.1.3 督促、检查本单位的安全生产工作,按照有关规定开展安全生产标准化建设,组织开展安全生产监督检查、安全隐患排查整治和安全宣传教育培训工作。

3.1.4 将安全生产工作与业务工作紧密结合,一起部署、一起落实、一起检查、一起考核。

3.1.5 将安全设施投资纳入建设项目概算,执行新建、改建、扩建工程项目的安全设施与主体工程同时设计、同时施工、同时投入生产和使用制度。

3.1.6 负责配备符合国家标准或者行业标准的劳动防护用品。

3.1.7 制订并实施生产安全事故应急救援预案。

3.1.8 发生生产安全事故后,应当赶赴现场,组织抢救,保护现场,做好善后工作,执行事故处理决定。

3.2 分管安全生产管理工作副总经理(安全生产直接责任人)的安全生产责任制。

3.2.1 负责安全生产日常监督管理工作,督促落实安全生产责任制。

3.2.2 监督检查安全生产标准化建设和安全隐患排查整治工作。

3.2.3 监督检查单位负责人、管理人员和从业人员的安全生产宣传教育培训工作。

3.2.4 督促做好作业场所的劳动保护工作,预防和消除职业危害。

3.2.5 发生生产安全事故后,应当赶赴现场,组织抢救,保护现场,做好善后工作,督促执行事故处理决定。

3.3 管理处安全生产工作副总经理安全生产责任制。

3.3.1 负责分管物业管辖区域内的安全生产工作。

3.3.2 定期检查管理处对安全生产各项制度的执行情况,及时纠正失职和违章行为。
3.3.3 负责处理管理处安全、防火工作中存在的重大问题。
3.3.4 负责组织分管物业管辖区域内的定期和不定期的安全、防火检查,对查出的问题落实整改;
3.3.5 负责组织分管物业管辖区域范围内重大事故的调查处理。
3.4 管理处负责人的安全生产责任制。
3.4.1 贯彻执行国家安全生产的方针、政策、法规,落实公司的安全生产管理制度,并结合管理处的实际情况制订各种规章制度、操作规范和操作规程,是管理处安全生产第一责任人。
3.4.2 负责对管理处各安全生产环节进行监督管理,并提出预防事故发生的措施,组织开展经常性的安全生产检查,及时整改事故隐患。
3.4.3 建立健全安全生产管理机制,推行安全生产目标管理。
3.4.4 组织开展安全生产宣传、教育,对所属员工和安全管理人员定期组织学习和培训。
3.4.5 在上级主管部门的统一领导下负责管理处员工的日常安全考核和上岗证的管理,以及必要的身体素质检查,严禁带病、疲劳工作。
3.4.6 开展安全生产竞赛活动,对安全生产进行检查、评比、考核,表彰先进,总结和交流经验,推广安全生产先进管理方法。
3.4.7 严格执行事故报告制度,准确、及时地填报安全生产责任事故统计报表。
3.5 管理处安全生产责任制。
3.5.1 在管理处负责人的带领下开展安全生产工作。
3.5.2 管理处按照公安部61号令的要求,开展管辖区域的消防安全管理工作,做好日常防火安全检查工作。
3.5.3 积极配合管理处对内对外的消防安全宣传教育,搞好群防群治工作。
3.5.4 负责管理处员工的消防安全知识宣传教育,协助管理处负责人制订灭火作战计划,参与每半年组织实施的应急救援演练。
3.5.5 建立健全管辖区域的安全生产档案及各项安检记录,并及时更新完善与安全生产有关的资料。
3.6 班组长安全生产责任制。
3.6.1 管理处所属的维修班长、保安班长、保洁班长,为其班组的安全生产责任人。
3.6.2 职责如下。
(1) 对本班组安全生产和员工人身安全、健康负责。
(2) 发现事故苗头和事故隐患及时处理和上报。
(3) 组织安全检查活动,坚持班前讲安全、防火,班中检查安全、防火,班后总结安全、防火工作。
(4) 认真贯彻执行安全规章制度,严格执行操作规程。
(5) 发生事故立即报告,并采取积极有效措施,制止事故扩大,组织员工分析事故原因。
(6) 对从事有明显危险或严重违反操作规程的职工有权停止操作,并安排好岗位操作人员,报告上级领导。
(7) 有权制止未经三级安全教育和安全考核不合格员工独立操作。
(8) 搞好安全和消防设施、设备的检查和维护保养工作,检查员工合理使用劳保用品和正确使用各种消防器材。
3.7 管理处员工安全生产责任制。管理处所有在职员工为所在岗位的安全生产责任人,其职责如下。
3.7.1 认真学习上级有关安全生产的指示、规定和安全规程,熟练掌握本岗位操作规程。
3.7.2 上岗操作时必须按规定穿戴好劳动保护用品,正确使用和妥善保管各种防护用品和消防器材。
3.7.3 上班要集中精力搞好安全生产,平稳操作,严格遵守劳动纪律和工作流程,认真做好各种记录,不得串岗、脱岗,严禁在岗位上睡觉、打闹和做其他违反纪律的事情,对他人违章操作加以劝阻和制止。
3.7.4 认真执行岗位责任制,有权拒绝一切违章作业指令。

3.7.5 严格执行交接班制度，发生事故时要及时抢救、处理、保护好现场，及时如实向领导汇报。
3.7.6 加强巡回检查，及时发现和消除事故隐患，自己不能处理的应立即报告。
3.7.7 积极参加安全活动，提出有关安全生产的合理化建议。
3.7.8 保护事故现场，协调调查事故原因。

4 安全生产管理制度

4.1 安全生产工作例会制度。
4.1.1 为充分发挥公司及管理处安全生产管理的监督管理作用，做好对管理处安全生产状况的研究分析及重大安全生产问题的对策制订，公司实行安全生产例会制度。
4.1.2 公司每半年组织召开一次安全生产工作会议，对公司半年来的安全生产工作进行总结，对下半年度的安全生产规划及安全生产工作进行部署。
4.1.3 管理处每月末组织召开一次安全生产会议，分析、研究本管理处的安全生产形势，落实下个月安全生产管理目标。
4.1.4 公司安全生产办公室每季度组织召开一次安全生产会议，对公司本季度的安全生产形势进行分析、研究、统筹、协调、指导管理处的重大安全生产问题。
4.1.5 管理处必须坚持使安全生产例会制度化，并认真做好会议记录，确保使每次会议都有一定的实质内容，都能解决一定的实质问题。

4.2 安全生产检查制度。
4.2.1 为增强职工的安全意识，及时消除事故隐患，确保安全生产，必须加强管理处安全生产检查。
4.2.2 安全生产检查的依据：国家有关安全生产的法律、法规、标准、规范、规程及政府、上级部门和公司有关安全生产的各项规定、制度等。
4.2.3 各级安全生产检查应以查思想、查制度、查措施、查隐患、查教育培训、查安全防护等为主要内容。
4.2.4 公司安全检查应以定期安全检查为主，以查处安全生产隐患为主要内容，每月至少组织进行一次。
4.2.5 公司及所属各单位应定期或不定期地组织对安全问题进行专项、重点检查。
4.2.6 公司及管理处应根据生产实际及综合气候变化，定期或不定期地组织季节性安全检查。
4.2.7 管理处安全检查结束后，要认真、全面、系统地进行分析、总结和评价，要针对检查中发现的问题，制订整改措施，落实整改，并将整改、复查情况及时反馈到公司安全生产办公室。

4.3 安全知识教育、培训制度。
4.3.1 每年以创办安全知识宣传栏、开展知识竞赛等多种形式，提高全体员工的消防安全意识。
4.3.2 定期组织员工学习消防法规和各项规章制度，做到依法管理。
4.3.3 管理处应针对岗位特点进行消防安全教育培训。
4.3.4 对消防设施维护保养和使用人员应进行实地演示和培训。
4.3.5 对新员工进行岗前安全知识培训，经考试合格后方可上岗。
4.3.6 因工作需要员工换岗前必须进行再教育培训。
4.3.7 消控中心等特殊岗位要进行专业培训，经考试合格，持证上岗。

4.4 防火巡查、检查制度。
4.4.1 落实逐级消防安全责任制和岗位消防安全责任制，落实巡查检查制度。
4.4.2 安全生产管理职能部门每日对公司进行安全巡查，每月对单位进行一次防火检查并复查追踪改善。
4.4.3 检查中发现火灾隐患，检查人员应填写防火检查记录，并按照规定，要求有关人员在记录上签名。
4.4.4 检查部门应将检查情况及时通知受检管理处，管理处负责人应每日核查消防安全检查情况通知，若发现本单位存在火灾隐患，应及时整改。

4.4.5 对检查中发现的火灾隐患未按规定时间及时整改的，根据奖惩制度给予处罚。

4.5 安全疏散设施管理制度。

4.5.1 单位应保持疏散通道、安全出口畅通，严禁占用疏散通道，严禁在安全出口或疏散通道上安装栅栏等影响疏散的障碍物。

4.5.2 应按规范设置符合国家规定的消防安全疏散指示标志和应急照明设施。

4.5.3 应保持防火门、消防安全疏散指示标志、应急照明、机械排烟送风、火灾事故广播等设施处于正常状态，并定期组织检查、测试、维护和保养。

4.5.4 严禁在办公期间将安全出口上锁。

4.5.5 严禁在办公期间将安全疏散指示标志关闭、遮挡或覆盖。

4.6 消防控制中心管理制度。

4.6.1 熟悉并掌握各类消防设施的使用性能，保证扑救火灾过程中操作有序、准确迅速。

4.6.2 做好消防值班记录和交接班记录，处理消防报警电话。

4.6.3 按时交接班，做好值班记录和设备情况、事故处理等情况的交接手续。无交接班手续，值班人员不得擅自离岗。

4.6.4 发现设备故障时，应及时报告，并通知有关部门及时修复。

4.6.5 非工作所需，不得使用消控中心内线电话，非消防控制中心值班人员禁止进入值班室。

4.6.6 上班时间不准在消控中心抽烟、睡觉、看书报等，离岗应做好交接班手续。

4.6.7 发现火灾时，迅速按灭火作战预案紧急处理，并拨打119电话通知公安消防部门并报告部门管理负责人。

4.7 消防设施、器材维护管理制度。

4.7.1 消防设施日常使用管理由专职管理员负责，专职管理员每日检查消防设施的使用状况，保持设施整洁、卫生、完好。

4.7.2 消防设施及消防设备的技术性能的维修保养和定期技术检测由消防工作管理部门负责，设专职管理员每日按时检查了解消防设备的运行情况。查看运行记录，听取值班人员意见，发现异常及时安排维修，使设备保持完好的技术状态。

4.7.3 消防设施和消防设备定期测试。

（1）烟、温感报警系统的测试由消防工作管理部门负责组织实施，保安部参加，每个烟、温感探头至少每年轮测一次。

（2）消防水泵、喷淋水泵、水幕水泵每月试开泵一次，检查其是否完整好用。

（3）正压送风、防排烟系统每半年检测一次。

（4）室内消火栓、喷淋泄水测试每季度一次。

（5）其他消防设备的测试，根据不同情况决定测试时间。

4.7.4 消防器材管理。

（1）每年在冬防、夏防期间定期两次对灭火器进行普查换药。

（2）派专人管理，定期巡查消防器材，保证处于完好状态。

（3）对消防器材应经常检查，发现丢失、损坏应立即补充并上报领导。

（4）本辖区的消防器材由管理处负责管理，并指定专人负责。

4.8 火灾隐患整改制度。

4.8.1 管理处对存在的火灾隐患应当及时予以消除。

4.8.2 在防火安全检查中，应对所发现的火灾隐患进行逐项登记，并将隐患情况书面下发各班组限期整改，同时要做好隐患整改情况记录。

4.8.3 在火灾隐患未消除前，各班组应当落实防范措施，确保隐患整改期间的消防安全，对确无能力解决的重大火灾隐患应当提出解决方案，及时向单位消防安全责任人报告，并向单位上级主管部门或当地政府报告。

4.8.4 对公安消防机构责令限期改正的火灾隐患,应当在规定的期限内改正并写出隐患整改的复函,报送公安消防机构。

4.9 用火、用电安全管理制度。

4.9.1 用电安全管理。

(1) 严禁随意拉设电线,严禁超负荷用电。
(2) 电气线路、设备安装应由持证电工负责。
(3) 管理处下班后,该关闭的电源应予以关闭。
(4) 禁止私用电热棒、电炉等大功率电器。

4.9.2 用火安全管理。

(1) 严格执行动火审批制度,确需动火作业时,作业单位应按规定向消防工作管理部门申请"动火许可证"。
(2) 动火作业前应清除动火点附近5米区域范围内的易燃易爆危险物品或作适当的安全隔离,并向管理处借取适当种类、数量的灭火器材随时备用,结束作业后应及时归还,若有动用应如实报告。
(3) 如在作业点就地动火施工,应按规定向作业点所在管理处主管人员申请,申请部门需派人现场监督并不定时派人巡查。离地面2米以上的高架动火作业必须保证有一人在下方专职负责随时扑灭可能引燃其他物品的火花。
(4) 未办理"动火许可证"擅自动火作业者,本单位人员予以记小过二次处分,严重的予以开除。

4.10 易燃易爆危险物品和场所防火防爆制度。

4.10.1 易燃易爆危险物品应有专用的库房,配备必要的消防器材设施,仓管人员必须由消防安全培训合格的人员担任。

4.10.2 易燃易爆危险物品应分类、分项储存。化学性质相抵触或灭火方法不同的易燃易爆化学物品,应分库存放。

4.10.3 易燃易爆危险物品入库前应经检验部门检验,出入库应进行登记。

4.10.4 库存物品应当分类、分垛储存,每垛占地面积不宜大于一百平方米,垛与垛之间不小于一米,垛与墙间距不小于零点五米,垛与梁、柱的间距不小于零点五米,主要通道的宽度不小于二米。

4.10.5 易燃易爆危险物品存取应按安全操作规程执行,仓库工作人员应坚守岗位,非工作人员不得随意入内。

4.10.6 易燃易爆场所应根据消防规范要求采取防火防爆措施并做好防火防爆设施的维护保养工作。

4.11 义务消防队组织管理制度。

4.11.1 义务消防员应在消防工作管理部门领导下开展业务学习和灭火技能训练,各项技术考核应达到规定的指标。

4.11.2 要结合对消防设施、设备、器材维护检查,有计划地对每个义务消防员进行轮训,使每个人都具有实际操作技能。

4.11.3 按照灭火和应急疏散预案每半年进行一次演练,并结合实际不断完善预案。

4.11.4 每年举行一次防火、灭火知识考核,考核优秀给予表彰。

4.11.5 不断总结经验,提高防火灭火自救能力。

4.12 灭火和应急疏散预案演练制度。

4.12.1 制订符合本单位实际情况的灭火和应急疏散预案。
4.12.2 组织全员学习和熟悉灭火和应急疏散预案。
4.12.3 每次组织预案演练前应精心开会部署,明确分工。
4.12.4 应按制订的预案,至少每半年进行一次演练。
4.12.5 演练结束后应召开讲评会,认真总结预案演练的情况,发现不足之处应及时修改和完善预案。

4.13 燃气和电气设备的检查和管理制度。

4.13.1 应按规定正确安装、使用电器设备,相关人员必须经必要的培训,获得相关部门核发的有效证书方可操作。各类设备均需具备法律、法规规定的有效合格证明并经维修部确认后方可投入使用。电气设备应由持证人员定期进行检查（至少每月一次）。

4.13.2 防雷、防静电设施定期检查、检测，每季度至少检查一次，每年至少检测一次并记录。

4.13.3 电器设备负荷应严格按照标准执行，接头牢固，绝缘良好，保险装置合格、正常并具备良好的接地，接地电阻应严格按照电气施工要求测试。

4.13.4 各类线路均应以套管加以隔绝，特殊情况下，亦应使用绝缘良好的铅皮或胶皮电缆线。各类电气设备及线路均应定期检修，随时排除因绝缘损坏可能引起的消防安全隐患。

4.13.5 未经批准，严禁擅自加长电线。各部门应积极配合安全小组，维修部人员检查加长电线是否仅供紧急使用、外壳是否完好、是否有维修部人员检测后投入使用。

4.13.6 电器设备、开关箱线路附近按照本单位标准划定黄色区域，严禁堆放易燃易爆物并定期检查、排除隐患。

4.13.7 设备用毕应切断电源。未经试验正式通电的设备，安装、维修人员离开现场时应切断电源。

4.13.8 除已采取防范措施的部门外，工作场所内严禁使用明火。

4.13.9 使用明火的部门应严格遵守各项安全规定和操作流程，做到用火不离人、人离火灭。

4.13.10 场所内严禁吸烟并张贴禁烟标识，每一位员工均有义务提醒其他人员共同遵守公共场所禁烟的规定。

4.14 安全生产工作考评和奖惩制度。

4.14.1 对安全生产工作作出成绩的，予以通报表扬或物质奖励。

4.14.2 对造成安全生产事故的责任人，将依据所造成后果的严重性予以不同的处理，除已达到依照国家《治安管理处罚条例》或已够追究刑事责任的事故责任人将依法移送国家有关部门处理外，根据本单位的规定，对下列行为予以处罚。

（1）有下列情形之一的，视损失情况与认识态度除责令赔偿全部或部分损失外，予以口头告诫。

——使用易燃危险品未严格按照操作程序进行或保管不当而造成火警、火灾，损失不大的。

——在禁烟场所吸烟或处置烟头不当而引起火警、火灾，损失不大的。

——未及时清理区域内易燃物品，而造成火灾隐患的。

——未经批准，违规使用加长电线、用电未使用安全保险装置的或擅自增加小负荷电器的。

——谎报火警。

——未经批准，玩弄消防设施、器材，未造成不良后果的。

——对安全小组提出的消防隐患未予以及时整改而无法说明原因的部门管理人员。

——阻塞消防通道、遮挡安全指示标志等未造成严重后果的。

（2）有下列情形之一的，视情节轻重和认识态度，除责令赔偿全部或部分损失外，予以通报批评。

——擅自使用易燃、易爆物品的。

——擅自挪用消防设施、器材的位置或改为他用的。

——违反安全管理和操作规程、擅离职守从而导致火警、火灾损失轻微的。

——强迫其他员工违规操作的管理人员。

——发现火警，未及时依照紧急情况处理程序处理的。

——对安全小组的检查未予以配合、拒绝整改的管理人员。

（3）对任何事故隐瞒事实、不处理、不追究的或提供虚假信息的，予以解聘。

（4）对违反消防安全管理导致事故发生（损失轻微的），但能主动坦白并积极协助相关部门处理事故、挽回损失的肇事者或责任人可视情况予以减轻或免予处罚。

4.15 综合大楼安全管理制度。

4.15.1 保安中队负责所辖大楼内公共区域的治安、消防安全防范工作，严格执行国家治安条例，密切配合公安机关保护业主商家生命财产安全。

4.15.2 安全保卫以固定岗、流动巡逻相结合的形式实行24小时全天候值班制度，对各楼层实行每天不定时两次以上的安全巡查制度，保证消防通道、安全出口的畅通，维护消防指示标识、应急照明等消防设施、设备的正常完好有效状态。

4.15.3 保安员上岗时必须穿统一保安制服，佩戴工号牌、武装带、警棍、对讲机等，军容严整，热情礼貌，正确回答业主和来访人员的提问，提供力所能及的帮助。

4.15.4 对进出大楼的可疑人员要严格进行检查手续，对装修和施工人员要凭保安部发放的临时出入证方可进出，禁止各类流动闲杂人员混入大厦。

4.15.5 大门岗要做好各种登记工作，对业主单位搬出贵重、大件物品离开大楼，必须有物管服务中心发放的出门条，否则不予放行。

4.15.6 凡在大楼内施工或安装维修设备需要动用明火作业时，施工单位先报请工程部同意，然后由保安部签发《动火许可证》，落实相应的防范措施后方可实施。

4.15.7 消防监控室实行24小时值班制度，随时观察、记录仪器设备的运行情况及处理火警的工作记录，遇有火警，按《火警处置程序》进行处理。

4.16 高层建筑消防安全管理制度。

4.16.1 高层建筑所属管理处负责人是主要消防安全责任人，对本单位的消防安全工作负直接责任，贯彻实施消防法律法规和有关制度。

4.16.2 建立消防管理机构，确定防火负责人，配备兼职安全管理人，组建义务消防队，定期进行业务培训，开展自防自救工作。

4.16.3 凡新、改、扩建及内部装修，和安装大型壁挂广告，均应将设计图纸（方案、初设、施工图）报消防监督部门审批，经审核同意后方可施工，工程竣工后，必须经消防监督部门验收合格方可使用。

4.16.4 高层建筑内动用明火作业时，必须由经营或使用单位的消防安全负责人和消防监督部门批准，动火单位应严格执行动火制度，采取防火措施，做好灭火准备。

4.16.5 经营或使用单位的职工应掌握消防器材、设施、设备的使用方法，熟悉建筑内外的疏散路线。

4.16.6 建筑物内的走道、楼梯、出口等部位，要保持畅通，严禁堆放物品。疏散标志和应急灯，要保证完整好用。

4.16.7 建筑物内应按规定和规范配备消防设施、设备、器材及报警电话等设备；消防监控室应设专人每天24小时值班，记录仪器设备的工作情况，及时处理火警信号。

4.16.8 建筑物内的消防设施、设备应签订维护管理合同并严格维护管理，确保完整好用；未经单位负责人和公安消防监督部门批准，任何消防设施、设备不得擅自停用或关闭。消防设施、设备、器材的管理人员，要认真履行职责，并建立档案，详细记录有关情况。

4.16.9 高层建筑单位应根据实际需要建立健全消防宣传检查、值班巡逻、用火用电、消防设施管理等制度，落实逐级防火责任制，严格奖罚制度。

4.16.10 开展经常性的防火检查，发现安全隐患和事故必须立即报告并采取相应的措施，不得隐瞒不报或擅离职守。

4.17 室内停车场安全管理制度。

4.17.1 停车场所属管理处的负责人对停车场的消防安全工作负直接责任，贯彻实施消防法律法规和有关制度。

4.17.2 建立消防管理机构，确定防火负责人，配备兼职安全管理人，按规定组建义务消防队，定期进行业务培训，开展自防自救工作。

4.17.3 凡新、改、扩建车场，应将设计图纸报消防监督部门审批，经审核同意后方可施工。

4.17.4 工程竣工后，必须经消防监督部门验收合格方可使用。

4.17.5 制订并严格执行用火用电管理制度、值班巡查制度、消防安全宣传检查制度、消防安全逐级责任制度等必要的消防安全制度，制订火灾应急方案，指定专人值班。

4.17.6 对入库车辆应确定专人进行仔细检查，消除安全隐患，车辆应在确定地点存放，不得堵塞通道和影响消防设施的使用。入库的车辆严禁携带易燃易爆物品。

4.17.7 车库的电气装置必须由正式电工按规定安装，电线须穿金属导管或不燃材料管保护，接线处应穿接线盒。车库内不得设置移动照明灯具和碘钨灯，不准使用电炉等家用电器。

4.17.8 车库内严禁动用明火，在醒目的地点设防火标志。确需动用明火时（含电焊、氧焊），必须办理动火证，经单位防火负责人批准，并采取严格的安全措施确保安全。

4.17.9 车库内严禁进行车辆维修作业以及其他作业，严禁在通道上停车，严禁超量停车。不得存放其他物品。

4.17.10 车库内应按规定配备消防设施、设备和灭火器材及报警电话，并确定专人负责管理维护，使之完好有效。

4.17.11 开展经常性的防火检查，发现安全隐患和事故必须立即报告，并采取相应的措施，不得隐瞒不报或擅自逃离现场。

5 安全生产管理目标

5.1 因安全措施不到位，造成的工伤死亡、重伤事故为"零"。

5.2 无因管理失职引起的火灾、爆炸事故。

5.3 因管理责任造成的事故负伤控制在1‰以下。

5.4 无因管理责任造成的、设备原因造成的重大安全事故。

6 安全生产责任追究

6.1 公司对管理处进行安全生产目标考核，年终按目标完成情况实行奖惩。对发生特、重大安全责任事故，造成极坏社会影响并给公司带来重大经济损失的，要追究负责人和当事人的责任。

6.2 公司要对在安全生产工作中做出显著成绩的集体、个人给予表彰、奖励，并与其经济利益挂钩。对因玩忽职守、违反规章制度和管理规定而造成事故，使人民生命财产及企业效益蒙受损失的有关责任人，应根据事故性质、责任大小，分别给予行政处分和经济处罚，对构成犯罪的，移交司法机关处理。

7 附则

7.1 本制度适用于公司下属的管理处。

7.2 管理处的安全生产、消防安全责任人离任时，应做好安全生产责任制的交接工作，新任安全生产、消防安全负责人应按照其所在岗位的职责履行安全生产责任制。

二、保安员纪律规范

保安员纪律规范

1 适用范围
适用于管理处保安队。

2 内容

2.1 遵纪守法，遵守公司的各项管理规定；廉洁奉公、是非分明，勇于同违法犯罪作斗争。

2.2 遵守《保安员仪容仪表、队列要求及礼貌用语规范》，做到精神饱满、文明服务、礼貌执勤。

2.3 严格遵守《交接班制度》、《请销假制度》、管理处各项管理制度。

2.4 值班时严禁吸烟、吃东西，不准嬉笑、打闹；不睡岗、不会客、不看书报、不听广播；不食有刺激气味的食物、不得在酒精的影响下工作、不做其他与工作无关的事情。

2.5 爱护各种警戒器具装备，不得丢失、损坏、转借或随意携带外出；下班时间不穿制服进入公共场所。

2.6 在工作中因个人行为疏忽所导致公司财产受损，需负赔偿责任。

2.7 禁止利用工作之机敲诈勒索、授受贿赂。

2.8 遵守《员工宿舍管理规定》，不得留宿外来人员。

2.9 禁止在公司管理物业范围内打麻将，不准利用娱乐之便进行赌博或变相赌博。

2.10 未经队长、班长批准,不得私自换班、顶岗;不离岗、脱岗。
2.11 保安员应具较强的服从意识、服务意识;服从工作指派,不当面顶撞住户、领导。
2.12 保安员除本职工作外,不得从事第二职业或有不法行为。
2.13 未经公司授权或批准,不得泄漏公司商业、管理机密。
2.14 加强学习、团结互助,禁止闹纠纷,不做不利团结的事。

三、保安员权限规定

保安员权限规定

1 适用范围
  适用于管理处保安队。
2 内容
  2.1 在执行任务时,对杀人、放火、抢劫、盗窃、强奸等现行违法犯罪嫌疑人员有权抓获并扭送公安机关,但无权实施拘留、关押审讯、没收财产和罚款的权利。
  2.2 对发生在本小区内的刑事案件或保安案件,有权保护现场、保护证据、维护秩序以及提供情况,但无勘察现场的权利。
  2.3 负责小区内的保安秩序维护,制止未经许可的人员、车辆进入保卫区内。
  2.4 对于出入小区的可疑人员、车辆及所携带或装载的物品,有权进行验证、检查。
  2.5 在值勤时如遇有不法分子反抗甚至行凶报复,可采取正当防卫。
  2.6 宣传法制,协助业主、住户做好"四防工作",落实各项安全防范措施,发现不安全因素即时向业主、住户通知,协助整改。
  2.7 对携带匕首、三棱刀等管制刀具和自制火药枪及其他形迹可疑人员,有权进行盘查监视,并报当地公安机关处理。
  2.8 对违反小区安全管理的人员,有权劝阻制止、批评教育,但无权处罚。
  2.9 对有违法犯罪行为的可疑分子,可以进行监视、检举、报告,但无侦察、扣押、审查权利。

四、保安员形象管理规定

保安员形象管理规定

1 适用范围
  适用于管理处保安队。
2 内容
  2.1 经常注意检查,保持仪表整洁。
  2.2 不准蓄胡须、留长指甲,不准留长发,发不过耳;蓄发不得露于帽檐外,长发不得超过1.5厘米,鼻毛不得露出鼻孔。
  2.3 精神振作,姿态良好,抬头挺胸,不准弯腰驼背、东倒西歪、前倾后靠、伸懒腰,不准袖手、背手、叉腰或将手插入口袋中。
  2.4 值班时不准吸烟、吃零食,不勾肩搭背,做到站如松、坐如钟、行如风。
  2.5 不准在岗位坐、卧、依靠、打盹、闲谈、吹口哨、听收音机、乱写乱画、看书报等。
  2.6 当值期间不得挖耳、口、鼻孔和跺脚,不准随地吐痰、乱丢杂物,不得敲桌椅或玩弄其他值班物品。
  2.7 不得当众整理个人衣物和将任何东西夹于腋下。
  2.8 与住户、客户交谈时,要热情大方,不指手画脚。

五、保安队紧急集合作业指导书

保安队紧急集合作业指导书

1 适用范围

适用于管理处保安队。

2 内容

2.1 目的与要求。紧急集合规定是应付重大突发事件的紧急行动,保安员得到紧急集合的信号或命令时,应立即着装,迅速到达预定的位置集结待命。为锻炼提高保安队伍的快速反应能力,在有火灾或保安案件发生时作到处事不惊,采取有效措施迅速制止事态恶化,特制订本方案,本方案的演习至少每月实施一次。

2.2 实施集合的条件。发现辖区内有犯罪分子正在进行违法犯罪活动或公司员工遭到犯罪分子突然袭击时;受到火灾、水灾、台风等自然灾害的威胁与袭击时;上级赋予紧急任务或重大情况发生时。

2.3 着装规定。以距离身体最近或最方便穿着的服装为准(短衣、短裤、拖鞋除外)。

2.4 紧急集合位置。小区管理处办公室前。

2.5 时间要求。5分钟。

2.6 通知方法。用对讲机通知。

2.7 现场指挥与联络方法。管理处经理为第一指挥,由保安队队长负责指挥实施,利用对讲机联络。

六、重大事件报告监控管理作业指导书

重大事件报告监控管理作业指导书

1 适用范围

适用于管理处保安队。

2 内容

2.1 重大或突发事件包括:火灾、爆炸、水浸、械斗等破坏行为;刑事案件;客户集体投诉(3家以上)等。

2.2 重大或突发事件,参与事件处理的保安队长应立即赶到现场处理,同时尽快电话或口头向管理处经理报告,并根据事发情节决定是否报公安、消防等机构协助处理。

2.3 参与事件处理的部门当值班负责人在事件处理后,立即填写《特别事件报告表》,于12小时内以书面形式递交管理处经理,详述事件发生的时间、地点、经过,以及事件发生的初起原因和处理经过。

2.4 《特别事件报告》由保安队长签名后,上报管理处经理,如队长不在而紧急时,可由当值班长签名上报。

2.5 对于重大事件,参与事件处理的部门应在事件处理完毕后24小时内,填写重大事件总结报告,上报公司领导,如实汇报事件的详细过程及结果,找出事件发生的主要原因,提出避免类似事件发生的预防措施。

七、保安员交接班管理作业指导书

保安员交接班管理作业指导书

1 适用范围

适用于管理处保安队。

2 职责范围

2.1 保安队长:负责对保安队的交接班的管理。

2.2 保安班长：负责对本班保安员交接班的工作安排、检查监督、异常情况报告与处理。
2.3 保安员：负责本岗交接班工作。
3 工作程序
3.1 按时交接班，接班人员应提前30分钟对小区进行班前安全检查（分组、分区），将检查情况报告班长，班长对检查情况进行监督。
3.2 接班人员未到达前，当班人员不能离岗。
3.3 接班班组按指定路线、队列要求进行交接班（交接班或换班时，须敬礼）。
3.4 接班人要详细了解上一班执勤情况和本班应注意事项，应做到三明：上班情况明、本班接办的事情明、物品器械明。
3.5 交班人在下班前必须填写好《交接班记录表》，应做到三清：本班情况清、交接的问题清、物品器械清。
3.6 当班人员发现的问题要及时处理，不能移交给下班的事情要继续在岗处理，接班人协助完成。
3.7 班前会议：接班前由班长对各岗位队员提出接班要求、工作纪律、安全防范、礼节礼貌、服务意识、事件处理、呈报、人员、物品、车辆的管理及工作流程；传达会议指示，安排工作内容和装修的管理，做到语言文明、行为规范。
3.8 保安班长对《交接班记录表》进行监督。
3.9 保安班长在交接班中的职责。
3.9.1 按指定路线，统一列队到各岗进行交接班，要求队员交接时互相行举手礼。
3.9.2 交接班时，要求队员先看记录后对照检查，做到三清、三明、一完整。
3.9.3 要求队员接班完毕后，回报岗位情况。
注意：对已下班的队员，按要求统一集合在指定地点，列队签到并讲评后下班。

八、门岗值班工作指导书

门岗值班工作指导书

1 适用范围
　　本规程适用于管理处保安队各门岗的管理。
2 职责范围
2.1 保安队长：负责对门岗保安员工作的抽查、管理。
2.2 保安班长：负责对门岗保安员工作的日常检查和指导。
2.3 保安员：负责对进出车辆、行人的管理及物品的查验、管理。
3 工作程序
3.1 车辆管理。
3.1.1 车辆进小区时，值班保安员的工作。
（1）发现有车辆驶近道闸栏杆前时，应立即走近车辆，向司机立正敬礼。
（2）当司机开启车窗时，对于办理本小区月卡的车辆（车窗前贴有月卡标志），发放停车卡；对于未办理本小区月卡的车辆（车窗前未贴有月卡标志），及时填写《车辆进出卡》（填写内容为车辆车牌号、进入时间及发卡人姓名），并发卡，此外，还应填写《车辆进出登记表》进行登记。
（3）发卡完毕后，应立即将道闸开启放行，并提示行驶路线或停车位置，若后面有跟进车辆排队时，应示意其停下，并致歉："对不起，让您久等了。"然后写卡、发卡。
（4）车辆安全进入小区后方可放下道闸，确保道闸不损坏车辆。
（5）当遇到公安、政府部门执行公务的车辆要进入时，查证后放行，并做好车牌号等记录。
（6）对送货、送材料或货车类的车辆，应严格进行检查，防止违禁品及易燃易爆物品进入小区。
3.1.2 车辆出小区时值班保安员的工作。

（1）发现有车辆驶近道闸栏杆前时，应立即上前向司机敬礼并说："先生（小姐）您好，请您出示停车卡。"并验卡核对车牌号及车辆类型。

（2）对于月卡车辆，禁止一卡多用，收取停车卡并验卡后，不收费用开启道闸放行，并说"谢谢"。

（3）对于临时停放车辆，进场时间如未超过半小时（免费时限另有规定的从其规定，下同），则不收费并开启道闸放行；如超过半小时则按标准收取停车费，随手给发票并写明日期、时间，同时说"谢谢"，收费手续完毕后及时开启道闸放行，并填写《车辆进出登记表》进行登记。

（4）若属免费类车辆（政府执行公务、军警、公安、金融押运、车管检查、紧急抢修等车辆），验证记录后由客户签名，并报告班长同意后放行。

（5）对送货、送材料或货车类的车辆，按入口岗所报事项进行检查、核对后放行；对装运有大件物品（如材料、家具、电器等物品）的车辆，应凭《物品放行条》并核对后方可放行，没有办理放行手续的不予放行。

（6）禁止无证车辆驶出，对丢失停车卡的车辆，当值保安员应立即报告班长，班长须请示队长并经同意后，班长对驾驶人员及车辆核对并登记三证（身份证、驾驶证、行驶证），收取工本费及停车费方可给予放行，同时值班保安员应填写《遗失车卡登记表》并由当事人签名。

3.1.3 注意事项。

（1）车辆出入完毕后应及时放下道闸，以防车辆冲卡。

（2）放下道闸时应格外小心，防止道闸碰伤车辆和行人。

（3）注意使用服务礼貌用语。

（4）收费保安不得收钱不给票，或少给票，每班收取的停车费由班长统一保管或上交管理处财务室。

3.2 物品出入管理。

3.2.1 业主、住户及外来人员进入小区随身携带或使用车辆搬运有易燃、易爆、剧毒等危险物品时，当值保安员进行检查确认后，严禁将此类物品带入小区内。

3.2.2 业主、住户及其他人员携带或通过车辆搬运大件物品（主要是搬家）或贵重物品（贵重电器、电脑等）离开小区时，当值保安员应检查搬迁物品有无《物品放行条》，若发现物品未开具《物品放行条》或可疑时，值班员应首先通知班长或巡逻人员到场，进行核实并及时与管理处联系或要求其到管理处补办相关手续后才允许放行，必要时用电话确认业主并进行登记后方可放行。

3.2.3 《物品放行条》由管理处开出，必须如实填写内容，对出租户搬出较多及贵重物品时必须经业主签名。

3.2.4 查验《物品放行条》上所列的物品时，应仔细核实所列物品是否相符，若相符，值班员签字放行，若不符应要求客户停止搬迁并由班长上报管理处查明原因。

3.2.5 每班下班前，当值保安员应将所有《物品放行条》交班长，每月由队长交管理处统一保管，《物品放行条》保存期为3年。

3.3 外来人员管理。

3.3.1 对外来人员、非本小区居住人员进行询问、登记，问明去处后可放行。

3.3.2 对无法回答所去房屋、所找人员时，拒绝进入小区。

3.3.3 对无关人员拒绝进入小区。

3.3.4 对外来人员进入小区进行登记的，应填写《来访登记表》，登记清楚姓名、性别、身份证号、来访时间及访问人员情况等，然后才可放行。

九、保安监控室作业指导书

保安监控室作业指导书
1 适用范围 适用于管理处保安队的监控室值班工作。

2 职责范围
   2.1 保安队长：对监控室工作进行监督、指导。
   2.2 保安班长：对监控室工作进行监督、检查。
   2.3 监控岗保安员：负责监控室的值班。
   2.4 维修工：负责对监控室各种设备的定期维护及保养（如外包则由承包单位负责）。
3 工作程序
   3.1 值班人员要熟练掌握监控室内各设备的工作原理、性能和常规的维护保养工作。
   3.2 负责监控室24小时值班、运行操作、监控、记录，通过监控图像密切注视监视屏的运行情况，发现异常情况立即通知值班班长或巡逻人员前往查看。
   3.3 如实记录值班期间的各种异常情况，并记录于《值班记录本》上。
   3.4 谢绝无关人员进入本监控室。
   3.5 监控室保持清洁，不得堆放杂物。
   3.6 监控室内值班人员不得看书、看报以及聊天、睡觉等与值班无关的事情。
   3.7 监控录像不得随便向无关人员提供查看，要查看的，须得到派出所的委托及管理处保安队长的同意。
   3.8 监控设备出现故障时，值班人员须及时与维修人员联系处理。

十、保安队监控管理作业指导书

保安队监控管理作业指导书

1 适用范围
   适用于公司各管理处。
2 职责范围
   2.1 保安班长：负责本班组日常业务操作监督和落实、实施。
   2.2 保安队长：负责对部门安全管理工作的全面监控和指导。
   2.3 管理处经理：负责安全管理工作的监控和指导。
   2.4 品质部：负责各管理处安全管理工作的业务指导、检查、考核。
3 程序内容
   3.1 保安班长监控要求。
   3.1.1 严格履行交接班制度，带队进行交接班，督促各岗位人员履行交接手续；负责本班保安员进行班前点名，落实班前有要求、班后有讲评的交接班制度；对本班的工作状况提出改进要求。
   3.1.2 上班前对本班所用设施、设备性能完好情况进行检查，以保证当值期间的正常使用。
   3.1.3 当班期间至少对当值班各岗位的质量记录进行一次全面检查，对不合格的质量记录及时纠正。
   3.1.4 检查各岗位人员的在岗值勤、纪律情况，发现问题记录在《交接班记录表》上。
   3.1.5 对夜班期间工作状态进行全面监控，至少每小时用对讲机呼叫各岗位一次，如有异常应及时做出处理及报告。
   3.1.6 监督本班保安员在辖区内的形象，对违章者应及时纠正。
   3.1.7 控制军事、消防培训、训练，根据实际情况向上级汇报并及时改进培训、训练内容及方法。
   3.1.8 每月量化考核前，须对各岗位的质量记录进行全面检查，并与月度考核挂钩。
   3.1.9 控制内务管理状况，严格执行内务管理规定，对不合格者要求限期改正，并予以记录。
   3.2 保安队长监控要求。
   3.2.1 每周对本部门的安全、消防管理情况全面巡查至少2次，并将有关情况予以记录。
   3.2.2 每周至少进行1次夜间突击查岗，对夜间保安员工作状态、质量记录、装备使用进行抽查，并予以记录。

3.2.3 每周召开1次安全管理队业务会议，总结上周工作，分析安全状况，提出整改意见。

3.2.4 检查本部门安全管理制度、工作规程执行情况，发现问题及时处理解决。

3.2.5 每周对保安员的质量记录进行1次全面检查，并予以记录。

3.2.6 每季度至少组织1次夜间紧急集合，以保持保安员的战斗力。

3.2.7 每季度根据各管理处辖区保安防范的要求和特点，对巡逻路线、巡逻时间进行1次评估，并将修订的巡逻路线图报管理处经理审核。

3.3 管理处经理监控要求。

3.3.1 每月对本部门的保安、停车场、消防管理工作进行1次全面检查，并予以记录，就有关问题提出指导意见。

3.3.2 监督保安队长、班长的工作落实状况，必要时及时调整安全管理队工作业务的组织架构，不断完善监督机制。

3.3.3 通过与业主、住户的沟通或回访，及时掌握保安员的职业道德、沟通能力及服务水平，并给予有效的培训和指导。

3.3.4 及时检查核实安排工作的落实情况，跟进重大事项的处理结果。

3.3.5 每季度对保安巡查工作组织进行评估，确保无保安盲点或隐患。

3.3.6 掌握保安员的培训情况，关心保安员的业余文体生活，及时调解内部矛盾，确保建立一支精诚团结的保安员队伍。

3.4 公司品质部监控要求。

3.4.1 采取不定期抽查管理处安全管理工作情况，分析保安、消防管理隐患，及时提出整改意见。

3.4.2 必要时每季度组织监督部门模拟处理紧急事件的演习，如反盗窃、反绑架等，并对演习情况做出评述，提出改进意见。

3.5 夜间工作监控要求。

3.5.1 督促保安员在夜间加强防范意识，监控保安员的夜间工作情况，提高安全管理防范能力。

3.5.2 夜间查岗按照计划制订和人员配置情况分为"A级检查"、"B级检查"、"C级检查"三种，A、B级检查事先必须制订年度检查计划，为保证查岗情况的真实性，须对制订的检查计划设立相应的保密范围。

（1）"A级检查"计划时间的安排由公司品质部于每年12月31日前制订完成，报总经理审批，由经理级以上人员查岗，每年至少6次。

（2）"B级检查"是以管理处为单位的内部检查，计划由保安队长于每年12月31日前制订完成，报管理处经理审批，由保安队长及以上人员担任查岗人员，每月至少进行1次。

（3）"C级检查"是无计划不定时的临时性突击检查，通常在特殊情况下进行，由品质部或保安队长临时决定检查范围、查岗人员和查岗时间。

3.5.3 查岗必须包括以下内容。

（1）保安员夜间工作情况：包括精神状态、反应灵敏度、安全意识等。

（2）通讯设备使用情况：包括各类通讯设备的使用状态、紧急状态下的通讯使用是否具备合理性。

（3）保安员装备佩戴情况：包括保安员的应急装备能否于紧急状态下正常使用。

（4）交接班记录：包括检查、各类质量记录的填写是否齐全、清晰，格式是否规范，有无乱撕、写、画等现象。

（5）查岗人根据检查情况填写《查岗记录表》，并由接受检查的当值人员签名确认。

3.6 紧急预案演练监控要求。

3.6.1 检测保安员对各类突发事件的临场反应处置能力，以保证保安员日常工作中的责任感和警惕性，防止各类紧急事件的发生，并通过不断的演练，提高保安员处理各类突发事件的综合素质，保障安全管理工作的有效实施。

3.6.2 保安队长须根据本部门实际情况和具体环境及突发事件处理程序制订消防、保安、交通等紧急事件处理预案；合理安排各岗位；紧急预案须由管理处经理审核，报品质部审批。
3.6.3 在紧急预案完成过程中，各参加人员必须严肃认真、积极参与。
3.6.4 部门应制订每年紧急预案演练计划，并须经过管理处经理审批。
3.6.5 每季度至少进行一次紧急事件演练，并做好相关的记录。
3.7 质量记录监控。
3.7.1 登记本不得撕毁、乱画或写与上班无关的文字，用完后由每日早班当值保安班长交给管理处存档。
3.7.2 当值保安班长每天检查1次质量记录并作好检查记录。
3.7.3 保安队长每周对安全现场质量记录及班组培训记录进行全面检查并作好检查记录。
3.7.4 停车场票据由保安班长负责定期领用发放。
3.7.5 质量记录每月由保安队长负责收回，整理后交本部门主管，审核后由部门主管交管理处资料员存档。

十一、消防演习工作规程

消防演习工作规程

1 适用范围
适用于各管理处的消防演习管理。
2 职责范围
2.1 管理处经理：负责消防演习计划和方案的审核以及消防效果的评估。
2.2 保安（消防）队长：负责制订《年度消防演习计划》和具体的消防演习预案，并负责对消防演习项目的具体组织实施和现场指挥。
2.3 保安队（义务消防员）全体员工：负责具体执行消防演习。
2.4 机电维修组：负责保障消防供水、供电。
2.5 客服中心：负责消防演习的各项支持与配合。
3 程序内容
3.1 年度消防演习计划的制订。
3.1.1 保安队长于每年年底前制订出下一年度的消防演习计划，报管理处经理审批。
3.1.2 制订《年度消防演习计划》的注意事项。
（1）结合各管理处消防管理中心器材装备情况和消防设施设备的具体状况。
（2）有具体的组织实施时间。
（3）有标准的《消防演习方案》内容。
（4）有具体的消防演习经费预算。
（5）有每次消防演习的责任人。
3.1.3 《消防演习方案》的内容。
（1）演习的目的。
（2）演习的时间。
（3）演习的地点。
（4）演习的总要求。
（5）参加演习的人员及职责。
（6）演习的项目。
3.2 消防演习的步骤。
3.2.1 保安队长把制订好的《消防演习方案》报管理处经理审批。

3.2.2 保安队长根据批准后的《消防演习方案》的内容确定适当的时间、地点。
3.2.3 准备消防演习所需的器材。
（1）模拟着火源（如油桶等）。
（2）水带、水枪、分水器。
（3）水源、灭火器（含干粉、泡沫、二氧化碳等）。
（4）液化气瓶等易燃物质。
（5）战斗服、安全带、头盔、防火服。
（6）安全绳、保险钩、空气呼吸器。
（7）根据消防演习项目需要再增加的消防器材。
3.2.4 由管理处经理向配合参加演习的部门发出演习通知。
3.2.5 演习前保安队长组织举办一次防火安全知识宣传教育和消防集训。
3.2.6 演习前管理处组织一次消防设备检查，确保管理区内现有消防设备的正常使用。
3.2.7 确定演习日期和时间后，管理处提前一周向小区内的业主、住户发出消防演习通知。
3.3 具体演习。
3.3.1 保安队长组织布置现场，演习准备就绪，其他配合部门和观摩人员列队入场，主持人宣读要求与纪律，管理处经理下达演习开始的命令。
3.3.2 保安队长按照演习方案的步骤，负责具体的组织指挥。
3.3.3 各岗位人员按照演习方案规定的职责和分工行动。
3.3.4 消防演习过程控制。
（1）报警与验证。
（2）紧急集合与灭火器材的携带。
（3）灭火抢险（水带、水枪的抛掷与连接；灭火器的使用操作）。
（4）疏散人员。
（5）安全警戒。
（6）试验消防设施（启动消防栓等）。
（7）救助伤员。
3.3.5 消防演习结束。演习结束后安全员负责迅速将灭火器材整理好，然后整队集合。
3.4 消防演习总结。
3.4.1 管理处经理对整个演习效果进行总结。
3.4.2 保安队长对演习效果进行评估。
3.4.3 保安队长负责填写《消防演习记录表》存档，并将总结报告上报公司品质部。

十二、火警、火灾应急处理作业指导书

火警、火灾应急处理作业指导书

1 适用范围
适用于各管理处的消防灭火工作。
2 职责范围
2.1 管理处经理：负责火灾的最高指挥。
2.2 保安队长（义务消防队长）：负责现场的灭火指挥。
2.3 保安员（义务消防员）：负责现场的消防灭火。
2.4 工程部维修主管、维修工：负责提供设备设施及供水、供电的保障与配合。
2.5 客服中心：担任各种后勤保障、伤员救护、人员疏散等工作。

3 程序内容

3.1 消防报警信号的处理与火警的识别人员报警：正常情况下一般视为真火警。

3.2 火警阶段划分：初期、发展期、猛烈阶段、扑灭期。

3.2.1 初期火警：指火情发生时的最初3分钟，为灭火的最佳时期。

3.2.2 发展期：火情发生后3～7分钟，此时应立即进入灭火作战阶段。

3.2.3 猛烈阶段：火势猛烈发展阶段。

3.2.4 扑灭期：扑灭火灾，并配合消防部门调查事故原因、责任及火灾善后工作。

3.3 人员分组及职责。人员分组及职责见下表。

人员分组及职责

序号	人员分组	职　责
1	消防总指挥	由管理处经理担任，负责全面组织及指挥（管理处经理不在时由现场最高职位负责人担任）
2	消防副总指挥	由保安队长担任，协助总指挥负责现场的灭火组织工作
3	指挥部成员	由各部门主管担任，协助总指挥做好现场的灭火组织，和有关方面的紧急联络（120急救、110等），负责指挥抢修工作和协调、监督设备的运行情况
4	监控室值班保安员	负责接收报警信息，并进行报告或报警
5	灭火组长	由总指挥或副总指挥现场指定（一般为保安班长或骨干以上的人员），组织一切力量灭火，并及时向消防监控中心和总指挥报告火情
6	灭火成员	由当值保安员组成，听从组长的安排，利用一切灭火器材全力灭火
7	疏散组长	未当班的保安班长或客服主管担任，负责组织一切力量对受火灾威胁的人员、物资、车辆等向外疏散指挥
8	疏散成员	由未当班或巡逻保安员、清洁员、客户中心人员组成，并听从组长的安排，负责引导疏散受火灾威胁的人员、抢救受伤人员、车辆
9	警戒组长	由各当值保安班长担任，阻止无关人员、车辆进入火场，并派专人引导消防、急救车的进入，同时做好外围人员疏散的接应
10	警戒成员	由各出入口岗当值安全管理员组成，阻止人员进入和接外围人员疏散，并指引消防车的进入
11	抢修组	由工程部维修人员担任，负责保证设备的正常使用
12	后勤保障救护组	由管理处客户中心管理员等人员组成，负责为伤员进行现场包扎和转送医院，协助准备、运输、分发消防器材及消防工具和有关灭火、救护的应急用品
13	联络组	由现场副总指挥、消防监控中心以及其他各分工组组长组成，每隔1分钟向总指挥汇报1次现场火情、人员疏散、抢救等情况

3.4 灭火程序。

3.4.1 火灾的发布与处理。当发现火警和接到报警时（现场确认后），首先保持镇静，不可惊慌失措，立即将火情利用对讲机向班长和队长以及管理处经理报告。

3.4.2 安全疏散与自救。当小区突发各类火灾，扑救火灾工作是在火势蔓延快、人员多、火场情况复杂的情况下进行的。在组织指挥灭火自救的工作中，应保持"先救人、后救火，先隔离火源、后灭火"的原则，及时疏散，控制事故层火势向上蔓延，消除火势对人员、物资的威胁，保护着火层以上的人员疏散到安全区，将火灾损失降低到最小范围。具体做好火警通报、疏散抢救、组织灭火、防烟、排烟、防爆、现场救护、通讯联络、安全警戒等9件事。

（1）报警通报。报警通报的程序如下。

——接到报警信号后，通知值班员立即到现场确认。

——接到火警后，应通知保安队长、管理处经理（火场指挥）和义务消防员，并拨打火警119报警和120医疗急救电话。

——火场第一指挥根据火场现场情况，决定火场灭火工作。

——根据指挥命令向需要疏散层发出通知。

（2）疏散抢救。发生火灾组织指挥疏散与抢救着火层以上人员，是火场指挥必须考虑的首要问题，原因如下。

——着火层越低，则要疏散的人员越多。

——一般人遇见烟火，容易产生恐惧、争先、乱闯、盲目等反常心理状态，更容易造成伤亡事故。

——业主、住户中的老弱病残、儿童、孕妇等行动不便者，需要护送。

——酒醉、受烟昏倒在房间的住户，需要营救。

——楼梯狭窄，自然通风不好，容易产生伤人事故。

（3）组织灭火。房间火势发展蔓延过程是从下至上，遇到阻挡将向水平方向发展，再从门窗、孔、洞等开口部位，向上下、左右蔓延，因此灭火扑救时，首先要控制火势蔓延，把火势控制在房间内予以扑灭。

——就近寻找并接好消防栓，铺设好水带，做好灭火准备。

——派出义务消防员携带灭火工具，到着火层和上下层的房间查看是否有火势蔓延，并及时扑灭火焰。

——根据不同的燃烧采用不同的灭火方法，电器、灶具、油类可用干粉、泡沫灭火器扑灭。

——使用水流灭火时，要正确操作水枪射水，一般先窗后内、先上后下、先角后前，从临窗的房顶部呈"之"字形摆动喷射，向后移动至角处，把房顶和开口处的火势扑灭，再射向起火的部位。

（4）排风排烟。

——启动疏散通道的自然通风窗。

——使用湿毛巾捂住口鼻，匍匐前行排烟法。

（5）注意防爆。扑救火灾防爆问题，一是防止易燃物品受热产生的爆炸，二是防止产生轰燃，因此扑救时要注意以下要点。

——关闭事故的液化气罐。

——打开着火房间的房门时，要站在房门开启的另一侧，并缓慢开启房门，同时使用喷雾水流做掩护。

——扑救房间火灾，要坚持正确的喷射方法。

（6）现场救护。扑救建筑火灾，为防止扩大人员伤亡事故，应组织医务人员及时对伤员进行护理，然后送医院救治。

（7）安全警戒。为保证扑救火灾、疏散与抢救人员的工作有秩序地顺利进行，必须对楼外围、首层出口、着火层、下一层设置警戒队员，其任务如下。

——外围警戒人员疏散围观群众，保障消防通道的畅通，指引消防车进入。

——首层出入口，不准无关人员进入楼内；指挥疏散人员到安全地带；看管好从着火楼层疏散下来的物资；保证消防通畅，指引消防车进入。

——着火层及下一层，不要让住户、业主再返回着火层，防现场趁火打劫、偷盗制造混乱，指导疏散人流向下一层地面有序地撤离。

——重要物品、首饰、珠宝、材料、现金必须有专人保管。

（8）通讯联络。无线电信号的畅通，是关系到扑救火灾的关键因素，因此火场指挥、消防中心、着火层以及灭火战斗分队和工程部的无线电联络要保持在统一频道联络。注意：火灾时统一频道。

（9）后勤保障。

——保证水电供应不间断。

——保证灭火器材和运送力量。
——其他部门协助补救小组，提供支援项目，保障器材的供应。

十三、突发事件处理作业指导书

突发事件处理作业指导书

1 适用范围

适用于管理处所管理范围内发生的盗窃、抢劫、斗殴等各类突发保安事件。

2 职责范围

2.1 管理处经理：负责在突发事件发生时现场的指挥。

2.2 保安队长：负责对突发事件的培训，以及突发事件发生时协助管理处经理对现场的指挥。

2.3 保安班长：负责对突发事件的报告、现场控制。

2.4 保安员：负责对突发事件的现场处理。

3 工作程序

3.1 车辆被盗、被损坏的处理。

（1）当车管员发现停车场里的车辆被盗或被损坏时，车管员应立即报告班长和管理处，并通知车主。

（2）属撞车事故的，车管员不得放行造成事故的车辆，应保护好现场。

（3）属楼上抛物砸车辆事故的，保安员应立即制止，并通知肇事者对造成的事故进行确认。

（4）保安员认真填写"交接班记录"，如实写明车辆进场时间、停放地点、发生事故的时间以及发现后报告有关人员的情况。

（5）车辆在停车场被盗后，由管理处确认后协同车主向当地公安机关报案。

（6）发生事故后，被保险人（车主、停车场）双方应立即通知保险公司。

（7）保安员、管理处、车主应配合公安机关和保险公司作好调查处理。

3.2 发生斗殴的处理。

（1）耐心劝阻斗殴双方离开现场，缓解矛盾，如势态严重，有违反保安管理行为甚至犯罪倾向，应将行为人扭送公安机关处理。

（2）提高警惕，防止坏人利用混乱偷拿财物。

（3）说服围观群众离开，保证小区内的正常保安秩序。

（4）协助公安人员勘查打斗现场，收缴各类打斗凶器，辨认为首分子。

3.3 盗窃的处理。

（1）发现嫌疑人正在作案，应立即当场抓获，报告公安机关，连同证物送公安机关处理。

（2）保护案发现场，不能擅自让他人触摸现场痕迹和移动现场的遗留物品。

（3）对重大可疑案发现场，可将事主和目击者反映的情况，向公安机关做出详细报告。

（4）对可疑作案人员，可采取暗中监视或设法约束，并报告或移交公安机关处理。

3.4 发生刑事案件和恶性事故的处理。

（1）值班员迅速向管理处报告和向公安机关报案，如有伤员迅速送附近医院救治，如受侵害的财物已投保险的，由被保人通知承担的保险公司。

（2）保护案发现场，禁止无关人员进入现场，以免破坏现场遗留的痕迹、物证，影响公安人员勘查现场，收集证物和线索。

（3）登记发现人和事主的情况，抓紧时机向发现人或周围群众了解案件、事故发生发现经过，收集群众的反映议论，了解情况并做好记录。

（4）向到达现场的公安机关人员认真汇报案情，协助破案。

3.5 发现醉酒闹事者或精神病人等应急处理方案。

（1）醉酒者或精神病人失去正常的理智，处于不能自控的状态下，易对自身或其他人员造成伤害，保安员应及时对其采取控制和监管措施。
（2）及时通知醉酒者或精神病人的家属，让其派人领回。
（3）若醉酒者或精神病人有危害社会公共秩序的行为，可上报主管将其强制移送到公安部门处理。
3.6 遇急症病人的应急处理方案。
（1）第一时间赶到病人所在现场。
（2）立即通知主管领导。
（3）通知客户的单位及家属。

十四、台风等突发自然灾害事件处理作业指导书

台风等突发自然灾害事件处理作业指导书

1 适用范围
适用于管理处所管理范围内发生的台风、水浸等各类突发自然灾害事件。
2 职责范围
2.1 管理处经理：负责在突发事件发生时现场的指挥。
2.2 保安队长：负责对突发事件的培训，以及突发事件发生时协助管理处经理对现场的指挥。
2.3 保安班长：负责对突发事件的报告、现场控制。
2.4 保安员：负责对突发事件的现场处理。
3 工作程序
台风暴雨袭击的应急处理方案。
（1）检查应急工具并确定其性能良好。
（2）通知小区业主、住户搬离各种室外可移动物件，检查小区公共部位下水道、雨水口及各沟渠确保其通畅。
（3）通知小区业主、住户紧闭所有门窗，属管理处的保安岗亭及垃圾房等处的门窗也要紧闭，并做好防水措施。
（4）加固所有易倒伏树木，将盆栽移至低处或隐蔽角落。
（5）留意电台、电视台及网站播放的有关暴雨、风暴进展消息，及时由客户服务中心接待人员通过电话向业主、住户答复台风的进展情况。
（6）当值人员须与管理处经理或本部门主管保持联络，听候指示。
（7）如风暴持续昼夜不停，员工需轮流值班。
（8）员工参加抢险工作时，要注意人身安全，不能单独行动，采取适当的安全措施，并保持与其他工作人员的联系，同时，避免逗留在空旷地方。
（9）台风来临后，当值、当班人员要认真负起责任，勤于检查，善于发现问题，及时做好现场督导工作，真正做到"三个关键"，即在关键时候，出现在关键的地方，解决关键的问题。同时，加强与各部门的联系和沟通，做好协调配合工作。

第六章 物业安全应急规范化管理表格范本

一、危险源调查表

危险源调查表见表6-6-1。

表6-6-1 危险源调查表

部门：

序号	活动、工序、部位	危险源	可能导致的事故	时态、状态	涉及相关方	现有控制措施	备注

二、小区外来人员"临时出入证"样本

小区外来人员"临时出入证"样本见表6-6-2。

表6-6-2 小区外来人员"临时出入证"样本

编号：

姓名		工种		照片
施工单位				
装修住户地址				物业管理处签章
有效期	年　月　日至　年　月　日			

发证日期：　年　月　日

三、小区来访人员登记表

小区来访人员登记表见表6-6-3。

表6-6-3 小区来访人员登记表

日期	来访人姓名	性别	所持证件类别	证件号码	事由	人数	进入时间	被访人楼座、房号	记录人签字	备注

四、物资搬运放行条

物资搬运放行条见表6-6-4。

表6-6-4 物资搬运放行条

业主（用户）姓名		搬离原因		□装修完成　□承租期满	
业主（用户）房号				□另行居住　□其他	
搬运日期		证件号码		房屋性质	
申办人				□租用	□自用
序号	物品名称	数量	规格、型号	备注	
搬运车辆资料					
车牌号码		车型		颜色	
司机驾驶证号		档案编号			
发证机关		其他证号		保安员	
备注					

五、巡逻员值班记录表

巡逻员值班记录表见表6-6-5。

表6-6-5 巡逻员值班记录表

班次	序号	时间	巡视路线	巡视情况记录	日常抽查签字
早班至中班	1				
	2				
	3				
	4				
中班至晚班	1				
	2				
	3				
	4				
晚班至早班	1				
	2				
	3				
	4				

续表

班次	序号	时间	巡视路线	巡视情况记录	日常抽查签字
值班重要问题记录					
交接班签字	早班	交接人： 接班人：	中班	交接人： 接班人：	晚班	交接人： 接班人：
主管部门月检查记录			检查人签字：		日期：

备注：1.日常抽查签字栏是供各级领导检查工作后的签字之便
2. 检查人员签字位置按时间段栏签字，如检查人员不能直接签字由值班护管员将检查人员的名字填写在日常抽查签字栏

六、保安巡逻签到卡

保安巡逻签到卡见表6-6-6。

表6-6-6　保安巡逻签到卡

岗位：　　　　　　　　　　区域：

时间	签名	时间	签名	时间	签名

巡视记录（楼管员填写）：

七、停车场巡查记录表

停车场巡查记录表见表6-6-7。

表6-6-7　停车场巡查记录表

日期	班次	检查时间	车辆停放数	机动车辆检查情况				消防设施检查情况			值班员	备注
				车牌号	外观损坏	门窗未关	其他	消火栓	灭火器	其他		

续表

日期	班次	检查时间	车辆停放数	机动车辆检查情况				消防设施检查情况			值班员	备注
				车牌号	外观损坏	门窗未关	其他	消火栓	灭火器	其他		
说明	（1）每班对停车场的全面巡查至少4次 （2）发现车辆有损坏、门窗未锁闭、车内有箱包等情况时，应立即填写《停车场车辆检查处理记录表》 （3）发现消防设施有异常情况应立即填写《故障通知单》，管理处立即作出处理 （4）实行首接责任制，本班发现的问题由本班负责跟进 （5）要求统计准确、记录完整											

八、小区巡逻记录表

小区巡逻记录表见表6-6-8。

表6-6-8 小区巡逻记录表

单位： 年 月 日

班次：	当班时间：	值班员：	例巡时间：
	检查内容		检查情况
1	是否有可疑情况或可疑人徘徊、窥视		
2	是否有机动车停在绿地、人行道、路口		
3	是否有业主（住户）在室外动土施工、搭建和牵拉电线		
4	是否有未按规定的时间、要求进行装修的		
5	是否有乱摆卖现象		
6	业主（住户）有无意见、建议		
7	是否有收捡破烂、乞讨等"三无"人员		
8	是否有乱堆放装修垃圾和生活垃圾的；是否有高空抛物的现象		
9	是否有人践踏绿地或在绿地踢球、砍伐树木、占用绿地等破坏绿化的现象		
10	是否有在绿地或树木上挂晒衣物的现象		
11	是否有漏水、漏电、漏气等现象		
12	是否有污雨水井或化粪池堵塞、冒水的现象		
13	房屋本体内楼道灯、电子门、消防栓、公共门窗等设施的完好情况		
14	小区内道路、路灯、污雨水井盖、游乐设施、消防路桩、路墩等设施有无损坏		
15	其他		

说明：1.没有发现问题的在检查情况栏内打"√"，有问题的则记载下来

2.发现紧急情况，马上报告，对于大量渗漏、冒水、设施严重损坏和违章等一时难以处理的问题，由班长立即报告上级

九、空置房巡查记录表

空置房巡查记录表见表6-6-9。

表6-6-9　空置房巡查记录表

保安＿＿＿班　　　　巡查人：　　　　巡查日期：　　年　　月　　日

序号	阁、楼、座	房号	巡查项目									异常情况记载	处理措施及结果	班长签字	保安队长签字
			门	锁	水	电	气	电器	地板	窗户	家具	房屋本体				

备注：1.空置房屋的巡查周期为每班每10天一次。
2.巡查项目中，如属正常，须在对应方格内划"√"，异常划"×"，并填写"异常情况记载"。
3."处理措施及结果"由保安班长填写。
4.在异常情况处理完成后2日内，保安班长须将本表交保安队长对结果进行签字确认。

十、监控录像带使用保管记录表

监控录像带使用保管记录表见表6-6-10。

表6-6-10　监控录像带使用保管记录表

带号	值班员					保安主管					
	地点	起止时间	有无重要情况	重要情况时段	签名	是否浏览	重要情况是否确认	是否保留	签名	重要情况处理完成时间	是否复制	可否转入重复使用	签名

注：1.凡有重要情况记录的录像带，均按《监控录像带管理规定》程序处理。
2.重要情况记录，系指现场摄制的已经发生或有迹象表明有可能发生的治安事故、刑事案件，包括发现的可疑的人或事，并对事后分析事故（案件）发生的起因、过程、结果和涉及的人员，以及对处理事故（案件）能够提供帮助的实况录像。

十一、监控录像机使用保管记录表

监控录像机使用保管记录表见表6-6-11。

表6-6-11　监控录像机使用保管记录表

起止时间	运行情况	值班员			磁头清洗时间	签名	值班班长签字	保安主管签名
		故障						
		发生时间	原因	排除时间				

注：1.当值人员须将录像机运行情况按要求填写，班长在交接班时签字认可。
2.保安主管可同《监控录像带使用保管记录表》一道签字认可。

十二、营业性车场无卡车辆离场登记表

营业性车场无卡车辆离场登记表见表6-6-12。

表6-6-12 营业性车场无卡车辆离场登记表

值班员填写						车辆驾驶员填写					备注
离场时间	车主姓名	行驶证号	驾驶员姓名	身份证号码	值班员签名	车辆号码	车型	颜色	未带卡原因	驾驶员签名	

注：1. 非业主、住户驾驶无卡车辆外出须先到管理处办理放行手续。
2. 值班员须根据驾驶员提供的有关证件填写。
3. 备注可填写驾驶员外貌特征等。
4. 不得漏登错登。

十三、机动车停车场出入登记表

机动车停车场出入登记表见表6-6-13。

表6-6-13 机动车停车场出入登记表

进场		车牌号码	车型	颜色	出入登记卡号	值班员	离场		收费金额	免费停车驾驶员签名	值班员	保安主管签名确认	备注
日期	时间						日期	时间					
备注	（1）值班车管员必须认真填写各栏目 （2）符合免费停车条件的车辆，其驾驶员必须签字 （3）每班下班后，保安主管必须到场核实未收费情况并签字认可 （4）"备注"一栏填写入场车辆的外观损坏和缺少的主要附件情况												

十四、临时动火作业申请表

临时动火作业申请表见表6-6-14。

表6-6-14 临时动火作业申请表

单位		地址		动火负责人	
动火作业起止时间			动火部位		
动火作业安全措施：					

续表

施工单位负责人意见：
消防执行人意见：
管理处主任意见：
巡查记录：

十五、消防控制中心值班记录表

消防控制中心值班记录表见表6-6-15。

表6-6-15 消防控制中心值班记录表

单位：　　　　　　值班人：　　　　　　年　月　日

值班时间		短离岗时间及事由						
消防监控中心观察情况	火灾报警系统	消火栓系统	喷淋系统	防排烟系统	对讲系统	消防电梯	事故电源	
报警记录	序号	报警类别	报警时间	发生地点	实际情况	处理过程及结论		验证人签名
异常现象描述								
中间交接班记录						交班人		接班人
备注：								

十六、消防器材检查表

消防器材检查表见表6-6-16。

表6-6-16 消防器材检查表

单位： 检查人：

名称	型号、规格	数量	检查情况	备注

十七、消防设备巡查表

消防设备巡查表见表6-6-17。

表6-6-17 消防设备巡查表

日期		班次		巡查员	
项目	区域	位置	存在问题		单位
消火栓					
手动按钮					
排烟口					
防火门					
探测器					
喷淋头					
疏散楼梯					
安全通道					
可燃物堆放					
消防电梯					
安全出口灯					
疏散指示灯					
灭火器					
施工动火					
卷帘门					
有无危险品					
逃生通道					
其他					

十八、消防电梯检查表

消防电梯检查表见表6-6-18。

表6-6-18 消防电梯检查表

检查日期：　　　　　　　　　　　　　　　检查人：

电梯号	电梯状态			消防开关	信号灯					对讲电话	备注
	返回首层	自动开门	声音提示	返回首层	上	下	编号	故障	门开启	通话	
注：正常打"√"，不正常打"×"											

十九、疏散灯消防检查表

疏散灯消防检查表见表6-6-19。

表6-6-19 疏散灯消防检查表

检查日期：　　　　　　　　　　　　　　　检查人：

楼层	紧急出口灯			走向灯			检查结果	备注
	数量	电路	灯管	数量	电路	灯管		

二十、消防巡查异常情况记录表

消防巡查异常情况记录表见表6-6-20。

表6-6-20 消防巡查异常情况记录表

班次：　　　　　　　　　　　　　　　年　　月　　日

时间	地点	异常情况记录	处理措施	备注

主管：　　　　　　　　　　　　　　　巡查员：

二十一、消防检查整改通知书

消防检查整改通知书见表6-6-21。

表6-6-21 消防检查整改通知书

年　月　日

收件单位		房号		联系人		电话	
发件单位		房号		联系人		电话	
消防检查异常情况描述							
整改期限							
整改要求							
整改验收							

（注：消防检查异常情况描述栏下方为"检查人："；整改期限栏下方为"检查人："；整改要求栏下方为"整改人："；整改验收栏下方为"验收人："）

二十二、消防隐患整改月度汇总表

消防隐患整改月度汇总表见表6-6-22。

表6-6-22 消防隐患整改月度汇总表

月份：　　　　　　　　　　　　　　　制表人：

整改通知书编号	整改通知下达时间	隐患部位	隐患摘要	消防责任人	整改完成时间	检查人	检查结果

审核：　　　　　　　　　　　　　　　制表：

二十三、应急预案演练记录

应急预案演练记录见表6-6-23。

表6-6-23 应急预案演练记录

预案名称			演练地点	
组织部门		总指挥	演练时间	
参加部门和单位				
演练类别	□实际演练　□桌面演练　□提问讨论式演练 □全部预案　□部分预案		实际演练部分： 灭火器及抢险器材使用，初期火灾扑灭	
物资准备和人员培训情况				
演练过程描述				
预案适宜性、充分性评审	适宜性：□全部能够执行　□执行过程不够顺利　□明显不适宜 充分性：□完全满足应急要求　□基本满足，需要完善　□不充分，必须修改			
演练效果评审	人员到位情况	□迅速准确　□基本按时到位　□个别人员不到位　□重点部位人员不到位 □职责明确，操作熟练　□职责明确，操作不够熟练　□职责不明，操作不熟练		
	物资到位情况	现场物资：□现场物资充分，全部有效　□现场准备不充分　□现场物资严重缺乏 个人防护：□全部人员防护到位　□个别人员防护不到位　□大部分人员防护不到位		
	协调组织情况	整体组织：□准确、高效　□协调基本顺利，能满足要求　□效率低，有待改进 抢险组分工：□合理、高效　□基本合理，能完成任务　□效率低，没有完成任务		
	实战效果评价	□达到预期目标　□基本达到目的，部分环节有待改进 □没有达到目标，须重新演练		
	外部支援部门和协作有效性	报告上级：□报告及时　□联系不上 消防部门：□按要求协作　□行动迟缓 医疗救援部门：□按要求协作　□行动迟缓 周边政府撤离配合：□按要求配合　□不配合		
存在问题和改进措施				

记录人：　　　　　评审负责人：　　　　　时间：

二十四、重大事件报告表

重大事件报告表见表6-6-24。

表6-6-24　重大事件报告表

报告单位		报告人	
报告时间		案（事）件性质	
报告内容：（内容未完可加附页）			
安全部意见			
领导批示			
处理结果			

第七部分
物业客户服务规范化管理

- 第一章　客服中心常规事务处理
- 第二章　社区文化建设
- 第三章　客户关系管理
- 第四章　物业客户服务规范化管理制度范本
- 第五章　物业客户服务规范化管理表格范本

第一章　客服中心常规事务处理

客服中心每日要处理的事情是非常琐碎的，如接待客户来访来电、办理各种手续、信息收集和整理等，然而这些事情哪一个环节没做好就可能引起投诉，所以，怠慢不得。

一、搜集业主（租户）信息并整理成册

客服中心往往会接到客户的各种咨询电话，为了给客户提供管理区域内吃、住、行、游、娱、购等信息，宣传物业管理相关法律、法规，满足客户对管理对象和物业管理活动等知情权的需求，应勤加搜集信息。并且为了保证为客户提供统一、正确的咨询，避免不同职员或同一职员在不同时段为客户提供不统一或错误的信息，最好是将这些信息编成小册子，供培训、查询使用。小册子可包括以下内容。

（1）物业的基本情况。
——占地面积、总建筑面积、绿化面积、容积率、绿化率、栋数、每栋层数、车位数量。
——总户数、总人数、已入伙户数、常住户数。
——物业管理费、本体维修基金收取标准；水、电、气、空调、有线电视、电话、宽带网收费标准。
——匪警、火警、急救；液化气抢修、水电抢修；有线电视、电话维修；物业公司、派出所、宽带网维护、投诉；物业公司主管级以上人员电话。
——入住二次装修、开放行条、车位办理、入住等需携带物品、办理程序。
（2）房屋设施设备及配套情况。
（3）物业公司的运作体系。
（4）周边信息。
——当地主要的风土人情、生活习惯、爱好、禁忌等。
——国内、国际航班、火车、汽车在当地抵离时间、票价。
——周边主要配套设施的服务内容和电话号码、营业时间，如电影院、音乐厅、戏院、展览馆、医院、银行、商场、体育设施、学校等。
——当地政府部门、公安、城管、供电所、供水所、煤气、有线电视、电话、宽带网等的运作情况；当地著名的游览胜地的特色、名称和抵达方法；了解当天天气预报、空气质量及其他公共信息项目。
（5）物业管理相关法律、法规。
（6）客户容易产生误解及常用疑难问题。
可以在客服中心预备相应的资料，如以下资料。
——各种交通工具的时刻表、价目表、里程表；世界地图、全国地图、全省和本市地图。
——旅游部门出版的介绍本地各风景名胜的宣传册；本公司和所属集团的宣传册。
——全国、全省、本市的电话号码簿及邮政编码簿；交通部门关于购票、退票的详细规定，当日报纸、企业报。

二、接待态度要好

接待服务一定要到位。遇到客户来电或来办公室咨询、办事，都应给予热情接待，主动

询问，面带微笑，不得刁难，不得推诿，并做到对熟人和陌生人一个样、对大人和小孩一个样、忙时闲时一个样。

三、充分建立客户资料库并使之发挥作用

（一）客户资料的内容

（1）基本资料。包括客户的姓名、性别、年龄、学历、户口所在地、祖籍、政治面貌、出生日期、通信地址、联系电话、紧急通信方式、婚姻状况、所属单位名称、职务、家庭（公司）主要成员、家庭（公司）常住人口数等。

（2）物业资料。包括客户类型、使用性质、房号、房屋面积、按揭方式、入住（入租）时间、水电表编号等。

（3）车辆资料。包括拥有车辆的数量、型号、特征、车牌号码、停车位办理等。

（4）消费资料。包括楼款交纳及按揭办理情况、入住各项费用交纳情况、管理费用缴纳情况、水电费用缴纳情况、装修保证金及所得税交纳情况、购买配套产品（如门禁卡、会员卡、报警系统等）情况。

（5）个性资料。包括客户的兴趣爱好、身体特征、文艺或体育特长、生活习惯、宗教信仰、生活禁忌等。

（6）房屋修缮记录。

（7）曾经要求过的特约服务记录。

（8）以往投诉和建议情况。

（9）参与社区活动记录及曾经获得过的荣誉。

（10）发生突发事件的记录。

（11）使用物业过程中的违规记录。

（12）家庭主要成员的健康档案。

（二）客户资料的使用

物业公司应充分利用客户资料的信息，致力于提供个性化和差异化的物业管理服务，通常在如下情况将用到客户资料。

（1）进行客户需求分析和服务设计定位时。

（2）受理和解决客户投诉时。

（3）处理突发事件时。

（4）策划组织社区文化活动时。

（5）推销配套产品时。

（6）业主委员会成立和换届改选时。

（三）客户资料的归档和清理

（1）客服主管负责客户资料的收集、整理及档案的保管。

（2）客服主管应养成注意观察和随时记录的良好习惯，致力于客户资料的不断丰富和完善。

（3）客户资料的归档必须采用双轨制，即保存原始资料和电脑录入。

（4）每年年底对客户资料进行一次清理，剔除无用和多余的资料，将存留的资料分类后装订成册，同时录入电脑。

(5) 档案柜应上锁并做好防火、防盗、防潮、防虫、防光、防尘和防鼠等措施,有效保证客户资料的安全。

(6) 没有物业公司经理授权,客户资料不得外借。客户资料在调用过程中不得随意涂改,不得遗失或损坏,客户隐私不得向外人泄露。

四、要完善并灵活运用物业档案资料于管理中

物业接管后,客服中心要负责接收各类物业原始档案资料,建立并完善各类物业管理档案,包括:小区平面图;业主资料;租户信息;各类物业管理常用档案资料。这些资料要按照公司的文档管理制度来进行登记、储存、保管、使用、销毁。

五、灵活运用公告、通知类文书

在物业服务工作中,向全体业主(用户)发布布告是一项基本的且非常重要的工作。凡是需要所有业主(用户)了解、知道的事情,都可以通过布告的形式公之于众,使业主(用户)了解和接受。

(一) 安装统一布告栏

发布日常布告通常以书面形式为主。在以居住为主的小区内可将布告张贴在小区主要出入口、每栋住宅楼的一楼大堂或电梯前厅。物业公司一般会在以上地点安装统一的布告栏,以便业主(用户)习惯于时刻注意布告栏中公告的内容,在第一时间内了解最新信息。

布告栏应制作精美、大方,与周围环境相映衬,以此保证小区内公共场所的美观。

对于商业楼宇物业而言,可将布告分发到各单位或投入到信箱内。

(二) 布告应有较高的认可及接受度

日常布告一般是物业公司单方面主动发布,业主(用户)被动接受信息,而且只能通过书面文字表达意思,属于物业公司与业主(用户)沟通的一种特殊形式,所以在拟订布告内容时,为保证业主(用户)对布告有较高的认可及接受度,应注意以下2点。

(1) 形式要规范。物业公司向业主(用户)发布的日常布告主要有通知、启示、通告、提示、简讯等形式,无论哪一种形式,都属于公文的一种,格式要求规范,因此,发布日常布告时应注意形式上要规范。

(2) 一个信息一个布告。物业公司发布新的布告后,大部分业主(用户)都是在经过布告栏时顺便留意布告的内容,停留的时间很短暂。为使业主(用户)在最短时间内得到准确的信息,最大限度降低信息的流失量,发布时应注意布告内容单一,避免有多个不同内容出现在同一布告内,布告的语言要简练明确,尽量使篇幅短小精练,以保证信息传达得快速而准确。

(三) 语言要灵活

不同形式的布告,内容也不一样,物业公司发布的每一类布告都有其不同的目的,对业主(用户)收到信息时的反应效果要求也各不相同,而这些差异主要可通过语言组织、措辞等表现出来,不同的语言表达可表现出发布者的不同态度,因而为使业主(用户)能更准确地接收信息,可在语言上灵活运用,将实际目的准确地表达出来。

（四）版面应严谨

在以居住为主的小区内，由于布告对象较多，管理人员应注意布告版面要严谨。对于纸张的大小、字体类型及颜色等都应作统一规定，如发布通知、通告等布告时采用A4型纸张、宋体字，另外，对字体的大小也可作统一的规定，如标题用三号字、正文用小四号字等。

（五）符合礼仪规范

物业管理人员在拟订布告文稿时，应使用符合礼节规范的礼貌用语，如文稿台头使用"尊敬的业主（用户）"，正文中对业主（用户）的称谓使用敬称"您"等。另外，无论发布任何类别的布告，都应始终保持对业主（用户）尊敬的语气，决不能使用过分批判甚至侮辱性的文字，如确有必要批评业主（用户），也应在语言组织上灵活应用，使用婉转或较易接受的措辞，以取得满意的效果。

第二章 社区文化建设

社区文化建设是客服主管的一项重要工作，也是一项系统工程，不是随便搞搞活动、走走形式就能让业主（用户）满意的，而必须遵循一定的原则，讲究一定的方法，才能有成效。

一、加强社区文化的硬件建设

社区文化可分为硬件部分和软件部分。社区文化的硬件部分，是潜移默化影响人们心理素质的重要因素，众所周知，现代文明的建设是由具备良好素质的人来完成的，而良好的居住环境，可以促使人们自觉地养成良好的生活习惯。环境对于一个人的心理影响是相当重要的，当一个人长期处在良好的环境当中，便会不知不觉地提高自身的素质，而如果每个人的素质都得到了提高，那么整个社区文化氛围也就自然而然地体现出来了。总的来说，社区文化的硬件部分应该包括以下内容。

（1）会所。包括篮球场、网球场、羽毛球场、健身房、茶艺馆、棋牌室、游泳池、乒乓球室、阅览室等。

（2）公共场地。包括公共绿地、道路、大堂、走廊等。

（3）室外健身场所。包括室外健身器材、健身路、室外操场等。

（4）公司配置一整套专业的音响和舞台，这样可以提高物业公司社区文化活动的专业性。

对于会所应该尽可能利用其功能，并加强现代化管理；对于公共场地则宜挂一些名人名言，营造一种浓郁的文化氛围；对于室外健身场所，则应该加以适当引导，形成正确的、自发性的健身氛围。总之，对于社区文化的硬件，应该重在利用，工作重点应该放在社区文化的软件建设上。

二、加强社区文化的软件建设

软件建设是社区文化建设的中心组成部分，它包括一系列的活动计划、实施效果及相关管理制度、物业公司人员的服务精神、各项活动筹备人员的组织协调能力、居民的参与配合及对公益活动的热心程度。

根据社区文化的活动形式、活动风格，社区文化软件的内容可概括为以下五大部分。

（一）体育类

体育类社区文化的目的在于通过倡导体育健身的精神，利用小区的各种资源引导小区全体住户参与体育锻炼，进而形成各种自发性组织，从而形成积极、健康、活泼、向上的小区精神。体育类的社区文化适合任何的住宅小区，而且效果明显，影响面广。具体的体育类社区文化活动，包括如下种类。

（1）成立各种体育俱乐部，定期组织训练、比赛。

——球类：篮球、足球、排球、乒乓球、羽毛球、网球等。

——棋类：围棋、象棋、跳棋、军棋等。

——牌类：桥牌、扑克牌。

——游泳：游泳培训班、游泳比赛。

——拳类：太极拳、太极剑等。

（2）每年一次，以小区为单位，由公司组织大型体育活动比赛。

（3）在社区公共场所设置室外健身器材。

（4）利用国内国际各种体育比赛做体育锻炼的宣传，如组织集体观看重要比赛、挂宣传标语等，增强民众体育健身意识。

（二）文学类

文学类社区文化的定位比较高，主要是利用小区中素质较高的人来组织一些兴趣小组，在这些兴趣小组的带动下，不定期举办一些文学活动，从而吸引更多的住户前来参加活动，通过举办各种文学活动，提高参加者的文学素养和兴趣，最后形成富有特色的小区文化氛围。由于这类社区文化操作比较困难，而且效果很难预测，所以只适合那些住户文化素质较高的小区。具体的文学类社区文化活动，包括以下种类。

（1）组织互换藏书活动。

（2）文学写作兴趣小组。

（3）各种兴趣小组：红学会、水学会、西学会、三学会等。

（三）艺术类

艺术类社区文化是内容最广泛，也是实际工作中运用最多的形式，主要通过各种俱乐部的活动来带动全体住户参与到社区文化活动中来，并形成若干自发性组织。这类社区文化适合任何住宅小区，其主要活动包括以下种类。

（1）成立各种兴趣小组，定期组织训练、汇演、竞赛，可先以各小区为单位，成熟后可加以联合，组成精英团体。

——声乐：民乐团、合唱团、独唱团、各地戏曲团等。

——舞蹈：民族舞、街舞、交谊舞、秧歌、腰鼓等，并定期举行训练、比赛。

——书法、绘画：成立书法、绘画兴趣小组，并将其作品在小区各处展览，年底还可举办免费写春联、画年画活动。

——摄影：以公司已成立的摄影俱乐部为基础，定期组织成员进行外拍、作品交流展示活动。

——外语兴趣组：引进外语培训机构进入小区，定期举办外语角、外语沙龙、外语培训等。

（2）营造社区艺术氛围。

——将小区各艺术团体成员的优秀作品（书法、山水画等）加以装饰后，在社区公共场所（大堂、会所等）展示，一方面可增加各团体成员的积极性，另一方面可增加小区公共场的艺术氛围。

——定期组织社区家庭读书活动。

——周末露天舞会、音乐会、歌会。

（3）节假日举办大型联欢会、文艺汇演、卡拉OK比赛等。

（四）康体类

康体类社区文化是最具有社会效应的活动，不仅可以带动小区住户参与各种社区活动，进而形成一种生活模式，还可以对小区的周边带来一些服务，正因为有良好的社会效应，康体类活动犹如异军突起，在社区文化中占据了一席之地。这类活动具体包括以下种类。

（1）提供健身、娱乐场所（室内室外），为小区成员长期开放，并加以必要的辅导。

（2）定期组织爬山、游园、自驾游活动。

（3）定期组织美容、健身讲座。

（4）定期组织集体体检（最好是免费体检）。

（5）暑假组织少年夏令营活动。

（6）筹建社区健康站，请专家定期或长期提供健康咨询、急救等。

（五）经济类

经济类社区文化的目的在于让小区内的住户相互帮助，形成一些商会，定期组织活动，在小区范围内形成一种浓郁的商业气息，并使小区中的每一个住户都能从中受益。这类活动的目的性较强，比较适合以商业为主的商住小区。这类活动具体包括以下种类。

（1）定期邀请成功人士到小区做创业心得报告。

（2）成立各种商会。

（3）定期邀请房地产专家做房地产租售交易介绍，并提供现场咨询。

（4）定期邀请证券专家做投资、理财报告，并提供现场咨询。

（5）根据住户的具体需要，举办汽车、名牌家具、艺术品展览活动。

三、要开展社区文化需求的调研

社区文化活动应该百花齐放，满足不同层次的兴趣爱好，兼顾不同类型的文化品位，这就要求客服中心充分做好社区文化调查工作，真正摸清客户在想什么、需要得到什么样的文化服务、愿意参加怎样的社区文化活动。

需求调研是策划的第一步，即先了解所辖物业区域内业主（用户）对社区文化活动的需求，至于社区文化活动的需求调研方法与其他延伸服务的方法相同，可以利用业主（用户）调查问卷或相关分析等办法来进行。

四、对社区文化要进行总体构想

通过对社区文化活动的需求分析，应结合本物业的实际情况，就社区文化活动进行总体构想，做初步的策划。总体构想包括以下内容：目标、原则、文化背景的分析、方式方法构想、活动主题构想等。

五、每年至少一次要制订社区活动计划

社区文化活动的计划编制至少每年应进行一次,具体应从便于时间、力量安排的角度出发,按月作活动安排。

六、每次社区文化活动都应有活动方案

社区文化工作是物业公司为业主提供的一项重要的增值服务。一所物业如果拥有良好的生活方式、文化氛围和文化底蕴,将会使该物业的品牌知名度和品牌美誉度得到更进一步的提升,给物业注入一种强大的文化内涵,而这种文化内涵将成为物业的"灵魂",成为该物业的特有标志。

每次社区文化活动前应策划有相应的活动方案,方案应充分合理地安排能够让小区居民参与其中表演和活动的项目。

方案应详细说明活动的时间、活动地点、活动项目、参加部门、人员分工、邀请单位、嘉宾名单、活动器材道具、经费预算、经费来源,并指派专人负责实施,同时应向公司提出费用申请,填写"社区文化活动方案审批表"。

七、活动前要进行广泛宣传动员

(一)动员积极分子参与

活动前做好小区居民的宣传动员工作,特别是动员一些居民积极分子进行活动前的排练和预演,以提高社区居民的参与热情。平时就要了解住户中有哪些特殊爱好者,与他们进行沟通,征求他们对社区文化活动的意见,邀请他们参与策划、组织,参与各类活动。

(二)将活动广而告之

开展社区活动必须让所有的人知晓,可以在公告栏上以通知或者邀请函的形式发布出来。通知的写法请参考其他章节的内容。

八、社区文化活动现场要控制好

(1)护卫队员要在现场维护秩序,确保活动现场的安全。

(2)活动时要组织进行现场报道,对活动过程进行影像资料保存,及时进行一些必要的居民观众采访,收集报道素材。

九、每次活动都要及时总结

总结工作是举办社区文化活动中不容忽视的重要环节,有总结才会有进步,因此每次活动结束客服主管都应组织人员讨论,总结活动开展的成功与不足,并编制活动小结记录存档,不仅下一次活动能办得更好,也不会因为人员变动等因素而出现重复出错机会。

十、加强社区文化建设的档案管理

各小区要建立文化活动档案,文化活动做到"四有",即有计划、有安排、有资料素材

（图片、音像等）、有总结。公司每年进行汇总存档，并汇编公司文化活动年鉴，同时也有利于对各社区的文化活动考核。

十一、要办好社区的宣传栏

要根据本辖区特点通过宣传栏的宣传工作达到丰富居民业余生活，赞美新人新事新风尚，鞭挞不良现象及丑恶行为的目的。宣传栏管理的要点见表7-2-1。

表7-2-1 宣传栏的管理

序号	项目	具体内容
1	宣传栏的管理要点	（1）宣传活动应有计划，要做到重大节日宣传庆贺、特殊情况及时告诫、日常管理充分体现 （2）每一期的宣传栏都应该安排专人去负责，并提前去策划、准备，绝不能"粗制滥造"，最好月月有更新、内容有创新，不同版面、不同内涵的宣传栏，要重点宣扬小区"真、善、美"的行为，使之成为社区一道亮丽的风景线及社区居民的一份精神大餐 （3）对有损社区形象及不符合要求的宣传要及时给予修正、更换，保证质量与效果 （4）应对每期的宣传栏进行编号和登记，记录出版日期、刊数、内容等，并拍照、备案存档
2	宣传栏的内容要求	（1）宣扬社区新气象，反映广大居民身边的事物，即要结合当前国际形势，注重政治性和思想性，又要及时反映社区居民文化、物业公司的企业文化、员工们的工作及生活等，这样既激励了工作勤奋、成绩优秀的好员工，解答了居民疑问及各类热点问题，又培养了大家的社会公德，提高了社区居民的生活素质 （2）生活保健、日常起居及旅游指南类的一些常识：根据一般物业的居住情况来看，在物业管理工作中，老年人和小孩是主要的服务对象，因此每一期的宣传内容要有生活保健、日常起居及旅游指南类的一些常识，同时还要添加一些娱乐性、趣味性的内容，这样即活跃了宣传版面的气氛，又增添了宣传内容幽默、风趣的内涵 （3）居民心声、新闻等方面的内容：在每一期的宣传内容中增添一些诸如"居民心声"、"新闻连载"之类的内容，就更能将宣传栏办得有声有色，从而贴近居民生活，促进沟通与交流
3	宣传栏的设计要求	（1）颜色要醒目，要搭配得好 （2）大标题要鲜明，引人注目，要有新意 （3）报头不一定要复杂、细腻，要有创意，只要符合主题的简笔画即可 （4）版块与版块之间可以用线条（如柳条状）或插图之类的连接起来，随意一些效果会更好

十二、要善于营造节日气氛

逢盛大节日，如春节、中秋节、圣诞节，物业小区通常要对小区进行一番布置，以营造浓浓的节日气氛。要使节日布置好，必须事先制订布置方案，然后按方案来安排人员布置。通常而言，节日布置方案可按以下格式来写。

（一）节日布置实施

（1）按照节日布置方案，准备好各项装饰物品，联系采购部门采购。

（2）由维修服务部、客服中心负责将装饰物品安置于相适应的位置，维修服务部需提前将电线、电路等布置到位，并由专人对其安装及调试情况进行检查。

（3）节日期间，护卫人员多加注意秩序的维护，在巡逻时更要多注意有安全隐患的地方，以防患于未然。

（二）节日结束后的工作

（1）活动结束后，客服中心填写"社区文化活动效果评估表"，对节日布置情况进行效果评估及总结。

（2）护卫服务部及工程部负责将物品收回，由行政人力资源部负责清点入仓，以备下次使用。

第三章 客户关系管理

在物业管理行业中，客户关系可以涉及每一项服务内容，它无处不在。为了能有效引导客户关系向着积极方向发展，必须对客户关系进行管理，以达到客户与企业的"双赢"。

一、客户资料要分类并充分使用

（一）客户资料的分类

客户资料可以按照如下顺序进行分类。
（1）按照物业的使用性质（住宅、办公、商业等）分类。
（2）按照物业的楼栋及层数分类。
（3）按照客户的类型（业主、租户）分类。

（二）客户资料的使用

物业公司应充分利用客户资料的信息，致力于提供个性化和差异化的物业管理服务，通常在如下情况将用到客户资料。
（1）进行客户需求分析和服务设计定位时。
（2）受理和解决客户投诉时。
（3）处理突发事件时。
（4）策划组织社区文化活动时。
（5）推销配套产品时。
（6）业主委员会成立和换届改选时。

（三）客户资料的归档和清理

（1）客服主管负责客户资料的收集、整理及档案的保管。
（2）客服主管应养成注意观察和随时记录的良好习惯，致力于客户资料的不断丰富和完善。
（3）客户资料的归档必须采用双轨制，即保存原始资料和电脑录入。
（4）每年年底对客户资料进行一次清理，剔除无用和多余的资料，将存留的资料分类后装订成册，同时录入电脑。
（5）档案柜应上锁并做好防火、防盗、防潮、防虫、防光、防尘和防鼠等措施，有效保证客户资料的安全。

(6) 没有物业公司经理授权，客户资料不得外借。客户资料在调用过程中不得随意涂改，不得遗失或损坏，客户隐私不得向外人泄露。

二、关键客户要特别关照

（一）分析关键客户的情况

物业公司必须收集、整理、分析关键客户及其家庭成员的资料，应当根据客户个人特点及需求，确定维护关键客户关系的方式。在分析关键客户需求时应关注以下5个方面。

（1）关键客户的年纪、家庭背景和家庭成员。
（2）关键客户的受教育程度、工作单位和大致的工作履历。
（3）关键客户的特长和业余爱好。
（4）有特殊需求客户的病史、使用医疗设备特点等。
（5）独居的残疾和年老体弱客户生活、出行特点及具体困难等。

（二）与关键客户的日常沟通

（1）物业公司经理必须每月与关键客户沟通一次，填写"客户沟通记录表"。
（2）遇到重大节日或关键客户生日物业公司应当专门表示祝贺。
（3）物业公司应当对关键客户提供必要的辅助性服务。

（三）关键客户意见的处理

（1）关键客户的要求和建议要重点关注，在不违反相关法规的基础上尽可能满足要求，但无论是否采纳或满足都必须在3个工作日内给予答复。
（2）在处理关键客户的要求时，应当掌握关键客户的真实想法和动机，采取措施争取支持，消除不稳定因素，必要时可以考虑其家庭成员因素，可以寻求关键客户的工作单位提供协助，可以联系辖区居委会、派出所等政府机构提供协助。
（3）对有特殊需要的关键客户，物业公司应当了解其特殊需求的事项并予以登记备案，当发生相关情况时要及时与之沟通。
（4）对长期患病需要医疗仪器维持生命的客户，物业公司不管在什么情况下要停水停电之前，客服中心都必须提前派专人上门通知，如有需要应当采取措施保证病人的维生设备运行正常。
（5）一旦发生意外停电，物业公司客服中心必须立即派人上门查看病人情况，如有需要应当采取措施保证病人的维生设备运行正常。
（6）对独居的残疾和老年客户，物业公司客服中心应当在其生活起居、出行等方面给予亲切、细致的人性化关注。

三、深入了解业主的需求和期望

许多物业公司并没有真正了解业主的需求与期望，如果公司不清楚业主的需求，而只是根据自己的主观想象去确定服务内容与服务标准，那么其服务业绩肯定无法完全符合业主的期望。

物业公司一般可采用以下方法了解业主的需求与期望。

（一）业主满意度调查

为了了解业主对物业公司提供的各项服务的评价，从而有针对性地改进服务质量，物业公司必须定期对业主进行满意度调查。

（二）重点业主调查

重点业主是指那些拥有物业面积较大的或知名度较高的业主，如小区内的集团住户、业主委员会成员，还有律师、高校教师等。由于重点业主的需求和期望一般都具有代表性，公司应采用面谈的方式去了解他们的意见，也可定期与业主委员会共同研究改善服务的途径。

（三）客服人员与业主直接接触

管理人员高度重视业主的期望，是带动服务人员重视业主期望的重要保证，因此，客服人员应主动观察服务情况，与业主直接交往，体验业主经历，甚至亲自从事面对面的服务工作，以便了解业主的需求。

（四）鼓励一线员工反映情况

一线员工与业主直接接触，最能明白业主的需求与期望，因此加强内部沟通是客服人员了解业主的有效办法。

（五）业主投诉分析

业主投诉为公司详细了解业主的需求和期望提供了极好的机会，因此客服人员应理顺、维护投诉渠道，如设立客户服务电话、意见卡、建议箱等，并定期对投诉的内容进行归类和分析。

四、建立与业主沟通的渠道和制订务实的办事制度

（一）建立户管员制度

在人事设置上设立户管员这一职务，通过户管员经常上门征求意见或建议，主动与业主沟通，减少矛盾、解决问题、杜绝投诉，做到"以人为本"。户管员的业务考核标准是"四知"，具体如下。
（1）知道业主的基本情况。
（2）知道业主从业性质及联系方法。
（3）知道业主交往人员。
（4）知道业主特别需要或服务的重点。业务上兼任对护卫、卫生、消防工作完成质量的监督。

（二）建立值班受理投诉回访制度

接到业主投诉及时上门服务，并制作"业主投诉回访卡"，确保业主要求及时得到解决。

（三）作出小区中长期规划并予以宣传

作出小区中长期规划，通过业主大会、公告、宣传栏等形式大张旗鼓宣传，使业主对入住的小区发展前景有一个了解，对物业公司的能力充满信心，对物业公司的工作做法取得认同，使之自觉地纳入物业管理之中，使小家服从小区这个大家。

五、与业主委员会进行有效沟通

业主委员会的角色是独特的,因为委员们都是来自于业主中间也都了解业主们的心态,知道该用什么方法处理好一些棘手的事,而且委员们来自社会的各行各业,有丰富的社会经验和高超的处事技巧。物业管理人员在日常工作中要与之进行有效的沟通,以获得他们的支持与帮助。应掌握以下技巧。

(一)学会角色转换

在与业主委员会的交流和沟通中,物业管理人员要给予业主委员会足够的尊敬,使他们有发言和用武之地,让他们畅享自己的劳动果实。

由业主委员会出面解决某件事情,业主们的心情可能就不一样,因为他们生活在广大的业主中间。对业主的了解和业主对他们的信任是同等程度的,有了这种天然联系,业主委员会作出的决定则容易为广大业主所接纳。

(二)合作与独立

合作是一门学问,合作中讲究妥协和理解。物业公司和业主委员会应该保持各自独立的存在和独立的特性,两者均应既特立独行又形影不离。

六、要积极化解邻里纠纷

常见的邻里纠纷如下。
(1)养宠物(常见的宠物有狗、鸟、鸽子)。
(2)在楼道及商业街的乱摆放。
(3)违章搭建。
(4)晨练和打麻将的噪声。
(5)业主家人捡垃圾。
(6)高空抛物。

处理类似邻里纠纷问题,一般耗时较长,需制作和填写邻里纠纷处理记录表,详细记录处理过程,和居委会、业委会等相关人员参与情况,以便查阅,防止相关部门或人员认为物业公司不作为。

七、要定期走访回访

物业公司要做好物业管理服务工作,加强与业主(用户)的联系,及时为他们排忧解难,同时应不断总结经验教训,集思广益,改进管理水平,提高工作质量,应经常开展走访回访工作。做好走访回访工作,有利于促进物业公司和业主(用户)的关系,把工作做好,更好地为社区管理服务。

(一)走访回访的类别

物业公司对客户的走访回访工作,包括日常回访、客户家发生突发事件回访、重大节假日走访、投诉回访、请修回访,具体见表7-3-1。

表 7-3-1 走访回访的类别

序号	类别	说明
1	日常走访	日常走访是指物业公司对请修的客户、投诉的客户、提出建议的客户之外客户的回访 由物业公司客服主管每月对小区内客户抽3～5户进行回访，征询客户对物业公司的意见，并做好"物业公司回访记录"，并按约定时间进行回复
2	客户投诉回访	是指物业公司对投诉的客户、提出建议的客户的回访
3	客户家中发生突发事件回访	业主家中一旦发生事故，物业公司员工接报后迅速赶到现场，进行各种紧急情况的应急处理，业主家中事故处理完毕后，物业公司经理、客服主管应上门回访，根据实际情况做好各类善后及防范工作，如积极调查事故原因、对住户开展安全教育宣传、检查其他隐患并处理、安慰住户、帮助解决一些实质性困难、协调各方面关系等，填写"走访回访记录"
4	重大节日上门拜访	重大节日上门拜访是指在如春节、中秋、重阳等节日对客户的拜访，由物业公司经理、客服主管到一些重点的客户家中进行拜访，并做好"走访回访记录"

（二）走访回访的方式

对客户的走访回访形式应该是多样化的，常用的包括电话回访、上门回访、书信回访、口头回访等，还包括采用调查表的形式。为了不影响业主（用户）的正常生活、工作，一般采用电话回访的方法，还可以采取与业主（用户）交谈、现场查看、检查等方式综合进行。

（三）走访回访的内容

回访内容主要包括水、电、暖气等生活设施的使用及管理，及卫生管理、绿化管理、公共管理、维修质量、服务态度等方面的问题。

八、定期开展客户满意度调查

为了进一步做好物业管理服务工作，物业公司应做好客户满意度调查工作。满意度调查的主要目的，就是要通过调查获取业主（用户）的积极建议和合理投诉，从而更好地满足其合理需求，进一步提高其满意度，并切实增强他们对物业公司的忠诚度。

客户满意度调查有以下3种方式。

（一）第一方调查

由物业公司相关部门（一般通常是品质管理部门）负责对本公司所属各项目开展的整体调查。这是第一方调查在实际操作时的主要表现形式，在特殊情况下由物业公司所属的项目管理处自行开展的调查，就其实质看，也是第一方调查的一种特殊方式。

（二）第二方调查

第二方调查是指由业主或业主委员会出面组织对项目区域业主（用户）的满意度调查。

（三）第三方调查

第三方调查是指聘请第三方专业机构开展业主（用户）满意度调查。

上述三种调查方式，在客观性、可靠性、经济性方面存在明显差异，操作流程、基本要求也有不同，其中，企业自行调查方式是绝大部分物业公司目前采用最多的一种满意度调查方式。

客户满意度调查是一项极其重要而严肃的工作，因此在调查工作开展前必须确定负责实施的部门及人员，并规定具体的职责和权限。一般而言，物业公司品质部负责物业公司每年两次客户满意度调查的监督及检查或第三方满意度调查活动。物业公司每年开展两次客户满意度调查工作。

第四章 物业客户服务规范化管理制度范本

一、业主（用户）资料登记、管理工作规程

业主（用户）资料登记、管理工作规程

1 目的
为了及时掌握业主（用户）相关资料，便于与业主（用户）进行及时有效的沟通和联系。
2 适用范围
本规程适用于各物业公司业主（用户）资料的登记与管理。
3 职责
    3.1 客服主管：负责对业主（用户）资料登记、管理工作的指导与监督。
    3.2 物业管理员：负责对业主（用户）资料进行登记、收集、整理及归档等工作。
4 工作内容
    4.1 业主资料。
    4.1.1 业主资料来源：由居委会提供及客服人员的登记。
    4.1.2 业主资料内容包括业主的姓名、性别、出生日期、户籍地址、现居住地址、身份证号码、联系电话、相片、家庭成员、车辆及其他情况。
    4.1.3 如果业主资料不完整（或不准确）时，可对业主资料进行核对，核对方法包括通过电话了解、上门走访以及其他方式等。
    4.1.4 业主资料的管理：业主资料登记在"业主登记表"或"业主统计表"，并由各物业公司的档案资料管理员统一归档管理。
    4.2 住户资料。
    4.2.1 住户资料来源：由客服人员向业主收集、走访登记、电话登记或以其他方式收集。
    4.2.2 住户资料内容：住户的姓名、性别、出生日期、户籍地址、暂住地址、身份证号码、联系电话、相片、工作单位等。
    4.2.3 住户资料的核对、变更：由客服人员不定期对收集到的住户资料进行核对、变更，确保其真实性与有效性。
    4.2.4 住户资料的管理：住户资料登记于"租住人员信息登记表"，并由各物业公司的档案资料管理员进行统一归档管理。
5 相关文件及记录
    5.1 业主登记表。
    5.2 业主统计表。
    5.3 租住人员信息登记表。

二、档案资料建立管理工作规程

档案资料建立管理工作规程

1 目的

规范并指导物业公司档案资料的建立、管理。

2 适用范围

本规程适用于物业公司物业档案资料和客户资料的建立与管理。

3 职责

3.1 客服主管：负责物业公司各类档案资料的统一管理。

3.2 物业管理员：负责客户资料、物业管理档案资料及其他资料档案的建立与管理。

4 工作内容

4.1 档案的接收。

4.1.1 物业接管后，负责接收各类物业原始档案资料与建立收集并完善各类物业管理档案，包括以下4种。

（1）小区平面图。

（2）业主资料。

（3）租户信息。

（4）各类物业管理常用档案资料。

4.2 登记建档。

4.2.1 对档案进行分类并按类别编制"档案文件清单"。

4.2.2 每月对资料进行一次整理归档。

4.3 档案资料的使用。

4.3.1 档案仅供物业公司员工因工作需要时查阅或借出使用，非工作原因或非物业公司员工未经物业公司经理批准不得查阅或借出档案。

4.3.2 客户资料、员工个人资料及其他有保密要求的文件和资料的管理要求如下。

（1）无关人员不可查阅。

（2）不可复印或带离档案室。

（3）不可传播其内容。

4.3.3 档案借出时应进行登记，填写"文件借阅登记表"，由借阅人签字。

（1）借阅时间不得超过7天，超过7天须经物业公司经理在"文件借阅登记表"上签字批准方可借阅。

（2）存档案的磁盘、光盘和涉及客户及员工个人的档案资料一律不得借出。

4.4 档案资料的变更。档案变更时应变更"档案文件清单"。

4.5 档案资料的保存。

4.5.1 档案资料须分类放置，收集在档案盒里，并整齐摆放在档案柜中，并填写"存档文件目录表"。

4.5.2 档案室应保持：环境清洁；档案架、档案柜、箱、盒等完好；适当的温度和相对湿度；配备干燥器、灭火器。

4.5.3 资料的保管措施应能达到：防止档案损毁、散失；确保档案内容、信息的完整与安全；防止泄密等目的。

4.5.4 档案资料的保管期限见相关文件管理规定。

4.6 档案的销毁。

4.6.1 超过保存期或经鉴定确认无保存价值的档案资料，由物业管理员填写"过期文件处理登记表"报客服主管审核，物业公司经理批准后予以销毁。

4.6.2 销毁档案时，应有两人以上在场，监销人应复核销毁内容。

5 支持文件及质量记录
5.1 档案文件清单。
5.2 存档文件目录表。
5.3 文件借阅登记表。
5.4 过期文件处理登记表。

三、客户沟通管理规定

客户沟通管理规定

1 目的
加强客服中心与业主、客户之间的沟通,为广大业主、客户提供无微不至的服务,树立良好的企业形象。
2 适用范围
适用于客服中心与业主、客户之间沟通的全过程。
3 职责
3.1 客户服务接待在日常工作中,做好与广大业主、客户的沟通工作,充分了解他们的需求和意愿,为他们提供热情周到的服务。
3.2 客服中心负责组织、实施对业主、客户的回访。
4 实施程序
4.1 通过日常的事务性接触,为广大客户提供热情周到的服务,加深与客户的沟通,提高客户的满意度。
4.2 深入地与客户进行沟通,充分了解客户的需求,做好客户的需求记录,并保证良好的跟踪服务。
4.3 日常管理中及时与客户沟通,并通过日常的来往和适时的回访等多种方式,听取客户的意见和建议,了解他们的住用情况,主动采取有效措施,满足客户的合理要求,为客户排忧解难。
5 质量要求
5.1 加强与业主、客户之间的沟通,创造融洽、友好、信任的服务环境,进而提高服务的效率和质量。
5.2 在沟通工作中,树立良好的公司形象,使公司的利益与业主、客户的利益达到双赢。
6 督促管理
物业公司对客户沟通的过程和效果进行督促管理。
7 分析改进
7.1 物业公司根据与客户沟通所遇到的问题,对沟通的程序、方法等提出分析改进措施。
7.2 物业公司对客户提出的意见和建议加以分析,提出物业改进管理、服务等的改进措施。

四、楼宇巡查管理标准作业规程

楼宇巡查管理标准作业规程

1 目的
规范楼宇巡查工作,保障小区正常的工作和生活秩序。
2 适用范围
适用于客服中心的楼宇巡查工作。
3 职责
3.1 客服主管负责楼宇巡查的组织、管理工作。
3.2 客服中心客服专员负责依照本规程实施楼宇巡查工作。

4 程序要点

4.1 客服主管应于每月月底制订下月的巡查楼宇工作方案，内容应包括责任区域的巡查安排及巡查的内容等。

4.2 楼宇巡查的内容。

4.2.1 治安隐患的巡查。

4.2.2 公共设施设备安全完好状况的巡查。

4.2.3 清洁卫生状况的巡查。

4.2.4 园林绿化维护状况的巡查。

4.2.5 装修违章的巡查。

4.2.6 消防违章的巡查。

4.2.7 利用巡查机会与住户沟通。

4.3 楼宇巡查的方法应包括"看"、"听"、"摸"、"调查了解"等。

4.3.1 "看"：通过观察来发现楼宇管理服务中存在的问题。

4.3.2 "听"：从设施设备运行时声音判断是否有故障。

4.3.3 "摸"：通过用手触摸感觉设施设备的使用情况。

4.3.4 "调查了解"：向住户或员工调查楼宇及公共设施设备的使用状况。

4.4 房屋本体巡查的工作要领。

4.4.1 检查水电表。检查水电表是否处于正常工作状态，记录损坏的水电表情况。当水表在无人居住的情况下运转时应关上该单位闸阀，预防水浸事故，并在该单位门口贴上相关告示；当发现电表异常运转（如倒转、有盗电嫌疑）时，应在"巡查登记表"中予以记录并及时报告客服主管。

4.4.2 巡查楼梯间。

（1）检查走廊灯、楼梯灯是否正常，门、窗是否处于完好状态。

（2）检查梯间墙身、天花面层是否出现剥落、脱漆，墙、地面瓷片是否完整无损。

（3）检查消火栓是否标志完好、配件齐全；灭火器是否有漏气或过期、失效现象；防火门是否关闭；消防安全疏散指示灯是否完好；消防疏散通道是否畅通；防盗预警设施及消防报警设施是否完好。

（4）检查卫生状况是否良好。

4.4.3 巡查逃生天台。

（1）检查逃生天台门是否能随时打开（严禁上锁）。

（2）检查天台护栏是否完好；避雷针、电视天线、隔热层是否完好。

（3）检查有无违章占用逃生天台现象。

（4）检查雨水管是否通畅。

（5）检查卫生状况是否良好。

4.4.4 巡查电梯。

（1）检查电梯的运行是否平稳，是否有异常响动。

（2）检查安全标志和电梯按钮等配件是否完好。

（3）检查照明灯及安全监控设备是否完好。

（4）检查卫生状况是否良好。

4.4.5 巡查大堂、门厅、走廊。

（1）检查各类安全标志是否完好。

（2）检查公共设施和照明灯及垃圾箱是否完好。

（3）检查卫生状况是否良好。

4.4.6 巡查中发现梯间弥漫异常气味、焦味时应立即对相关单位进行调查，当原因不明时应立即告知安全护卫部进行检查。

4.5 公共设施设备巡查的工作要领。

4.5.1 巡查水、电、气、通信设施。
(1) 检查室外设施有无破损现象；各种管线有无渗、漏、冒现象。
(2) 检查室外设施有无生锈、脱漆现象，标志是否完好。
(3) 检查室外消防设施是否配件齐全、标志完好。
4.5.2 巡查公共文体设施。
(1) 检查雕塑小品是否完好，是否有安全隐患。
(2) 检查儿童游乐设施是否完好，有无安全隐患。
(3) 检查绿地、绿篱、乔灌木是否有枯死、霉病和黄土裸露现象，长势是否良好。
4.5.3 巡查道路、广场、公共集散地。
(1) 检查设施设备是否完好，是否有违章占用现象。
(2) 检查标志牌、路牌、警示牌是否完好。
(3) 检查各类雨水、污水井盖是否完好，照明灯、装饰灯是否齐全。
(4) 检查卫生状况是否完好。
4.5.4 巡查停车库、停车场、单车棚、摩托车场。
(1) 检查防盗设施是否完好。
(2) 检查停放的车辆是否有损伤现象。
(3) 检查各类标志是否完好无损。
(4) 检查卫生状况是否良好。
4.6 巡查周边环境。
4.6.1 检查小区内是否有乱张贴、乱拉线等现象。
4.6.2 检查是否有损坏公共设施、违章制造噪声、污染环境、高空抛物现象。
4.6.3 检查是否有违章饲养家禽、家畜等现象。
4.6.4 检查卫生状况是否良好。
4.7 巡查违章装修。
(略)。
4.8 巡查空置房。
(略)。
4.9 对巡查中发现问题的处理要领。
4.9.1 客服专员巡查时发现有上述问题出现时，如本人能进行规劝、阻止、处理的，应予以立即解决，否则及时将问题记录在"巡查记录表"中，巡查回来后报告客服主管解决。
4.9.2 客服主管视情况按下列要求进行处理。
(1) 属公共设施设备破损丢失的，按《报修管理标准作业规程》处理。
(2) 属物业公司其他部门员工工作不力造成的，应通知其他相关部门主管前往处理。巡查中发现的问题一般情况下应在一周内解决，特殊情况需经物业公司经理同意后适当延长。
(3) 属住户违章造成的问题，应按《住户违章处理标准作业规程》处理。
4.9.3 对巡查中发现问题处理完毕后，客服中心客服专员应现场验证，处理的过程和验证的结果均应有完整的记录，并经相关人员签字认可。
4.10 本规程执行情况作为物业公司和客服中心相关人员绩效考评的依据之一。

五、报修处理标准作业规程

报修处理标准作业规程
1 目的 规范住户报修及公共设施设备报修处理工作，保证维修工作得到及时有效的处理。

2 适用范围

适用于各管理辖区内住户家庭及各类设施设备的报修处理工作。

3 职责

3.1 工程部主管负责维修工作的组织、监督以及对公司制订的《维修项目收费标准》以外的报修内容进行收费评审。

3.2 客服中心人员负责具体记录报修内容，及时传达至工程部，并跟踪、督促维修工作按时完成。

3.3 工程部维修人员负责报修内容的确认及维修工作。

4 程序要点

4.1 业主（用户）报修。

4.1.1 客服中心人员在接到住户报修要求时，应立即将情况登记在"来电来访记录表"中。

4.1.2 客服中心人员在5分钟内将记录的报修内容（包括住户名称、地址、联系电话、报修内容、预约维修时间等）填入"服务派工单"（一式两联）相应栏目，并在2分钟内通知工程部主管或其他指定人员前来领取服务单，工程部领单人在"来电来访记录表"上签收，将"服务派工单"（第一、二联）领回工程部。

4.1.3 工程部主管或领单人按照报修内容，填写"维修接单记录表"，安排维修人员接收并提供服务。

（1）如住户报修内容属《维修项目收费标准》中的项目，住户要求尽快前去维修的，应安排维修人员在接单后15分钟内带齐工具、备件，持"服务派工单"到达维修现场。

（2）报修内容属《维修项目收费标准》中的项目，住户另有预约维修时间的，维修人员应按预约的维修时间到达维修现场。

（3）对于不属于《维修项目收费标准》中的报修项目，由工程部主管在接单后15分钟内对维修可行性和维修费用作出评审，回复住户是否可以维修，经征得住户对维修费用的认可及同意维修后，再按上述时效和维修要求安排维修人员前往维修。

4.1.4 工程部维修人员到达维修现场，应遵循岗位礼仪规范进入住户房间、提供服务。

4.1.5 工程部维修人员维修时应首先对报修项目进行对比确认，不相同的，在"服务派工单"上如实填写实际的维修项目及收费标准。

4.1.6 维修人员向住户出示收费标准，住户同意维修后开始维修，如住户不同意维修的应提醒住户考虑同意后再行报修，并及时返回工程部向工程部主管说明情况，与工程部主管一同在"服务派工单"上注明原因并签名确认后交还客服中心备案。

4.1.7 如果维修材料是住户提供的，由维修人员对材料质量进行验证，并将验证结果（合格、不合格、质量不佳等）填写在备注栏内。对于验证不合格的材料，维修人员应主动提示住户使用不当材料的后果，但应注意尊重住户的选择。

4.1.8 维修工作完成后，维修人员应按《维修项目收费标准》在"服务派工单"上注明应收的各项费用金额，并请住户试用或检查合格后，在"服务派工单"上签名确认。

4.1.9 维修人员将"服务派工单"（第一、二联）交回工程部主管确认后将"服务派工单"（第一联）交回客服中心作为计收服务费用及回访的依据。

4.2 公共设施设备的报修处理。

4.2.1 客服中心人员接到住户直接反映的公共设施设备报修信息后，应立即在"来电来访记录表"上填写住户的反映内容，并在3分钟内将报修内容填入"内部工作联系单"（一式二联），在5分钟内通知工程部前来领单。

4.2.2 客服中心人员接到其他部门人员反映的公共设施设备报修信息后，应立即在"内部转呈问题记录表"上填写人员反映的内容，并在3分钟内将报修内容填入"内部工作联系单"（一式二联），在5分钟内通知工程部前来领单。

4.2.3 客服中心人员将"内部工作联系单"（第一、二联）交给工程部主管或其他指定人员，接单人应在"来电来访记录表"或"内部转呈问题记录表"上签收。

4.2.4 工程部主管或领单人按照报修内容，填写"维修接单记录表"，安排维修人员带齐维修工具、备件于10分钟内赶到现场进行维修。

4.2.5 完成维修工作后，维修人员应在"内部工作联系单"上详细注明维修有关事项。

4.2.6 维修人员将已签名确认的"内部工作联系单"（第一、二联）交工程部主管。

4.2.7 工程主管在对维修员的维修情况进行现场确认后，在"内部工作联系单"上签名确认后将"内部工作联系单"（第一联）返还客服中心存档。

4.3 费用结算。

4.3.1 对于业主家庭有要求的，维修要采取月底统一结算的形式进行扣款，并在"服务派工单"上"客户付款方式"栏说明；对于无特别要求的业主家庭和租户家庭，应在维修工作完成后的当日（最迟不超过第二天）收款。

4.3.2 客服中心综合管理员在收费完毕后，应在"服务派工单"中"收款说明"栏，签字确认。

4.3.3 客服中心综合管理员于每月月底前将当月"服务派工单"及"内部工作联系单"涉及费用的分别将费用予以统计。

4.4 资料保存："来电来访记录表"、"服务派工单"、"内部转呈问题记录表"、"内部工作联系单"由客服中心负责保存，保存期为两年。

4.5 本规程执行情况作为物业公司相关人员绩效考评的依据之一。

六、社区文化活动工作规程

社区文化活动工作规程

1 目的

寓教育于社区文化活动之中，创建高品位的人文环境，促进社区关系和谐，提升公司品牌。

2 适用范围

适用于物业公司各管理处。

3 职责

3.1 总经理负责批准社区文化活动计划。

3.2 物业公司经理负责审核社区文化活动计划监督实施过程。

3.3 物业公司客服主管负责编制社区文化活动计划，并提出具体方案具体实施。

3.4 全体员工有责任配合社区文化活动顺利开展，配合社区文化管理员的工作顺利进行。

4 工作程序

4.1 社区文化活动。

4.1.1 每年年底物业公司客服主管根据物业公司具体情况，拟定下一年度社区文化活动计划，报物业公司经理审核、批准。在实施过程中可根据实际情况在物业公司经理批准后对计划适当调整。

4.1.2 根据年度社区文化计划的安排，在每次活动开展前，社区文化管理员应拟定活动的策划方案，填写"文化活动安排与审批表"报物业公司经理审核、批准。

4.1.3 根据活动方案，采购人员负责组织采购所需物品和奖品，并至少提前三天发出本次活动的通知。

4.1.4 客服主管及时向物业公司经理汇报活动的准备情况。

4.1.5 活动当天，提前布置好活动现场，并组织人员做好安全、消防防范工作。

4.1.6 活动结束后，及时清理现场。

4.1.7 活动结束后，客服主管对本次活动的实施情况进行总结，填写"社区文化活动工作报告"，并整理相关资料及摄影相片入档保存。

4.2 社区宣传活动。

4.2.1 每年年末社区客服主管根据时政热点、年度节日安排及物业管理方面的发展动态制订下年度社区宣传栏出版计划，报物业公司经理审核、批准。在实际实施过程中可根据实际情况在物业公司经理批准后对计划作适当调整。

4.2.2 物业公司订购报刊、杂志、中外名著等书籍存放阅览室，供业主（用户）借阅。

4.2.3 物业公司在每个大堂电梯厅安装小宣传板，用于张贴物业公司有关通知、物业管理法律、法规及管理知识。

4.2.4 对意义重大的活动、会议制作专门的宣传牌、横幅。

4.2.5 在小区电梯内制作宣传牌，作物业公司多项服务的宣传。

4.2.6 各种宣传资料内容由物业公司经理负责审批，客服中心专员负责对每次宣传资料、照片及时分期装订存档。

4.3 社区文化活动内容。

4.3.1 结合小区实际情况，制订广大居民乐于参加的系列活动。

4.3.2 可组织棋艺、球类、健身等丰富多彩的文体活动。

4.3.3 重要节假日，组织开展多种形式的联欢和庆祝活动。

4.3.4 由业主（用户）自发组织的健康性文体活动，物业公司应给予大力支持与配合，在物业公司权利范围内提供活动所需的必要场地和设备条件。

4.3.5 通过开展社区活动，配合做好有关宣传工作。

4.4 社区文化活动标准。

4.4.1 内容丰富多彩，健康高雅。

4.4.2 形式生动活泼，推陈出新。

4.4.3 场面欢快热烈，井然有序。

4.4.4 控制活动成本，开源节流。

4.4.5 控制活动噪声，勿扰他人。

4.5 注意事项。

4.5.1 注意场地的大小是否能容纳活动人员和观众。

4.5.2 注意做好安全消防防范工作，保持通道畅通，防止发生意外事故。

七、客户走访工作规程

客户走访工作规程

1 目的
本规程是为了加强物业公司与客户保持密切关联系，及时听取客户意见与建议，改进物业管理服务工作。

2 适用范围
本规程适用于物业公司对客户的不定期走访。

3 职责

3.1 物业公司经理：不定期地亲自参与对客户的走访并负责对其他人员走访的效果检查。

3.2 客服中心：负责对客户走访并进行记录有关意见与建议。

4 工作程序

4.1 客服中心结合进行其他工作时，对客户进行走访。

4.2 走访内容：与物业管理服务工作有关的治安、清洁绿化、公共设备设施、物业服务费等有关事项的建议与意见。

4.3 走访人员应注意礼仪礼貌，对于有关意见与建议详细记录在"走访情况记录表"上。

4.4 收集的客户意见与建议。

4.4.1 对于一般意见与建议，当场进行回复。

4.4.2　对于有关投诉事项，经分析有效后按照《客户投诉接待处理工作规程》处理。
4.5　客服主管定期将走访意见与建议收集汇总后向物业公司经理报告。
4.6　物业公司经理每月至少参与一次对部分客户的走访。

八、客户意见征询工作规程

客户意见征询工作规程

1 目的
本规程是为了收集听取客户意见与建议，改进物业管理服务工作。
2 适用范围
本规程适用于物业公司对客户定期进行的意见征询。
3 职责
　3.1　物业公司经理：负责对客户意见征询工作的指导。
　3.2　客服中心：负责对客户意见征询工作的开展。
4 工作程序
　4.1　物业公司每半年进行一次客户意见征询，征询的内容有治安、车辆、清洁、绿化、公共设备设施、社区文化活动、便民服务等，物业公司可视实际情况选择每次征询的主题（内容），征询方式一般为问卷调查。
　4.2　物业公司客服主管制订《客户意见征询计划》及"客户意见征询表"，物业公司经理审核后由客服中心人员负责执行。
　4.3　物业公司征询户数按小区总户数（或总栋数）的10%为标准，且问卷回收率应不低于70%，若低于则按每低5个百分点，满意率相应下降1个百分点计。
　4.4　物业公司对征询和结果按治安、车辆、清洁、绿化、公共设备设施、社区活动、便民服务等进行分类统计，出具《客户意见征询分析报告》，对未达至质量目标和客户普遍反映的问题，根据其程度采取相应的纠正、预防措施和改进方法。
　4.5　问卷发放应采用随机的原则和二次重点抽样（即对上次调查中有抱怨或投诉或平时有投诉的客户等应在抽样时被覆盖到）。
　4.6　客户的满意率不得低于质量目标的要求。
　4.7　物业公司经理负责将调查的结果进行汇总分析，并提出对服务工作的改进建议，呈交品质部决定。调查结果进行分析应采用一定的统计技术。
　4.8　征询的客户意见由客服中心安排人员统一进行回访，并填写"客户意见回访记录表"。

九、客户意见调查与分析制度

客户意见调查与分析制度

1 目的
与客户进行有效沟通，及时处理客户的意见，消除潜在的不合格因素，并且采取纠正预防措施，规范意见调查过程，确保物业管理服务质量。
2 适用范围
物业公司所辖范围内的物业管理服务。
3 职责
　3.1　物业公司负责拟订《客户意见调查计划》，组织物业公司客服中心等各部门实施客户意见调查，对客户意见调查结果进行统计、分析。
3.2 品质部负责监督各物业公司客户意见调查和分析工作的开展情况。
4 工作程序
4.1 日常客户意见征询。

4.1.1 物业公司与客户（客户、业主委员会或委托方）就相关事项不定期进行意见沟通（如发放调查表、召开会议等），需召开会议的，由客服中心拟制会议通知，盖物业公司印章后发给每位参会客户，通知要求写明会议召开日期、地点、与会人员、内容等情况；调查表等直接交客户。

4.1.2 客服中心管理员进行会议记录，最后整理形成文件，经物业公司领导确认后存档；对于发放调查表等调查的，由客服中心负责回收调查表。

4.1.3 会议中形成的决议事项由责任部门付诸实施，会议、调查表回复中提出的意见由物业公司按本制度4.2条款执行。

4.2 集中客户意见征询：原则上意见调查每半年进行一次，必要时可增加次数。

4.2.1 评分方式：客户总体满意度项目及比例。
（1）客户满意度调查表：60%（总分为60分），由物业公司客服中心进行调查。
（2）月度质量检查合格率：10%（总分为10分），由品质部进行统计。
（3）回访满意度分析：10%（总分为10分），由物业公司客服中心进行统计。
（4）维修合格率：10%（总分为10分），由物业公司工程维修部汇总统计。
（5）客户索赔抱怨：10%（总分为10分），由物业公司工程维修部、物业公司财务室汇总统计。

4.2.2 评分要求。
（1）客户业主满意度：满意度调查表分数累加÷实际客户数×60%，即为满意度调查表分数。
（2）月度质量检查合格率：统计80%≤合格率≤90%即为5分；合格率≥95%即为10分。
（3）回访满意度分析：对日常回访的业主确认的"回访记录表"来统计，统计80%≤合格率≤90%即为5分；合格率≥95%即为10分。
（4）维修合格率：对报修合格率依据"维修单"进行统计，统计80%≤合格率≤90%即为5分；合格率≥95%即为10分。
（5）客户索赔抱怨：每月有效投诉≥3次以上该项即为0分，未有即为10分。
（6）满意度分数=客户调查表满意度分数+月度质量检查合格率分析分数+回访满意度分析分数+维修合格率分析分数+客户索赔抱怨分数。
（7）统计要求。
——调查表满意度分数×60%其分数若低于45分，应针对调查表项目进行检讨。
——月度质量检查合格率、回访满意度分析、维修合格率、客户索赔抱怨方面有扣分，应由管理者代表召开会议进行检讨。

4.2.3 调查报告：物业公司客服中心于"客户意见调查表"收回一星期内作成《客户满意度调查分析总结报告》，呈报经理核准，以便公司及时了解客户的需求。

十、物业公司与业主委员会沟通、协调规定

物业公司与业主委员会沟通、协调规定

1 目的
为规范物业公司与业主委员会沟通、协调工作，确保物业管理工作的顺利开展，特制订本规定。

2 适用范围
适用于物业公司在日常的管理服务工作中与业主委员会的正常工作往来。

3 职责
3.1 物业公司经理负责与业主委员会的沟通、协调。

3.2 物业公司客服部负责依照本规定实施与业主委员会的正常工作往来。

4 程序要点

4.1 与业主委员会的沟通、协调方式。

4.1.1 工作协调、沟通会议。物业公司应当每季度至少与业主委员会进行一次例行工作沟通会议,会议的主要内容是向业主委员会通报一个季度的财务支出状况和工作简况,解决需经业主委员会协助支持方能完成的问题。

4.1.2 专题解决问题会议。在遇到需经业主委员会同意后方能进行的工作时,物业公司经理要提前与业主委员会协商,请业主委员会召开专题业主委员会会议,协商解决专项问题。

4.1.3 每年6月底和12月底,物业公司应会同公司领导一同拜访业主委员会,召开专题工作茶话会,向业主委员会汇报全面的年度、半年度工作。

4.1.4 定时工作沟通制度。

(1)每月5日前向业主委员会报送物业公司财务损益表。

(2)每月10～15日期间接受业主、业主委员会的质询、审计。

(3)每季度的第一个月向业主委员会报送社区文化报刊、宣传品。

4.2 下列物业管理工作应当及时向业主委员会申报,请求支持。

4.2.1 计划使用本体维修基金对楼宇本体进行大、中修时。

4.2.2 计划使用公用设施专项维修基金更新公用设施时。

4.2.3 物业管理服务工作涉及部分业主利益,需业主委员会出面协调时。

4.2.4 物业公司制订了新的管理措施需要业主委员会支持工作时。

4.2.5 其他需向业主委员会请示、寻求支持的工作。

4.3 下列情况出现时,物业公司应当及时通报业主委员会。

4.3.1 新的物业管理法规颁布执行时。

4.3.2 所管理的物业出现了重大变故或发生重大事件时。

4.3.3 业主委员会的个别委员与物业公司有重大的工作分歧无法解决时。

4.3.4 有重要的活动(如创优迎检)时。

4.3.5 物业公司对个别业主执行违约金处罚时。

4.3.6 其他应当向业主委员会通报的情况发生时。

4.4 物业公司向业主委员会申报工作应当提前15日进行,通报情况应当在事实发生(决定)后的3个工作日内进行。

4.5 物业公司向业主委员会申报工作、通报情况均应以书面形式送达。

4.6 对业主委员会的质疑、建议、要求的处理要求。

4.6.1 对业主委员会的质疑、建议、要求,物业公司经理应认真倾听、记录。

4.6.2 合理的质疑、建议、要求,应当在3个工作日内答复、解决。

4.6.3 对不合理、不合法的质疑、建议、要求,物业公司经理应当耐心解释,无论如何不允许不耐烦或言语失礼;对解决不了的问题,应当记录后迅速上报物业公司经理,由物业公司经理寻求解决方案。

4.7 物业公司与业主委员会来往工作的信函、记录、决议,一律在物业公司归档,长期保存。

第五章 物业客户服务规范化管理表格范本

一、业主信息统计表

业主信息统计表见表7-5-1。

表 7-5-1 业主信息统计表

序号	房屋地址	业主姓名	联系电话	层数	占地面积/m²	建筑面积/m²	备注
1							
2							
3							
4							

二、租住人员信息登记表

租住人员信息登记表见表 7-5-2。

表 7-5-2 租住人员信息登记表

填表单位：_____　　　填表人：_____
填表日期：___年___月___日　　　管理员：_____
暂住地址：_____

姓名		别名			
性别		出生年月			照片
民族		婚姻			
文化程度		职称			
身份证号		政治面貌			
户籍地址					
户口类型		户籍地址类型			
服务单位		单位所属派出所			
单位地址					
联系电话		所属派出所			
行业		职业		职务	
来本地日期		暂住事由			
住所类别		居住证生效日期		年　月　日	
入住日期		离开日期			
租住方式		出租屋综合管理责任书			
计划生育情况					
房主	姓名		联系电话		
	身份证号				
备注					

三、产权清册

产权清册见表7-5-3。

表7-5-3 产权清册

编号：_____　　　　　　　　　　　　　　　____年____月____日

序号	产权人	地址	房屋类型	建筑面积/m²	使用情况		附属设施情况	车位租用情况	非机动车库使用情况
					入伙日期	入住日期			

四、租赁清册

租赁清册见表7-5-4。

表7-5-4 租赁清册

编号：_____　　　　　　　　　　　　　　　____年____月____日

序号	产权人	地址	房屋类型	建筑面积/m²	租赁使用情况					备注
					入租日期	退租日期	租用人	租用人相关证件	

五、客户沟通记录表

客户沟通记录表见表7-5-5。

表7-5-5 客户沟通记录表

编号：_____

客户姓名		联系电话		□客户保密
客户地址		沟通方式		□面谈　□电话　□信函　□其他
沟通时间		沟通类型		□建议　□咨询　□质疑
详细内容				
	记录人：		时间：	
处理过程描述				
	记录人：		时间：	
反馈情况				
	记录人：		时间：	
领导审阅				
	领导签名：		时间：	

备注：客服主管每周抽查，各级领导每季抽查。

六、客户请修登记表

客户请修登记表见表7-5-6。

表7-5-6　客户请修登记表

日期	受理时间	客户姓名、联系电话及地址	请修内容	预约时间	流程单号	完成时间	维修结果	回访时间	回访结果

七、客户请修流程单

客户请修流程单见表7-5-7。

表7-5-7　客户请修流程单

___年___月___日　　　　　　　　　　　　　　编号：

客户服务中心填写	客户姓名		维修地址		联系电话		
	维修内容	预约时间		预约费用¥： 是否含材料费用　□是　□否			
工程组填写	派工人		维修材料	数量	单价	小计	
	作业人员						
	到达维修处时间						
	完工时间						
客户填写	维修评价	质量：□满意　□一般　□差 及时：□满意　□一般　□差 收费：□满意　□一般　□差					
	付款方式	金额为¥_____元　□现金　收据单号：_____（号码由客服中心填写） □签单　兹同意物业公司在本人银行账户中托付维修费。 客户签名：　　　　　　　　　　　　日期：					

八、住户搬出搬入登记表

住户搬出搬入登记表见表7-5-8。

表7-5-8 住户搬出搬入登记表

业主姓名	住址	拟搬时间	搬运人	搬运人证件号	搬运人联系电话	有无欠费情况	业主意见	放行条号

九、IC卡领取登记表

IC卡领取登记表见表7-5-9。

表7-5-9 IC卡领取登记表

房间号	业主姓名	门禁卡号	业主签字	签收日期

十、专用货梯使用申请表

专用货梯使用申请表见表7-5-10。

表7-5-10 专用货梯使用申请表

申请人		身份证号码		联系电话	
房号					
申请日期	___月___日		使用地点	___栋由___层至___层	
使用时间	___月___日,上(下)午___时___分至___时___分				
运送情况	□搬入 □搬出		公司盖章		
运送物品名称					
电梯使用批条					
批准使用电梯编号			交接地点		
批准人		批准时间			
批准意见					
控梯员		用户实际使用时间	___时___分至___时___分		

续表

备注：1. 用户在使用电梯过程中，须做好电梯使用保护措施，不得损坏电梯内的设备，使用完毕后由大厦管理员验收，如有损坏，须赔偿所造成的损失
2. 凡搬出大件物品而使用货梯时，使用前须到物业公司客服中心办理手续
3. 用户搬运物品时，应服从大厦管理人员管理，不得运送危险物品、超长物（2米以上）或超载（1000千克以上），搬货物时不得拖行
4. 用软物包好货物的尖角；用软物垫好沉重货物；用容器装好液体货物；用密封袋装好粉状、粒状货物

十一、社区文化活动方案审批表

社区文化活动方案审批表见表7-5-11。

表7-5-11　社区文化活动方案审批表

记录号：

策划部门		策划负责人		经费来源	
活动内容、计划及经费估算：（可附页）					
客服部主管意见				年　月　日	
物业监管部意见				年　月　日	
物业公司经理审批				年　月　日	

十二、社区文化活动场所使用申请表

社区文化活动场所使用申请表见表7-5-12。

表7-5-12　社区文化活动场所使用申请表

部门：_____　　　　　　　　　　　编号：_____

活动名称			
活动时间		活动地点	
组织单位、人			
参加单位、人			
申请要求		申请人：　　日期：	
审批意见		签名：　　日期：	
备注			

归档：　　　　　　　　日期：

十三、社区文化积极分子名单

社区文化积极分子名单见表7-5-13。

表7-5-13 社区文化积极分子名单

序号	姓名	爱好或特长	房号	联系电话	备注

十四、社区文化活动记录表

社区文化活动记录表见表7-5-14。

表7-5-14 社区文化活动记录表

部门：_____　　　　　　　　　　编号：_____

活动名称		活动地点	
活动时间		组织单位、人	
参加单位、人			
活动举办情况：			
记录人：	日期：		
效果评估	评估人：	日期：	
备注			

归档：　　　　　　　　　　日期：

十五、社区宣传记录表

社区宣传记录表见表7-5-15。

表7-5-15 社区宣传记录表

物业公司：_____

主题		时间	
张贴位置		组织人	
主要内容：			
记录人：		时间：	
检查		审核	

注：如有图片可用另外形式记录。

十六、服务及回访记录表(客户)

服务及回访记录表(客户)见表7-5-16。

表7-5-16　服务及回访记录表(客户)

　　　年　　月　　日　　　　　　　　　　　　　　　　　　　　　编号：

房号		客户		电话	
服务内容					
序号	材料名称	单位	数量	金额	备　注
材料费/元		服务费/元		合计/元	
完成时间		维修人		客户确认	
回访时间		回访人		回访方式	上门回访□ 电话回访□
客户意见 与满意度				满意度	
				签名	

复核：　　　　　　　　　　　　　　　日期：

注：1.采用"电话"回访方式,客户不用签名。
2.满意度：A—满意；B—比较满意；C—不满意。

十七、客户走访情况登记表

客户走访情况登记表见表7-5-17。

表7-5-17　客户走访情况登记表

日期：___年___月___日

栋号、房号		客户姓名及联系电话		访问人	
走访内容					
客户建议 （意见）					
处理情况	日期：			回访日期	

十八、维修回访年度统计表

维修回访年度统计表见表7-5-18。

表7-5-18　维修回访年度统计表

单位：

月份	维修总数	及时宗数	及时率/%	合格宗数	合格率/%
一月					
二月					
三月					
四月					
……					
十二月					
年终统计：					
分析说明：					
备注：1.在客户预约时间内（允许15分钟偏差）上门视为及时，否则为不及时 2.同一宗维修项目在3天内没有进行返修则视为合格，否则为不合格					
编制：			审核：		

十九、客户意见征询表

客户意见征询表见表7-5-19。

表7-5-19　客户意见征询表

尊敬的业主（用户）：

　　您好！为您提供周到、完美的优质服务，不断提高您的生活质量，是我们作为物业管理人义不容辞的责任。为了听取您的意见和建议，请您填好本调查表，然后交给岗亭值班护卫回收，以便我们今后根据您的意见或建议改进我们的工作，将服务工作做得更好，把小区建设成更加文明、温馨、美丽的家园。谢谢！

姓名		房　号		联系电话	
评价项目	满意	较满意	不满意	建议与意见	
服务态度					
服务质量					
投诉处理					
清洁卫生					
园林绿化					
治安管理					
车辆管理					
社区文化					

　　尊敬的业主，请在此谈谈您对物业项目经理及物业公司整体服务质量等方面的评价，如果您有好的意见和建议，也请在此提出，谢谢！

业主（用户）签名：

_____物业管理有限公司
____年____月____日

二十、客户满意度调查问卷

客户满意度调查问卷见表7-5-20。

表7-5-20　客户满意度调查问卷

客户满意度调查问卷

尊敬的业主（用户）：

您好！为了更好地服务于业主（用户），特请您对我们的服务工作进行测评。请在下面您认为合适的"□"内打"√"

一、您的基本情况

1. 您的姓名：_____；

性别：□男　□女

年龄：□20～30岁　　□31～40岁　　□41～50岁　　□51～60岁　　□61岁以上

联系电话：

2. 您所居住的物业名称：_____；

物业公司：_____

物业属性：□商品房　　□售后公房　　□租用公房　　□其他

物业类型：□高层　　□小高层　　□多层　　□别墅　　□其他

入住时间：

二、物业管理各类服务项目满意度测评

A.满意；B.较满意；C.一般；D.较不满意；E.不满意

1. 护卫服务

（1）护卫人员岗位规范服务（仪表仪容、挂牌上岗、举止文明、环境熟悉、秩序维护、防范到位、服务态度等）　　　　　　　　　　　　　　　　　　　　　　　　　　　　　　　　　　　　　A B C D E

（2）24小时护卫立岗、巡岗安全服务　　　　　　　　　　　　　　　　　　　　　　　A B C D E

（3）外来、访客、闲杂人员、物品的进出管理　　　　　　　　　　　　　　　　　　　A B C D E

（4）机动车辆管理（车辆登记、停车证发收、车辆指挥、收费等）　　　　　　　　　　A B C D E

（5）停车场（露天、地下）、自行车库进出管理（场地清洁、车辆停放有序、道路畅通、标志清楚等）　　　　　　　　　　　　　　　　　　　　　　　　　　　　　　　　　　　　　A B C D E

（6）消防及护卫设施管理（消火栓、灭火器、防盗门、电子对讲门禁系统、监控等）　A B C D E

2. 保洁服务

（1）清洁人员的岗位规范服务（仪表仪容、举止文明、服务态度等）　　　　　　　　A B C D E

（2）室内公用部位清洁服务（门厅、大堂、楼梯、扶手、台阶、楼道走廊墙面、天花板、玻璃窗、公共设备与设施、标志与装饰物等）　　　　　　　　　　　　　　　　　　　　　　　　　A B C D E

（3）室外公用区域清洁服务（道路、广场、雕塑、公共设备与设施、标志与装饰物等）A B C D E

（4）生活垃圾袋装化，日产日清，垃圾筒、垃圾箱房定期卫生消杀　　　　　　　　　A B C D E

（5）建筑垃圾的清运与管理　　　　　　　　　　　　　　　　　　　　　　　　　　A B C D E

3. 绿化养护服务

（1）绿化养护现状（花草树木长势、修剪状况、补种换苗等）　　　　　　　　　　　A B C D E

（2）绿化养护情况（浇灌、施肥、病虫害防治等）　　　　　　　　　　　　　　　　A B C D E

（3）绿化区域内环境卫生　　　　　　　　　　　　　　　　　　　　　　　　　　　A B C D E

4. 客户接待服务

（1）物业接待办公场所的环境与布置　　　　　　　　　　　　　　　　　　　　　　A B C D E

（2）服务接待人员的岗位规范服务（仪表仪容、挂牌上岗、举止行为、文明用语、服务态度等）

续表

（3）全年365天的客户服务	A B C D E
（4）公开办事制度、公开办事纪律、公开收费项目与标准	A B C D E
（5）各类电话、书信、来访日常管理、投诉事项处理（处理时限、处理绩效、反馈与回访等）	A B C D E
（6）装修管理（图纸审批、合约签订、施工人员管理、装修现场监控与管理、违章处理、验收）	A B C D E
（7）与客户的交流与沟通、协调	A B C D E
（8）严禁向业主（用户）吃、拿、卡、要等行为的执行情况	A B C D E
5. 维修服务	
（1）维修人员的岗位规范服务（仪表仪容、挂牌上岗、举止行为、文明用语、服务态度等）	A B C D E
（2）全年365天24小时报修项目的受理	A B C D E
（3）各类报修项目的维修情况（维修时限、维修质量、验收签字、维修回访等）	A B C D E
（4）严禁向客户吃、拿、卡、要等行为的执行情况	A B C D E
6. 房屋设备设施运行管理	
（1）小区正常供水、供电情况	A B C D E
（2）电梯正常运转情况（轿厢清洁、日常运行、保养运作等）	A B C D E
（3）小区楼内公共照明与道路照明运行	A B C D E
（4）水箱清洗情况	A B C D E
7. 综合管理与服务评价	
（1）您对公司整体管理与服务水准评价	A B C D E
（2）您对本物业各类管理服务收费的合理性评价	A B C D E
（3）您对本物业内所开展的各类服务（有偿服务、无偿服务、特约服务等）评价	A B C D E
（4）您对本物业内所开展的各类社区活动的评价	A B C D E

二十一、"开展满意度问卷"调查的通知

"开展满意度问卷"调查的通知见表7-5-21。

表7-5-21 "开展满意度问卷"调查的通知

"开展满意度问卷"调查的通知
尊敬的业主（用户）： 　　为了更好地为您服务，我们将在本月进行客户满意度的调查工作。请您完整填写由我公司发放的满意度调查问卷，并为我们的各项工作打分及多提宝贵意见。为感谢您对我们工作的支持，我们拟在所有有效回收的问卷内抽奖，详情请见调查问卷。 　　调查问卷的发放形式：主要通过物业公司服务人员上门发放，您也可直接到客服中心领取。 　　调查问卷的发放时间： 　　填好的调查问卷交回时间： 　　详情垂询： 　　非常感谢您的支持！ 　　　　　　　　　　　　　　　　　　　　　　　　＿＿＿＿＿＿物业公司管理处 　　　　　　　　　　　　　　　　　　　　　　　　　　　　　客服中心 　　　　　　　　　　　　　　　　　　　　　　　　＿＿＿年＿＿＿月＿＿＿日

二十二、意见调查表发放、回收情况一览表

意见调查表发放、回收情况一览表见表7-5-22。

表7-5-22 意见调查表发放、回收情况一览表

部门：　　　　　　　　　□年　□半年　　　　　　　　编号：

序号	发放部门	发放份数	发放人及日期	接收人	回收份数	回收人及日期	备注
总计	—		—	—		—	

归档：　　　　　　　　　日期：

二十三、意见调查表发放、回收率统计表

意见调查表发放、回收率统计表见表7-5-23。

表7-5-23 意见调查表发放、回收率统计表

部门：　　　　　　　　　□年　□半年　　　　　　　　编号：

客户总数		调查表发放份数		调查表回收份数	
发放率 = $\dfrac{发放份数}{客户总数}$ =	—— ×100%=	%			
回收率 = $\dfrac{回收份数}{发放份数}$ =	—— ×100%=	%			
备注					

二十四、满意度调查问卷统计表

满意度调查问卷统计表见表7-5-24。

表7-5-24 满意度调查问卷统计表

项　　目	非常满意	比较满意	一般	不满意	非常不满意	发放问卷份数	回收问卷份数	满意度
客户服务工作								
客服人员的服务态度和礼仪								
信息处理反馈及时								
针对客服工作投诉处理是否及时								
本项小计								

续表

项　目	非常满意	比较满意	一般	不满意	非常不满意	发放问卷份数	回收问卷份数	满意度
处理报修问题时工作人员服务态度								
维修人员入户维修质量								
对小区内电梯、消防设备维护工作								
对小区内、公共设施的维护工作								
本项小计								
小区的秩序维护工作								
秩序维护人员的服务态度								
秩序维护人员的仪容仪表								
针对秩序维护工作投诉处理的是否及时								
本项小计								
小区楼道保洁工作								
小区道路及绿化带内保洁工作								
保洁人员服务态度								
针对保洁工作的投诉处理								
对小区内绿地的养护工作								
本项小计								
小区内的机动车管理								
小区的治安管理								
物业公司对业主的告知工作								
物业接待人员的工作态度								
物业在小区内组织的活动								
本项小计								
总计								

统计人：　　　　　审核人：　　　　　监督人：　　　　　统计日期：

备注：1.物业工作有何其他方面的意见或建议？

2.入住以来，您觉得小区和家里的物业服务哪些需要改进？

二十五、客户满意率统计表

客户满意率统计表见表7-5-25。

表7-5-25　客户满意率统计表

部门：　　　　　　　　　　　　　　　　　　　　日期：

项目	回收总数/份①	满意率			满意率/%⑤
		满意②	较满意③	不满意④	
服务态度					
服务质量					
投诉处理					
清洁卫生					
园林绿化					
治安管理					
车辆管理					
社区文化					
总体满意率⑥					

总户数		发放份数		发放比例	
		回收份数		回收比例	

业主意见（集中或突出问题）：

未达标项：

原因分析及改进措施：

　　　　　　　　　　　　　　　　　管理处经理签字：　　　　　日期：

注：单项满意率⑤＝（②÷①×100%）＋（③÷①×95%）；总体满意率⑥＝各单项满意率总和÷8。

二十六、客户满意度调查分析报告

客户满意度调查分析报告见表7-5-26。

表7-5-26　客户满意度调查分析报告

部门：　　　　　　　□年　□半年　　　　　编号：

质量管理部：　　　　　部门负责人：

序号	项目名称	各项满意率统计	备注
1	供　　电	（＿＿＿＿＿＿＿÷总数＿＿＿）×100%＝	
2	供　　水	（＿＿＿＿＿＿＿÷总数＿＿＿）×100%＝	
3	投诉接待	（＿＿＿＿＿＿＿÷总数＿＿＿）×100%＝	
4	维修速度	（＿＿＿＿＿＿＿÷总数＿＿＿）×100%＝	

续表

序号	项目名称	各项满意率统计	备注
5	维修质量	(＿＿＿＿＿÷总数＿＿＿)×100%=	
6	服务态度	(＿＿＿＿＿÷总数＿＿＿)×100%=	
7	公共卫生	(＿＿＿＿＿÷总数＿＿＿)×100%=	
8	公共设施	(＿＿＿＿＿÷总数＿＿＿)×100%=	
9	社区文化	(＿＿＿＿＿÷总数＿＿＿)×100%=	
10	护卫执勤	(＿＿＿＿＿÷总数＿＿＿)×100%=	
11	园林绿化	(＿＿＿＿＿÷总数＿＿＿)×100%=	
12	空调管理	(＿＿＿＿＿÷总数＿＿＿)×100%=	
13	电梯管理	(＿＿＿＿＿÷总数＿＿＿)×100%=	
统计分析方法：调查表共有（　　　）项调查内容，每项有＿＿＿＿种答复，统计分析计算每项及综合满意率（各项计算公式为：该项＿＿＿＿＿满意数÷回收的调查表总数×100%=该项满意率），根据各分项满意率进行总结分析			
分析结果（附统计表，本页不够填写时可另附页）： 　　　　　　　　　　　　　　　　　　　　分析人：　　　　　日期：			

质量管理部：　　　　　　　　　　　部门负责人：
日期：　　　　　　　　　　　　　　日期：

第八部分
物业保洁规范化管理

- 第一章　物业保洁前期管理
- 第二章　物业保洁日常管理
- 第三章　有害生物的防治与消杀
- 第四章　物业保洁规范化管理制度范本
- 第五章　物业保洁规范化管理表格范本

第一章　物业保洁前期管理

一、物业保洁前期介入

（一）物业保洁前期介入的作用

物业公司若在前期介入工作中对保洁方面的要求关注较多，将会为今后的物业保洁养护、维修带来许多便利，主要体现在以下3方面。
(1) 方便物业保洁计划的制订。
(2) 方便物业管理中的检修工作，特别是可以缩短保洁的时间。
(3) 能够保证保洁的质量。

（二）保洁前期介入的重点

对于保洁方面前期介入的重点如下。
(1) 关注各楼层垃圾桶的设置是否合理。
(2) 楼层清洁用水是否方便。
(3) 在电梯轿厢内进行吸尘工作、用电是否方便等。
(4) 关注天台是否设置了照明及水龙头、是否方便进行清洁。
(5) 是否设计了垃圾收集点及相配套的水龙头、地漏等与清洁有关的设施。

二、物业保洁的接管验收

（一）原有物业保洁的接管验收

1. 原有物业清洁设施设备的特点

原有物业清洁设施设备一般已经定型，具有以下特点。
(1) 业主已经入住，周围人员相对固定，受建筑工程影响较少。
(2) 建筑设施设备基本定型。一些由于规划设计或施工不合格造成的影响已经体现出来，如道路分布不合理、地（楼）面施工不合理、洗手间上下水口阻塞、垃圾未清理干净等。
(3) 门窗、扶手、楼梯、供水系统因环境或人为原因，需要维修。
(4) 清洁面积与设计资料已有出入。
(5) 水、电供应等配套设施一般都已到位。
(6) 清洁项目资料一般不齐全。

2. 原有物业清洁的接管验收步骤

原有物业清洁一般均已竣工交付使用，因此接管验收一般与物业其他项目同时进行。验收时，应由委托方与物业公司的相关专业人员共同进行，验收步骤见表8-1-1。

表8-1-1　原有物业清洁的接管验收步骤

序号	步　骤	说　明
1	物业公司自检	(1) 在正式移交验收前，物业公司应组织清洁专业人员对移交的设备设施同时进行自检，重点检查：原有物业清洁中已破坏或已破损的情况；积水渗漏情况；小区道路、路灯情况；上下水管道系统情况；卫生间、厨房、阳台地面情况；门窗情况；墙面情况；清洁建筑安全情况及破损情况；清洁设施设备的运作情况及破损情况等

续表

序号	步骤	说明
1	物业公司自检	(2) 对检查中发现的问题要分类记好，待正式接管验收时一并在"接管验收备忘录"中向委托方提出
2	清洁面积测量验收	由于原有的物业清洁资料已不齐全或与现状不同，因此应重新测量清洁的面积
3	清点设备	核对记录水表、电表读数，清点设备设施
4	绘制移交现状图	绘制移交的原有清洁现状图，尤其对已经被破坏的地方要在图上注明，并请移交单位审核签名后与其他移交资料一起存档
5	清点验收原有资料	这些资料包括产权资料、用地红线图、规划设计图、设施设备清单及运作情况记录、清洁改造记录及图纸、原来保养工作记录或设施设备运作维修保养记录；建筑物、道路、水池等工程维修保养记录；清洁用水用电管线分布图、排水管分布图、供水系统分布图、园林绿地内其他管线分布图等
6	协商存在问题的解决方法	对于委托方不打算解决的问题要记在"接管验收备忘录"中，并有双方签字证明
7	原有的清洁评价及打分等级	在充分分析原有环境清洁卫生情况后，根据功能重要性及配套设施可将环境清洁卫生划分为1~4级，以方便日后管理
8	写备忘录	验收后要填写"接管验收备忘录"
9	资料归档	将委托单位移交的有关资料及"接管验收备忘录"、接管验收现状图等分类归档，长期保存

（二）新建物业保洁接管验收

1. 物业公司自检

与其他工程验收一样，物业公司应在收到通知后的规定时间内制订好验收方案，组织保洁方面的专业人员提前对验收项目进行自检。自检时对在前期介入中发现的问题要重点检查。关于保洁方面的检查要着重注意以下内容，见表8-1-2。

表8-1-2 保洁方面的检查重点

序号	检查项目	检查内容
1	清点公共设施	(1) 清点各公共设施设备是否完好 (2) 基础设施是否合格 (3) 消火栓、消防管配套是否齐全、合格 (4) 小区路灯是否合格 (5) 垃圾池（箱）是否符合标准 (6) 岗亭是否合格 (7) 沙井、化粪池是否合理 (8) 有无尚未完工的工程 (9) 有无剩余的建筑材料 (10) 房屋各配套设施地面、墙面是否合理 (11) 楼梯扶手是否合理
2	小区道路	(1) 道路分布的合理性 (2) 道路的排水情况 (3) 道路用材及砌制质量 (4) 伸缩缝及铺装表面有无剥离 (5) 拐弯半径是否合理

续表

序号	检查项目	检查内容
2	小区道路	(6) 路牙及路面有无剥离 (7) 有无安全问题
3	管道及排水系统	(1) 清洁机具房分布是否合理 (2) 管道用电取电口分布是否合理；电压是否符合标准 (3) 管道接口是否合理 (4) 管道安装是否牢固合理、配件是否齐全、运作是否正常
4	街心花园及喷水池	(1) 水池深度是否合理 (2) 驳岸是否完好 (3) 深水区有无防护设施 (4) 喷水池各喷头运作是否正常 (5) 喷水池水泵位置是否合理，运作是否正常 (6) 水底排水坡度及排水口、排水去路是否合理 (7) 水景植物使用是否合理
5	园林建筑及小品	(1) 建筑及园林小品承受风、雨的能力如何 (2) 园林凳、桌及其他园林建筑的安全情况，是否伤及人员、是否符合功能要求 (3) 游戏及健身设备是否符合安全标准 (4) 园林建筑油漆质量有无异常 (5) 园林建筑有无崩缺及涂污

2. 听取承建单位的介绍

在接管验收前，承建单位一般要向接管单位介绍工程情况，包括整个工程的整体规划及设计情况，如室外及室内工程、沙井和化粪池工程、明暗沟及排污管道工程、道路工程、给排水工程、电气设备工程等。在听取介绍的过程中，接管单位要及时提出有疑问的地方，让承建单位解释清楚。

3. 清洁验收

按验收标准实施验收。对于清洁验收的标准可参考《城市环境清洁工程施工及验收规范》以及物业性质、级别要求等具体情况进行验收，以下以表格的形式对此进行列举。

（1）公共设备验收标准。公共设备清洁验收标准见表8-1-3。

表8-1-3 公共设备清洁验收标准

序号	项 目	清洁验收标准
1	天台	(1) 屋面隔热层、防水层板端缝、伸缩缝油膏紧贴隔热板 (2) 防水层表面无裂缝 (3) 天沟、落水口畅通，管道完好 (4) 天台扶栏无破损、变形；无明显锈迹
2	消防设施（消火栓、消防箱）	(1) 消火栓油漆均匀，无少刷、漏刷现象 (2) 闸门完好，无渗漏水 (3) 消防箱、消防管、消防带等配套设施齐全 (4) 箱门上标志清楚，箱门玻璃安装牢固 (5) 门锁开启自如 (6) 消防管无渗漏水，闸门完好
3	小区路灯	(1) 小区路灯按设计要求安装 (2) 灯具安装牢固、配件安全，灯罩无损伤，灯泡照明正常 (3) 灯柱安装牢固，柱面油漆均匀，无损伤和刮花

序号	项目	清洁验收标准
4	明暗沟、下水道	(1) 沟底无断裂，无积水，沟壁和底抹灰平整 (2) 沟盖板安装平稳、牢固，排水畅通；下水道坡度应符合设计要求 (3) 基层应填实，排水必须畅通 (4) 窨井吊底应在15厘米以上，井盖平整、搁置稳妥、与路面齐平，不应有踢脚现象
5	小区道路	(1) 小区道路平整牢固，路面无积水，无起沙、空鼓、损伤 (2) 路沿砌筑整齐，灰缝饱满、无损伤；块料面层拼砌整齐，平整稳固；块料面无裂纹、无缺棱掉角 (3) 路面修补的接茬应严密顺直、高低平整、用料一致
6	垃圾池（箱）、冲洗水管	(1) 垃圾池通水率100%；水管安装牢固，接口处密实、无漏水；水闸开关灵活、无漏水 (2) 水闸箱装锁，箱面无锈迹，油漆面均匀，锁头开启灵活 (3) 砌筑类：砌筑平直，底层无起沙、无裂纹、无空鼓；装饰面层砖线缝顺直，砖面无损伤、无缺棱掉角；投入口和清出的铁门无锈迹，油漆完好均匀，安装牢固、开启自如 (4) 铁箱类：油漆面层均匀，无损伤、锈迹，安放地面平稳 (5) 塑料类：桶身完好无损，桶底无裂纹、不漏水，配有桶盖且完好无损
7	岗亭	(1) 铝材和不锈钢类安装牢固、配件齐全，型材面无损伤，玻璃无污渍 (2) 电动闸安装牢固、配件齐全、开启自如，道闸栏无损伤
8	车库	(1) 露天停车场路面平整，无起沙、裂纹、空鼓 (2) 地下停车场车道入口、出口标志清楚，油漆均匀 (3) 单车架焊接牢固平直，油漆面均匀、无锈迹 (4) 照明设备配套齐全，灯具完好无损，开关灵活、照明正常 (5) 排水系统应设有专门的排水沟（参照明暗沟、下水道验收标准）
9	沙井、污雨水井和化粪池	(1) 池内无垃圾杂物，进排水畅通，池面无裂痕 (2) 污、雨水井和化粪池进出水口高差不小于5厘米，井盖搁置稳妥并设置井图
10	台阶	踏面、踢面无破损，阴阳角无缺口和断裂
11	景观、雕塑和多功能娱乐设施	按设计标准和要求验收

(2) 房屋接管验收标准。房屋清洁接管验收标准见表8-1-4。

表8-1-4 房屋清洁接管验收标准

序号	项目	验收标准
1	顶棚	抹灰面平整，面层涂料均匀，无漏刷、脱皮、裂纹、霜点、渗水痕迹、污渍
2	墙面	(1) 抹灰面平整，面层涂料均匀，无漏刷、面层脱落和明显裂缝、污渍，块料（如瓷砖）面层粘贴牢固，无缺棱掉角 (2) 面层无裂纹、损伤，色泽一致 (3) 对缝砂浆饱满，线条顺直；外墙面无裂纹、起沙、麻面等缺陷，无渗水现象
3	地（楼）面	(1) 毛地面平整，无裂纹 (2) 块料（如瓷砖）面层粘贴牢固，无缺棱掉角

续表

序号	项 目	验收标准
3	地（楼）面	（3）面层无裂纹、损伤，色泽一致 （4）对缝砂浆饱满，线条顺直 （5）水泥砂浆面层抹灰平整、压光均匀，无空鼓、裂纹、起泡等现象
4	卫生间、厨房和前后阳台地面	（1）卫生间上下水道无渗、漏、堵现象；上下水口内不会有较多的建筑垃圾等 （2）卫生间、厨房和前后阳台地面与相邻地面的相对标高应符合设计要求，不应有积水，不允许有泛水和渗漏 （3）厨房瓷砖、马赛克无疏松、脱落及凹凸不平；墙面瓷砖砌筑合格；砖块必须砌实，不能有空鼓 （4）砖缝无渗水现象 （5）厨房瓷砖及下水管道无黏水泥
5	门窗	（1）开启自如，门窗与墙面接触牢固，无晃动和裂缝出现；目视零配件装配齐全、位置准确，无翘曲变形 （2）门锁与门连接牢固，开启灵活 （3）木门油漆均匀；门缝线条均匀，不掉角、无变形 （4）玻璃安装牢固，无轻微晃动现象；玻璃胶缝密实；玻璃面层无裂缝、无损伤、刮花痕迹 （5）电子门开启灵活；通话器完好无损，通话清楚 （6）不锈钢门无锈迹、刮花痕迹；窗台泛水正常，无向室内倒流缺陷 （7）关紧所有窗户，从天台面或顶层房间窗户（属天台面均有檐口的房屋，普遍为多屋住宅区）自上向下均匀浇水，停止浇水后半小时逐间检查每个窗台（墙面）是否有水渗入 （8）查询天气预报，在验收期间出现下雨的日期前，先将所有窗门关紧，雨后逐间检查墙面和窗台是否泛水
6	楼梯、扶手	（1）混凝土结构的楼梯无裂缝，面层无剥落，钢筋无外露 （2）钢木结构的楼梯用力轻摇无轻微晃动，安装牢固 （3）钢筋无锈蚀、无弯曲 （4）木扶手表面无龟裂，油漆无脱落，色泽一致，表面平滑，不扎手
7	开关	安装牢固，目视盖板无损坏；开关灵活，开启接触效果良好
8	照明灯具、卫生器具	（1）用木片或硬竹片等轻碰灯具，看其有无轻微摇晃；灯具与楼面紧贴，零配件齐全；灯罩完好无损 （2）打开所有灯具，检查电源线是否正常；灯具发光正常，产品要合格，使用寿命达到要求；室内公共照明灯全部接通连续工作3天，统计有多少自然损坏的 （3）卫生器具质量良好，接口不得渗漏，安装应平整、牢固，部件齐全、自动灵活，面层无污渍和刮花痕迹，接水软管无锈迹
9	供水系统	（1）安装牢固无摇动 （2）打开每栋的供水总阀门（注意关闭室内的水阀），看管道是否完好无损，无渗漏、无锈迹 （3）管道接头无渗水 （4）水龙头和水阀流水畅通，接头无漏水
10	排污管（含塑料管）	（1）安装牢固，外观完好无损，配件齐全 （2）从楼上的各排水口注水，楼下目视管道接口密实无渗水 （3）楼上的排水畅通无堵塞 （4）铸铁管灌水后无渗漏水，表面无锈迹、裂纹，面层油漆均匀
11	地漏	地漏过滤铁算安放稳固，管缝密实，无渗漏水、无堵塞，排水畅通

续表

序号	项目	验收标准
12	防盗网	安装牢固，焊接点密实，面漆均匀，无脱皮和漏刷现象，无明显锈迹
13	室内配电箱	（1）安装牢固，配件齐全；试操作空气开关（操作1次）等控制正常 （2）开关符合型号规定 （3）导线与设计相符，布线规范；目视箱盖无损坏，操作一次开关灵活
14	喷浆	基层应处理干净，无污迹、油渍；基层裂缝和钉眼应填补平整，喷涂后无痕迹；浆液应搅拌均匀，色泽一致；喷涂应均匀，不得露地面、掉粉、起皮，应清晰洁净、线条平直；保持门窗灯具洁净
15	水磨石	表面必须平整、光滑，石粒应密实、显露均匀，分格清晰，不应有砂眼、磨纹
16	其他	挂物钩、晾衣架应牢固；烟道、通风道、垃圾道应畅通，无阻塞物

第二章　物业保洁日常管理

一、物业保洁日常管理内容

物业保洁日常管理工作可分为以下三类。

（一）日常保养工作

日常保养工作指的是几乎每天都需进行的或每年进行密度十分大的工作，如道路的保洁、绿化带的保洁、梯间的保洁、垃圾的收集与处理等。

（二）周期工作

周期工作指的是定期的保洁，如对管井的清洁、地面的护养等。

（三）专项工作

专项工作是针对集中情况或某种事物进行的工作，如小区卫生消杀、新入住住户装修的垃圾处理、暴风雨来临前后的工作等。

在物业环境中，整洁所带来的舒适和优美，是衡量物业管理工作的一个十分重要的评价指标，它具有视觉上的直观性和心理上惬意舒适的感受。因此，保洁管理是物业环境管理中最经常、最普遍的一项基本工作。

二、物业保洁管理标准

（一）做到"五定"

即清洁卫生工作要做到定人、定地点、定时间、定任务、定质量。保洁部要在小区内所有应清扫保洁的部位设有专人负责清扫保洁工作，明确保洁人员的具体任务、工作时间，以及应达到的质量标准等。

（二）做到"七净"、"六无"

"七净"是指在物业管理区域内做到路面净、路沿净、人行道净、雨（污）水井口净、树根净、电线杆净、墙根净。"六无"是指在物业区域内做到无垃圾污物、无人畜粪便、无砖瓦石块、无碎纸皮核、无明显粪迹和浮土、无污水脏物等。

（三）垃圾清运及时

要采用合适的位置设置垃圾桶，实行袋装垃圾的方法集中收集垃圾。

三、保洁日常管理要点

（一）责任要分明

物业保洁管理是一项细致、量大的工作，每天都有垃圾要清运、场地要清扫，涉及物业管理范围内的每一个地方，因此必须做到责任分明，做到"五定"，即"定人、定地点、定时间、定任务、定质量"。对物业范围的任何一个地方均应有专人负责清洁卫生，并明确清扫的具体内容、时间和质量要求。

（二）保洁要及时快速

垃圾每天都产生，灰尘随时会落下，因此保洁工作要体现及时性。对每天产生的垃圾必须及时清除，做到日产日清，并建立合理的分类系统。

（三）计划安排要合理

物业管理公司应制订出清扫保洁工作每日、每周、每月、每季直至每年的计划安排。以下提供某物业管理处关于清扫保洁工作的安排作为参考，见表8-2-1。

表8-2-1　某物业小区清扫保洁工作计划

一、楼内部分

清洁项目		日常工作及周期工作内容			清洁标准
		每天	每周	每月	
公共地面	大理石	每天配合清洁剂湿拖1次，并随时保洁	清洗1次		无灰尘、无污渍
	水磨石	每天配合清洁剂湿拖1次，并随时保洁	清洗1次		无灰尘、无污渍
	木地板	每天配合清洁剂推尘1次，并随时保洁	清洁1次		无灰尘、无污渍
3米以下墙壁	大理石	每天配合清洁剂擦抹1次，并随时保洁			无灰尘、无污渍
	柱面	每天配合清洁剂擦抹1次，并随时保洁			无灰尘、无污渍
	涂料	局部灰尘、污渍随时处理			无灰尘、无污渍
	玻璃	每天配合玻璃清洁剂清洁1次，随时保洁			无灰尘、无污渍、无痕印

续表

清洁项目		日常工作及周期工作内容			清洁标准
		每天	每周	每月	
消防楼梯		每天配合清洁剂湿拖1次,并随时保洁	清洁1次		无灰尘、无污渍
楼梯扶手		每天配合清洁剂擦抹1次,并随时保洁	上不锈钢油	全面清洁	无灰尘、无污渍
消防设施及其他设施		擦洗1次,随时保洁		全面清洁	无灰尘、无污渍
天台及相关设施			全面清洁		无垃圾、无灰尘、无污渍
公共门窗	门、门框	每天配合清洁剂擦抹1次,并随时保洁	全面清洁		无灰尘、无污渍、无痕印、无手印
	窗体、窗台	每天配合清洁剂擦抹1次,并随时保洁	全面清洁		无灰尘、无污渍、无痕印、无手印
	门窗玻璃	每天配合玻璃清洁剂清洁1次,随时保洁	全面清洁		
公共洗手间	地面	拖扫数次,随时保洁	全面清洁		无灰尘、无污渍、无痕印、无手印、无垃圾、无异味、保持清洁干净
	玻璃镜面	清洗数次,随时保洁	全面清洁		
	洁具、洗手盆	清洗数次,随时保洁	全面清洁		
	墙面、门框	擦洗1次,随时保洁	全面清洁		
	垃圾桶	即时清倒垃圾,保洁	清洗消毒		
植物、花盆		每天洒水1次,并随时清洁花盆			保持植物干净茂盛
不锈钢指示牌		每天配合不锈钢保养剂擦抹1次			无灰尘、无污渍
信报箱、不锈钢设施		每天用不锈钢保养剂清洁1次,随时保洁	全面清洁1次	不锈钢油	无灰尘、无污渍、无痕印、无手印
垃圾桶、垃圾箱		更换垃圾袋1次;清洁烟灰缸;及时整理清抹箱盖、箱身	全面清洁1次		无溢出垃圾,无异味
天台及相关设施			全面清洁1次		无垃圾、无灰尘、无污渍

二、楼的外围部分

清洁项目	日常工作及周期工作内容			清洁标准
	每天	每周	每月	
地面	每天清扫1次,随时巡查保洁		全面清洗1次	无垃圾、无污渍
指示牌	每天配合清洁剂擦抹1次,随时保洁	全面清洗1次		无灰尘、无污渍
射灯、路灯	每天配合清洁剂擦抹1次,随时保洁	全面清洗1次		无灰尘、无污渍
标识牌		配合清洁剂擦1次		无灰尘、无污渍
旗杆	1米以下擦抹2次	配合清洁剂擦1次		无灰尘、无污渍

续表

清洁项目	日常工作及周期工作内容			清洁标准
	每天	每周	每月	
旗帜			清洁1次	无污渍、无痕印
水沟、管道	清洁1次			无垃圾、无污渍
楼房2米以下墙面	局部污渍随时清洁			无明显污渍
玻璃	每天配合玻璃清洁剂清洁1次			无灰尘、无污渍、无痕印、无手印
消防设施及其他设施	每天清洁1次	全面清洁1次		无灰尘、无污渍、无痕印
垃圾桶、垃圾箱	更换垃圾袋1次；清洁烟灰缸；及时整理清抹箱盖、箱身	全面清洁1次		无溢出垃圾、无异味
绿化带	清洁、洒水1次	施肥1次		绿化带内无纸屑、烟头、杂物；植物干净、茂盛
垃圾清运	垃圾日产日清，垃圾站每天清洗1次		全面消杀2次	无溢出垃圾、无异味

（四）制订明确的质量标准

标准是衡量事物的准则，也是评价保洁工作的尺度。物业区域环境保洁的通用标准是"五无"，即无裸露垃圾、无垃圾死角、无明显积尘积垢、无蚊蝇虫滋生地、无"脏乱差"顽疾。建设部颁布的《全国城市马路清扫质量标准》中，有两条可以作为物业区域道路清扫保洁质量的参考：一是每天普扫两遍，每日保洁；二是达到"六不"、"六净"标准，即不见积水、不见积土、不见杂物、不漏收堆、不乱倒垃圾、不见人畜粪，路面净、路沿净、人行道净、雨水口净、树坑墙根净和废物箱净。

当然，不同类型、不同档次的物业对楼宇内的公共部位清洁卫生的质量标准不同，相同的物业管理区域中不同的管理部位要求的标准也可能不同，物业公司应根据实际情况制订相应的卫生清洁标准。

（五）物业保洁作业指导书

物业保洁作业指导书就是指导员工作业的方法与方式，把保洁作业的合理过程以文件的方式做出来，其目的是通过对保洁人员进行技术性指导，提高其工作效率与品质，又好又快地完成保洁工作。

物业保洁作业指导书一般由以下内容组成。

（1）作业内容：此作业所需要做的事（每一位作业员要知道自己做什么、需要做好什么）。

（2）物料内容：此工作所用到的物料（找到自己这一项保洁工作所需要用到的物料）。

（3）使用工具：本项保洁工作所用到的工具（要用到什么工具）。

（4）注意事项：在操作时所遇到的问题与必须注意的地方。

（5）作业工时：完成此项保洁工作所需要的时间。

作业指导书编制完成后，应打印成册，组织保洁人员学习培训，掌握其中的内容，为今

（六）实施保洁质量检查四级制

检查是保洁质量控制的一种常用方法，也是很有效的方法，目前大多数物业清洁管理部门都采用这一方法。

1. 质量检查四级制

质量检查四级制具体见表8-2-2。

表8-2-2　质量检查四级制

序号	检查级别	说　明
1	员工自查	员工依据本岗位责任制、卫生要求、服务规范，对作业的效果进行自查，发现问题及时解决
2	班长作业检查	班长在指定管理的岗位和作业点，实施全过程的检查，发现问题及时解决
3	主管巡查	主管对管辖内的区域、岗位进行巡查或抽查，应结合巡查所发现的问题、抽查纠正后的效果，把检查结果和未能解决的问题上报部门经理，并记录在交接本上
4	部门经理抽查	部门经理应对管辖内区域、岗位和作业员进行有计划的区域、岗位、作业点抽查，并及时解决问题

2. 质量检查的要求

质量检查的要求见表8-2-3。

表8-2-3　质量检查的要求

序号	检查要求	说　明
1	检查与教育、培训相结合	对检查过程中发现的问题，不仅要求及时纠正，还要帮助员工分析原因，对员工进行教育、培训，以防类似问题的再次发生
2	检查与奖励相结合	在检查过程中，将检查的记录作为对员工工作表现等的考核依据，并依据有关奖惩和人事政策，对员工进行奖惩及做好有关人事问题的处理
3	检查与测定、考核相结合	通过检查、测定不同岗位的工作量、物料损耗情况，考核员工在不同时间的作业情况，更合理地利用人力、物力，从而达到提高效率、控制成本的目的
4	检查与改进、提高相结合	通过检查，对所发现的问题进行分析，找出原因、提出措施，从而改进服务素质、提高工作质量

（七）清洁工作要有应急处理措施

对意外情况制订清洁工作应急处理措施，可避免其对物业环境卫生的影响，为业主和用户提供始终如一的清洁服务，清洁处理后符合《清洁工作检验标准和办法》中对应的标准。意外情况主要是指：火灾；污雨水井、管道、化粪池严重堵塞；暴风雨；梅雨天；水管爆裂；户外施工、装修等现象。清洁工作应急处理措施见表8-2-4。

表8-2-4　清洁工作应急处理措施

序号	应急事项	应急处理措施
1	火灾后	（1）救灾结束后，用垃圾车清运火灾遗留残物，打扫地面 （2）清除地面积水，用拖把拖抹 （3）检查户外周围，如有残留杂物一并清运、打扫

续表

序号	应急事项	应急处理措施
2	污雨水井、管道、化粪池堵塞，污水外溢	（1）维修工迅速赶到现场，进行疏通，防止污水外溢 （2）清洁员将捞起的污垢、杂物直接装上垃圾车，避免造成二次污染 （3）疏通后，清洁员迅速打扫地面被污染处，清洗地面，直到目视无污物
3	暴风雨影响环境卫生	（1）清洁班班长勤巡查、督导各岗位清洁员的工作，加强与其他部门的协调联系工作 （2）天台、裙楼平台的明暗沟、地漏由班长派专人检查，特别在风雨来临前要巡查，如有堵塞及时疏通 （3）检查雨污水井，增加清理次数，确保畅通无阻 （4）各岗位清洁员配合保安员关好各楼层的门窗，防止风雨刮进楼内，淋湿墙面、地面及打碎玻璃 （5）仓库内备好雨衣、雨靴、铁钩、竹片、手电筒，做到有备无患 （6）暴风雨后，清洁员及时清扫各责任区内所有地面上的垃圾袋、纸屑、树叶、泥、石子及其他杂物 （7）发生塌陷或大量泥沙溃至路面、绿地时，清洁员协助管理处检修，及时清运、打扫 （8）清洁员查看各责任区内污、雨排水是否畅通，如发生外溢，及时报告管理处处理
4	梅雨天气	（1）梅雨季节，大理石、瓷砖地面和墙面很容易出现返潮现象，造成地面积水、墙皮剥落、电器感应开关自动导通等现象 （2）在大堂等人员出入频繁的地方放置指示牌，提醒客人"小心滑倒" （3）班长要加强现场检查指导，合理调配人员，加快工作速度，及时清理地面墙面水迹 （4）如返潮现象比较严重，应在大堂铺设一条防滑地毯，并用大块的海绵吸干地面、墙面、电梯门上的水 （5）仓库内配好干拖把、海绵、地毯、毛巾和指示牌
5	楼层内发生水管爆裂事故	（1）迅速关闭水管阀门，迅速通知保安和维修人员前来救助 （2）迅速扫走流进电梯厅附近的水，否则可将电梯开往上一楼层，通知维修人员关掉电梯 （3）在电工关掉电源开关后，抢救房间、楼内的物品如资料、电脑等 （4）用垃圾斗将水盛到水桶内倒掉，再将余水扫进地漏，接好电源后再用吸水器吸干地面水分 （5）打开门窗，用风扇吹干地面
6	户外施工影响环境卫生	（1）供水、供电、煤气管道、通信设施以及小区设施维修等项目施工中，会对环境有较大影响，因此清洁员需配合做好场地周围的清洁工作 （2）及时清理住户搬家时遗弃的杂物，并清扫场地
7	新入住装修期	各责任区清洁员加强保洁，对装修垃圾清运后的场地及时清扫，必要时协助住户或管理处将装修垃圾及时上车清运
	注意事项	（1）清理火灾场地时，应在消防部门调查了解情况后，经同意方可进行清理 （2）台风时，不要冒险作业，以防发生意外 （3）梅雨天气作业宜穿胶鞋，穿塑料硬底鞋易滑倒 （4）暴风、暴雨天气要注意高空坠物 （5）处理水管爆裂事故要注意防止触电

第三章　有害生物的防治与消杀

在物业环境卫生管理中，对虫害的消杀工作是至关重要的。许多病媒动物容易在人群聚居地传播疾病，给人们的健康带来很大的危害，所以加强虫害的消杀防治工作是物业保洁工作中不可忽视的环节。

一、虫害的防治

物业常见的害虫有以下2类。

（1）昆虫类：蛾幼虫、臭虫、虱子、跳蚤、苍蝇、蟑螂、甲虫、鱼虫、螨虫、蜘蛛、蚂蚁、蚊子等。

（2）啮齿类：主要是老鼠。

（一）蚂蚁的防治

蚂蚁的危害主要包括两方面内容：一是因为食害和污染所造成的经济损失；二是传染多种疾病，危害人体健康所导致的间接损失。防治时要以环境卫生预防为基础，化学防治为重点，辅以其他的各种有效的防治方法，才能收到良好的效果。具体防治方法见表8-3-1。

表8-3-1　蚂蚁的防治方法

序号	方　　法	具体说明
1	化学防治	（1）使用药饵诱杀，要选择一种适口性好的、驱避作用强的化学药剂制成药饵，如氯丹、硼酸、烯虫酯、灭蚁灵等 （2）在诱杀时可以进行灌堵蚁穴或喷雾灭蚁的方式进行
2	物理防治	（1）家庭居室内常采用机械捕打、开水淋烫；大葱、姜、蒜驱避；挖蚁巢、堵塞缝隙等方法灭蚁 （2）为了防治蚂蚁侵入食品、糖罐内，可将糖罐、食品器皿等放在盐水中央，防止蚂蚁侵入
3	生物防治	利用保幼激素类似物制成杀灭蚂蚁的药剂，采取施放胃毒剂的方法，分期分批的将蚁群杀死
4	环境卫生的预防	保持清洁卫生，不乱丢食品残渣，物品摆放要整齐有序，清除废旧食品包装盒箱

（二）蟑螂的防治

蟑螂除盗食食物、损坏衣物和书籍等造成经济损失外，更主要的危害是传播疾病。具体防治时可依表8-3-2方法进行。

表8-3-2　蟑螂的防治

序号	方　　法	具体说明
1	滞留喷洒	（1）使用药品，以悬浮剂为主，在墙体结构缝隙、公共区域等场所进行 （2）在第一次喷洒或蟑螂密度较高的情况下，可以在较短时间内迅速降低处理场所的蟑螂密度（第一次喷洒即可使密度降低80%以上）
2	胶饵	是进行蟑螂防治所选用的主要剂型，药效长达数月，效果显著，但对蟑螂的杀灭速度相对滞留喷洒慢

续表

序号	方法	具体说明
3	颗粒剂	（1）将诱饵隐蔽地布放在蟑螂出没的地方，不影响卫生和美观 （2）药效作用虽慢，但持效期很长，在干燥的环境里能保持两三个月的药效，可以补杀漏网及新滋生的蟑螂 （3）可与胶饵配合使用，主要用于办公区域、酒吧、食品库房、厨房操作间及其他高卫生要求场所
4	粉剂	在不能喷洒且干燥的环境，可用粉剂处理，但需要注意避免可能的粉尘污染，主要用于供电和供暖设备内部的蟑螂防治
5	烟雾剂	可对不便喷药或采取其他措施的地下管道、污水井、杂品库房（有密闭条件）等环境内蟑螂密度较高的区域选用烟雾剂熏杀
6	粘蟑板	（1）放在蟑螂出没的地方，既可用来监测蟑螂密度，也可用来捕杀蟑螂 （2）无毒无味，使用安全，强力黏着，效果好。可单独使用也可配合粘蟑螂屋使用

特别提示：

在选择药品时，必须使用经国家药监部门登记注册，经卫生部门许可的药剂，同时符合国际通行惯例，并根据不同的环境和虫情，选用不同的药剂和施药方法，用速效和长效药剂相结合，以达到优良的防治效果。

（三）蚊子的防治

蚊子不仅可以刺吸人血，而且还传播多种严重的疾病，因此其防治很重要。蚊类防治的基点始终是围绕如何控制、消除滋生地展开的，一般药物消灭成蚊只是辅助性的措施。具体防治时可依表8-3-3方法进行。

表8-3-3　蚊子的防治

序号	方法	具体说明
1	环境治理	尽可能清除蚊类滋生地，做好日常的保洁卫生，尽量将其清除在萌芽状态
2	物理防治	主要采用各种工具或设备进行，如纱窗、灭蚊灯等
3	化学防治	（1）室内防治时，使用的方法主要有滞留喷洒、空间喷洒和蚊香以及灭蚊片的使用 （2）室外防治时，一般多采用手提式或车载式超低容量器械开展室外空间灭蚊处理，在狭窄的城区，可以用手提式热烟雾机作热烟雾处理，如果是空旷地带，多使用车载式热烟雾机进行处理

特别提示：

在使用药剂进行喷洒或喷雾灭蚊时，一定要做好安全防护措施，而且施药时户内不应有人停留，户外喷药时应关闭门窗。

（四）苍蝇的防治

苍蝇也是一种有害生物，极易传播各种疾病，对其防治主要从滋生地、蝇蛆和成蝇三方面实施综合防治，具体的防治措施见表8-3-4。

表8-3-4 苍蝇的防治

序号	防治类型	防治要点
1	环境防治	（1）将各种垃圾及时清除处理，做到日产日清，收集袋装化、运输密闭化、处理无害化 （2）做好日常的保洁卫生，及时清除苍蝇的滋生环境
2	化学防治	使用化学杀虫剂如有机磷和菊酯类制剂，品种虽然较多，但多为气雾剂以及毒饵等
3	物理防治	（1）使用各种防蝇设施，如纱门、纱窗和风幕等 （2）使用灭杀工具，如灭蝇拍、电击灭蝇器、粘蝇纸等

（五）鼠害的防治

老鼠既破坏各种物品，又传播各种疾病，因此对于其灭杀是重点内容。具体防治时可依表8-3-5方法进行。

表8-3-5 鼠害的防治

序号	方法	具体说明
1	环境治理	（1）封堵好所有鼠类可能进入建筑物内的通道 （2）破坏外部环境中鼠类的栖息场所，及时做好环境卫生
2	物理防治	使用器械如粘鼠板、捕鼠夹、捕鼠笼等
3	化学防治	（1）使用灭鼠药剂，如各种杀鼠剂、颗粒剂毒饵 （2）配合相关的设备如鼠饵盒、标志旗或其他标志

二、消杀工作的安排

对于前述的各种有害生物，必须要定期进行灭杀。以下是某物业管理处的虫鼠灭杀具体工作示例。

（一）昆虫类灭杀

前述的蟑螂、蚂蚁、蚊子、苍蝇等都属于昆虫，其具体的灭杀工作如下所述。

1. 时间安排

一般每天都应进行一次灭杀工作，在夏秋季节可以增加灭杀次数。

2. 灭杀区域

以下区域进行灭杀。

（1）各楼宇的梯口、梯间及楼宇周围。
（2）会所及配套的娱乐场所。
（3）办公室。
（4）公共卫生间、沙井、化粪池、垃圾箱、垃圾房等室外公共区域或公用物件。
（5）员工宿舍和食堂。

3. 灭杀药物

灭杀药物一般用敌敌畏、灭害灵、敌百虫、菊酯类药喷洒剂等。

4. 灭杀要点

灭杀方式以喷药触杀为主，操作人员要穿戴好防护衣帽，将喷杀药物按要求进行稀释，注入喷雾器里,对不同的区域进行喷杀,并注意以下事项。
(1)在楼内喷杀时,注意不要将药液喷在楼梯扶手或住户的门面上。
(2)在员工宿舍喷杀时,注意不要将药液喷在餐具及生活用品上。
(3)在食堂喷杀时,注意不要将药液喷在食品和器具上。
(4)不要在客人出入高峰期喷药。

> **特别提示:**
> 办公室、会所娱乐配套设施的虫害灭杀工作应在人少时进行,并注意关闭门窗,将药液喷在墙角、桌下或壁面上,禁止喷在桌面、食品和器具上。

(二)灭鼠工作

1. 时间安排

灭鼠工作每月应进行两次。

2. 灭鼠区域

对各楼宇、别墅、员工宿舍、食堂、会所及其他常有老鼠出没的区域进行灭杀。

3. 灭鼠方法

主要采取投放拌有鼠药的饵料和粘鼠胶的方法。

4. 饵料的制作

(1)将米或碾碎的油炸花生米等放入专用容器内。
(2)将鼠药按剂量均匀撒在饵料上。
(3)制作饵料时,作业人员必须戴上口罩、手套,禁止裸手作业。

5. 饵料投放要点

饵料的投放要点如下。
(1)先放一张写有"灭鼠专用"的纸片,将鼠药成堆状放在纸片上。
(2)尽量放在隐蔽处或角落、小孩拿不到的地方。
(3)禁止成片或随意撒放。
(4)投放鼠药必须在保证安全的前提下进行,必要时挂上明显的标志。

6. 清理工作

在灭杀作业完毕,应将器具、药具统一清洗、保管。在一周后,撤回饵料,在此期间注意捡拾死鼠,并将数量记录在"消杀服务记录表"中。

三、消杀工作安全管理

在消杀服务的实施过程中,要首先考虑安全性。在灭虫服务的方案中,要紧紧把握以下7个方面。

(1)所选用的药剂和器械可以达到最高的杀灭效果,同时保证对人类和其他的动植物、环境的危害是最低的。

(2)对参与实施消杀服务的员工必须进行消杀理论和实际操作的培训和考核,让其做到了解国家、地方、公司对消杀的有关规定,了解消杀药剂和器械的性能,并且会熟练操作消杀器械以及正确使用消杀药剂。

(3)在实施消杀服务前,操作员工应检查消杀剂、消杀器械与消杀方案是否一致;消杀药剂的出厂日期、保质期是否与消杀方案的要求一致；消杀器械是否完好、能否正常使用等。

（4）消杀药剂的运输应有安全措施，保证不散落、不溅出、不丢失、不污染环境，如出现紧急情况，有处置办法和急救措施。

（5）操作员必须安全着装，防护装备包括硬边帽、眼镜、护目罩或全面部的防护罩，和抗化学药品的安全鞋、手套及胶袋。

（6）对已实施的消杀服务，应做好详细的记录。记录内容包括：消杀药剂；消杀器械；施药方式、时间、地点；被灭害虫的种类、数量；安全运输的方式；操作员的安全着装及服务登记。这些详细记录的妥善保存，可以使今后的害虫综合防治有据可查。

（7）对化学药品剩余物（包装器皿、包装袋箱、废旧器械、破旧安全服装）的丢弃，要在对其给予了彻底清洗的情况下进行，同时要在指定的地点进行销毁，并做好销毁记录。

第四章　物业保洁规范化管理制度范本

一、保洁工作检验标准

保洁工作检验标准

1 适用范围
公司所有管理处的保洁工作。

2 内容

范　　围		保洁项目	标　　准
标准层	门厅、首层电梯厅	（1）地面	目视地面无烟头、碎纸、果皮等垃圾 大理石地面：光亮，可映出照明灯轮廓 瓷砖地面：干净，无明显污迹黑印，无积水
		（2）墙面	瓷砖墙面：目视无污迹、无尘，无乱张贴，用白纸巾擦拭表面50厘米，纸巾不被明显污染 大理石面：墙面半米之内可映出人体轮廓
		（3）公告栏	玻璃目视无灰尘、无水珠，不锈钢光亮、无尘
		（4）公共防盗门	目视光亮、无尘，表面无明显划痕
		（5）信报箱	箱顶无尘，用白纸巾擦拭50厘米，白纸巾不被明显污染，不锈钢面光亮
		（6）烟箱	目视无痰迹、无污迹，周围地面无碎纸、烟头
	楼道走廊	（1）地面	瓷砖地面：目视无垃圾、杂物，无污迹、无积水，有光泽 水磨石、水泥地面：目视无垃圾、杂物，无明显油污等
		（2）墙面	瓷砖墙面：目视干净，无污迹、无尘，用白纸巾擦拭表面50厘米，纸巾不被明显污染 抹灰、喷涂墙面：墙面凹凸处无明显可见的积尘，无蛛网
		（3）照明灯罩	目视灯罩表面干净，内部无积灰

续表

范 围		保洁项目	标　　准
标准层	楼道走廊	（4）消火栓（及附件）	玻璃明亮，目视无尘、无水珠 箱顶、侧无尘，用白纸巾擦拭30厘米不被明显污染 警铃目视无明显积尘 消防管道阀门无明显可见的灰尘
		（5）防火门	门上无乱涂划，把手光亮，用白纸巾擦拭门板50厘米、门上冒头30厘米，纸巾不被明显污染
		（6）玻璃窗	玻璃目视无灰尘、污迹，无水珠 如为水泥窗台目视无明显积尘，如为贴瓷片用白纸擦拭30厘米不被明显污染
		（7）疏散灯罩、标语牌、百叶窗、电表箱盖等公共设施	目视无尘，用白纸擦拭30厘米，没有明显变色
		（8）天棚角落、管线、煤气管等	目视无蛛网、无积尘
		（9）关闭照明灯	早上7:00以后责任区路内路灯没关的不超过两盏（故障除外）
		（10）垃圾桶	垃圾桶摆放在指定位置，套上黑色塑料袋，桶壁干净无垃圾黏附物
	楼梯	（1）扶手	无尘，用白纸巾擦拭50厘米，纸巾不被明显污染
		（2）梯级	目视干净无垃圾，无杂物，无明显污迹（油污、黑印等）
	电梯		电梯内无异味；地面干净，无垃圾、无砂子、无积水、无明显污迹；轿厢四壁无乱涂划、无乱张贴；电梯门不锈钢面光亮
	雨台天面		无垃圾、杂物，无积水、无青苔、无杂草 如铺设有瓷片，无明显的污迹
地面部分	（1）小区道路（含停车场）		地面无杂物、无垃圾、无杂草、无明显积水
	（2）各种指示牌、路灯		目视灯罩上无明显积尘；指示牌上无水珠、无明显污迹，若为不锈钢面应保持光亮
	（3）垃圾车，池		垃圾车每日冲洗，车壁无明显附着物，垃圾池周围无积水、污渍
	（4）绿化带		草坪上目视干净，无明显废纸、塑料袋、瓶罐等垃圾，无砖头、大石子
	（5）宣传栏		玻璃明亮，目视无尘、无水珠，不锈钢面光亮，宣传栏内无明显可见的积尘
	（6）花池		瓷贴片干净，无明显污迹、水垢
	（7）地面其他公共设施		无乱张贴、乱涂划
	（8）雨水井		井内无明显垃圾、杂物、泥沙
	（9）地砖		目视干净，无杂物、无明显污迹，条缝清晰

续表

范　　围	保洁项目	标　　准
地下室	（1）地面	干净无垃圾、杂物，无积水、无尘土
	（2）单车棚架、地面停车杆	目视无明显污迹，无积尘
	（3）反光镜	明亮，映人效果好
	（4）交通标识牌	无污迹，目视无积尘
	（5）楼梯、消火栓、防火门、管道、阀门、指示灯罩等	要求同标准层

二、保洁工作操作规程

保洁工作操作规程

1 目的

规范各项保洁操作程序，使保洁工作标准化、规范化。

2 适用范围

适用于本公司下属物业项目的保洁工作。

3 清洁保养操作标准

3.1　灯具清洁保养操作标准

3.1.1　保养范围。小区内的路灯、楼道灯、走廊灯、办公室的灯具。

3.1.2　作业程序。

（1）准备梯子、螺丝刀、抹布、胶桶等工具。

（2）关闭电源，架好梯子，人站在梯子上，一手托起灯罩，一手拿螺丝刀，拧松灯罩的固定螺丝，取下灯罩。

（3）先用湿抹布擦抹掉灯罩内外的污迹和虫子，再用干抹布抹干水分。

（4）将抹干净的灯罩装回原位，并用螺丝刀拧紧固定螺丝。

（5）清洁日光灯具时，应先将电源关闭，再取下盖板，取下灯管，然后用抹布分别擦抹灯管和灯具及盖板，重新装好。

3.1.3　清洁保养标准。清洁后的灯具、灯管无灰尘，灯具内无蚊虫，灯盖、灯罩明亮清洁。

3.1.4　安全注意事项。

（1）在梯子上作业时应注意安全，防止摔伤。

（2）清洁前应首先关闭灯具电源，以防触电。

（3）人在梯子上作业时，应注意防止灯具和工具掉下砸伤他人。

（4）用螺丝刀拧紧螺钉、固定灯罩时，应将螺钉固定到位，但不要用力过大，防止损坏灯罩。

3.2　公共卫生间清洁操作标准

3.2.1　清洁范围：客用卫生间及物管卫生间。

3.2.2　清洁作业程序：

（1）每天的6∶30至8∶30、13∶30至14∶00分两次重点清理公用卫生间。

（2）用水冲洗大、小便器，用夹子夹出小便器内的烟头等杂物。

（3）清扫地面垃圾，清倒垃圾篓，换新垃圾袋后放回原位。

（4）将洁厕水倒入水勺内，用厕刷沾洁厕水刷洗大、小便器，然后用清水冲净。

（5）用湿毛巾和洗洁精擦洗面盆、大理石台面、墙面、门窗标牌。

（6）先将湿毛巾拧干擦镜面，然后再用干毛巾擦净。
（7）用湿拖把拖干净地面，然后用干拖把拖干。
（8）喷适量香水或空气清新剂，小便斗内放入樟脑丸。
（9）每15分钟进行保洁一次，清理地面垃圾、积水等。
（10）每周用干毛巾擦灯具一次，清扫天花板一次。

3.2.3 清洁标准。
（1）天花板、墙角、灯具目视无灰尘、蜘蛛网。
（2）目视墙壁干净，便器洁净无黄渍。
（3）室内无异味、臭味。
（4）地面无烟头、积水、纸屑、果皮。

3.2.4 工作过程中应注意事项。
（1）禁止使用碱性清洁剂，以免损伤瓷面。
（2）用洁厕水时，应戴胶手套防止损伤皮肤。
（3）下水道如有堵塞现象，及时疏通。

3.3 房屋天面、雨篷清洁操作标准
3.3.1 清洁范围。小区内房屋的天面、平台、雨篷。
3.3.2 清洁作业标准
（1）备梯子一个、编织袋一只、扫把和垃圾铲各一把、铁杆一条。
（2）将梯子放稳，人沿梯子爬上雨篷，先将雨篷或天面的垃圾打扫清理装入编织袋，将袋提下倒入垃圾车内，将较大的杂物一并搬运上垃圾车。
（3）用铁杆将雨篷、天面的排水口（管）疏通，使之不积水。

3.3.3 清洁标准。
（1）每周清扫一次。
（2）目视天面、雨篷无垃圾、无积水、无青苔、无杂物、无花盆（组合艺术盆景和屋顶花园除外）。

3.3.4 安全事项。
（1）梯子必须放稳，清洁人员上下时应注意安全。
（2）杂物、垃圾袋和工具不要往下丢，以免砸伤行人、损坏工具。

3.4 大堂清洁操作标准
3.4.1 清洁范围。大堂的地面、墙面、台阶、天棚、宣传牌、信报箱、垃圾筒、消防设施、风口、灯具、装饰柱、门口不锈钢宣传栏。
3.4.2 清洁作业程序。
（1）每天6:30和13:00分两次重点清理大堂，平时每半小时保洁一次，重点清理地面的垃圾杂物。
（2）用扫把清扫大堂地面垃圾，用长柄刷沾洗洁精清除掉污渍、口香糖。
（3）清倒不锈钢垃圾筒，洗净后放回原处。
（4）用尘拖或拖把拖掉大堂地面尘土和污迹后，将垃圾运至垃圾屋。
（5）用干毛巾轻抹大堂内各种不锈钢制品，包括门柱、镶字、宣传栏、电梯厅门、轿厢。
（6）用湿毛巾拧干后，擦抹大堂门窗框、防火门、消防栓柜、指示牌、信报箱、内墙面等公共设施。
（7）先用湿拖把拖两遍台阶，再将干净的湿拖把用力拧干后再拖一遍。
（8）用干净毛巾擦拭玻璃门，并每周清刮一次。
（9）出入口的台阶每周用洗洁精冲刷一次。
（10）每月擦抹灯具、风口、烟感器、消防指示灯一次。
（11）每两个月对大理石地面打蜡一次，每周抛光一次；地砖地面和水磨地面，每月用去污粉、长柄手刷彻底刷洗一次。

第八部分　物业保洁规范化管理

3.4.3 清洁标准。
(1) 地面无烟头、纸屑、果皮等杂物，无污渍，大理石地面、墙身有光泽。
(2) 公共设施表面用纸巾擦拭，无明显灰尘。
(3) 不锈钢表面光亮无污迹。
(4) 玻璃门无水迹、手印、污迹。
(5) 天棚、风口目视无污迹、灰尘。
3.4.4 安全及注意事项。
(1) 擦拭电器开关、灯具要用干毛巾以防触电。
(2) 大理石打蜡抛光由班长组织会操作人员统一进行操作。
(3) 拖地时不要弄湿电梯厅门，以免腐蚀。
3.5 地毯吸尘清洁操作标准。
3.5.1 所需清洁用具。
(1) 吸尘器与配件。
(2) 地毯用硬刷。
(3) 手提刷子和簸箕。
(4) 刮刀。
(5) 告示牌。
3.5.2 清洁方法与步骤。
(1) 将所需用具备齐，同时检查用具是否完好。检查吸尘器电插头、电线和储尘袋。
(2) 将告示牌放置在显眼的地方。
(3) 用刮刀将地毯上的口香糖、粘纸等去除。
(4) 将地毯上较大件的尖硬物体（如夹子等）取起。
(5) 调整吸尘器的刷毛高度，若用桶型吸尘器，装上适当的配件。
(6) 工作须有次序，注意行走频率较高的地方，如角头和墙边。
(7) 吸尘器所不能吸的地方，如家具底等，则手提刷子和簸箕将灰尘除去。
(8) 用硬刷刷去较顽固的污迹。
(9) 将所有用具收齐，清理后放回储存室。
3.5.3 安全注意事项。
(1) 检查吸尘器电插头、电线和储尘袋。
(2) 将吸尘器的各个配件装好后，才能将电源插头插入插座。
3.5.4 用具保养。
(1) 用后清除吸尘器内的灰尘，储尘袋装满后须更换或清洗。
(2) 将刷子和簸箕抹干净。
3.6 喷水池清洁操作标准
3.6.1 清洁范围。物业管辖区内的喷水池。
3.6.2 作业程序。
(1) 平时保养：地面清洁工每天用捞筛对喷水池水面漂浮物打捞保洁。
(2) 定期清洁。
——打开喷水池排水阀门放水。
——待池水放去三分之一时，清洁工入池清洁。
——用长柄手刷加适量的清洁剂由上而下刷洗水池瓷砖。
——用毛巾抹洗池内的灯饰、水泵、水管、喷头及电线表层的青苔、污垢。
——排尽池内污水并对池底进行拖抹。
——注入新水，投入适量的硫酸铜以净化水质，并清洗水池周围地面污迹。

3.6.3 清洁标准。眼看水池清澈见底,水面无杂物,池底洗净后无沉淀物,池边无污迹。
3.6.4 安全注意事项。
(1) 清洗时应断开电源。
(2) 擦洗电线、灯饰不可用力过大,以免损坏。
(3) 清洁时,不要摆动喷头,以免影响喷水观赏效果。
(4) 注意防滑,小心跌倒。

3.7 地下雨、污水管井疏通操作标准
3.7.1 工作范围。物业管辖区内所有地下雨、污水管道和检查井。
3.7.2 作业程序。
(1) 用铁钩打开检查井盖,人下到管段两边检查井的井底。
(2) 用长竹片捅捣管内的黏附物。
(3) 用压力水枪冲刷管道内壁。
(4) 用铁铲把粘在检查井内壁的杂物清理干净。
(5) 用捞筛捞起检查井内的悬浮物,防止其下流时造成堵塞。
(6) 把垃圾用竹筐或桶清运至垃圾中转站。
(7) 放回检查井盖,用水冲洗地面。
(8) 雨、污水检查井每月清理一次。
(9) 雨、污水管道每半年彻底疏通清理一次。
3.7.3 清洁标准。清理后,眼看检查井内壁无黏附物,井底无沉淀物,水流畅通,井盖上无污渍污物。
3.7.4 安全注意事项。
(1) 掀开井盖后,地面要竖警示牌,并有专人负责监护以防行人跌入。
(2) 掀开或盖上井盖时应注意防止用于减震的单车轮胎掉入井内。
(3) 如发现管道堵塞、污水外溢时,应立即组织人员进行疏通。
(4) 作业时穿整体式胶衣裤,戴胶手套。

3.8 垃圾中转站清洁操作标准
3.8.1 工作范围。物业管辖区内的垃圾中转站。
3.8.2 作业程序。
(1) 时间:每天上午9:30和下午18:00开始清运工作,将垃圾运至垃圾中转站清倒垃圾。
(2) 两人配合将手推车推上作业平台,将垃圾倒入垃圾压缩车内,然后就地冲洗垃圾车。
(3) 清扫散落在地面上的垃圾并装回垃圾压缩车。
(4) 用洗洁精冲洗垃圾中转站内的地面和墙面。
(5) 每周用喷雾器喷"敌敌畏"药水对垃圾中转站周围5米内消杀一次。
3.8.3 清洁标准。
(1) 目视垃圾站内无杂物、污水、污垢。
(2) 垃圾站内无臭味。
(3) 垃圾日产日清。
(4) 垃圾车外无垃圾黏附物,垃圾车停用时摆放整齐。

3.9 化粪池清洁
3.9.1 租用一部吸粪车及长竹杆一根,并放警示牌。
3.9.2 用铁钩打开化粪池的盖板,敞开20分钟,让沼气散发后再用竹杆搅化粪池内杂物结块层。
3.9.3 把吸粪车开到工作现场。
3.9.4 把吸粪管放入池内与车连接,开动机器。
3.9.5 直到池内结块吸干净后,用铁钩把化粪池盖盖好。
3.9.6 用干净水把化粪池盖洗刷干净。

3.10 玻璃、镜面清洁
3.10.1 发现玻璃沾有污迹时，用玻璃铲刀铲除污物。
3.10.2 把清洁毛头套在伸缩杆上。
3.10.3 按比例兑好玻璃水（1∶30）。
3.10.4 将毛头浸入玻璃水中。
3.10.5 将浸有玻璃水的毛头按在玻璃上来回推擦。
3.10.6 用伸缩杆套好玻璃刮，从上至下刮去玻璃上的水迹。
3.10.7 最后用干毛巾抹去玻璃角上和玻璃上的水迹。
3.11 梯、地面的清洁
3.11.1 清扫地面与阶梯上的杂物，倒入垃圾箱内。
3.11.2 在待清洁地板放置告示牌"工作进行中"。
3.11.3 按比例正确配制地面清洁剂（1∶100），将配制好的清洁剂均匀洒在地面、阶梯上，用拖布拖一遍，较脏处应反复清洁至干净。
3.11.4 用清水冲洗阶梯、地面，并排尽污水。
3.11.5 用干净拖布拖地面、阶梯至干净无渣。
3.11.6 收回告示牌，收拾好工具及未用完的清洁剂。
3.12 垃圾桶的清洁。
3.12.1 把垃圾桶放上推车运至垃圾集中点。
3.12.2 取下桶盖，倒出垃圾，用刷子刷出污物，用清水洗净。
3.12.3 用抹布醮洗洁剂把外部盖子擦拭干净，无污迹。
3.12.4 用清水把外部盖子冲洗干净，直至现本色。
3.12.5 把垃圾桶放回原处盖好盖子，做好收尾工作。

三、保洁员质量检查作业规程

保洁员质量检查作业规程

1 目的
规范清洁工作质量检查标准，确保小区环境清洁卫生，对清洁工作质量作出客观评价。
2 适用范围
适用于公司各项目物业管理中心的保洁工作质量检查。
3 职责
3.1 保洁主管、班长负责依照本规程对清洁工作进行质量检查、卫生评比工作。
3.2 保洁员负责依照本规程进行清洁卫生的自查。
4 作业规程
4.1 室外公共区域的检查方法与质量标准见下表。

室外公共区域的检查方法与质量标准

序号	项目	检查方法	质量标准
1	道路	每区抽查三处，目视检查，取平均值	无明显泥沙、污垢，每100m²内烟头、纸屑平均不超过两个，无直径1cm以上的石子
2	绿化带	每区抽查三处，目视检查，取平均值	（1）无明显大片树叶、纸屑、垃圾胶袋等物，地上无直径3cm以上石子 （2）房屋阳台下每100m²内烟头或棉签等杂物在5个以内，其他绿化带100m²内杂物在1个以内

续表

序号	项目	检查方法	质量标准
3	排水沟	抽查两栋房屋的排水沟，目视检查，取平均值	无明显泥沙、污垢，每100m²内烟头、棉签或纸屑在两个以内
4	垃圾箱、垃圾中转站	每责任区抽查1个，清洁后全面检查	地面无散落垃圾，无污水，无明显污迹
5	地面墙面	每天清洁后目视检查	（1）地面无黏附物、无明显污迹 （2）墙面无黏附物、无明显污迹
6	果皮箱	每责任区抽查两个，全面检查	内部垃圾及时清理，外表无污迹、黏附物
7	标识宣传牌、雕塑	全面检查	目视表面无明显积尘、无污迹、无乱张贴
8	沙井和污、雨水井	每责任区抽查3个，目视检查	底部无沉淀物，内壁无黏附物，井盖无污迹
9	游乐场	目视检查	目视地面无垃圾、纸屑，设施完好无污迹
10	化粪池	目视检查	进排畅通，无污水外溢
11	喷水池	目视检查	目视无纸屑、杂物、青苔，水无变色或有异味
12	天台、雨篷	每责任区抽查一栋楼宇，目视检查	无杂物、垃圾、纸屑，排水口畅通，水沟无污垢

4.2 室内公共区域的检查方法与质量标准见下表。

室内公共区域的检查方法与质量标准

序号	项目	检查方法	质量标准
1	地面	每责任区抽查5处，目视检查	（1）无垃圾杂物，无泥沙、污渍 （2）大理石地面打蜡、抛光后光泽均匀 （3）地毯无明显灰尘、无污渍
2	墙面	每责任区抽查5处，全面检查	（1）大理石、瓷片、喷涂等墙面用纸巾擦拭100cm无明显灰尘 （2）乳胶漆墙面无污渍，目视无明显灰尘 （3）墙面、墙纸干净无污渍
3	楼道梯间、走廊地面	目视检查，每责任区抽查两个单元，50m²走廊3处	目视无纸屑、杂物、污迹，每个单元梯级烟头不超过两个，走廊100m²内烟头不超过1个，目视天花板无明显灰尘、蜘蛛网
4	墙面、窗、扶手、电子门、消防栓管、电表箱、信报箱、宣传栏、楼道灯开关等	每责任区抽查两处，全面检查	无张贴广告、蜘蛛网，无痰迹、积尘，用纸巾擦拭100cm，无明显污染
5	电梯	全面检查	电梯轿厢四壁干净无尘，无污迹、手印，电梯门轨槽、显示屏干净无尘，轿厢干净无杂物、污渍
6	办公室	全面检查	整洁、无杂物，墙面无灰尘、蜘蛛网，地面无污迹，桌椅、沙发、柜无灰尘，空气清新

续表

序号	项目	检查方法	质量标准
7	公用卫生间	全面检查	（1）地面干净无异味、无积水、无污渍、无杂物 （2）墙面瓷片、门、窗用纸巾擦拭无明显灰尘，便器无污渍，墙上无涂画 （3）设施完好、用品齐全 （4）天花、灯具目视无明显灰尘 （5）玻璃、镜面无灰尘、无污迹、无手印
8	灯罩、烟感器、出风口、指示灯	每责任区抽查3处，目视检查	目视无明显灰尘、无污迹
9	玻璃门窗、镜面	每责任区抽查3处，全面检查	玻璃表面无污迹、手印，清刮后用纸巾擦拭无明显灰尘
10	地下室、地下车库	每责任区抽查3处，目视检查	（1）地下室地面无垃圾、杂物，无积水、泥沙、油迹 （2）车库、地下室墙面目视无污渍、无明显灰尘 （3）车库的标识牌、消防栓、公用门等设施目视无污渍、无明显灰尘

4.3 保洁主管会同班长等管理人员对各责任区域进行卫生评比检查，每周进行一次，并将检查情况记录在"卫生检查评分表"中。该表由相关部门归档保存一年，评比结果作为个人绩效考评的依据之一。

5 记录

"卫生检查评分表"。

四、卫生消杀管理标准作业规程

卫生消杀管理标准作业规程

1 目的

规范卫生消杀工作程序，净化小区环境。

2 适用范围

适用于物业管理公司各小区卫生消杀工作的管理。

3 职责

3.1 保洁部主管负责卫生消杀工作计划的制订，并组织实施和质量监控。

3.2 保洁部领班负责协助主管组织实施、检查卫生消杀工作。

3.3 清洁工（消杀工作人员）负责依照本规程进行具体卫生消杀工作。

4 程序要点

4.1 卫生消杀工作计划的制订。

4.1.1 保洁部主管应根据季节的变化制订出卫生消杀工作计划。

4.1.2 消杀工作计划应包括以下内容。

（1）消杀对象。

（2）消杀区域。

（3）消杀方式选择与药物计划。

（4）消杀费用预算。

4.2 灭蚊、蝇、蟑螂工作。

4.2.1 每年的1～4月、11～12月份中，每天应进行一次灭虫消杀工作，其他月份具体参照各标准作业规程的要求进行消杀。

4.2.2 消杀区域。

(1) 各楼宇的梯口、梯间及楼宇周围。

(2) 别墅住宅的四周。

(3) 会所及配套的娱乐场所。

(4) 各部门办公室。

(5) 公厕、沙井、化粪池、垃圾箱、垃圾周转箱等室外公共区域。

(6) 员工宿舍和食堂。

4.2.3 消杀药物一般用敌敌畏、灭害灵、敌百虫、菊酯类药喷洒剂等。

4.2.4 消杀方式以喷药触杀为主。

4.2.5 喷杀操作要点。

(1) 穿戴好防护衣帽。

(2) 将喷杀药品按要求进行稀释注入喷雾器里。

(3) 对上述区域进行喷杀。

4.2.6 喷杀时应注意的要点。

(1) 梯间喷杀时不要将药液喷在扶手或住户的门面上。

(2) 员工宿舍喷杀时不要将药液喷在餐具及生活用品上。

(3) 食堂喷杀时不要将药液喷在食品和器具上。

(4) 不要在客户出入高峰期喷药。

4.2.7 办公室、会所娱乐配套设施应在下班或营业结束后进行喷杀，并注意以下要点。

(1) 关闭门窗。

(2) 将药液喷在墙角、桌下或壁面上，禁止喷在桌面、食品和器具上。

4.3 灭鼠。

4.3.1 灭鼠工作每月应进行两次。

4.3.2 灭鼠区域。

(1) 别墅、楼宇四周。

(2) 员工宿舍内。

(3) 食堂和会所的娱乐配套设施。

(4) 小区中常有老鼠出没的区域。

4.3.3 灭鼠方法主要采取投放拌有鼠药的饵料和粘鼠胶。

4.3.4 饵料的制作。

(1) 将米或碾碎的油炸花生米等放入专用容器内。

(2) 将鼠药按说明剂量均匀撒在饵料上。

(3) 制作饵料时作业人员必须戴上口罩、胶手套，禁止裸手作业。

4.3.5 在灭鼠区域投放饵料应注意的要点。

(1) 先放一张写有"灭鼠专用"的纸片。

(2) 将鼠药成堆状放在纸片上。

(3) 尽量放在隐蔽处或角落、小孩拿不到的地方。

(4) 禁止成片或随意撒放。

4.3.6 投放鼠药必须在保证安全的前提下进行，必要时挂上明显的标识。

4.3.7 一周后，撤回饵料，期间注意捡拾死鼠，并将数量记录在"消杀服务记录表"中。

4.4 消杀作业完毕，应将器具、药具统一清洗保管。

4.5 消杀工作标准。
4.5.1 检查仓库或地下室,目视无明显蚊虫在飞。
4.5.2 检查商场、酒楼和办公室,目视无苍蝇滋生地。
4.5.3 检查室内和污雨井,每处蟑螂数不超过5只。
4.5.4 抽检楼道、住户家无明显鼠迹,用布粉法检查老鼠密度,不超过1%,鼠洞每2万平方米不超过1个。
4.6 消杀工作的管理与检查。
4.6.1 消杀工作前,保洁部主管必须详尽地告诉作业人员应注意的安全事项。
4.6.2 保洁部主管应每次检查消杀工作的进行情况并将工作情况记录于每天工作日记中。
4.6.3 保洁部领班现场跟踪检查,确保操作正确。
4.6.4 保洁部主管应每月会同有关人员对消杀工作按检验方法和标准进行检查,并填写"消杀服务质量检验表"。上述资料由部门归档保存一年。
4.6.5 本规程执行情况作为保洁部相关员工绩效考评的依据之一。
5 记录
5.1 "消杀服务记录表"。
5.2 "消杀服务质量检验表"。
6 相关支持文件
6.1 室内公共区域清洁标准作业规程。
6.2 室外公共区域清洁标准作业规程。

第五章 物业保洁规范化管理表格范本

一、保洁人员(各物业项目)编制表

保洁人员(各物业项目)编制表见表8-5-1。

表8-5-1 保洁人员(各物业项目)编制表

保洁区域	工作时间	人员岗位设置	
		保洁员	领班
			1人(男)
合计总编制: 人			

二、主要清洁设备设施表

主要清洁设备设施表见表8-5-2。

表8-5-2　主要清洁设备设施表

设备设施名称	数量	单价	专用或共用	使用年限

三、主要清洁材料（月用量）记录表

主要清洁材料（月用量）记录表见表8-5-3。

表8-5-3　主要清洁材料（月用量）记录表

一、主要清洁剂

清洁剂名称	包装规格	月用量

二、主要清洁耗材

耗材名称	规格	数量

四、垃圾（固体废弃物）清运登记表

垃圾（固体废弃物）清运登记表见表8-5-4。

表8-5-4　垃圾（固体废弃物）清运登记表

部门：　　　　　　　　　　　　　　　　　　　　　　年　　月

日期	清运时间		固体废弃物清运数量/车			清运合计	清运效果	检查人	备注
	早上	下午	一般垃圾	可回收垃圾	有害垃圾				

五、工具、药品领用登记表

工具、药品领用登记表见表8-5-5。

表8-5-5 工具、药品领用登记表

工具、药品名称	领用人	领用日期	领用人签名	备注

六、消杀服务记录表

消杀服务记录表见表8-5-6。

表8-5-6 消杀服务记录表

年　　月　　日

地点 \ 项目 记录	灭蚊蝇、蟑螂		灭鼠		死鼠数量	消杀人	监督人	备注
	喷药	投药	放药	堵洞				
垃圾池								
垃圾中转站								
污雨水井								
化粪池内								
管道、管井								
沉沙井								
绿地								
楼道								
车库								
食堂、宿舍								
地下室								
设备房								
仓库								
商业网点								
会所								

制表：

七、消杀服务质量检验表

消杀服务质量检验表见表8-5-7。

表8-5-7 消杀服务质量检验表

年　月　日

地点＼项目	灭蚊	灭蝇	灭鼠	灭蟑螂	不合格处理结果
垃圾池					
垃圾中转站					
污雨水井					
化粪池内					
管道、管井					
沉沙井					
绿地					
楼道					
车库					
食堂、宿舍					
地下室					
设备房					
仓库					
商业网点					
会所					

审核：　　　　　　　　　　　制表：

八、保洁员质量检查表

保洁员质量检查表见表8-5-8。

表8-5-8 保洁员质量检查表

检查项目	检查细则	等级			
		优	良	中	差
服务规格	（1）对进入大厦的客人是否问候、表示欢迎				
	（2）迎接客人是否使用敬语				
	（3）使用敬语时是否点头致意				
	（4）在通行道上行走是否妨碍客人				
	（5）回答客户提问是否清脆、流利、悦耳				
	（6）跟宾客讲话是否先说："对不起，麻烦你了"				
	（7）发生疏忽或不妥时，是否向宾客道歉				

续表

检查项目	检查细则	等级			
		优	良	中	差
服务规格	（8）客人跟你讲话时，是否仔细聆听并复述				
	（9）能否正确解释客人提问				
	（10）招呼领导或客人时，是否站立问候或点头致意				
	（11）在工作时，是否发生过大声响				
	（12）是否及时、正确更换烟灰缸				
	（13）是否检查会所桌椅和大堂桌椅及地面有无客人失落的物件				
	（14）与客人谈话是否点头行礼				
	（15）各岗位工作时的站立、行走、操作等服务姿态是否合乎规程				
卫生环境	（1）玻璃门窗及镜面是否清洁、无灰尘、无裂痕				
	（2）窗框、工作台、桌椅有无灰尘和污斑				
	（3）地面有无碎屑及污痕				
	（4）墙面有无污痕或破损				
	（5）盆景花卉有无枯萎带灰尘现象				
	（6）墙面装饰物有无破损				
	（7）天花板有无破损、漏水现象				
	（8）天花板是否清洁，通风是否正常				
	（9）通风口是否清洁，通风是否正常				
	（10）灯泡、灯管、灯罩有无脱落、破损、污痕				
	（11）吊顶是否照明正常，是否完整无损				
	（12）各种通道有无障碍物				
	（13）所有桌椅是否无破损、无灰尘、无污痕				
	（14）广告宣传品有无破损、灰尘及污痕				
	（15）总的卫生环境是否能吸引客人				
仪表仪容	（1）保洁员是否按规定着装并穿戴整齐				
	（2）工作服是否合体、清洁，无破损、油污				
	（3）工作牌是否端正地挂于左胸前				
	（4）保洁员打扮是否过分				
	（5）保洁员是否留有怪异发型				
	（6）男保洁员是否蓄胡顺、留大鬓角				
	（7）女保洁员头发是否清洁、清爽				
	（8）外衣是否烫平、挺括，无污边皱折				
	（9）指甲是否修剪整齐，不露出指头之外				
	（10）牙齿是否清洁				
	（11）口中是否发出异味				
	（12）衣裤口袋中是否放有杂物				

续表

检查项目	检查细则	等级			
		优	良	中	差
仪表仪容	（13）女保洁员是否涂有彩色指甲油				
	（14）女保洁员发（式）样是否过于花哨				
	（15）除手表戒指外，是否还戴有其他首饰				
	（16）是否有浓妆艳抹现象				
	（17）使用香水是否过浓				
	（18）衬衫领口是否清洁并扣好				
	（19）男保洁员是否穿深色鞋袜				
	（20）女保洁员是否穿肉色袜				
工作纪律	（1）工作时间是否相聚闲谈或窃窃私语				
	（2）工作时间是否大声喧哗				
	（3）是否有人放下手中工作				
	（4）是否有人上班打私人电话				
	（5）是否在别的岗位（串岗）随意走动				
	（6）有无交手抱臂或手插入口袋的现象				
	（7）有无在工作区吸烟、喝水、吃东西的现象				
	（8）有无在上班时看书、干私事的行为				
	（9）有无在客人面前打哈欠、伸懒腰的行为				
	（10）上班时是否倚、靠、趴在工作台或工具上				
	（11）有无随背景音乐哼唱现象				
	（12）有无对宾客指指点点的动作				
	（13）有无嘲笑客人失慎的现象				
	（14）有无在宾客投诉时作辩解的				
	（15）有无不理会客人访问的				
	（16）有无在态度上、动作上向客人撒气				
	（17）有无对客人过分亲热的现象				
	（18）有无对熟客过分随便的现象				
	（19）对客人能否做到既一视同仁，同时又开展个性化服务				
	（20）有没有对老、幼、残顾客提供服务或对特殊情况提供针对性服务				
备注：					

第九部分
物业绿化管理

- 第一章　物业绿化工程的前期管理
- 第二章　物业绿化的日常养护
- 第三章　绿化改造工程的介入与验收
- 第四章　物业绿化规范化管理制度范本
- 第五章　物业绿化规范化管理表格范本

第一章　物业绿化工程的前期管理

一、物业绿化工程的前期介入

一个住宅小区的绿化水平已成为现在住房档次和物业管理水平的重要标准之一,但由于各方面的原因,在绿化设计和施工中还存在一些不足或缺点,因此作为物业管理公司,为了做好接管后的环境绿化工作,在绿化建设施工时就应该介入其中,做好工程质量监督,以确保今后的绿化工作能顺利进行,从而让业主生活在一个环境优美、景色宜人的小区中。前期介入的工作内容及注意事项如下。

(一)小区绿化景观设计及苗木质量的监督

物业小区的绿化设计是与楼宇的建设一起进行的,物业管理处无法参与设计,但是在施工中,一定要做到以下5点。

(1)了解其设计理念和意图。
(2)了解植物的配置和种植规划。
(3)掌握第一手资料,做好接管的准备工作。
(4)做好苗木的质量监督工作,不合格的苗木绝不允许种植。
(5)与施工方密切配合,以便使绿化施工建设顺利进行。

(二)绿化用地的整理和表土采集的重视

很多绿化用地在绿化前,因前期施工时石灰、水泥砂浆、钢渣及涂料散落,又因超大型机械肆意碾压、营养丰富的表土随意被掩埋、各类机械油污外漏等,给后期绿化的栽植和养护带来不利。建议在对绿化地进行整理时,要尽量防止重型机械进入现场碾压土壤;同时,绿化地的整理不仅要清理表层的垃圾、拔除杂草,还需对深埋于土壤内的化学废弃物作深翻清理。对绿化地表土应尽量采用和复原,多用表土少用客土,为绿化植被创造良好的生长环境。

在这一过程中,物业公司要做好以下4个方面的工作,以督促施工方做好绿地的整理工作。

(1)认真检查垃圾的清理工作。
(2)监督施工方做好深埋在土壤中的建筑垃圾的深翻清理工作。
(3)做好种植土的更换和复原工作的检查。
(4)加强监督检查,对不达标的地方责其整改,以达到植物生长的良好标准。

(三)园景小品的选择

在很多物业小区的园景小品设计中,使用两三年就会出现斑斑裂迹和变形,有的甚至无法使用。出现这些问题,多属于材料选择不当。户外小品长期日晒雨淋,风化严重,普通的材料和简单的表层涂料、防水漆,根本无法抵御外力的侵蚀,以至于昙花一现,后患多多。要延长园景的使用年限,确保小品的观赏效果,物业管理处就要做好选材的监督工作,应注意以下3点。

(1)高度重视小品材料的选用。
(2)督促施工方选用专门用于绿化小品的材料。
(3)确保小品的观赏性和使用年限。

> **特别提示：**
> 对园景小品材质的选择要予以重视，应挑选专门经过处理的防真菌、防虫蚁等特性的户外专用木材，以彻底解决木材在户外应用时易产生的开裂、变形、褪色、腐烂、蚁侵等问题。

（四）乔木、灌木的种植

在绿化施工中，乔木、灌木的种植工作非常重要。植物的搭配以及苗木的质量，都是判别绿化环境好坏的标准。同时，在绿化施工中可能会遇到许多不利的条件，这时就需要探究其原因，并尽量避免问题的出现，以使今后的管理更加顺畅。

在乔木、灌木的种植上应注意以下两个方面。

（1）在乔木、灌木的种植中，应尽量避开沟渠及地下井等。根系发达的乔木、灌木，延展性强，若栽植在沟渠、地下井及硬质路面处，则会因地理位置限制种植穴的大小，使乔木、灌木的生长受阻。

（2）由于乔木、灌木的根系不断伸延，有的穿破沟渠、地下井，顶破路面，甚至长满地下水道，造成沟渠破损、管道开裂、排水排污受阻，给后期管理带来诸多不便。因此，绿化施工之前，要充分考虑这些问题，做好监督和检查工作，要求施工方在种植中应尽量避开地下管网及沟渠。

（五）屋顶花园的基础处理

地下车库的顶部、裙楼及住宅的公用屋面，都是建设屋顶花园的好场所，但因屋顶花园引起的漏水从而影响物业使用的事例也时有发生，而要避免此类问题的发生，关键是要做好屋顶花园的基础处理工作。物业管理处在前期介入中就得提醒并监督建设者在屋顶花园施工时注意以下问题。

（1）屋顶设置的种植槽要预留出排水缝，使种植槽的渗水通过屋顶排水系统排出。

（2）在选择屋顶花园防水材料时，应选用耐腐蚀、抗老化及防止植物根系侵入的材料。

（3）屋顶花园种植土最好选用防渗的营养土。

（4）种植槽下面使用防腐垫脚木与屋顶隔开，以充分减轻水分、土壤及植物根系对屋顶的渗透和腐蚀。

（六）绿化用水问题

绿化取水点应方便安全，无论是喷灌设施，还是普通的水龙头，都要考虑周到，以使在今后的管理工作中更加顺利。这需要做到以下3点。

（1）要考虑到能对各绿化带进行充分浇水。

（2）作为绿化工程的一部分，各取水点的位置应安全和美观，切不可出现喷头或水龙头高高凸起，或将其设置在园林道路上，造成儿童嬉戏时戳伤和摔倒。

（3）物业管理处应尽量参与其中，多考虑在今后工作中的方便使用，对不太合理的地方要提出建议，以确保今后工作的顺利进行。

（七）施工应按先绿化后景观的顺序

绿化和景观作为园林工程的重要组成部分，两者是相辅相成的，并且施工时应按先绿化后景观的顺序进行，否则会造成景观灯饰锈迹斑斑、景观路面污迹遍地等问题，从而影响绿化与景观的整体效果。在这方面，物业管理处应考虑以下3个方面。

（1）在绿化施工中，要尽量先做好基础施工。

（2）栽好树木、花草后，再着手景观工程和景观装饰部分的施工。

（3）要确保灯饰、园景小品、步道砖等景观装饰部分接手时是清洁靓丽的。

二、物业绿化的接管验收

（一）新建物业绿化的接管验收

1. 物业公司自检

在接到建设单位或委托单位接管验收的书面验收函后，物业公司应在15天内书面签发验收通知并约定时间验收。在约定的时间前，物业公司应制订好验收方案，组织好相关专业人员提前对验收项目进行自检。自检时对在前期介入中发现的问题要重点检查。

（1）自检的内容。检查的内容见表9-1-1。

表9-1-1　绿化工程接管前的自检内容

序号	自检项目	自检内容
1	园林绿地	（1）清点植物品名、数量及枯死、缺株数 （2）植物的功能及生态搭配情况 （3）有无剩余建筑材料 （4）绿地土壤改良情况 （5）有无残留土渣 （6）有无尚未完工的工程 （7）绿地功能的合理性 （8）绿地特别是草坪的排水情况 （9）植物选用是否合理，是否有毒、有刺 （10）植物与各道路、管线、建筑的距离是否合理 （11）大树的支撑是否有效、合理 （12）植物生长情况及病虫害情况
2	园林道路	（1）园路分布的合理性 （2）园路的大小、汀步步宽、阶梯步级等的合理性 （3）园路的排水情况 （4）园路用材及砌制质量 （5）路牙及路面有无剥离 （6）伸缩缝及铺装表面有无剥离 （7）拐弯半径是否合理 （8）有无安全问题
3	管理及灌溉系统	（1）有无合理的绿化工具房分布 （2）管理用电、取电口分布是否合理；电压是否符合标准 （3）非自动喷灌系统供水口是否分布合理 （4）自动喷灌系统分布及覆盖面是否合理、水压是否正常；各喷头是否正常工作；上升式草地喷头是否已缩埋入土中 （5）各取水口、开关附近地面是否经合理处理，排水情况如何
4	花槽及天台花园	（1）水池深度是否合理 （2）驳岸是否完好 （3）深水区有无防护设施

序号	自检项目	自检内容
4	花槽及天台花园	（4）喷水池各喷头运作是否正常 （5）喷水池水泵位置是否合理、运作是否正常 （6）水底排水坡度及排水口、排水去路是否合理 （7）水景植物使用是否合理
5	护坡	（1）护坡建筑是否有效、合理 （2）护坡植物使用是否合理，生长是否健壮 （3）有无塌方、滑坡迹象 （4）坡地排水沟是否合理 （5）水坝及护坡有无渗漏现象
6	园林建筑及小品	（1）建筑及园景小品承受风、雨的能力 （2）园林凳、桌及其他园建的安全情况，是否会伤及人员、是否符合功能要求 （3）游戏及健身设备是否符合安全标准 （4）油漆质量有无异常 （5）有无崩缺及涂污

（2）接管前自检工作要求。在接管验收前，一般建设单位要向接管单位介绍工程情况，包括整个工程的整体规划设计情况，如施工土方工程、种植工程、园建工程、园路工程、给排水工程、电气设备工程、喷灌系统工程等。物业公司在听取情况介绍的过程中，要及时提出有疑问的地方，让建设单位解释清楚。

2. 正式验收

正式验收的内容见表9-1-2。

表9-1-2 正式验收的内容

序号	内容	说明
1	工程质量验收	一般情况下，在正式接管验收日之前，承建单位已进行过预验收或者已经进行过竣工验收，工程的施工质量一般都已得到了保证，而物业公司也多在正式验收前进行了自检，所以在正式验收的当天主要是对自检中发现的问题与建设单位进行现场复核、咨询
2	植物数量、名称、绿化面积的验收	在验收中注意统计好植物的数量、大小、品种名（包括俗名、学名、别名等）、各类绿地的绿化面积等，引进新植物品种时还要了解其生活及生态习性、栽培方法等
3	资料的验收	（1）工程的总平面设计图 （2）设计变更通知单及变更图 （3）竣工图及竣工报告 （4）竣工验收合格证（复印件） （5）隐蔽工程验收合格证明 （6）材料、设备、构件的质量合格证书 （7）质量检验评定资料 （8）水、电及设备的试运行、试压报告 （9）设备使用操作说明书 （10）重点植物及新引进植物的名录及习性、养护措施简介等，对于一些新的设备、材料或植物，一定要向施工单位了解产地、采购方法、维修使用方法、保养方法等，并留下联系人的姓名、地址、电话等

> **特别提示：**
> 物业公司进行验收时不应只从工程施工质量方面进行检查，更多的是从物业管理的角度，对整个工程的规划设计、施工、材料选用等一切可能影响管理的地方进行检查并提出问题，让建设单位解决好，从而减轻物业公司日后的负担。

（二）原有物业新建园林绿化的接管验收

原有物业新建园林绿化指的是物业管理处在自己所管辖的物业区域内，征得业主委员会同意后，对较大面积的园林绿化进行较大工程的建造、改造而成的园林绿化，一般由管理处代表全体业主组织实施，因此管理处具有较大的发言权，同时也就负有较大的责任。

1. 原有物业新建园林绿化验收要求

在对原有物业新建园林绿化进行验收时，除了按新建物业绿化接管验收的要求验收外，还必须注意以下4点。

（1）新建园林绿化的验收应在园林绿化建成并保养了3个月后进行，对个别价格高的大树、名木要保养3～6个月后再进行。

（2）对较大项目的园林工程，验收工作应在监理单位工程师的主持下进行。

（3）认真核对图纸，凡施工不符合设计要求的应限期整改，对不符合合同要求的，管理处有权依照合同扣款。

（4）新建园林绿化的竣工验收主要是施工质量的验收。由于规划设计方案一般都是由管理处作出的，或已经管理处核实通过，因此规划设计方面没有再验收的必要，验收的主要目的是确保施工单位按照规划设计的方案进行，确保施工质量。

2. 原有物业新建园林绿化验收的步骤

原有物业新建园林绿化验收的步骤见表9-1-3。

表9-1-3　原有物业新建园林绿化验收的步骤

序号	步骤		说　明
1	管理处自检		（1）在正式移交验收前，管理处应组织园林绿化专业人员对移交园林绿化进行自检，重点检查原有物业绿化中已被破坏的情况、积水情况、植物生长情况、草坪及花坛的杂草生长情况、植物病虫害情况、园林建筑安全情况及损坏情况、园林设施设备的运作情况及损坏情况等 （2）对检查中发现的问题要分类记好，待正式接管验收时一并在"接管验收备忘录"中向委托方提出
2	正式接管验收	绿化面积清点验收	由于原有物业绿化资料一般不齐全或已与现状不符，因此应对移交的绿化面积进行测量
		绘制移交现状图	绘制移交的原有物业绿化现状图，尤其对已被破坏的地方要在图上注明，并请移交单位审核签名后，与其他移交资料一起存档
		清点设备	核对、记录水表、电表读数，清点设施设备
		清点验收原有资料	资料包括产权资料、用地红线图、规划设计图、设施设备清单及运作情况记录、园林图纸、原来保养工作记录或介绍、设施设备运作维修保养记录；园林建筑、小品、园路、水池、护坡等工程维修保养记录；园林用水用电管线分布图、喷灌系统分布图、园林绿地内其他管线分布图等

续表

序号	步骤	说明
3	存在问题的解决方法	对于委托方不打算解决的问题要记录在"接管验收备忘录"中,并由双方签字证明
4	原有绿化评价及划分等级	在充分分析原有绿化情况后,根据功能重要性及生长状况将绿化划分为1～3级,方便日后管理
5	撰写备忘录	验收后要撰写"接管验收备忘录"
6	资料归档	将委托单位移交的有关资料及"接管验收备忘录"、接管验收现状图等分类归档,长期保存

第二章 物业绿化的日常养护

一、物业绿化的日常管理内容

（一）保洁

按照养护管理分工及岗位责任制清除绿地垃圾和杂物,包括生活垃圾、砖块、砾石、落地树叶、干枯树枝、板块、烟蒂、纸屑等。对水池、雕塑和园林小品及绿化配套设施要按要求进行保洁,绿地要全天候地进行打扫。

（二）除杂草、松土、培土

除杂草、松土、培土是养护工作的重要组成部分。经常除杂草,可防止杂草与草坪在生长过程中争水、争肥、争空间而影响草坪的正常生长；对于草坪土壤板结和人为践踏严重地带,要注意打孔透气,必要时还必须用沙壤土混合有机肥料铺施,以保障生长、青绿度高、弹性好、整齐美观；绿地的花坛、绿篱、垂直绿化、单植灌木和乔木要按要求进行松土和培土。

（三）排灌、施肥

在对草坪、乔木、灌木进行排灌、施肥时,应按植物种类、生长期、生长季节天气情况等的不同有区别地进行,保证水、肥充足适宜。

（四）补植

对于被破坏的草地和乔木、灌木要及时进行补植,要及时清除灌木和花卉的死苗。乔木发现死树时,也要进行及时的清理,从而做到乔木、灌木无缺株、死株,绿篱无断层。

（五）修剪、造型

根据植物的生长特性和长势,应适时对其进行修剪和造型,以增强绿化、美化的效果。

（六）病虫害防治

病虫害对花、草、树木的危害很大,轻者影响景观,重者导致花、草、树木的死亡,因此做好病虫害的防治工作是很重要的。病虫害的防治工作应以防为主,精心管养,使植物增强抗病虫的能力，同时要经常检查，早发现、早处理。在防治时可采取综合防治、化学防治、物理人工防治和生物防治等方法。

（七）绿地及设施的维护

绿地维护应做到绿地完善；花、草、树木不受破坏；绿地不被侵占，绿地版图完整；无乱摆乱卖、乱停乱放的现象。

绿地各种设施如有损坏，要及时修补或更换，以保证设施的完整美观。保护好绿地围栏等绿化设施。保护绿化供水设施，防止绿化用水被盗用。对护树的竹竿、绑带要及时加固，使其达到护树目的。生长季节，随着树木生长，及时松掉绑在树干上的带子，以防嵌入树体，从而影响树木生长，同时要注意不能用铁丝直接绑在树干上，中间要垫上胶皮。

（八）水池和园路的管理

水池的管理要做到保持水面及水池内外清洁，水质良好、水量适度，节约用水；池体美观，不漏水，设施完好无损；要及时清除杂物，定时杀灭蚊子幼虫，定时清洗水池；控制好水的深度，管好水闸开关，不浪费水；及时修复受损的水池及设施。绿地路面应保持清洁、美观、完好无损，要及时清除路面垃圾杂物，修补破损并保持完好。绿地环境卫生要做到：绿地清洁，无垃圾杂物、无石砾石块、无干枯树枝、无粪便暴露、无鼠洞和蚊蝇滋生地等。

（九）防旱、防冻

在旱季，根据天气预报和绿地实际情况，检查花、草、树木的生长情况，做好防旱、抗旱的组织和实施工作，预测出花、草、树木的缺水时限并进行有效的抗旱。

在进行防冻工作时，必须按植物生长规律采取有效的措施，从而保持花、草、树木的良好生长。

（十）防台风、抗台风

在物业绿化的日常管理中，要时刻树立和加强防台风、抗台风的意识，及时做好防台风、抗台风的准备工作。在台风来袭前要加强管理、合理修剪，做好护树和其他设施的加固工作，派专人进行检查，并成立抗风抢险小组。在接到8级以上台风通知时，主要管理人员要轮流值班，通信设备要24小时开通，人力、机械设备及材料等应随时待命。台风吹袭期间，发现树木等设施危及人身安全和影响交通的，要立即予以清理，疏通道路，及时排涝。台风后要及时进行扶树工作，补好残缺，清除断枝落叶和垃圾，保证在两天内恢复原状。

（十一）搞好配套工作

如在节假日，应按要求配合做好节日的摆花工作，同时增加人员搞好节日的保洁和管理工作；草坪、花灌木等各种苗木按其生长习性，应提前得到修剪，保证节日期间达到更美化的效果。

二、确定园林绿化养护质量标准

绿化养护就是指绿地、植被等植物的管理与养护，按国家有关的规定，绿化养护分三个等级，三个等级的质量标准见表9-2-1。

表9-2-1 绿化养护等级质量标准

序号	等级	养护质量标准
1	一级	（1）绿化充分，植物配置合理，达到黄土不露天 （2）园林植物达到 ① 生长势好，生长超过该树种该规格的平均生长量（平均生长量待以后调查确定） ② 叶子健壮 ——叶色正常，叶大而肥厚，在正常的条件下不黄叶、不焦叶、不卷叶、不落叶，叶上无虫尿、虫网、灰尘 ——被啃咬的叶片最严重的每株在5%以下（包括5%，以下同） ③ 枝、干健壮 ——无明显枯枝、死杈，枝条粗壮，过冬前新梢木质化 ——无蛀干害虫的活卵活虫 ——介壳虫最严重处主枝干上100cm² 1头活虫以下（包括1头，以下同），较细的枝条每尺长的一段上在5头活虫以下（包括5头，以下同），株数都在2%以下（包括2%，以下同） ——树冠完整分支点合适，主侧枝分布匀称和数量适宜，内膛不乱、通风透光 ④ 措施好，按一级技术措施要求认真进行养护 ⑤ 行道树基本无缺株 ⑥ 草坪覆盖率应基本达到100%；草坪内杂草控制在10%以内，生长茂盛、颜色正常，不枯黄；每年修剪暖季型6次以上、冷季型15次以上，无病虫害 （3）行道树和绿地内无死树，树木修剪合理，树形美观，能及时很好地解决树木与电线、建筑物、交通等之间的矛盾 （4）绿化生产垃圾（如树枝、树叶、草末等）重点地区路段能做到随产随清，其他地区和路段做到日产日清；绿地整洁，无砖石瓦块、筐和塑料袋等废弃物，并做到经常保洁 （5）栏杆、园路、桌椅、井盖和牌饰等园林设施完整，做到及时维护和油饰 （6）无明显地人为损坏，绿地、草坪内无堆物堆料、搭棚或侵占等，行道树树干上无钉栓刻画的现象，树下距树干2米范围内无堆物堆料、搭棚设摊、圈栏等影响树木养护管理和生长的现象（2米以内如有，则应有保护措施）
2	二级	（1）绿化比较充分，植物配置基本合理，基本达到黄土不露天 （2）园林植物达到 ① 生长势正常，生长达到该树种该规格的平均生长量 ② 叶子正常 ——叶色、大小、薄厚正常 ——较严重黄叶、焦叶、卷叶、带虫尿虫网灰尘的株数在2%以下 ——被啃咬的叶片最严重的每株在10%以下 ③ 枝、干正常 ——无明显枯枝、死杈 ——有蛀干害虫的株数在2%以下 ——介壳虫最严重处主枝主干100cm² 2头活虫以下，较细枝条每尺长一段上在10头活虫以下，株数都在4%以下 ——树冠基本完整，主侧枝分布匀称，树冠通风透光 ④ 按二级技术措施要求认真进行养护 ⑤ 行道树缺株在1%以下 ⑥ 草坪覆盖率达95%以上；草坪内杂草控制在20%以内；生长和颜色正常，不枯黄；每年修剪暖季型2次以上、冷季型10次以上；基本无病虫害 （3）行道树和绿地内无死树，树木修剪基本合理，树形美观，能较好地解决树木与电线、建筑物、交通等之间的矛盾 （4）绿化生产垃圾要做到日产日清，绿地内无明显的废弃物，能坚持在重大节日前进行突击清理 （5）栏杆、园路、桌椅、井盖和牌饰等园林设施基本完整，基本做到及时维护和油饰

续表

序号	等级	养护质量标准
2	二级	（6）无较重的人为损坏，对轻微或偶尔发生难以控制的人为损坏，能及时发现和处理；绿地、草坪内无堆物堆料、搭棚或侵占等；行道树树干无明显地钉栓刻画现象，树下距树2米以内无影响树木养护管理的堆物堆料、搭棚、圈栏等
3	三级	（1）绿化基本充分，植物配置一般，裸露土地不明显 （2）园林植物达到 ① 生长势基本正常 ② 叶子基本正常 ——叶色基本正常 ——严重黄叶、焦叶、卷叶、带虫尿虫网灰尘的株数在10%以下 ——被啃咬的叶片最严重的每株在20%以下 ③ 枝、干基本正常 ——无明显枯枝、死杈 ——有蛀干害虫的株数在10%以下 ——介壳虫最严重处主枝主干上100cm² 3头活虫以下，较细的枝条每尺长一段上在15头活虫以下，株数都在6%以下 ——90%以上的树冠基本完整，有绿化效果 ④ 按三级技术措施要求认真进行养护 ⑤ 行道树缺株在3%以下 ⑥ 草坪覆盖率达90%以上；草坪内杂草控制在30%以内；生长和颜色正常；每年修剪暖季型草1次以上、冷季型草6次以上 （3）行道树和绿地内无明显死树，树木修剪基本合理，能较好地解决树木与电线、建筑物、交通等之间的矛盾 （4）绿化生产垃圾主要地区和路段做到日产日清，其他地区能坚持在重大节日前突击清理绿地内的废弃物 （5）栏杆、园路和井盖等园林设施比较完整，能进行维护和油饰 （6）对人为破坏能及时进行处理；绿地内无堆物堆料、搭棚侵占等；行道树树干上钉栓刻画现象较少，树下无堆放石灰等对树木有烧伤、毒害的物质；无搭棚设摊、围墙圈占树等

作为物业公司，应该根据所管物业项目的等级要求及当地政府对绿化养护的标准来制订物业项目的绿化养护质量标准，该标准最好能够量化，以便更好地执行。以下提供一个范本供参考，见表9-2-2。

表9-2-2 某物业项目绿化养护质量标准

养护科目	养护级别	管理标准
草坪	基础养护	（1）确保草坪成活，无枯黄现象 （2）无明显病虫害现象 （3）无明显杂草、枯草现象 （4）无明显垃圾、枯枝落叶，基本保持整洁
草坪	Ⅲ级养护	（1）保持草坪土壤润泽，草坪覆盖均匀 （2）控制病虫害隐患，避免虫害大面积侵蚀草坪 （3）无明显裸露泥土和板结泥土
草坪	Ⅱ级养护	（1）草坪覆盖率达95%以上，没有20cm²以上秃斑 （2）草坪高度保持在10～15cm范围内 （3）草坪、道路边缘及乔、灌木根部等地，采用人工剪草 （4）所剪草渣及时收捡清运，不能过夜 （5）草坪防虫害有保护措施（口罩、手套、警示牌等）

续表

养护科目	养护级别	管理标准
草坪	Ⅰ级养护	（1）保持草坪的均一性，无明显裸土、杂草及病虫害痕迹 （2）草坪高度保持在8～12cm范围内，无起伏、交错现象 （3）草坪色泽均匀、肥料充足、无较大色差 （4）草坪病虫害控制率达95%以上，预防为主，防治结合 （5）每年根据草坪性质定期梳草、打孔，保证草坪透气性，无明显草垫层形成
乔木	基础养护	（1）确保乔木成活，无明显枯枝、枯叶现象 （2）无明显病虫害现象
	Ⅲ级养护	（1）乔木生长正常、形态美观，无凌乱枝条 （2）乔木树干无虫害洞口，无害虫攀爬树干
	Ⅱ级养护	（1）乔木枯枝枯叶修剪率达95%以上，无曲枝、蘖枝现象 （2）每季度定期施肥，保持乔木形态自然美观 （3）乔木基部无萌蘖枝、无过长杂草及杂物 （4）乔木防虫害有保护措施（口罩、手套、防护衣、警示牌等）
	Ⅰ级养护	（1）保持乔木长势健壮，杆径、冠幅比例协调 （2）乔木整体整形每年一次，修整前预先告诉主管单位 （3）修整大型乔木有防护措施（如高梯、警示牌等）
灌木含绿篱灌木	基础护养	（1）确保灌木成活，无明显枯枝烂叶及枯萎枝条现象 （2）无明显病虫害现象 （3）保护灌木基本平整成形
	Ⅲ级养护	（1）保持灌木生长正常、株形整齐、色泽均匀 （2）灌木死亡、空缺处及时补栽，保持美观整齐 （3）灌木簇从根部无明显杂草杂物，保持清洁
	Ⅱ级养护	（1）灌木新枝生长不超过15cm，修剪应保持原有植物造型（如球形、塔形、条形、曲线形等） （2）灌木枯枝修剪率达95%以上 （3）灌木虫害面积控制率达95%以上
	Ⅰ级养护	（1）灌木枝叶稠密、整齐一致，新枝生长不超过8cm （2）灌木修剪平面、侧面轮廓分明，坡形、弧形流线自然 （3）高位修剪时有防护措施（如高梯、警示牌等）
其他	浇水	（1）使用单位提供的无污染水质 （2）浇水作业时间为夏季早晚浇（早上9：00以前，晚上5：00以后），冬季中午浇（10：00-3：00） （3）灌木浇水浇透，保持植物土壤的湿润度 （4）乔木浇水时在根部打土围，所浇土壤疏松不板结 （5）根据不同的气候、温度以及植物类型制订不同的浇水时间和浇水量
	施肥	（1）施肥时采用沟施、环施、手撒等方法，所施肥处不裸露，用掩盖、土埋或浇水处理 （2）草坪手撒肥后及时作回水处理 （3）施肥时有详细记录，填报《施肥纪录簿》 （4）天气炎热时不进行施肥、浇灌等作业 （5）按计划对乔、灌木及草坪采取施肥
	防病虫害	（1）防虫施药操作安排在下班或周末实施 （2）施肥时有详细记录，填报《防病虫害纪录簿》

续表

养护科目	养护级别	管理标准
其他	防病虫害	(3) 施放农药时由专人配对、专人实施操作 (4) 施放农药时检查周边环境,避免伤及他人 (5) 防病虫害时有防护措施(口罩、手套、防护衣等) (6) 高温气候不进行防病虫害作业
	农药	(1) 使用特效农药时(如乐果等)提前3天预先告知主管单位 (2) 农药管理实行标签药名对号入库,每日核查 (3) 农药配对后立即入库入位,设置专人管理 (4) 施用农药根据不同的病虫害控制具体施用时间,提高农药的功效
	防冻	(1) 冬季对畏寒植物进行防冻罩袋处理,实施前预先告之主管单位 (2) 罩袋颜色统一,遮盖适度,操作规范 (3) 罩袋工作时有防护措施(如高梯、警示牌等) (4) 入冬前追加植物底肥,增强植物耐寒力
	防涝	(1) 完善排灌系统,疏通排水通道 (2) 对乔木、植物进行人工培土 (3) 如发生严重洪涝灾害及时通知主管单位
	花坛、花卉、盆栽	(1) 花叶茂盛、花朵鲜艳,成活率达95%以上 (2) 无根茎断折、无病虫攀爬现象 (3) 枝叶花叶干净无积尘,花盆干净无污迹
	水域	(1) 保证水域景观水质清洁、透亮、无味 (2) 夏季水一周一换,冬季一月一换 (3) 确保水生植物及水域周边植物的成活和美观
	文化设施	(1) 保持与绿化环境相关文化设施的整洁 (2) 每周做到日常清理,每月定期整体清理 (3) 文化设施损坏在第一时刻告诉主管单位
	特殊情况	(1) 乔木遇吹倒淋倒时,及时扶正搭架,对倒塌植物采取急救措施 (2) 需拔除、割据的乔木,在处理前应预先告之主管单位,并填写《植物损耗纪录》,双方签字认可 (3) 操作时有防护措施(如高梯、警示牌等)
	植物补栽	(1) 根据植物适合栽种的季节,及时补种补栽 (2) 植物补种补栽,预先告之主管单位
	作业要求	(1) 员工作业时禁止喧哗,做到文明用语、规范操作 (2) 绿化作业后杂物、垃圾倾倒在固定垃圾堆放处,做到日产日清 (3) 绿化清洁工具摆放在指定位置,专人管理,不得影响主管单位日常工作和环境美观
机具	剪草机	(1) 剪草机使用过程中严格按使用说明书规范操作 (2) 雨天或草地未干时不使用剪草机 (3) 剪草机由专人管理、专人使用 (4) 每天对剪草机进行日常保养,每周进行维护,确保剪草机正常使用
	喷雾器	(1) 喷雾器由专人管理、专人使用 (2) 操作前穿戴好防护服(如口罩、手套、雨衣、雨靴等) (3) 操作时掌握风向,注意喷雾方向,避免伤及他人
	绿篱机	(1) 绿篱机在使用前先检查油量、机油配比,确认机器能够正常启动 (2) 绿篱机使用过程中严格按使用说明书规范操作

续表

养护科目	养护级别	管理标准
机具	绿篱机	（3）绿篱机由专人管理、专人使用 （4）注意绿篱机日常保养，遇故障及时维修，降低故障率
	电动机	（1）注意电动机的防水和漏电保护 （2）电动机作业时应远离办公区域，降低噪声 （3）电动机使用后应立即入库避免对主管单位工作和环境造成影响

三、制订园林绿化养护管理月历

全年的气候是不一样的，绿化养护的要求也是不一样的，物业公司应该根据物业项目的地理环境、气候条件及物业项目的管理等级来制订管理月历，以保证园林绿化养护工作有条不紊地进行。以下提供某物业项目的园林绿化养护管理月历供参考，见表9-2-3。

表9-2-3　某物业项目的园林绿化养护管理月历

月份	气候特征	绿化养护要点
1月	一月是全年中气温最低的月份，露地树木处于休眠状态	（1）冬季修剪：全面展开对落叶树木的整形修剪作业，对大小乔木上的枯枝、伤残枝、病虫枝及妨碍架空线和建筑物的枝杈进行修剪 （2）行道树检查：及时检查行道树绑扎、立桩情况，发现松绑、铅丝嵌皮、摇桩等情况时立即整改 （3）防治害虫：冬季是消灭园林害虫的有利时期，可在树下疏松的土中挖集刺蛾的虫蛹、虫茧，集中烧死，1月中旬的时候，蚧壳虫类开始活动，但这时候行动迟缓，我们可以采取刮除树干上的幼虫的方法在冬季防治害虫，往往有事半功倍的效果 （4）绿地养护：绿地、花坛等地要注意挑除大型野草；草坪要及时挑草、切边；绿地内要注意防冻、浇水
2月	2月份气温较上月有所回升，树木仍处于休眠状态	（1）养护基本与1月份相同 （2）修剪：继续对大小乔木的枯枝、病枝进行修剪，月底以前，把各种树木修剪完 （3）防治害虫：继续以防刺蛾和蚧壳虫为主
3月	3月份气温继续上升，中旬以后，树木开始萌芽，下旬有些树木（如山茶）开花	（1）植树：春季是植树的有利时机，土壤解冻后，应立即抓紧时机植树，植大小乔木前做好规划设计，事先挖（刨）好树坑，要做到随挖、随运、随种、随浇水，种植灌木时也应做到随挖、随运、随种，并充分浇水，以提高苗木存活率 （2）春灌：因春季干旱多风，蒸发量大，为防止春旱，对绿地等应及时浇水 （3）施肥：土壤解冻后，对植物施用基肥并灌水 （4）防治病虫害：本月是防治病虫害的关键时刻，一些苗木出现了霉污病，卷叶螟也出现了（采用喷洒杀螟松等农药进行防治），防治刺蛾可以继续采用挖蛹方法
4月	4月份气温继续上升，树木均萌芽开花或展叶，开始进入生长旺盛期	（1）继续植树：4月上旬应抓紧时间种植萌芽晚的树木，对冬季死亡的灌木（杜鹃、红花继木等）应及时拔除补种，对新种树木要充分浇水 （2）灌水：继续对养护绿地进行及时的浇水 （3）施肥：结合灌水，对草坪、灌木追施速效氮肥，或者根据需要进行叶面喷施 （4）修剪：剪除冬、春季干枯的枝条，修剪常绿绿篱

续表

月份	气候特征	绿化养护要点
4月	4月份气温继续上升，树木均萌芽开花或展叶，开始进入生长旺盛期	(5) 防治病虫害：蚧壳虫在第二次蜕皮后陆续转移到树皮裂缝内、树洞、树干基部、墙角等处分泌白色蜡质薄茧化蛹，可以用硬竹扫帚扫除，然后集中深埋或浸泡，或者采用喷洒杀螟松等农药的方法来除灭；天牛开始活动了，可以用嫁接刀或自制钢丝挑除幼虫，但是伤口要做到越小越好 (6) 绿地内养护：注意大型绿地内的杂草及攀援植物的挑除，对草坪也要进行挑草及切边工作 (7) 草花：为迎接五一劳动节，替换冬季草花，注意做好浇水工作
5月	5月份气温急骤上升，树木生长迅速	(1) 浇水：树木展叶旺盛期，需水量很大，应适时浇水 (2) 修剪：修剪残花，行道树进行第一次剥芽修剪 (3) 防治病虫害：继续以捕捉天牛为主；刺蛾第一代孵化，但尚未达到危害程度，根据养护区内的实际情况制订相应措施；由蚧壳虫、蚜虫等引起的霉污病也进入了高发期（在紫薇、海桐、夹竹桃等上）；在5月中、下旬喷洒10～20倍的松脂合剂及50%三硫磷乳剂1500～2000倍液，以防治病害及杀死虫害（其他可用杀虫素、花保等农药）
6月	6月份气温高	(1) 浇水：植物需水量大，要及时浇水，不能"看天吃饭" (2) 施肥：结合松土、除草、施肥、浇水，以达到最好的效果 (3) 修剪：继续对行道树进行剥芽除蘖工作；对绿篱、球类及部分花灌木实施修剪 (4) 排水工作：有大雨天气时要注意低洼处的排水工作 (5) 防治病虫害：6月中、下旬刺蛾进入孵化旺盛期，应及时采取措施，现基本采用50%杀螟松乳剂500～800倍液喷洒（或用复合BT乳剂进行喷施）；继续对天牛进行人工捕捉 (6) 做好树木防汛防台风前的检查工作，对松动、倾斜的树木进行扶正、加固及重新绑扎
7月	7月份气温最高，中旬以后会出现大风大雨情况	(1) 移植常绿树：雨季期间，水分充足，可以移植针叶树和竹类，但要注意天气变化，一旦碰到高温要及时浇水 (2) 排涝：大雨过后要及时排涝 (3) 施追肥：在下雨前干施氮肥等速效肥 (4) 行道树：进行防台剥芽修剪，对电线造成干扰的树枝一律修剪，并对树桩逐个检查，发现松垮、不稳立即扶正绑实；事先做好劳力组织、物资材料、工具设备等方面的准备，并随时派人检查，发现险情及时处理 (5) 防治病虫害：继续对天牛及刺蛾进行防治防治，天牛可以采用50%杀螟松1∶50倍液注射（或果树宝、园科三号），然后封住洞口，也可达到很好的效果，香樟樟巢螟要及时剪除，并销毁虫巢，以免再次危害
8月	8月份仍为雨季	(1) 排涝：大雨过后，对低洼积水处要及时排涝 (2) 行道树防台风工作：继续做好行道树的防台风工作 (3) 修剪：除一般树木的夏季修剪外，还要对绿篱进行造型修剪 (4) 中耕除草：杂草生长旺盛，要及时除草，并可结合除草进行施肥 (5) 防治病虫害：以捕捉天牛为主，注意根部的天牛捕捉；蚜虫、香樟樟巢螟要及时防治；潮湿天气要注意白粉病及腐烂病，要及时采取措施
9月	9月份气温有所下降，为迎接国庆做好相关工作	(1) 修剪：迎接国庆工作，行道树三级分叉以下剥芽，绿篱造型修剪，绿地内除草，草坪切边，及时清理死树，做到树木青枝绿叶、绿地干净整齐 (2) 施肥：对一些生长较弱、枝条不够充实的树木，应追施一些磷、钾肥 (3) 草、花：为迎国庆，更换草、花，选择颜色鲜艳的草、花品种，注意浇水要充足

续表

月份	气候特征	绿化养护要点
9月	9月份气温有所下降,为迎接国庆做好相关工作	(4) 防治病虫害:穿孔病发病高峰,采用500%多菌灵1000倍液,以防止侵染天牛开始转向根部,注意根部天牛的捕捉;对杨树、柳树上的木蠹蛾也要及时防治;做好其他病虫害的防治工作 (5) 节前做好各类绿化设施的检查工作
10月	气温下降,下旬进入初冬,树木开始落叶,陆续进入休眠期	(1) 做好秋季植树的准备,下旬耐寒树木一落叶,就可以开始栽植 (2) 绿地养护:及时去除死树,及时浇水,绿地、草坪挑草、切边工作要做好,草花生长不良的要施肥 (3) 防治病虫害:继续捕捉根部天牛,香樟樟巢螟也要注意防治
11月	土壤开始夜冻日化,进入隆冬季节	(1) 植树:继续栽植耐寒植物,在土壤冻结前完成 (2) 翻土:对绿地土壤翻土,暴露准备越冬的害虫 (3) 浇水:对干、板结的土壤浇水,要在封冻前完成 (4) 防治病虫害:各种害虫在下旬准备过冬,防治任务相对较轻
12月	气温低,开始冬季养护工作	(1) 冬季修剪:对一些常绿乔木、灌木进行修剪 (2) 消灭越冬病虫害 (3) 做好明年的调整工作准备:待落叶植物落叶以后,对养护区进行观察,绘制要调整的方位图

第三章 绿化改造工程的介入与验收

一、旧园林问题的分析及改造方案的制订

(一) 分析园林存在的问题

一般来说,使用一定年限以后的物业绿化往往会出现以下问题,见表9-3-1。

表9-3-1 园林存在的问题及产生原因

序号	现象	产生原因
1	多处绿化被人踩出新路	(1) 园路的分布不太合理,没有充分考虑人的心理要求 (2) 社区环境文化不完善,人们保护绿化的意识淡薄 (3) 绿化保护标志不够
2	黄土裸露	(1) 由于乔木长大,原先见阳的地方变成了荫蔽的地方,致使原来种于该处的阳性植物因不适应而逐渐死亡 (2) 由于管理不善造成部分植物死亡 (3) 由于人为破坏而未及时补种
3	排水不畅、积水	(1) 土壤板结 (2) 地下排水设施没做好 (3) 园林排水坡向及坡度设计不合理
4	植物生长不良	(1) 管理不善,经常缺水或缺肥、受病虫害侵染 (2) 所选植物品种不适应该地方的气候、光线或土壤条件 (3) 居住区人员及车辆经常走过,擦伤枝叶及踩实植物周围土壤 (4) 周围环境受污染
5	功能老化	原园林绿化设计功能已不符合现在的功能要求

(二)根据分析出的原因制订改造方案

1. 园路改造

面对第一种情况,首先应分析是由于园路分布不合理还是管理不好造成的,以及新路的行走量,然后再选择相应的改造方案(见表9-3-2)。

表9-3-2 园路改造方案

序号	情况分析	改造方案
1	对园路分布不合理,且人流量较大的新路	在不影响园林美观的前提下,可考虑将绿地中的新路用汀步、砖草路等方式改造成供人行走的园路,而不应一味地靠补植封堵
2	对管理不善造成的、人流量不是很大的新路	应用同种植物补植予以封堵,并在新封堵的植物边放置诸如"爱护绿化,请勿穿越"之类的保护绿化的标示牌
3	对设计时人、车流量考虑不够的主干路	可适当拓宽,拓宽后两旁应建好路牙或栽上绿篱围护,避免两旁再无限制地自然加宽

2. 植物改造

园林植物栽植一定时间后,由于老化、人为破坏或不适应环境等原因会造成损坏,因而需要对其进行改造。改造时应注意以下3点。

(1)一般来说,为了保持原有的设计风格,改造补种的植物应与原设计植物品种、规格相同。

(2)对于一些明显不适应所在地环境,或原设计者选择有误,或经多次补植均生长不良的植物品种,应考虑选用其他适应性较好的植物品种。如在已长大成荫的大树下可考虑使用耐阴性植物;在碱性土壤上选用耐碱性植物;在酸性土壤上选用喜酸性植物;在水湿的地方选用耐湿性植物等。

(3)对于一些因长期缺乏修剪而疯长、内部干枯或影响建筑物安全的植物,可适当进行疏剪、缩剪。

3. 对黄土裸露处改造

黄土裸露原因多数是太过荫蔽或人为践踏。

(1)对于太过荫蔽的地方,应考虑改用耐阴性植物(如蕨类、合果芋、美洲蜘蛛兰、小蚌兰、大刊油草、沿阶草、龟背竹等)进行绿化,也可用蔓性的虎耳草或绿萝等让其爬到树上进行立体绿化。

(2)对于实在太荫蔽而且经常有人走动的地方,可考虑将部分地面硬化后增设一些圆凳、圆桌、美人靠或雕塑小品予以装饰,也可开发成小区体育运动场所。

4. 土壤改良

不少物业在园林绿化施工时,往往将大量建筑垃圾埋在地下,这对植物生长非常不利。对于这种情况,可在每年管养过程中结合中耕除草,逐步将泥土中的建筑废料清除,并施加一些有机质含量较多的肥料进行改良。

对于土壤pH值较高的地方,可适当施些酸性肥料予以中和、改良。

对于草地土壤板结、排水不良等现象,则可以用草坪打孔机打孔后,培上适量的沙子进行改良。

二、实施方案选择及招标管理

要根据制订的改造方案确定实施方案,并根据不同的管理模式,结合实际情况对实施方案进行选择。

（1）一般来说，较小的改造项目由原负责日常管理的单位实施改造即可，较大型的改造方案则要考虑采用招标方式来确定施工单位。

（2）如果小区绿化是自主管理模式的，在确定方案后就应及时做好施工计划、物资准备工作，与相关部门沟通，并做好业主的解释工作。

（3）如果要实施招标，则应根据改造工程的大小及难度确定应标施工单位的最大资质要求。在招标后签订施工合同时要注明工作期限、工作内容、范围、金额、付款方式、双方责任以及验收标准等，避免日后产生纠纷。

（4）对于全面改造的大型工程，应委托具有施工资质的专业公司进行，并按正常物业绿化施工的方法进行管理。

三、旧园林改造的施工管理

旧园林改造的施工管理要点见表9-3-3。

表9-3-3　旧园林改造的施工管理

序号	要　点	说　明
1	做好解释工作	施工前应提前通知业主、住户、商家等，做好解释工作，并采取相应的临时补救措施以减少对他们的影响
2	做好场地隔离	施工场地应尽量使用木板或临时围墙与生活、营业场所等进行隔离；施工材料要走专用道路，以尽量减少其对周围环境造成污染；对于宾馆、商场等营业场所的改造，除了要围隔外，还应在围隔的木板、墙上画上装饰性图案进行美化，避免无关人员因好奇而前来围观，并在影响业主、用户、客人的地方加上解释性致歉标志牌或警示牌
3	加强现场管理	（1）将全部参与施工的人员登记在册，办理出入证件，施工人员凭出入证件进场施工，并且每天对进场施工的人员进行登记；在施工现场应有物业管理公司的人员进行现场管理，处理一些突发事件 （2）在非施工时间，除了必要的物资管理人员或现场管理人员外，一般不允许施工人员逗留现场
4	维护现场卫生	（1）出入施工场所的车辆、人员、工具等，应在出入时用水清洗干净，以防将泥块杂物带出施工区域 （2）每天应派专人清理施工现场，施工人员使用的饭盒及剩饭、剩菜应统一存放，并减少施工场所内的污水积留，避免滋生蚊虫、老鼠等
5	控制施工时间	由于旧园林周围的物业已投入使用，为了减少对已使用物业的影响，应根据不同的物业制订不同的施工时间，如宾馆、商场等商用场所的施工，应选择在停止营业或客人较少的夜间进行，而居住小区则应选择在白天大多数业主、住户上班的时间进行，以免影响业主、住户休息

四、绿化改造工程验收

绿化改造工程尤其是较大型的绿化改造工程在完工后，应针对所有待解决的问题组织人员进行验收。

（一）验收的时机

对于种植类工程，小苗一般在种植3个月后即可验收，而较大的苗木一般在一个生长期后再验收移交，或3个月后验收移交，但必须保活一个生长期。

（二）验收的步骤

验收的步骤具体见表9-3-4。

表9-3-4 验收的步骤

序号	步骤	说明
1	验收前的工作	较大型的全面改造工程在验收前，施工单位应将场地清理干净，并测绘好绿化工程竣工图，统计出各项工程的数量、规格、质量，写出竣工报告，先由本单位领导初步验收，遇有不妥之处，及早采取措施，尽可能让工程达到高质量、高水平，然后签署验收意见
2	正式验收	物业公司在进行验收时，除了按物业接管验收标准进行验收外，还要注意实际的施工质量、工程量与施工方所报的是否一致，同时应明确所要解决的问题是否已解决、资料是否齐全等
3	验收中对不符合要求的问题的处理	（1）不符合要求的工程按"严重问题"、"一般问题"两大类列表汇总报给施工单位，限期整改，整改完工后进行再验收，验收合格后予以结算，若再验收还不合格，应按合同扣款，或再责令对方整改直至符合要求为止 （2）对于一些小修补之类的整改，在验收时则主要看问题是否已经解决、是否对周围的植物和环境及地下管线造成了破坏、所用苗木品种及规格是否与周围原有绿化环境相协调等

第四章 物业绿化规范化管理制度范本

一、绿化管理程序

绿化管理程序

1 适用范围

各管理处绿化管养工作的控制。

2 职责范围

2.1 绿化班长对管理处绿化实施全面管理。负责管理处绿化管养方案的实施，并对绿化工的操作进行监督检查，向上级领导汇报工作进度及发展构想等。

2.2 绿化班长负责员工的后勤保障工作、仓库的管理、对绿化工作的监督检查，以及负责宿舍的管理。

2.3 绿化技术员负责提供小区绿化管养或改造的方案，制订操作与定额标准，协助绿化班长的监督检查工作，以及员工的培训与学习。

2.4 绿化养护工负责执行具体的绿化养护工作，把绿化养护工作落实到位。

2.5 管理处对绿化工作的实施及其结果进行监督检查。

3 工作程序

3.1 合同的签订。绿化班长与各管理处经理签订绿化养护合同，负责各管理处的绿化管养工作。

3.2 工作计划的制订。绿化班长根据绿化养护合同的事项与各管理处绿地具体情况，制订工作计划，填写《＿＿＿年＿＿＿月工作计划及考核表》。

3.3 绿化工作的实施。

(1) 绿化工根据工作计划,对各管理处实施绿化管养工作。

(2) 绿化工在班长的指导下,按照《施工工序流程图》的流程事项,组织绿化养护工进行施工改造工作。重大节日前,绿化班应根据管理处要求重新设计、改造。

(3) 绿化班长安排日常绿化工作,技术员负责区内绿化及造型方案设计,并对绿化工作实行分区划片包干作业管理,做到员工之间任务划定清楚,责任明确。

(4) 绿化养护工在日常绿化管养工作中,要严格遵守《绿化养护工工作制度》。在绿化养护操作时要严格按照《绿化管理标准》与《操作规程》、《养护工工时定额表》的标准办事。

3.4 仓库的管理。绿化班应指定一名人员抓好仓库的管理工作,对工具的借出与肥料、农药的使用量要做好登记工作。具体按《绿化、消杀工作手册》执行。

3.5 培训。

(1) 员工的培训工作主要由技术员负责授课。

(2) 培训内容主要是学习科学的养护方法,掌握专业绿化知识和园艺造型技艺,搞高绿化管养水平。

3.6 工作的检查与考核。

(1) 绿化班长对全体员工工作进行监督与检查,对于表现显著者给予相应的奖励,对于违纪行为,立即制止,并给予相应的惩罚。

(2) 绿化班长对绿化工进行月考核工作,并把情况填写到《绿化工月考核表》当中,出勤情况记录到《考勤表》中。

(3) 绿化班长对绿化工作进行检查,做好《绿化、消杀工作周检表》。检查时遇到的问题,要及时汇报给管理处,讨论后采取相应的措施解决。

(4) 管理处对绿化养护工工作情况进行月检查,并将检查情况记录到《绿化管养月反馈表》报公司品质督导部,绿化班长对管理处所反馈的问题要及时进行整改,管理处对绿化整改结果进行确认。

3.7 绿化活动中的环境和安全管理。绿化班及管理处在绿化活动中,应充分考虑环境和安全问题,如控制割草机的噪声、加强农药的管理以防中毒等。

二、绿化养护工工作制度

绿化养护工工作制度

1 适用范围

适用于各管理处的绿化养护工。

2 管理规定

2.1 按照国家和市政府规定,确保各管理处达到各自所规定的绿化指标,绿化完好率达99%以上,管理处以此项指标考核绿化工工作。

2.2 积极培养各种花卉苗木,满足各管理处绿地的补植、更新和用花需要,不断学习,研究新技术,积极引进和培育新品种。

2.3 根据季节、天气和花卉品种确定浇水量,选用不同浇水工具,保证花木不受早。

2.4 除草及时,保持草坪、花圃清洁,结合除草进行松土、施肥,施肥应贯彻"勤施、薄施"的原则,避免肥料浓度过高造成肥害。

2.5 草坪要经常修剪,草高度控制在5cm以下。

2.6 绿篱根据实际情况经常修剪,使绿化带整齐美观。

2.7 发现花木有病虫害要及时防治,贯彻"预防为主,综合防治"的方针,尽量选用无公害农药。

2.8 台风前对花木做好立支柱、疏剪枝叶的防风工作,台风后清除花木折断的枝条落叶,扶正培植倒斜的花木。

2.9 要有敬业精神,养成严格按操作规程作业的工作作风,加强业务学习,力争成为一专多能的骨干力量。

2.10 爱护各种机械器具，操作时严格按照操作规程作业，操作完后妥善保管，未经绿化中心同意不得外借。

三、绿化工作管理办法

绿化工作管理办法

1 目的

加强小区绿化管理工作，保护和改善小区生态环境，促进小区绿地养护与管理工作的规范化、制度化，提高小区绿化水平。

2 适用范围

适用于在本物业管理公司（以下简称公司）所管辖的小区内从事绿化规划、建设、保护和管理的单位和个人。

3 管理职责与权限

3.1 物业管理部。

3.1.1 负责对物业管理分公司、绿化专业公司、物业管理处的日常管理工作进行指导帮助、监督管理与考核。

3.1.2 负责制订绿化管理工作的规章制度、工作标准和工作记录。

3.1.3 负责小区绿化养护计划的审批工作。

3.1.4 负责小区绿化管理工作中重大问题的协调工作。

3.1.5 负责新增绿化项目方案的评审、设计和验收工作。

3.1.6 参与新建、改造绿化项目的设计、评审、验收和签证；参与绿化合格供方的推荐、评审和管理工作。

3.1.7 负责绿化工作责任事故的调查工作。

3.1.8 遇有重大事宜应及时向公司领导汇报。

3.2 经营计划部。

3.2.1 负责小区绿化工作的招标工作。

3.2.2 负责绿化合同的制订、审批与管理工作。

3.2.3 负责绿化合格供方的评审工作。

3.2.4 负责绿化资金计划的落实工作。

3.3 财务资产部。

依据合同规定及管理部门考核结果支付绿化费用。

3.4 工程维修部。

负责新建、改造绿化项目方案的评审、设计、监理、现场管理和验收工作。

3.5 物业管理分公司。

3.5.1 负责对物业管理处绿化管理工作进行指导帮助、监督管理与考核，及时解决管理职责内绿化工作存在的问题。

3.5.2 负责上报绿化工作周报、月报。

3.5.3 负责物业管理处绿化用水的统计分析工作。

3.5.4 负责统计上报小区绿化养护计划的实施和承包单位工作质量评价情况。

3.5.5 参与绿化合格供方的评审工作；参与新建、改造绿化项目的评审、验收和签证工作；参与新增绿化项目方案的评审、现场管理和验收工作。

3.5.6 遇有重大事宜应及时向物业管理部汇报。

3.6 物业管理处。
3.6.1 负责建立健全小区绿化基础工作记录；每日对小区内的绿地、绿化设施进行检查。
3.6.2 依据绿化合同、相关标准和绿化养护计划的要求进行现场管理与检查验收，及时解决管理职责内绿化工作存在的问题，及时制止小区内发生的违章违法行为，每周向物业管理分公司汇报小区绿化工作情况。
3.6.3 负责小区内绿化用水的计量、统计分析和管理工作。
3.6.4 负责矿区物业管理信息系统中有关绿化工作的数据录入和维护工作。
3.6.5 负责对承包单位的绿化养护工作质量进行评价。
3.6.6 负责绿化管网维修后的验收签证工作；参与新建、改造绿化项目的验收和签证工作；参与新增绿化项目方案的评审、现场管理和验收工作。
3.6.7 遇有重大事宜应及时向分公司汇报。
3.7 绿化公司。
3.7.1 负责对小区绿化工作的技术指导、培训和监管工作；参与公司有关绿化规章制度和工作标准的制订工作。
3.7.2 负责审核承包单位制订的各项工作计划与方案，并对承包单位的工作计划进行分解、汇总，及时上报物管科审批。
3.7.3 对承包单位出现浪费绿化用水的行为，依据合同条款进行处理。
3.7.4 参与绿化合同的制订和评审工作；参与新建、改造绿化项目的设计、评审、验收和签证工作；参与绿化养护合格供方的评审工作；参与新增绿化项目方案的评审、现场管理和验收工作。
3.7.5 负责绿化用水的计量、统计分析和管理工作。
3.7.6 遇有重大事宜应及时向物业管理部汇报。
3.8 维修公司。
负责绿化管网的维修工作。

4 管理规定

4.1 规划建设与保护管理。
4.1.1 小区公共绿地面积和绿化覆盖率等规划指标，应符合本市《城市绿化管理办法》的相关规定。应当根据当地的特点，利用原有的地形、地貌、水体、植被和历史文化遗址等自然、人文条件，以方便群众为原则，合理设置公共绿地、居住区绿地、防护绿地和风景林地等。
4.1.2 新建绿化工程的设计，应当委托持有相应资格证书的设计单位承担。工程建设项目的附属绿化工程设计方案，按照基本建设程序审批时，必须有市人民政府绿化行政主管部门参加审查。
（1）绿化面积在1000平方米以上或者绿化费用在5万元以上的绿化工程设计，应当委托持有相应资格证书的单位承担。
（2）绿化工程面积在2000平方米以上或者绿化费用在10万元以上的设计方案，应经市绿化行政主管部门审批，其中对建设有重要影响的绿化工程须报上级绿化行政主管部门审批。
（3）建设单位应按照批准的设计方案进行建设，设计方案需要改变时须经原批准机关审批。
（4）绿化用地面积在1000平方米以上或者绿化工程费用在3万元以上的绿化工程竣工后，须报请市绿化行政主管部门验收合格后，方可交付使用。
4.1.3 新区建设和旧区改造绿地不得低于下列标准。
（1）新建区的绿化用地，应不低于总用地面积的30%。
（2）公共绿地中绿化用地所占比率不低于总用地比率70%。
（3）旧区改造的绿化面积，可按前款（1）项规定的指标降低5个百分点。
4.1.4 任何单位和个人都不得擅自改变小区绿化规划用地性质或者破坏绿化规划用地的地形、地貌、水体和植被。
4.1.5 任何单位及个人都不得擅自占用绿化用地。因建设或者其他特殊需要临时占用绿地的，应当经绿化行政主管部门审查同意，并按有关规定办理临时用地手续，占用期满后，占用单位应当恢复原状。经批准永久性占用绿地的，该土地使用者应向公司交纳相应的绿化损失费。

4.1.6 禁止任何单位和个人擅自砍伐、移植、损毁小区树木、绿篱，确需砍伐、移植小区树木、绿篱的，应当按下列规定办理审批手续。

（1）一次砍伐或者移植乔木五株、灌木五丛、绿篱50米以下的，由市绿化行政主管部门审批。

（2）超过前款限定的，由市绿化行政主管部门审核，报市人民政府批准。经批准砍伐树木的，应当在市绿化行政主管部门指定的区域内补植同类树木。补植树木的胸径一般不小于5厘米，补植树木胸径面积之和为砍伐树木所围胸径面积之和的2～10倍。如当时补植有困难，应向公司交纳相应的绿化补植费。

4.1.7 各级管理人员或承包单位对于小区绿地内的植物应妥善保护与管理，如发现有本市《城市绿化管理办法》和《城市绿化管理实施细则》中所不允许的行为，应依据这两个办法的要求对其进行劝阻，不听劝阻的，报请执法部门或城市绿化行政主管部门处理。

4.1.8 树木生长影响管线安全或者交通设施正常使用确需修剪的，经绿化行政主管部门批准，按照兼顾管线、交通设施使用和树木正常生长的原则进行修剪。修剪费用除市人民政府已有明确规定外，可按下列原则分担：先有树木，后建管线、设施的，费用由管线、设施管理单位承担；先有管线设施，后植树木的，费用由树木所有人承担；树木和管线、设施分不清先后的双方平均承担。

4.1.9 小区内绿化地下管网、阀井由公司新建、维修和管理，地面管网由承包单位新建、维修和管理。严禁任何单位和个人擅自拆除、堵塞、填埋绿化用水的管线和阀井，不得损坏阀门和随意接阀门。

4.1.10 公司各级管理部门或单位严格按照《小区施工恢复工作管理办法》的要求，加强对影响绿化工作的施工行为的管理。

4.2 小区绿化交接工作的管理。

4.2.1 物业管理部组织物业分公司、物业管理处、绿化公司、原承包单位、新承包单位的交接工作，现场交接人员应具备签字认可的权力。交接内容包括：小区植被生长情况、地面设施、地下设施、阀井、水表、水表计量数据、乔灌木数量、花卉数量、藤本植物数量、草坪面积、养护工作记录、小区绿化管网图、小区绿化分布图等。

4.2.2 原承包单位应根据当时接管小区绿化的情况准备好交接前的各项工作，与原来接管不相符的应及时整改、恢复；新承包单位在承包期结束后不再承包时，也应保持接管时的状况和各项资料。对原承包单位拒不按要求执行的，公司从养护回访费中扣除损失，并安排恢复工作。

4.2.3 参与交接工作的单位检查核实所交接的内容无误，在交接记录上签字后，物业管理分公司安排物业管理处正式接管该小区的绿化管理工作，新承包单位正式接管该小区的养护工作。各项交接资料一式五份，物业管理部、物业分公司、物业管理处、绿化公司、新承包单位各留存一份。

4.2.4 现场交接存在争议时，由物业管理部组织相关单位共同商议解决方案。原承包单位与新承包单位不服从安排的，可以通过其他途径解决。

4.3 绿化养护计划。

4.3.1 每月的25日前，绿化公司通知承包单位提前制订下一个月的绿化养护月计划和周计划，审核后上报物业管理部，物业管理部将批准后的养护计划于每月28日下发物业管理分公司，物业管理分公司应及时将养护计划下发至物业管理处。

4.3.2 物业管理部、绿化公司监督计划执行情况，计划需要变更时，应及时调整。

4.4 春季绿化养护与管理。

4.4.1 春季气温回升，地表层无冻土，绿化公司及时安排承包单位对绿化管网进行试水，发现管网破损，及时通知相关单位处理。

4.4.2 绿化公司在确认气温不会降至5℃以下，通知承包单位安装地面节水灌溉设施，在未安装前由承包单位用地面软管浇水，确保春灌工作顺利进行。

4.4.3 绿化公司应及时安排承包单位的春季修剪、树木涂白和闸阀保养工作，并要求绿化养护人员开始上午到物业管理处报到，下午到物业管理处汇报当天的工作情况。

4.4.4 绿化公司、物业管理处、承包单位开始监控小区绿化病虫害的情况，做到"早发现、早控制、早治理"。打药人员应严格按照相关安全工作的要求打药，并做好打药现场的安全防护和小区居民人身安全工作。

4.5 日常绿化养护与管理。

4.5.1 物业管理处根据养护计划对承包单位的绿化养护工作进行现场检查验收，及时处理发现的问题，每周将工作情况上报物业管理分公司，并录入到辖区物业管理信息系统。

4.5.2 物业管理分公司每周统计汇总各物业管理处的工作情况，报物业管理部；物业管理部统计汇总后在公司简报上公布。

4.6 秋冬季绿化养护与管理。

4.6.1 养护单位按照养护计划认真做好树木涂白、病虫害防治、冬灌、闸阀保养、管网排空扫线工作，工作结束后应及时将地面管线回收保管。绿化公司、物业管理分公司、物业管理处对上述工作进行检查验收。

4.6.2 物业管理处冬季也应对小区内的绿地、绿化设施进行巡检，发现问题及时处理。

4.7 小区绿地认养的养护与管理。

4.7.1 公司制订小区绿地认养协议，有意认养小区绿地的居民可到物业管理分公司办理手续，并根据协议的要求进行养护。物业管理处指导帮助、监督检查小区居民的养护工作，及时发现、制止超出养护协议范围的行为。

4.7.2 公司制作统一的小区绿地认养公示牌，安放在小区绿地。

4.8 考核。

公司管理部门或单位依据养护合同条款和相关标准对承包单位进行考核，依据公司绿化工作考核办法对内部绿化管理工作进行考核。

第五章 物业绿化规范化管理表格范本

一、绿化养护作业记录

绿化养护作业记录见表9-5-1。

表9-5-1 绿化养护作业记录

时 间		地点	作业项目（工作内容）	签字	备注
月 日至	月 日				
月 日至	月 日				
月 日至	月 日				
月 日至	月 日				

二、绿化现场工作周记录表

绿化现场工作周记录表见表9-5-2。

表9-5-2 绿化现场工作周记录表

管理处： 岗位责任人： 岗位范围：

检查项目		日期 月 日	月 日	月 日	月 日	月 日	月 日	月 日
绿化工工作（此格由绿化班长填写绿化每天工作，无绿化班长的由绿化工填写）								
绿化工着装整洁，符合要求								
草坪	修剪平整，在2～8厘米							
	无黄土裸露							
	无杂草、病虫和枯黄							
乔灌木	无枯枝残叶和死株							
	修剪整齐，有造型							
	无明显病虫和粉尘污染							
绿篱	无断层缺株现象							
	修剪整齐，有造型							
	无明显病虫和粉尘污染							
花卉	无病虫							
	无杂草，花期花开正常							
	修剪整齐							
藤本	枝蔓无黄叶，长势良好							
	蔓叶分布均匀							
	无明显病虫和粉尘污染							
浇水施肥	是否及时							
	方法是否正确							
	有无浪费现象							
	是否按时查病虫							
园艺设施	护栏、护树架、水管、龙头是否良好							
	供水设施、喷灌等是否完好							
	园艺设施维修是否及时							
绿化药剂是否符合标准								
作业过程是否佩戴安全防护用具								
是否通知住户并作相应标志								
管理处环境组								
管理处经理								
其他各级督导								

备注：1.此表使用完后由管理处环境组负责更换保存，填写管理处名称、岗位责任人、岗位范围及日期。

2.各级督导发现无不合格在格内打"√"，发现不合格在格内打"×"，并在相应位置签名。

三、绿化工作周、月检查表

绿化工作周、月检查表见表9-5-3。

表9-5-3　绿化工作周、月检查表

检查人：　　　　　　　　　　　年　月　日　　　　　　　　　编号：

检查项目	不合格原因	责任人	处理结果	备注
除杂草				
松土				
清理枯枝、落叶				
清理绿地、石块				
树木草地、浇水				
叶面清洁度				
树木施肥				
乔木整枝				
灌木整枝				
绿篱修缮				
防寒工作				
防台风工作				
草坪修整				
草坪补缺				
草坪填平				

四、绿化养护春季检查表

绿化养护春季检查表见表9-5-4。

表9-5-4　绿化养护春季检查表

管理处：

检查项目	内　容	评分标准	评分要求	扣分部位	得分	整改后得分
冬季翻土春季平整	翻土的深度应在20cm以上，春季平整	20	发现翻土的深度不在20cm以上，每平方米扣1分；绿地平整分好、较好、一般、差四级，分别扣0～10分			
草坪养护	草坪加土护根	10	草坪加土护根分好、较好、一般、差四级，分别扣0～10分			
	草坪挑草	10	发现草坪上有大型野草，每平方米扣1分			
乔、灌木	乔、灌木清除枯枝烂头	10	发现乔、灌木有枯枝烂头，每棵扣1分			

续表

检查项目	内 容	评分标准	评分要求	扣分部位	得分	整改后得分
修剪	乔、灌木整形修剪	20	乔、灌木整形修剪，质量分好、较好、一般、差四级，分别扣0～20分			
病虫害防治	清除树上的蛀虫	10	发现树上有虫害，每棵扣1分			
保洁	树坛、中心绿地保持整齐	10	保洁工作分好、较好、一般、差四级，分别扣0～10分			
树木调整	根据园林布置要求进行调整	10	调整及时完成得10分，未完成扣10分			
	合计得分	100				

检查人： 　　　　　　　　　检查时间：年　月　日

五、绿化养护夏季检查表

绿化养护夏季检查表见表9-5-5。

表9-5-5　绿化养护夏季检查表

管理处：

考核项目	内　　容	评分标准	评分要求	扣分部位	得分	整改后得分
修剪	剪除冬春季干枯的枝条	10	发现树上有枯枝，每棵扣1分			
	修剪常绿树篱（绿篱），修剪时要注意绿篱表面的平整	10	发现未修剪绿篱，扣0.05分/米；修剪不符合要求，每米扣0.02分			
中耕除草	及时消灭树下的杂草，草高应控制在10cm以下	20	发现绿地草高超过10cm，扣0.05分/m^2			
病虫害防治	做好病虫害的防治工作，及时消灭树上的害虫	10	发现树上有虫害，每棵扣1分			
草坪	做好草坪的挑草工作，使草坪无大型杂草	10	发现草坪有大型杂草，扣0.05分/m^2			
养护	做好草坪的割草工作，草高一般保持在6～10cm	10	发现草高在10cm以上，扣0.05分/m^2			
保洁工作	做好绿地内的保洁工作，保持绿地内的整洁	10	绿地内的整洁分好、较好、一般、差四级，分别扣0～10分			
做好排涝工作	做好排涝的准备工作	10	排涝准备工作分好、较好、一般、差四级，分别扣0～10分			
树木调整	根据园林布置要求进行调整	10	调整及时完成得10分，未完成扣10分			
	合计得分	100				

检查人： 　　　　　　　　　检查时间：　年　月　日

六、绿化养护秋季检查表

绿化养护秋季检查表见表9-5-6。

表9-5-6 绿化养护秋季检查表

管理处：

考核项目	内容	评分标准	评分幅度	扣分部位	得分	整改后得分
修剪	对乔、灌木进行修剪，同时剪除所有树木上的枯枝条	10	发现乔、灌木未修剪，每棵扣0.05分			
修剪	修剪常绿树篱（绿篱）、球类，修剪时要注意绿篱、球类表面的平整	10	发现未修剪绿篱，每米扣0.05分；修剪不符合要求，扣0.02分/m			
草坪养护	做好草坪的挑草工作，使草坪无大型杂草	10	发现草坪有大型杂草，扣0.05分/m^2			
草坪养护	做好草坪的割草工作，草高一般保持在6～10cm	10	发现草高在10cm以上，扣0.05分/m^2			
中耕除草	在10月1日前，应消灭绿地内所有杂草	15	发现绿地草高超过10cm以上，扣0.05分/m^2			
病虫害防治	做好病虫害的防治工作，及时消灭树上的害虫	15	发现树上有虫害，每棵扣1分			
保洁工作	清除绿地内的垃圾杂物，保持绿地内的整洁	10	绿地内的整洁分好、较好、一般、差四级，分别扣0～10分			
做好抗旱排涝工作	做好抗旱、排涝工作的准备，随时对绿地进行抗旱或排涝	10	抗旱、排涝工作分好、较好、一般、差四级，分别扣0～10分			
做好防台风、防汛工作	对树木进行检查，发现险情及时处理	10	防台风、防汛工作分好、较好、一般、差四级，分别扣0～10分			
合计得分		100				

检查人： 检查时间： 年 月 日

七、绿化养护冬季检查表

绿化养护冬季检查表见表9-5-7。

表9-5-7 绿化养护冬季检查表

管理处：

考核项目	内容	评分标准	评分幅度	扣分部位	得分	整改后得分
修剪	对落叶乔、灌木进行整形、修剪，剪除树木上的枯枝、病虫枝和过密枝	10	发现树木未修剪，每棵扣1分；如发现树上有枯枝、病虫枝，每棵扣0.5分			

续表

考核项目	内容	评分标准	评分幅度	扣分部位	得分	整改后得分
草坪养护	对草坪低洼处进行覆土，使草坪不积水	10	发现草坪有明显低洼处，扣0.05分/m²			
	彻底清除草坪上的杂草	10	发现草坪有杂草，扣0.05分/m²			
	草坪割草，草高保持在6～10cm	10	发现草高在10cm以上，扣0.05分/m²			
中耕除草	在12月31日前，应消灭绿地内所有杂草	10	发现绿地草高超过10cm，扣0.05分/m²			
病虫害防治	消灭越冬病虫害	10	发现树上有虫害，每棵扣1分			
保洁工作	做好绿地保洁工作，使绿地内保持整洁	10	绿地内的整洁分好、较好、一般、差四级，分别扣0～10分			
树木调整	根据小区绿地需要，做好小区树木移植工作	10	移植工作完成分好、较好、一般、差四级，分别扣0～10分			
翻土	做好绿地翻土工作，土深要求在20cm以上	10	绿地深翻工作分好、较好、一般、差四级，分别扣0～10分			
清除死树	做好对死树的挖掘工作	10	每发现一棵死树扣1分			
合计得分		100				

检查人：　　　　　　　　　　　　　　　检查时间：　　年　月　日

八、园艺现场工作记录

园艺现场工作记录见表9-5-8。

表9-5-8 园艺现场工作记录

管理处：　　　　岗位责任人：　　　　岗位范围：

检查项目		日期	月　日	月　日	月　日	月　日	月　日	月　日	月　日
园艺工工作（此格由园艺班长填写园艺每天工作，无园艺班长的由园艺工填写）									
园艺工着装整洁，符合要求									
草坪	修剪平整，草高在2～8cm								
	无黄土裸露								
	无杂草、病虫和枯黄								
乔灌木	无枯枝残叶和死株								
	修剪整齐，有造型								
	无明显病虫和粉尘污染								

续表

检查项目		日期	月 日	月 日	月 日	月 日	月 日	月 日	月 日
绿篱	无断层缺株现象								
	修剪整齐有造型								
	无明显病虫和粉尘污染								
花卉	无病虫								
	无杂草,花期花开正常								
	修剪整齐								
藤本	枝蔓无黄叶,长势良好								
	蔓叶分布均匀								
	无明显病虫和粉尘污染								
浇水施肥	是否及时								
	方法是否正确								
	有无浪费现象								
	是否按时查病虫								
园艺设施	护栏、护树架、水管龙头是否良好								
	供水设施、喷灌等是否完好								
	园艺设施维修时否及时								
绿化药剂是否符合标准									
作业过程是否配戴安全防护用具									
是否通知住户并作相应标志									
管理处环境组									
管理处经理									
其他各级督导									

备注:1.此表使用完后由管理处环境组负责更换保存,填写管理处名称、岗位责任人、岗位范围及日期。

2.各级督导发现无不合格在格内打"√",发现不合格在格内打"×",并在相应位置签名。

第十部分
物业公司财务规范化管理

- 第一章　物业公司财务管理的任务与内容
- 第二章　物业公司财务管理要点
- 第三章　物业公司财务管理制度范本
- 第四章　物业公司财务管理表格范本

第一章 物业公司财务管理的任务与内容

财务是指企业为达到既定目标所进行的筹集资金和运用资金的活动。在物业管理经营过程中，各类管理服务费、特约代办服务费、各种兼营性服务的收入和相应的开支等，就构成了物业管理公司的资金运行。物业财务管理就是物业管理公司资金运行的管理，在资金运行过程中，包括整个物业经营出租、管理服务收费等资金的筹集、使用、耗费、收入和分配。

一、物业公司财务管理的任务

物业公司财务管理的任务包括如下4个方面。

（一）筹集、管理资金

这是要保证物业经营的需要，加快资金周转，不断提高资金运用的效能，尤其是提高自有资金的收益率。物业管理公司的主要经济来源是住房租金收入、物业有偿服务管理费收入，要大力组织租金收入，加强有偿服务管理费的收费工作，做到应收尽收，提高回收率。另外，在资金使用上，对各项支出要妥善安排，严格控制，注意节约，防止浪费，充分发挥资金的效果。

（二）经济核算

通过财务活动加强经济核算，改善经营管理，降低修缮、维护成本，不断降低消耗，增加积累，提高投资效益和经济效益。

（三）多种经营

积极组织资金，开辟物业经营市场，"一业为主，多种经营"，不断寻求物业经营的新生长点，不断拓展物业经营的新领域，形成新优势。

（四）财务监督

实行财务监督，维护财经纪律。物业管理公司的经营、管理、服务，必须依据国家的方针、政策和财经法规以及财务计划，对公司预算开支标准和各项经济指标进行监督，使资金的筹集合理合法，资金运用的效果不断提高，确保资金分配兼顾国家、集体和个人三者的利益。同时，要在分配收益上严格遵守国家规定，及时上缴各种税金，弥补以前年度亏损，提取法定公积金、公益金，并向投资者分配利润。

二、新接楼盘的财务工作内容

对新接楼盘，财务人员要认真阅读所签订的物业管理合同和相关联的计划书，对合同中双方所确定的条款必须认真执行。在一般情况下，新开楼盘的财务人员有以下6项主要财务工作。

（一）开设银行账户

为了保证小区核算的独立性和可操作性，各小区必须在所在地附近开设独立的银行账户，专门用来核算小区物业管理费用的收入与支出。

具体操作方法如下。

第一步：凭小区工商营业执照向附近银行领取开设银行存款账户的表格和银行印鉴卡片，一式四联。

第二步：将填制好的表格交公司财务部门盖章，而后刻制小区财务专用章。

第三步：将填制好的表格印鉴卡交开户银行开户。

第四步：当开设银行账户获批准后，再根据银行提供的小区账号刻制账号章，而后凭留银行印鉴、账号章向银行认购支票与贷记凭证。

（二）办理小区收取物业管理费标准的审批、备案手续

根据有关文件规定，住宅小区的物业管理收费标准视住宅（或商住两用）性质不同划分为市场价、政府指导价、政府定价三种，但各地区在执行中掌握的尺度又不同，因此财务人员必须向所在地物价部门咨询、办理小区物业收费审批手续，经物价部门批准后方可在批准的标准内收费（物业管理费收缴采用备案制），具体操作如下。

（1）向当地物价部门咨询楼盘所在地执行什么标准，咨询报送所需的有关文件资料，并认购小区物业管理费单价审批表格。

（2）根据小区生活、娱乐等配套设施和绿化面积等，与发展商原拟订的单价，编制审批表格，同时请物价部门专家来小区现场察看小区配套设施、绿化面积等情况，提出单价制订的理由，并请物价部门专家指导填写表格的方法等。

（3）在报送物价部门审批前必须送发展商与公司财务部门审阅。

（4）物价部门批准后，复印件报送公司财务部门，正本留小区存档。对所批准的有关条款、收费标准还需要上墙公布。

（5）对实行市场价收费标准的小区一般实行备案制。备案制操作方法比较方便，凡属小区的房屋性质符合当地执行市场价所规定的，并在预售住宅合同中双方已明确收费标准的，均可执行备案制，只要将有关文件资料和拟订的收费标准报物价局备案就可以了。

（三）编制小区的收支预算表

小区的收支预算是保障小区正常运行所需经费的计划书，所以在编制过程中要注意以下7个方面。

（1）正确计算小区内可收物业管理费的面积、单价及类别。

（2）了解配套设施布局与原发展商对业主承诺的情况，划分可收管理费用数量类别与单价等情况。

（3）了解合同与计划书对小区物业管理服务人员编制与人员结构、岗位设置、人员经费等情况的规定。

（4）熟知开办费包含的范围、分摊期、开支标准等情况。

（5）了解合同与计划书中双方所约定的服务事项、管理酬金、人员费用标准、福利待遇等事项，特别是对配套设施的启用、公共照明、绿化及其他设施的保修期等，成本费用要合理预算，同时了解当地对生活垃圾的处理有何规定。总之，要以合同与计划书为依据在总量上加以控制。

（6）预算期一般以会计年度为限或按业主分批入住期为预算期。

（7）预算编制内容按公司统一表格内容编制。

（四）确定收费项目、编制收费清册

首先，小区在办理业主入户前，物业管理处与发展商必须划分双方各自收取费用项目的种类，明确双方责任和相互之间的衔接手续，这也是物业管理处办理业主入户的有效依据。同时，管理处要协助发展商一起发放"业主入户通知书"，通知书内容不但要明确业主办理入户时需带的各项证件与具体操作流程，还要明确物业管理的收费标准、种类和收费方法。

其次，物业管理处财务人员在业主办理入户前，必须向发展商索取当地测量局对小区楼宇各单元的实际测量面积，根据实测面积计算出各单位月、季的收费标准，并按房号顺序编制业主入户时的缴费清册，同时再建立业主当年的缴费记录清册（或业主分户卡）。

（五）打印收款凭证

小区收缴物业管理费、水泵及电梯运行费、停车费等统一使用市房地产局专门印制的机制收款凭证，该凭证由公司统一管理、认购，打印软件也由公司统一安装。

小区财务人员在编制好业主入户缴费清册后，应及时向公司财务部门提出安装收费系统打印软件，并接受培训，学习打印收款凭证的操作方法（对个别业主需要回单位报销的，应收回原开的机制收款凭证，由管理处另开手工收款凭证）。

对打印好的收款凭证，最好采用按房号顺序进行排列，由专人保管，便于业主入户交费时查找。

（六）收入及时解缴银行并编制缴费日表

首批业主入户时，管理处要根据入户户数的多少，合理安排收费窗口。收费窗口至少要两人组成，具体分工为一人验证、验票，一人复核收取现金。验证人员还应根据验证情况登记"业主缴费记录清册"。复核收银人员还应负责编制"客户交费明细日报表"，每天根据日报表与所收的现金核对，做到票表一致、表款相符，核实后将当天的收入解缴开户银行。

三、接收二手楼盘的财务工作内容

接收二手楼盘的财务工作重点有以下5项内容。

（1）核实上期物业所移交的业户收费档案资料及上期物业预收的"物业管理费明细清册"。核查方法主要是用业主管理委员会提供的"市测量局实测各单元面积与移交欠费清册"进行核对、实际收费单价与物价局的批文进行核对、预收管理费与实际移交款项进行核对。在实施收取小区接手后第一次管理费时，对所有业户以前欠交的管理费都要进行核对，碰到有不同之处要向业主管理委员会通报、备案。

（2）会同有关人员清点用于小区管理使用的固定资产、工具等现实情况。一般情况下，前期物业管理公司会有部分的固定资产与专项工具移交给新一届管理公司，对移交物资的数量、质地的好坏等，接收单位均应进行清点。因此，财务人员应会同其他人员一起，对转入的固定资产、专项工具在质量上、数量上和使用程度上进行认可，编制有关管理清册，便于自身的管理及今后的核算和结束时的移交工作。

（3）办理银行开户手续（同新建物业一样办理）。

（4）根据小区配套设备的功能特点编制小区当年度经费预算（同新建物业一样办理）。

（5）收集有关资料，完善小区各项管理制度，增加管理工作的合法性。对财务工作来讲，最重要的资料是业主缴费清册、物价局的定价批文和测量局的实测文件。特别是物价局的定价批文，如有变动，还需向物价局申报，没有批文的，还需补办报批手续。

四、管理处日常管理期间的财务工作内容

为了确保物业项目管理期间的日常运行和保证公司的应得利润,管理处财务人员具体操作方法如下。

(一)定时定人收取管理费用

物业日常运行费用的来源依靠于物业管理费的收入,所以财务人员要把收费工作作为头等大事来抓,只有提高了管理费的收缴率,才能服务于小区的维护、运行事项,公司才能有利润,小区管理处才能生存,但财务人员必须掌握政策,不能超标准收费,不能巧立名目收费,不能超规定提前收费,一般的物业管理费应按季度收取。管理处财务人员根据各住房面积打印出机制的收款凭证,而后按楼宇定专人负责上门收取或统一设点收费。按楼宇设定专人收费时,应做好票证的交接手续,明确责任,提出要求,对收到的资金全部及时解缴开户银行账户,并定期将收入汇单等上交公司财务部门,由公司财务部门记载有关账务。

(二)登记收费清册、编制收费日报表

当财务人员收到业户交来的管理费时,要填制"两表一账",一表是小区的"费用收缴清册",另一表是"收费日报表",一账为"银行现金收支流水账"。

五、管理期结束的财务工作内容

当管理期结束,管理处要做好以下6个方面的财务工作。
(1)核实业户的欠交款项,编制欠款明细表,催讨欠款。
(2)清理现有的固定资产和低值易耗品数量并与应有数比较,发生差异向公司财务汇报,由公司财务复核及根据所有权编制移交表。
(3)整理业户缴费清册,做好移交准备。
(4)偿还原借支备用金,协助公司财务部门清理其他应收应付账款。
(5)将银行存款转入公司财务部门,撤销银行账户,偿还领用的收款凭证。
(6)协助其他部门办理相关移交事项。

第二章 物业公司财务管理要点

一、提高财务人员的素质

人才建设始终应该放在物业管理公司发展中的首要位置,提高人员素质是提高公司管理水平的条件之一。

公司财务管理工作不仅仅是公司财务部门的事情,也是关系到公司整体利益并取决于公司整体的一项管理活动。财务管理活动为公司经营管理筹集、分配所需资金,涉及公司经营的整个过程。同时,财务管理活动受到公司经营状况、公司规模等方面的限制,从而财务管理活动与公司经营管理活动密不可分。因此,要提高公司财务管理水平,为公司财务管理活动营造一个好的环境,需要所有员工的共同努力。

在财务人员的培养过程中，首先要严把会计从业人员的准入关，坚决杜绝不具备会计从业能力的人员进入财务部门。要对会计从业人员加强思想道德教育，注重对会计人员职业道德素质的考察和培养，使公司财务部门成为一个思想觉悟高、专业技能强的部门。公司要鼓励财务人员进行继续教育和学习，及时更新自己的财会知识和技能。

二、做好物业管理费的核算工作

（一）小区物业管理费的构成内容

按现行财务会计制度规定，小区物业管理费的构成如下。

（1）公共物业及配套设施的维护保养费，包括外墙、楼梯、小区围墙、停车场、自行车库、路灯、消防系统、安保系统、公共天线系统、配电系统、给排水系统、供热系统、高层建筑的电梯、小区的水处理系统、高档住宅集中通风空调系统及其他机械、设备、机器装置及设施等。

（2）聘用管理人员的薪酬，包括员工的工资、假期、津贴、福利保险及服装等。

（3）公用水电的支出，包括公共照明、物业公司办公用水用电、公共喷泉用水用电、公共绿地的灌溉。

（4）购买或租赁必需的机械及器材的支出。

（5）投保物业财产保险（如火灾或其他灾害的保险）及各种责任保险的支出费用。

（6）垃圾清理、水池清洗、化粪池清掏及消毒灭虫等费用。

（7）公共地点清洁费用。

（8）公共区域绿化及草木维护费用。

（9）储备金，指物业配套设施的更新改造费用。

（10）聘请法律、会计等专业人士的费用。

（11）小区节日装饰费用。

（12）行政办公支出，包括文具、办公用品等杂项以及公共关系费用。

（13）公共电视接收系统及维护费用。

（14）其他为管理而发生的合理支出。

（15）物业管理公司的正常利润、税金。

上述管理费内容构成在具体运用、核算时，应以物业管理公司的类型、性质及相关的财务管理费构成为准。

（二）小区物业管理费的核算

小区物业管理费的核算，是物业财务管理的重要组成部分。任何一个小区物业及其物业管理，在投入管理与服务之前都必须进行管理费核算。通常情况下，在公司开业一年后或在运营过程中尚需进行动态调整，其调整方案经物业管理公司主要领导审查后应提交业主委员会审核批准。

综上所述，各类管理费的具体核算，应按有关规定及物业财务会计核算办法、要求确定。此外，物业管理公司尚应建立诸如大中修设备设施基金，以及按各地工商、物价部门规定，确定物业特殊服务收费与日常维修、装饰装修等收费标准和保险费、税金等的核算办法。

三、抓好物业收费工作

在物业管理中，收费问题是广大业户关注的热点，也是实施物业管理的难点。收费偏高，业户难以承受；收费偏低，则物业管理公司不能维持。在物业收费管理中，应注意处理好如下4个方面的关系。

（一）把握综合平衡

物业管理公司为适应市场经济的需要，创收和确保物业保值增值是必要的，而且是必需的，但是如果片面追求利润，不顾社会效益，公司就会失信于业户。因此，物业管理公司应把收费问题放到一个恰当的位置，既要创收利润、维持生计，又要搞好服务、为民造福，两者缺一不可，以实现社会、环境、经济三种效益的综合平衡。

（二）确定收费项目、明确收费标准

依据费用构成，确定收费的项目并明确其使用范围，是搞好收费管理的基础。为适应市场经济而建立物业管理新体制的需要，不同的物业管理水平，可制订不同的收费内容与标准，实行公平竞争，按质论价。收费标准的确定，可采取以下3种途径，见表10-2-1。

表10-2-1　确定收费项目与标准的途径

序号	途径	说明
1	政府部门审定	物业管理中的重要收费项目和标准，由政府主管部门连同物价部门审定，通过颁发法规或文件予以公布实施，如住宅维修基金、物业管理费、日常项目收费标准等，都应由政府部门作出统一规定，物业管理公司遵照执行
2	提交业主商定	物业管理是由业主委托的契约行为，因而有的收费标准不必由政府部门包揽，而可由物业管理公司将收费预算提交业主管理委员会讨论、审核，经表决通过之后，物业管理公司应及时拟订一份物业管理费标准，经业主管理委员会审议决议，印发给每位业主和住户，并且从通过之日起按标准执行 物业管理公司在每次新的费用标准通过之后，应将每一费用项目的标准一次性向业户公布、通知，在以后每月发收费通知单时，只需通知费用总额就行了，这样不仅可以减少劳动耗费，也可节省纸张等材料费用
3	委托双方议定	对于专项和特约服务的收费，诸如维修家电、接送孩子、代送牛奶、清扫保洁等项目，可由委托与受托双方议定，根据提供服务的要求，按不同的管理水平，确定不同的收费标准，由业户与受托物业管理公司自行商定

（三）收费通知送达

收费通知单每月要及时送达业户的手中，并由业户签收。为了节省人力，可以由水电工在每月抄表时，发送上月的缴款单。

（四）费用拖欠的追缴

1. 一般性追缴

当上月费用被拖欠时，物业管理公司在第二个月向业户发催款通知单。此单将上月费用连同滞纳金以及本月费用一起通知业户，并经常以电话催缴，电话中要注意文明礼貌。如果第二个月仍被拖欠，物业管理公司在第三个月第二次发催款通知单时，将此前两个月的费用、滞纳金和当月费用一并通知，并限期3天内缴清，3天过后物业管理公司将依据管理公约停止对其服务（停止水电供应等）。如果业户经收费员上门催缴仍然拒付，物业管理公司可

根据管理制度以及相应的法律程序处理。

2. 区别性追缴

物业管理公司对拖欠费用的业户要区分不同情况，采取不同措施。对于费用拖欠大户，要亲自登门，进行解释和劝导，争取其理解和支持；对于一些"老赖"，则要严格按照法律执行；对于一些确实有困难的困难户，可以考虑适当予以优惠。

四、加强财务监督

物业管理公司的经营、管理、服务，必须依据国家的方针、政策和财务规章以及财务计划，对公司预算开支标准和各项经济指标进行监督，使资金的筹集合理合法，资金运用的效果不断提高，确保资金分配兼顾国家、集体和个人三者的利益。同时，要在分配收益上严格遵守国家规定，及时上缴各种税金，弥补以前年度亏损，提取法定公积金、公益金，并向投资者分配利润。

第三章 物业公司财务管理制度范本

一、物业集团财务管理制度

物业集团财务管理制度

1 目的
为规范物业公司内部一切财务活动，全面发挥财务管理在公司经营中的能动性，提高公司的财务管理水平，建立规范的财务管理制度和会计核算体制，特制订本制度，以期在保证社会效益的前提下实现经济效益最大化，维护和增强××物业的品牌效果。

2 适用范围
适用于本物业管理公司框架下的所有公司。

3 定义
3.1 集团物业管理部。指××地产集团物业管理部，是内地所有的××物业公司的上级管理机关。
3.2 ××物业管理公司。指集团为加强对物业的专业化管理建立的内部管理机构。
3.3 项目分公司。每个项目均注册设立为××物业管理有限公司的分公司，作为该项目的法律主体和实际经营者。
3.4 中心项目分公司。为加强管理，整合各项目公司的资源，加强项目公司的横向联系，一个地区以一个项目公司为中心来管理本地区所有项目公司的业务。

4 财务管理系统架构和岗位责任
4.1 财务管理系统架构及岗位职责。
4.1.1 公司实行总经理负责制，总经理在权责范围内全面管理公司的一切重要财务活动。
4.1.2 财务总监负责财务系统的管理工作。
4.1.3 公司设财务管理部负责具体的财务工作，向总经理和财务总监汇报工作。公司财务管理部经理在总经理和财务总监授权范围内行使职权，包括审核重大财务事项、贯彻国家有关财务政策、参与重大经营决策、组织财务核算、审核财务报告及各项预算的审核等。
4.1.4 各中心项目分公司根据公司规模和工作需要可设财务经理、副经理各1名。

4.2 原则上公司的所有费用支付必须经总经理审批，基于××物业管理公司的特殊性（跨地域），费用审批权限授权给地区分公司总经理及项目公司总经理。除集团物业部（××××年）第××号文件《关于调整管理处费用审批权限及报销具体规定的通知》中规定的项目公司具有的审批权限，其他全部归属地区分公司。

5 基础会计核算工作

5.1 会计核算工作规范。

5.1.1 明确公司核算主体关系，准确划分核算对象，正确反映各核算主体的经营成果和其他会计信息。

5.1.2 会计核算的一般要求：遵照中华人民共和国《会计法》和统一的会计制度的规定建立会计账户进行核算，及时提供合法、有效、真实、准确、完整的会计信息，保证会计指标和前后各期的可比性。

5.1.3 会计核算以人民币为记账本位币。

5.1.4 会计凭证、账簿、报表和资料应按规定建立档案。

5.2 支付及报销。公司各项对外付款及部门报销，要由经办人填写借款或报销单，按分公司会计→分公司负责人→地区公司部门负责人→地区公司财务部审核→地区公司总经理批准→出纳付款的程序逐步办理。具体审批权限见《物业费用审批权限表》。

5.3 审核会计凭证。

5.3.1 审核原始凭证的真实性和合法性。原始凭证必须具备以下要素：填制日期、填制单位、经济内容、数量、单价和金额及公章等。原始凭证大小写金额必须相符，原始凭证不得涂改。对不真实、不合理、不完整、不准确的原始凭证，财务管理部拒绝受理。

5.3.2 原始凭证审核通过后，制单人统一按公司的要求进行填制记账凭证。记账凭证除结账和改错外都应附有原始凭证。记账凭证必须具备填制凭证日期、编号、摘要、科目、金额、附件张数、填制人员、记账人员、稽核人员和主管人员签章。

5.3.3 记账凭证要连续编号。记账凭证发生错误应重新填制，已入账的可用红字对应原内容冲销，再按正确的重新填制，如只是金额错误，也可将其差额另编一记账凭证。

5.3.4 记账凭证连同其原始凭证，按编号顺序装订成册，加具封面，注明单位名称、年度、月份和起止日期、起止号码，由装订人盖章。

5.3.5 原始凭证不得外借，其他单位因特殊需要经财务部经理同意后，可提供复印件，并由提供人员和收取人员登记签名。

5.3.6 外部原始凭证如有遗失，应取得开具单位存根联复印件加盖财务专用章（发票专用章）或原开具单位盖有公章的证明，注明凭证的金额、号码、内容等，如无法取得的，由经办人写出详细情况，单位负责人、财务负责人签字，代为原始凭证。

5.4 打印装订会计账簿。

5.4.1 按统一会计制度的规定和业务需求设置会计账簿，包括总账、日记账、明细账、辅助账等。

5.4.2 现金账、银行存款账必须采用订本式账簿，用计算机打印的账簿必须连续编号，并装订成册，由主管会计和具体经办人签章。总账和明细账、现金日记账、银行日记账应定期（通常为年底）打印存档。

5.4.3 各单位财务人员在打印账簿前应核对账簿，保证账证之间、账表之间、账账之间、账实之间相符。

5.5 出具财务信息管理。

5.5.1 资金信息。

（1）出纳在周末和月末要编制《库存现金盘点表》，账面现金结存额与库存现金盘点额要一致。库存额按现金、借据、未入账单据等分列，严禁白条抵库。月末的《库存现金盘点表》要报财务部经理审核。

（2）每周末编制《资金存款周报表》，并按时上报集团物业部。出纳每月末与会计核对银行存款余额并编制各账户《银行存款余额调节表》，经财务经理审核签字后存档。

5.5.2 出具财务报表、编制财务报告。根据上级公司的要求按月编制《资产负债表》、《利润表》、《现金流量表》、《主营业务成本明细表》、《人工成本明细表》和《会计科目余额表》。主要要求如下：

（1）财务报表数据必须做到真实、准确、及时。

（2）各种报表报送时间见公司有关文件及上级要求。各单位应按月、季、年编制财务报告，财务报告包括报表及财务情况说明书。

（3）对外报送的财务报表应按国家统一规定的会计制度和格式编制，做到数字真实、计算准确、内容完整、说明清楚。

（4）会计报表之间、各栏目之间凡有对应关系的数字，应相互一致，本期报表与上期报表之间有关数据应相互衔接。不同会计年度，各项目内容及核算方法发生变化的应在报表中加以说明。

（5）会计报表应按有关规定的期限对外报送。报表应加具封面，装订成册，加盖公章。封面还应注明单位、地址，和报表所属年、季、月，及报送日期、单位负责人、会计机构负责人、会计主管、编表人签章等。

（6）年度会计报告需要审计的，编制前应先委托会计师事务所进行审计，将会计师事务所出具的审计报告连同会计报告按规定期限报送有关部门。

5.5.3 统计信息。每月5日前按要求填报《物业管理情况统计表》，汇总后上报物业部。

6 计划管理

6.1 计划管理包括利润计划、资金计划和费用开支计划，计划分为中长期计划和年度、季度、月度计划。

6.2 计划按照上级公司有关部门统一要求编制。

6.3 编制计划要本着积极稳妥、留有余地的原则，既要发挥主观能动性和积极性，又要切实可行，实事求是，量力而行。

6.4 每年的11～12月由财务部牵头组织编制下年度收支预算，此预算的收支结余应与上报集团的利润计划基本一致，作为各个项目的经营指标，定期考核。各项目应将各项收支指标责任到部门或个人，在源头控制成本费用。

6.5 建立动态计划管理系统，及时反馈计划执行情况，接受上级公司考核。

7 会计监督和内部会计管理

7.1 会计监督。

7.1.1 公司的会计机构、会计人员依法对本公司的经济活动进行会计监督。

7.1.2 应当对原始凭证进行审核和监督，对不真实、不合法的原始凭证不予受理，对不准确、不完整的原始凭证予以退回，要求更正、补充。

7.1.3 对财产物资的监督。各单位要建立账簿、款项和实物核查制度，保证账账相符、账款相符、账实相符。会计人员对账实不符的情况要及时作出处理，如无权自行处理的，应当及时报请单位领导处理。

7.1.4 对财务收支的监督。对违法收支不予办理，应当制止和纠正；制止、纠正无效，应当向单位领导人提出书面意见，要求处理。对违法收支不予制止和纠正，又不向单位领导人提出书面意见的，应当承担责任。对严重违反国家利益和社会公众利益的财务收支，应当向主管单位或者财政、审计、税务机关报告。

7.1.5 对单位制订的预算、财务计划、经济计划、业务计划和执行情况进行监督。

7.2 内部会计管理。公司财务部依据国家统一的法律、法规，结合公司实际情况和内部管理的需要，建立健全内部会计管理制度，主要管理制度如下：

7.2.1 会计人员岗位责任制。

7.2.2 财务处理流程。

8 资金管理

8.1 权益的管理。

8.1.1 实收资本按国家有关法规进行管理。

8.1.2 未分配利润（商业物业目前仅限于此）应按集团董事会的决议进行处置和分配。

8.2 投资管理。未经上级公司批准不得进行证券投资，其他长期投资按批准权限、申报程序上报上级公司批准。

8.3 融资管理。融资必须经上级公司批准。

8.4 担保管理。未经上级公司批准，严禁对本公司及以外任何单位和个人提供担保。

8.5 债权、债务的管理。对各项应收款、预付款、存出存入保证金要及时入账，明确责任人，按季核对，及时催收。对确实无法收回的，如属经办人责任，则由经办人承担全部或部分赔偿责任。

8.6 资金管理。

8.6.1 基本原则。根据物业管理行业特点，公司财务部统筹安排使用自有资金，实行资金计划管理。

8.6.2 任何单位和个人未经上级公司批准，不得将资金借给外单位或个人，也不得向外单位或个人提供公司银行账号。

8.6.3 银行贷款必须向上级公司申报，经批准后实施。

（1）加强外币汇兑的核算，汇兑损益计入当期财务费用。

（2）公司严禁私人调汇。

（3）银行账户管理按中国人民银行有关规定执行，银行账户档案资料由财务部指定专人保管，账户管理按中国人民银行有关规定执行。

9 资产管理

9.1 现金、银行资金及票据管理。

9.1.1 现金管理。

（1）根据账款分开的原则，出纳与会计岗位不能由同一人兼任，出纳也不得兼管现金凭证的填制和稽核工作。

（2）严禁私设小金库，违者一旦查出严肃处理。

（3）现金管理应按照中国人民银行《现金管理暂行条例》规定的使用范围支付和收取现金，接受有关主管部门的监督。对外币的管理须按国家外汇管理局《外汇管理暂行条例》的有关规定执行。现金主要用于日常零星支付，包括差旅费、交际应酬费、医药费报销、汽油费、停车过桥费、修理费、临时工资等。

（4）库存现金限额：人民币10000元，超出部分应及时送存开户银行。

（5）出纳员应妥善保管好现金、支票、发票、原始凭证、发票专用章等，保证安全完整。

（6）收费员在收取业主管理费等现金收入时应明确告知业主尽量采用银行托收，收取现金时应注意防范识别伪钞，同时严格保守保险柜密码。

（7）支付现金时出纳员凭经办人填制的借款单或报销单，按规定的审批权限经经办人、财务稽核人员、审批人签章后方可支付现金。

（8）出纳员、财务稽核人员应分别审核现金原始单据，保证票据的真实、合法、有效。

（9）现金报销应做到及时。市内办事借款报销，事毕不超过三天，外埠办事借款报销事毕不超过五天，严禁拖欠占用公款。

（10）出纳员依据现金支付凭证，按时间顺序登记现金日记账，做到日清月结，账款相符。

（11）财务经理应不定期地核查出纳员库存现金与现金账余额是否相符，如不符应查明原因。

（12）及时清理离职人员或工作变动人员的备用金。

9.1.2 备用金管理。为方便工作，简化手续，因工作需要周转资金的部门和个人经公司总经理批准、财务部经理审批后借备用金，每季度末25日前交回财务部，需要继续使用的下季度初重新办理借款手续。

9.1.3 支票管理。

（1）支票由出纳员专职管理。

（2）购入支票要建立登记簿，做好登记，填写购入日期、行名、支票类别、起止号码、经办人签字等。

（3）领用支票应凭领导签批、经办人签名的借款单办理领用手续。

(4) 出纳员在签发支票时应填写日期、大小写金额、用途、收款单位名称等。对事前难以确定收款单位和金额的须填写限额，领用人要在支票存根上签字备查。

(5) 出纳员对逾期（超过五天）未报的支票要督促经办人结账，对无正当理由拖延不结的有权停发支票，并向上级反映其情况。

(6) 未经财务经理同意支票不得背书转让。

(7) 支票印鉴管理。商业物业各项目公司按上级要求在银行预留的印鉴由"财务专用章"、地区公司负责人名章及地区财务负责人名章构成。银行预留印鉴分开保存，地区公司负责人名章由其本人或指定人员保存，地区财务负责人章由其本人保存，财务专用章由财务负责人根据工作需要合理指定人员保存。

(8) 支票书写的收款单位名称必须与发票或收据所盖印鉴名称相符，委托付款必须由原收款单位出具委托付款书。

(9) 现金支票不得交与非财务人员代提现金。

(10) 各种原因作废的支票应由出纳员加盖"作废"戳记，妥善保管。

9.1.4 银行账户管理。

(1) 公司银行账户管理在公司总经理直接领导下，由财务部经理全面负责，承担日常运作和监管的直接责任，各运作环节由经办人承担具体责任。

(2) 银行账户的开设。公司开设银行账户，由财务部提出申请，按照"公司开设、变更、注销银行账户（银行预留印鉴变更）申请表"中流程审核批准。公司开设的银行账户，采用银行预留印鉴办法，由公司财务专用章和公司法人代表（或负责人）名章、财务负责人名章共同组成。

(3) 银行账户的运作。银行支票、汇票、储蓄存折、财务印鉴由专人保管，保管人应认真履行自己的职责，承担相应的责任；严格支票的签字程序。根据审核无误的原始单据（报销付款凭证或借款单）签发支票，一般不得签发空白支票，如因实际需要（如招待费和材料采购）领用空白支票，须经财务主管领导批准，只可领用限额空白支票，并要加强控制，明确规定领用人责任，及时补记支票内容和金额；发出支票必须核实支用金额，并及时取得收据正本，保证实付款项与收据相符。银行预留印鉴必须分开保管。重要凭证、财务专用章及负责人私章保管人发生工作变动、离开公司时，应及时办理交接手续。账户有效签字人如因工作变动，离开公司或变换工作环境时，由开户申请单位及时办理更换签字人手续。

(4) 银行账户撤销。银行账户长期不使用，且以后也不再使用，或专门为某一单项业务开设的账户，该业务已完结，应及时办理银行账户撤销手续。

(5) 银行账户监控。要认真核对每笔款项收支是否正确，每月按账户编制银行存款余额调节表。

(6) 银行账户档案资料保管。银行账户档案资料包括开设银行账户申请表、银行开户资料（如董事会纪要、账户协议等）、银行账号、有效签字资料或银行印鉴及银行销户资料。所有银行账户资料要及时存档、妥善保管，银行账户档案资料视同会计档案的一部分，保管年限、销毁程序均按会计档案的有关规定执行。

9.2 固定资产管理。

9.2.1 固定资产的标准和分类。

(1) 固定资产的标准。为经营管理而持有的单位价值较大，使用年限在一年以上的房屋及建筑物、运输工具、机械、器具工具等。

(2) 固定资产的分类。公司的固定资产按自然属性和经济用途分为以下五大类：房屋及建筑物；运输设备；电器设备；办公设备；机械设备。房屋及建筑物是指产权属公司、用于公司办公及员工生活的永久性房屋及建筑物；运输设备是指汽车和摩托车等机动车辆；电器设备包括电视机、照相机、电冰箱、洗衣机、空调机和音响设备等；办公设备包括计算机、打印机、通讯设备、复印机、保险柜、传真机和对讲机等；机械设备包括清洁和绿化机具、维修机具等。

9.2.2 固定资产的实物管理。

(1) 公司各部门使用的固定资产实物主管部门为行政部，财务部负责价值审核和摊销。主管部门的主要责任是：审核固定资产的采购申请表；电脑、对讲机、大型机具等固定资产由公司主管部门集中采购；固定资产主管部门应建立固定资产卡片，建立固定资产台账。

（2）固定资产的保管。在用的固定资产由使用单位负责保管，使用单位应对主管部门负责；未使用的固定资产由主管部门负责保管。

（3）固定资产的配置。固定资产使用部门根据实际需要填写《固定资产配置申请表》报主管部门审批，主管部门根据固定资产的内部配置情况，作出处理意见，并将《固定资产配置申请表》送交财务部门，财务部门根据审批权限呈报上级审批，财务部门将批复后的《固定资产配置申请表》转主管部门，主管部门按批文执行。申请未获批准时，主管部门将结果通知使用部门。申请获准后，主管部门负责购买；固定资产购入后，主管部门应建立固定资产卡片，登记《固定资产明细表》，填制《固定资产验收单》，并将固定资产移交使用部门，办理领用手续；固定资产由财务部统一按上级公司要求的编制原则编码。

9.2.3 固定资产的使用和日常维护。使用部门应正确使用固定资产，并妥善保管，应做好日常的维护和保养工作。固定资产因使用或保管不善而发生的毁损或损失，有关责任人应负担赔偿责任，违章驾驶车辆造成的罚款由当事人负责。

9.2.4 固定资产的保险。固定资产的保险、续保工作一律由行政部负责。固定资产被盗或丢失，或遭受不可抗力的原因毁坏，主管部门应及时报案追查并负责索赔，同时办理固定资产的清理手续，财务部协助主管部门完成此项工作。

9.2.5 固定资产的修理。固定资产发生故障，不能正常使用时，在经济合理情况下，应尽可能修复使用。使用部门应及时通知主管部门，不得擅自修理，主管部门接到通知后，应及时到现场查明原因，指定有关部门或单位负责修理。固定资产修理发生的费用，由负责修理的部门填写报销单。

9.2.6 固定资产的清理报废。

（1）固定资产因出售、转让或因正常和非正常原因不能继续使用时，主管部门应查明原因，并办理固定资产清理报废手续。

（2）固定资产清理报废手续。主管部门填写《固定资产报废申请表》，一式两份，详细说明报废原因及处理意见交财务部，财务部根据审批权限，呈报公司领导或上级公司审批，经批准后的《固定资产报废申请表》返回财务部门，财务部门将已作批复的申请表一份转发主管部门，另一份留作固定资产报废账务处理的凭证。

9.2.7 固定资产清查。公司定期或不定期地对固定资产进行盘点清查。年度终了前，必须进行一次全面的盘点清查。主管部门日常应不定期地对所管固定资产进行抽查，检查固定资产的使用情况和完好程度，发现问题要及时反映并按照规定进行处理。固定资产年终全面清查工作根据集团公司要求每年10月份进行，具体工作由财务部牵头，会同行政部有关部门对固定资产进行全面清点。清查盘点后，填写《固定资产清查盘点表》，对账实不符、有账无物、有物无账的情况，必须查明原因，主管部门领导提出具体处理意见，填制《固定资产盘盈表》、《固定资产盘亏（报废）表》，按照固定资产的审批权限，上报公司领导或上级公司审批。主管部门根据审批结果办理有关手续。

9.2.8 固定资产的核算。

（1）固定资产核算的内容。正确及时地登记《固定资产明细表》，以反映固定资产增减变动、结存以及清理报废情况，并定期进行清查，协助主管部门合理调配固定资产，提高固定资产利用率；正确计算固定资产的入账价值，及时作出账务处理；正确计算和合理分配固定资产折旧。

（2）固定资产的计价应当以原价为准。固定资产的原价，按照下列规定确定。

——购入的固定资产，按照实际支付的买价或售出单位的账面原价（扣除原安装成本）、包装费、运杂费、保险费和安装成本等记账。

——自行建造的固定资产，按照建造过程中实际发生的全部支出记账。

——投资转入的固定资产，按照评估确认或者合同、协议约定的价格加运杂费、包装费、保险费和安装成本等记账。

——融资租入的固定资产，按照租赁协议确定的价款、运杂费、安装成本、保险费等记账。

——在原有固定资产基础上进行改建、扩建的固定资产，按照原有固定资产账面原价，减去改建、扩建过程中发生的变价收入，加上由于改建、扩建而增加的实际支出记账。

——接受捐赠的固定资产，按照同类资产的市场价格，或根据捐赠方所提供的有关凭证记账。接受固定资产时发生的各项费用应当计入固定资产价值。

——盘盈的固定资产，按重置完全价值记账。为取得固定资产而发生的借款利息支出和有关费用，在固定资产尚未交付使用或已投入使用，但实际价值尚未确定前发生的各项费用，应当计入固定资产价值，在此之后发生的应当计入当期损益。已投入使用但尚无法确定实际价值的固定资产，可先按估计价值记账，待确定实际价值后，再进行调整。购建固定资产交纳的各项税费，计入固定资产价值。

（3）固定资产账面价值的调整。已经入账的固定资产价值除发生下列情况外，不得随意变动。

——根据国家规定对固定资产价值重新估价。

——增加补充设备或改良装置。

——将固定资产的一部分拆除。

——根据实际价值调整原来的暂估价值。

——发现原记固定资产价值有错误。

9.2.9 固定资产折旧。

（1）计提折旧的固定资产。房屋及建筑物；季节性停用和大修停用的其他固定资产；以经营租赁方式租出的固定资产，和以融资租赁方式租入的固定资产。

（2）不计提折旧的固定资产。房屋及建筑物以外的未使用、不需用的固定资产；以经营租赁方式租入的固定资产；账面已提足折旧仍继续使用的固定资产；提前报废的固定资产。

（3）固定资产的折旧方法。固定资产的折旧方法一律采用平均年限法，净残值率为零，计算公式如下：年折旧率=1÷折旧年限×100%；月折旧率=年折旧率÷12×100%；月折旧额=固定资产原价×月折旧率。

（4）固定资产的折旧年限。房屋地产20年，运输设备、办公设备、电器设备、机械设备等5年，不得随意变更。

（5）固定资产折旧的计提。固定资产折旧按月计提。月份内开始使用的固定资产，当月不计提折旧，从下月起计提折旧；月份内减少或者停用的固定资产，当月仍计提折旧，从下月起停止计提折旧。提足折旧的逾龄固定资产不再计提折旧，提前报废的固定资产其净损失计入营业外支出，不再补提折旧。按照规定提取的固定资产折旧，应根据不同的使用部门，计入相应的成本、费用。

9.2.10 固定资产的修理。发生的固定资产修理支出，计入有关费用。

9.2.11 固定资产的清理。固定资产的清理，应设固定资产清理专户进行核算。固定资产有偿转让或者清理报废的变价净收入以及保险公司或者责任人的赔偿收入与其账面净值的差额，计入营业外收入或支出。固定资产变价净收入是指转让或者变卖固定资产所取得的价款减清理费用后的净额。固定资产净值是指固定资产原价减累计折旧后的净额。

9.2.12 固定资产的盘盈、盘亏。盘盈的固定资产，按照重置完全价值减估计折旧后的差额计入营业外收入。盘亏及毁损的固定资产按照原价扣除累计折旧、变价净收入、责任人以及保险公司赔款后的差额计入营业外支出。

9.3 低值易耗品管理。

9.3.1 单位价值在2000元以下，使用年限在一年以内的生产资料或使用年限在一年以上的高值非生产资料均列入低值易耗品。

9.3.2 主管部门。行政部负责低值易耗品的采购、登记、调度、清查、处置等工作；财务部门负责低值易耗品的价值登记、摊销工作。

9.3.3 低值易耗品因老化无修理价值需更新时，由使用部门向主管部门提出申请，交还原物品并办理相关手续。低值易耗品因故障或自然磨损需维修的，应提出申请，由主管部门负责或委托专人维修。低值易耗品丢失、损毁的应及时报告原因，主管部门提出处理意见，凡属使用人直接责任的，应按原物品原值的10%～50%赔偿，报公司主管领导审批后执行。

9.4 存货的管理。该项目核算的是单价在2000元以下、使用年限在一年以内的生产和经营材料。

9.4.1 凡外购的材料必须先办理进仓手续，然后再领取。

9.4.2 在财务办理材料报账的，必须有仓库保管员签发的进、出仓单。

9.4.3 月末由仓库保管员统计进、出仓情况与财务核对，无误后报主管部门。

9.4.4 材料成本按主管部门核准的材料出库汇总表及出库单进行核算。

9.4.5 材料的发出按先进先出法核定单价。

9.5 在建工程项目核算建设中固定资产的实际支出，对于已完工项目，应及时决算验收，并在账上作相应结转。

9.6 递延资产按入账价值3年摊销完毕，其他待摊费用一次摊销完毕。

10 负债管理

严格、正确地划分流动负债与长期负债。根据各项负债性质以及合同协议规定将一年期以上的负债列为长期负债，包括长期贷款、应付债券、长期应付款项等；将一年期内偿还的债务列为流动负债。

10.1 预提费用。核算正常的一年内费用已发生但尚未付款的预提项目。

10.2 长期应付款。主要核算本体维修基金的收支。

10.3 负债的到期偿还必须履行严格的审核手续，首先由业务部门提出偿付申请，再由财务部门会同有关经办人员依照合同协议的规定及账面记录情况，进行全面审核，最后由总经理审批支付。

10.4 押金的管理。以总账控制为主，但必须设立明细表作为辅助账。押金的退还必须经过相关业务部门的审核认定。

10.5 往来账结算。由会计负责与地区公司的往来账，负责填制转账单、填制相关原始凭证及定期对账，往来对账每月进行一次。

10.6 应付职工薪酬。支付给职工和为职工支付的工资、奖金、职工福利、社会保险、住房公积金、工会经费、职工教育经费等均通过此科目下设明细进行核算。

10.7 代收代付费项结算时，付款时收取的发票依据应同收款时开出的发票依据内容相符。

11 成本费用核算管理

11.1 核算科目与核算内容。公司成本包括公司运营所发生的安全护卫、设备设施维护、能源消耗、清洁卫生、园林绿化、社区文化、综合管理等成本，具体核算科目遵照上级公司的规定。

11.2 成本费用的控制。

11.2.1 员工工资。由人力资源部负责制订标准。

11.2.2 工程维修。有合同的，按合同程序办理；属零星工程的，由工程部负责审查确认。

11.2.3 清洁、绿化。公共部分清洁及绿化养护、租摆费根据合同完成情况，由相关部门按合同办理审批手续后支付。

11.2.4 水、电。公共部分用水用电，扣除代收业主（用户）水电费，剩余部分结转为公共用水电费。

11.2.5 材料供应商、工程分包商的确定和签订合约由有关部门按照"货比三家"原则选择供应商，报总经理批准。

11.2.6 交际应酬费。

（1）在宴请应酬活动中的陪同人员应本着精简必要的原则安排，根据客人身份和业务需要安排适当地点，尽量不到高级酒楼消费。无论任何单位和个人，只要不是来公司公干的，均不得安排宴请。

（2）交际应酬费应取得合法发票、凭证，按规定权限逐级审批报销。

（3）交际应酬活动应事先请示总经理经批准后进行。

（4）财务部要定期（半年）向领导汇报交际应酬费支出情况。

11.2.7 差旅费报销。

（1）异地出差，乘坐交通工具标准。公司助总以上人员，火车可乘坐软席，轮船可乘坐二等舱，夜间乘火车可购同席软卧。其他员工，火车可乘坐硬席，轮船可乘坐三等舱，夜间乘火车可购同席硬卧。因工作需要经公司总经理批准，员工可乘飞机经济舱。

出差的路径应是出发地与目的地之间最近距离，因私绕道，其费用自理。

（2）员工出差，顺路休探亲假，应严格划分二者的起止时间界限。

（3）异地出差应尽量住普通招待所和宾馆，如陪同贵宾或经公司总经理批准，可住星级宾馆，对方提供住宿的不予报销。

11.2.8　市内交通费的管理。因公市内办事乘坐公共汽车车票报销必须注明日期、事由，由所在部门领导和总经理审批后方可报销。因公务紧急或携带笨重物品和贵重物品（含大量现金）、公司领导交办的紧急事宜并同意乘坐出租车的，凡乘坐出租车必须注明每次乘车的时间、事由、金额，经总经理批准后方可报销。

11.2.9　探亲费的管理（由人事部门制订，参见员工手册）。

11.2.10　食堂餐费的管理（由行政部门制订，参见行政管理制度）。

11.2.11　员工医疗费开支的管理（由人事部门制订，参见人事部门管理制度）。

11.2.12　员工活动费用的管理。

（1）公司组织参加的社会活动及娱乐活动，由公司领导指定的部门作好活动费用计划，报领导审批，财务部按批准的开支计划拨付资金。

（2）工会组织的有关娱乐活动应指定专人负责有关费用的开支计划审批及报销，因个人原因未参加娱乐活动，不得变相发放费用。

11.2.13　手机话费标准。公司总经理的手机话费按实报销；公司副总经理、总经理助理每月报销最高额度400元；其他人员不能报销手机话费。

11.2.14　员工其他福利制度见公司各相关福利制度。

11.3　成本费用控制原则。

11.3.1　公司管理人员应该严格办公制度，提高效率，节约开支、减少浪费，尽力从办公、能源等各方面节约开支。

11.3.2　公司总部的管理费开支在保证正常需要的基础上合理制订，对于比较敏感的重点费用如薪金、交际应酬、福利、出租车费等严格审核，根据年度计划合理分配使用，财务部定期统计管理费开支，并同当年编制的预算进行比较分析，及时向领导汇报，以便根据实际情况做出相应调整。

12　收入管理

12.1　范围。按收付实现制确认收入。公司发生的管理费、维修费、服务费、代办手续费等项目。

12.2　公司按月计算应收费项及金额，同时编制"应收费用明细汇总表"。所有收款必须由财务部收款员经手并开出相关凭据，收款员将当天所有收款编制日实收表同发票和收据及银行进账单核对相符后交财务出纳员审核。

12.3　严格财务管理，建立健全稽核机制，加强相互监督，对私自收费或收款后不上交的部门或个人要严肃处理决不姑息，必要时送交司法机关，追究刑事责任。

13　税务管理

物业管理费等有关收入适用"服务业"相关税率。营业税按经营收入总额的5%计提并缴交；城建税按营业税的7%计提并缴交；教育费附加按营业税的3%计提并缴交；企业所得税按照相关法规按比例纳税。各项税种按税务局规定时间申报。财务人员应熟悉有关税收政策，把握尺度，合理纳税。

14　票据使用及管理

14.1　物业公司的发票由公司财务部经办人统一购置，购置后登记发票收、发、存明细账，并由财务部统一保管。

14.2　凡公司对外收款的有效凭证，开具的发票必须加盖公司"发票专用章"，收据加盖"财务专用章"，此两枚印章由专人保管，不得出借，本公司只对加盖"发票专用章"和"财务专用章"的凭证负责。

14.3　发票领用前及领用后的保管工作应严格、安全、定期核查，如发现丢失、毁损等情况应及时汇报，作出书面报告，必要时应追究事故者的责任。

14.4 收款员应根据不同业务性质合理开出发票,不得擅自做主改变规定,更不得开出不实发票。

15 电算化管理

15.1 使用NC系统各操作员必须遵守操作使用权限,在各自授权范围内使用财务软件,严格保密自己的操作登录口令,但该保密口令需在财务经理处备存。任何人不准对财务软件本身施加任何改动,一旦发生破坏,将严肃追究有关人员责任。

严禁在财务部门内使用外来软盘或非公司认可软件,不得擅自拷贝财务部任何软件、文字或带出使用、传阅。

15.2 年度内会计科目一经设定,不得更改;如确需增加科目,则需征得财务经理的同意后上报上级管理部门申请增加。记账凭证在未经审核确认前不得过账,过账后凭证未经财务经理批准任何人不得列印。

15.3 由于统计工作的需要和会计软件的特点,收入类账户发生收入退回转出或分配、成本与费用类账户发生冲减等情况时,收入类科目在贷方用红字进行冲减,成本费用类账户在借方用红字进行冲减。

15.4 收费软件系统的操作权限由财务部经理进行设置,严禁任何非财务人员进入会计软件查询资料。

16 会计档案管理

16.1 核算人员将已记账的会计凭证按顺序号装订成册,加装封面,记录装订内容,装订人签章。总账、明细账按年份打印装订成册。装订成册的会计凭证、账册、报表、材料出库单、已执行完的各类合同等财务核算资料,填表入档由财务部集中保管,同时将电脑数据备份存档。

16.2 档案借阅。会计档案实行对外保密,原则上不予外借,也不允许非财务人员查阅,财务人员如有借阅历史档案,必须登记办理借阅手续,查阅完毕后由管理员复验后放归原处;非财务人员特殊情况下借阅会计档案,须经财务经理同意方可查阅,具体查阅手续同前。

16.3 会计档案的销毁应严格执行国家《会计档案管理办法》。

17 会计信息管理

会计信息指与公司业务相关的一切会计资料、数据等,包括凭证、报表、账簿、合同、会计制度等。会计信息属公司商业机密,任何员工、任何时候不得对外泄露,否则将依法追究其法律责任。会计人员离职时,不得复制、携带公司会计信息。

18 会计工作交接管理

18.1 会计人员工作调动或离职,必须将其本人所经管的工作全部移交给接替人员,未办清交接手续的,不得调动或离职。

18.2 会计人员办理交接手续前,必须做好以下工作。

18.2.1 已发生的经济业务尚未填制会计凭证的应当填制完毕。

18.2.2 尚未登记的账目应该登记清楚并在最后一笔余额处加盖经办人员印章。

18.2.3 整理各项移交资料,对未了事项,作出书面材料。

18.2.4 编制移交清册,列明移交具体内容。

18.2.5 会计人员办理交接手续时,必须有监交人负责监交。一般会计人员交接,由单位会计机构负责人、主管人监交;会计机构负责人、主管人交接,由单位领导、负责人监交。

18.2.6 移交人员在办理移交时,要将移交清册逐项清点,接替人员须逐项点收。

18.2.7 银行账户余额须同对账单余额核对,不一致时要编制银行存款余额调节表;各种财产物资及债权债务明细账户余额要与总账户余额一致;要求对银行存款余额调节表、明细账同总账进行核对及抽查,做到账实一致、账账相符。

18.2.8 移交票据、印章或其他实物必须交接清楚;实行会计电算化的要按电子数据实际操作状态下进行。

18.2.9 交接完毕后,交接双方同监交人要在移交清册上签名或盖章。交接清册上应有单位名称、交接日期、交接人、监交人、清册页数及需说明的问题等。移交人员对所移交的会计凭证、会计账簿、会计报表和其他有关资料的全面性、真实性承担法律责任。

二、物业公司收费管理制度

物业公司收费管理制度

1 总则

1.1 为了规范本公司各管理处收费工作的管理,完善收费记录等基础会计工作,加强对管理处收费工作的会计监督,结合本公司的实际情况,制订本制度。

1.2 本制度依据《中华人民共和国会计法》、《内部会计控制规范——基本规范（试行）》等法律法规制订的强制性规定,各管理处必须执行,不得以各种理由拒绝执行,对于试行过程中出现的问题可以协商解决。

1.3 收费工作是公司业务的重要组成部分,应全力配合公司业务的开展,同时也需要其他部门员工的参与和配合。

1.4 管理处负责人应按本制度的规定组织、管理本管理处收费工作,并对管理处收费管理制度的建立健全及有效实施负责。

1.5 收费管理制度应达到以下基本目标。

（1）规范各管理处收费行为,保证收费资料真实、完整。

（2）不相容职务由不同的人员担任。

（3）建立并完善收费记录制度,保证各类相关账册的记录准确,并做到数据来源清晰、账账相符。

（4）各类数据应及时上报公司财务部,保证财务数据及时传递,为管理活动提供及时、准确的信息。

（5）加强对管理处财务收支活动的会计监督。

2 收费分工

2.1 按照不相容职务相分离的原则,收费业务授权批准、收费业务执行、收费稽核检查等工作应由不同的人员执行,以达到明确职责权限,形成相互制衡机制。

2.2 以下工作是不相容的。

2.2.1 收费金额确认工作与收费工作。

2.2.2 水、电、气等费用的抄表工作与收费工作。

2.2.3 装修押金收取标准、押金退回的确认工作与收费工作。

2.2.4 应收款的记录工作与收费工作。

2.3 收费工作分工如下。

2.3.1 房管员。

（1）负责应收管理费、本体金及其他相关费用收取标准、收费起止时间的确认工作。

（2）房管员负责确定押金收取标准、押金准退批准及处理工作。

2.3.2 水电工负责辖区所有由公司支付费用的水电表的抄录工作。

2.3.3 收费员负责以上各项经确认的收、付款内容进行收、付款作业,编制管理处相关报表。

2.3.4 统计员负责数据的统计工作。

2.3.5 财务部负责收付款业务的稽核工作。

3 收费程序

3.1 管理费及本体金的收费。

3.1.1 收费程序。

（1）由房管员在当月5日前根据相关文件及管理情况确认当月应收金额,打印应收清单,经管理处主任签名确认后,报管理处收费员及公司财务部。

（2）房管员依据经管理处主任签名确认的本月应收管理费、维修基金的清单填入《管理费、维修基金收费台账》的相应栏内,内容包括:应收费所属时间;管理费、维修基金的小计及累计金额并签名或盖章。

（3）收费员根据《管理费、维修基金收费台账》的记录情况,收取相应的管理费、维修基金。

3.1.2 除非得到董事长的授权,任何人无权减免应收款项。收费员应严格按照上报的各项收费清单收费，如有减免应收款项的，应有董事长的亲笔签名，并做好相关资料的保管工作，以备查验。

3.2 水电费的收取程序。

3.2.1 水电工应在次月5日前抄录水、电表，报收费员，收费员据以计算相关费用，区分代收代付和公用自用情况，并于7日前报财务部，水电表的抄录时间应尽量与水、电部门的抄表时间统一。

3.2.2 水电工应对公用区域的水电的耗用情况负责，建议管理处建立相关制度，对公用水、电情况进行考核，并以此作为对水电工的考核指标之一。

3.3 押金的收退程序。

3.3.1 收取各类押金时，由房管员根据相关规定的收费标准，填制收费通知单，收费员根据通知单收取押金。

3.3.2 退押金时，由房管员根据具体情况确定退款金额，并报管理处主任签名，收费员据以退付押金。

3.3.3 收费员在登记《现金收费日记账》的同时，必须建立相应的《押金收退记录本》，登记押金收、退、存情况，并每月与财务部核对。

3.4 停车费的收取程序。

3.4.1 收费形式。停车费的收取分为按月收费和临时收费两种形式。

（1）按月收费由车主向收费员交纳，收费员收款后书面通知制卡部门制作出入卡，制卡部门根据通知单的内容制作出入卡，交车主。按月收费的收费情况应按月编制收费清单，列明所属起止日期，报公司账务部，金额必须与上报数字一致。

（2）临时停车的停车费由车管员收取。车管员交接班时先清点停车票和票款，然后双方在交接记录本上签名后，下班的车管员将所收票款及用完的停车票存根上交收费员，停车票留给接班的车管员。

3.4.2 车管员所收票款必须及时上交收费员处，不得长时间滞留。

3.4.3 收费员应及时检查车管员的交接班记录，核查车管员的停车票和票款数量金额，及时查找出现的差错。

3.4.4 车管员应估算停车票的使用量，不够时应及时向收费员领取，收费员应建立账本登记停车票的领用、退回情况。

3.5 公司财务部与行政部将不定期对车辆收费进行突击检查，查实车辆收费情况，如有舞弊行为将进行严厉惩罚，情节严重的，移交公安部门依法惩处。

3.6 收费员收费后，将当天所收现金、支票及时交存银行，并将相应的收款收据"财务联"与交款单一并交公司财务部，收款收据"管理处联"则由收费员留管理处按月装订以备查验。

4 收费记录

4.1 收费员应对每笔现金收支进行记录，内容包括收费日期、单据号码、房号名称、车牌号码、费用所属期间、摘要及相关的明细金额。

4.2 采用银行票据方式收取的收入，收费员应向公司出纳员落实到账情况，除上一条所列内容外，还应记录所收费用转入的银行账户名称等相关信息。

4.3 收费员收取的现金应于当天送存银行，如无法在银行停止对外办公前交存银行，应最迟在下一工作日及时交存银行，对于跨月收取的款项则必须在当月交存银行。

4.4 除根据管理处主任授权退付押金外，收费员无权支付现金，如临时急需可用电话报请公司负责人及管理处主任，经同意后先动用备用金，事后必须由公司负责人及管理处主任补签名。

4.5 备用金不足的大额借款必须按规定办理借款手续，并在财务部的调配下支付款项。

4.6 管理处应记录的账册如下。

4.6.1 《管理费、维修基金收费台账》：由房管员按月记录应收款情况，收费员记录实收情况，记录后必须签名或盖章，以备稽核、检查。

4.6.2 《月卡销售记录台账》：记录月卡销售情况，记录后必须签名或盖章，以备稽核、检查。

4.6.3 《现金收费日记账》、《转账收费日记账》：由收费员按日分别登记，转账的收费应记录转入银行账号，与出纳员的记录一致，必须结出本日合计、本月累计发生额和余额。

4.6.4 《押金收退记录账》：按不同种类的押金分别建账，及时记录押金的收、退、存情况，并每月与公司财务部核对确认。

4.6.5 《水电费收费表》：记录代收代付水电费的收入情况，该记录应与《现金收费日记账》、《转账收费日记账》的记录一致。

4.7 《现金收费记录本》记录的要求。

4.7.1 除按规定允许使用红色墨水书写外，只能使用蓝黑墨水或者碳素墨水书写，不得使用圆珠笔或者铅笔书写。

4.7.2 每笔现金收费的收据、发票登记一行，日期、收据（或者发票）号码、房号、摘要、合计金额、明细金额和其他有关资料逐项记入相应栏内，要求做到数字准确、摘要清楚、登记及时、字迹工整。

4.7.3 除现金交存银行的数字记在"贷方"外，其余收付费都记入"借方"各相关栏内，如退回借款等付出现金的事项，可在"借方"各相关栏内记为负数，且借方各明细栏目之和应与"借方合计"栏金额相等（否则，该笔记录必有差错，必须查明原因，进行更正，直到平衡为止）。

4.7.4 每一账页登记完毕结转下页时，应结出本日开始到上一行止的发生额合计数，记在本页最后一行和下页第一行有关栏内，并在摘要栏内注明"过次页"和"承前页"字样。

4.7.5 所收现金送交银行时，应注明现金解款单的编号或交易流水号，并将金额记入"贷方"栏内。

4.7.6 每天必须结出当天各栏目的合计数，并在摘要栏内注明"本日合计"字样，同时用红笔将该行上、下各划一条单线（本行数字实际上正是《收费周》的每日实收的数字，以后就可以用该行数字与统计表的数字相互核对）。

4.7.7 注意按照现金管理条例的规定，收费员所收现金应在当天送交银行，所以"借方合计"栏内金额应与"贷方"栏内金额相等，即余额应为零；如收费员在当日将所收现金送交银行后，又收到了现金，可将其放在保险柜内，但不允许将现金带回家。

4.7.8 每天结出"本日合计"后，在下一行结出本月初起至当日的累计数，并在摘要栏内注明"累计"字样，且用红笔在该行的下面划一条单线。

4.7.9 每月月底，在结出"本日合计"后，不必结出"累计"，而应结出"本月合计"，即本月初至本月末的总合计数。

5 数据汇总上报

5.1 收费员对所收款项必须做到日清月结，按日填列资金收支日报表，并于下一工作日上报公司出纳员，所报数字务必准确，一经上报不得随意更改，如要更改必须说明原因。

5.2 资金收支日报表应在每日结清余额后及时填列，并于月度终了后，上交公司出纳员处，出纳员将所填数字与每日上报核对，如有差错，收费员应书面说明原因，上报公司确定处理办法。

5.3 管理处产生的各项收费表单，应及时上报公司财务部，有条件的管理处尽量提供电子文件，应上报的表单及上报时间列示如下。

5.3.1 上报当月管理费、维修基金应收、预收清单上报公司财务部，内容包括栋号、房号、面积、收费标准、本月应收管理费、维修基金及总额。

5.3.2 《管理费、维修基金应收及实收明细表》，次月5日前上报公司财务部，内容包括栋号、房号、期初应（预）收额、本月应收额、本月实收、期末应（预）收额，逻辑关系如下。

期初应（预）收额＋本月应收额－本月实收＝期末应收（预）额。

本期期初应（预）收额＝上期期末应（预）收额。

5.3.3 水电费抄表计算单及水电费欠缴清单，水电工次月5日前抄表报收费员，收费员根据抄表数量、单价等信息计算水电费，并列示欠收水电费清单，次月7日前上报公司财务部。

5.3.4 《资金收支日报表》：次月7日前上报公司财务部，该表数字应与《现金收入日记账》、《转账收入日记账》的每日合计数一致。

5.4 所有上报必须数字真实准确，逻辑关系清楚无误，各类数字之间应能相互验证，如出现差错必须查明原因。

6 备用金管理

6.1 为了应付物业管理工作中发生的，对房屋建筑及其设备、公共设施、绿化、环境整治等项目开展的维护、维修、整治及零星采购等紧急支出的需要，各管理处可向公司借支备用金5000元，作为上述紧急支出的周转资金。

6.2 备用金的保管、使用，由各管理部指定的专人负责，并报公司财务部备案，指定专人不得随意变更。

6.3 备用金的保管人员，必须严格按照公司规定的备用金的开支范围支付。备用金不得用于支付开支范围以外，如业务招待费、办公用品、五金材料的日常采购等费用，也不能用于虽属开支范围内，但不需要紧急支付的各项费用。

6.4 当紧急动用备用金数额较大时，应在事先向公司领导请示后，备用金保管人员方可借支给经办人员，如因未经请示而产生了不能报销的费用支出，由备用金保管人员承担相应责任。

6.5 费用支出的经办人员在办理完报销手续之后，应将所借款项尽快归还备用金的保管人员。

6.6 备用金保管人员的工作变动时，管理部经理应督促其向财务部办理备用金的移交手续。

三、物业公司各小区财务收支管理办法

物业公司各小区财务收支管理办法

1 目的

根据集团公司对物业公司各小区实行指标管理、独立核算的要求，结合公司业务管理的需要，为了做好各小区财务收支管理工作，特制订本办法。

2 适用范围

适用于本公司各物业小区。

3 管理规定。

3.1 预算管理。

3.1.1 各小区物业部所有收支以预算管理为基础，没有预算不得开支。

3.1.2 每月末各小区物业部根据年度经济指标及下月预计情况，编制、上报下月收支预算。

3.1.3 收支预算由小区会计负责编制，经小区物业经理初审后，报物业公司、集团财务部审核，总裁批准后执行。

3.1.4 各月度支出计划的编制应以各小区年度经济指标为依据，可在各月之间调节，但各月总和不得超过年度指标。

3.1.5 每月初各小区物业会计对上月预算执行情况进行总结，编制上月收支预算与执行情况比较表，报物业公司汇总后报公司相关领导。

3.1.6 预算内支出按公司规定流程由小区物业部审核支付，超预算支出报物业公司、总裁审批后由各小区支付。

3.2 收支规定。

3.2.1 收据、发票及公章使用规定。

（1）收据、定额停车费发票，由物业公司统一印制（或购买）、统一管理，设专人负责，建立专门备查簿登记收据购、存、领、销数量及号码。

（2）物业各小区设专人负责收据及定额停车费发票的领用、保管和缴销。领用收据时检查无缺联、缺号后加盖物业公司财务专用章，并在登记簿上登记领用时间、数量、起止号码及领用人，同时交回前期已使用收据的存根联，以备查对。

（3）收据的保管必须专人负责，如有遗失，追究保管人员责任。领用收据的小区，如果人员变动，需在变动前到物业公司财务部交回收据并结清核销。

（4）各小区使用发票，为便于管理，应到物业公司财务部统一开具。一般情况下应以收据（第二联）换发票，所换发票的内容应与收据项目、金额完全一致，用以换取发票的收据作为发票记账联的附件，留物业公司统一保管。对于需要先开发票后付款的业主，出纳（或物业管理员）根据收费通知单开具发票，并在物业财务部做好登记，款项入账后核销。

(5) 收据填写要求。

——据实填写。即必须按实收金额、项目、日期如实填写，不得弄虚作假，做到准确无误。

——字迹清楚，不得涂改。如有错误，全部联次盖"作废"章或写明"作废"字样，再另行开具。

——全部联次一次填开，上下联的内容、金额一致。

(6) 各小区的收费通知专用章只能用于催款通知，不能用做其他用途；除此公章外，小区不得再有其他公章。

3.2.2 收款规定。

(1) 各小区收款必须使用从物业公司领用、加盖物业公司财务专用章的统一票据，其他任何票据或未加盖财务专用章的票据不得使用。

(2) 已收现金款项必须在当天交由出纳核对、办理相关手续妥善保管，并及时入账。

(3) 以转账方式收款应及时与物业公司财务、集团财务办理进账、转账相关手续，并及时做账务处理。

(4) 物业公司财务部可随时检查使用票据的人员是否及时将所收款项按规定上交，并定期对整本已使用完的收据核查是否交纳入账，并进行核销。

3.2.3 支出规定。

(1) 工资费用。各小区财务人员根据本小区当月考勤表，计算本月员工的应付工资，填制工资卡，交小区经理签字后，报物业总公司人事部门审核，人事部门在对员工的出勤及人员变动核对无误后，报物业公司总经理审批，总经理同意后方可发放。

(2) 员工福利费。对于员工福利品的发放，如防暑降温品、节日礼品等，各小区根据自己实际情况，本着节约原则，自行拟订方案及所需资金等情况呈报物业公司总经理，同意后方可实施。

(3) 维修费用。小区工程维修费用，审批程序是：物业公司总经理→预算部→总工办→总裁。

(4) 差旅费、办公费、电话费、清洁卫生费、保安费、业务招待费、绿化费、社会保险费等以各小区所报支出预算为依据，预算内的此类费用由经办人填制费用报销单，小区经理批准即可报销。会计人员应在原始票据审核方面严格把关，用于报销的原始票据应符合国家有关法律法规的规定，除特殊情况外必须是发票，单据项目必须填写齐全，特别是本公司全称、地点、费用项目等必须准确无误，票据应整洁，无涂抹修改。对于不符合上述规定的票据，财务人员应拒收。对于超出预算的上述费用项目，应呈报物业公司，说明情况，阐明超支原因，经物业公司总经理同意后，报总裁批准，总裁同意后方可实施。

(5) 水电费。水电费属于小区的代收代缴项目，应遵循专款专用原则，即本月收取的水电费必须首先用于保证该期水电费的支付。小区不得以此类收款支付日常的费用开支，以免影响水电费的正常支付。

(6) 对于各小区需要转账结算的各项支出，经小区经理核准签字，送物业公司财务审核后，在支票签发登记本上进行登记，加盖财务专用章及法人章进行支付。

3.3 资金报表。

3.3.1 每天由各小区出纳报资金表给物业公司财务，由物业公司财务汇总后报公司领导。

3.3.2 报表需注明当天款项的增加、减少情况的说明。

4 会计核算

4.1 统一设置以下会计科目。

4.1.1 主营业务收入。主要核算物业小区向业主（或物业使用人）收取的物业管理费。

4.1.2 其他业务收入。主要核算小区收取的停车费、装修管理费、宽网费、摊位费、特约维修费等。

4.1.3 主营业务成本。主要核算物业水电维修、保洁及绿化等部门发生的费用，下设明细科目：工资、福利费、维修费、电话费、保洁费、劳动保护费、保安费、社保费及其他。

4.1.4 管理费用。主要核算行政管理部门发生的费用，下设明细科目：工资、福利费、差旅费、办公费、电话费、业务招待费、社会保险费及其他。

4.1.5 其他应收（应付）款。主要核算代收代缴款项及装修期间的保证金等。

4.2 会计报表。

4.2.1 各小区财务结账日期为月末最后一天。
4.2.2 小区会计人员应于次月的3日以前将各小区的会计报表经小区经理签字后报物业总公司财务部，有个人所得税的小区应将其扣缴的个人所得税的明细单附后，以便总公司统一申报。
4.2.3 小区会计每月25日前根据年度指标上报下月费用预算，次月10日前编报上月预算执行情况报表。

5 档案保管
5.1 已使用的收据记账联由各小区财务保管，存根联缴销后交由物业公司财务进行保管。
5.2 小区财务档案应按财政部《会计档案管理办法》规范要求进行整理、装订、归档。
5.3 当年会计档案由小区会计负责保管，次年建立新账后应将上年全部财务档案移交物业公司财务人员负责保管。

6 检查控制
6.1 各小区会计每月须对小区出纳的财务工作进行检查，包括收据的填开、领用、缴销；原始单据的归档、保管；账簿登记、账证相符情况；现场盘点库存现金，账实相符情况。对检查内容以书面形式经双方签字确认后上报物业公司财务。
6.2 各小区出纳应对物业管理员的收费工作进行检查监督，对于有不符合"收据发票使用规定"及"收款规定"的行为，应及时上报。
6.3 各小区会计每月须与集团公司核对往来款，并签署对账单，确保双方账务清楚。
6.4 物业公司财务应对各小区领用、缴销票据及时核检，发现问题应及时上报有关领导。
6.5 物业公司财务和集团公司财务应对各小区财务收支情况进行不定期联合检查或抽查。
6.6 根据公司领导安排，聘请外部的会计师事务所对物业公司各小区财务收支执行情况进行年度专项审计。

7 相关责任
7.1 物业小区各出纳对现金的收支负有直接责任，小区会计负有监管责任，小区物业经理负有管理责任。
7.2 禁止私设账外账、收款不入账等，禁止不使用统一规定票据收款、私刻公章等，否则一经发现直接上报总裁严肃处理。
7.3 会计档案灭失追究保管会计责任。
7.4 由于不按本管理办法操作给公司造成经济损失的，由相关责任人全额赔偿。

四、物品采购及领用制度

物品采购及领用制度

1 目的
为了规范本公司各项物品的采购及领用，尽量地降低经营成本，特制订本制度。

2 适用范围
适用于公司总部各部门及下属各管理单位的物品采购及领用活动，不包括固定资产及无形资产的购置行为。

3 原则
3.1 公司各类物品的采购及领用实行事前计划、集中采购、分类管理、凭单领料的原则。
3.2 公司的物品采购及领用活动在单位负责人的领导下，由采购部统一管理。

4 管理规定
4.1 物品需求计划。
4.1.1 各物品使用部门于月初按不同类别填制"物品需求计划单"，按月报采购部，"物品需求计划单"应注明所需物品的名称、规格、型号、数量、用途、质量及售后服务等内容，用途应详细具体。

4.1.2 "物品需求计划单"由经办人制单,并经如下审批程序批准同意后,交采购部作为采购依据:经办人→部门经理→主管副总→财务经理→总经理。

4.1.3 "物品需求计划单"应分部门按年连续编号,一式四联,申请单位、采购部、财务部、库房各一联。

4.1.4 "物品需求计划单"按以下分类分别填制:维修材料类;卫生用品类;办公用品类;工具类;其他。

4.1.5 各物品使用部门编制的"物品需求计划单"所列物品应能够应付日常使用,并能应付可以预测到的突发事件所需物品,以减少紧急采购的发生次数。

4.1.6 "物品需求计划单"编制完后,如有迹象表明物品不够用时,应立即填写一份新的"物品需求计划单",并按上述程序审批报采购部组织采购。

4.1.7 需要紧急采购物品的事件必须具有突发性,是发生前无法预测的。

4.1.8 需要紧急采购时,经办人应尽量尝试向部门负责人或总经理请示,在得到部门负责人或总经理认可后,组织采购,如确实无法与部门负责人或总经理取得联系,经办人先行处理。

4.1.9 紧急采购发生后,物品使用部门应在第一时间,补办"物品需求计划单",并对紧急采购的必要性进行详细、充分的说明。如果该项紧急采购是相关人员应该能够预见,但由于其工作失误造成未能及时申请购买的,应追究当事人的责任。

4.2 采购及供应商。

4.2.1 采购部综合各使用单位的"物品需求计划单",结合库存情况,确定所需采购物品的名称、规格、型号、数量,并结合供应商的情况编制"采购订单"。

4.2.2 "采购订单"按如下审批程序批准后,由采购部向供应商下单订购:采购员→采购部经理→主管副总→财务经理→总经理。

4.2.3 "采购订单"应连续编号,一式四联,采购部、供应商、财务部、库房各一联。

4.2.4 为保证采购工作能够顺利、有序地进行,各项物品都应选择2~3家供应商,作为物品的长期供应商。除供应商出现变更外,物品的采购都应向选定的供应商采购。

4.2.5 供应商的选择。由采购部收集有关供应商的资料,填制《供应商确认审批表》,报各相关部门联合会审评估,经总经理批准后予以确认,确认后报各相关部门备案。

4.2.6 所购物品出现质量问题,如属个别现象,由采购部负责退换,如果是经常出现或者出现质量问题的物品数量较大,应考虑更换供应商。

4.2.7 采购物品时,应综合质量、服务、价格等各方面因素向供应商下单订购。首先在保证产品质量、售后服务等能够满足使用部门要求的前提下,选择价格更优惠的供应商。

4.3 物品入库。

4.3.1 采购员将所购的物品交库房,由保管员填制"物品入库单"。"物品入库单"应连续编号,一式三联,库房、采购部、财务部各一联。

4.3.2 入库单上的物品应注明订单号,采购员在验收物品前应核对采购订单,核对并验收无误后,在入库单上签名确认。

4.3.3 保管员依据"物品入库单"记录物品明细账,记录时应记录相应的"物品入库单"号。

4.3.4 保管员应妥善保管财物,及时记录明细账簿,并定期不定期地将实物与账簿核对,做到账实相符。其中,月度终了时,必须进行盘点,如账实不符,应尽快查明原因。

4.4 付款。

4.4.1 货款应采用月结的方式结算,并以银行票据为主要的支付手段,尽量避免使用现金。如情况所限必须使用现金的,应与财务部沟通确认后予以支付。

4.4.2 货款到期时,由采购员填制"付款审批单",向财务部申请付款。"付款审批单"应附相应的"采购订单"、"物品入库单"、供应商发票及明细清单等单据,并按付款审批程序审核。

4.4.3 财务部依据审核批准的"付款审批单"开具支票或汇票,交采购经办人,由采购经办人向供应商办理付款结算手续。财务部不直接面对供应商。

4.5 物品领用。

4.5.1 各部门领用物品时，应填制"领料单"。"领料单"上应注明具体的用途，明确支出的性质。

4.5.2 经常使用的低值易耗品如灯泡等应做到以旧领新。

4.5.3 工具类物品，应按领用人分别建立领用档案，登记领用情况，以便在员工离职时，审查员工的工具领用情况，避免工具的丢失。

4.5.4 "领料单"应按年连续编号，一式三联，领料单位、财务部、库房各一联。

4.5.5 领用"物品需求计划单"已列范围内的物品时，由部门负责人签名即可领用。领用非"物品需求计划单"已列范围内的物品时，应另填"领料单"，除部门负责人签名外，还应由总经理签名同意方可领用，以备审查。

4.5.6 月度终了时，保管员应将当月发出物品的财务联送交财务部，财务部据以进行账务处理。

第四章 物业公司财务管理表格范本

一、物料申购表

物料申购表见表10-4-1。

表10-4-1 物料申购表

申购部门：　　　　　　申购人：　　　　　　日期：

序号	品名	单位	数量	规格	供货时间	用途	备注
预计总金额							

申购部门负责人签字：　　　　　　财务部审核：

二、计划外物料申购表

计划外物料申购表见表10-4-2。

表10-4-2 计划外物料申购表

申购部门：　　　　　　申购人：　　　　　　日期：

序号	品名	单位	数量	规格	供货时间	用途	备注
预计总金额							

申购部门负责人签字：　　　　　　财务部审核：

三、各部门物料采购汇总表

各部门物料采购汇总表见表10-4-3。

表10-4-3　各部门物料采购汇总表

部门			月份		
			计划内金额	计划外金额	合计金额
品质管理办公室					
财务部					
（　　　）区	客户服务中心				
	保　洁				
	秩序维护				
	绿　化				
	客户维修				
东区	管理处				
	保洁、绿化				
	小　学				
	秩序维护				
	客户维修				
财务部	商务中心				
	（　　　）区会所				
	东区会所				
	家政、花园维护				
××广场	管理处				
	保　洁				
	客户维修				
	秩序维护				
××管理处					
××管理处					
合计金额					
物资采购汇总意见					

注：此报表费用包括各部门计划内、外物料采购费用及电话、油耗费用
后附《采购明细表》、《采购情况调查表》

财务部
年　月　日

四、库存物品盘点表

库存物品盘点表见表10-4-4。

表10-4-4 库存物品盘点表

部门： 年 月

序号	品名	规格	数量	单位	单价	金额	存放地点
	合计						

盘点人： 监盘人： 复核： 负责人：

五、不合格物料处置单

不合格物料处置单见表10-4-5。

表10-4-5 不合格物料处置单

不合格物料事实描述：
处置要求：
资产管理员： 部门负责人： 日期：
财务部处理意见： □退货 □换货 其他处理方式： 部门负责人： 日期：
不合格品处置结果： 采购员： 部门负责人： 日期：
使用部门复检结论： 复检人： 部门负责人： 日期：
公司领导意见：

六、物品领用登记表

物品领用登记表见表10-4-6。

表10-4-6　物品领用登记表

姓名：

物品领用				物品归还			
日期	物品名称	数量	领用人签字	日期	物品名称	数量	经办人签字

七、物品报损表（库房留存）

物品报损表（库房留存）见表10-4-7。

表10-4-7　物品报损表（库房留存）

申请部门		申请人		申请时间	
物品报损原因：					
经办人签字：					
申请部门意见：					
负责人签字：					
财务部意见：			财务部意见：		
负责人签字：			负责人签字：		
公司领导意见：					

八、公司月物耗汇总表

公司月物耗汇总表见表10-4-8。

表10-4-8　公司月物耗汇总表

年　　月　　日　　　　　　　　　　　　　　　　　　　　单位：元

部门	总经办				设备维养中心	管理处A				管理处B			
	公司领导	办公室	食堂	财务部		客服中心	保洁	工程	维护	秩序维护	客服中心	工程	保洁	维护	秩序维护
金额														
合计														

制表：　　　　　　　　　　审核：　　　　　　　　　　审批：

九、物品外修申请单

物品外修申请单见表10-4-9。

表10-4-9　物品外修申请单

使用部门申请	物品名称： 型　号： 故障描述： 要求修复时间： 使用人意见：　　　　　　　　　　部门负责人：	规　格： 使用时间：
管理处意见	诊断意见： 维修方案： 建议维修商家及联系方式： 部门负责人：	
财务部意见	与维修商家联系情况： 预计维修时间： 预计维修费用：	
公司领导批示		

回复申请部门	外修物品名称： 是否同意外修：□同意　　□不同意 预计修复时间：　年　月　日 预计修复费用：
修复情况验证	修复时间：　年　月　日 修复结果：□已正常使用　□试用　□需返修　□报损 部门负责人：

十、固定资产盘点表

固定资产盘点表见表10-4-10。

表10-4-10　固定资产盘点表

存放部门：
物资类别：　　　　　　　　　年　月　日　　　　　　　金额单位：元

编号	品名	单位	数量	单价	金额	存放地点	备注

制表：　　　　　　　　　监盘人：　　　　　　　　　资产管理员：
部门负责人：　　　　　　公司领导：

十一、发票领用登记表

发票领用登记表见表10-4-11。

表10-4-11　发票领用登记表

月份：

发票号码	领用日期	领用人	核销日期	有效份数	无效份数	核销人

审核人：　　　　　　　　　　　　　制表人：

十二、转账支票使用明细表

转账支票使用明细表见表10-4-12。

表10-4-12　转账支票使用明细表

月份：

支票号码	开具日期	收款单位	摘要	金额	签收人	备注

审核人：　　　　　　　　　　　　　制表人：

十三、会计档案查阅登记簿

会计档案查阅登记簿见表10-4-13。

表10-4-13　会计档案查阅登记簿

序号	查阅日期	查阅人	查阅内容	查阅用途	经办人	核准人	备注

第十一部分
物业公司人力资源管理

- 第一章　员工招聘管理
- 第二章　员工培训管理
- 第三章　员工工作的考核评价
- 第四章　物业公司人力资源管理制度范本
- 第五章　物业公司人力资源管理表格范本

第一章　员工招聘管理

物业公司作为企业，有充分的用工自主权，可以根据企业的实际情况和具体需要，建立起适合市场经济环境、灵活多样的招聘制度，按照具体岗位的设置，配备各种人员。

一、明确招聘人员总数

招聘人员时，首先要明确招聘多少人。招聘人数的多少应根据物业管理公司的现状与发展、所管物业的类型、管理的范围与要求、所管物业的面积大小、业主的需要等因素结合公司的定员定编合理确定。

以下是综合某市各物业管理公司员工定编的实际情况确定的招聘员工的数量标准，可供各物业公司在确定招聘人数时参考。

（一）多层住宅物业管理人员的定编标准

多层住宅物业管理人员的定编标准，按建筑面积计算1万平方米配置3.6人左右（不包括车辆管理人员），各类人员配置及标准见表11-1-1。

表11-1-1　多层住宅物业管理人员的定编标准

序号	人员类别	配置标准
1	管理人员	主任，总建筑面积10万平方米以下设1人，10～20万平方米，设1正1副，25万平方米以上，设1正2副；助理，总建筑面积10万平方米以下设1人，在10万平方米以上每增加5万平方米增加1人；社区文化设1人，活动中心、场所的值班人员另计；管理处财务相对独立，一般设出纳、会计各1人，但可以兼职；其他人员如资料员、接待员、仓库管理员可根据物业大小和工作需要来设置
2	维修员	建筑面积每4万平方米设置1人
3	绿化员	绿化面积每4000平方米左右设1人
4	保洁员	每140户设1人
5	保安员	每120户设1人
6	车管员	根据道口或岗亭设置，车辆流量大的每班设2人，流量小的每班设置1人，一日3班

（二）高层住宅物业管理人员定编标准

高层住宅物业管理人员定编标准，按建筑面积计算每1万平方米配置7.5～7.8人左右（不包括车辆管理人员），各类人员配置及标准见表11-1-2。

表11-1-2　高层住宅物业管理人员定编标准

序号	人员类别	配置标准
1	管理人员	建筑面积小于5万平方米设主任1名，每增加5万平方米增设副主任1名；助理每350户设1人；社区文化设1人，活动中心、场所值班人员另计；会计、出纳各设1人；其他人员可以根据工作需要设置
2	机电人员	高层住宅楼宇机电设备设施一般都有电梯、消防、供水、供电设施，要相应配备工程技术人员，建筑面积在3万平方米以上的楼宇每1万平方米配1.5人

续表

序号	人员类别	配置标准
3	保洁、绿化人员	建筑面积每7000m²左右或90～100户配1人；公共场所或商业场所可适当调整人员
4	保安人员	每40户配1人或建筑面积3000m²左右配1人
5	车辆管理人员	依据岗亭或道口设置，车辆流量大的每班每岗设2人，流量小的每班设1人，一日3班

（三）高层写字楼物业管理人员定编标准

高层写字楼物业管理人员定编标准，按建筑面积计算每1万平方米配置15～18人左右（其中不包括车辆管理人员），各类人员配置及标准见表11-1-3。

表11-1-3　高层写字楼物业管理人员定编标准

序号	人员类别	配置标准
1	管理人员	建筑面积小于3万平方米设主任1名，每增加3万平方米增设副主任1名；助理每2万平方米设1人；社区文化设1人，活动中心、场所值班人员另计；会计、出纳各设1人；其他人员可以根据需要设置
2	机电人员	高层写字楼要增设空调通风系统，其他类型设备的数量也较高层住宅有所增加，所以对工程技术人员的配备相对要求高且数量多，一般每1万平方米配4～5人
3	卫生、绿化人员	建筑面积每2500m²配1人
4	保安人员	建筑面积每2000m²左右设置1人

（四）其他类型的物业

如商业、综合性楼宇可以参考以上人员的定编方法来确定。

二、确定各类人员的招聘条件

物业管理公司通常划分为决策层、管理层和操作层三个层次，为了使各层次人员的招聘条件切合实际，在选聘时必须研究各层次人员的知识与能力结构，具体见表11-1-4。

表11-1-4　物业公司各层次人员的知识与能力结构

序号	层次		必备的知识与能力
1	决策层	必备的知识	（1）了解房屋结构及设备、设施等修缮的基本知识 （2）了解房地产有关理论和开发、经营、管理、估价等基本知识 （3）了解有关法律知识 （4）熟悉计算机应用的知识 （5）熟悉房屋完损等级标准和安全管理基本知识 （6）熟悉国家和本地区的物业管理法律、法规、政策，掌握物业管理的基本理论与实务 （7）掌握物业公司经营管理知识
		必备的能力	（1）具有制订物业管理公司长期发展规划、建立健全管理制度的能力 （2）具有掌握并控制各部门业务及运作状况，熟悉企业财务、税收状况和市场变化情况，有经营决策能力

续表

序号	层次		必备的知识与能力
1	决策层	必备的能力	（3）具有综合组织和协调能力，具有公关、谈判及建立业务关系的能力 （4）具有处理突发事件的能力 （5）具有计算机应用能力
2	管理层	必备的知识	（1）了解房地产有关理论和开发经营管理等基本知识 （2）熟悉物业管理的基本理论和有关政策法规，掌握本地区有关物业管理要求、计费规定等 （3）掌握房屋完损标准、质量检测方法和安全管理的基本知识 （4）掌握物业管理的有关技术标准及维修的基本知识 （5）掌握房屋结构、设备、设施等维修管理的基本知识 （6）掌握计算机应用知识
		必备的能力	（1）具有建立健全部门规章制度的能力 （2）具有制订工作计划并组织实施的能力 （3）具有及时处理房屋、设备、设施的抢修排险和火警、匪警、救护等突发事件的能力 （4）具有宣传教育组织各类活动及处理一般矛盾的能力 （5）具有处理专项业务并能与相关机构协调的能力 （6）具有熟练应用计算机进行管理的能力
3	操作层		（1）能执行公司的各项规章制度及操作程序 （2）能熟练掌握所从事岗位的专业技能 （3）具有独立处理琐碎事物的能力 （4）具有较强的责任心、控制力，具有团队意识

根据各管理层次应具备的知识与能力结构，结合各工作岗位的具体要求，确定出每个工作岗位的具体招聘条件，如年龄要求、性别要求、应具备什么样的技术条件、什么样的文化程度等。在确定各岗位具体招聘条件时，应以应聘者有能力完成工作目标为唯一标准。

三、确定员工的招聘方法

应根据所需人员的类型而采取相应的招聘办法，既可以从公司内部选择和挖潜，也可以从社会广泛寻觅。一般做法是：所需人员技能层次越高，越是利用公司的内部人员，或通过私人介绍、推荐的方式；所需人员技能层次越低，则越是经常从公司外部劳动力市场招聘，或是利用就业服务的机构或广告招聘。通常，员工的招聘方法有以下4种。

（1）公司内部选择和挖潜。这种方法可以给公司内部员工提供更多的晋升机会，可更好地用人所长，更好地调动和激发员工的积极性。

（2）广告招聘。利用广告形式招聘员工，影响面广，但需支付广告招聘费用。

（3）人才市场招聘。目前，我国各城市基本上建立了比较成熟的人才市场，通过人才市场招聘已成为各公司获得员工的主要方法之一。

（4）通过院校招聘。随着物业管理需求的增长，举办物业管理专业的院校逐渐增多，通过这些专业院校的培养，也将为物业管理公司输送一大批合格人才。

四、确定申请招聘的手续

（1）需招聘员工的部门在确认并无内部横向调职的可能性后，向人力资源部递交书面申请，并附上需招聘职位说明书和数量。

(2）人力资源部详细审核申请职位的工作性质、等级等项，如同意其申请，先在本公司内刊登招聘广告，或从公司内部进行提拔。如管理员空缺，从员工中挑选符合要求的员工填补职位空缺。一般来说，内部提拔能给员工升职的机会，使员工感到自己在企业中有发展的机会，有利于激励士气。再者，内部提拔上来的人员熟悉本企业情况，能较快适应新环境。当确定本公司无适当人选时，才在公司外刊登广告，并及时将信息反馈给用人部门。

五、明确招聘的工作程序

（一）初步甄选

（1）求职登记表是公司初步甄选的手段之一，目的在于获取应聘人员的背景信息，对不合要求者加以淘汰。

（2）初步筛选在应聘人员填写求职表时进行，并安排应聘者到所需部门经理处面试。

（二）面试结果反馈

（1）面试过程中，用人部门在求职表上填写面试记录，表明对应聘者的评语及结论，送达人力资源部，作为下一步行动的依据。

（2）人力资源部根据用人部门的评语及结论，要求应聘者交齐身份证、劳务证（待业证）、健康证、学历证、未（结）婚证、岗位资格证书、岗位操作证、驾驶执照、养老保险关系转移单等有关证件、资料（复印后原件归还），以及彩色小一寸相片两张，然后向应聘者发出报到通知单、领取物品单，安排入职培训，完成后到部门报到。

（三）试用期

（1）试用期一般为3个月，并签订试用合同。
（2）试用期由入职者履行新职日起计算。
（3）试用的目的在于补救甄选中的失误。

（四）最终录用

对试用合格者予以正式录用。从正式录用之日起，享受本公司同类人员薪金等级。

（五）劳动合同签订

与被聘用者签订劳动合同。合同签订后，被聘用者在公司中承担一定职务或工种的工作，接受公司的管理，遵守公司内部的劳动规则。

（六）员工的解聘

解聘是公司提出不再与员工履行合约解除合同的一项权利，主要有以下6个因素。
（1）在试用期发现不合录用条件的。
（2）因患病或因工负伤，医疗期满后不能从事原来工作的。
（3）违反劳动纪律或在社会上严重违法的。
（4）因公司发生变化，缩小规模而多余的人员。
（5）公司倒闭，需进行清算的。
（6）解聘和开除有明显的区别，开除是公司能行使的惩罚处分中最严厉的形式。

（七）员工辞职

辞职是指员工本人提出要求脱离现任岗位，与公司脱离劳动关系而另找工作的一种权利。

（1）员工因故辞职时，首先向部门索要《申请报告单》，填写后交部门主管签署意见，再送交人力资源部门审核。

（2）员工无论以何种理由提出辞职申请，自提出之日起，仍需在原工作岗位继续工作一个月。

（3）员工辞职申请被核准后，在离开公司前在人力资源部办理辞职手续。

第二章　员工培训管理

一、培训工作的原则

（一）新员工

安排新员工的人事及教育，也就是安排新员工接受培训并分配到各工作部门，然后，在所分配的工作部门中，由第一线的管理、监督者来负责工作场所教育。

通过入职前培训，使新员工对公司保安、消防、设备维修保养和公司开源节流的重要性有初步的认识，对公司基本概况、员工守则、礼貌礼仪、个人卫生等有初步的了解。

但是对工作忙碌的第一线管理者或监督者来说，要全身心地教导新员工是不可能的。事实上，这种教导的责任大多是交给和新员工一起工作的资深员工们。

但是，在将教育指导新员工的责任交给资深员工之前，必须先教导资深员工教育新员工的方法，所以在新员工尚未上班之前就必须将老员工培训成为新员工的榜样。

（二）在职员工

在培训在职老员工之前，首先要对员工的能力和素质做一次总检查，也就是说，对老员工的能力、素质等不足之处，一项一项检查总结。

二、员工培训的内容

物业管理公司员工的培训，主要包括基本素质培训和业务知识培训。

（一）基本素质培训

基本素质培训是物业管理从业人员最基本最重要的培训内容，抓好基本素质培训可以使员工拥有良好的职业道德，如尊老爱幼、助人为乐、遵守秩序、爱护公物、信守诺言、团结合作、爱岗敬业等；可以使员工树立起服务第一的服务观念，全心全意地为用户服务；可以使员工拥有较好修养，在对用户服务时热情主动、文明礼貌、语言规范、谈吐文雅、衣冠整洁、举止端庄、尽善尽美等。

基本素质培训的对象是物业公司的全体员工，培训的基本内容如下。

（1）员工的职业道德培训，包括职业思想（全心全意为业主和使用人服务的思想）、行为规范和行为准则（仪容仪表、日常行为、来电来访、上门服务等）培训。

(2) 员工的礼貌服务（如文明用语）、敬业精神、团队精神等培训。
(3) 物业管理基础知识培训。

通过以上内容的培训，使员工掌握物业管理服务最为基本的语言、行为规范以及必备的物业管理、服务知识。

（二）专业知识与技能培训

专业知识与技能的培训对象是物业管理公司的各岗位工作人员。由于工作岗位的不同，培训的内容也有较大的差异，如对财务人员进行财会知识培训，对工程技术人员应强化房屋与设备的维修管理知识与技能培训，对管理人员应侧重公共关系、管理技巧和领导艺术等知识的培训，对保安人员应加强保安业务知识的培训，而对绿化人员则应加强绿化工作流程、工作标准及种植、养护等知识技能的培训。

第三章 员工工作的考核评价

对公司员工的工作绩效进行及时确切的考核与评价，对于改进员工本人和公司的工作，对员工的个人发展和公司的自我完善，都有着不可低估的作用。

员工工作的考核评价是对员工工作成绩和缺点的综合评述，它既是一个有严格标准的客观的反映和评价过程，同时又难免有一些主观评断和感情因素的干扰，因此物业管理公司在对员工考核评价时，尽量做到系统化、经常化、规范化。为提高考核的可靠性，应抓好如下4个方面工作。

一、制订切合实际的考核方案

要制订一个比较科学的考核方案，就必须深入实际，到各部门详细了解岗位设置情况、员工工作职责情况，然后与各部门负责人和有关管理人员一起研究将考核的内容与员工岗位责任制挂钩，使考核的内容切合实际，易于操作。

二、建立完善的考核机制

考核方案再好，也要靠人去执行。谁来考核呢？对物业管理公司，考核工作常常分部门进行，每个部门应成立一个考核小组负责员工的考核工作。公司则成立由公司经理、人事、财务及其他各部门经理在内并有员工代表参加的考核领导小组，负责统筹、监管各部门的考核工作，制订考核总体方案等。员工若对本部门的考核工作不满意，可向公司领导小组反映，也可向公司工会反映。只有建立完善的考核机制，方可避免考核成为走过场的形式主义，也可避免个别人凭印象说了算，真正反映员工的真实表现情况。

三、尽量量化考核标准、增加考核内容

要使考核公正、客观，就必须尽可能将考核标准量化，采取动态考核方式，建立更好的客观标准，减少主观印象，避免定性标准。另外，还应尽量增加考核内容，使考核标准细化，从而更好地反映出员工的实际工作情况。

四、增加考核工作的透明度

应该说，任何考核制度都有一定的内在缺陷，都可能引起被考核者的不满意或抵触，考核者也会有所顾虑。要解决这些问题，比较理想的方法就是让被考核者参与制订考核标准，对考核者提出意见。在考核过程中，也应广泛发扬民主，认真听取员工意见，增加考核工作的透明度。

第四章 物业公司人力资源管理制度范本

一、招聘、录用、调配及解聘管理办法

招聘、录用、调配及解聘管理办法

1 目的

为规范和完善本物业管理有限公司总部及属下公司员工招聘、录用、调配和解聘工作流程，加强本物业公司总部及属下公司员工队伍建设和培养，特制订本管理办法。

2 适用范围

本管理办法适用于公司总部及属下公司一切招聘、录用、调配及解聘活动。

3 组织架构和定岗定编

3.1 组织架构调整。属下公司及各物管中心每年12月上旬须根据业务发展要求，结合人力资源配置需要，提出本单位下一年度的组织架构调整计划。属下公司组织架构的调整须报公司总部审批；各物管中心组织架构调整经属下公司审核后，报公司总部审批。

3.2 定岗定编。

3.2.1 公司总部各部门每年12月中旬根据部门规划提出本部门下年度定岗定编计划，经公司总部行政与人力资源部审核，报公司总部总经理办公会讨论审定、批准。

3.2.2 属下公司及各物管中心每年12月上旬根据调整的组织架构提出本单位下年度的人员规划、定岗定编计划。属下公司的人员规划和定岗定编须报公司总部审批；各物管中心的人员规划和定岗定编经属下公司审核，报公司总部审批。

3.2.3 属下公司及各物管中心须在批准的岗位编制内依据任职资格要求和工作说明书进行招聘，未履行岗位增编审批手续的，不得进行编制外的招聘。因业务发展需要增加岗位编制须按有关审批程序履行增加岗位编制报批手续。

3.2.4 每年7月属下公司及各物管中心须根据实际运作情况，对当年人员规划和定岗定编计划进行检讨和修订，并履行有关审批手续。

3.3 增加编制。

3.3.1 公司总部各部门增加编制。各职能部门如需增加岗位编制，须向行政与人力资源部提出书面形式申请，经审核后报公司总部总经理办公会讨论，书面申请须包含但不限于以下内容：

（1）拟增加岗位编制及数量。

（2）说明增加岗位编制人员的工作安排及工作量预测，同时分析不能通过调配现有人员或提高工作效率、增加工作量等手段解决问题的原因。

（3）拟增加岗位的工作说明书。

3.3.2 属下公司增加岗位编制。属下公司以书面形式向公司总部行政与人力资源部提出增加岗位编制请示报告，请示报告中必须说明增加岗位编制的详细原因及相应岗位的工作说明书，具体包括以下内容。

(1) 拟增加岗位编制及数量。
(2) 增加岗位编制人员工资标准及成本预算。
(3) 说明增加岗位编制人员的工作安排及工作量,同时分析不能通过调配现有人员或提高工作效率、增加工作量等手段解决问题的原因。
(4) 拟增加岗位的工作说明书。

公司总部行政与人力资源部根据属下公司实际情况对增加岗位编制报告进行初审和核实,提出意见后报公司总经理办公会讨论审议。

3.3.3 属下公司物管中心增加岗位编制。物管中心以书面形式向属下公司提出增加岗位编制请示报告,请示报告中必须说明增加岗位编制的详细原因及相应岗位的工作说明书,具体包括以下内容。
(1) 拟增加岗位编制及数量。
(2) 增加岗位编制人员工资标准及成本预算。
(3) 说明增加岗位编制人员的工作安排及工作量,同时分析不能通过调配现有人员或提高工作效率、增加工作量等手段解决问题的原因。
(4) 拟增加岗位的工作说明书。

属下公司根据物管中心实际情况对物管中心增加岗位编制的报告进行初步审核,提出审核意见,报公司总部审批。

4 招聘

4.1 招聘原则。

4.1.1 计划原则。
(1) 公司总部、属下公司及物管中心根据业务发展需要增加人员时,须提前15个工作日填写《招聘申请表》,提交拟增加岗位人员工作说明书,经所在单位行政与人力资源部审核,报所在单位负责人审批后组织实施。
(2) 如属于岗位编制外增加人员除履行上述手续外,还须同时履行增加编制审批手续。
(3) 所有管理人员的引聘须严格按照《人事管理权限规定》执行。

4.1.2 本地化原则。
(1) 为降低人力资源成本,充分利用和发挥各地区人力资源优势,稳定员工队伍和便于管理,如无特殊情况,各属下公司原则上在当地招聘员工,尽量实现人员本地化。
(2) 在实行人才本地化同时,可根据工作需要通过岗位轮换、岗位交流等形式实现系统内人力资源共享。

4.1.3 先内后外原则。
(1) 当公司总部、属下公司及各物管中心产生招聘需求时,各单位行政与人力资源部首先应进行内部筛选,考核现有员工中是否有合适人员进行调配,当内部无法满足招聘需求时,即组织进行外部招聘。
(2) 在现有人员进行配置过程中,必须确保达到岗位任职资格要求,坚决杜绝任人唯亲和因人设岗,保证配置合适人选到合适岗位上工作。

4.1.4 公正原则。
(1) 招聘中应对所有应聘人员一视同仁,做到任人唯贤,行政与人力资源部及用人部门在招聘过程中必须严格遵守公司招聘制度,不得有任何徇私行为,坚决杜绝任人唯亲和因人设岗,保证配置合适人选到合适岗位上工作。
(2) 各级管理人员不得利用职权或关系强行推荐不合格人选,或对正常的招聘工作施加影响。

4.1.5 回避原则。
(1) 在招聘过程中如遇家属、同学、亲友或以前同事时,须主动回避,做到举贤避亲,为公司招聘创造公平、公正的竞争环境。
(2) 公司总部及属下公司内如有配偶、亲属、子女等关系的员工,相互间应回避从事业务关联的工作岗位,公司有权进行相应的工作安排和岗位调整。

4.2 招聘方式和途径。
4.2.1 公司内部选拔、晋升和竞聘。
4.2.2 组织社会公开招聘。
4.2.3 招聘应届毕业生。
4.2.4 公司内部员工举荐等。
4.3 内部招聘程序。
4.3.1 公司总部及属下公司根据工作需要,实现内部人力资源合理配置,做到人尽其才,充分挖掘公司内部人力资源潜力,为员工提供良好发展空间,激发员工工作积极性,增强员工的竞争意识和企业的凝聚力,在必要时可通过内部调配来满足部分人员需求,内部调配须事先征得员工本人及所属部门负责人的同意。内部招聘分公开竞聘和直接调配两种。
4.3.2 公开竞聘。
(1) 根据审批后的招聘计划,当公司总部及属下公司有新增或空缺岗位时,在公司系统内或所在公司范围内发布内部招聘信息,员工可根据自身条件参与竞聘。
(2) 参加竞聘人员要求。
——竞聘上岗采取个人自愿和所在公司推荐的形式,即首先个人提出申请,所在公司填写推荐意见,体现员工具有主动向上、不断接受挑战的勇气和信心,同时由所在公司推荐可以保证不影响竞聘上岗者所在部门正常工作开展。
——参与竞聘上岗人员须是公司正式员工,但不受原所在公司、工作部门和岗位限制。
——参与竞聘者在原工作岗位表现良好。
(3) 根据竞聘要求,由招聘单位行政与人力资源负责组织成立临时考核小组,考核小组由所在单位领导、竞聘岗位部门领导、行政与人力资源部以及其他相关人员组成。
(4) 内部招聘流程。
——公司总部、属下公司、物业管理中心行政与人力资源部根据招聘要求公布内部招聘的岗位、任职资格以及竞聘时间安排。
——有意参与竞聘的员工根据通知要求在规定时间向招聘单位行政与人力资源部提交申请材料,经所在部门及公司履行推荐手续后报名。
——招聘单位行政与人力资源部根据竞聘岗位任职资格对竞聘者进行资格审查,签署意见并将符合条件的竞聘者推荐给竞聘岗位主管领导,同时对不符合任职资格的竞聘者做好解释和说明工作。
——竞聘岗位主管领导签署意见,每个岗位挑选三个候选人向考核小组推荐,由考核小组组织考核工作。
——考核小组通过组织笔试和面试对候选人进行考核,确定初步人选,笔试由综合素质题和专业试题两部分组成,面试将由竞聘考核小组成员进行评估。
——招聘单位经营班子根据考核小组的考核情况确定最终上岗人员(如果没有合适人选将另行组织面试考核)。
(5) 竞聘岗位试用期考核。竞聘上岗获选者将有一个月的岗位试用期,试用期间待遇为原工作岗位待遇,试用期满后接受考核小组的集中评议,试用合格后公司将正式聘用,试用不合格者将回原岗位工作。
4.3.3 直接调配。根据工作需要,公司可按照"6.调配"调动和重新安排员工工作岗位。
4.4 外部招聘程序
4.4.1 公司总部、属下公司、物业管理中心根据审批后的招聘计划,依据岗位任职资格和工作说明书,结合岗位特点选择适当的招聘方式和途径从公司外部组织招聘活动。
4.4.2 行政与人力资源部根据任职资格对应聘人员资料初步筛选后,再向用人部门负责人推荐,共同确定面试人选,应聘人员面试前须填写《求职申请表》。
4.4.3 为了确保招聘人员符合用人部门的基本要求,行政与人力资源部负责对应聘人员进行初试,并核实其有关资料和证件的真实性。若初试合格,通知用人部门按下列程序进一步面试。

（1）主管以下岗位，行政与人力资源部初试后，对符合基本要求的应聘人员，将其资料提供给用人部门进行第二次面试，并决定是否录用。

（2）主管、主任岗位，用人部门面试合格外，还须由分管领导进行第三次面试，并决定是否录用。

（3）经理助理以上岗位，用人部门面试合格、分管领导面试合格后，须由总经理面试，并决定是否录用，或用人部门面试合格后，由经营班子集体面试，决定是否录用。

4.4.4 对应聘人员的评价及意见填写在《面试考评表》上，用人部门负责专业知识和专业技能考评。所有干部聘任须遵守《××物业管理有限公司人事管理权限规定》的有关条款。

4.4.5 对于一线保安员、保洁员和临时工的招聘，各单位可根据自身实际情况制订相应的招聘程序。

4.5 招聘效果反馈。

4.5.1 为了解新员工试用期工作表现，使得新员工更快熟悉公司、了解公司、融入公司，同时也便于公司不断评估招聘的效果，健全招聘制度，完善招聘流程，有必要建立招聘效果反馈机制。

4.5.2 招聘效果反馈包括三部分。

（1）行政与人力资源部定期与用人部门沟通了解新员工工作表现。

（2）用人部门负责人或新员工直接上级定期与新员工面谈。

（3）行政与人力资源部定期与新员工进行面谈。

5 录用

5.1 外部招聘人员录用。

5.1.1 应聘人员面试合格后，由行政与人力资源部根据聘用情况，与用人部门协商新进员工到岗时间后，向录用者以书面或电话形式发出《录用通知》，并要求其在报到时提供以下资料。

（1）身份证、暂住证复印件（交验原件）。

（2）毕业证、学位证复印件（交验原件）。

（3）暂住人员须提供《流动人口婚育证明》。

（4）职称证书、岗位资格证书复印件（交验原件）。

（5）近期体检合格的体检报告。

（6）一寸及二寸彩色近期免冠正面照片5张。

（7）其他需要提供的资料。

5.1.2 凡有下列情形之一者，不予办理录用手续。

（1）个人资料不真实，弄虚作假，严重隐瞒者。

（2）曾被开除或未经批准而擅自离职者。

（3）体检报告不合格者。

（4）尚未与原工作单位终止劳动关系者。

（5）在以前所任职单位出现过职业道德问题者。

（6）年龄未满18周岁者。

（7）其他不予录用情况。

5.2 新员工报到。

5.2.1 录用员工带齐相应资料和证明，在规定的时间内到行政与人力资源部报到，填写《员工登记表》，提交相关个人资料，领取考勤卡、办公用品、工作服等相关资料或物品。

5.2.2 签订一式两份《劳动合同书》，公司与员工本人各持一份，公司正式员工的签订合同期限一般为一年，返聘人员和临时工视具体情况而定。

5.2.3 行政与人力资源部由专人对新入职员工的《员工登记表》、《求职申请表》、毕业证复印件、学位证复印件、身份证复印件、体检报告等资料进行归档管理，建立员工个人档案。当员工的姓名、婚姻状况、生育状况、健康状况、培训结业或进修毕业、家庭地址和联系电话、出现事故或紧急情况时的联系人等信息有更改或补充时，须在员工个人档案予以相应变更。

5.2.4 与用人部门负责人见面，接受工作安排，并与负责人指定的入职引领人见面。

5.3 试用。

5.3.1 试用期一般为三个月,试用期间表现突出者可予以提前转正。在试用期内,甲乙双方可提出解约,并按规定办理离职手续。试用期内员工享受试用期工资及福利待遇,转正工资标准自转正之日起执行。

5.3.2 培训主管部门安排、组织新员工入职引导培训,用人部门组织上岗前培训。

5.3.3 新员工须于试用期满前一周填写《员工转正审批表》,并提交试用期个人总结。

5.3.4 试用部门负责人根据工作态度、工作能力、业务水平等对试用员工进行鉴定和考核,并将考核意见填写《员工转正审批表》,由行政与人力资源部签署意见,经分管领导审核,报总经理审批。

5.3.5 如在试用期内请假超过五天,员工的转正时间将会被顺延,若请假超过一个月,将作自动离职处理。

5.4 续聘。对于有固定期限的劳动合同,公司与员工双方同意在劳动合同期满后续签劳动合同的,应在原合同期满前三十日内重新订立劳动合同,并办理有关续签劳动合同的审批手续,填写《续签劳动合同审批表》。

6 调配

6.1 公司根据工作需要,可以调动和重新安排员工工作岗位,这其中包括在公司总部和属下公司范围内的员工晋升、岗位轮换、调动、岗位交流、降职等。

6.2 公司内部调配。

6.2.1 公司总部或属下公司内部调配。

(1)如公司有岗位空缺,同时公司内部又有合适人选,可由需求部门负责人提出申请,或由公司行政与人力资源部根据人力资源需求及人员编制状况提出调配意见,并与相关人员和部门负责人进行协商。

(2)协商同意后,由需求部门负责人填写《员工内部调动审核表》说明调动的原因、理由,经过调出部门负责人同意(若晋升或降职还需附上员工最近的工作表现材料),交行政与人力资源部审核。

(3)公司总部部门经理级(含部门经理、副经理、经理助理)以上员工及属下公司主管级(含主管)以上员工由所在单位行政与人力资源部负责人审核后,报分管领导和总经理审批执行。

(4)公司总部部门经理级以下员工及属下公司主管级以下员工由所在单位行政与人力资源部负责人批准后执行。

(5)审批同意后,由行政与人力资源部发出《员工内部调动通知单》,通知调动员工、调出部门和调入部门,并知会公司其他相关部门。

6.2.2 公司总部及属下公司之间调配。具体流程参照《岗位轮换和交流管理办法》。

7 解聘

7.1 解聘的种类。员工与公司聘用关系的解除分为:员工辞职、公司辞退、劳动合同期满终止、员工退休等。

7.2 员工主动辞职。

7.2.1 员工辞职,应填写《辞职申请表》,由部门负责人批准,行政与人力资源部审核;公司总部部门经理级(含部门经理、副经理、经理助理)以上员工及属下公司主管级(含主管)以上员工辞职须报分管领导和总经理审批。

7.2.2 试用期内员工辞职,应确保工作交接无误,否则公司有权追究其责任。

7.2.3 如员工在劳动合同期内辞职(含劳动合同期满不再续签者),应提前三十日以书面形式通知公司或以一个月工资作为对公司的经济补偿。员工解除劳动合同未能提前三十天通知公司,给公司造成经济损失的,除以一个月工资作为对公司的经济补偿外,还应根据国家劳动法有关规定承担违约责任。

7.2.4 员工辞职获得批准后,应在规定时间内填写《离职交接单》,做好工作交接,在工作未交接完成前,员工不得先行离职,否则须赔偿因此给公司造成的经济损失。

7.2.5 由员工提出辞职的,公司不支付任何经济补偿金,如给公司造成经济损失的,应赔偿公司经济损失，否则，公司保留追究其法律责任的权利。

7.3 公司辞退员工。

7.3.1 公司辞退员工，应由部门负责人填写《辞退审批表》，行政与人力资源部审核；公司总部部门经理级（含部门经理、副经理、经理助理）以上员工及属下公司主管级（含主管）以上员工的辞退须报分管领导和总经理审批。

7.3.2 辞退员工获得批准后，由公司行政与人力资源部发出《解除劳动合同通知单》给被辞退员工本人及所在部门负责人。被辞退员工在接到《解除劳动合同通知单》后，应在规定时间内填写《离职交接单》，做好工作交接，在工作未交接完成前，员工不得先行离职，否则须赔偿由此给公司造成的经济损失。

7.3.3 员工有下列情形之一者，公司可随时解除合同且不支付任何经济补偿金。

（1）在试用期内被证明不符合录用条件的。

（2）严重违反劳动纪律或公司规章制度的。

（3）严重失职、营私舞弊，对公司利益造成重大损害的。

（4）连续旷工超过三天（含三天）或一个月内累计旷工达六天。

（5）被依法追究刑事责任的。

（6）有其他违法违纪行为，按公司规定可以解除劳动合同的情况。

（7）员工在下列情形下，如出现上述六种情形之一者，公司也可随时解除合同且不支付任何经济补偿金。

——患职业病或者因工负伤并被确认丧失或部分丧失劳动能力。

——患病或非因工负伤，在规定的医疗期内。

——女员工在孕期、产期、哺乳期内。

7.3.4 员工因造成公司经济损失而被辞退，应赔偿公司经济损失，公司保留追究其法律责任的权利。

7.3.5 有下列情形之一的，公司可以解除劳动合同，但应当提前三十日以书面形式通知员工本人。

（1）员工患病或非因工负伤，医疗期满后不能从事原工作也不能从事由公司另行安排的工作的。

（2）员工不能胜任工作，经过培训或者调整工作岗位，仍不能胜任工作的。

（3）劳动合同订立所依据的客观情况发生重大变化，致使原劳动合同无法履行，经当事人协商不能就变更劳动合同达成一致协议的。

（4）公司经营困难发生经济性裁员的。

7.4 劳动合同期满终止。

7.4.1 员工劳动合同期满，公司或员工不再续签劳动合同者，均应在合同期满前30天内书面通知对方。劳动合同期满终止劳动关系，公司无须向员工支付任何经济补偿金。

7.4.2 如公司不与员工续签劳动合同，由公司行政与人力资源部向员工及所在部门负责人发出《终止劳动合同通知单》，并按规定办理离职手续。

7.4.3 如员工不与公司续签劳动合同，由员工填写《离职申请表》，经部门负责人批准，行政与人力资源部审核；公司总部部门经理级（含部门经理、副经理、经理助理）以上员工及属下公司主管级（含主管）以上员工辞职须报分管领导和总经理审批。

7.5 员工退休。参照国家及所在地区政府有关规定执行。

7.6 离职手续。

7.6.1 双方终止或解除劳动合同，员工在离职前必须完备离职手续，未办理完离职手续擅自离职，公司将按旷工处理。

7.6.2 离职手续包括以下事项。

（1）工作交接事宜。

（2）交还公司所有资料、档案、合同、各种文件及其他物品。

（3）报销公司账目，归还公司欠款和备用金，待所有离职手续办理完后，领取离职当月实际出勤天数工资。

（4）离职员工人事档案关系在公司的，应在离职日将档案、人事、组织关系转离公司。

（5）员工违约或提出解除劳动合同时，员工应按合同规定，归还在劳动合同期限内的应缴纳的有关费用。

（6）如员工与公司签订有其他合同或协议，将按照其他合同或协议的约定办理。

重要岗位管理人员除按照上述要求办理离职手续外，公司将根据情况安排离职审计。

7.6.3 离职员工按公司规定程序办妥离职手续后，可向公司申请开具《终止、解除劳动合同证明》。

二、绩效考核制度

绩效考核制度

1 考核的目的

1.1 通过对各级人员在一定时期内担当职务工作所表现出来的能力、努力程度及工作实绩进行分析，作出客观评价，把握各级人员工作执行和适应情况，确定人才开发的方针政策及教育培训方向，合理配置人员，明确各级人员工作的导向。

1.2 保障公司有效运作。

1.3 给予各级人员与其贡献相应的激励以及公正合理的待遇，以促进组织管理的公正和民主，激发员工工作热情和提高工作效率。

2 考核对象

2.1 公司总经理、副总经理、总经理助理、管理处经理、部门经理、部门主管、公司总部操作层员工参加季度和年度考核。

2.2 管理处操作层员工参加月度和年度考核。

3 考核的用途

人员考核的评定结果主要用于以下4个方面。

3.1 合理调整和配置人员。

3.2 职务升降。

3.3 提薪、奖励。

3.4 教育培训、自我开发、职业生涯。

4 考核周期

考核分为月度考核、季度考核和年度考核。

4.1 月度考核。月度考核的主要内容是本月度的工作业绩、工作能力和工作态度。月度考核结果与本月度的绩效工资直接挂钩。

4.2 季度考核。季度考核的主要内容是本季度的工作业绩、工作能力和工作态度。季度考核结果与本季度的绩效工资直接挂钩。

4.3 年度考核。年度考核的主要内容是对本年度的工作业绩、工作能力和工作态度，进行全面综合考核。年度考核作为晋升、淘汰、评聘以及奖励工资、培训或其他福利的依据。

5 考核机构、考核时间与考核程序

5.1 考核机构。

5.1.1 考核人员。考核人员负责对所有直接下级人员的考核评定。

（1）总经理：董事长。

（2）副总经理、总经理助理、管理处经理、部门经理：总经理。

（3）部门主管：所属部门经理。

（4）操作层员工：所属部门主管（无主管的由部门经理直接考核）。

5.1.2 公司行政人事部是其日常执行机构，负责考核的组织、培训、资料准备、政策解释、协调、申诉和总结等工作。

5.1.3 公司总经理对各级人员的所有考核和评定进行确认，行使最终决定权。

5.2 考核时间。月度考核于次月初5日内完成；季度考核于次季度初5日内完成；年度考核于次年1月15日前完成。

5.3 考核程序。

5.3.1 相关考核者对被考核者提出考核意见，管理处操作层员工考核结果由管理处各部门主管汇总，报管理处经理审核，管理处经理将审核合格的考核结果报行政人事部审核、备案。

5.3.2 总部操作层员工的考核结果由各部门经理汇总，并将考核结果报行政人事部审核，行政人事部将考核结果报总经理审批，审批后备案。

5.3.3 管理处中层管理人员的考核结果由各管理处经理汇总，并将考核结果报行政人事部审核，行政人事部将考核结果报总经理审批，审批后备案。

5.3.4 公司副总、总经理助理、各部门经理的考核结果由行政人事部进行汇总，并报总经理审批。

5.3.5 全部考核结果由被考核者的直接上级将审批后的考核结果反馈给被考核者，并就其绩效和进步状况进行讨论和指导，最后行政人事部将考核结果归档，同时用于计算绩效工资和奖励工资。

5.4 月度考核程序。

5.4.1 月度考核指标的确认。根据公司阶段性发展目标和操作层员工岗位职责，直接上级确定本月考核标准及指标权重，确定后双方各执一份，作为本月度的工作指导和考核依据。

5.4.2 评价。月度结束后，次月度首月3日前，考核者从工作业绩、工作能力、工作态度方面对被考核者进行评价，并与被考核者面谈考核结果，双方确认签字后，直接上级对被考核者考核结果进行汇总折算得分，按规定确定被考核者的综合评定等级，报被考核者隔级上级审核，由隔级转送行政人事部复核。行政人事部将最终审核后的考核结果报总经理审批，并根据审批结果计算绩效和奖励工资，送财务审计部。

5.5 季度考核程序。

5.5.1 季度初制订季度目标计划。

（1）直接上级于季度首月5日前就季度主要工作任务、考核标准、指标权重等项内容，与被考核者进行面谈，共同讨论制订任务绩效目标（"直接上级绩效考核评分表"中任务绩效部分），确定后双方各执一份，作为本季度的工作指导和考核依据。

（2）考核双方每个月月末就本季度计划任务进行一次回顾与沟通。计划执行过程中，若出现重大任务调整，需重新制订工作任务。直接上级须及时掌握计划执行情况，明确指出工作中的问题，提出改进建议。

5.5.2 员工自评及述职。季度结束后，次季度首月3日前，被考核人对照"岗位说明书"和其相应的任务绩效目标，从工作业绩、工作能力、工作态度方面进行自我评价，填写"直接上级绩效考核评分表"中完成情况部分交直接上级。

5.5.3 评价。

（1）直接上级就工作绩效与被考核者面谈，共同确认任务目标完成情况，同时确定下一季度目标。

（2）直接上级对被考核者的工作业绩、工作能力、工作态度独立提出评价意见，"直接上级绩效考核评分表"中填写考核评分部分内容。

（3）有同级和下级的被考核人员，行政人事部组织其同级和下级的考核人员提出评价意见，并及时将被考核者考核结果转送其直接上级。

（4）直接上级对被考核者的考核结果进行汇总折算得分，按规定确定被考核者的综合评定等级，报被考核者隔级上级审核，由隔级转送行政人事部复核。

（5）被考核人隔级上级对考核结果进行审核后转送行政人事部，由行政人事部进行技术性审核。行政人事部将最终审核后的考核结果报总经理审批，并根据审批结果计算绩效和奖励工资，送财务审计部。

5.6 年度考核程序。
5.6.1 年度考核程序同5.5。
5.6.2 年度考核内容根据各级管理人员所签订的年度"目标责任书"中的相关内容确定年度绩效任务部分。
5.6.3 公司全体员工均参加年度考核，所有员工每年度首月10日前，制订本岗位"绩效考核评分表"中有关项目。
5.6.4 年度考核评定要求于下一年度首月15日前完成，并汇总到行政人事部。
5.7 考核打分。考核打分表均分为A、B、C、D四级打分，对应关系见下表。

考核打分表

等级	A	B	C	D
定义	远超出目标	达到目标	接近目标	远低于目标
得分	100	75	50	0

5.8 结果分级。
5.8.1 各类人员日常考核及年终考核打分结果换算为得分，直接上级根据结果提出考核等级。考核等级分为五级，分别为优、良、中、基本合格、不合格（见下表）。

结果分级标准

等级	优	良	中	基本合格	不合格
定义	超越岗位常规要求，并完全超过预期地达成了工作目标	完全符合岗位常规要求，全面达成工作目标，并有所超越	符合岗位常规要求，保质、保量、按时地达成工作目标	基本符合岗位常规要求，但有所不足；基本达成工作目标，但有所欠缺	不符合岗位常规要求，不能达成工作目标
得分	90分以上	80~89分	70~79分	60~69分	60分以下

5.8.2 直接上级根据所管部门人员数作综合考虑，确定考核等级。直接上级在考虑分管范围内考核等级时，优不得超过分管总人数的35%，优与良之和不超过分管总人数的70%。

6 考核结果的使用

6.1 人员日常考核结果作为年度考核的重要参照因素。季（月）度考核中一次不合格的，年终考核结果不得为优。
6.2 考核结果对应不同的考核系数。行政人事部根据考核系数计算绩效工资和奖励工资。
考核结果与相应的考核系数对照见下表。

人员考核结果与考核系数对应表

考核等级	优	良		中		基本合格		不及格
考核系数	90以上	85~89	80~84	75~79	70~74	65~69	60~64	60以下
月、季度考核系数	1.5	1.3	1.2	1.1	1	0.8	0.7	0.5
年度考核系数	2	1.6	1.4	1.2	1	0.7	0.5	0.2

7 考核方法及主体、考核维度、考核权重、考核对象分类

7.1 考核方法及主体。考核方法是指针对被考核者所采取的考核方式、考核人员、考核维度、考核权

重,考核人员是指参加对被考核者进行考核的人员。

由于在日常的工作中被考核人接触的人不同,了解被考核人工作业绩、能力、态度的人不同,因此对于不同的被考核者,考核方法、主体也应不同。

7.2 考核维度。考核维度主要有绩效维度,指被考核人员通过努力所取得的工作成果;能力维度,指被考核人员完成各项专业性活动所具备的特殊能力;态度维度,指被考核人员对待事业的态度和工作作风。每一个主要考核维度又是由相应的测评子指标组成,对不同的被考核人采用不同的考核维度。

7.2.1 绩效维度包括以下内容。
(1) 任务绩效:体现的是本职工作任务完成的结果。
(2) 周边绩效:体现的是对相关部门服务的结果。
(3) 管理绩效:体现的是管理人员对部门工作管理能力的结果。

7.2.2 态度维度包括以下内容。
(1) 考勤:是否符合公司规章制度。
(2) 工作纪律性:工作过程是否服从分配、符合公司规章制度。
(3) 服务态度:在服务过程中的对相关人员的态度。
(4) 合作精神:工作过程中与相关人员的合作情况。

7.2.3 能力维度包括以下内容。
(1) 交际交往能力。
(2) 影响力。
(3) 领导能力。
(4) 沟通能力。
(5) 判断和决策能力。
(6) 计划和执行能力。
(7) 客户服务能力。

为了保证对考核者公平、公正的评价,考核者只对被考核者熟悉并有密切关系的部分进行考核。考核维度设计见"考核维度、权重分布表"。在能力指标中,对不同的被考核人员,其能力指标的内涵也应不同。

7.3 考核维度的权重。权重是一个相对的概念,是针对某一指标而言,是指该指标在整体指标中的相对重要程度,以及该指标由不同的考核人员评价时的相对重要程度。权重的作用在于以下2点。

(1) 突出重点目标。在多目标决策或多指标(多准则)评价中,突出重点目标和指标的作用,使多目标、多指标结构优化,实现整体最优或满意。

(2) 确定单项指标的评价值。权重作用的实现,决定于评价指标的评分值,每项指标的评价结果是它的权数和它的评分值的乘积。

7.4 考核对象分类。

7.4.1 根据物业公司的特性,结合本公司机构设置、人员级别和岗位职能,不同的考核人员对不同的被考核人员评分的权重不同,见"考核维度、权重分布表"。

7.4.2 各类人员的对应范围如下。
(1) 总经理:公司总经理。
(2) 副总经理:公司副总经理、总经理助理。
(3) 经理:各管理处经理、副经理、各部门经理(副经理)。
(4) 中层管理人员:各部门主管。
(5) 操作层:专员、接待员、监控员、收费员、内业、客服助理、成品保护员、食堂厨师、食堂服务员、司机、安全员、保洁员、维修员。

各类人员的考核维度、权重分布分别见下面各表。

考核维度、权重分布表（管理处经理）

考核维度		考核人员	权重
绩效	任务绩效	考核委员会	80%
	管理绩效	考核委员会	10%
能力	能力素质、技能	考核委员会	5%
		直接下级	5%

考核维度、权重分布表（副总、经理）

考核维度		考核人员	权重
绩效	任务绩效	直接上级	70%
	周边绩效	直接上级	5%
		同级相关部门	5%
能力	管理绩效	直接上级	10%
	能力素质	直接上级	5%
		直接下级	5%

考核维度、权重分布表（中层管理人员）

考核维度		考核人员	权重
绩效	任务绩效	直接上级	60%
	周边绩效	直接上级	10%
		同级相关部门	10%
能力	管理绩效	直接上级	10%
	能力素质	直接上级	5%
		直接下级	5%

考核维度、权重分布表（操作层）

考核维度	考核人员	权重
任务绩效	直接上级	60%
态度	直接上级	20%
能力	直接上级	20%

7.5 依据考核结果的不同，公司对每个员工给予不同的处理，一般有以下5类。

7.5.1 职务晋升：年度考核为优或者连续两年年度考核为良的员工，优先列为职务晋升对象。

7.5.2 职务降级：年度考核一次不合格或连续两年基本合格的员工给予行政降级处理。

7.5.3 工资晋升：年度考核评为优或者年度考核连续两次为良的员工在本工资岗位级别内晋升档次。

7.5.4 维持原档：年度考核评为良、中和基本合格的员工维持原工资岗位级别内档次。

7.5.5 降档：季度考核连续两次不合格的人员进行工资降档；年终考核结果不合格或连续两年年度考核基本合格的进行工资降档。

考核仅作为职务晋升、降级和工资调整的参考依据之一。工资年度调整的具体方案由公司考核委员会根据当年和今后经营状况最终确定。

7.6 对新入职员工、调动新岗位的员工、在公司全年工作时间不足6个月或有其他特殊原因的,经考核委员会批准可以不参加年度考核,考核结果视为中。

8 申诉

8.1 被考核人对考核结果持有异议,可以直接向行政人事部申诉。

8.2 行政人事部在接到申诉后,一周内必须就申诉的内容组织审查,并将处理结果通知申诉者。

附录:

考核评分填表说明

第一条 "直接上级绩效考核评分表"中重要任务完成情况的指标和权重,在考核初期,由被考核人和直接上级在协商的基础上确认,行政人事部备案。在考核期间出现的重要任务的变化,必须重新协商并填写指标和权重,行政人事部重新备案。其他指标及权重参照被考核人职位说明填写。完成情况由被考核人在季(年)度末同直接上级共同讨论完成情况后由其直接上级评分。

第二条 考核人在对被考核人评分时必须参照对应的职务说明书中考核指标描述部分和"直接上级绩效考核评分表"中考核项进行评分。

第三条 考核评分一般分为A、B、C、D四级,每一级含意如下。

1. 定量指标说明

(1) 经营指标(如物业收费率等)。

(2) 时间指标(如工程进度、完成某项工作的时间)。

(3) 质量指标(如合格率、重大安全事故等)。

(4) 其他类指标(如市场占有率、客户满意度)。

(5) 定量指标打分说明如下。

——A,远超出预定指标量。

——B,达到预定的指标量,提前或按期完成工作。

——C,完成预定指标量90%以上,短时超期完成工作。

——D,完成预定指标量90%以下,长时超期完成工作或未完成工作。

2. 定性指标说明

(1) 定性指标是指对岗位主要工作职责完成效果的评价。

(2) 定性指标打分说明如下。

——A,超过目标完成任务,达到非常满意的工作效果。

——B,完成任务,达到预定的工作效果。

——C,未完成任务,但接近预定的工作效果。

——D,远未完成任务,未达到预定的工作效果。

第四条 有否决性指标的(如重大事故、重大投诉或发生诉讼),如果否决指标未达标则此项考核指标得分为0,其整体绩效考核为不合格。

三、外驻职员管理办法

外驻职员管理办法

1 目的

保障外驻职员的生活福利,进一步规范外驻职员管理工作。

2 适用范围

公司总部、分公司所有外驻职员。

3 外驻职员定义

外驻职员是指因工作需要,并经公司总部或分公司批准,派往原工作城市以外连续三个月以上的职员。

4 外驻职员待遇

外驻职员待遇由正常待遇、驻外津贴、驻外租房补贴及驻外探亲假四部分组成。

4.1 物业咨询师

4.1.1 外驻分公司管理处或顾问项目(小区)工作的职员,在外派之前,需进行物业咨询师资格等级评定,外派之后,享受物业咨询师系列相应工资福利待遇。

4.1.2 物业咨询师资格评定由新用人单位申报,公司人力资源部审核,报公司经营班子会审后确定。

4.2 正常待遇

4.2.1 外驻分公司管理处或顾问项目(小区)工作的职员,经资格评定后享受物业咨询师系列对应原单位等级工资标准福利待遇。

4.2.2 外驻分公司职能部门工作的职员,享受新岗位对应原单位工资标准福利待遇。

4.3 驻外津贴

4.3.1 已婚且配偶仍在外派职员原工作城市的外派职员,享受全额驻外津贴。

4.3.2 其他外派职员,享受相应驻外津贴的50%。

4.3.3 由本市外派的驻外津贴标准见下表。

驻外津贴标准

单位:人民币,元/月

职务类别 \ 驻外地点	省　内	省(直辖市)外
分公司总经理	1500	2000
分公司副总经理	1300	1800
分公司总经理助理	1200	1600
职能部门经理	1000	1500
职能部门副经理	800	1000
高级物业咨询师	1000	1500
中级物业咨询师	800	1000
初级物业咨询师	600	700
物业咨询员	500	600
一级(主管)职员	400	500
其他职员	300	300

4.3.4 由其他地区外派的职员驻外津贴标准,按本市驻外津贴标准的50%计算。

4.3.5 外派职员配偶的居住情况,由外派职员本人提供,用人单位核实,公司人力资源部复核后办理。

4.4 驻外租房补贴

4.4.1 外驻分公司且主持全面工作的职能部门(或管理处)负责人以上的外派职员,同时分公司没有提供免费住宿条件而另行租住的,享受全额驻外租房补贴。

4.4.2 外驻顾问项目(小区)的外派职员,若甲方或公司已提供住宿条件的,不享受驻外租房补贴,否则,享受全额驻外租房补贴。

4.4.3 外驻分公司其他情况的职员,原则上由分公司统一安排住房,分公司确实不能解决住房条件的,可由分公司提出意见,报公司人力资源部审核,并经公司经营班子会审后,享受驻外租房补贴。

4.4.4 外派驻外租房补贴标准见下表。

外派驻外租房补贴标准

单位：人民币，元/月

职务类别 \ 补贴标准	补贴标准
分公司总经理	1500
分公司副总经理、总经理助理	1000
职能部门经理、副经理	800
高级、中级物业咨询师	800
初级物业咨询师	600
物业咨询员、其他职员	500

4.4.5 外派其他地区的驻外租房补贴标准按外派驻外租房补贴标准的50%发放。

4.5 驻外探亲假

4.5.1 派往省（直辖市）外（并满足距离派出地500公里以外条件）且属两地分居的已婚外派职员，可享受驻外探亲假。

4.5.2 驻外探亲假标准：外派职员配偶在外派职员原工作城市的，每四个月一次，每次一周；其他已婚外派职员，每年一次，每次十天。

4.5.3 外派职员可报销往返家属居住地与外驻城市的机票或火车票，其他费用由个人承担。

5 职员管理

外驻分公司职员行政编制归属所在分公司；外驻其他工作地点职员行政编制归属物业咨询部。

四、物业公司年度培训计划

物业公司年度培训计划

根据物业公司有关对2015年公司培训的部署和要求，人力资源部在向各项目和各部门广泛征求了意见和需求后，根据公司实际情况和发展需求，制订了物业公司2015年度培训计划，请各项目、各部门参照执行。

一、培训目标

通过培训，进一步提升物业公司品牌形象，统一服务标准，增强员工的服务意识、操作技能，提高员工综合素质和公司整体管理、服务水平，实现公司健康、可持续和领先发展目标。

二、培训原则

统一原则：从公司总体部署和管理要求出发，统一计划、统一组织、统一部署、统一考核、分散实施。

实效原则：注重实效，理论联系实际。

及时原则：根据公司和项目需求，及时开发和安排相应的培训。

绩效原则：采用积分形式，与绩效挂钩。

持续原则：所有培训持续跟进。

三、培训体系和制度

（一）培训职责

培训职责具体见下表。

培训职责		
项目或部门	职　责	依　据
各项目或各部门	负责本项目或本部门培训计划的编制、开展和效果评估等	相关法律、法规；行业规范；公司作业指导书；相关流程；相关制度；会议纪要；备忘；年度、月度培训计划和公司培训计划等
人力资源部	负责公司级培训计划的制订、组织实施和效果评估；负责对各项目和各部门培训计划的审核、监督、抽查和效果评估等	相关法律、法规；行业规范；公司作业指导书；相关流程；相关制度；会议纪要；备忘；各项目、各部门和公司年度、月度培训计划；各项目和各部门培训需求等
综合部	负责公司级培训考察、外联、专家聘请及对各项目和各部门培训效果监督	相关法律、法规；行业规范；公司作业指导书；相关流程；相关制度；会议纪要；备忘；各项目、各部门、公司年度、月度培训计划和培训需求等
客服总监	负责物业客服区域制度、流程和培训课件的开发、审核、修订及培训工作的监督执行和效果评估	相关法律、法规；行业规范；公司作业指导书；相关流程；相关制度；会议纪要；备忘；各项目、各部门和人力资源部年度、月度培训计划和培训需求等
护卫总监	负责物业护卫区域制度、流程和培训课件的开发、审核、修订及培训工作的监督执行和效果评估	相关法律、法规；行业规范；公司作业指导书；相关流程；相关制度；会议纪要；备忘；各项目、各部门和人力资源部年度、月度培训计划和培训需求等
保洁总监	负责物业保洁区域制度、流程和培训课件的开发、审核、修订及培训工作的监督执行和效果评估	相关法律、法规；行业规范；公司作业指导书；相关流程；相关制度；会议纪要；备忘；各项目、各部门和人力资源部年度、月度培训计划和培训需求等
工程总监	负责物业工程区域制度、流程和培训课件的开发、审核、修订及培训工作的监督执行和效果评估	相关法律、法规；行业规范；公司作业指导书；相关流程；相关制度；会议纪要；备忘；各项目、各部门和人力资源部年度、月度培训计划和培训需求等

（二）培训档案的建立

各项目（或部门）和公司分别建立并推行每位员工的培训档案制。从每一位员工入职开始，各项目（或部门）、公司人力资源部和综合部就建立培训档案卡，完成入职培训后，转所在部门。

（三）培训档案的填写

培训档案中，综合部负责记录新员工入职前的接受培训情况，以电子文档形式转发人力资源部，人力资源部组织进行公司级的专业培训，完成后以电子文档形式转发综合部和新员工所在部门，各项目和各部门组织进行的员工培训由各项目和各部门填写。

（四）培训档案的存放和管理

培训档案的存放和管理由人力资源部负责监督，综合部统一管理。各项目和各部门组织的培训，每月汇集整理一次，在每月底前3天以电子版形式报人力资源部和综合部，人力资源部根据部门所报培训记录情况及公司开展的培训参加及考核情况进行统一整理并报存综合部。

（五）培训积分分值

（1）参加各项目和各部门组织的培训每次积1分，参加公司级的培训每次积2分。

（2）各项目或各部门每次授课积2分，参与公司级培训课件开发的，每次积3分，公司级授课每次积5分。

（3）公司提倡行业交流和外出踏盘活动，对于公司委派外出考察或学习，每次积3分，对于每次自我主动外出踏盘考察，并进行转训或交流的，每次积5分。

（4）公司倡导业余学历和自学教育，取得物业专业或关联专业知识或技能后可到综合部变更学历，综合部通知人力资源部予以加分（5分）。

（5）对于各项目和各部门组织的培训须向人力资源部报年度和月度培训计划，并有培训记录（培训人、培训课题、时间、地点、参加人、课时），培训发生变化时须提前2小时知会人力资源部，人力资源部进行随机抽查。

（六）新员工入职和在岗培训

新员工入职必须有3天的脱岗培训，由人力资源部进行专业培训；新员工当月要有在岗培训，由部门经理或主管亲自指导并进行在岗评估。

（七）转正、晋级和晋升

员工转正、晋级必须积分达标，达不到标准积分的，不予转正或晋级；管理人员晋升须进行不少于5课时的管理技能及相关专业岗位培训，由人力资源部组织。

（八）培训考核

（1）人力资源部每半年公布一次培训积分。

（2）对于各项目和各部门的培训积分要求：员工积分不能低于20分；部门领班和主管不能低于30分；二级部门副经理以上管理人员（含部门副经理）不能低于40分。

（3）公司级的培训积分要求：员工积分不能低于10分；部门领班和主管不能低于15分；项目二级部门副经理以上管理人员（含部门副经理）不能低于20分。

（4）对于少于基础（必修得分）分的，取消各种评先资格，当月绩效工资下浮10%，直到补齐积分为止。对于培训效果较好的部门或岗位，人力资源部组织其他部门或岗位观摩学习，并对其进行奖励（30～50元/次）。

（九）培训档案保存

综合部、人力资源部和各部门的培训档案电子版持续保存（含对离职员工，但须另外建档存放）。

四、培训形式

2015年物业公司培训将改变过去枯燥的单一的集中理论授课的培训形式，根据实际需要倡导和推行情景、现场、拓展和一对一等形式多样的培训形式，具体见下表。

各种培训形式适用的课件

序号	培训形式	适用课件
1	集中培训	普及政策法规、统一公司管理和服务规范规定和制度、新员工入职、新政策出台、专家专业讲座、专业技能讲座、案例讨论等
2	影像培训	专业人员培训（礼仪、管理技能等）、案例分析、先进经验介绍、服务和标准化推进等
3	现场培训	交接班管理、形象、制度落实、实操技能、消防演练、设施设备操作和现场管理、节能降耗管理等
4	情景培训	服务意识、沟通、协调、技能、效率、时间管理、案例等贴近实际工作和生活的情景培训
5	拓展培训	企业团队凝聚力、沟通、协作训练等
6	一对一培训	晋升、案例、监控等特殊岗位

五、培训计划

培训计划具体见下表。

培训计划

序号	培训课题	参加人	培训形式	时间	课时	备注
1	物业服务创新	客服全员	拓展培训	1月23日 16:00~18:00	2课时/次	由人力资源部进行抽查
2	团队凝聚力训练	全员	拓展训练	1月、6月、9月下旬	2课时/次	各项目分别进行
3	饮食及营养健康	全员（选修）	集中授课	2月初	2课时/次	物业员工，主修营养医学
4	物业工作计划管理	领班以上人员	集中授课	2月下旬	2课时/次	节后推进计划管理
5	物业法律法规知识	全员	集中授课	3月上旬	2课时	品质部、综合部考试
6	如何提升业主满意度	管理处人员	情景培训	3月下旬	2课时/次	
7	物业景观常识	保洁全体	现场说明	3月下旬	2课时/次	
8	社区文化开展和建设	客服全体	集中授课	4月上旬	2课时/次	
9	一级物业服务标准	全员	集中授课	4月下旬	2课时/次	
10	消防演习	全员	现场演练	五一节前	2课时/次	注意加强现场安全防范
11	赢在执行	领班以上人员	集中授课	5月上旬	2课时/次	××小区开盘
12	管理技能提升	领班以上人员	集中授课	5月下旬	2课时/次	××小区开盘前
13	职业礼仪	全员	影像	6月上旬	2课时/次	由各项目或各部门自行组织，品质部抽查
14	物业人员职业规划	全员	现场模拟培训	6月下旬	2课时/次	待定
15	物业服务应知应会	全员	3个服务中心竞赛	7月上旬	2课时/次	由人力资源部进行抽查
16	物业服务设计	领班以上人员	集中授课	7月下旬	2课时/次	
17	物业营销	主管以上人员	集中授课	8月上旬	2课时/次	
18	物业节能降耗技术和管理	工程全体，其他人员选修	现场说明	8月下旬	2课时/次	夏日节能重点及控制
19	物业公共区域卫生管理常识	保洁全体，其他选修	现场说明	9月上旬	2课时/次	夏秋卫生
20	物业安全管理	全员	集中授课	9月下旬	2课时/次	十一节前安全培训
21	物业设施设备管理	工程全体，其他选修	现场说明	10月上旬	2课时/次	

续表

序号	培训课题	参加人	培训形式	时间	课时	备注
22	物业职业安全操作	全员	案例培训	11月上旬	2课时/次	
23	管理技能培训	全员	影像	11月下旬	2课时/次	由各项目或各部门自行组织
24	如何有效沟通和交流	全员	现场模拟培训	12月上旬	2课时/次	
25	培训者的培训	领班以上人员	现场模拟培训	12月下旬	2课时/次	
26	其他					
合计					54课时	

备注：1.上述时间为参考时间，具体培训时间按短信或电话通知为准。

2.上述全员是指非在岗人员的其余人员，包含休息人员；对于因在岗或特殊事项无法参加的，由部门经理进行补课（部门经理无法参加时，须指定专人记录并对未参加人员进行补课），经人力资源部检查和考核后，予以记分。

3.上述预算为估算参考，实施时应尽可能控制成本支出；外出考察和委托外培未计入。

4.培训纪律：公司组织的上述培训如有特殊事项须请假，须提前1小时向组织者请假，以现场签名和签退为准；培训迟到、早退和影响培训现场（手机响）处罚10元；对于必修课程而无故不参加培训的人员，通报批评，并每次处罚30元。

第五章 物业公司人力资源管理表格范本

一、公司员工花名册

公司员工花名册见表11-5-1。

表11-5-1 公司员工花名册

序号	姓名	部门	职务	学历	到职日期	身份证号码	专业及所持证件	转正时间	社保办理情况	生日

二、特殊岗位人员登记表

特殊岗位人员登记表见表11-5-2。

表11-5-2 特殊岗位人员登记表

单位：

序号	岗位名称	人员姓名	现有职称	所持证件	确认人
人力资源部经理签字及日期：			总经理审批签字及日期：		

三、聘用员工面试、录用记录

聘用员工面试、录用记录见表11-5-3。

表11-5-3 聘用员工面试、录用记录

时间：　　　　　　　面试执行人：

应聘人姓名					应聘岗位				
面试评估	评估项目	外貌	礼貌	职位知识掌握情况	态度	表达能力	英语	计算机	其他
	分值								
用人部门意见									
人力资源部意见									
总经理助理签批									
总经理签批									

注：1. 此表为应聘人员在公司接受面试情况及公司录用与否的记录。作为公司档案管理的一项内容，本记录形成之后应及时交人力资源部归档保存。
2. 面试评估分值：A表示优秀；B表示良好；C表示一般。
3. 物管员、收银员面试，财务部参与并填写《物管员、收银员面试评估表》。

四、物管员、收银员面试评估表

物管员、收银员面试评估表见表11-5-4。

表11-5-4 物管员、收银员面试评估表

姓　名		性　别		年　龄	
学　历			应聘职位		
文字录入速度			字/分		
财务知识了解程度		非常熟悉	熟悉		基本了解

续表

电脑常识	非常熟练	熟练	基本了解
电算化相关知识了解程度	非常熟悉	熟悉	基本了解
对物业管理软件了解程度	非常熟悉	熟悉	基本了解
财务部意见			

五、证件存档证明

证件存档证明见表11-5-5。

表11-5-5 证件存档证明

兹有××物业管理有限责任公司聘用人员_____（先生／女士）有下列证件存档。
1.
2.
3.
4.
5.
……
以上_____份证件，系本人自愿交公司代为保存，如本人被批准辞职或解聘，必须在公司各个部门结清一切手续，凭本存档证明方能取回所存证件。

证件主人：
承办人：

　　　　　　　　　　　　　　　　　　　　　　　　　××物业管理有限责任公司
　　　　　　　　　　　　　　　　　　　　　　　　　　　　年　月　日

六、新进员工薪金定级表

新进员工薪金定级表见表11-5-6。

表11-5-6 新进员工薪金定级表

日期：_____　　　　　　　　部门：_____
姓名：_____　　　　　　　　职务：_____

薪金级别	基本工资	岗位津贴	绩效工资	合计	备注

人力资源部主任：　　　　　总经理：　　　　　董事长：

七、员工转正申请表

员工转正申请表见表11-5-7。

表11-5-7 员工转正申请表

姓名		性别		出生年月		籍贯		贴照片处
学历		专业		职称		受聘时间		
试用期连续工龄				工作部门		职务		
本人自述试用期工作情况								
部门负责人意见								
人力资源部主任意见								
总经理助理意见								
总经理会签								

八、员工薪金调整（升、降）

员工薪金调整（升、降）见表11-5-8。

表11-5-8 员工薪金调整（升、降）

日期：
部门：_____ 姓名：_____ 职务：_____

薪金	基本工资	岗位津贴	绩效工资	合计	备注
原级别					
新级别					

人力资源部主任： 总经理： 董事长：

九、员工加班申报表

员工加班申报表见表11-5-9。

表11-5-9 员工加班申报表

部门： 填表人： 填表时间：

加班事由				
加班时限	月 日至 月 日		加班总人数	
加班人姓名	具体加班时间（自 月 日 时至 月 日 时）			具体工作
部门负责人意见				
总经理意见				

十、员工请假申报表

员工请假申报表见表11-5-10。

表11-5-10　员工请假申报表

部门				姓名	
请假种类	年休假（　　），探亲假（　　），病假（　　），事假（　　） 婚　假（　　），计生假（　　），产假（　　），其他（　　）				
已休假情况				请假前住异地所到地点	
请假时间	年　　月　　日至　　年　　月　　日，共　　天				
销假时间	年　　月　　日			实际天数：	
请假原因					
部门负责人意见				人力资源部主管意见	
总经理意见					

十一、员工考勤、加班统计表

员工考勤、加班统计表见表11-5-11。

表11-5-11　员工考勤、加班统计表

年　　　月　　　　　　　　本月全勤：个　　班

序号	姓名	实际出勤/班	事假/天	病假/天	迟到	旷工/天	加班/班	中夜班/个	备注

十二、员工辞职申请表

员工辞职申请表见表11-5-12。

表11-5-12　员工辞职申请表

部门：		姓名：		职务：	
进入公司时间：		欲离职时间：		合同到期时间：	
离职原因：					
本人签名： 　　　　　申请时间：					

续表

部门负责人意见：
签 名：
人力资源部主任意见：
签 名：
总经理助理意见：
签 名：
总经理意见：
签 名：
工作移交情况：

注：1.本表由欲辞职人员向人力资源部领取，按此表流程办理辞职手续。
2.公司领导审批后，员工办理工作移交手续，部门相关人员签字确认。
3.员工凭此表到人力资源部办理结算手续。

十三、员工离职结算单

员工离职结算单见表11-5-13。

表11-5-13 员工离职结算单

姓名：_____ 部门：_____ 入职时间：_____
（1）本月出勤时间由____年____月____日至____年____月____日，出勤天数____天，加班天数____天，月工资（按实际出勤情况统计）共计_____元。
（2）扣款。
——办公用品折旧费：_____
——服装费：_____
——培训费：_____
——其他：_____
扣款合计：_____元
（3）退款：_____金_____元。
（4）实得金额总计：____元（大写：_____）。
（5）自即日起，双方劳动关系终止，双方不再基于劳动关系向对方主张任何权力。

离职人员签字：

人力资源部主任意见		财务部经理意见	
总经理意见		董事长意见	

十四、先进、优秀员工、主管评选表

先进、优秀员工、主管评选表见表11-5-14。

表11-5-14 先进、优秀员工、主管评选表

姓名		性别		出生年月		籍贯		贴照片处
学历		专业		职称		受聘时间		
转正时间			工作部门			职务		
在职期间工作情况简况								
先进事迹实例								
部门负责人意见								
人力资源部经理意见								
总经理助理意见								
总经理意见								

注：1.此表适用于公司各部门评选先进员工、优秀员工、优秀管理干部。
2.总经理签批后，原件交于人力资源部存档，复印件一份返部门，一份装入员工个人档案内。

十五、人员增补申请表

人员增补申请表见表11-5-15。

表11-5-15 人员增补申请表

部门		应编人数		实际人数	
缺员岗位					
缺员人数					
相关要求					
部门负责人意见					
人力资源部经理意见					
总经理助理意见					
总经理意见					

注：1.此表用于公司各部门招聘季节性、增加编制外员工时填写。
2.总经理审批后交人力资源部存档，人力资源部根据各部门实际情况实施招聘。

十六、未打卡说明单

未打卡说明单见表11-5-16。

表11-5-16　未打卡说明单

时间	
未打卡原因	
部门负责人意见	
人力资源部主任意见	
总经理意见	

注：1. 此表用于员工因办理公事，未及时打卡后填写，作为核算考勤的依据。
2. 基层员工经部门负责人签署意见后报人力资源部存档。
3. 管理人员经部门负责人签字、人力资源部主任审核后，报总经理审批。

十七、月人事异动表

月人事异动表见表11-5-17。

表11-5-17　月人事异动表

日期：　　　　　　　　　　　　　使用号：

一、新进人员

序号	姓名	部门	职务	报到时间	招聘（推荐）

二、转正人员

序号	姓名	部门	职务	转正时间	备注

三、调动人员

序号	姓名	职务	调出部门	调入部门	调动原因

四、离职人员

序号	姓名	部门	职务	辞职、辞退、其他	离职原因

五、当月公司员工总数：___人

制表：

十八、培训申请表

培训申请表见表11-5-18。

表11-5-18　培训申请表

申请部门		申请内容	
参加时间		培训方式	
培训内容			
费用预算			
部门负责人意见			
人力资源部经理意见			
公司领导意见			

十九、部门案例收集表

部门案例收集表见表11-5-19。

表11-5-19　部门案例收集表

部门		收集时间		整理人	
案例类型	□成功经验分享		□出现的问题	□经验教训	□其他
案例详细内容（可另附纸）					
部门负责人签字					

二十、部门个人培训课时申报表

部门个人培训课时申报表见表11-5-20。

表11-5-20　部门个人培训课时申报表

姓名		部门		目前岗位	
需培训课题（部门负责人填写）					
培训方式					
预计培训时间		对应培训课时数			
评估方式及要点					
评估结果				部门负责人签字：	
以上部分由部门负责人填写					
人力资源部计分情况					

二十一、外出参观考察申请表

外出参观考察申请表见表11-5-21。

表11-5-21　外出参观考察申请表

申请人		所在部门		拟外出时间	
拟考察地点及线路及费用	拟考察地点：_____ 拟考察线路：_____ 预计费用（详细）：_____					
考察目的					
部门意见	签名：				
人力资源部意见	签名：				
主管领导意见	签名：				
总经理意见	签名：				

二十二、员工培训档案

员工培训档案见表11-5-22。

表11-5-22　员工培训档案

姓名								
部门			变更					
职位			变更					
学历			变更					
入职时间								
离职时间								
入职前所受培训课程								
	培训要求						完成情况	
培训课程名称	培训时间	地点	课时	级别 （公司或部门）	优先级别 （必修或选修）	考核	培训积分	积分累计

第十二部分
物业管理风险防范规范化管理

- 第一章　物业管理风险来源与防范对策
- 第二章　物业管理项目承接风险
- 第三章　治安风险防范
- 第四章　消防事故和隐患风险防范
- 第五章　装修管理风险防范
- 第六章　高空坠物风险防范
- 第七章　物业服务收费风险及防范
- 第八章　公共设施设备风险防范
- 第九章　公共环境风险防范
- 第十章　物业管理人力资源的风险及防范
- 第十一章　物业公司风险控制规范化管理文件

第一章 物业管理风险来源与防范对策

近年来,物业管理纠纷屡见不鲜,大至人身伤亡、汽车被盗,小到水管道堵塞、私搭乱建等,都可能成为业主向物业公司索赔或拒付物业管理费的理由。物业公司无论自愿或不自愿担责,都将成为矛盾的焦点,往往身不由己地陷入责任的泥潭,成了名副其实的"垃圾桶",而这恰恰是物业公司风险防范意识的薄弱才导致了担责范围无限。

一、物业管理风险的类别

物业管理涉及房屋、设备设施、环境卫生、治安保卫、绿化五大管理。另外,公共、专项和特约三大服务,不但涉及供水、供电、燃气、规划、消防、环卫、绿化等相关部门,而且涉及与工商、税务、物价、城建、公安等政府相关部门的关系,这就给物管工作带来了一定的复杂性。如今,小区业主和有关部门,凡事就找物业管理公司,解决不了就是管理不好,业主动辄以不交物业管理费相威胁,出了事故不问青红皂白就要物业管理公司索赔,这是物业管理整个行业所面临的风险。物业管理风险按不同的方式可分为表12-1-1所列的类别。

表12-1-1 物业管理风险的类别

分类依据	类 别	说 明
按形成不同风险的内在因素划分	项目客观风险	项目客观是指物业项目所处的自然条件(包括地质、水文、气象等)和物业的复杂程度等客观因素给物业管理带来的不确定性,如商业街与两个高档住宅区为同一个建设项目,商住合一,商业物业和住宅物业共用一个供水供电系统等
	经营管理风险	由于物业管理公司在经营过程中,因主观判断失误或工作疏忽等造成的风险,导致企业经济损失的发生
	人为责任风险	由于责任方的道德、行为造成的财产损失或人身伤害,如恶意行为故意破坏而造成房屋及其设备的损坏、不良行为如乱扔烟头引发房屋的火灾、无意疏忽或违规操作导致电梯等设备运行失控等
按形成风险的内在原因划分	主观风险	主观风险是指公司内部所有人员(这里的人员不仅指管理人员,而且还包括技术人员、维修工人和其他一切工作人员)认识的局限性造成的风险
	客观风险	客观风险是指公司外部所有自然和非自然的一切因素,如天灾、市场环境、建筑质量、人为破坏等所造成的风险
按造成风险损失的类型划分	财产风险损失	财务风险损失是指物业,即房屋、附属设施和设备、相关的场地和庭院等因损坏而受的损失,分为直接的和间接的损失
	人身风险损失	人身风险损失是指物业管理公司员工的养老、疾病、丧失劳动能力以及死亡的保障问题,具体是指物业管理公司因其工作人员在就职期间,出现以上问题时物业管理企业需承担的企业运作以外的财务支出
	责任风险损失	责任风险损失是指物业管理企业因管理过程中的疏忽或过失造成第三者人身伤亡或财产的遗失损失的,主要有公众责任和雇主责任风险

二、风险来源

物业管理公司的风险按其来源分类,有外部的风险和内部的风险,当然,以下提到的一些风险同时具备外部和内部的因素,应该综合分析。

（一）外部风险

外部风险主要包括以下内容。

（1）过度依附于房地产开发单位，或因开发建设过程中的不利因素所带来的系列风险。

很多物业公司虽说有自己独立的法人资格、独立的经营管理团队，但实际在财务上、人事上、经营决策上等都依附于房地产开发企业，造成物业公司的服务目标、服务对象一定程度偏离广大小业主，一定程度影响物业企业独立、健康发展，其中所造成一个较普遍的现象是，房地产开发单位经常拖欠空置房的物业管理服务费。

在项目开发设计时未充分考虑后期物业管理的需要和运行维护成本；建设过程中未按质量标准施工、安装；分期开发周期过长、部分设施设备交付时间不同步；个别销售过程中对业主存在的不负责任的承诺现象等一定程度上增加了管理难度和管理成本。

（2）各行政主管部门和各相关专业部门服务不及时、不到位、过多干预等现象增加了物业企业的经济负担。

物业服务企业仅是个经济实体，很多需要行政干预和支持的管理问题得不到相关行政主管部门的及时帮助。比如，令很多小区物业管理人员头痛的问题中，住宅区内乱搭乱建、违规装修问题、小区宠物扰民问题等，物业企业只能疏导、教育、报告，相关的管理和处理需要有理有节的行政支持。另有一些部门或下属机构借行政名义，过度摊派、过度赞助、过度评比，增加企业负担。

由于相关法规未细化，或执行不力，物业企业在供水、供电、社区服务等方面与相关部门关系不顺，造成责任不清、互相推诿、拖延等问题。以上也就形成物业企业的额外的营运成本风险。

（3）业主、非业主用户对物业服务消费的观念不成熟，业主大会、业主委员会不规范运作引起的诸多问题，增加物业企业的营运风险。

由于历史福利房的消费习惯，物业服务消费还有一个被认识和接受的过程，加上一些媒体对物业管理中存在的问题，没有全面的分析和公平合理的评价，造成业主对物业管理服务的误解，以及非业主用户滥用业主权利造成物业公司与业主等多方之间矛盾。很多业户甚至认为，他们交了钱养活了物业企业，企业就应该包办好一切，负责一切业户事务，甚至包括一些业户完全个人的哭笑不得的需要。

业主委员会难成立，或少数业主委员会委员存在不管事、乱管事、搞私利等问题，都对物业企业正常工作的开展构成了极大的风险。

对减少来自以上外部的风险，需要有关主管部门对相关法律法规的完善、宣传和加强执行的力度。物业企业自身能够做的不是很多，主要是在相关法规合同上尽力减少企业的风险。当然还有很多其他种类的外部风险，像各种自然的、人为的、设备的意外事故也是企业通常遇到和考虑的风险，一般这种风险通过专业的保险公司基本可以转嫁出去，从而减轻企业的压力。

（二）内部风险

物业企业内部的风险主要有企业领导不重视长期利益，追求短期利益；专业人才缺乏，人员素质较低；内部管理不科学、不规范、不全面或制度执行不到位等造成。

1. 企业领导不重视长期利益、追求短期利益

许多物业企业认为物业管理中最重要、最中心的，也是最终目标的问题，是物业管理服务费的高收缴率，这种观念和指导思想错误地引导着物业工作人员，脱离了服务于业主的本职工作，将提供优质物业服务的本职工作给淡化了，造成诸如：公共卫生未能及时检查整

改；设施设备处于"亚健康"状态运行，缺乏常规检查保养，增加损坏或发生事故的频率；减少提供其他人性化、细微化的工作投入等。如此本末倒置的工作重心必将导致服务质量降低、投诉增加、物业费难收齐等，增加了企业的运行成本，甚至造成业主解除物业服务合同的风险。

2. 物业从业人员素质偏低带来的风险

实际上，这是一种综合性风险因素。首先，外部就业环境中，物业行业还不具备吸引高素质人才的基础；其次，为了控制成本，未考虑长期效益，而不愿意支付高薪来聘请高素质人才；最后，企业聘请进来的人员，未严格按法规合同要求，或是按照服务工作的需要，投入必要的完善的培训体系。

而由于人员素质未达到要求、违规操作等造成环境污染、人员中毒等显现的或隐形的事故，往往让物业企业担当起很大的社会责任风险。

3. 内部管理不科学、不规范、不全面或制度执行不到位等造成的一系列风险

这是物业企业最常见、最普遍的，也是目前众多风险中最能自我控制的一类风险。

三、风险防范的对策

在物业管理活动中，风险是客观存在和不可避免的，在一定条件下还带有某些规律性。虽然不可能完全消除风险，但可以通过努力把风险缩减到最小的程度。这就要求物业管理企业主动认识风险，积极管理风险，有效地控制和防范风险，以保证物业管理活动和人们生活正常进行。

物业管理风险防范的具体措施应根据物业管理活动时间、地点和情况的不同区别处理。总体而言，物业管理风险防范可从以下6个主要方面进行把握。

（一）物业管理企业要学法、懂法和守法

1. 学习法规

物业管理行业发展至今日，已成为一个高风险行业。物业管理行业所面临的风险，高出人们的想象，并有不断加大的趋势。首先作为物业管理企业应加强企业管理，认真学习贯彻国务院颁布的《物业管理条例》和建设部出台的相关法规、地方相继出台的配套文件。要了解和熟悉物业管理及其他相关法律法规，特别要明白法律法规对物业企业有哪些强制性的要求、物业管理企业在物业管理活动中各法律主体的责任。通过法制化建设，理顺与开发商、业主、业主委员会，以及相关职能部门等的法律关系，依法维护物业管理各方权利人的合法权益，依法规范物业管理企业行为。

2. 依法签订合同

国家法规、合同是企业从事经营活动的基础。物业管理发展到现在，相关法规逐渐完善，《物业管理条例》也即将公布执行，由国家统一制订的各种规范性文件也很齐全。类似管理规约、委托合同、前期服务协议等，详细地规定了物业服务企业与业主及其他管理主体之间的权利和义务。

在订立物业服务合同时，物业公司务必要依法把握细节，明确哪些该做、哪些不该做。特别要注意服务内容要细，不能笼统和简单，哪些是物业常规服务、哪些是物业特约服务、权利和义务是否对等、企业自身的合法权益在物业服务合同中是否依法得到保护、合同双方的责任是否明确等。企业对合同中的责任条款，一定要认真审定，它是评判风险责任的重要依据。比如，物业管理企业维护小区安全秩序，实际上是承担约定责任，而不是法定责任。

因此，物业管理企业必须增强"合同意识"，订立物业服务合同时，要把物管企业应尽的安全防范义务明确载入合同。对安全责任问题，在不违反法律法规的前提下，最好实行菜单式服务，由业主与物业管理企业双方协商具体约定，而且约定越明越好。只有在合同中对物业管理企业的安全防范责任作出明确、具体的约定，才能有效地规避物业管理企业在安全责任上承担的风险。

3. 向业主们宣传物业管理法规

物业管理企业服务的对象是广大业主，要使广大业主支持和理解物管企业的工作，就自然肩负大力宣传《物业管理条例》及相关物管法规的责任。物业管理企业在小区内，利用一切条件和机会，广泛、耐心地向业主们宣传《物业管理条例》精神，使《物业管理条例》精神深入人心、家喻户晓，这样才能使双方共同按照《物业管理条例》规定行事，规避可能出现的风险。

（二）加强物业内部管理

物业管理企业要抓制度建设、抓员工素质和抓管理落实，建立健全并严格执行物业管理企业内部管理的各项规章制度和岗位责任制，不断提高员工服务意识、服务技能和风险防范意识。通过机制创新、管理创新和科技创新改进经营管理方式，提高管理水平和效率，降低运营成本，增强企业自身的市场竞争能力和抵御风险能力。管理中要特别注意对事故隐患的排除，在服务区域的关键位置，设立必要的提示和警示标牌，尽可能避免意外事件的发生。

目前的现实情况是：许多物业企业内部管理制度很齐全、很细致，但有的制度制订者未充分考虑制度操作的可行性，造成员工面对制度要求无能为力，有的制度适宜性很好，却因为没有后期强有力的执行力度，而没有获得很好的效果，使一些完善的管理制度成为纸上空文、墙上摆设。

要解决因内部管理带来的风险，目前很好的办法就是参照推行ISO 9001质量标准体系要求，结合企业内外部实际情况，建立系统的、适宜的、简单明快的、高效的、持续改进的管理制度，然后从企业最高领导开始，到企业所有一线员工，坚决地贯彻执行。如果在一段时期后执行仍有困难，经过认真研究分析调整后还不能有效解决的，宁可降低执行标准，也不能让制度成为摆设。

（三）妥善处理物业管理活动相关主体间的关系

1. 妥善处理与业主的关系

物业管理企业在向业主提供规范、到位、满意服务的同时，应通过业主公约、宣传栏等形式向业主广泛宣传物业管理的有关政策，帮助业主树立正确的物业管理责任意识、消费意识和合同意识，使他们既行使好权利，又承担相应的义务。

2. 妥善处理与开发建设单位的关系

物业管理企业要通过加强早期介入，帮助建设单位完善物业项目设计，提高工程质量、节约建设资金等，努力引导建设单位正确认识物业管理活动。

3. 妥善处理与市政公用事业单位及专业公司的关系

按照《物业管理条例》第四十五条的规定，在物业管理区域内，供水、供电、供气、供热、通信、有线电视等单位应当向最终用户收取有关费用。物业管理企业应当按此规定，与有关单位分清责任，各司其职。对分包某项专业服务的清洁、绿化等专业公司，要认真选聘，严格要求，并在分包合同中明确双方的责任。

4. 妥善处理与政府相关行政主管部门、街道办和居委会的关系

即积极配合各级政府主管部门的工作，主动接受行政主管部门、街道办、居委会对服务工作的指导和监督。

（四）重视宣传树立良好形象

物业管理企业应重视企业的宣传，建立舆论宣传的平台，树立企业良好的形象。要与政府、行业协会、业主大会和新闻媒体等相关部门建立良好的沟通与协调机制。在风险与危机发生后，应当从容应对，及时妥善处理，做好相关协调工作，争取舆论支持，最大限度地降低企业的经济和名誉损失。

（五）适当引入市场化的风险分担机制

物业管理行业具有公众服务的特点，各种潜在的风险客观存在，因此要建立必要的物业管理保险，以减少物业管理中的风险损失。

物业管理企业要做到万无一失，最好是将风险责任进行妥善的转移，转移的最主要方式就是购买物业管理责任保险。比如为其接管物业的公共设施设备购买保险，若发生楼宇外墙皮脱落伤及行人或砸坏车辆等意外事件，由保险公司承担相应赔偿责任。

相关知识：

物业公司投保与理赔须知

1. 可以投哪些保险产品

从现有保险产品来看，一般购买三类产品能够基本转嫁经营中的风险，这三种保险分别为物业责任险、公共部位设施设备险、物业人员保险。

（1）物业责任险。物业公司投保物业责任险或公众责任险后，一旦业主及非物业工作人员在管理区域内发生意外，如积水滑倒、摔伤、碰井盖失足骨折、高层墙砖脱落伤人等，或因公共水管堵塞、老化等原因在暴雨季节造成业主家里财产损失，或停放在小区内的机动车辆部件失窃等情况，经核查后可以按照约定得到赔付。

（2）公共部位设施设备险。在公共部位设施设备保障方面，物业公司可投保财产一切险服务，该产品除部分列明的风险不在保障范围内，其他任何意外或事故皆属于理赔范畴。从索赔数据来看，玻璃自爆、暴雨、雷击等自然灾害对电梯及监控设备造成的损失，及设施被盗、管道破裂等排在各项风险前列。

（3）物业人员保险。《劳动法》颁布后，众多物业企业关心员工保障问题。作为劳动密集型企业的物业公司，人力成本在不断增加。以前物业公司普遍认为给员工办理社会保险或外来人员综合保险就能解决问题，而实际上，员工上下班意外车祸、工伤等事故发生时，所在公司亦须支付大笔赔偿金。为合理转嫁企业人员风险，不妨投保雇主责任险和团体意外险。雇主责任险是转嫁企业主风险的，赔偿金给企业，而团体人员意外险一般作为企业福利为员工增加保障，保费代扣代缴，赔偿金支付给个人，但物业人员发生的"猝死"，无法获赔。

2. 投保须准备的资料

物业公司在投保时须提供以下材料。

（1）公共部位财产险。

——公司全称和经营地址、楼盘地址清单。

——公共部分设施设备财产清单和估计价值（可电子版）。

（2）公众责任险和物业责任险。

——公司全称和经营地址。

——楼盘地址清单。

（3）雇主责任险和团体意外险。

——公司全称和经营地址、楼盘地址清单。

——员工姓名、性别、身份证号码、月工资金额（盖公章）。

3. 如何避免投保容易理赔难

许多公司采购保险时往往考虑价格和保障内容，而忽略其他重要细则。保险公司一般会针对投保单位风险特征确定标的。如非居住楼宇与居住物业的标的不同，保费也不一样，不能一味地要求保险公司降价。有些行业统保产品价格基本属于公益性非营利性项目，保险公司亏损也做的，目的是想把服务推进社区，而进社区最好的途径就是与物业公司合作，因此目前为物业公司提供的各类产品报价已基本触及保险业规定的底线。物业公司在选择险种时除了关注价格，更要注意保险合同的细则和理赔注意事项，先学习，再理赔，才能有效维护自己的权益。

此外，发生可能引起保险责任范围内的事故时，现场人员应立即通知保险公司，同时采取合理措施抢救保险财产，防止灾害蔓延，并保护好灾害事故现场及有关账册、账簿，协助保险公司理赔人员对事故现场进行查勘定损。保险财产遭受盗窃时，还应立即向公安部门报案。

4. 理赔应提供哪些单证

向保险公司书面索赔时，应提供以下单证。

（1）保险单正本。

（2）出险通知书。

（3）财产损失清单。

（4）有关部门出具的事故证明或技术鉴定书，包括：发生火灾，应提供消防部门的证明；发生盗窃或恶意破坏，应提供公安部门的证明；发生锅炉、压力容器爆炸，应提供劳动部门出具的鉴定证明；发生雷击、暴雨、台风、暴风、龙卷风、雪灾、雹灾、泥石流等自然灾害时，应提供气象部门的证明。

（5）修理及施救费用发票。

（6）必要的账簿、单据以及其他保险公司认为有必要的单证、文件（包括出险前一个月的资产负债表、固定资产和存货明细账、相关资产购入时的原始凭证等）。

（7）赔款协议。

5. 注意事项

（1）因发生火灾而索赔的，应当提供公安消防部门出具的证明文件。由于保险范围内的火灾具有特定性质——失去控制的异常性燃烧造成经济损失的火灾，短时间的明火、不救自灭的，或因烘、烤、烫、烙而造成焦煳变质损失的，或电机、电器设备因使用过度、超电压、碰线、弧花、走电、自身发热造成其本身损毁的，均不属火灾。所以，公安消防部门的证明文件应当说明此灾害是火灾。

（2）因发生暴风、暴雨、雷击、雪灾、雹灾而索赔的，应当由气象部门出具证明。在保险领域内，构成保险人承担保险责任的这些灾害，应当达到一定的严重程度。比如，暴风要达到17.2米／秒以上的风速，暴雨则应当是降水量在每小时16毫米以上、12小时30毫米以上，24小时50毫米以上。当然，气象部门的证明文件只是证明在某地某时发生了上述自然灾害，至于这些灾害造成的保险标的损失，则还要经保险人现场查勘和有关部门的鉴定。

（3）因发生爆炸事故而索赔的，一般应由劳动部门出具证明文件。比如，因锅炉爆炸导致保险标的损失时，应当由劳动部门主管锅炉压力容器的机构出具证明。

（4）因发生盗窃案件而索赔的，应当由公安机关出具证明。该证明文件应当证明盗窃发生的时间、地点、失窃财产的种类和数额等。

（六）提升防范意识建立危机管理机制

风险管理是一门新型的管理学科，它是以观察实验、经验积累为基础，科学分析为手段一门科学。因此，物业管理企业要重视研究风险发生的规律，加强控制和防范风险的能力。应当建立事前科学预测、事中应急处理和事后妥善解决的风险防范与危机管理机制，把握风险的规律性，引入先进的风险管理技术规避、转移和控制风险，并针对不同类型的物业管理风险建立相应的应急预案来防范风险和应对紧急事件。

1. 提高工作人员的防范风险的意识

树立风险意识，是物管企业化解潜在经营风险的前提。

在目前情况下，人们对物业管理的认识产生了误解——业主把物业管理公司当成了小区的"政府"，凡事都找物管公司解决，物管公司解决不好，业主就以不交物管费相威胁，出了事故就要物管公司索赔。

业内人士分析物管现状时指出"物业管理公司发展到今天，越来越不像一个企业了，但像是一个政府的派出机构，什么事都要管，但什么权力也没有。"物业管理企业的经济实力十分有限，在目前这种责任、权力、利益不相称的情况下，风险无时不在，物业管理企业正处于如履薄冰的危险境地。所以，要使广大物管行业员工清楚认识到，物管企业发生一次人身伤害或车辆被盗的风险，就可能使有的物管企业不堪重负，走向破产的命运。因此，在日常的经营服务过程中，要建立规范的服务和工作程序，从制度上来保证风险的避免或降低风险的程度，如对物业的安全隐患要建立及时的报告制度、处置制度、服务工作的原始记录制度等。

相关知识：

如何提高工作人员的风险防范意识

工作人员的防范风险意识是将他们日常的管理服务行为规范化、制度化和法律化，没有工作人员的防范风险意识，一切防范风险的措施都将成为空话。具体措施如下。

（1）加强对工作人员按公司管理制度的培训和操作程序的训练。

（2）加强对工作人员专业法律知识培训。学习同行业已经发生的教训，对照案例分析自身管理行为的潜在风险之处，加以纠正和规范。

（3）管理人员不仅要熟悉制度，还要知道为什么制订这样的制度，这样才能有效地控制和防范各类风险的发生。

（4）物业管理企业和各项制度的草拟应加入法律专业人员的修改意见和建议，各项工作的管理流程的设计也应征求法律专业人员的意见，将风险控制真正落实和渗透在具体工作的每个环节中，严格控制每个环节的法律风险，提高整体的管理效率。

（5）随着社会专业分工的日益细化，物业管理企业应聘请专业的法律顾问，为企业提供法律专业服务，除对物业管理企业的管理制度和管理流程提供法律专业意见外，针对物业管理服务过程中出现的纠纷，第一时间采取紧急措施应对，由法律顾问负责进行处理，以避免由于法律专业知识的不足，造成进一步的不利和责任的扩大。

2. 努力提高风险识别的能力

风险识别能力是物业企业从事物业管理中，防范、规避和化解风险、降低风险的最重要的前提。所谓风险识别就是物业管理企业要针对物业的服务对象找出物业管理服务和企业运营中潜在的、可能发生的每一个风险因素，这是一项细致而又缜密的工作，通过风险识别，定性甚至定量地判断分析哪些环节存在着风险因素、每一环节中隐藏着哪些风险因素、影响各环节风险因素的主要参数是什么、这些风险因素导致风险出现的可能性大小、如果风险出现会造成的危害及损失程度等方面。

要科学地识别风险，物业企业要注重依据、注重调查、注重数据和统计资料，如对某种风险发生的参数、环境、时间、频率，造成的人身或经济损失等规律进行分析、归纳和总结。要注意风险识别的细致性和准确性，细致、准确性直接影响风险对策的正确性，因此资料来源的可靠性是很重要的。其次还应考虑由于偏差、疏漏等原因来找出的风险因素的影响，以及不可抗力导致的风险因素。

3. 建立风险快速处理机制

建立风险快速处理机制，包括定期分析机制现状、落实各个部门人员的责任、各类险情紧急处理预案、通信联络和消防演习，做到各类风险发生时按预案进行，有条不紊。在风险将要出现之时，企业管理者要能及时识别、及时采取应对措施，尽早弥补风险造成的损失，努力做好善后工作，进行风险事故总结检查，吸取风险教训，最大限度地规避管理失职导致的风险责任，从而把企业的风险损失减少降低到最低程度。

4. 注意保留工作记录

在物业服务工作过程中，很多时候要求有及时、完整的工作记录。工作记录可以满足法规、合同、客户的要求，和增强客户信心、可追溯、可提供证据等。《最高人民法院关于民事诉讼证据的若干规定》[法释（2001）33号] 中，第五条规定，对合同是否履行发生争议的，由负有履行义务的当事人承担举证责任，而在很多物业管理纠纷实际案例中，因为物业企业缺乏足够有效的证据而承担相关赔偿责任。

第二章 物业管理项目承接风险

一、风险描述

在物业项目承接过程（招投标、签订合同、接管物业）中都有风险存在。

（一）招标投过程中的风险

在国内从事物业管理投标，通常可能面临的风险如下。

（1）通货膨胀风险。是指由于通货膨胀引起的设备、人工等价格上升，导致其中标后实际运行成本费用大大超过预算，甚至出现亏损。

（2）经营风险。物业管理公司由于自身管理不善，或缺乏对当地文化的了解，不能提供高质量服务，导致亏损甚至遭业主辞退。

（3）自然条件。如水灾、地震等自然灾害发生而又不能构成合同规定的"不可抗力"条款时，物业管理公司将承担的部分损失。

（4）其他风险。如分包公司不能履行合同规定义务，而使物业管理公司遭受经济乃至信誉损失等。此外，当物业管理公司从事国际投标时，还可能面临政治风险。

（二）签订合同过程中的风险

（1）缺乏对另一方合同签订主体的资质及资信的审查。
（2）承诺的服务内容和水平高于与物业管理收费标准所对等的服务内容和水平。
（3）合同内容约定不明或是条款有疏漏。
（4）物业管理合同中存在不平等条款。
（5）物业管理收费问题不明确。
（6）物业管理责任范围不明确。

（三）接管验收中的风险

接管验收中的隐藏的风险如下。
（1）物业共有部位、共有设施设备有明显或者暗藏的质量问题。
（2）开发商或者前物业管理企业与业主之间的遗留问题没有得以处理和解决。

二、招投标过程中的风险防范

招投标过程中的风险都可能导致物业管理公司即使竞标成功也会发生亏损，但这也绝非不可避免。物业管理公司必须在决定投标之前认真考虑这些风险因素，并从自身条件出发，制订出最佳方案规避风险，将其可能发生的概率或造成的损失尽量减到最小。

风险防范的最好办法是不能盲目行事，看到项目就投标。项目承接工作需要专业管理和控制，我们应该静下心来审视一下新项目承接工作，加强项目承接过程中的风险控制，从而提高项目的固有品质。一般来说，认为承接一个新的项目应该包含以下三个步骤。

（一）新项目的背景调查

新项目的背景调查是至关重要的，是规避经营风险的基础工作。这项工作的有效开展还能够帮助我们减少或避免许多混乱和矛盾。

新项目的背景调查应该包括以下内容。
（1）了解开发商的资信情况以及历史产品的质量等。
（2）了解新项目在项目所在地物业项目中的层次和地位。
（3）了解新项目所在地同类物业的物业服务费标准以及物业服务费的收缴率情况。
（4）了解新项目所在地的地方性物业管理政策法规。
（5）了解新项目所在地的地方性财税政策。

(6) 了解新项目所在地的地方性劳动用工政策、相关的劳动力价格水平及与工资有关的其他人事费用项目及其标准。

(7) 了解新项目所在地的公共事业费结算处理方法等其他物业服务相关的环境因素。

许多人认为，承接新项目只是销售部的事，与财务部毫不相干，但是事实并非如此。我们先来看看承接新项目的步骤，以及每一步所包含的内容，进而我们可以清楚其中的财务管理项目。

上述第（1）、（2）、（3）、（7）项调查内容主要用以评估目标项目的经营风险，第（4）、（5）、（6）项内容主要用以对管理成本的测算，第（3）项内容同时作为制订物业服务费投标价格的参照。其中第（1）、（4）、（5）、（6）项调查工作都需要财务部门参与把关、控制。

在对开发商资信情况调查时，富有经验的财务人员可以更加专业地作出相关评价。

在对当地地方性物业管理政策法规的调查中，财务人员主要负责如下。

——了解当地物业服务过程中有哪些收费项目，这些收费的财务性质（即，是收入性质，还是代收代付性质的，或是物业服务企业与有关方共享性质的），及相应文件的收集。

——了解可能的经营项目，即相关的政策规定。

——在对地方性财税政策的调查中，财务人员主要应了解：对应各项收费的地方特定的税费收缴标准；企业所得税征收办法、所得税税率；地方性优惠政策及相关文件；其他财税方面的政策。

在对地方性劳动用工政策、相关的劳动力价格水平及与用工有关的其他人事费用项目及其标准调查过程中，财务人员应协同人事部门了解以下内容。

——当地的劳动用工管理规定、有哪些用工种类及其特点。

——各岗位用工的劳动力价格水平。

——有哪些与用工有关的各种人事费用项目，如社保费用等，它们的费用标准及费用由谁承担、谁管理、何时缴纳等相关事项的文件规定。

——其他劳动用工方面需要了解的信息。

（二）新项目的可行性研究

新项目的可行性研究是指物业管理公司根据新项目招标方给出的招标文件和事前调查到的该项目的背景信息，结合本企业的管理能力、管理资源，通过详细的分析、测算、比较和风险评估，作出该项目是否适合本企业管理的专业评判活动。在这个阶段，物业管理公司应该首先进行经营风险的评估，如果经营风险超出可接受水平，企业应该立刻作出放弃的决定，因此也就没有后续的工作了。在可行性研究中需业务部（或许是专家组）与财务部的通力合作，两者的职责见表12-2-1。

表12-2-1 可行性研究的职责

部门	职责
业务部门（或专家组）	根据招标文件给出的具体的物业管理对象、管理服务项目以及管理服务质量要求，制订出相应的，反映人、财、物投入的业务测算书，这个测算书相当于前述的物业管理计划的缩略版
财务部门	依据业务部门给出的业务测算书，结合调查到的，与新项目相关的税费、人事费用、收入等背景资料以及本企业相关的成本费用标准，首先测算出管理该项目所需的总成本，再在此基础上加上适当的服务利润，得出物业服务费的目标值，最后，将该目标值与新项目所在地的同类物业的物业服务费水平进行比较，以此从物业服务价格的角度评判该项目的可行性

（三）新项目投标

新项目通过可行性研究后，在确认可行的情况下进入投标程序。在此程序中，财务部的工作是参与《物业管理策划书》的编制工作。值得注意的是，这里用于投标的《物业管理策划书》显然有别于上述的业务测算书。业务测算书是供内部测算使用的，不需要考虑对应配置的市场水平（或行业水平），而《物业管理策划书》的管理要素配置水平则必须顾及公认的市场水平。

项目投标书中应该说明，标书中关于物业服务质量的承诺是对应招标书中对物业服务效果的要求的，属于合同要素，这是对"物业服务"产品质量的描述，但《物业管理策划书》仅仅是用于测算的，不应该被视作合同要素，尤其是其中关于管理要素的配置，他是随着劳动熟练程度、服务工具、服务手段的改进而变化的。

总之，我们应该充分关注新项目承接，在此过程中有效协调各方面的力量，采用科学的态度、科学的方法，尤其要利用财务部专业技术和专业管理，减小项目承接风险。

三、物业合同签订中的风险防范

物业管理合同有广义和狭义之分。前者是指物业管理过程中有关各方达成的一系列具体协议的总称，包括业主委员会与物业管理公司之间的物业服务合同、开发商与物业管理企业之间的前期物业服务合同、物业买受人在购房时与建设单位之间的前期物业服务协议，以及业主之间的业主公约；后者是指业主或者业主委员会委托物业管理公司进行物业管理，并与之签订的明确双方权利和义务关系的协议即物业服务合同。为了规避合同签订而带来的风险，在签订合同时应注意以下事项。

（1）认真审核主体资质及资信。除了审查由合同签订对方所提供的证件，必要时，应到相应的工商登记部门进行调查了解，以掌握主体的详细登记情况。

（2）合同约定的服务内容与水平要与公司实际履约能力相一致。

（3）合同约定要具体、明确、完整，避免疏漏，避免对条文的理解出现歧义（特别是对时间、价格、违约金的约定要注意上述问题）。

（4）注意免责条款的约定。如在合同中约定物业公司在以下情况时不负责承担相关责任。

——因不可抗力导致物业管理服务中断的。

——物业公司已履行合同约定义务，但物业本身固有瑕疵造成损失的。

——因维修养护物业共用部位、共用设施设备需事先告之业主和物业使用人，暂时停水、停电、停止共用设施设备等造成损失的。

——因非物业公司责任出现供水、供电、供气、供热、通讯、有线电视及其他共用设施设备运行障碍造成损失的。

——为维护公众、业主、使用人的切身利益，在不可预见情况下，如发生煤气泄漏、火灾、水管破裂、救助人命、协助公安机关执行任务等突发事件，物业公司因采取紧急措施造成相关财产损失的。

四、接管物业中的风险防范

物业接管验收，是指物业服务企业在承接物业时，进行以物业的主体结构安全和满足使用功能为主要内容的再检查，同时接受图纸、说明文件等物业资料，从而着手实施物业管理。物业的接管验收是开展物业管理必不可少的重要环节，是物业管理的基础工作和前提条件，也是物业管理工作真正开始开展的首要环节，因而要特别注意。

（1）交接双方应当严格按照标准进行验收。验收不合格的，双方协商处理，由责任单位返修，再约定时间复检，直至验收合格。

交接双方应当制作物业查验记录。物业查验记录一般包括房屋质量查验记录、设施设备查验记录和环境工程查验记录，双方可以根据物业的具体情况设计查验记录表。查验记录表应当包括查验项目名称、查验时间、查验内容、查验人签字、查验结论、存在问题、返修意见、跟踪结果等。业主有权要求调阅查验记录。

（2）对遗留问题或发生的争议不能解决的，由当地政府房地产行政主管部门进行协调解决。

（3）注意保存验收资料的完整性及真实性。对验收资料，要有交接双方的签字认可，以明确相关责任。

相关知识：

物业接管验收的内容与拒不移交资料的法律责任

1. 物业接管验收涉及的内容

根据《物业管理条例》第37条第2款、第29条第1款以及建设部于1991年2月4日发布的《房屋接管验收标准》的规定，物业的接管验收主要涉及以下三项内容。

（1）物业资料的交接。开发商或业主委员会（旧物业公司）应当将下列资料交付物业服务企业。

——物业规划图。
——总平面图、单体竣工图。
——建筑施工图。
——工程验收的各种签证、记录、证明。
——房地产权属关系的有关资料。
——机电设备使用说明书。
——消防系统验收证明。
——公共设施检查验收证明。
——用水、用电、用气指标批文。
——水、电、气表校验报告。
——有关工程项目的其他重要技术决定和文件。

（2）物业接管验收。一般来说物业接管验收包括以下内容。

——主体结构验收。地基沉降不应超过国家规定的变形值，不得引起上部结构的开裂或毗邻房屋的破坏；主体结构构件的变形及裂缝也不能超过国家规定的标准；外墙不得渗水。

——房屋及楼地面。房屋应按国家规定标准排水畅通，无积水、不渗漏；楼地面与基层的黏结应牢固，不空鼓且整体平整，无裂缝、脱皮和起沙现象；卫生间及阳台、厨房的地面相对标高应符合设计要求，不得出现倒水及渗漏现象。

——装修。应保证各装修部位及构件既美观大方又满足使用要求，不得出现因装修不善而造成的门窗开关不灵、油漆色泽不一、墙皮脱落等现象。

——电气。电气线路应安装平直、牢固，过墙有导管；照明器具必须安装牢固，接触良好；电梯等设备应运转正常且噪声、震动不得超过规定；此外各类记录及图纸资料应齐全。

——水卫、消防、采暖、燃气。上、下水管道应安装牢固，控制部件启闭灵活，无滴、漏、跑、冒现象；消防设施应符合国家规定，并有消防部门检验合格证；采暖的锅炉、箱罐等压力容器应安装平整、配件齐全，没有缺陷，并有专门的检验合格证；燃气管道应无泄漏；此外，各种仪表仪器、辅机也应齐全、灵敏、安全、准确。

——附属工程及其他。室外道路、排水系统等的标高、坡度等因素都应符合设计规定；相应的市政、公建配套工程与服务设施应达到质量和使用功能的要求。

（3）核实原始资料。在现场验收检查的同时，应核实原始资料，逐项查明，发现有和实际不符之处，应及时做记录，并经双方共同签字存档。

2. 拒不移交资料的责任

（1）行政责任。《物业管理条例》第59条规定："违反本条例的规定，不移交有关资料的，由县级以上地方人民政府房地产行政主管部门责令限期改正；逾期仍不移交有关资料的，对建设单位、物业服务企业予以通报，处1万元以上10万元以下的罚款。"

物业的有关资料是物业使用和维护所必需的基础资料，这些资料和相关的物业应当是一体的，其所有权应当属于全体业主。在业主大会成立以前，前期物业服务企业承担着物业管理区域的维修和养护责任，因此建设单位应当将有关资料先移交给物业服务企业，由其代管。前期物业服务合同或物业服务合同终止后，物业服务企业应当将这些资料给业主委员会，业主委员会在业主大会选聘新的物业服务企业后，需要向新的物业服务企业提供这些资料，以便于其提供物业服务。由于这些资料是开展物业管理，对物业进行维修养护所必需的，如果掌握资料的一方拒不移交，将会给对方造成许多障碍，所以，《物业管理条例》第59条特别规定了拒不移交的行政责任。

承担行政责任的主体是负有资料移交义务的建设单位、物业服务企业以及业主委员会，其违法行为是拒不移交资料。本条规定的"不移交"包括全部不移交和部分不移交，还包括不按时移交。需要说明的是，本条规定的责任对业主委员会不适用通报和罚款。虽然根据《物业管理条例》第37条的规定，业主委员会有义务向承接物业的物业服务企业移交相关资料，但是，如果业主委员会在签订物业服务合同后不履行，拒不移交资料，物业服务企业只能依照《合同法》的规定追究业主委员会的合同责任，对业主委员会不能进行通报和罚款。

（2）民事责任。根据《物业管理条例》第59条的规定及《民法通则》的有关规定，建设单位承担损害赔偿的民事责任的构成要件如下：

——侵权行为责任人的行为具有过错和违法性，即侵权人建设单位未经同意授权，擅自处分他人所共有的物业共用部位、共用设施设备的所有权或使用权。

——侵权人的侵权行为造成了业主的损失，包括直接损失和间接损失。前者指的是由于侵权人的处分行为导致的物业自身价值的减少；后者是指由于侵权行为而导致的物业业主无法使用、收益而遭受的可得利益的损失。

——损失和侵权人的侵权行为之间具有因果关系，正是由于侵权人的无权处分，导致了损失的发生。

若建设单位拒不移交资料符合了上述构成要件，应当承担相应的赔偿责任。

五、新旧物业交接中的难点与对策

关于新旧物业管理公司在交接时产生纠纷的问题频频见诸报端,不仅出现过新物业公司进驻、旧物业公司迟迟不走的情况,也有旧物业管理公司撤出而新物业公司不见踪影的事情。

(一)新旧物业管理交接难的表现

业主委员会通过正常的招投标选聘到新的物业管理公司,然而有时候,在进驻过程中,新的物业管理公司遇到很多问题,这些问题阻碍了以后物业管理正常的开展,主要体现在以下3点。

1. 小区相关设施如物业管理用房、公共设施等移交难

按照《物业管理条例》规定,物业管理用房等房产的所有权属于业主,但在房地产开发建设和登记产权时,大部分登记的是开发建设单位,而目前又没有法规规定这部分产权如何移交给业主。如物业管理用房,即使旧物业管理公司同意移交,但在接管初期,旧物业管理公司对物业管理用房进行过装修,投入了一部分的费用,需要旧的物业管理公司、新的物业管理公司、业主委员会进行协商,增加了新旧物业交接的难度。

2. 物业资料移交难

按照《物业管理条例》第二十九条规定,建设单位应当向物业管理公司移交以下资料:竣工总平面图,和单体建筑、结构、设备竣工图,及配套设施、地下管网工程竣工图等竣工验收资料;设施设备的安装、使用和维护保养等技术资料;物业质量保修文件和物业使用等技术资料;物业管理所必需的其他资料。同时,要求物业管理企业应当在前期服务合同终止时将上述资料移交给业主委员会。

虽然《物业管理条例》对交接的内容有规定,但是比较笼统,不能充分地将日后新物业管理公司顺利开展服务所需要的资料(如财产记录、设备情况和客户资料等)涵盖在内。另外,由于大部分前期物业管理公司都是由开发商选聘的或者自己组建的物业管理公司,开发商不按规定向物业管理公司移交相关资料,旧物业管理公司也就无法在新旧物业交接中提交完整的资料。

如果没有设备竣工图等重要的原始资料,新物业管理公司则无法在小区内顺利开展物业管理工作。

某新物业管理公司通过招投标后入驻小区,在管理过程中,有不少业主反映下水管道堵塞。新公司请来专业疏通人员检查后发现,整个小区要进行大的疏通,但由于在交接时旧物业公司未将下水管道的图纸移交过来,这样疏通工作也不能开展,影响了业主的正常生活。

3. 物业管理费支出、欠费问题处理难

这方面的问题主要体现在以下3个方面。

(1)物业管理费账目管理杂乱。旧物业不能详细公布业主交费情况,而一些物业管理中的费用该支付的没有支付、该公布的不公布,造成收入和费用混乱,又没有监督机构对支出进行监管,比较混乱,在新物业交接时,各管理项目费用理不清,不能顺利接管。

(2)代收费用的差额问题。如很多老小区,在初始阶段没有一户一表,旧物业管理公司义务为居民代收水电费,出现的差额费往往由物业管理公司承担,这样在交接时,对差额部分如何来妥善解决,原有物业管理公司的权益又如何来保护,解决不好这些问题,新旧物业交接时就容易产生纠纷。

(3)物业管理费欠交。目前,物业管理公司的物业费收缴率并不高,好一点的公司到90%,而很多的是维护在70%,一些老小区还不到40%。这样,新旧物业交接时物业费的纠纷就成为了一个很大的障碍。旧物业管理公司在物业费的问题没有解决前不愿意退出,新公司就难以进驻。

(4) 其他费用,如前期停车费、一些经营收益的问题也影响了新旧物业交接的顺利开展。

(二) 解决新旧物业交接纠纷的对策

1. 处理好三方面关系

物业管理公司要顺利交接必须处理好以下三方面的关系:一要处理好与业委会的关系;二是两家物业管理公司之间要主动沟通;三是处理好与政府的关系。

2. 老物业公司要确立市场心态

业主对老物业的服务不满时,可以选择新物业服务企业,但必须按法定程序进行,经过业主大会 $\frac{2}{3}$ 以上的业主同意才能变更物业管理权。一旦出现业主大会变更物业管理权的决定,被正常解聘的老物业公司就要确立"市场心态",同时要按照合法程序退出小区。

3. 新物业公司要加强企业团队建设和规避风险的意识

企业要意识到在市场化竞争中不能盲目地拓展市场,应结合行业的现状,进行充分的调研和分析,再采取相应的经济行为,而且对经济行为的可操作性细节考虑得要多。物业管理行业并不是一个低风险的行业,特别是在现在这个竞争不规范、规则不完整、没有游戏规则可依的情况下,存在很大的经营风险。

相关知识:

新老物业公司承接验收如何操作

开发商、业主大会和原物业公司要做好承接验收前的准备工作,并及时书面通知新物业公司进行承接验收。新物业公司应当在接到通知后15个工作日内做出书面回复并与开发商或业主大会约定承接验收时间。在约定时间内,开发商、业主大会或原物业公司应先做资料交接,将物业的产权资料、工程竣工验收资料、工程技术资料、工程经济资料和其他有关资料移交给新物业公司。资料移交完毕后,移交和接收双方须签字认可,若有未移交部分,由双方列出未移交部分的清单,确定移交时间并签字认可。

资料交接完毕后是现场交接,新物业公司应对物业管理区域内共用设施设备进行逐项验收,注明设备现状及接管时间。开发商或业主委员会应对查验接管过程进行记录,并存档备查。交接证明应由交接双方、相关单位盖章及现场参加人员签字。开发商、业主大会授权的业主委员会及原物业公司应当配合新物业公司依法接管保安、消防、停车等安全防范岗位,维护物业管理区域的正常秩序。

第三章 治安风险防范

一、治安风险描述

治安风险是指由于外界第三人的过错和违法行为,给物管服务范围内的业主或非业主使用人造成人身损害和财产损失导致的物业管理服务风险,其具体表现如下。

(1) 入室盗窃。
(2) 抢夺、抢劫。
(3) 故意伤害。
(4) 故意杀人等。

二、治安风险防范要点

(一) 明确物业管理企业的法律地位和职责

小区和大厦的治安是由公安机关负责的，物业管理公司的义务是协助公安机关维护小区和大厦的公共秩序。物业管理公司仅仅是依法成立的公司法人主体，不享有超过法律规定的任何行政管理职权和行政处罚权，物业管理公司不具有任何特权。因此，物业管理公司的治安防范义务是在一定限度内的、有限的义务。

(二) 支持业主自防及提高业主安防意识

物防是业主家居的最后防线，应该支持业主安装防盗门、防盗窗、防盗网，还应该提高业主自身的安防意识。这些装备能拖延窃贼入侵的时间，增加窃贼入侵的难度，降低小偷的盗窃意愿。物业公司还可以鼓励业主在家里安装感应报警装置，这些装置往往能在窃贼作案过程中发出警报，将窃贼惊走，或将保安呼到现场。

在提高业主自身的安防意识方面，物业公司可以拿一些实际案例出黑板报告诉业主，让业主以人度己。再如，我国古代是有人"打更"的，晚上敲着锣经过城区，还会喊一些"天干物燥，小心火烛"的话，可见我国在宣传安防意识上是有优良传统的。

(三) 完善区域内安全防范设施

物业的治安管理除了靠人力外，还应注重技术设施防范，因此物业经理应根据物业公司的财力与管理区域的实际情况，配备必要的安全防范措施。比如：在商住小区四周修建围墙或护栏；在重要部位安装防盗门、防盗锁、防盗报警系统；在商业大厦安装闭路电视监控系统和对讲防盗系统等。

(四) 完善、执行管理制度

应针对不同服务区域的具体情况，制订相对完善和实用的制度，组建和设置相应的机构和人员，实施和执行相应的制度规定。制度中应明确对小区和大厦往来人员的管理，制订关于定时安排人员巡逻和巡视、针对治安事件的处理程序等。

鉴于住宅小区和大厦业主和非业主使用人的不同需求和特点，对人员的往来管理是有区别的。

住宅小区可以采用业主和非业主使用人凭密码和智能卡进出，来访者采用登记或经业主和非业主使用人同意后进入。

大厦是以办公为主的商业区域，因为人员进出过于频繁，进出人员数量过大，逐一登记制度是不必要和难以落实的，多数都采用对从大厦搬离物品进行登记，并凭当时在业主或合法的非业主使用人入住时预先所留的印鉴或签名确认。

往来人员的登记和管理是由固定岗位的工作人员完成的，同时必须配备相应的其他人员进行定时的流动式巡逻和巡查工作，对已进入小区或大厦的人员的行为进行监督，及时发现和制止不法侵害的行为，第一时间进行报警，协助公安机关制止和防范违法犯罪行为，保护事发现场，以实现协助公安机关维护公共秩序的职责。

作为物业管理公司只有严格依据经过业主大会确定的各项管理规定，履行自己义务，协助公安机关维护社会公共秩序，物业管理公司才不再承担业主或非业主使用人因第三人非法侵害导致的人身和财产损失赔偿责任。

（五）安排保安巡逻和坚持对巡逻工作进行监督检查

巡逻工作可以将保安的防范能力提到最大，也是保安最主要的工作。只有在巡逻时，保安才能看到更多的区域，能防范的空间范围才能覆盖整个社区，才能不给小偷充分的作案时间，减少小偷成功作案的机会。巡逻中的保安比在保安室值班的保安防范能效大得多，也给业主更大的安全感。给保安安排了有效的巡逻规则才能合理地减少保安的人数，节省昂贵的人工成本。

（六）充分挖掘保安人员的防范能效

正视保安在安全防范系统中的主要地位，提高保安的职业素质和敬业精神，走精兵路线，充分挖掘保安人员的防范能效，这也是物业管理公司在安防服务方面最重要也是最难做的工作，也是提高安防服务整体品质的重点。

保安的素质决定了保安的安全防范能力。如果保安不会使用技防设备，再昂贵的技防设备也是摆设；要是保安都是身体虚弱的人，看到小偷也追不上；要是保安抢不动警棍，可能还会被小偷殴打；要是保安都是怠工懒惰的人，该巡逻却在偷懒睡觉，接到报警也不出去，那……

所以建议物业管理公司加强对保安的工作技能培训，精简保安的人数，提高保安的工资待遇，吸引有职业素质和敬业精神的优秀保安工作者。另外也需要通过管理手段加强对保安工作的监督管理，如安装电子巡逻管理系统监督管理保安的巡逻工作，对不符合巡逻考勤要求的保安进行处罚，对在巡逻中发现状况阻止了安全事故的保安给予奖励；定时考核保安对技防设备的掌握程度，对不能正常使用技防设备的保安进行处罚；定时检查保安的体能，将体能差的保安辞退等。

（七）委托给专业保安公司

目前，物业管理行业中，有一部分企业将协助公安部门维护小区和大厦公共秩序的工作委托给专门的保安公司，协商约定对外支付一定保安服务费，由保安公司根据物业管理公司的具体要求提供一定数量的保安人员，按合同约定提供物业管理公司要求的服务。该做法实际也是物业管理公司与其他主体分担法律风险的措施。

但众多的保安公司往往在合同中要求排除因小区盗窃和抢劫事件造成损失的赔偿责任，而法律目前对保安公司的义务尚没有明确的规定，造成聘请专业保安公司分担法律风险变得极为有限。

（八）做好群防群治工作

1. 密切联系辖区内用户做好群防群治工作

物业治安管理是一项综合的系统工程，通常物业管理企业只负责所管理物业公共地方的安全工作。要保证物业的安全使用和用户的人身财产安全，仅靠物业管理企业的保安力量是不够的，所以物业公司必须想办法把辖区内的用户发动起来，从而强化用户的安全防范意识，并要建立各种内部安全防范措施。

2. 与周边单位建立联防联保制度

与物业周边单位建立联防联保制度，与物业所在地公安机关建立良好的工作关系，也是安全保安的重要手段。物业公司应该积极地与相关部门联系、沟通，以互相帮助、支持。

（九）突发事件应有应急预案

在物业管理的日常工作中，有些隐患是不易被提前判别的，也是很难在事先加以控制的，因此突发事件和危机的发生也就在所难免。但事件发生了，如果能够及时而有效地进行处理，也可以大大减少事件的危害程度，降低风险。

1. 突发事件类别

（1）自然灾害。自然灾害主要包括台风、暴雨等气象灾害，和火山、地震、泥石流等地质灾害。

（2）事故灾害。事故灾害主要包括小区里发生的重大安全事故如交通事故，以及影响小区正常管理与服务的其他事故，如环境污染。

（3）公共卫生事故。公共卫生事故主要包括突发的可能造成社会公众健康损害的重大传染病、传染性典型肺炎等疫情，及群体性不明原因疾病、重大食物中毒，以及其他影响公共健康的事件。

（4）突发社会安全事件。突发社会安全事件主要包括重大刑事案件、恐怖事件、经济安全事件以及群体性事件。

2. 突发事件处理程序

突发事件处理程序如图12-3-1所示。

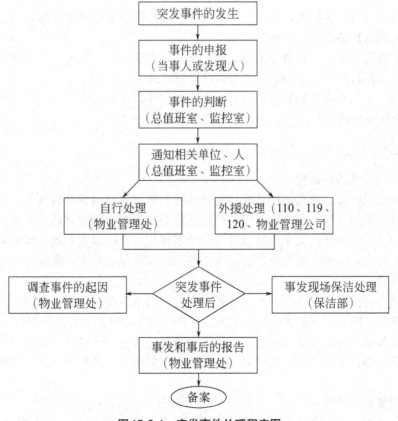

图12-3-1 突发事件处理程序图

第四章　消防事故和隐患风险防范

一、消防事故和隐患风险描述

由于消防设施直接影响到广大业主生命财产安全，消防设施的日常维护和养护直接关系到火灾发生时消防部门处理事故效果，消防设施的维护保养不善、无消防用水供应、消防报警系统失灵都可能导致重大人身和巨大财产损失，物业管理企业面临如此的风险不仅要承担经济赔偿的民事法律责任，直接责任人和企业主要负责人还可能因此而承担刑事法律责任。

二、消防事故和隐患防范要点

（一）接管时要确认是否有消防验收合格证

物业管理企业首先在接手物业管理时，尤其是针对新建小区和大厦，应查验是否已通过消防部门的验收，取得消防验收合格证。在小区和大厦未取得消防验收合格证之前，物业管理企业可以提前进入，但业主不能办理入伙手续，即使是开发商要求入伙，物业管理企业应坚持不办理入伙手续。如果在此情况下，为业主办理了入伙手续，发生消防事故造成人身和财产损失，物业管理企业将负有不可推卸的责任。

（二）业主装修时要做好防火工作

（1）业主入伙后，在装修过程中，物业管理企业应审查业主申请装修项目，是否影响结构安全，使用的材料是否符合消防要求。

（2）在装修过程中，应监督业主按照消防要求配备消防灭火器械，在装修现场应严禁明火等；防止业主在装修过程中损坏公共消防设施和器械。

（3）对损坏公共消防设施和器械的行为应及时制止，造成重大损坏或后果严重的，物业管理企业应向消防主管部门报告，由消防主管部门依法处理。

（三）建立消防组织全员参与消防工作

1. 物业公司消防组织建立

（1）消防组织建设。物业管理处既然是物业的管家，对消防责任自是义不容辞，而物业管理人员是管理处的工作人员，因此管理处的消防责任也就自然地体现在工作人员身上。对于物业公司而言，一定要在组织上对消防工作予以保证，具体而言，就是要明确本公司的消防组织的人员组成，并将人员名单都登记在"消防组织情况表"上，建立在发生火灾时应急指挥的组织架构。

（2）明确公司的防火安全责任人。一般而言，为明确消防的职责，最好出具文件来明确防火安全责任人，但这并不意味着其名字未出现在名单上，他就没有消防责任。

（3）确定各级人员的消防安全责任。对公司的各级人员——消防安全领导小组、消防兼职领导、消防中心、消防队员、义务消防队员等也都要明确其消防职责，并以文件的形式体现出来。

2. 确定区域防火责任人

消防安全人人有责，并不仅仅是指物业管理人员，还应包括业户，他们也有防火责任，因为他们所居、所用的区域有时候物业管理不到,比如乱拉电线等。所以一定要依法确定各区域消防安全责任人,履行消防安全责任制,落实消防管理工作,完善各项消防安全管理规章制度,做到业户消防安全人人有责。

可要求业户根据企业规模大小、经营类别、机构部门设置和公众人流的特点等实际情况,建立并落实逐级消防安全责任制及消防安全管理制度。

(四)开展员工消防培训

开展员工消防培训的目的是加强对员工的消防安全教育培训,提高火灾应急处置能力。物业公司除应定期组织所有员工进行灭火演练外,还应定期组织员工进行防火和灭火知识教育,从而使全体人员都掌握必要的消防知识,做到会报警、会使用灭火器材,并会组织群众疏散和扑救初起火灾。而对于新员工来说,上岗前必须进行消防安全培训,合格后方可上岗。

(五)做好消防档案的管理

消防档案是记载物业管理区域内的消防重点以及消防安全工作基本情况的文书档案。物业管理服务公司应建立消防管理档案,消防档案的内容可根据小区的不同情况进行确定。一般消防档案应包括以下内容。

1. 消防设施档案

消防设施档案的内容包括消防通道畅通情况、消火栓完好情况、消防水池的储水情况、灭火器的放置位置是否合适、消器材的数量及布置是否合理、消防设施更新记录等,这些情况可记录在消防设施情况表上。

2. 防火档案

防火档案包括消防负责人及管理人员名单、物业管理区域平面图、建筑结构图、交通和水源情况、消防管理制度、火险隐患、消防设备状况、重点消防部位情况、前期消防工作概况等。以上内容都应详细记录在档案中,以备查阅,同时还应根据档案记载的前期消防工作概况,定期进行研究,不断提高消防管理水平。

3. 火灾档案

火灾档案包括一般火灾的报告表和调查记载资料、火灾扑救的情况报告、对火灾责任人的追查和处理有关材料、火险隐患整改通知书等。

(六)加强消防检查巡查

进行消防安全检查,是预防火灾的一项基本措施。物业公司应积极组织、督导消防检查工作。

1. 明确消防设备巡查的内容及频次

消防设备巡查的内容及频次见表12-4-1。

表12-4-1 消防设备巡查内容及频次

消防设备	巡查的内容及频次
烟温感报警系统	(1)每周对区域报警器、集中报警器巡视检查一次,电源是否正常、各按钮是否在接收状态 (2)每日检查一次各报警器的内部接线端子是否松动,主干线路、信号线有否破损,并对20%的烟感探测器进行抽查试验 (3)每半年对烟温感探测器进行逐个保养,擦洗灰尘,检查探测器底座端子是否牢固,并进行逐个吹烟试验

续表

消防设备		巡查的内容及频次
烟温感报警系统		（4）对一般场所每三年、污染场所每一年进行一次全面维修保养，主要项目包括清洗吸烟室（罩）集成线路、保养检查放射元素镁是否完好等
防火卷帘门系统		（1）每半月检查一次电气线路、元件是否正常并清扫灰尘 （2）每月对电气元件线路检查保养一次，有无异常现象、绝缘是否良好，按照设计原理进行试验 （3）每季度对机械元件进行保养检查、除锈、加油及密封
送风、排烟系统	送风	（1）每周巡视检查各层消防通道内及消防电梯前大厅加压风口是否灵活 （2）每周巡视检查各风机控制线路是否正常，可做就地及遥控启动试验，打扫机房及风机表面灰尘 （3）每月进行一次维护保养，检查电气元件有无损坏松动，清扫电气元件上的灰尘、风机轴承加油等
	排烟	（1）每周巡视检查各层排烟阀、窗、电源是否正常，有无异常现象，同时对各排烟风机控制线路进行检查，就地启动试验，打扫机房及排风机表面灰尘 （2）每月进行一次维护保养，检查电气元件有无损坏松动，对排烟机轴承及排烟阀机械部分加油保养，打扫机房，同时按照设计要求对50%的楼层开展自动控制试验
消火栓系统		（1）每周巡视检查各层消火栓、水龙带、水枪头、报警按钮等是否完好无缺，各供水泵、电源是否正常，各电气元件是否完好无损处于战备状态 （2）每月检查一遍各阀门是否灵活，进行除锈加油保养；检查水泵是否良好，对水泵表面进行除尘、轴承加油；检查电气控制部分是否处于良好状态，同时按照设计原理进行全面试验 （3）每季度在月检查的基础上对水泵进行中修保养，检查电动机的绝缘是否良好
花洒喷淋系统		（1）每周巡视检查管内水压是否正常，各供水泵电源是否正常，各电气元件是否完好无损，处于战备状态 （2）每月巡视检查花洒喷淋头有无漏水及其他异常现象，检查各阀门是否完好并加油保养，同时进行逐层放水，检查水流指示器的报警是否正常、水位开关是否灵敏，并启动相应的供水泵看是否能正常供水 （3）供水泵月保养、季中修的内容与消火栓水泵的相同
应急广播系统		（1）每周检查主机、电源信号及控制信号是否正常，各控制开关是否处在正常位置，有无损坏和异常现象，及时清洗主机上的粉尘 （2）切换机在每月的试验过程中，是否正确的切换；检查麦克风是否正常，定期清洗磁头 （3）楼层的喇叭是否正常，清洗喇叭上的粉尘等 （4）检查后进行试播放

2. 确定消防设施安全检查的责任人及要求

各种消防设施由工程设备部负责，保安部配合进行定期检查，发现故障及时维修，以保证其性能完好。具体要求如下。

（1）安保巡逻员每天必须对巡逻区域内灭火器材安放位置是否正确、铁箱是否牢固、喷嘴是否清洁畅通等进行检查，如发现问题，应及时报告工程设备部修复或更换。

（2）工程设备部会同安保部对消防栓箱门的开启、箱内水枪、水带接口、供水阀门和排水阀门等，每月进行一次放水检查，发现问题，应及时纠正。

（3）消防中心要经常检查消防报警、探测器（温感、烟感）等消防设施，发现问题，应及时报工程设备部进行维修。

（4）消防中心每3个月检查一次二氧化碳灭火器的重量及其存放位置，对存放地温度超过42℃的，应采取措施降温。

（5）消防中心应定期检查"1211"灭火器，重量减少 $1/10$ 以上的，应补充药剂并充气，对放置在强光或高温地方的，应马上移位。

（6）安保部每天都要检查安全门的完好状态，检查安全消防通道、消防设施周围是否畅通，如发现杂物或影响畅通的任何物件，应立即采取措施加以排除。

3. 要求做好消防检查记录

在消防巡查检查过程中，要做好相应的记录，尤其是对发现的异常情况要记录下来，并提出处理措施。但并不是记录好了事情就结束了，记住，所有消防安全检查记录都应归档保存。

（七）监督消防隐患的整改

消防隐患的整改管理要重点注意以下事项。

（1）检查中发现各种设备、设施有变异，或其他违反消防安全规定的问题，要立即查明原因，及时处理，不能立即解决的，由公司下发整改通知书，要求限期整改。

（2）受检单位接到整改通知后，应组织人员对消防隐患及时进行整改，并按规定时限完成。

（3）受检单位整改完毕后，检查负责人应组织人员对火险隐患进行复查，并记录复查结果。

（4）每到月末，要对物业的消防隐患情况做月度汇总表。

（八）定期开展消防演习

消防演习，既可以检验物业管理区域内消防管理工作的情况，和消防设备、设施运行情况，及管理处的防火、灭火的操作规程和组织能力，又可通过演习来增强员工及业户的消防意识，提高他们的逃生及自救的能力。物业公司应根据物业管理区域的实际情况和消防管理部门要求，每年组织1～2次消防演习。

第五章　装修管理风险防范

一、装修管理风险描述

装修是一项综合工程，由此带来的风险也将是多种形式的，如以下8类。

（1）安全隐患问题。
（2）建筑外观的形象问题。
（3）侵占他人（公众）利益问题。
（4）违规装修。
（5）环境卫生。
（6）施工人员管理。
（7）施工噪声。
（8）相邻业主关系的处理等。

二、装修管理风险防范要点

（一）重视有关装修管理文本的拟订

即树立依法办事、按章办事的意识，重视管理合同、业主公约、装修规定等文本的各项条款的拟订。

根据《物业管理条例》及其他相关条款的规定，物业管理企业并不具备行政执法权，因此我们对违章装修行为的"处理"只能限于事先宣传、加强沟通、现场劝阻和在《业主公约》、《装修规定》授权范围内，采取有力度、讲策略的手段来将违章行为消灭在萌芽状态或防止事态扩大。

《业主公约》和《装修规定》是物业小区（大厦）对业主装修及再装修进行管理的依据，它们的制订应该是全面的、符合本小区（大厦）特性的、可操作性的，具体应包括以下内容。

（1）法律文件的条款。
（2）业主办理装修申请的流程及必须做出的承诺。
（3）各幢楼各楼层及各室号装修过程要遵守的细则。
（4）对装修公司（队伍）的管理细则与装修队的承诺。
（5）日常管理及发生违章后赋予物业公司的管理权限与处置权限。

（二）进行多方沟通、寻求深度合作

即在源头上预防违章的发生及在第一时间对已发生的违章行为进行处理。

1. 前期介入阶段

从日常使用的角度向开发商提出建议，避免设计的不合理成为违章行为（包括违反物业管理条例和违反小区业主公约）的直接诱因。比如，安保技防有漏洞或布局不规范引起业主安装"铁笼子"，管道或预留孔不符合日常生活习惯造成业主装修时多处破墙钻孔及空调室外机不按规定位置摆放，套内布局的不合理以致装修时敲承重墙和改变房屋用途等。

2. 参与房屋的销售以期与业主尽早接触和建立联系

一方面，倾听业主对小区（大厦）物业及物业管理的要求，同时以物业管理的角度宣传遵守法规、业主公约的重要性和必要性。另一方面，避免一些销售公司为了单纯地追求指标而在装修管理要求，尤其是公共部位的使用上对客户"乱许诺"。

3. 积极与政府相关部门联系

即与房地办、街道市容管理部门、行政执法大队、警署和居委会等各部门建立联合工作组。事先加大宣传力度，要求装修者人人知道按章装修的重要性；事中加强管理深度，要求掌控每家每户的装修程度，发现问题及时到场；事发加快处理速度，避免类似现象的重复发生。具体方法如下。

（1）联合市容管理部门和经济管理部门，召集业主及租赁者座谈，提出可以向他们提供入住、装潢申请和开业申报一条龙服务，同时要求承诺装修活动必须符合物业管理规定和商业市容管理规定，两者缺一都将给予停止装修、限时整顿和不得开业的处罚。

（2）联合警署、居委会对装修现场进行治安、消防、物业装修管理及外来人口等多项工作的综合巡查，发现问题共同查处，避免因现场制止违章而被业主以"私创民宅"名义告上法庭等现象的出现。

（3）与房地办、执法大队建立热线联系，发现违章的苗子，即时召开现场办公会议当场处理。

（三）与相关行业进行合作

即与市精神文明办、市装修装饰协会合作，引进先进理念提升管理品质，用优质、周到、超前的服务规避风险。

具体步骤如下。

（1）前期介入。请装饰协会派出专家配合物业公司就房屋结构给日后居住及装修活动带来问题与开发商通报情况，在最大限度内进行"修正"。

（2）针对不同房型，画出装修活动"友情提示"，以图示的方式标明业主装修的注意点（主要是违章易发点）。

（3）请专业设计师，根据房型的特点设计方案，既满足业主的居住需求又巧妙地掩饰建筑设计的"不合理点"。

（4）引进品牌装潢企业推荐给业主，同时要求这些企业承诺，向装潢协会交纳品质保证金，一旦装潢事故并确认是装修行为引起的，协会可以用质保金先给予业主赔偿。

（5）对所有进场的与装修有关的队伍实施标准化管理，统一到物业公司备案、统一进出标牌、统一规定工作时间、统一遵守一个管理制度，发现违反者立即取缔在小区继续经营的权利。管理效果良好，在和和气气、轻轻松松的工作环境中顺利度过集中装修期。

（四）制订完整的装修管理方案

法制社会，无论你的动机是好是坏，也不管你最终结果是什么，所有的行为必须有法可依、有章可循，物业小区（大厦）的装修管理也是如此。一个比较完整的管理方案应该是让所有与装修活动有关的人群（包括主权人、管理者和行为者）都认可并书面承诺遵守，一旦发生违约，就可以按照约定的程序进行处理及追究责任。让应该承担风险的人去付出他的代价，而不是由物业公司来承担。

（五）在集中装修期组建小区（大厦）装修办公室

物业公司可以在集中装修期组建小区（大厦）装修办公室，除管理处管理人员外，还包括装修图纸专业审核人员、熟悉本项目建筑结构的工程师、公司客户主管……，其主要任务如下。

（1）在业主装修活动开始以前就提出专业的、富有建设性的意见，避免违章现象的发生。

（2）在违章已经发生的情况下，用理性的、柔性的意见来说服业主停止违章行为，并提出积极的整改意见。

（六）在装修的各阶段都加以精细化管理

1. 装修的三个阶段

业主在整个装修过程中按照时间先后大致可分为三个阶段：装修手续办理、装修过程、装修验收等阶段。以下就每个装修阶段的不同特点来分析如何管理。

（1）装修手续办理。每个物业管理企业的装修手续办理可能有所不同，一般的装修手续办理需以下手续，如图12-5-1所示。

在业主办理装修手续和审核装修图纸时，要充分了解业主的真实装修意图，解答业主的相关问题，如下列问题。

——在承重墙上开门打洞。

——拆除室内承重梁柱。

——改动室内门窗位置。

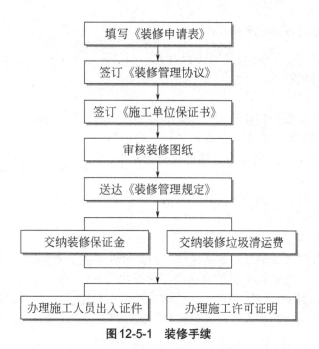

图 12-5-1 装修手续

——移动水电线路。
——移动弱电线路（可视对讲、有线电视、网络、电话等）。
——改变烟道开口位置。
——改变下水管道。
——改变暖气管道线路。
——改变阳台用途。
——改变窗户玻璃颜色。
——改变进户门颜色和式样。
——随意安装防盗网。
——在顶层搭建构筑物。
——改变室内楼梯位置和样式。
——改变空调安装位置等。

解答了业主的这些疑问，就等于告知业主，哪些是可以改变的、哪些是绝对不可改变的，同时夸大改动后可能给业主带来的后果与麻烦，让业主无形中形成如果这样做将产生巨大损失的意识。

（2）装修施工过程。业主办理好装修手续后就要开始进场装修，根据装修工程的工种大致可分为水电施工、地板地砖铺设、木工、油漆、粉墙、清洁扫尾等。不同的业主和施工单位的不同要求，各工序可能先后进行，也可能交叉进行，物业管理人员可根据现场情况灵活掌握。

业主的装修过程将是物业企业装修管理中的重中之重，要求物业管理人员发扬不怕苦不怕累的精神，勤跑、勤问、勤看，发现问题及时处理，不能处理的及时上报，并记录在巡查记录上，做到有据可查、有字（业主签字）可认，同时尽可能详细记录业主的装修进程，包括业主的水电改动情况。

一般情况下业主的装修流程为：装修施工单位测量尺寸→绘制施工图纸→办理装修手续→材料、工人进场→水、电线路改造→结构改动→铺设地板、地砖→木工制作→墙壁施工→

油漆→打扫卫生→入住。

当然这个流程并不是一成不变的，有时相关工作可能同时交叉进行。在大多数业主的装修过程中，上下水管线的改造最快，也就是2～3天的时间，长一点的大约7天左右；铺设地板和地砖的工期大约在5天左右；木工根据业主的需要有很大的变数，但一般来讲，木工占总工期的时间最长；强、弱电线路的改造往往跟随木工的进程而定；墙壁处理一般在10天左右。

分解业主的装修流程和大致时间，目的就是找出容易发生违规装修的阶段和时间段，以便在相应的阶段和时间段加大巡查力度，及时发现和处理违规装修。

（3）装修验收。当施工单位施工完毕，业主提出装修验收需求时，物业管理人员应当和业主、施工单位负责人一起对业主已经装修完成的房屋进行验收。验收的主要任务是记录和确认业主在装修过程中的违规行为，划分相应责任。装修验收过程中如果发现仍然存在相关问题，一定要让业主、施工负责人签字认可，尽量减少物业企业在以后的工作中所担的责任和维修工作量。

通过对业主装修工程的验收，可以替业主挑装修施工单位的毛病，让业主真实感受到物业公司为他着想，进一步增进感情，同时可以从侧面了解相关施工单位的整体施工水平，为以后的对施工单位管理和施工人员管理提供经验。

2. 装修巡检要点

（1）装修前的准备工作。当业主办理好装修手续以后，应建议业主和上下左右邻居沟通一下："打扰了，从今天起我家开始装修，影响了您的生活，请您谅解！"好话说到前面，一旦将来有些噪声影响、卫生影响，相邻业主也不好意思投诉，这一点尤其是大多数业主已经入住的小区更加重要。

（2）材料、工人进场时的管理。在业主材料、工人进场时，需要安全部门岗的密切配合，如果发现有异常的装修材料进场，一定要问清楚具体房号、材料用途，及时和业主沟通，了解材料的真实用途，对于违规装修用材料阻挡在小区门岗之外。

（3）水、电线路施工管理。水电线路的施工也是业主装修工程的正式开始，同时也是物业公司装修巡检工作的重头戏。绝大多数业主为了居住美观，都将冷热水管暗埋在墙壁和地板之下，外表好看了，但隐患增大了。大多数的水管材质是PPR热融管，相对来讲，容易漏水的地方是接头部位。物业公司应建议业主要求施工单位用加压泵打压，然后封闭4个小时以上，观察压力表的读数变化情况，压力表在0.2个压力下变动为正常，否则要检查管道渗漏情况。

业主在卫生间施工上水管道时，应建议业主将所有冷热水管铺设在离地面30cm以上的墙壁上，避免破坏地面上的防水层。一旦施工人员破坏了防水层，必须及时开具《整改通知单》，提醒业主防水层已经破坏，地产公司将不再负责维修其防水层，改由施工单位保修，同时建议多做几次防水层。业主的热水管线从厨房到卫生间的铺设，则要建议不要铺在地面下，因为长时间的踩压会造成水管的破损而引起漏水，检修起来将是非常麻烦的事情。卫生间的墙壁要做防水处理，目的是防止相隔房间受潮发霉。

强电线路的改动，要注意电线的质量和型号，对有大功率电器的线路一定要有相匹配的电线，线路改动时最好走垂直线路，接头和转弯的地方要设置接线盒，以便将来检修。房顶的混凝土层较薄，切槽深度不得超过1.5cm。所有线路暗埋必须串管（PVC管），穿线管内不准有接头。

（4）结构改造管理。小区的房屋户型，是经过专业的设计师精心设计的，业主在购买房产时已经认可该户型，因此一般没有必要进行改建，而且也不准改建，任何改建都将会影响到整座楼的安全。

如果业主改动结构，将会产生很大的响声，要求安全部门密切配合，一旦发现有可疑情况，及时查看，可以要求施工人员停工，等业主到现场后说明情况再行处理。

（5）地板、地砖铺设。业主在铺设房间的地板时，要提出如下建议。

——干铺，不能铺设太厚的混凝土层，以防楼板荷重太大。

——不能大面积地灌水泡地板，因为除了卫生间，其他房间都没有设置防水层，不能让楼下"下雨"。

——卫生间的地板一定要做好坡度，可以相对大一些，以利于及时排水。

——地漏一定要用防臭的，地漏、阴阳角、管道等地方要多做一次防水，马桶安装不能用水泥，要用洼胶。

（6）下水管道、烟道的施工管理。厨房和卫生间的下水管道施工时，要提出如下建议。

——用塑料扣板封闭，不主张用水泥板、瓷片封闭，否则将来维修时将增加难度和恢复成本，尤其是底层业主更应该注意。

——厨房的烟道开口位置是根据国家规范设计的，不能做任何改动，否则极易产生串烟现象。如果业主执意要改，应该告诉他物业企业不会再接受他的报修。如果业主已经改动，当发生串烟时，可以购买止逆阀安装上。

——厨房的燃气管道不能有改动，否则燃气公司将不会通气，同时也会存在安全隐患。连接软管的长度不得超过2.5m，连接软管不得封闭在墙内，一旦发生泄漏，后果将十分严重。

（7）木工施工管理。相对来讲，对业主的木工施工管理比较轻松，只需要查看业主的装修进度，注意防范施工人员的用电安全、消防安全、在公共区域施工问题、环境卫生的保持等方面的问题。需要提醒业主的是：在吊顶和家具内安装的电线一定要穿线管，减少火灾隐患，尽量少安装大功率的照明设备。

（8）油漆施工。业主的墙壁和家具油漆施工，也是相对比较轻松的管理环节。需要提醒施工人员的是注意环境卫生，不能影响到相邻业主的正常生活；施工时一定要关闭进户门，提醒业主注意恶劣天气情况下门窗要及时关闭，以防损坏已经完成的装修工程。

（9）装修工程的收尾及验收。装修验收，就是将业主在装修过程中所发生的违规情况汇总，查看整改情况，对没有处理的记录在档案中，由业主、施工负责人签字认可，分清责任。装修施工基本结束，剩下收尾工程，此时需要提醒业主的事项如下。

——注意剩余材料的处理。

——装修公司的质保金问题。

——室内有害气体检测。

——室内通风除异味问题等。

一般应建议业主空置房屋3个月以后再入住。可以告知业主一些常用的消除室内异味的方法。活性炭对苯、甲苯、二甲苯、乙醇、乙醚、煤油、汽油、苯乙烯、氯乙烯等物质都有吸附功能，常用的有木炭、竹炭等。吊兰、芦荟、虎尾兰能大量吸收室内甲醛等污染物质，消除并防止室内空气污染；茉莉、丁香、金银花、牵牛花等花卉分泌出来的杀菌素能够杀死空气中的某些细菌，抑制结核、痢疾病原体和伤寒病菌的生长，使室内空气清洁卫生。但要注意有些人会对花粉过敏，要小心。

（七）违规装修的工程管理

虽然物业管理人员掌握了业主装修的流程，加强了日常装修巡检，但仍然难以避免违规装修的出现，同时还有些业主为了自己的需求，明知装修违规却一意孤行，这就需要物业管理人员努力沟通，尽量减少重大违规装修的出现。

1. 结构改动

这一类违规装修是最严重的违规，主要表现在以下方面。

（1）在承重墙上开门、开孔、做壁橱。
（2）改变室内楼梯位置。
（3）在室内砌砖墙。
（4）在天花板上安装很重的物品。
（5）在室内安装阁楼。
（6）拆除卧室窗下墙体。
（7）在外墙上随意打孔、开门、开窗等。

物业管理企业应该坚决制止这一类违规装修，必要时可以采取一些非常手段，同时上报相关管理部门共同处理。

2. 改变房屋用途

这一类违规装修主要表现在以下方面。

（1）扩大卫生间的门窗尺寸。
（2）更改卫生间干湿隔墙的位置。
（3）将卧室改为卫生间。
（4）将阳台改为洗衣间。
（5）将主卧卫生间改为书房或衣柜。
（6）改变空调的安装位置。
（7）改变燃气暖气管道等。

针对这类违规装修，物业管理企业应尽量阻止其改动，告知业主这样改动应该承担的责任、可能会对其以后的入住生活带来的麻烦等后果，将改动情况详细记录在档案中，并让业主签字认可。

3. 线路改动以及房屋外观改变

这一类违规装修主要表现在以下方面。

（1）破坏了卫生间的防水层。
（2）上水管道暗铺在地板内。
（3）用水泥板和瓷片封闭卫生间和厨房的下水管道并没有预留检修孔。
（4）改动主下水管道。
（5）改变烟道的开孔位置。
（6）将污水管连接到雨水管中。
（7）可视对讲移位。
（8）改变进户门样式颜色。
（9）改变窗户玻璃颜色。
（10）随意安装防盗网等。

同样，物业管理企业也应尽量阻止其改动，告知业主这样改动所应该承担的责任，相应的地产公司保修期将取消。将改动情况详细记录在档案中，并让业主签字认可。

4. 破坏环境卫生

这一类违规装修主要表现在以下方面。

（1）装修垃圾没有按照规定运放。
（2）污染损坏公用设施设备。

（3）噪声污染。
（4）高空抛物。
（5）空气污染。
（6）将装修垃圾倒入下水管道等。

这一类违规一般情况下是施工人员造成的，需要安全部和保洁部的密切配合，发现一起，严肃处理一起，必要时可以要求相关人员离开小区，但一定要及时联系施工负责人和业主讲明原因，避免不必要的误会。

第六章　高空坠物风险防范

一、高空坠物风险描述

高空坠物有两种情况：一种是建筑物上的建筑物或其他设施以及建筑物上的搁置物、悬挂物发生倒塌、脱落、坠落，尤其是玻璃幕墙；一种是高空抛物。

（一）建筑物上的坠物

《民法通则》第126条规定："建筑物或其他设施以及建筑物上的搁置物、悬挂物发生倒塌、脱落、坠落造成他人损害的，它的所有人或者管理人应当承担民事责任，但能够证明自己没有过错的除外。"这一规定是目前解决高空坠物纠纷的主要法律依据。根据该条规定，建筑物或其他设施以及建筑物上的搁置物、悬挂物的所有人（业主）或管理人对建筑物或者其他设施以及建筑物上的搁置物、悬挂物承担管理责任。

另外，在业主和物业公司签订物业服务合同时，业主一般都将小区公共部位（如外墙面）的养护、维修委托给物业公司管理，物业公司基于物业服务合同成为小区公共部位的管理人。因此，根据《民法通则》的规定，物业公司是整个小区公共部位的管理人，一旦发生玻璃幕墙坠落侵权事件，物业公司必然会被卷入纠纷。

（二）高空抛物

高空抛物伤人，甚至造成受害者死亡的事件常有发生。高空抛物事件一旦发生，尽管从法律意义上，由抛物者或抛物楼层群体负责民事赔偿，但对于一个物业公司管理来说，毕竟不是好事，其中对物业公司的品牌、服务质量、服务水平、尽心程度等都会受到重大影响，甚至会出现业主索赔的情况，导致经营风险。高空抛物给物业公司带来相当大的危害。

（1）卫生保洁难维护。常常有业主为了图省事，将垃圾果皮等随手丢出窗外，造成小区卫生环境的破坏，特别是一些较隐蔽的绿化带区域，常常变成了天然垃圾场。垃圾与绿化植物混在一起，给保洁人员的工作加大了难度，只能用手一点一点往外捡。

（2）小区居民挑起矛盾。住在低层的小区居民也深受高空抛物的困扰，特别是带前台花园的业主，花园常常被楼上居民所抛下的垃圾弄脏，引发楼下业主与楼上乱抛垃圾业主之间矛盾，往往投诉到物业公司，但物业公司只能采取上门劝说的方式，即使有证据了解是哪位业主实施的高空抛物，但在没有出现人员财产损失的情况下，物业公司也不能对高空抛物者采取惩罚性措施，所以由此造成的小区居民矛盾往往十分尖锐，但无确实的措施予以调解。

（3）事故赔偿风险难免。取证难是高空抛物的一大难题。据有关资料显示，有90%的高空抛物事件找不到肇事者，很多受伤害者只能是哑巴吃黄连——有苦说不出，只好自己承担治疗的费用。但在有物业公司管理的社区，每当高空抛物引发伤人或财产损失，往往受损者最先找到物业管理公司，要求寻找肇事者与事故原因，物业管理公司自当全力配合，但由于高空抛物事故发生存在突发性与隐蔽性，往往难寻事主，而物业管理公司则常常无辜牵入官司，深陷其中。

二、建筑物及附着物坠物风险防范

物业公司在承接项目和管理过程中需要注意规避风险。

（一）承接项目时应考虑建筑物的新旧和外墙面的材质

在与开发商或业主委员会签订物业服务合同时，应考虑建筑物的新旧和外墙面的材质。建筑物越旧，其悬挂物或搁置物发生坠落的可能性越大，承接一个项目时，这一风险不得不考虑。目前建筑物的外墙面有多种材质，如金属、石材、玻璃等，对各种材质的外墙面，其养护和维修的要求也存在差异，这些也都应予考虑。在承接项目时，需详细做好不同材质的养护、维修预算。

（二）就幕墙的养护、维修与开发商做出相关约定

承接一个项目时，物业公司还需要了解开发商对外墙的养护和维修方面的责任与施工单位有何约定。假如开发商在与施工单位签订施工合同时，未对外墙的养护、维修方面做出具体约定，物业公司可与开发商约定相关免责条款，或就外墙的养护、维修进行相关约定，避免不必要的纠纷。

（三）交接时要谨慎

在物业交接时，工作人员需认真检查，发现问题及时反馈并与对方检查人员做好记录，以便在因质量问题而发生侵权纠纷时追究第三者责任，避免由于工作人员的粗心大意，导致新接的项目一开始就存在隐患。

（四）加强外墙面维护和保养的监督力度

物业公司事前加强管理和监督不但能够防范风险，而且可以提高整体服务质量，提高公司信誉度，因此，"防患于未然"与"亡羊补牢"相比，前者的管理理念更为可取。比如，按照《玻璃幕墙工程技术规范》规定，物业公司可在幕墙工程竣工验收后一年时，书面通知玻璃幕墙施工单位对幕墙工程进行一次全面的检查，此后每五年要求检查一次，并做好相关记录。

（五）定期排查隐患

开展建筑附着物安全隐患排查整治工作，定期对公共场地和公共设施设备、窗户及玻璃、小区户外广告牌和空调主机等户外附着物组织工程技术人员挨家挨户排查，发现存在安全隐患的，要立即整改并登记在册。

台风期间，告知居民住户关好门窗，搬掉阳台边的花盆，防止高空坠物。

（六）购买适当的保险

为了减少不必要的纠纷，物业公司可以考虑购买适当的险种。比如在停车场靠近幕墙的

情况下，在购买物业管理责任险时可考虑购买停车场附加险。根据需要，还可以与开发商或业委会商量，为管理的物业项目购买公共责任险。

三、高空抛物风险防范

物业公司对高空抛物应采取预防为主，与居委会、派出所等部门相互配合，从宣传入手，长期经常性宣传，发动群众监督。对不听劝阻、屡教不改的个别人员，与治安机关联合采集证据，予以处罚。

（一）随意乱抛垃圾

为了确定"高空抛物"的黑手，物业公司可相应地在此区域加强技防措施，如安装探头等进行监测。技防措施可以抓住"真凶"，同时也能起到监督的作用，让附近的居民一起来谴责这种行为。

（二）尽量不给业主乱扔垃圾的机会

由于老小区的绿化带布局不尽合理，给了一些不太自觉的业主乱扔垃圾的机会。业主选择在隐蔽的地方扔垃圾，其实还是有一定的"廉耻心"的。这种情况之下最主要的就是在情况比较严重的楼房内进行宣传教育，让他们明白这种行为是不对的，而且要告知，伤及无辜的话要负法律责任。

（三）装修阶段明确责任

不少业主装修时图省事，经常从楼上扔下装修垃圾。新建小区的物业管理还处在初级阶段，物业和业主委员会可以在一开始就未雨绸缪，制订相关规范纳入物业管理规定，明确责任，让居民在一开始就知道一旦发生这种行为，就要受到处罚。

（四）学校、居委会、街道办共同合作加强社区宣传

提高业主和住户的道德素质，是预防高空抛物的关键。

（1）物业管理处要对业主和住户多做宣传，警示高空抛物的危害，提高业户的素质，主要是公共道德素质。同时，物业管理处在和业主签《业主公约》时，要对高空抛物进行特别强调，要让业主意识到问题的严重性，在小区内形成"高空抛物可耻"的氛围。

（2）加强监管和处罚力度。高空抛物不仅污染环境，更重要的是危及他人的人身安全，管理部门发现有高空抛物的住户，应当积极搜集证据，"张榜公布"，联合社区治安部门，采取措施对肇事者予以惩罚，从而威慑人为的高空抛物行为。

（3）培养学生的公德意识。从心理学角度上看，青少年极富冒险心理，孩子从高空丢东西的可能性要比成人大得多，一方面他们还不了解这种事件的后果，另一方面孩子的天性就喜欢冒险试一试。曾经有两个学生为了印证伽利略的"两个铁球同时落地"的试验，从7楼楼顶把两个体育用的铅球丢到了楼下。

（五）高空抛物发生后物业公司积极处理

1. 无事故损失的处理

（1）无事故损失的高空抛物，物业公司也不可忽视，应尽快找到肇事人，指出其肇事行为及其危害，及可能面临的治安处罚，劝告其不要再犯。

（2）对有过高空抛物行为的人，应在日常的保安巡视中，加强对其的监督。

（3）如无人目击肇事者，则应及时清除坠落物，并由保安在可能出现肇事者的相关楼层住户中进行询问与调查，同时宣传高空抛物的危害及可能面临的治安处罚，显示物业管理对此事的关注。

2. 发生损失的事故处理

（1）如果因高空抛物，而造成了社区内居民财产与人身安全遭受损失的情况，物业公司应及时配合相关部门进行取证，查找肇事者。

（2）物业公司及时足额购买公共责任保险，可以规避此类相关的风险，减少经济损失。

3. 认真对待居民投诉

在出现居民对高空抛物的投诉时，物业公司接待人员应及时派员到现场处理，记录相关情况，并对事情进行调查走访，按上述两类情况及时处理，安抚受害人情绪，并予以回访，做好相应的记录备案。

第七章　物业服务收费风险及防范

一、物业服务收费风险描述

物业管理服务收费是物业公司因提供管理及服务向业主或使用人收取的报酬，是物业公司收入的主要来源，也是物业公司开展正常业务，提供物业管理服务的保障。目前，我国物业管理市场不规范，乱收费现象严重，物业管理收费问题已经成为群众投诉的热点，并影响了业主和物业公司的关系。

（一）物业服务收费纠纷的表现

物业服务收费纠纷问题的突出表现就是部分业主拒交或拖欠物业服务费（使用人欠费的情形类似）。

（二）物业服务收费纠纷的产生原因

物业服务收费纠纷的产生原因和情形十分复杂，可作如下归纳。

（1）对服务不满，对受约束不满。若物业管理企业提供的服务不合格或业主认定不合格，业主最常用的抗争手段就是拒交或拖欠费用。另外，作为产权人的业主，原本拥有对物业管理的决策权，但其在物业购买和使用过程中经常感受到的只是接受管理与约束，对外来的这种管理约束不满，也是业主拒交、欠费的重要原因之一。

（2）对收费标准、项目、方式等不满。由于信息不对称、业主自身理解的偏差和接受服务的偏好不同，加之确有物业管理企业为一己之利巧立名目乱收费的现象，业主对物业服务收费标准、项目和收费方式（预收、代收等）不满的情况较为普遍，也会因此拒交服务费。

（3）业主认为物业费太高。物业服务费的高低跟物业管理企业的资质没有关系，而是与服务水平、小区内的配套设施有关。每个地区、每个小区的物业管理服务也不可能达到统一标准，因此物业服务费收费的高低也不等。

（4）业主不了解物业管理的实际含意，觉得物业管理只是保安、保洁等一些表面工作，同时还认为房屋出现的问题也全部应由物业公司负责，所以一旦房屋存在问题，或解决不了问题，由此就成为他们不交、少交、欠交物业服务费的借口，他们并不知道其责任的主要原因并不属于物业公司的工作职责范围。

（5）建设单位遗留问题所致。由于开发上的原因，部分业主居住的房屋工程质量存在一些问题，尤其是墙面、窗户、下水道等部分的质量问题，业主意见最大，他们收房之后，也把这些问题的矛头指向了物业公司，一旦解决不了，就不交物业服务费。

（6）企业内部管理问题。许多物业公司与开发商是父子关系，这种姻亲关系，便决定了物管商首先不是服务服从于业主，而是服务服从于开发商的意志，完全没有监督功能，所扮演的是收容开发商遗留的问题并为之抹平，并帮助开发商维持好小区秩序的角色，处处受制、听命于开发商。还有一些开发商，在销售房产的时候，为了增加卖点，做出一些不切合实际的承诺，造成购房人在购房的时候，有一种很高的期望值，结果到入住之后，发现这种承诺没有兑现，最后既抓不到销售商，也抓不到开发商，就只能去抓物业公司，造成拒交物管费现象。

（7）邻里关系等问题引起。在不少业主的观念里，物业管理企业是全包全管的管家，小区里诸事物业管理企业都应管好服务好。诸如楼上业主装修引起地板漏水、渗水，楼下业主排放油烟，邻居放音乐、装修发出噪声等问题不能及时解决，业主都可能归于物业管理企业服务不好、失职，以此拒交费用。

（8）对外部大环境不满。还有一些业主把因市政施工造成的交通不便、停水断电，或因城市规划改变造成的居住环境质量下降等也归责于物业管理企业，进而拒交费用。

（9）无支付能力。一部分业主欠交费用是由于下岗、失业、家庭变故、投资亏本破产等导致客观上失去支付能力所致等。

二、防范物业服务收费纠纷风险的措施

防范物业服务收费纠纷风险的措施有以下方面，但不限于以下方面，不同的物业项目、不同物业公司的理念不一样，防范措施也会有不同。

（一）多走访业主、多做沟通工作

毛泽东同志曾经说：没有调查研究就没有发言权。因业主欠费各有原因，物业方面就应多走访欠费业主，深入了解情况，针对性地多做说服沟通工作。对那些不了解情况、不理解收费道理、不明白收费用场、误解物业管理公司要为建设环节负责的欠费业主，经过解释说服大多数是能够改变态度的。

作为业主的管家，应时时保持与业主良好沟通，了解业主的需要，及时发现各种潜在的令业主不满意的现象，并把它消灭在萌芽状态，热情周到、真诚，是有效开展物业管理各项服务工作的前提条件。

（二）借助业主公约和业主委员会的力量

在走访的同时，还要借助业主公约和业主委员会的力量。业主公约是由业主共同订立的有关物业的共有部分和共同事务管理的协议，对全体业主具有约束力。按时依约交费是业主公约规定的每个业主的应尽义务。物业管理公司应充分重视业主公约的作用，宣讲业主公约的精神，积极协助业主组织督促业主履行业主公约，发挥业主公约的基础制约作用。同时，可以诚心诚意并理直气壮地要求业主委员会履行《物业管理条例》赋予其帮助企业追讨欠费的义务。

（三）自觉增加物业管理费用的透明度

物业管理收费公示是为了让业主、住户们充分了解物业收费项目、服务内容及计费方式，增加透明度，让大家明明白白消费。

（四）改进服务、计费方式和收费办法

物业可以尝试提供弹性服务项目，按项目收取服务费，公开收支账目，给业主以更多、更灵活的选择权和知情权，让业主充分享受到对物业服务的控制权，从而增强交费的主动性。另外企业在具体收费服务时应及时通知，在交费时间、收费方式等方面给业主提供真正的便利。

（五）完善物业管理服务合同、严格依约行事

制订双方权利义务明晰的服务合同，详细明确约定服务范围、项目、标准与收费方式及违约处罚办法等，为后期减少纠纷、方便纠纷解决打下好的基础。这也是在许多外在条件不具备的情况下企业与业主在解决相关问题方面可以着重依赖的途径。

（六）弄清业主拖欠的原因密切关注应收账款（费用）的回收情况

几乎所有的业主（住户）在不及时缴纳物业管理相关费用时，都会找出各种各样的理由和借口，比如对物业管理中的保安服务不满意、物业管理公司的工作人员服务态度不满意、保洁服务不够到位、公共设备设施权属问题不明、家中东西被盗等。

1. 判断欠费的原因

当被欠费时，物业管理处的收款人员应立即对业主（住户）所提出的各种理由进行判断，分析其拖欠的真实原因和意图。

（1）善意拖欠。其中有一些确属物业管理公司方面的原因造成，称之为"善意拖欠"。对于善意拖欠，可通过双方及时沟通、协调，达成一致的解决办法，意在及时收回欠款的同时维护与业主（住户）的良好关系。

（2）恶意拖欠。如果针对物业管理公司某方面工作不满意，从而拒交所有的费用，包括水电气费及公摊，造成物业管理公司不但未能收到物业管理费，还要垫付业主（住户）自家所有的费用及理应由其承担的水电公摊费，这种则属"恶意拖欠"。

对于恶意拖欠，则必须给予高度重视并采取强有力的追讨措施，适时进行应收账款（费用）收回情况的监督。

相关知识：

费用拖欠的追缴方法

作为物业公司的工作人员，首先要与业主经常沟通，并定期或不定期地对业主进行回访，与业主保持良好的关系，让业主感觉到物业管理人员就是自己的家人，物业管理人员与业主是一家人，这样对于一些高素质的业主会主动交纳费用，而不好意思去拖欠费用。对于无理拖欠费用的业主可通过以下三种方法收取。

（1）一般性追缴。当上月费用被拖欠时，物业公司在第二个月向业主（住户）发催款通知单。此单将上月费用连同滞纳金以及本月费用一起通知业主（住户），并经常以电话催缴和登门催缴。回访时以及在电话中要注意文明礼貌。

（2）区别性追缴。物业公司对拖欠费用的业主（住户），要区分不同情况，采取不同措施。对于费用大户，要亲自登门，进行解释和劝导，争取其理解和支持。

（3）对于不是由于物业责任而不交物管费的一些"钉子户"，要实行三步走：首先登门拜访业主，了解业主不交物管费的原因，针对原因对其动之以情，晓之以理，态度诚恳的为业主解释不交物管费是不能解决问题的，并对其心中存在的不满之处一一解答；如果业主仍然坚持不交物管费就实行第二步，对他们发放律师函，限期交纳物管费，这样对于一些理亏的业主会主动交纳拖欠的物管费；如果业主、住户经收费员上门催缴仍然拒付，那就实行第三步，由物业公司根据相关管理制度以及相应的法律程序处理。

2. 密切关注应收账款（费用）的回收情况

一般来说，拖欠的时间越长，催收的难度越大，款项收回的可能性越小。为此，企业应密切关注应收账款（费用）的回收情况，以避免影响其他业主（住户）交纳相关费用的积极性和广大业主的合法权益。

（1）对已掌握的业主信息进行分析处理，对已形成欠款的业主进行分类，对重要业主进行重点关注。可以按照业主性质分，分为政府机构、大型企业、普通企业、个人客户等；也可以按建立业务关系的时间来分，分为老业主、新业主；也可以按欠款金额大小来分，分为重要业主、一般业主和零星业主。

（2）编制应收账款（费用）账龄分析表。利用账龄分析表可以了解企业有多少欠款尚在信用期内，这些款项虽然未到信用期，但也不能放松管理、监督，预防新的逾期账款（费用）发生。有多少欠款会因拖欠时间太久而可能成为坏账，这些信息和分析数据都是企业制订收账政策和采取收账方式的重要依据。

物业管理公司对业主信用期确定为一个月或半年等，但有的业主采取年中或年末一次交款，虽然拖欠了几个月，只要在年内结清，都应视为正常。

（七）选择恰当的收账策略对欠费业主（住户）保持足够的收款压力

对不同的拖欠时间不同信用品质的客户的欠款，企业应采取不同的收账方法和策略，往往会收到事半功倍的效果。

1. 收款方法

催款的方式一般是循序渐进的，即信函、电话联系、上门面谈、协商或者仲裁、诉诸法律。

（1）对过期较短的客户，不要过多的打扰，以免引起客户的反感；对过期稍长的客户，可以婉转地电话催款。

（2）对过期较长的客户，可以连续发送催款单、电话催款或者上门催款。

（3）对过期很长的客户除了不断发送催款单、电话催款或者上门催款外，必要时提请有关部门仲裁或提起诉讼。

2. 催款要注意预防超过诉讼时效

物业管理公司在应收账款（费用）的催收过程中，一定要千方百计想办法预防超过诉讼时效，要有意识地不造成诉讼时效的中断，保全企业的收入。工作人员在催收欠款时，要争取收集到欠款的证据，依法使诉讼期间延后。比如，工作人员亲自上门送催款单并请债务人（业主）签字；对部分还款的债务人（业主）应请求在发票或者收据上签字；对欠款金额比较大的债务人（业主）可以请求订立还款计划，双方在还款计划书签字确认。

3. 对欠费业主（住户）保持足够的压力

业主（住户）拖欠往往取决于物业管理公司收款人员的态度。事实表明，大多数严重拖欠的都是发生在拖欠的早期，物业管理公司的收款人员没有对欠费业主（住户）保持足够收款压力。为了有效地对欠费业主（住户）保持足够的压力，应注意以下3点。

（1）应保持与欠费业主（住户）的联系和沟通，适时地表达收款的要求。
（2）尽量收集齐全对保护物业管理公司有力的证据，并让欠费业主（住户）了解。
（3）谨慎地给欠费业主（住户）压力，不给其继续拖欠的借口和期望。

（八）建立应收账款（费用）坏账制度以真实反映应收账款（费用）的回收情况

无论在企业采取什么样的信用政策，只要存在着商业信用行为，坏账损失的发生总是不可避免的。既然应收账款（费用）的坏账损失无法避免，企业就应遵循谨慎性原则，对坏账损失的可能性预先进行估计，建立应收账款（费用）坏账准备制度。企业应根据客户的财务状况，正确估计应收账款（费用）的坏账风险，选择适当的坏账会计政策。根据现行会计制度规定，只要应收账款（费用）逾期未收回，符合坏账损失的确认标准之一的，企业均可采用备抵法进行坏账损失处理。

实际操作中，大多数物业公司对业主未交物业管理费这部分逾期收入，在当期都没有进行账面反映，也没有计提坏账损失。这样，一是当期反映的管理费收支结余不真实；二是少数人不交物业管理费，损害的是大多数业主的利益，很不公平。所以，物业公司应如实反映物业管理费的收入，对逾期未交的管理费不仅不要反映收入，符合坏账损失确认标准的，在当期要计提坏账损失，真实反映该项目物业管理费的收支结余情况。

（九）在必要的催缴程序后通过法律途径解决

虽然法律解决是一种成本很高（费时、耗财、伤感情）的办法，但为了对付一些钉子户及不给他人树立榜样也必须采取。可以几个欠费对象一并起诉，用敲山震虎的办法，让少数犹疑者不再心存侥幸。

第八章 公共设施设备风险防范

一、公共设施设备风险描述

物业本身及公共设备和设施的管理不善都可能造成业主或非业主使用人的人身和财产损失，如小区高层电梯因维护不当造成停机等。同时，因物业、公共设备的多样性和分布的分散性特点，随之而来产生了风险的频繁发生。

每个住宅小区中都会有许多设施设备，如交通设施、供水供电供气设施、安保设施、排污设施、娱乐设施等，物业公司作为管理者，有义务保障这些设施的完好，不使其对业主和使用人造成人身伤害。如果设施设备未达到安全要求，导致使用人受损的，受损人有权向物业管理公司索赔。

物业管理中，来自设施设备的风险相当多，仅小区游泳池，就存在水质是否达标、是否按标准配备了救生设备和救生员、更衣室地面是否防滑、是否设置了安全告示等，其中一项欠缺，就可能构成"未尽设施设备的安全保障义务"。

二、公共设施设备风险防范措施

（一）交接过程中要进行查验

物业管理公司与开发商或业主委员会签订物业管理合同时，应当对物业共用部位、共用设施设备进行查验。

物业管理公司是从物业的接管验收开始才正式介入到物业管理工作中去，物业接管验收是工程质量监控的必要措施。通过接管验收，可以明确接管双方的责、权、利关系；物业管理公司可以借此发现物业质量的缺陷和隐患，通过及时抢修、加固，确保物业的安全，发挥物业的正常使用，满足业主正常的使用需要，避免和减少关于物业质量问题的纠纷；物业管理公司还可以借此摸清物业的性能和特点，由此制订预防性的管理措施和维修计划，针对物业存在的缺陷，及时采取补救措施使工程达到质量要求，以减少今后管理维修的工作量，保证今后物业管理工作的正常开展。

所以，在与原开发商或业主委员会、原物业管理企业进行交接过程中，应对物业共用部位、共用设施设备的现状和存在的问题进行交底和记录，了解以往曾出现的故障和隐患，各方进行书面确认，这些记录和情况作为以后防范风险的参考资料。

在办理物业承接验收手续时，物业管理公司应向建设企业接收下列资料。

（1）竣工总平面图，和单体建筑、结构、设备竣工图，及配套设施、地下管网工程竣工图等验收资料。

（2）设施设备的安装、使用和维护保养等技术资料。

（3）物业质量保修文件和物业使用说明文件。

（4）物业管理所必需的其他资料。

在各方交接的过程中，向新的物业管理企业移交上述全部资料，是原开发商、业主委员会和原物业管理企业应履行的法定和合同义务，如果不履行，应承担相应的法律责任。

（二）应明确自己的管理责任范围

依据《民法通则》第一百二十六条规定，建筑物或者其他设施以及建筑物上的搁置物、悬挂物发生倒塌、脱落、坠落造成他人损害的，它的所有人或者管理人应当承担民事责任，但能够证明自己没有过错的除外。

据此物业管理企业应明确自己的管理责任范围。建筑物基本可以分为两部分，一部分属业主自己入住的由业主自己维修和养护的范围，相应的责任和费用都由业主承担。如业主阳台放置的物品或者悬挂的物品坠落造成他人人身或财产损失的，由业主承担全部的赔偿责任，如果证明是受害人的故意行为造成的由受害人承担责任。物业管理企业分清上述责任，是防范自身风险的举措之一。对除此之外的公共部位应加强检查，确保完好，防止发生意外。

（三）重点部位设置警示标识、定期检查消除隐患

物业管理公司应当加强对物业的养护和维修，定期检查消除隐患。对公共区域安全防范的重点部位设置警示标识，可能引发人身伤亡事故的部位或场所要设置统一规范、文明礼貌、用语简明且醒目的警示标识，告之注意事项，明确禁止行为，并对下列部位强化防范措施。

（1）水景、亲水平台：应标明水深，照明及线路应有防漏电装置。

（2）儿童娱乐设施、健身设备：应由生产企业在醒目位置设置使用说明标牌，注明使用方法、生产企业名称，提供质保承诺和维修电话。

（3）假山、雕塑：应标明禁止攀爬等行为。
（4）楼宇玻璃大门：应有醒目的防撞条等防护措施及警示标识。
（5）电梯：应设有安全使用和故障注意事项的标识，维修养护时应设置围护措施。
（6）电表箱、消防箱：应保持箱体、插销、表具和器材完好，设置警示标识。
（7）水箱、水池：应加盖或加门并上锁。
（8）窨井、污水处理池：应保持盖板完好，维修养护时应设置围护和警示标识。
（9）垃圾堆放：应规定生活和建筑垃圾分类堆放，建筑垃圾实行袋装化。
（10）挖沟排管：应标明施工期，设置围护和警示标识。
（11）脚手架：应确保稳固、警示标识明确、行人出入口有防护、底挡笆牢靠。

（四）加强设备运行管理

在物业管理中，设备运行管理是管理过程中的重要一环，它关系到物业的使用价值的体现，是支撑物业管理活动的基础。设备运行不好，不但会直接影响业主的生活质量和生活秩序，而且会严重影响管理企业的社会声誉。

1. 建立和完善标准体系

由于各种物业之间的差异，各类物业的结构、运行和服务对象都有各自不同的特点，那么，不可能有一种放之物业而皆准的设备运行标准，即使是同样类型的设备，在不同的物业，运行方式、要求和参数指标都有所不同。因此，根据设备所在物业的特点和服务对象，结合设备本身的技术要求，制订与之相适应的运行标准，是搞好物业设备运行的首要工作。

标准的制订是一个动态的、不断完善的过程。随着设备运行时间的推移，和物业服务对象的变动等种种因素的改变，设备运行标准的补充和完善、变动和修订将伴随着设备运行管理的全过程。因此，设备运行管理标准的制订，是以"变"求"不变"。所谓"变"，是指标准修订、完善的动态过程；"不变"，是通过完善标准，贯彻执行标准，实现设备运行管理的目标，使物业设备始终在良好运行的最佳状态不变。

2. 预防性措施

由于物业管理设备运行的连续性特点，各种预防性措施（如图12-8-1所示）在物业设备运行管理中处于特别重要的地位。

图12-8-1　四大预防性措施

（1）实现预防性措施的基础是收集整理、归纳和分析各类资料，有针对性地建立各类设备和管线系统的台账，和运行、保养、检修记录档案等。

（2）对于重要的设备，如冷水机组、锅炉、电梯等，应按单台设备建立运行和检修档案，建立易损零配件资料库，制订更换周期。

（3）档案建立后，对于收集的资料应定期进行分析，特别是反映设备状况的运行参数，应建立分析报表制度，以便从设备状态趋势，找出故障隐患，有计划地进行维护检修，避免因故障突发造成停机事故。

（4）对于管、线等系统，预防性措施的重点是巡检和点检、定期保养。特别是楼宇管井多，管路器件多，容易疏漏。对于管件或电路分支节点等易发生故障的节点，可逐步建立完善的节点台账，实行"位式"管理，主要内容如下。

——逐件建立台账，一一对应，有据可查，防止疏漏。
——合理制订巡检路线和巡检项目，抓住重点，明确主次。
——制订保养周期，分批轮检，不疏不漏。
——采用保养合格及期限标贴方法，便于检查。

（5）预防性试验制度是设备可靠运行的保障线。预防性试验的对象是涉及安全、重要参数检测的仪表、仪器和器具，对于季节性运行，在运行季节不可停机的连续运行设备，在停运季节维保后、运行季节到来前，应提前进行试运行。楼宇自救设备，如发电机组、送排风机、消防水泵、报警系统等一直处于一级战备状态的设备，必须定期试机。

（6）在突发事件应变方案中，最重要的是组织方案。由于物业运行后，用于突发事情应变的设备通常变动不大，其应对能力受设计限制，突发事件发生时，通讯、组织及时是处理好突发事件的最重要保证。在组织措施中，人员培训是基本保证。由于人力是一个可变的资源，同样数量的人力资源，训练有素和毫无准备，其效果有天壤之别。所以，物业设备运行管理中，有效地处理好突发事件应变是员工考核中最基本的一个项目。

3. 技改

由于受物业结构和运行条件限制，技改在物业运行管理中的地位不十分突出，但随着科技产品的发展和应用，局部技改是弥补一些物业先天不足的重要方法。特别是控制和监测方式的技改，对于提高物业管理整体运行水平将起到主要的作用。因此，在物业设备管理中，应大力提倡小改小革，大力提倡"三新"推广应用，滴水成泉、聚沙成塔，克服物业条件限制，发挥科技进步的作用。

4. 组织措施

所有类型的设备运行管理一样，设备离不开人，人是各项因素中最活跃的因素，因此无论物业设备现代化水平如何，都决不可以忽视员工思想、技术、技能技巧。重视技术能力、思想建设和组织建设，其主要的方法如下。

（1）加强员工培训。培训的意义和方式可概括为：只有经过培训的才是可以上岗的；只有在岗上继续培训的才是合格的。

（2）开班会。班会是基层管理的最基本、最主要、也是最重要的方式。班会形式可以不拘、内容可以不拘，但不可不开。通过班会可以使潜在矛盾浮现，可以通过交流使其消解。

（3）加强协调。协调的方法千变万化，其根本是因时、因地、因人，因各种可以对协调目标产生影响的种种因素而变。

（五）专项管理委托给专业公司

物业管理公司将管理中涉及的电梯、绿化、清洁等专项管理，委托给专业的公司，由专业公司提供专业化的服务，这种发包形式也是物业管理公司防范风险的措施之一。

首先必须审查承包公司的法人资格和专业资质，不具备专业资质从事承包工作，是违反法律规定的，如果因此而造成设备、人身和财产损害后果，将难免承担赔偿责任。一些物业管理公司为追求更大的经济利润，在未取得相应资质的情况下，委派企业内部人员从事电梯设备等日常维修、保养，形式上采用挂靠有资质企业的名义，每年交纳一定的管理费，实际上承担了巨大的法律风险。

其次，承包合同中，应明确约定，专业公司在承包期间因维修保养不善造成设施本身的损坏或给第三人造成人身或财产损失的，由专业公司承担全部的赔偿责任。

（六）购买保险

即树立风险意识，用业主的钱帮业主买财产险、机损险，一旦发生物业设备损坏，可立即通知保险公司索赔，以减轻物管企业的经济压力，确实保障设备正常运行。

（七）事件和损害发生后应积极面对

在公共和共用设施、设备的管理和养护过程中，如果发生事故和损害事件，应向有关部门报告，由相应的部门对事件进行调查，对事件和损害发生的原因进行认定，该原因就是日后各方，包括法院认定过错和责任的依据，在一定程度上可以说是唯一依据。事件和损害发生后，应积极面对，暂时的回避是解决不了问题的，责任也是无法摆脱的。

第九章　公共环境风险防范

一、公共环境风险描述

公共环境风险主要包括以下4个方面。

（一）卫生保洁风险

卫生保洁是物业管理公司的基本职责，但物业公司在履行这一职能时往往出现不少问题。

1. 清扫不彻底

为节约成本，有些物业公司往往只注重对地面的清扫，而忽略了对护栏、墙面、其他公共场所以及小区标志物的清洁，因此部分小区护栏墙体等公共场所脏乱情况时有发生。

2. 屋顶垃圾存在

主观上，由于屋顶垃圾的清理难度较大，清理成本较高，物业公司存在不愿、"懒得清理"的行为；客观上，一些小区屋顶必须经过业主室内，清洁工人无法正常进入，而业主不愿配合的情况普遍存在。

3. 装潢垃圾清理不及时

对于业主室内装潢产生的垃圾，目前物业公司均采取收费清运的方式进行处理。物业公司为节省费用，往往采取一次性或累计几次的方式来完成清运，这就造成一有室内装潢，就有小区公共场地装潢垃圾大量堆积的情况发生。由于室内装潢普遍在一个月以上，装潢垃圾没有及时清理的现象直接导致了小区市容脏乱。

4. 存在"二次污染"

清洁工存在小区内扫垃圾、小区外乱倒垃圾的行为。个别清扫保洁人员在收集小区垃圾后，为省去运送至指定地点的麻烦，将垃圾随意丢弃、倾倒在非小区内造成的二次污染。

5. "乱张贴"现象

即有人进入小区在每一幢楼的电梯口以及各个楼层的门口，张贴小广告，而且很难撕下来，这影响小区的整体环境，并且给人留下物业公司管理很乱的印象。

（二）绿化管理风险

（1）居民在绿化及绿化设施上"晾晒"，造成小区整体观瞻受到影响，绿化及其设施也遭遇"隐形危害"。

(2) 物业公司毁绿或者个别居民毁绿。
(3) 消杀造成居民人身和财产受伤害。

(三) 占道管理风险

(1) 经营户占道。占道的行为主要是营业房经营者将部分商品堆放在小区内，或搭建简易活动棚用于员工就餐等。

(2) 物业公司占道。这类主要是物业公司不及时清理造成的占道行为，如上面提到的装潢垃圾久未清理、小区道路修复完工未及时清理等。

(四) 其他风险

除上述常见的"显性"的管理问题外，物业公司还存在一些"隐性"的管理问题。

(1) "二次供水"问题。物业公司对蓄水池没有定期清洗或者清洗不彻底造成二次供水水质问题。

(2) 餐饮业排污问题。小区餐饮店所排放的油烟使得周边业主意见很大，部分餐饮店所摆放的污水甚至堵塞小区的排污管，造成低层业主生活不便，引起居民投诉。

二、公共环境风险防范措施

(一) 做好保洁、绿化管理规划

1. 保洁管理机构设置及职责划分

保洁绿化管理由物业管理公司管理部或环境部具体实施。环境部一般设部门经理（保洁、绿化主管）、技术员、仓库（保洁与绿化设备、工具与物料）保管员和保洁员、绿化员等，其下属班组可以根据所辖物业的规模、类型、布局以及保洁绿化对象的不同而灵活设置。

规模较大的物业管理公司其环境部可以下设楼宇清洁服务班、高空外墙清洁班和公共区域清洁班、绿化班等班组，各班组设保洁领班和若干经过专业培训的保洁员，然后从所辖物业和服务对象的实际情况出发，建立起部门、班组、人员的岗位规范、工作流程、服务标准和奖惩办法，从而做到保洁绿化管理规范化、标准化、制度化。

2. 配备必要的硬件设施

为了增强清扫保洁绿化工作的有效性，物业管理公司还应配备与之有关的必要的硬件设施，如在每家每户门前安置一只相对固定的定制的ＡＢＳ塑料垃圾桶。

(二) 建立完善的管理机制

为了将物业保洁绿化管理做好，必须要有一个完善的管理机制，包括完善的员工培训机制，如员工入职培训、技能培训、管理意识培训，和完善的工作制度、奖惩制度及标准等。另外，物业绿化并非单纯是物业管理公司的事，业主（用户）的维护与保养也是很重要的。所以，应在业主（住户）入住之初，与之签订《小区环保公约》，以此作为自我约束。

(三) 建立完善的质量管理系统

为了保证管理质量，应建立完善科学的质量管理系统，包括操作过程的质量控制方法、检查及监控机制、工作记录等。

保洁绿化管理可在园林绿化管理上导入 ISO 9000 体系，建立完善的日检、周检、月检、季检及年检制度，对检查结果记录存档，以便能将管理中出现的问题进行系统分析并采取有效整改措施，并将检查结果与员工或分包商的绩效考评挂钩。

（四）做好保洁绿化计划安排

为使各项工作有计划进行，物业管理公司应制订出清扫保洁和绿化养护工作每日、每周、每月、每季直至每年的计划安排，具体见表12-9-1、表12-9-2。

表12-9-1　清扫保洁工作计划

序号	周期	清洁工作内容
1	每日	（1）辖区（楼）内道路清扫二次，整天保洁 （2）辖区（楼）内绿化带，如草地、花木灌丛、建筑小品等处清扫一次 （3）楼宇电梯间地板拖洗两次，四周护板清抹一次 （4）楼宇各层楼梯及走廊清扫一次，楼梯扶手清抹一次 （5）收集每户产生的生活垃圾及倾倒垃圾箱内的垃圾，并负责清运至指定地点
2	每周	（1）楼宇各层公共走廊拖洗一次（主要指高层楼宇，可一天拖数层，一周内保证全部拖洗一遍） （2）业户信箱清拭一次 （3）天台（包括裙房、车棚）、天井和沟渠清扫一次
3	每月	（1）天花板尘灰和蜘蛛网清除一次 （2）各层走道公用玻璃窗擦拭一次（每天擦数层，一个月内保证全部擦拭一次） （3）公共走廊及路灯的灯罩清拭一次
4	每季	楼宇的玻璃幕墙擦拭一次
5	每年	花岗石、磨石子外墙拟每年安排清洗一次；一般水泥外墙拟每年安排粉刷一次等

表12-9-2　绿化养护作业频度计划

序号	项目	工作具体要求
1	浇水（草坪和灌木为主）	冬、春季晴天宜视天气情况每2～3天浇水一次；夏、秋季宜每天浇一次
2	清理绿化垃圾	修剪下来的树枝和杂草，当天垃圾要当天清运，不准就地焚烧
3	补植	对因管理不善造成的残缺花草、树木、草坪露黄土部分要及时补植恢复
4	防风防汛	灾前积极预防，对树木加固，灾后及时清除倒树、断枝，疏通道路，清理扶植不得超过两天
5	防止人为、车辆破坏	确保绿化完整，出现人为或车辆损坏时要及时恢复，并采取有效措施封闭绿化带
6	松土、除杂草	草坪等除草每月一遍，雨后杂草严重者每周一遍，草坪上不允许有杂草，花木丛中不允许有高于花木的杂草
7	施肥	草地每年施肥＿＿次，施肥量每次＿＿千克/100平方米；灌木每年施肥＿＿次，施肥后回填泥土，踏实，淋足水，做到施肥均匀、适度，施肥量每次＿＿千克/100平方米；乔木每年施肥＿＿次，施肥量每次＿＿千克/棵
8	修剪整形	草地：夏、秋季＿＿次/月，冬、春＿＿次/季 灌木：春、秋季＿＿次/季，乔木冬季修剪一遍
9	病虫害防治	坚持"预防为主，综合治理"的原则，一旦发现疫情要立即喷药防治，每天喷药一次

（五）制订科学的操作程序

操作程序既包括各项保洁工作的作业程序，也包括员工的日常工作程序。在制订操作程序时，除了确定各项保洁绿化的作业程序外，更要确定作业频度和员工每日的操作流程，即把员工每天的工作安排得井井有条，每项工作都有时间表，便于管理者考核检查。

（六）开展质量检查四级制

检查是保洁绿化质量控制的一种常用方法，也是很有效的方法，为多数物业公司所采用。关于质量检查四级制请阅读本书相应部分的内容。

（七）交给专业公司去做

将保洁、绿化等工作交给专业公司去做是一种不错的风险转移方式。

在选择专业承包公司时，应考察其：是否具备承担清洁、垃圾清运业务、绿化养护的资质；有没有能力履行承包合同的义务与责任；有没有能力承担违约责任；社会信誉是否好；服务价格是否合理。

对于选择好的承包公司的保洁服务，物业公司应设置专门的物管员加以管理，以期使物业小区达到质量标准，具体的管理措施如下。

（1）应要求承包公司制订具体的工作计划，包括岗位设置及职责、服务标准、技术要求、垃圾清运时间、责任和义务等，并在合同中约定，从而作为监督检查的依据。

（2）应根据实际情况制订一些工作制度、规定，如《清洁工作检查规程》、《消杀管理办法》等，并监督承包公司实施。

（3）承包公司根据要求、工作计划、合同，安排属下员工进行具体清洁、消杀、垃圾清运、绿地养护工作，并且物业管理公司依据上述文件每天进行监督检查。

（4）日常工作中，物业管理公司要规定清洁工人的工作操行，要求他们遵守物业的有关管理规定；应以合约形式约定双方的行为规范，并附带经济责任。

第十章　物业管理人力资源的风险及防范

一、人力资源风险描述

企业在进行人力资源管理时，往往重视招聘、培训、考评、薪资等具体内容的操作，而忽视了其中的风险管理问题。其实，所有企业在人力资源管理中都可能遇到如下风险。

（1）招聘失败。

（2）新的人事政策引起员工不满。

（3）技术骨干突然离职。

（4）派驻顾问项目的高层人员常常随着合同期的结束就会被合作方挖走，成为对方项目的负责人，这不仅使企业遭受人才的流失，而且顾问项目也必然随之失去。

（5）基层管理及操作人员的大量流出引发管理服务人员短缺。

（6）物业管理工作人员的工作违章违纪等失职行为引发的风险。

——保安人员与业主发生冲突，甚至发生保安殴打业主的恶劣事件。

——写字楼物业备用钥匙管理人员在手续不全的情况下，私自进入客户房间所引发的财物损害事件。

——车场管理员对进入停车场车辆未进行车况检查登记,在巡视过程中走过场,车辆停放期间车辆外表可能被划伤,也可能会被其他停放车辆有意或无意碰撞而损坏的事件发生。

虽然直接责任人是相关工作人员,但是往往后果承担上,物业管理企业招致了极大的风险。

(7) 物业管理工作人员的业务不精等服务行为带来问题。

——工程技术人员技术不精,对公共设施设备及各类管线分布不熟悉,在实施维修或改造安装时存在破坏设施及管线的隐患。

——审查业主或客户二次装修,忽略了结构安全、使用的材料是否符合消防要求、拆改是否破坏管路线路、装修后的用电负荷是否超出初始设计的标准等,物业后续使用及维护预留了极大的隐患和风险。

——客户服务部是对外部客户服务沟通权重部门,但有些企业对此未明确确立,致使所有部门及人员都与客户打交道,随意对客户进行许诺,甚至未经公司批准给客户发放加盖印章的文件或签订服务协议,这些口头及书面承诺都为物业公司留下了要求兑现或投诉的风险,直接影响着企业的利益。

——在工作过程中不按操作规程工作或劳动保护不到位产生工伤,劳动部门鉴定程序复杂,有的不予确定工伤处理,将因工伤而造成的一切责任全部转嫁给企业,给企业造成了很大的费用负担和风险。

(8) 物业管理工作人员谋取私利带来问题。

——保洁人员隐瞒公司私自与客户签订入室服务协议,承揽入室服务收取费用,在服务中存在着损坏客户物品及偷盗客户财物的隐患。

——采购人员利用职务之便收取回扣谋取私利,给企业带来了成本的压力,如果购买价高质差的物品以次充好,尤其是一些重要物资,如设备重要配件、劳动防护用品、环境卫生物品存在质量问题,对物业公司运营生产造成了极大的风险及隐患。

这些事件会影响企业的正常运转,甚至会对企业造成致命的打击。

二、人力资源风险防范措施

面对企业人力资源管理的风险,人们可以采取多种方式加以防范,其中主要方式有回避、转移、预防和抑制等,企业可视当时的情况和条件加以选择。

(一) 回避风险

这是企业人力资源管理风险防范技术中最简单,也是比较消极的一种方式。风险回避有许多限制条件:第一,有些企业人力资源管理风险是不能回避的,只要存在人力资源管理,就必然存在风险;第二,回避风险可能带来经济损失,因为回避风险的同时,有可能错过机会;第三,回避了这种风险,却可能产生那种风险。尽管如此,在某些情况下,特别是企业承受风险能力较差时,采取回避风险的方式还是十分必要的。

由外部原因引起的风险,通常情况下企业是不能控制的,这时可以采取放弃的办法回避风险。如到经济不发达地区投资,由于经济环境差,技术人才缺乏,有可能产生招聘人才失败的风险和员工流失的风险,企业没有能力承担时就可放弃该项目的投资。一些社会人文环境差的地区,容易发生员工道德风险,可采用放弃到该地区投资或接受物业项目的办法回避风险。为了防止培训后员工流失发生培训风险,特别是培训费用很大时,应当放弃培训计划。

（二）转移风险

企业人力资源管理风险转移，是指通过合同或协议把风险造成的损失，部分地转移到企业及当事人以外的第三方。企业人力资源管理风险和其他风险相比，能够进行风险转移的情况比较少，主要可以采取以下方式。

1. 保险方式

为了防止员工因健康原因和人身意外伤害事故给企业造成损失，可以向保险公司投健康保险和人身意外伤害保险。

职业责任保险也是通过保险转移风险的一种方式，它是以各种专业技术人员在从事职业技术工作时，因疏忽或过失造成合同对方或他人的人身伤害或财产损失导致的经济赔偿责任为承保风险的责任保险，这是由企事业单位投保的团体业务，通过投保把企业的专业技术人员在工作时因疏忽和过失造成的损失转移到保险公司。

2. 担保方式

担保是指保证人对被保证人的行为不忠、违约或失误负间接责任的一种承诺。

如果职业介绍所、猎头公司、推荐人向企业承诺，当他们所推荐的员工在应聘、工作和离职过程中有弄虚作假行为和违约行为时，由他们间接承担一部分责任。当然为取得这种承诺，用人企业需要向这些机构交纳一定的费用，并以合同形式规定中介机构的责任。有了这种担保后，用人企业就可以把由于员工行为不确定性带来的风险损失，转移到职业介绍机构、猎头公司和推荐人身上。

3. 将基础作业业务实行外包

发生员工流失、道德事件或员工伤亡等各种人力资源管理危机，给企业造成巨大损失。在这种情况下，物业公司可将基础作业业务实行外包，将保安服务、保洁服务、绿化服务、电梯服务、工程管理等外包给专业化公司，专业公司的用人更符合国家的法规要求，更规范、合法，物业管理企业只需派遣专门管理人员即可，既有利于工作质量的提升，又无需花费大的精力去管理作业人员，从而达到节约劳动力、提高劳动者素质、减少劳动纠纷，可有效减轻和转嫁企业人员多而产生的各类风险。

4. 开脱责任的合同方式

即通过签订劳动合同、增加附加条款而开脱责任。在附加条款中要求应聘人员保证其提供的信息真实可靠，并规定由于应聘者提供虚假信息造成的一切后果和损失由其自己负责。许多工种对应聘者的身体、精神等条件要求很高，如果应聘者提供虚假信息蒙混过关，则为日后发生相应的风险事故留下隐患，这种隐患带来的损失可以通过签订开脱责任的合同达到风险转移的目的。

（三）预防风险

通过对企业人力资源管理风险产生和作用的机理进行分析，包括人与环境之间的关系和委托代理理论的分析，以及企业人力资源管理风险产生的原因分析，从而获得企业人力资源管理风险的有关理论，用它们可以指导风险的防范工作。

1. 完善企业人力资源管理信息系统

信息是人力资源管理的重要依据，信息不对称不完全是产生道德风险和契约风险的根本原因。为了防止这类风险的发生，必须完善企业信息系统，加强信息管理。为此，企业要重视人力资源管理信息系统的建设，全面收集企业内外部信息，加强信息的过程管理，加强对信息管理工作的监督和考评。具体在招聘流程中须做到以下5点。

（1）严把员工招聘录用入门审查关，把握招聘质量，严格选聘流程，各专业部门参与招聘也要越来越认真，避免以往企业大量招人不满意再解雇的情况。

（2）对于应聘者即使自带现成的打印简历，企业仍然要求应聘者亲笔书写员工应聘履历表并对其真实性签名进行承诺，同时对应聘人员提供的各类有关证明自身能力的学历、资格等资质材料进行严格审查。

（3）对应聘人员的健康状况严格审查，如果身体不健康的员工进入公司，那么用人单位事后将要付出很大的成本。

（4）要求应聘人员提供在原单位的离职证明材料，这样会有效地避免聘用与原单位未解除或者终止劳动合同的人员所带来的损失和责任。

（5）对属于应聘中层以上管理人员应进行适当的外部情况调查，包括其在原单位工作业绩情况、工作责任心和职业道德、团队协作状况、离职原因等，避免出现名不副实的情形，待签订劳动合同后发现不适合或情况不真实再去处理就会产生系列的纠纷和麻烦，避免增加招聘失败的成本。

2. 加强制度管理

现代企业的运作应该有一套完善的制度来保证。比如，劳动工资制度如果不合理，特别是如果执行不公，则会导致人员流失危机的发生；如果财务管理制度有漏洞，执行不力，则为贪污、挪用公款、公款消费等道德风险的滋生搭建了温床。加强制度管理的关键在于，建立权力之间的制衡机制，健全各项规章制度，加强监督管理，保证制度得到全面地履行。

3. 加强激励

实证研究表明，道德风险和员工流失风险事件发生的概率与激励是否得当到位密切相关，如果激励得当到位则能够减少风险事件的发生。为此，企业应强化激励机制，力争做到激励公平，做到多元化激励、差异化激励、人性化激励和长期化激励。

4. 缓解员工压力

适度的压力能够为工作带来动力，压力过大则会影响员工身体健康，带来员工健康方面的风险。同时，由于压力过大，员工为了减轻压力，有可能出现道德方面的风险，或者为了逃避压力，到其他企业工作，产生员工流失风险。通过减轻员工过大的生活和工作方面的压力，可以减少风险事件发生的概率。

（四）抑制风险

一部分企业人力资源管理风险可以采用回避的方法，避免风险事件的发生，而对于大部分风险事件，可以采取措施减少风险发生概率，但不可能完全消除风险。所以，在风险事件发生前就要预料风险事件发生后将出现的种种情况，事先采取措施，防止损失的扩大和蔓延，或者在风险事件发生后，根据情况及时采取措施减少损失。

1. 事前防范措施

事前采用的防范措施是基于对企业人力资源管理风险发生后出现的种种情况的预测和分析，主要包括以下措施。

（1）保证企业正常运转。员工的流失都会直接影响到企业的正常运转，从而给企业造成经济损失。为了防止这种损失的发生，在培训员工时，尽量培训多能工；在管理人员中普遍设置副职和助理职务，一旦正职缺位，副职可以随时行使正职职权；还可以建立干部储备制度，以满足各种缺员的需要；在签订劳动合同时，要求员工辞职需提前三个月通知企业。这些措施都可以保证员工流失后企业能正常运转。

（2）防止商业秘密泄露。每个企业都有自己的商业秘密，这些商业秘密是企业保持其竞争力的重要资源。员工流失后，有可能有意无意地泄露这些商业秘密，给企业造成损失，削弱其竞争力。因此，在工作中要特别注意商业秘密的保护，只让必要的人知道，或者把这些秘密分散，只让他们知道一部分。

（3）防止培训费用损失。员工的流失会造成培训费用的损失，为此在培训时应签订培训合同，给被培训者设定最低服务年限，或者培训费用由企业和被培训者分担。

（4）防止企业声誉损失。员工流失后，有可能产生诋毁原企业的言行，给企业造成声誉上的损失，所以企业的各项管理工作要注意公平、公正，要注意提升员工的士气和情绪。

（5）稳住企业人心。当企业流失的人员较多，而且流失的人员影响力又较大时，会造成企业人心涣散，使员工感到企业没有前途，为此在平时管理中要注意各种非正式组织的存在，对非正式组织中的领导人物要给予高度重视。

2. 事后防范措施

事后防范措施是企业人力资源风险发生后采取的一些措施，目的是使损失尽可能地减少。主要包括以下措施。

（1）保证企业正常运转的事后措施。员工流失后造成企业不能正常运转时，通常的做法如下。

——延长现有员工的工作时间（当然要增加相应的报酬）。
——从企业外借调相应的人员。
——招聘临时工。
——紧急招聘。

（2）防止商业秘密泄露的事后措施。最主要的是以合同的形式要求他们不得泄露商业秘密。

（3）防止培训费用损失的事后措施。当辞职者没有完成规定的服务年限时，可以按合同的规定要求其交纳相应违约金。

（4）防止企业声誉损失的事后措施。要特别留意有关媒体，如果有对企业进行恶意炒作的行为，要及时辟谣。

（5）稳住企业内部人心的事后措施。这时企业要做好思想工作，并采取相应措施，稳住人心。

第十一章 物业公司风险控制规范化管理文件

一、经营管理风险控制程序

经营管理风险控制程序
1 目的 为了提高公司的经营管理水平，对公司经营、服务全过程中的各类风险进行识别、控制，以减少或避免因管理不善而发生的各种损失，特制订本程序。 **2 适用范围** 适用于公司各部门、分公司。 **3 职责** 3.1 质量管理部为风险防控的归口管理部门。 3.2 各部门、分公司负责对各自工作流程中的风险进行识别、防范和控制。

4 程序

4.1 风险的分类。

4.1.1 劳动劳务风险。

4.1.2 技术风险和操作风险。

4.1.3 财务风险。

4.1.4 管理风险。

4.1.5 法律风险。

4.1.6 其他风险。

4.2 风险的识别。

4.2.1 劳动劳务风险。因违反国家劳动、劳务相关法律法规产生的人力资源管理等方面的纠纷。主要涉及员工劳动合同的签订、员工社保和团体意外伤害保险的办理、员工岗前岗位安全及业务知识培训等风险。

4.2.2 技术风险和操作风险。因违反行业规范、标准或公司规章制度及作业规程而产生的服务、安全等重大质量问题。主要涉及员工的岗位作业培训、现场安全管理、共有设备设施运行维护管理、共有部位的消防安防管理等风险。

4.2.3 财务风险。因违反财务管理规定而产生的风险。主要涉及物业管理行业费用收缴风险、替公用事业费用代收代缴存在的风险、财务管理及资金安全管理风险。

4.2.4 管理风险。因决策失误或管理不善而造成的资产、财产类损失,或发生安全责任事故和重大投诉等事件。主要涉及物业违规装饰装修带来的风险、物业使用带来的风险、管理项目外包存在的风险、物业管理员工服务存在的风险、公共媒体在宣传报道中的舆论风险。

4.2.5 法律风险。因法律概念不清导致的风险。主要是指在公共安全、人身财产的保险和财产保管方面,有业主因对物业管理安全防范主体的责任认识不清,误将本应由公安机关或业主自身承担的安全防范责任强加给物业管理公司,导致物业管理公司与业主纠纷增加,从而承担为此而产生的额外责任。

4.2.6 其他风险。因重要指标偏离年度预算计划,如成本费用超出计划、收入利润下降等原因发生的风险;对业主或者第三人在物业管理区域内所遭受的财产损失和人身伤害所承担的风险。

4.3 风险的防范。

4.3.1 劳动劳务风险的防范措施。

(1) 按国家《劳动法》规定的必备条款完善员工劳动合同内容,并于用工之日起一个月内订立书面劳动合同。

(2) 按照国家法律规定按时给员工办理社保并缴纳保险费用。

(3) 对入职员工做好入职培训和安全教育培训,向员工详细讲解公司各项规章制度,并由员工签字确认后存入个人档案,以便在后期发生违规事件或劳动争议后进行妥善处理。

(4) 员工到达工作岗位后,部门应做好岗前业务知识培训并安排入职引导人进行一对一培训。

4.3.2 技术风险和操作风险的防范措施。

(1) 特种设备、特殊作业人员应持国家认可的上岗证方可作业。

(2) 部门应对作业人员进行各项操作流程、规章制度培训,考核合格后方可上岗。

(3) 按照作业文件按时做好共用设备设施的日常运行、监视、维修、保养,同时做好书面和现场施工记录,并对特种设备、压力容器按照国家规定做好校验、监测。

4.3.3 财务风险的防范措施。

(1) 加强员工服务意识培训,妥善处理好与业主的关系。

(2) 妥善处理好与市政公用事业单位及专业公司的关系。

(3) 提高财务人员及收费人员工作积极性、主动性,做好日常资金的管理。

4.3.4 管理风险的防范措施。

(1) 加强装饰装修管理法规知识的宣传,监管业主装修的整个过程。

（2）对于使用中容易发生损害的设施设备的区域，应建有相应的监控设备，对现场进行监控和录像，定期存储。

（3）通过业主规约、宣传栏等形式向业主宣传物业管理的有关政策、法规，帮助业主树立正确的物业管理责任意识。

（4）加强员工培训，建设一支尽职尽责、服务优良的员工队伍。

（5）在劳动合同中，应明确员工对违反规章制度的行为要承担相应责任，从而加强员工的责任感。

4.3.5 法律风险的防范措施。

（1）在管理区域内通过宣传栏等多种形式，向广大业主进行物业管理法律法规知识培训，加强业主对物业管理安全防范主体责任的认识。

（2）合同签订时，应注意合同生效要件和条款是否违法、权利义务约定是否明确、是否最大程度保障我方的利益，应由各业务部门对所签合同的履行情况定期进行检查，对发现有违约风险的应及时反馈质量管理部进行处理或通过诉讼途径及时解决，以免延误诉讼时效，导致合法权利的丧失。

4.3.6 其他风险的防范措施。

（1）购买相关的商业保险，以分担公司的经营风险或聘请企业的法律顾问，对企业运作中的种种法律问题及时解决。

（2）做好现场的管理，同时要求员工积极面对突发事件和损害的问题，做好应对措施。

公司各部门、分公司根据本部门在物业服务全过程中所承接的职能、职责，对其中各环节逐项分析可能遭遇的风险，找出各种潜在的风险点，并提出防控措施。各部门应不断完善控制和防范本部门各类风险的质量体系文件。

4.4 事故的处置。

4.4.1 质量管理部应结合各项检查工作，每月对各部门风险管理情况进行监督、检查，记录并纳入月检报告，对发现的问题及时沟通、汇报，督促相关部门和责任人进行纠偏，降低风险，减少和避免各类损失的发生。

4.4.2 发生以下风险事故按4.5处罚。

（1）预计发生的风险可能会造成20万元以上损失的（但还未实际造成损失的）：①合同违规、违约；②工作自检中发现产品或服务问题；③发现重大安全隐患；④发生劳动劳务纠纷；⑤可能会逾期还贷；⑥因资金问题不能正常支付；⑦各部门"风险防控汇总表"所列其他风险等。

（2）发生损失或严重违反有关规定的：①出现赔偿，承担违约责任的；②资产、财产等出现管理原因损坏、损失等；③劳动纠纷赔偿；④安全事故责任（财产等出现被盗、被抢，和生产事故、交通事故、消防事故、大型群体性活动安全责任事故等）；⑤逾期还贷造成罚息；⑥管理不负责任造成损失的；⑦出现重大投诉及群体事件；⑧对地产公司、物业公司名誉造成损失；⑨违反法律法规及公司相关管理规定；⑩其他违反法律、法规、公司管理规定的事件。

4.5 处罚规定。

4.5.1 各部门出现风险事故，发生损失时，应及时向分管领导和质量管理部报告，同时采取有效措施化解风险。如未能采取有效措施减少损失或未及时报备，在检查中发现一项，扣除部门负责人当月绩效考核分20分，在本部门年度计划任务书考核时扣除5分，可累计计算。

4.5.2 已造成损失的部门，按以下办法处罚。

（1）损失金额在2万元（含2万元）以上、5万元以内，扣部门负责人当月绩效考核分20分，扣除部门年度考核分5分。

（2）损失金额在5万元（含5万元）以上、10万元以内，扣部门负责人当月绩效考核分50分，扣除部门年度考核分10分。

（3）损失金额在10万元（含10万元）以上、20万元以内，或发生1～2人责任重伤，扣部门负责人三个月绩效考核分，扣除部门年度考核分50分。

（4）对于给公司造成30万元（含30万元）以上损失，或出现其他严重违反法律法规及公司相关规定的，除扣除部门当年年度计划任务书考核分数外，视具体情况，对相关责任人做出相应处罚，对相关责任人的处罚决定由公司总经理办公会议讨论决定，即可责令责任人赔偿相应损失、给予免职、解除劳动合同等处理，必要时将追究责任人的法律责任。

4.5.3 必要时，对在各项检查中发现的，或各部门预计会发生的，或已经发生的风险类型、严重程度、处理方案不确定时，公司可组成临时风险评价小组，共同对发现的风险进行讨论、评价和确认，临时风险评价小组成员为风险发现部门分管领导、部门负责人、相关责任人和质量管理部，必要时包括公司总经理。

4.5.4 风险检查报告和风险评估报告是每年管理评审的依据。

5 支持性文件

5.1 质量管理体系文件。

5.2 公司、各部门、分公司年度计划任务书。

二、基础物业管理风险识别及管理控制指引

基础物业管理风险识别及管理控制指引

1 编制目的

基础物业管理服务涉及的空间范围和时间范围非常广泛而长远，同时与千千万万的业主、非业主使用人及客户的各个方面息息相关，决定了物业管理服务风险无时不在、无处不存。随着公司管理规模的不断扩大及物业管理工作的不断深入，基础物业管理中各类风险不断涌现，给公司造成损失的同时，严重影响了公司战略任务的实现。为了培育公司内部动力，完善内部基础物业风险管理机制，提高风险应对能力，以最少的成本获得最大的安全保障，把管理服务中"不确定"的"大"损失，转化为"可确定"的"小"损失，品质管理中心对公司基础物业管理中风险进行了全面识别，并编制了《××公司基础物业管理风险识别及管理控制指引》供各级管理人员应用。

2 术语

2.1 风险：风险是指在特定客观条件下，在特定期间内，在基础物业管理过程中，由于公司内部或外部的多种不确定因素而造成的物业财产、人身伤害等无法弥补损失的可能性。根据公司基础物业管理现状，将公司基础物业管理风险分为项目运作风险、治安风险、车辆管理风险、消防管理风险、设备风险、公共环境风险、内部管理风险、收费风险和自然灾害。基础物业管理具有客观性和普遍性、偶然性和不确定性、可测性和可变性等特点。

2.2 风险识别：风险识别就是找出公司基础物业管理过程中潜在的每一个风险因素和表象，以便对风险作出准确性应对策略。

2.3 风险防范：风险防范是指在对公司基础物业管理中的风险进行全面识别之后，根据公司基础物业管理总目标和潜在风险的特点及其潜在影响等，制订和采取风险预控措施，控制或减少基础物业管理风险的发生和造成的损失。

2.4 管理导入：根据公司的实际情况和行业形势，将基础物业风险管理纳入各项目基础物业管理范畴，通过风险识别、风险防范、风险处置和实施与监控这几个环节连续反复不断的循环环形机制，规避和防范基础物业管理风险的发生。

2.5 管理目标：以最低的人力、财力、时间等成本，控制基础物业管理过程中的各种风险或降低损失，使物业获得最佳的安全保障和保值增值能力，使公司提高更强的竞争力，提供更令顾客满意的物业管理服务。

2.6 文件使用：本指引作为住宅管理事业部、各子公司基础物业风险管理的纲领性文件，住宅管理事业部、各子公司应根据本文件的要求进行各项目基础物业管理风险识别，并制订相应的预控和处置措施，逐步导入基础物业风险管理。

3 风险识别

3.1 风险识别作用：利用物业管理风险的可预测性特点，识别出基础物业管理的过程中各环节的风

险，通过对风险的分析，实施全面的监控并采取相应预控措施来防范风险，进而使风险造成的损失降到最低。

3.2 风险识别根据：基础物业管理的过程记录资料和行业物业管理风险案例。

3.3 风险识别更新：公司基础物业管理识别更新采用定期更新和不定期更新两种方式，每年初公司品管中心进行集中更新一次，同时根据需要，住宅管理事业部、各子公司应进行适时更新。

3.4 公司基础物业管理风险具体识别见下表。

公司基础物业管理风险识别

序号	风险名称	表现范围	表现形式	生命周期	发生概率	可能损失
1	项目运作风险	项目在运作阶段，由于物业本身具有的瑕疵或发展商与业主的矛盾、业主委员会等因素等造成损失的风险	新建物业无合法报建手续，违章建筑，接管后造成"违法管理"	前期物业服务期	小	罚款、曝光
			开发商与业主的矛盾，造成公司腹背夹击	前期物业服务期	大	管理被动、物管费不能按时收取
			业主委员会成立后解除合同	后期物业服务期	中	物业管理权丧失
			业主大会或业主委员会滥用职权	后期物业服务期	中	管理被动
			业主大会或业主委员会未按法定程序成立	后期物业服务期	小	服务合同无效，管理权丧失，管理被动
			非业主滥用业主权	后期物业服务期	中	管理被动
2	治安风险	由于外界第三人的过错和违法行为，给物业管理服务范围内的业主或非业主使用人造成人身损害、丧失生命和财产损失等风险，即导致了物业管理服务的风险	入室盗窃	物业管理全程	大	赔偿、曝光
			入室抢夺、抢劫	物业管理全程	大	赔偿、曝光
			入室故意伤害	物业管理全程	大	人员伤亡，赔偿、曝光
			入室故意杀人	物业管理全程	大	赔偿、曝光
			公共区域盗窃	物业管理全程	大	赔偿、曝光
			公共区域抢夺、抢劫	物业管理全程	大	赔偿、曝光
			公共区域故意伤害	物业管理全程	大	赔偿、曝光
			公共区域故意杀人	物业管理全程	大	赔偿、曝光
3	车辆管理风险	在物业停车场经营车辆停放服务过程中，车辆发生车身受损、车辆灭失等损坏	车内物品被盗	物业管理全程	中	赔偿
			车身受损，包括擦刮、坠物砸车	物业管理全程	大	赔偿
			车辆灭失	物业管理全程	中	赔偿
			物业内交通事故	物业管理全程	小	赔偿
4	消防管理风险	因发生火灾造成业主的公共利益受损	电器线路引发火灾	物业管理全程	大	处罚、曝光、刑事拘役

续表

序号	风险名称	表现范围	表现形式	生命周期	发生概率	可能损失
4	消防管理风险	因发生火灾造成业主的公共利益受损	明火引发火灾	物业管理全程	大	处罚、曝光、刑事拘役
			爆炸	物业管理全程	小	人员伤亡、赔偿
			室内浸水	物业管理全程	大	物品损坏、赔偿
			机房进水	物业管理全程	小	设备烧损
5	设备风险	物业、公共设施和设备的多样性和分布的分散性特点，随之而来产生了风险的频繁发生，物业本身主要包括房屋本体公共部位及属于物业管理服务范围的房屋建筑物的附着物、坠落物和悬挂物，公共设施和设备包括供水、供电、安全报警系统、排水和排污系统、配套的娱乐活动设施等	触电伤人	物业管理全程	中	赔偿
			房屋附着物垮塌	物业管理全程	小	人员伤亡、物品损坏，赔偿
			爆管	物业管理全程	中	业主矛盾拒交物业管理费、水资源流失
			二次供水设备损坏	物业管理全程	小	业主矛盾拒交物业管理费
			水箱污染	物业管理全程	小	人员伤亡、赔偿、曝光
			突然超负荷、短路或停送电造成电气设备设施损毁	物业管理全程	小	赔偿
			电梯困人	物业管理全程	大	业主矛盾
			设备检修、保养伤人	物业管理全程	中	人员伤亡、赔偿
			公共设施设备、娱乐设备设施伤人	物业管理全程	大	人员伤亡、赔偿
			单元门口机对讲设备故障导致业主不能进单元门	物业管理全程	中	业主矛盾
			背景音乐室外音箱遭到损坏	物业管理全程	小	设备损坏
			化粪池爆炸	物业管理全程	小	设施损坏、人员伤亡，赔偿
6	公共环境风险	物业管理单位依据法律规定和合同约定从事物业管理服务，物业管理服务的范围通常是物业的红线范围内，物业管理单位的义务是依据合同，对小区和大厦内的公共区域和场地进行管理和维护服务，维护正常的使用和功能	儿童掉水	物业管理全程	中	人员伤亡、赔偿
			儿童戏水触电	物业管理全程	中	人员伤亡、赔偿
			游泳池伤人	游泳池开放过程	中	人员伤亡、赔偿
			植物伤人	物业管理全程	中	人员伤亡、赔偿
			跌落、滑倒	物业管理全程	大	人员伤亡、赔偿
			业主宠物伤人	物业管理全程	中	人员伤亡、赔偿

续表

序号	风险名称	表现范围	表现形式	生命周期	发生概率	可能损失
7	内部管理风险	由于内部管理及劳资纠纷、不安全生产及违规操作造成的风险	员工损公肥私、贪污盗窃或监守自盗	物业管理全程	大	资金损失
			猎头挖人	物业管理全程	大	主要管理人员流失
			员工消极怠工、激烈冲突、集体跳槽	物业管理全程	小	服务工作无法开展
			高空作业不安全生产	物业管理全程	小	人员伤亡、赔偿
			电器设备违规操作	物业管理全程	小	人员伤亡、赔偿
8	收费风险	由于公司收费方面出现的风险	业主长时间拖欠费用	物业管理全程	大	服务工作不能正常开展
			业主集体拒交费用	物业管理全程	小	服务工作不能正常开展
			物业管理费标准不统一	物业管理全程	大	业主拒交物业管理费
			水电费的拖欠	物业管理全程	小	停电、停水
9	自然灾害	因狂风、暴雨、恐怖行径及疾病流行等造成的危机	雷击	物业管理全程	大	人员伤亡、赔偿
			暴雨	物业管理全程	大	设备机房、停车场进水,造成设备损伤
			大风	物业管理全程	大	物品坠落、人员伤亡
			恐怖行径	物业管理全程	小	人员伤亡
			流行性疾病	物业管理全程	大	人员伤亡

4 风险防范

4.1 风险防范作用:在基础物业管理风险发生前,采取各种预控手段,力求消除或减少风险。

4.2 风险防范措施:风险规避、风险转移、风险自留。

4.3 公司风险具体防范措施见下表。

风险防范措施

序号	风险名称	表现形式	风险预控	措施
1	项目运作风险	新建物业无合法报建手续、违章建筑,接管后造成"违法管理"	风险转移	物业接管验收时严格把关,并在《前期物业服务合同》中增加相应条款,实现非保险型风险转移
		开发商与业主的矛盾,造成公司腹背夹击	风险自留	做好与开发商和业主的沟通工作
		业主委员会成立后解除合同	风险自留	准确引导业主委员会成立,形成管理服务有利面

续表

序号	风险名称	表现形式	风险预控	措 施
1	项目运作风险	业主大会或业主委员会滥用职权	风险自留	建立业主委员会沟通和监测管理规程，通过沟通正确引导业主委员会的行为
		业主大会或业主委员会未按法定程序成立	风险自留	准确引导业主委员会的成立，注意监测非业主委员会委员业主的动态
		非业主滥用业主权利	风险自留	积极与业主委员会、业主进行沟通，并在物业服务手册和协议中明确业主的权利和义务，加强宣传
2	治安风险	入室盗窃	风险自留	封闭式物业外来人员实行进入登记，经业主或非业主使用人同意后入内，巡逻人员加强巡逻，注意外来人员动向；非封闭式物业加强巡逻，监控消防中心严格监督外来人员动向和接警处理，监控报警设备正常使用，如出现故障短时间内不能修复，应采取相应管理加强措施，建立预案
		入室抢夺、抢劫		
		入室故意伤害		
		入室故意杀人		
		公共区域盗窃		
		公共区域抢夺、抢劫		
		公共区域故意伤害		
		公共区域故意杀人		
3	车辆管理风险	车内物品被盗	风险转移	（1）购买停车票时附带购买停车保险 （2）签订车位使用协议，明确车场管理内容 （3）在车场明显位置注明停车须知，明确车场管理内容及车主应遵守的规定 （4）加强车辆进出管理和巡视 （5）取得车场合法经营权
		车辆灭失		
		车身受损，包括擦刮		
		物业内交通事故	风险自留	（1）设置车辆行驶标识和限速标识 （2）加强车辆行驶疏导
4	消防管理风险	电器线路引发火灾	风险转移与自留	（1）物业接管中明确要求消防已经过验收，并合格 （2）在消防维保合同中明确管理责任 （3）在治安消防安全责任书中明确业主管理责任 （4）加强消防设施设备的日检、周检、月检、季检、年检，做好记录 （5）建立预案，加强人员培训和演练
		明火引发火灾		
		爆炸	风险自留	封闭式物业外来人员实行进入登记，经业主或非业主使用人同意后入内，巡逻人员加强巡逻，注意外来人员动向；非封闭式物业加强巡逻，监控消防中心严格监督外来人员动向和接警处理，监控报警设备正常使用，如出现故障短时间内不能修复，应采取相应管理加强措施
		室内浸水	风险自留	（1）加强装修监管，禁止破坏防水层 （2）在装饰装修管理服务协议中明确责任 （3）建立预案和备用物资到位
		机房进水	风险自留	（1）加强机房巡视 （2）建立预案，并加强人员培训

续表

序号	风险名称	表现形式	风险预控	措施
5	设备风险	触电伤人	风险自留	加强物业内配电箱、线路的巡视，及时关闭或处理，并增加安全标识
		房屋附着物垮塌	风险自留	(1) 加强装修监管，严禁增加房屋附着物 (2) 加强宣传
		爆管	风险自留	(1) 加强巡视和维护 (2) 建立预案，并组织人员培训和学习
		二次供水设备损坏		
		水箱污染	风险自留	(1) 严格办理相关证件 (2) 水箱上锁并按规定定期清洗、检测 (3) 加强巡视
		突然超负荷、短路或停送电造成电气设备设施损毁	风险自留	(1) 加强供电局沟通，保证停送电信息准确 (2) 加强设备巡视，保证设备运行正常 (3) 计划性停电提前告知业主 (4) 建立预案，并加强人员培训
		电梯困人	风险转移	(1) 在电梯维保合同明确责任 (2) 加强电梯巡视，保证设备运行正常
		设备检修、保养伤人	风险自留	(1) 提前告知 (2) 加强标识
		娱乐设施伤人	风险自留	(1) 加强设施巡视，保证设施运行正常 (2) 告知娱乐要求
		单元门口机对讲设备故障导致业主不能进单元门	风险自留	(1) 加强巡视，及时维修和养护 (2) 物业巡逻治消人员熟悉单元门启闭
		背景音乐室外音箱遭到损坏	风险自留	(1) 加强巡视，及时检修 (2) 加强业主引导
		化粪池爆炸	风险自留	加强巡视，及时清掏
6	公共环境风险	儿童掉水	风险自留	(1) 增加安全标识 (2) 加强巡逻
		儿童戏水触电		
		游泳池伤人	风险转移	(1) 购买保险 (2) 明显处设置游泳须知和禁止标识 (3) 取得游泳池合法经营证件 (4) 建立预案，并组织人员培训
		植物伤人	风险自留	(1) 加强植物修剪 (2) 对于"尖麻"等植物处增加标识
		跌落、滑倒、碰撞	风险自留	(1) 易滑处增加提示标志 (2) 维修和更新改造处采取隔离措施，增加明显标识
		业主宠物伤人	风险自留	(1) 加强引导 (2) 要求业主宠物备案 (3) 加强巡视

续表

序号	风险名称	表现形式	风险预控	措　施
7	内部管理风险	员工损公肥私、贪污盗窃或监守自盗	风险自留	(1) 加强人员培训和思想教育 (2) 加强收费控制
		猎头挖人	风险自留	(1) 加强企业文化建设 (2) 形成良好晋升和激励机制
		员工消极怠工、激烈冲突、集体跳槽	风险自留	及时掌握员工思想动态和沟通
		高空作业不安全生产	风险转移	(1) 外墙清洗采用外委,在合同中明确责任 (2) 建立室外高空维修安全操作规程,并严格执行 (3) 为员工购买工伤保险或商业险
		电器设备违规操作	风险自留	(1) 建立室外高空维修安全操作规程,并严格执行 (2) 为员工购买工伤保险或商业险
8	收费风险	业主长时间拖欠费用	风险自留	(1) 建立物业管理费拖欠预警机制,加强预警 (2) 加强住户沟通,注意重点客户监控
		业主集体拒交费用		
		水电费的拖欠		
		物业管理费标准不统一	风险自留	建立良好的控制和应对措施
9	自然灾害	雷击	风险自留	定期检测,保证防雷设施完好
		暴雨	风险自留	(1) 注意气候变化 (2) 建立预案,定期组织培训和演练 (3) 保证应急物资到位
		大风		
		恐怖行径	风险自留	建立预案,组织学习和演练
		流行性疾病	风险自留	建立公共卫生事件应急预案,组织学习和演练

5 风险处置

5.1 风险处置要求:立刻做出正确反应并及时控制局势,否则会扩大风险的影响范围而引发更大的危机,甚至可能失去对全局的控制。

5.2 风险处置原则:及时性、冷静性、统一指挥、服从命令、主动出击、灵活性、安全第一、团结协作、公正客观、全面性、针对性。

5.3 风险处置依据:《物业管理应急事件处理管理办法》。

5.4 风险处置程序。

5.4.1 控制风险蔓延。风险发生后,能否首先控制住事态,使其不扩大、不升级、不蔓延,是风险处理的关键。风险发生现场人员应做到以下要求。

5.4.1.1 确认发生了什么。明确风险的发生时间、地点、影响范围、业主思想波动、风险处置方向,并报告(包括向上级领导报告和报警)。

5.4.1.2 马上行动。

（1）进行隔离。风险首先在某个局部发生，隔离就是切断风险蔓延的途径。
（2）业主思想引导。

5.4.1.3 把握全局。
（1）找出风险发生的根源。
（2）果断行动，控制蔓延。
（3）坚持不懈，排除困扰。
（4）眼光长远，处理与善后修整相结合。

5.4.2 解决问题。风险的处理本身具有很大的风险性，处理结果的作用有时难以预料。因此，相关层级处理人员接到汇报后应及时赶赴现场进行信息处理、处理方案确定和问题解决。

5.4.2.1 信息处理。风险的信息具有不安全性，真正的原因很隐蔽。处理人员应在超常的情况下进行超常思维和动作，运用一切可行的手段，及时准确掌握大量现象和事实材料，以便做出准确决策。

5.4.2.2 按照预案或确定方案解决问题。风险的原委及性质确定后，进行分析、决策，解决问题。

5.4.2.3 善后修复处理。成功的风险处理，包括风险的后续处理阶段，其善后处理包括以下内容。
（1）消除消极后果，包括物质损失、人员伤亡、心理损伤。
（2）处理后的恢复，即受损对象的恢复。
（3）总结经验。包括两个层次的总结：风险本身的总结，以防止类似风险的再次发生；对处理过程的总结。
（4）针对总结进行纠正。
（5）重新展示管理风貌。

6 风险预防

6.1 风险控制重要性。对人体而言，对健康最好的办法是预防为主，防病于未然，对基础物业管理来讲也是一样，预防是风险管理的一部分，也是风险管理的核心，因此基础物业管理风险控制显得非常重要。

6.2 风险控制内容。树立风险意识；采取预防措施；对基础物业管理服务过程进行监控；建立预警机制。

6.2.1 树立风险意识。

6.2.1.1 公司各级基础物业管理人员应高度重视和参与风险管理，将风险管理督导列入自身职责，积极指导相关业务组安全地服务，在日常工作中落实风险管理，做好风险管理的"监督官"。

6.2.1.2 将风险意识列入日常培训计划。
（1）风险教育。让全体基础物业管理人员都了解风险的特征和危害，使全体员工都具有"居安思危"观念，形成优化自身行为、预防各种风险的思想。
（2）风险案例教育。用公司和行业案例进行教育，使各级基础物业管理人员深切地认识到风险的危害性。

6.2.2 采取预防措施。

6.2.2.1 建立健全基础物业管理各项安全管理制度、预案和公众管理制度，如配电房安全操作规程、电梯安全操作规程、日常维修安全操作规程、治消人员自身安全管理规程等。

6.2.2.2 风险转移。电梯和消防等国家强制外委设备在维保合同中明确约定责任；外墙清洗等高空作业，在合同中明确责任；与每户业主或非业主签订治安消防安全责任书。

6.2.2.3 加强业主宣传教育，做好业主行为的引导和劝导工作。

6.2.2.4 建立容灾机制。各子公司、住宅管理事业部应根据自身情况，建立风险识别列表，并制订相应防范措施和处理预案，并培训到位。

6.2.3 对基础物业管理服务过程进行监控。

6.2.3.1 各级基础物业管理人员即是本职工作范围的风险监测人员，对自身所负责工作进行监测，如设备管理人员应对设备运行情况进行监测。

6.2.3.2 风险来源确认。各级基础物业管理人员应明确知晓自身所负责工作范围内可能发生的风险和监测对象，严格监测，并具有隐患的识别能力。

6.2.3.3 各子公司、住宅管理事业部应根据自身情况定期收集基础物业过程记录资料和相关监测信息，组织人员进行分析、诊断，及时采取防范措施。

6.2.4 建立预警机制。

6.2.4.1 各子公司、住宅管理事业部应定性或定量制订各类风险来源的上限临界信号，达到临界信号即预警。

6.2.4.2 接到预警信号，各级管理人员应采取防范措施或按照风险处置程序处理。

6.2.4.3 各类预案的编制。预案必须保证与项目的充分适宜性、符合性，保证具有专业人员的参与，增强预案的有效性。

7 公司基础物业风险管理导入

7.1 风险管理的必要性。风险的处理从管理职能上是"就事论事型"，但随着公司管理规模的不断扩大的同时，各类基础物业管理风险不断涌现，控制风险的发生，减少公司的损失，导入风险管理十分必要和及时。

7.2 风险管理导入的阶段性。根据公司实际情况，基础物业风险管理导入采用分期导入，即导入准备期、导入试运行期、导入全面运行期，具体见下表。

风险管理导入的阶段

阶段	时间界定	工作内容
风险管理导入准备期	2015年1月1日～2015年3月31日	（1）各子公司、住宅管理事业部应明确风险管理目标、职责和工作进度 （2）根据本指引对本单位基础物业管理风险进行识别，编制预防措施 （3）根据本指引和风险识别完善各项安全管理制度和各类预案 （4）建立基础物业管理预警机制和容灾机制，确定各类风险临界信号
导入试运行期	2015年4月1日～2015年12月31日	（1）基础物业管理人员全员风险和风险案例、安全管理规程和预案的培训和演练 （2）试运行各类安全管理规程和预案，并在试运行工作中不断修订，保证规程和预案充分符合性和适宜性 （3）每月末风险管理小组应组织全体风险导入参与人员进行总结和信息交流 （4）12月份对2015年度风险管理工作进行全面系统诊断、改进
导入全面运行期	2015年1月1日起	全面按照公司风险管理相关文件体系运行基础物业风险管理

三、风险管控具体实施方案（Ⅰ级）

风险管控具体实施方案（Ⅰ级）

序号	风险名称	参考标准	目标值	风险处理方式	应对风险采取具体实施措施
1	员工食堂集体食物中毒	《食堂管理规定》、《供方管理制度》	0	风险转移（人身意外险）	业务部门 （1）落实食堂的定期检查机制，每月对食堂进行一次全面检查；食堂工作人员每天检查

续表

序号	风险名称	参考标准	目标值	风险处理方式	应对风险采取具体实施措施
1	员工食堂集体食物中毒	《食堂管理规定》、《供方管理制度》	0	风险转移（人身意外险）	（2）对食堂工作人员每季度组织培训，学习食品安全知识；对全体员工每年组织必要的急救护理常识培训，以使员工在事故发生时保持冷静 （3）给每位员工购买人身意外险 职能部门 （1）每季度公司负责对各项目食堂进行检查，检查结果通报 （2）总办负责每季度组织行政食堂人员交流、学习 （3）职能保险专员每月核对员工人身意外险的购买情况，如有遗漏，及时补录 （4）由职能部室牵头评估选择合格的物资供应商，并签订物资采购合同，明确责任
2	利用职务之便，盗取公司机密信息、财、物，侵犯公司、客户权益	《职员职务行为准则》、《印鉴、证照管理制度》、《资金管理制度》、《收费管理制度》、《票据管理办法》、《备用金管理制度》、《保险柜制度》、《岗位职责要求》、《资产管理规定》、《信息管理制度》、《采购管理规定》	0	风险自留	业务部门 （1）严格执行公司相关管理制度，加强日常监督管理 （2）重要岗位人员（财务、资产、司机）在入职前进行原单位资信证明调查，同时每半年核查一下个人资料的真实性 （3）加强服务中心现场备用金管理，备用金使用必须经部门经理审批同意 （4）服务中心收款必须开具票据备查 职能部门 （1）每年一次职员职务行为准则教育 （2）严格控制各服务中心备用金的使用情况及审批额度，加强日常的检查监督力度 （3）严格管理网上企业银行和各类印鉴的使用 （4）财务部对所有涉及收费的票据进行统一管理，加强对票据的稽核管理 （5）采购过程中对供应商进行评估、电话询价回访、货物盘点 （6）在各类合同付款中，标注合同付款日期、凭证号、进度款及合同付款备查台账 （7）依据《××市物业加密信息列表》，严格管理公司各级机密信息，定期组织抽查并考核 （8）与关键岗位人员签订保密协议补充条款，重点控制体系文件
3	出现不利于公司的负面媒体报道	集团《一线公司媒体工作指引》、《新闻媒体接待指引》、《新闻媒体负面报道采访接待指引》、《媒体采访沟通接待指引》（结合体系文件修订制度中）、《信息管理办法》	0	风险减轻	业务部门 （1）严格落实集团新闻发言人要求，任何部门、个人不能私自接受媒体采访 （2）严格执行公司相关媒体管理制度 职能部门 （1）结合地产《媒体工作指引及考核方法》制订本物业《媒体采访沟通接待指引》 （2）强化《媒体采访沟通接待指引》公司在内部推广、落实工作 （3）与媒体保持良好关系 （4）媒体接待关键流程及××地产媒体关系专员联系方式备忘卡（与现有信息上报备忘卡结合）

续表

序号	风险名称	参考标准	目标值	风险处理方式	应对风险采取具体实施措施
4	因业主不遵守"业主公约"或物业相关规定,出现业主机动车辆占用消防通道导致妨碍正常的消防工作	《物业管理服务协议书》、《××市消防安全责任监督管理办法》、《业主管理规约》	0	风险转移	(1)将园区业主规约和物业服务管理的内容和相关标准,在业主办理入住时向其阐述清楚,使业主明确自己的权利和义务 (2)在经常被机动车辆违规占用的消防通道区域增加隔离墩和提示性标示,减少机动车辆占用消防通道的现象 (3)在园区信息栏和电子屏幕分期公示园区消防管理的规定,提高业主的自律意识,对于经常占用消防通道的违章停放的机动车辆,采用图文并茂的方式在园区信息栏进行公布,提高业主相互之间的监督意识 (4)借助于政府执法行为,共同做好违规停放机动车辆车主的引导工作 (5)每半年向业主公示一次关于车辆管理情况的通报
5	商户户外广告牌安装不牢固,大风天气时,广告牌脱落造成人身伤害	《××市牌匾标识设置管理规范》、《商铺店招和附着式广告管理制度》	0	风险转移（公众责任险、人身意外险）	(1)在商家办理入住时,告知物业服务中心与商家签订的《物业服务协议》中关于商铺管理的相关内容,使商铺明确自己的权利和义务 (2)在商家装修期间,物业服务中心按照《装修管理协议》约定的相关内容,安排装修管理员进行定期巡视,在商家安装户外广告标识时,物业服务中心对其外观设计、用材进行评估和指导,严格把握质量关 (3)在日常的巡检中,安全员将户外广告标识列为巡检的范围,特别是在风雨天气增加现场的巡视频次,发现不安全的广告牌及时告知商铺并同时上报服务中心,现场做好警戒规避责任 (4)每半年向商户发放关于自查"户外广告"的通知
6	下水管道堵塞,低层住户返水并造成重大损失	《设备设施维护检查控制程序》、《公共设施维护管理办法》、《住宅室内装饰装修管理办法》	0	风险转移（公众责任险）	(1)制订完善的疏通检修记录,每半年对管道进行一次检查和疏通 (2)对检修中发现的问题及时进行维修,做好记录并保存好疏通检查记录 (3)每年对客户张贴一次提示性通知,提示客户正确使用排污管道,不要往排污管道中倾倒建筑垃圾及抹布等物品 (4)在业主装修过程中,做好检查记录,发现堵塞问题应立即处理
7	公共区域供电设备设施发生运行故障（老化、超负荷、漏电、标识、短路）引发的重大质量事故或人员伤亡	《公共设施管理规定》、《水景观运行维保程序》、《公共设施维护管理办法》	0	风险转移（公众责任险）	(1)每月定期对公共区域照明、供电网、水景观供电系统安装的漏电保护器进行安全测试,不合格及时进行更换 (2)每周巡查园区照明线路及节日装饰灯具,发现电源连接处出现断裂、绝缘层破损后及时进行处理 (3)安装节日装饰灯具时,通过各种信息渠道告知业主远离用电线路,注意安全

续表

序号	风险名称	参考标准	目标值	风险处理方式	应对风险采取具体实施措施
8	供电设备责任人没有采取正确操作流程及安全防护措施引起人员重大伤亡	《高压配电室设备保养程序》、《低压配电室设备保养程序》、《高压配电室管理制度》、《设备房管理规定》、《安全用具管理办法》、《维修日常工作管理规定》	0	风险转移（公众责任险、工伤保险、人身意外险))	（1）高低压配电室内应制作各种警示标识牌，并对需停电维修的供电设备主控断路器手柄上进行悬挂警示标识牌 （2）供电设备现场检修或倒闸操作时，现场必须有监护人，否则设备责任人不予实施操作 （3）设备责任人要熟悉系统工作原理、构造及运行状况，严格按照供电操作流程进行正确操作，杜绝违章作业 （4）设备责任人在实施现场供电维修作业时，必须使用检测合格并在有效期范围之内的安全绝缘用具，禁止使用未效验或损坏的安全保护用具，杜绝在无安全保护措施的供电线路上作业 （5）根据供电局要求，定期对供电安全用具进行检测，并建立《安全用具耐压成绩档案》 （6）每季度对供电专业人员进行供电操作流程方面的培训
9	销售区域发生客户群诉、集会事件	《物业销售案场销售特殊事件处理预案》	0	风险减轻	（1）建立物业销售案场销售特殊事件处理预案 （2）根据预案对现场工作人员开展培训 （3）加强同地产销售人员的沟通，及时掌握相关信息 （4）加强现场管控，保证人员及财产安全，及时向领导汇报情况
10	销售区域发生冲击销售大厅、砸毁公司财物事件	《物业销售案场销售特殊事件处理预案》	0	风险减轻	（1）建立物业销售案场销售特殊事件处理预案 （2）根据预案对现场工作人员开展培训 （3）加强同地产销售人员的沟通，及时掌握相关信息 （4）加强现场管控，保证人员及财产安全，及时向领导汇报情况 （5）协调公安机关对现场进行维护
11	客户信息管理不慎（客服人员出卖、文档管理不慎遗失、作废文件未销毁）导致客户信息泄露，造成相应损失的	《BI手册》、《客户档案管理办法》、《对客通知管理办法》	0	风险自留	（1）对职务行为准则培训，提高客户信息保密意识 （2）及时销毁作废的客户资料，或含有客户信息的资料 （3）严格执行《客户档案管理办法》，限制借阅权限 （4）未按《对客通知管理办法》执行关于销毁通知的相关要求
12	因游泳池服务管理问题或未履行义务的，造成人员伤害，甚至死亡	《物业管理条例》、《泳池管理规定》	0	风险转移（公众责任险）风险自留	（1）对泳池管理制度进行培训，不断灌输、强化救生员的风险意识 （2）定期对救生员进行急救等泳池救生方面的培训和演练，增强救生员处理危机情况的能力 （3）泳池开放期间配备足够的救生员，在泳池现场设置提示、警示性标识

续表

序号	风险名称	参考标准	目标值	风险处理方式	应对风险采取具体实施措施
12	因游泳池服务管理问题或未履行义务的，造成人员伤害，甚至死亡	《物业管理条例》、《泳池管理规定》	0	风险转移（公众责任险）风险自留	（4）加强救生员的巡视，发现危险及时处理 （5）定期对设施设备进行检查，加强日常巡查 （6）对于特殊人群如老年人（尤其是高龄老人）、孕妇等，除签署健康声明外，还必须有人陪同才能进入泳池 （7）不得开展游泳培训 （8）注意现场秩序的维护，坚决制止在水中打闹、不按秩序游泳的现象 （9）重点关注回水口的安全性

四、风险管控具体实施方案（Ⅱ级）

风险管控具体实施方案（Ⅱ级）

序号	风险名称	参考标准	目标值	采取风险处理方式	应对风险采取具体实施措施
1	印鉴、证照使用风险	《印鉴证照管理规定》	0	风险自留	（1）严格执行先审批后盖章制度 （2）如部门负责人有印鉴证照管理授权，需本着向上授权的原则进行授权，同时将相关授权报总办备案 （3）公司公章当天借用，当天归还，不得过夜，且需有总办人员陪同 （4）公司公章、财务章不可同时外借，如需外借至少2人同时在场
2	公司重要电子数据安全	《数据备份管理规定》	0	风险减轻	（1）技术手段：关键服务器（财务、业务系统、文件服务器）数据，采取磁盘镜像技术，或者类似技术 （2）从策略方面，关键数据，比如业务系统采取每日备份方式、每季度异地备份方式 （3）严格进行进出机房人员管理，对机房内服务器及网络设备操作进行管理
3	员工集体脱岗、聚众闹事	《BI行为规范》、《考勤管理规定》、《员工奖惩管理规定》、《危机处理操作流程》	0	风险减轻	业务部门 （1）严格落实请销假管理制度，坚持安全夜间查铺制度 （2）严格落实安全夜间呼叫制度，指挥中心必须要求每15分钟与各岗位保持联系一次 （3）加强与班组内职员业余时间的沟通，掌握每位职员的思想动态、兴趣爱好、性格特点 （4）项目一旦出现员工集体脱岗、聚众闹事时，部门第一负责人应迅速调动相关资源处理 （5）按公司相关信息管理制度要求，上报相关信息

续表

序号	风险名称	参考标准	目标值	采取风险处理方式	应对风险采取具体实施措施
3	员工集体脱岗、聚众闹事	《BI行为规范》、《考勤管理规定》、《员工奖惩管理规定》、《危机处理操作流程》	0	风险减轻	职能部门 （1）加强员工关系管理，统筹员工关爱措施 （2）统筹各层级面对面沟通，及时掌握员工思想动态 （3）在入职招聘时，对员工资料进行严格审核，把好入职关
4	证照办理不及时（新办及年检），引发政府查处，或影响日常工作	《中华人民共和国公司登记管理条例》、《中华人民共和国组织结构代码证书办理指南》、《无线电台执照管理规定》、《物业管理企业资质管理办法》、《印鉴证照管理规定》	0	风险自留	业务部门 （1）项目需确定证照管理责任人，并建立证照管理台账 （2）证照管理责任人定期检查证照情况，如有需年检或续期的视情况提前1~2个月提醒相关人员办理 （3）如引发政府查处，须及时将相关信息报公司处理
					职能部门 （1）新项目前期证照由总办负责办理，在项目入驻前2个月开始办理，以确保在项目入驻前完成 （2）公司证照管理责任人定期检查各项目证照情况，如有需年检或续期的视情况提前1~2个月提醒相关人员办理 （3）营业执照年检工作总办统一安排在3月份进行 （4）如引发政府查处，须及时跟进事件进展，协助处理
5	员工违纪或不能胜任本岗位工作，而涉及劳动合同解除，但缺乏有效证明，可能引发劳资纠纷	《劳动合同法》、集团《HR操作手册》、公司《绩效考核管理办法》、《员工奖惩管理规定》	0	风险减轻	业务部门 （1）各部门明确岗位任职要求、职责及考核标准 （2）加强《绩效考核管理办法》、《员工奖惩管理规定》的日常引导、培训，并签字确认，保存培训记录 （3）对于不能胜任岗位要求人员，予以培训或调岗处理，如仍不能胜任报公司审批后，提前三十日以书面形式通知本人或额外支付一个月工资后解除劳动合同 （4）对于员工的考核结果及违纪行为及时沟通，并要求员工签字确认
					职能部门 （1）在新员工入职培训时，进行《绩效考核管理办法》、《员工奖惩管理规定》的培训，并签字确认，保存培训记录 （2）每年对部门经理组织劳动合同法及相关规定培训 （3）所有员工被动离职需要副总经理事前审批，且与员工本人详细告知解除原因并签字确认 （4）公司与职员解除劳动合同前，相关信息告知职委会 （5）总办重点审核部门提出的劳动合同解除申请所附相关资料，确保合法性

续表

序号	风险名称	参考标准	目标值	采取风险处理方式	应对风险采取具体实施措施
6	未及时签署劳动合同（实习协议）或劳动合同内容签署错误带来的用工风险	《劳动法》、《劳动合同法》、《劳动合同法实施办法》、集团《物业HR手册》、公司《人事基础操作规范》	0	风险自留	业务部门 （1）职员办理入职手续时即签署劳动合同、保密协议（实习协议） （2）如职员岗位内容发生变更，需即时变更劳动合同内容，双方签字（盖章）确认 （3）各部门建立劳动合同台账，并在劳动合同签署、变更5个工作日内录入sap系统 职能部门 （1）职能部门职员办理入职手续时即签署劳动合同、保密协议 （2）职能部门如职员岗位内容发生变更，需即时变更劳动合同内容，双方签字（盖章）确认 （3）建立职能部门职员劳动合同台账，并在劳动合同签署、变更5个工作日内录入SAP系统 （4）对劳动合同填写内容进行规范并培训 （5）公司总办定期组织劳动合同签署情况检查，将检查结果纳入日常考核
7	迟买、漏买社会及商业保险，员工发生工伤，导致员工权益遭受损害，同时公司需承担相应责任，保险漏停导致公司权益遭受损失	《人事基础操作规范》、《劳动法》	0	风险自留	业务部门 （1）在员工入职当月即为员工上缴社会保险、意外险，并根据职员个人意愿上缴综合医疗险 （2）各部门上报社保增、减信息，以每月15日为界限（配合政府部门社保申报时限），总办于每月20日前，报社保中心，入职当月申报，之后入职次月申报 （3）建立保险台账，每月对保险上缴情况进行自查 （4）对于特殊工种岗位必须持证上岗，建立台账，并进行动态管理，保证证书的有效性，非持证上岗人员不得从事特殊岗位作业 （5）加强职业安全培训，树立职业安全意识 （6）加强共济会的宣传引导，在新员工入职时引导职员参加共济会 职能部门 （1）总办每月对各部门申报的社保月报表进行核对 （2）每月总办核对各部门意外险上缴情况 （3）如职员在职期间发生意外，按工伤、意外险流程及时申报

续表

序号	风险名称	参考标准	目标值	采取风险处理方式	应对风险采取具体实施措施
8	个别人员工资发放不及时、计算错误、漏发，或误发离职人员工资，引发员工投诉及劳动纠纷	集团《物业HR手册》、《工资计算及发放相关操作指引》	0	风险减轻	业务部门 （1）项目人事专员对工资计算结果进行自查 （2）员工必须提供有本人姓名的银行存折原件，人事专员验证后复印存档 （3）部门负责人对每月考勤结果进行审核 职能部门 （1）每月核查项目工资制作情况，所有人员考勤信息报总办备案 （2）总办每月核查工资发放情况，清查工资锁定信息 （3）总办每月监督、检查各项目sap系统工资信息，并通报检查结果 （4）每月审批各部门新增人员工资信息及工资调整信息
9	员工转正日期已到，未办理转正审批手续，而公司与其解除劳动合同	集团《物业HR手册》、公司《人事基础操作规范》	0	风险减轻	业务部门 （1）项目人事专员在职员转正日期到来前一个月，提示职员上级办理转正手续 （2）在职员转正日期到来前两周，项目人事专员发起转正手续审批，并确保在转正日期前一周完成终审 （3）密切关注试用期内员工的思想动态，对于违纪人员及不胜任工作人员及时沟通，并保留相关违纪及不胜任岗位工作的资料证明，并由员工本人签字确认 （4）职员直属上级做好转正面谈，对于在试用期拟解除劳动合同人员，部门经理与职员做好沟通，并由职员签字确认，同时上报公司 职能部门 （1）所有新员工在转正日期前完成入职培训 （2）审核试用期内解除劳动合同人员的相关证明资料，确保合法性
10	员工加班未及时支付加班费或未及时安排倒休，加班时间过于频繁，超过劳动法的规定，员工加班未经过部门经理审批而导致劳动纠纷	《劳动法》、《加班规定》	0	风险减轻	业务部门 （1）各部门严格执行《加班管理规定》 （2）新员工入职培训时，培训《加班管理规定》，职员签字确认 （3）加强对《加班管理规定》的宣传、引导、学习，并签字确认，保存培训记录 （4）所有人员加班前，必须经部门经理审批同意 （5）每季度各部门汇总、分析本部门加班情况，并做出合理调整 职能部门：每季度核查各部门加班情况信息，针对加班加多的部门提出解决建议

续表

序号	风险名称	参考标准	目标值	采取风险处理方式	应对风险采取具体实施措施
11	电梯维保方在日常维护保养时,电梯厅门处没有安放检修围挡,造成人员误入开启的厅门后坠落电梯井道引起重大伤害或死亡	《电梯维修保养作业安全规程》、《电梯管理规定》	0	风险转移（公众责任险）	（1）提高维保人员的安全防护意识,做到维修前标识到位并关闭检修电梯的厅门 （2）遵守电梯维保作业安全规程,在不符合安全要求的情况下,杜绝野蛮施工,直至达到安全施工要求,方可进行维修保养 （3）维保单位要每季度组织一次对现场维保人员的安全教育培训,提高维保人员的安全保护意识
12	水泵房跑水、进水造成水泵房被淹引起重大损失	《水泵房管理规定》、《设备房管理规定》、《设备设施维护检查控制程序》、《公共设施维护管理办法》	0	风险转移（公众责任险）	（1）水泵房必须安装水位控制器及水位报警装置 （2）水泵房必须建立严格的巡视检查制度,并按制度执行,健全有效的监督和管理机制 （3）制订完整的设备设施台账,合理制订和安排设备设施的大中修检修计划,有计划地更换易损、易老化的部件
13	化粪池沼爆炸引发伤人事件	《公共设施维护管理办法》、《公共设施管理制度》、《设备设施维护检查控制程序》	0	风险转移（公众责任险）	（1）化粪池井盖口密封,留有专用通气孔 （2）对化粪池井盖口进行防护处理（安装防护网） （3）每季度对设施进行一次换气、检查、维护,在化粪池周围有效控制明火 （4）化粪池清淘维保方加强对现场清淘工作人员的安全培训,严禁工作期间抽烟
14	地下车库突遇暴雨造成倒灌现象引起损失	《公共设施维护管理办法》、《公共设施管理制度》、《设备设施维护检查控制程序》	0	风险转移（公众责任险）	（1）制订完善有效的应急预案,并每年进行一次相关的防汛演习 （2）防汛设备维护保养责任到人 （3）每年在雨季前对车库、楼宇排污泵进行一次维修保养并做好记录 （4）在雨季应加强排污设备的巡视检查,保障设备处于正常工作状态 （5）在地下车库出入口处,雨季前需准备足量的沙包
15	供暖管道软连接部位进裂造成操作人员灼伤	《供热系统水质检验控制程序》、《热力、采暖、热水系统启动操作管理办法》、《水泵房管理规定》	0	风险转移（公众责任险、工伤保险、人身意外险）	（1）制订完整的设备设施台账,合理制订和安排设备设施的大中修检修计划,有计划地更换易损、易老化的部件 （2）对已安装的软连接日常加强巡视检查,是否存在偏心、应力过大的现象,并及时修正 （3）橡胶软连接保温外部可采用铁皮护套管保护

续表

序号	风险名称	参考标准	目标值	采取风险处理方式	应对风险采取具体实施措施
16	因大门出入口的安全员未按规定的流程进行控制，（如车辆出入未记车牌号），在业主车辆丢失时，不能为业主提供证据，造成物业承担责任	《物业管理服务协议》、《安全员出入口管理制度》	0	风险转移（公众责任险）	（1）对出入口安全员进行定岗定编，并集中进行岗位职责培训，每月一次，使其明确所属岗位的工作职责和工作流程，凡进入园区的机动车辆严格落实一车一卡管理制度 （2）结合因质量记录填写不规范而产生物业服务中心赔偿业主车辆（财产）损失的案例，强化出入口岗安全员工作责任心和质量记录填写的标准要求，出入口岗安全员严格按照《车辆驶入、驶出记录表》的要求对进入小区的车辆进行登记，对发放的机动车临停智能卡进行核对无误后方可放行 （3）安全主管、班组长加强现场巡查和监督力度，利用反查（在地下停车场记录车辆号码，到出入口岗核查车辆入区的时间）的方式对出入口岗质量记录的完好率和有效性进行核查，确保出入口岗安全员对进出园区的机动车辆的号码登记率达到100% （4）园区出入口岗安全员每天检查出入口车辆管理设施系统的完好情况，发现问题及时进行处理
17	客户将钥匙存放在租售中心期间，房屋内物品发生丢失或损坏	《租售中心钥匙管理规定》	0	风险减轻	（1）客户在委托钥匙管理时，签署《钥匙委托书》，其中约定"钥匙委托期间户内财物发生丢失损坏等，我方不承担管理责任" （2）建立"租售中心钥匙管理台账"，并由专人负责保管 （3）所有人员在使用、借用钥匙时严格填写"钥匙使用登记表" （4）钥匙保管在专门的钥匙柜内，并做好标识
18	工地开放日阶段因现场施工管理不当或因标识不清晰导致业主人身伤害	与地产签署的委托合同、《工地开放放日方案策划》（按当次活动方案执行）	0	风险自留	（1）工地开放日活动前，进行详细的策划，确保现场参观活动顺畅 （2）对参观的范围进行划分，区域隔离，清场施工人员，对相对封闭的区域进行安全隐患排查，危险区域进行隔离，并现场人员职守，摆放禁止入内等明显的提示标识 （3）进行工地前，提示业主注意安全 （4）根据工地施工情况与地产沟通业主进入时是否佩戴安全帽

续表

序号	风险名称	参考标准	目标值	采取风险处理方式	应对风险采取具体实施措施
19	对于业主违规装修,由于物业公司未尽到义务的,导致自家和邻里经济损失,或客户投诉乃至发生法律纠纷	《装修管理制度》、《装修管理协议》、《住宅室内装饰装修管理办法》	0	风险转移(公众责任险)风险自留	(1) 严格执行装修期间的安全管理方案和装修人员巡查制度,并做好记录及取证资料 (2) 对安全员、装修管理人员进行阶段性培训(新项目每月1次,老项目半年1次),提高风险管理意识 (3) 在客户办理装修手续时,须以各种形式提供告知业主相关注意事项 (4) 发现客户违规装修时,视现场情况严重性,告知政府相关部门及业委会,以获得相关支持 (5) 发现客户违规装修或造成他人损失的,需要以书面形式告知业主和装修公司 (6) 及时处理现场所出现的问题 (7) 处理协调邻里关系,并做好客户关系修补工作,避免事件升级
20	客户信息处理不及时或瞒报,导致客户投诉升级	《客户信息管理制度》、《客户投诉管理制度》、《购房合同附件》、《业主临时规约》	0	风险自留	(1) 要求客服人员熟悉《客户投诉处理程序》及《客户信息管理办法》,避免发生客户信息丢失的情况 (2) 对于瞒报或对客户投诉不重视的员工,根据公司规定予以处理 (3) 各服务中心须指定专人关注网络投诉信息,按照公司标准及时回复意见 (4) 对于易出现客户群诉、重大投诉的问题点提前制订出统一口径,做好与客户的沟通,预防群诉的发生 (5) 在客户投诉过程中,保持与客户沟通,确保信息对等 (6) 如客户问题在某一层面无法解决需及时通报部门经理处理,对于部门经理处理无效需报公司预警
21	业主质疑物业公司收取的相关费用(一层电梯费用、装修管理费)	《物业管理条例》、《物业服务收费明码标价规定》、《集团物业费测算指引》	0	风险减轻	(1) 收费项目及相关费用测算必须由财务部审批备案,明确各项费用的构成 (2) 在地产销售阶段及服务中心前台,公示收费项目内容及价格 (3) 制订物业相关费用测算的统一口径

五、风险管控具体实施方案(Ⅲ级)

风险管控具体实施方案(Ⅲ级)

序号	风险名称	参考标准	目标值	采取风险处理方式	应对风险采取具体实施措施
1	雪天,未及时铲雪、铲冰,造成客户不小心滑倒摔伤	《冬季扫雪管理规范》	0	风险转移(公众责任险)	(1) 按照体系要求,各服务中心建立冬季扫雪预案 (2) 冬季来临前,保洁供方负责准备扫雪工具,公司负责准备融雪剂

续表

序号	风险名称	参考标准	目标值	采取风险处理方式	应对风险采取具体实施措施
1	雪天，未及时铲雪、铲冰，造成客户不小心滑倒摔伤	《冬季扫雪管理规范》	0	风险转移（公众责任险）	（3）环境组组织扫雪，并督导、检查扫雪 （4）雪后，品质管理部抽检服务中心扫雪完成情况 （5）在易滑倒之处，服务中心及时放置警示标识，提醒业主注意安全
2	供方公司由于自身经营不善，突然撤场	《分包服务管理规范》	0	风险减轻	（1）按照体系要求，供方评审小组综合评审供方，精选优秀供方合作 （2）服务中心每月评估供方 （3）品质管理部加强与合作供方的沟通，及时了解供方经营管理情况
3	业主及业主的宠物对消杀农药敏感	《消杀操作规范》、《清洁、绿化供方管理办法》	0	风险减轻	（1）在消杀作业实施前两天，张贴消杀通知书，及时告知业主消杀区域、消杀药剂名称、消杀药剂浓度 （2）不使用国家或地方禁止使用的药品 （3）在消杀过程中，对消杀区域摆放明显标识，防止业主及业主的宠物误入消杀区域
4	电梯日常易损配件储备不足，造成维修不及时，引发业主不满及投诉	《电梯维修保养作业安全规程》、《电梯管理规定》	0	风险自留	（1）要求维保方对日常易损配件储备到位 （2）维保人员对易损配件要增加巡查频次，如发现存在安全隐患及时维修更换
5	重要设备机房中，监测仪器、仪表不准确或失灵，引发设备事故及突发性事件	《设备设施维护检查控制程序》、《水泵房、水箱间保养维修程序》、《板式换热器清洗控制程序》、《××物业管理标准》（设备物资类）	0	风险自留	（1）根据年度制订的检验、测量和试验仪器仪表的工作计划，每年定期对重要设备机房的仪器、仪表、安全阀体进行送检，并由专业检测部门出具检验合格证并存档，达不到检测标准的仪器、仪表和安全阀体及时更换 （2）对于非重点区域的检测仪表每年定期组织自检，达不到检测标准的仪表及时更换，同时将自检记录进行存档 （3）设备责任人在日常巡查中，要参照相应设备技术标准要求，对设备监测仪表进行核实并详细记录，发现监测仪表显示数据不符合设备技术要求时，及时进行检查并彻底排除故障 （4）对于重要设备区域的监测仪表及安全阀体要留存备品备件，防止出现突发性损坏时能及时更换
6	在值勤中，安全员与业主、外来人员发生肢体冲突，致使安全员受伤	《安全管理工作程序》、《安全员巡逻管理作业指导书》、《客户不理智行为引发事件的应对处理指引》、《职员手册》	0	风险减少	（1）严格落实公司在处理对客问题中的"十六字方针"，对周边有可能与安全员发生冲突的异常事件进行统计分析并定期培训（每季度一次） （2）根据安全员性格特点合理安排岗位，规避冲突事件的发生 （3）定期组织肢体冲突应急预案演习，并进行总结（每半年一次） （4）定期开展安全服务意识教育，引导员工树立良好的客户服务意识（每月一次） （5）如出现纠纷或紧急事件，尽量转移矛盾或通过第三方协调处理，规避激化矛盾

续表

序号	风险名称	参考标准	目标值	采取风险处理方式	应对风险采取具体实施措施
7	安全员在恶劣天气情况下执勤，产生身体伤害（如酷暑、寒冬）	《安全组体系文件》、《员工奖惩管理制度》	0	风险转移（工伤、人身意外险）	（1）对所有安全员进行冬季防寒和夏季防暑知识培训（每季度一次），使其明确在异常环境下工作时应注意的相关事项 （2）根据不同的季节和天气的变化为员工购买相应的防暑或防冻用品（每年冬季11月15日前、夏季5月31日前完成） （3）为员工创造良好的工作环境，如在冬季配置安全岗亭、夏季送绿豆汤等
8	高空作业时，防护措施不到位，发生高空坠物，造成业主或员工身体伤害	《物业管理条例》、《特种作业管理工作程序》	0	风险转移（公众责任险、人身意外险）	（1）向安全员每季度进行一次培训，使其明确在管理区域内有高空作业、重物搬运等特种作业，必须引导施工人员到物业服务中心办理《特种作业申请表》且现场做好警戒，禁止其他人进入施工区域 （2）有高空作业时，物业服务中心应与施工单位签订《安全管理责任书》，服务中心安排专人监督 （3）购买公众责任险
9	停车场安全员在巡逻时，因未穿反光衣，造成被车辆撞伤	《安全员巡逻管理作业指导书》、《职员手册》、《安全BI规范及绿线考核标准》	0	风险转移（工伤、人身意外险）	（1）安全主管对所有车库岗安全员进行岗位职责培训（每季度一次），使其明确自己的岗位要求，和加强安全员BI培训，明确现场工作的要求 （2）安全主管和安全班长加大现场的检查力度，将安全员的执勤BI情况纳入月度考核 （3）为员工购买人身意外险 （4）专职车辆管理人员工作时必须穿反光衣
10	因车辆交通标识设置布局不合理，造成业主识别不清引起业主不满造成投诉	《物业管理条例》、《物业管理服务协议》、《物业管理前期介入工作指引》、《物业公司新项目入住后评估工作指引》	0	风险减轻	（1）在物业公司前期介入阶段根据停车场的特点，做到科学、合理规划交通标识的配置，并建议给地产公司 （2）物业服务中心每季度安排人员，对车库标识进行检查，对标识模糊、识别不清的及时进行补漆 （3）对新项目入住后的评估把交通标识方面的建议及时反馈给地产公司
11	地下车库因灯光太暗，影响司机视线容易造成业主车辆撞伤	《物业管理服务协议》、《地库岗安全员职责》	0	风险转移（公众责任险）	（1）安全员加大车库的巡视力度，对灯光较暗的车位，当业主驾车入位时，安全员立即到现场积极做好车辆的引导和检查，防止车辆撞伤 （2）在一些车库的拐弯处安装反光镜或文字性的温馨提示，提示业主行车安全 （3）安全员每天及时巡视车库照明，发现照明亮度有问题的应及时处理，并做好巡视记录

续表

序号	风险名称	参考标准	目标值	采取风险处理方式	应对风险采取具体实施措施
12	工作中因监控人员工作状态差,未对现场进行有效的监控,造成局部安全隐患的发生	《指挥中心值班管理制度》、《指挥中心信息处理流程》	0	风险减轻	(1) 在监控中心安装监控探头,对员工的工作情况进行监控,安全负责人每周对值班员的工作状态进行抽查,部门负责人每月度进行抽查,并将抽查的结果进行通报 (2) 监控员根据时间段的不同,对重点区域进行重点监控,发现异常情况及时上报,迅速做出处理 (3) 制订激励安全员发现安全死角等问题点的制度措施,控制中心岗位对现场工作人员的工作状态进行检查,异常情况登记在案,并定期汇报给安全负责人 (4) 严格落实夜间互控联系管理制度,定时提醒岗位在不同时段内巡逻关注事项,消除隐患;定期对安全管理各个方面进行梳理评估、整改,并对因个人原因造成隐患发生的进行考核
13	园区安全员在园区巡逻过程中,不小心被业主小狗咬伤	《××市养犬管理规定》、《××市治安管理处罚条例》	0	风险转移(人身意外险)	(1) 对所有的安全员进行"制止业主违规溜犬的方法"的培训(每季一次),使安全员明确在工作中应该注意的相关事项和要求 (2) 客服中心定期每季度通过园区楼宇的信息栏发放关于园区业主文明养犬的温馨提示,提醒园区业主规范养犬和相应的注意事项 (3) 对园区养犬户进行统计,建立养犬户台账,定期对养犬户进行走访,宣传养犬的相关规定,提高业主文明养犬的意识 (4) 对违规养犬多次提醒不听的进行举报,寻求政府部门协助处理 (5) 对社区内出现无人看管的宠物,应当及时作出处理并上报主管部门,并在园区内进行文字性的温馨提示,做好宣传
14	公共区域室外消防栓、水泵结合器失灵(打不开、锈蚀)及公共区域灭火器过期不能起到消防作用,造成损失	《物业管理条例》、《××市消防安全责任监督管理办法》	0	风险转移(公众责任险)	(1) 安全主管对所有的安全员进行消防知识培训(每半年一次),使每位安全员清楚各种消防设施、器材的使用方法和注意事项 (2) 定期组织员工对园区消防设施、设备进行检查,每年两次,确保处于良好运行状态 (3) 每年对园区所有灭火器进行一次年检 (4) 对所有的员工进行消防案例的培训和突发事件的演练(每年至少一次),提高员工的安全防火意识

续表

序号	风险名称	参考标准	目标值	采取风险处理方式	应对风险采取具体实施措施
15	发生可控火灾，因安全员不能熟练使用消防设施，造成火灾蔓延以及不可控	《物业管理条例》、《××市消防安全监督管理办法》	0	风险减轻	（1）物业服务中心建立灭火消防组织架构，确定消防总指挥和各专业组相关的人员、职责分工，并成立义务消防队，定期组织消防火灾处理模拟情况演练（每年至少一次） （2）安全主管定期对所有的安全员进行消防知识培训（每半年至少一次），使每位安全员清楚各种消防设施、器材的使用方法和注意事项，并组织人员进行实物模拟训练（每年至少一次） （3）物业服务中心定期组织所有的员工进行消防案例的培训，提高员工的消防安全意识（每季度一次） （4）在日常的工作中加强对易起火部位和消防通道的巡查，保证消防通道的畅通和各种火灾隐患处于可控范围之内
16	地下室未达到使用要求的（出现上下连体床或人均使用面积不足4平方米），遭到政府查处	《物业管理条例》、《××市人民防空工程和普通地下室安全使用管理办法》	0	风险自留	（1）按照法律、法规的要求，完成地下室空间使用时应具备的消防器材和设施的配置工作（如指示灯、沙包、应急灯、疏散标识） （2）服务中心依据有关规定，（每季度一次）对地下室各种设施设备的使用情况进行检查，确保处于良好运行状态 （3）对所有在地下室居住的相关员工进行地下室管理规定的培训，明确地下室使用的相关管理规定，并将相应工作责任到人（每半年一次） （4）合理安排地下室责任人，维护良好的地下室生活环境，保证人防使用面积大于4平方米
17	员工不告而别，导致公司带来劳动用工风险及经济损失	《劳动法》、《劳动合同法》、《人事基础操作规范》、《关于员工不告而别的处理办法》	0	风险减轻	业务部门 （1）重点关注月末月初请假人员思想动态及行为动向，对于期间请假人员做好工作交接，并将工资作为现金发放 （2）与员工保持日常良好沟通关系 （3）对于离职员工，需按培训协议书或公司相关规定要求其履行违约责任 （4）对于离职人员，部门人事专员及时锁定SAP，每月薪金专员对离职工资锁定情况进行检查，并确认最终结果 （5）新入职人员核对紧急情况联系人联系方式是否有效 （6）根据《员工奖惩管理规定》，长期旷工人员予以解除劳动合同，并寄发《劳动合同解除通知书》

续表

序号	风险名称	参考标准	目标值	采取风险处理方式	应对风险采取具体实施措施
17	员工不告而别，导致公司带来劳动用工风险及经济损失	《劳动法》、《劳动合同法》、《人事基础操作规范》、《关于员工不告而别的处理办法》	0	风险减轻	职能部门 （1）根据人事专员上报的信息，及时进行SAP离职处理 （2）对各部门不告而别情况进行检查，结果纳入部门考核
18	有犯罪在逃、犯罪记录前科或有不良记录人员加入公司	《人事基础操作规范》、《××市暂住证管理办法》	0	风险减轻	业务部门 （1）入职时对所有人员提供的身份证原件进行核实，并通过沟通，了解入职人员背景信息，把好入职关 （2）无暂住证的非本籍人员由服务中心及时办理暂住证 （3）入职一个月内非本籍人员提供《无犯罪记录证明》 （4）重要岗位入职前（财务、资产、司机、人事等）提供原单位资信证明
					职能部门 （1）在审核各部门人员入职手续时核查相关资料是否齐全 （2）在招聘人员时，通过沟通，了解应聘人背景信息，做好初步筛选工作
19	因管理不善，造成宿舍、食堂、办公区等场所发生火情	《消防演习预案》	0	风险减轻	业务部门 （1）定期组织全体员工进行消防知识、用电安全等培训或演习等，加强防火宣传，强化员工安全意识，及紧急情况下的应急处理能力 （2）定期检测维护消防设施，确保消防设施完整；配备完善的逃生路线指引标识、照明设施，并保证正常使用 （3）在日常工作中加强对易起火部位和消防通道的巡查，控制火灾隐患 （4）各项目持续落实项目行政后勤检查，及每月对宿舍、食堂、办公环境等区域的安全情况检查，发现问题及时整改
					职能部门 （1）总办联合工程部每季度对各项目的用电安全进行检查，并出具检查通报 （2）每年至少组织一次覆盖全员的职业安全教育
20	电脑硬盘数据泄露风险	《信息保密制度》、《"文档权限管理工具"（IRM）使用管理规定》、公司《笔记本电脑及移动介质使用规范》	0	风险减轻	（1）可以进行硬盘加密的笔记本电脑进行加密 （2）公有、共用电脑不存储公司信息 （3）不允许使用私人移动存储设备 （4）宣传个人账户的安全管理意识，要求每半年更新一次个人账户信息

续表

序号	风险名称	参考标准	目标值	采取风险处理方式	应对风险采取具体实施措施
21	入住现场出现群诉,业主现场发生不理智行为	《突发事件处理程序》	0	风险减轻	(1) 对于易出现客户群诉的问题点提前制订出统一口径,做好与客户的沟通,预防群诉的发生 (2) 在出现群诉迹象时,组成应急处理小组,分别与各个顾客再次沟通,尽量消除群诉或减小群诉规模 (3) 在客户群诉过程中,注意维护好现场秩序,不要与客户发生语言和肢体上的冲突
22	举行社区活动,未做紧急处理预案	《社区文化活动规范》	0	风险转移(人身意外险)风险自留	(1) 制订详细的活动方案,明确活动流程,拟订详细的注意事项,并对相关工作人员进行培训 (2) 做好各项意外事件的应对措施,避免举行危险性的活动 (3) 对活动的形式及内容需要提前与参与的客户进行沟通,必要时需要以书面形式发放活动的注意事项 (4) 外出活动必须购买意外责任险
23	由于代管客户物品(钥匙、信件、遗失物品)丢失、损坏导致客户投诉及赔偿	《信件管理办法》、《钥匙管理办法》、《遗失物品管理办法》	0	风险减轻	(1) 完成、执行代管物品制度,制作清单 (2) 所有物品不得转交,必须由当事业主领取 (3) 对于贵重物品、钥匙原则上不予代管 (4) 定期向派出所报告代管遗失物品情况
24	外出收取物业服务费导致欠款丢失、收取假钞	《收费管理办法》、《BI手册》	0	风险自留	(1) 提示客户费用可以转账的形式支付 (2) 加强对员工职务行为准则的培训(每季度1次) (3) 外出收取物业服务等相关费用由2人共同前往,并携带验钞机 (4) 超出3000元需打车返回
25	诉讼证据不足,导致败诉	相关法律、法规签署的合同	0	风险减轻	(1) 发生争议,应保留好相关文字、图片、录像等证据 (2) 所有相关资料须保留2年以上 (3) 争议发生后及时知会公司法务人员,未经公司同意,项目不得擅自向业主出具任何书面材料
26	公众责任险报案不及时,未保留关键证据,导致索赔无法实现	《公众责任险管理制度》、《公众责任险报险流程》	0	风险减轻	(1) 要求各项目公众责任险对接人熟悉《公众责任险管理制度》,发生保险事件时严格依照《公众责任险报险流程》处理 (2) 定期对项目公众责任险对接人进行培训,讲解保险案例,增强风险意识 (3) 定期与保险公司沟通